2022

中国教育经费统计年鉴

China Educational Finance Statistical Yearbook

教　育　部　财　务　司
国家统计局社会科技和文化产业统计司　编

中国统计出版社
China Statistics Press

图书在版编目（CIP）数据

中国教育经费统计年鉴. 2022 / 中华人民共和国教育部财务司, 国家统计局社会科技和文化产业统计司编. -- 北京 : 中国统计出版社, 2023.4
ISBN 978-7-5230-0109-7

Ⅰ. ①中… Ⅱ. ①中… ②国… Ⅲ. ①教育经费－统计资料－中国－2022－年鉴 Ⅳ. ①G526.72-54

中国国家版本馆 CIP 数据核字(2023)第 042467 号

中国教育经费统计年鉴—2022

作　　者/教育部财务司　国家统计局社会科技和文化产业统计司
责任编辑/罗　浩
执行编辑/宋怡璇
封面设计/李雪燕
出版发行/中国统计出版社有限公司
通信地址/北京市丰台区西三环南路甲 6 号　邮政编码/100073
发行电话/邮购（010）63376909　书店（010）68783171
网　　址/ http://www.zgtjcbs.com
印　　刷/河北鑫兆源印刷有限公司
经　　销/新华书店
开　　本/880×1230mm　1/16
字　　数/1320 千字
印　　张/41
版　　别/2023 年 4 月第 1 版
版　　次/2023 年 4 月第 1 次印刷
定　　价/368.00 元

《中国教育经费统计年鉴—2022》编辑委员会

前　言

《中国教育经费统计年鉴—2022》比较全面、系统地反映了2021年全国教育经费来源和使用的情况，为国家和地方编制教育发展规划、制定教育财政政策提供了重要的参考依据。它对于研究教育经费结构和使用效益有一定价值；对于各地之间的情况交流，提高教育财务管理水平，也将会起到促进作用。

全国教育经费统计资料的各项数据是从最基层单位开始填报，经过乡（镇）、县（市、区）、地（市）、省（自治区、直辖市）等教育主管部门层层汇总的。各级教育和统计部门对教育经费统计工作十分重视，从人员、时间、设备等方面给予了保证，并认真组织，按照准确、及时、完整的要求编制报表，保证了全国教育经费统计资料汇总工作的顺利完成。

教育部财务司组织了全国教育经费统计资料的审核、整理工作，以及全国教育经费统计分析的计算机程序编制工作。国家统计局社会科技和文化产业统计司对全国教育经费统计工作给予了很大的支持，并与教育部财务司联衔编印出版此年鉴。

目前，中国教育经费统计工作还处于充实、完善阶段，加之全国性教育经费统计涉及范围广，工作量大，因此在资料的收集、编排、整理等环节上难免有不足之处，诚望同志们提出批评和建议，以便今后加以改进，把教育经费统计工作做得更好。

编　者

2022年12月

目录

第一部分 全国教育经费收支

第二部分 各地区按来源分类教育经费收入

第三部分 各地区各级各类教育机构教育经费收入

第五部分　各地区各级各类教育机构财政补助支出明细

第六部分 各地区各级各类教育机构一般公共预算教育事业费和基本建设支出明细

第七部分　各地区教育和其他部门各级各类学校生均教育经费

第一部分

全国教育经费收支

1-1 全国教育

年份	合计（千元）	国家财政性教育经费	#一般公共预算教育经费	民办学校中举办者投入	捐赠收入	事业收入	#学费	其他教育经费
1991	73150282	61782860	48217992		6282097		3234756	1850569
1992	86704905	72875058	56493638		6962852		4393193	2473802
1993	105993744	86776183	67661503	333227	7018561		8714769	3151004
1994	148878126	117473956	93112851	1077952	9744871		14692281	5889066
1995	187795011	141152333	109294729	2036715	16284140		20124225	8197598
1996	226233935	167170455	128808414	2619989	18841895		26103612	11497984
1997	253173257	186254163	144126882	3017464	17065876		32607920	14227834
1998	294905918	203245257	165401831	4803140	14185373	60915149	36974735	11756999
1999	334904164	228717561	191136888	6289571	12586942	74971737	46361079	12338353
2000	384908058	256260557	219176521	8585372	11395569	93827167	59483043	14839393
2001	463766262	305700995	270565484	12808952	11288518	115751371	74560135	18216426
2002	548002776	349140475	325494252	17255487	12727910	146091688	92277917	22787216
2003	620826530	385062366	361909774	25901478	10459269	172183991	112149847	27219426
2004	724259892	446585748	424442091	34785288	9342038	201142680	134655173	32404138
2005	841883905	516107593	494603791	45221850	9316129	233999909	155305446	37238424
2006	981530865	634836475	613534811	54905830	8990776	240730422	155233010	42067362
2007	1214806630	828021421	809433686	8093374	9305839	317723573	213090822	51662423
2008	1450073742	1044962956	1021296753	6984793	10266633	336707107	234929828	51152253
2009	1650270650	1223109354	1197497528	7498291	12549905	352759391	251559826	54353709
2010	1956184707	1467006696	1416390290	10542536	10788394	410606635	301555934	57240446
2011	2386929356	1858670092	1782173800	11193198	11186751	442469266	331697419	63410049
2012	2865530519	2314756979	2031416851	12817531	9569193	461984036	350483008	66402780
2013	3036471815	2448821774	2140567150	14740887	8554445	492620868	373768686	71733841
2014	3280646093	2642058205	2257600985	13134764	7967003	542715808	405303926	74770313
2015	3612919267	2922145113	2586187400	18766195	8699601	580972390	431736109	82335968
2016	3888838503	3139625189	2770063252	20327326	8104474	627682918	477093392	93098597
2017	4256200690	3420775455	2991978381	22500611	8499744	695757339	529328150	108667542
2018	4614299799	3699577044	3199272981	24062098	9475745	773824986	589583432	107359927
2019	5017811662	4004654525	3464856852	22013039	10137523	872350208	668630236	108656368
2020	5303386810	4290815427	3631047281	22925156	11723547	870411767	676143023	107510913
2021	5787366927	4583530889	3746336473	24238215	14266540	1045751597	813065252	119579685

注：1.“其他教育经费”数据1991−1997年包含扣除“学费”后的事业收入；“民办学校中举办者投入”数据1993−2006年为社会团体和公民个人办学总经费；“一般公共预算教育经费”数据1991−2011年包括教育事业费、基本建设经费、教育费附加、科研经费和其他经费，2012年起仅包括教育事业费、基本建设经费和教育费附加，2015年起教育事业费包含地方教育附加和土地出让收益计提的教育资金。

2.表中“#”表示其中的主要项，以下同；表中“空格”表示无该项数据，下同。

经费总收入

构　成 (%)	国家财政性教育经费	#一般公共预算教育经费	民办学校中举办者投入	捐赠收入	事业收入	#学费	其　他教育经费
100.00	84.46	65.92		8.59		4.42	2.53
100.00	84.05	65.16		8.03		5.07	2.85
100.00	81.87	63.84	0.31	6.62		8.22	2.97
100.00	78.91	62.54	0.72	6.55		9.87	3.96
100.00	75.16	58.20	1.08	8.67		10.72	4.37
100.00	73.89	56.94	1.16	8.33		11.54	5.08
100.00	73.57	56.93	1.19	6.74		12.88	5.62
100.00	68.92	56.09	1.63	4.81	20.66	12.54	3.99
100.00	68.29	57.07	1.88	3.76	22.39	13.84	3.68
100.00	66.58	56.94	2.23	2.96	24.38	15.45	3.86
100.00	65.92	58.34	2.76	2.43	24.96	16.08	3.93
100.00	63.71	59.40	3.15	2.32	26.66	16.84	4.16
100.00	62.02	58.29	4.17	1.68	27.73	18.06	4.38
100.00	61.66	58.60	4.80	1.29	27.77	18.59	4.47
100.00	61.30	58.75	5.37	1.11	27.79	18.45	4.42
100.00	64.68	62.51	5.59	0.92	24.53	15.82	4.29
100.00	68.16	66.63	0.67	0.77	26.15	17.54	4.25
100.00	72.06	70.43	0.48	0.71	23.22	16.20	3.53
100.00	74.12	72.56	0.45	0.76	21.38	15.24	3.29
100.00	74.99	72.41	0.54	0.55	20.99	15.42	2.93
100.00	77.87	74.66	0.47	0.47	18.54	13.90	2.66
100.00	80.78	70.89	0.45	0.33	16.12	12.23	2.32
100.00	80.65	70.50	0.49	0.28	16.22	12.31	2.36
100.00	80.53	68.82	0.40	0.24	16.54	12.35	2.28
100.00	80.88	71.58	0.52	0.24	16.08	11.95	2.28
100.00	80.73	71.23	0.52	0.21	16.14	12.27	2.39
100.00	80.37	70.30	0.53	0.20	16.35	12.44	2.55
100.00	80.18	69.33	0.52	0.21	16.77	12.78	2.33
100.00	79.81	69.05	0.44	0.20	17.39	13.33	2.17
100.00	80.91	68.47	0.43	0.22	16.41	12.75	2.03
100.00	79.20	64.73	0.42	0.25	18.07	14.05	2.07

1-1 续表

指标	总计		
	合计	中央	地方
总计	**5787366927**	**584507537**	**5202859389**
一、国家财政性教育经费	4583530889	424745681	4158785208
1.一般公共预算安排的教育经费	4414870675	390724944	4024145732
(1)一般公共预算教育经费	3746336473	169082372	3577254100
①教育事业费	3506812538	160385815	3346426723
②基本建设经费	96831395	8696557	88134838
③教育费附加	142692540		142692540
(2)其他一般公共预算安排的教育经费	668534203	221642572	446891631
①科研经费	61806114	39667876	22138237
②其他	606728089	181974695	424753394
2.政府性基金预算安排的教育经费	121097737	2388063	118709674
#彩票公益金	4301527	81933	4219594
3.国有及国有控股企业办学中的企业拨款	2735235	346836	2388398
4.校办产业和社会服务收入用于教育的经费	7842445	5756421	2086024
5.其他属于国家财政性教育经费	36984797	25529417	11455380
二、民办学校中举办者投入	24238215		24238215
三、捐赠收入	14266540	6713497	7553043
#港澳台及海外捐赠	439035	168083	270951
四、事业收入	1045751597	118266258	927485340
#学费	813065252	39647892	773417360
五、其他教育经费	119579685	34782101	84797584

教育部门和其他部门			国有及国有控股企业办学			民办学校
合计	中央	地方	合计	中央	地方	地方
5066932342	**569065376**	**4497866966**	**28443710**	**15442161**	**13001549**	**691990874**
4478653015	411681576	4066971439	19461252	13064106	6397146	85416622
4314306105	378256765	3936049340	16228145	12468179	3759966	84336426
3650228635	158625332	3491603302	13855052	10457040	3398012	82252786
3418525612	151161102	3267364510	12374271	9224713	3149558	75912655
94017287	7464230	86553057	1371787	1232327	139460	1442320
137685736		137685736	108994		108994	4897810
664077470	219631433	444446038	2373092	2011139	361954	2083640
61673124	39627147	22045978	40780	40730	50	92209
602404346	180004286	422400060	2332313	1970409	361904	1991430
119977959	2184775	117793184	237965	203288	34677	881814
4296856	80958	4215898	1015	975	40	3657
			2735235	346836	2388398	
7584778	5712440	1872338	257666	43980	213686	
36784172	25527595	11256577	2242	1822	420	198383
						24238215
12032794	6709504	5323290	37890	3993	33897	2195856
422695	168083	254611				16340
470863440	116482772	354380668	7701120	1783486	5917635	567187037
283246206	38691734	244554472	5733136	956158	4776978	524085910
105383093	34191525	71191569	1243448	590577	652871	12953144

1-2 各级各类教育机构

学校类别	总 计	国家财政性教育经费	一般公共预算安排的教育经费	一般公共预算教育经费	教育事业费	基本建设经费	教育费附加	科研经费
总 计	**5787366927**	**4583530889**	**4414870675**	**3746336473**	**3506812538**	**96831395**	**142692540**	**61806114**
一、高等学校	1543559694	958837772	873475604	748535410	707570850	34281378	6683182	60208777
1.普通高等学校	1524154433	949563648	864814501	741074601	700374319	34151700	6548582	60203229
高等本科学校	1217114460	741424477	678805363	568480685	536114436	29499142	2867107	59968156
高职高专学校	307039973	208139171	186009139	172593916	164259883	4652558	3681475	235073
2.成人高等学校	19405261	9274124	8661103	7460809	7196531	129678	134600	5548
二、中等职业学校	296799982	260067892	234477838	208374510	191309739	3827911	13236860	54702
1.中等专业学校	138723367	122553265	110150291	97789597	89371179	2051479	6366940	21456
2.职业高中	104382335	94990655	84793863	76057786	69168693	1252341	5636752	16433
#农村	45979814	42571373	37412260	33979730	31312729	366191	2300809	10545
3.技工学校	43458510	33962186	31033888	27473146	26031042	504946	937158	8901
4.成人中专学校	10235770	8561785	8499796	7053981	6738825	19145	296011	7912
三、中 学	1560260580	1340229821	1317045152	1168235494	1080764681	30503443	56967370	171054
1.普通中学	1559605693	1339637672	1316455303	1167706797	1080254053	30503443	56949302	171054
普通高中	584117169	467873630	456118362	403216311	365467683	16474702	21273926	68032
#农村	224422721	179968050	175862649	156505032	148960616	1956211	5588206	31264
普通初中	975488523	871764042	860336940	764490486	714786369	14028741	35675376	103022
#农村	511669282	476176649	473217504	421152363	405946288	3065652	12140424	60694
2.成人中学	654888	592149	589850	528697	510628		18068	
四、小 学	1516367454	1401311454	1384764826	1226724446	1159455559	17422529	49846358	164332
1.普通小学	1516365908	1401309909	1384763280	1226722979	1159454092	17422529	49846358	164332
#农村	831488950	796054160	791733769	698627575	677395690	4376542	16855342	97622
2.成人小学	1545	1545	1545	1467	1467			
五、特殊教育	20768494	20478498	20187360	17509989	16398632	380662	730696	7330
1.特殊教育学校	19867588	19606061	19315421	16749985	15700894	363085	686006	7189
2.工读学校	900907	872437	871939	760004	697737	17577	44690	142
六、幼儿园	498597161	270045069	258852702	238708785	222532695	4084811	12091279	27662
#农村	203652395	124194191	119854046	110165224	104916874	1754003	3494346	19899
七、教育行政单位	40850769	39539360	38022406	32365015	30648603	950775	765637	204638
八、教育事业单位	85279158	71386402	68708768	59340805	56807441	871349	1662015	460183
九、其 他	224883635	221634621	219336019	46542018	41324338	4508537	709143	507435

教育经费收入情况(全国)

单位：千元

其 他	政府性基金预算安排的教育经费	#彩 票公益金	国有及国有控股企业办学中的企业拨款	校办产业和社会服务收入中用于教育的经费	其 他属于国家财 政 性教育经费	民办学校中举办者投 入	捐赠收入	事业收入	#学 费	其 他教育经费
606728089	**121097737**	**4301527**	**2735235**	**7842445**	**36984797**	**24238215**	**14266540**	**1045751597**	**813065252**	**119579685**
64731417	40296562	822438	1386020	6694788	36984797	5128420	8540936	493470612	324454423	77581954
63536672	40108957	819958	1380093	6275595	36984501	5128420	8531916	484066530	316970108	76863918
50356522	19721704	455621		6068346	36829064	3155910	8287667	394233747	243489848	70012660
13180149	20387253	364338	1380093	207249	155437	1972511	244250	89832783	73480260	6851258
1194745	187605	2480	5927	419193	296		9019	9404082	7484316	718036
26048626	24779780	921303	178894	631379		1167376	107709	29654809	18531533	5802196
12339238	12045448	807237	52099	305427		651055	47286	12940292	7740493	2531469
8719644	10151773	105496	8559	36461		427152	43985	7951351	5250224	969191
3421985	5156004	73155		3109		197950	30540	2838356	1735803	341596
3551841	2542767	5188	115396	270136		58112	14795	7231691	4531147	2191726
1437903	39793	3382	2840	19355		31057	1643	1531475	1009669	109810
148638604	22931435	1067544	218359	34875		8095871	2231222	195264901	167218730	14438765
148577451	22929136	1067544	218359	34875		8095871	2231211	195245059	167212348	14395879
52834019	11617863	376270	102530	34875		4531647	1351143	103957871	85645212	6402879
19326352	4022454	53583	80105	2843		2286892	670930	39624056	31769178	1872793
95743432	11311273	691274	115829			3564224	880069	91287188	81567136	7993000
52004447	2869889	195193	89257			2097128	477273	30191313	26209397	2726919
61153	2299						11	19842	6382	42886
157876047	16483113	848224	63515			3946618	1377174	98272464	89518415	11459744
157875969	16483113	848224	63515			3946618	1377174	98272464	89518415	11459744
93008573	4315741	420033	4649			2184100	604596	28261507	24613372	4384587
78										
2670040	291138	54268				4897	28946	103945	73519	152208
2558247	290640	54247				3640	28539	81515	62260	147832
111793	498	21				1256	407	22430	11259	4376
20116256	10299898	169836	888446	4023		5895033	592663	216309618	212780528	5754777
9668924	4251131	79606	87533	1481		2055547	135006	75614186	74345516	1653464
5452753	1516955	111093					83219	153057		1075132
8907780	2239052	245605		438582			1296908	10119481		2476367
172286566	2259804	61215		38798			7763	2402711	488104	838541

1-3 各级各类教育机构

学校类别	总计	国家财政性教育经费	一般公共预算安排的教育经费	一般公共预算教育经费	教育事业费	基本建设经费	教育费附加	科研经费
总计	**607821535**	**448059679**	**416123169**	**187824537**	**178225806**	**9556421**	**42310**	**43154257**
一、高等学校	413933079	263635050	232019171	172245360	163226748	8988859	29753	42855861
1.普通高等学校	410940256	263059658	231758850	172057822	163039210	8988859	29753	42855861
高等本科学校	407274982	260797609	229990406	170385517	161534063	8821701	29753	42854752
高职高专学校	3665274	2262048	1768444	1672305	1505147	167158		1109
2.成人高等学校	2992823	575393	260320	187538	187538			
二、中等职业学校	1342123	828255	790542	689975	597111	92864		100
1.中等专业学校	854254	669833	647979	553211	460347	92864		100
2.职业高中	15531	15531	15531	13248	13248			
#农村	6703	6703	6703	5927	5927			
3.技工学校	303859	119886	104027	103573	103573			
4.成人中专学校	168479	23005	23005	19942	19942			
三、中学	7082393	5795267	5786582	5099420	4976186	113713	9520	3498
1.普通中学	7082393	5795267	5786582	5099420	4976186	113713	9520	3498
普通高中	3871354	2864459	2864338	2586482	2513038	67745	5698	316
#农村	492570	412853	412732	379190	375540	3650		
普通初中	3211039	2930808	2922244	2512938	2463148	45968	3822	3182
#农村	1416135	1408207	1407927	1148971	1133573	15398		3027
2.成人中学								
四、小学	4741790	4508474	4502496	3831926	3663359	168567		5094
1.普通小学	4741790	4508474	4502496	3831926	3663359	168567		5094
#农村	2523554	2479035	2478531	2024021	1998130	25891		4869
2.成人小学								
五、特殊教育	7056	7056	7056	4719	4719			
1.特殊教育学校	7056	7056	7056	4719	4719			
2.工读学校								
六、幼儿园	2761323	1689951	1567615	1426731	1392146	31548	3037	207
#农村	612804	574042	572916	504039	486525	17514		187
七、教育行政单位	696637	673349	663831	529286	506121	23165		11734
八、教育事业单位	8279991	2953447	2820882	2532142	2505122	27020		144765
九、其他	168977144	167968829	167964994	1464978	1354293	110686		133000

教育经费收入情况(中央)

单位：千元

其　他	政府性基金预算安排的教育经费	#彩　票公益金	国有及国有控股企业办学中的企业拨款	校办产业和社会服务收入中用于教育的经费	其　他属于国家财政性教育经费	民办学校中举办者投　入	捐赠收入	事业收入	#学　费	其　他教育经费
185144374	**2388243**	**72113**	**346836**	**5756421**	**23445011**		**6713497**	**118266258**	**39647892**	**34782101**
16917950	2272995	59583	215754	5682120	23445011		5469066	112187002	38111057	32641960
16845167	2237549	59583	215754	5402544	23444961		5467894	109892672	36050308	32520032
16750137	1961653	59583		5400928	23444622		5467626	108684070	35377745	32325677
95030	275896		215754	1616	339		268	1208603	672563	194355
72782	35447			279576	50		1172	2294329	2060750	121928
100467	3710		10113	23891				368273	245256	145594
94668	3710			18144				104587	47961	79834
2282										
776										
454			10113	5747				139965	76170	44008
3063								123721	121125	21752
683664	8580	414	105				18567	357741	233435	910818
683664	8580	414	105				18567	357741	233435	910818
277540	16	16	105				17791	355720	233435	633383
33542	16	16	105				8902	35532	29842	35282
406125	8564	398					776	2021		277435
255928	280	280					13	668		7247
665476	5978	629					4072	1467		227777
665476	5978	629					4072	1467		227777
449641	504	493					63	149		44308
2337										
2337										
140678	32	21	120865	1440			13992	928405	879727	128974
68690	32	21	1095				431	34790	33550	3541
122811	9518									23288
143974	87431	11465		45135			1207406	3640023		479114
166367016				3835			392	783346	178416	224576

1-4 各级各类教育机构

学校类别	总　计	国家财政性教育经费	一般公共预算安排的教育经费	一般公共预算教育经费	教育事业费	基本建设经费	教育费附加	科研经费
总　　计	**5179545392**	**4135471210**	**3998747507**	**3558511936**	**3328586732**	**87274974**	**142650230**	**18651856**
一、高等学校	1129626615	695202721	641456433	576290050	544344102	25292519	6653429	17352916
1.普通高等学校	1113214177	686503990	633055651	569016779	537335109	25162841	6518828	17347368
高等本科学校	809839478	480626867	448814956	398095168	374580373	20677441	2837354	17113404
高职高专学校	303374699	205877123	184240695	170921611	162754736	4485400	3681475	233964
2.成人高等学校	16412438	8698731	8400782	7273271	7008993	129678	134600	5548
二、中等职业学校	295457860	259239636	233687296	207684535	190712628	3735047	13236860	54602
1.中等专业学校	137869113	121883432	109502312	97236386	88910832	1958615	6366940	21356
2.职业高中	104366804	94975125	84778333	76044538	69155445	1252341	5636752	16433
#农村	45973111	42564670	37405556	33973803	31306802	366191	2300809	10545
3.技工学校	43154651	33842300	30929861	27369572	25927469	504946	937158	8901
4.成人中专学校	10067292	8538779	8476791	7034039	6718882	19145	296011	7912
三、中　学	1553178187	1334434554	1311258570	1163136074	1075788495	30389729	56957850	167556
1.普通中学	1552523300	1333842405	1310668721	1162607377	1075277866	30389729	56939782	167556
普通高中	580245816	465009170	453254024	400629829	362954645	16406957	21268228	67716
#农村	223930151	179555197	175449916	156125842	148585076	1952560	5588206	31264
普通初中	972277484	868833234	857414696	761977548	712323221	13982773	35671554	99840
#农村	510253146	474768442	471809577	420003392	404812715	3050254	12140424	57666
2.成人中学	654888	592149	589850	528697	510628		18068	
四、小　学	1511625663	1396802980	1380262330	1222892521	1155792200	17253962	49846358	159238
1.普通小学	1511624118	1396801434	1380260785	1222891054	1155790733	17253962	49846358	159238
#农村	828965396	793575125	789255238	696603553	675397560	4350651	16855342	92752
2.成人小学	1545	1545	1545	1467	1467			
五、特殊教育	20761438	20471442	20180304	17505271	16393913	380662	730696	7330
1.特殊教育学校	19860532	19599005	19308365	16745267	15696176	363085	686006	7189
2.工读学校	900907	872437	871939	760004	697737	17577	44690	142
六、幼儿园	495835838	268355118	257285087	237282054	221140549	4053263	12088242	27455
#农村	203039591	123620149	119281130	109661184	104430349	1736489	3494346	19712
七、教育行政单位	40154131	38866012	37358574	31835728	30142481	927610	765637	192904
八、教育事业单位	76999167	68432956	65887887	56808662	54302318	844329	1662015	315418
九、其　他	55906491	53665791	51371025	45077040	39970046	4397851	709143	374435

教育经费收入情况(地方)

单位：千元

其　他	政府性基金预算安排的教育经费	#彩　票公益金	国有及国有控股企业办学中的企业拨款	校办产业和社会服务收入中用于教育的经费	其　他属于国家财政性教育经费	民办学校中举办者投　入	捐赠收入	事业收入	#学　费	其　他教育经费
421583715	**118709494**	**4229414**	**2388398**	**2086024**	**13539787**	**24238215**	**7553043**	**927485340**	**773417360**	**84797584**
47813467	38023567	762856	1170266	1012668	13539787	5128420	3071869	381283611	286343366	44939994
46691504	37871409	760376	1164339	873051	13539540	5128420	3064022	374173858	280919800	44343886
33606385	17760052	396038		667418	13384442	3155910	2820041	285549677	208112103	37686983
13085119	20111357	364338	1164339	205633	155098	1972511	243982	88624181	72807697	6656904
1121963	152158	2480	5927	139617	246		7847	7109753	5423566	596108
25948159	24776071	921303	168782	607488		1167376	107709	29286535	18286277	5656602
12244570	12041738	807237	52099	287283		651055	47286	12835705	7692532	2451635
8717362	10151773	105496	8559	36461		427152	43985	7951351	5250224	969191
3421209	5156004	73155		3109		197950	30540	2838356	1735803	341596
3551387	2542767	5188	105283	264390		58112	14795	7091726	4454977	2147718
1434840	39793	3382	2840	19355		31057	1643	1407754	888544	88058
147954940	22922855	1067130	218254	34875		8095871	2212655	194907160	166985295	13527948
147893787	22920556	1067130	218254	34875		8095871	2212645	194887318	166978913	13485062
52556479	11617846	376254	102425	34875		4531647	1333352	103602151	85411776	5769496
19292810	4022438	53567	80000	2843		2286892	662028	39588524	31739337	1837511
95337308	11302710	690876	115829			3564224	879293	91285167	81567136	7715566
51748519	2869608	194913	89257			2097128	477259	30190645	26209397	2719672
61153	2299						11	19842	6382	42886
157210571	16477134	847595	63515			3946618	1373102	98270997	89518415	11231967
157210493	16477134	847595	63515			3946618	1373102	98270997	89518415	11231967
92558932	4315238	419539	4649			2184100	604533	28261358	24613372	4340279
78										
2667702	291138	54268				4897	28946	103945	73519	152208
2555909	290640	54247				3640	28539	81515	62260	147832
111793	498	21				1256	407	22430	11259	4376
19975578	10299866	169815	767582	2583		5895033	578671	215381213	211900801	5625803
9600234	4251099	79585	86438	1481		2055547	134576	75579396	74311967	1649924
5329942	1507437	111093					83219	153057		1051843
8763806	2151622	234140		393447			89501	6479458		1997252
5919550	2259804	61215		34963			7371	1619364	309688	613965

1-5 各级各类教育机构教育

学校类别	总　计	国家财政性教育经费	一般公共预算安排的教育经费	一般公共预算教育经费	教育事业费	基本建设经费	教育费附加	科研经费
总　计	**5063421272**	**4475141945**	**4310799830**	**3647105506**	**3415438581**	**94015026**	**137651899**	**61657147**
一、高等学校	1350087941	928290886	845121184	721851983	682975222	32353717	6523044	60075173
1.普通高等学校	1330961498	919094943	836529582	714442972	675829089	32224039	6389844	60069624
高等本科学校	1069129970	722459385	660472022	551344654	520758640	27800046	2785969	59840015
高职高专学校	261831529	196635559	176057559	163098318	155070449	4423993	3603876	229609
2.成人高等学校	19126443	9195943	8591603	7409011	7146134	129678	133199	5548
二、中等职业学校	269223533	251214080	226059280	200257110	183601481	3732786	12922843	54592
1.中等专业学校	127238364	118332024	106102450	93846022	85696191	1958055	6191775	21346
2.职业高中	95927032	92754872	82572329	73918934	67102687	1252341	5563906	16433
#农村	42988431	41734629	36578080	33197799	30559656	366191	2271952	10545
3.技工学校	36990314	31756667	29053813	25602986	24226126	503244	873616	8901
4.成人中专学校	9067824	8370517	8330688	6889167	6576476	19145	293545	7912
三、中　学	1368544102	1316450513	1293731834	1146315916	1060866496	30140990	55308430	165049
1.普通中学	1367889215	1315858364	1293141984	1145787219	1060355867	30140990	55290362	165049
普通高中	504269189	460572412	449033866	396701213	359844729	16170835	20685649	67694
#农村	194744622	176438451	172501060	153374041	146377511	1723528	5273001	31264
普通初中	863620026	855285952	844108118	749086006	700511138	13970155	34604713	97355
#农村	471830148	468793739	465963956	414362963	399283134	3050254	12029575	57329
2.成人中学	654888	592149	589850	528697	510628		18068	
四、小　学	1392638362	1380094306	1363692791	1206614080	1141382826	17171728	48059526	157247
1.普通小学	1392636816	1380092761	1363691246	1206612613	1141381359	17171728	48059526	157247
#农村	792767148	787661607	783366850	690875099	669837985	4350651	16686463	92350
2.成人小学	1545	1545	1545	1467	1467			
五、特殊教育	20578196	20378274	20087136	17413307	16304464	380662	728181	7330
1.特殊教育学校	19698008	19513077	19222437	16660543	15611589	363085	685869	7189
2.工读学校	880188	865197	864699	752764	692876	17577	42312	142
六、幼儿园	312339828	247093429	236893288	217151938	202125793	4053063	10973081	25499
#农村	143811502	116390343	112157770	102668537	97696904	1736289	3235344	18376
七、教育行政单位	40409680	39121560	37614123	31993510	30300262	927610	765637	204638
八、教育事业单位	85033752	71161818	68560149	59211923	56693289	856619	1662015	460183
九、其　他	224565878	221337077	219040046	46295741	41188747	4397851	709143	507435

经费收入情况(教育和其他部门)

单位：千元

其 他	政府性基金预算安排的教育经费	#彩 票公益金	国有及国有控股企业办学中的企业拨款	校办产业和社会服务收入中用于教育的经费	其 他属于国家财政性教育经费	民办学校中举办者投入	捐赠收入	事业收入	#学 费	其 他教育经费
602037177	**119973164**	**4296766**		**7584778**	**36784172**		**12032794**	**470863440**	**283246206**	**105383093**
63194028	39723372	822438		6662157	36784172		7492459	343871079	191808178	70433518
62016985	39535767	819958		6245668	36783926		7483439	334659854	184416793	69723261
49287353	19301694	455621		6054643	36631024		7321735	274339476	135980272	65009374
12729633	20234073	364338		191025	152902		161705	60320379	48436521	4713887
1177043	187605	2480		416489	246		9019	9211224	7391385	710256
25747577	24742864	921236		411937			86984	13040062	5285577	4882407
12235082	12011672	807171		217902			39402	6673504	2701383	2193434
8636962	10149139	105496		33405			38911	2401527	781377	731722
3369736	5153440	73155		3109			28705	971714	210117	253383
3441926	2542260	5188		160594			7371	3339246	1520452	1887029
1433608	39793	3382		36			1300	625785	282365	70222
147250869	22683805	1066070		34875			1553995	38858661	26023638	11680932
147189716	22681506	1066070		34875			1553985	38838819	26017256	11638046
52264959	11503671	375607		34875			1053357	37362574	26017256	5280846
19095755	3934548	53483		2843			510159	16138614	11228807	1657398
94924758	11177834	690463					500628	1476245		6357200
51543665	2829783	194715					292717	417468		2326223
61153	2299						11	19842	6382	42886
156921465	16401515	847055					1140199	1656596		9747260
156921386	16401515	847055					1140199	1656596		9747260
92399402	4294756	419284					514532	620487		3970523
78										
2666498	291138	54268					26052	28103	2415	145767
2554705	290640	54247					25845	17692	2415	141393
111793	498	21					207	10411		4374
19715851	10200142	167785					345214	60745793	59638293	4155392
9470856	4232573	77950					96210	26039112	25614588	1285837
5415976	1507437	111093					83219	153057		1051843
8888043	2163087	245605		438582			1296908	10115327		2459700
172236869	2259804	61215		37228			7763	2394763	488104	826275

1-6 各级各类教育机构

学校类别	总计	国家财政性教育经费	一般公共预算安排的教育经费	一般公共预算教育经费	教育事业费	基本建设经费	教育费附加	科研经费
总　计	**591986298**	**434602497**	**403262063**	**177002724**	**168636320**	**8324094**	**42310**	**43113527**
一、高等学校	408414727	259842880	228561312	169307263	160965706	8311804	29753	42824029
1.普通高等学校	405535234	259325632	228357033	169160269	160818712	8311804	29753	42824029
高等本科学校	404417264	258658670	227880992	168720494	160378937	8311804	29753	42822920
高职高专学校	1117969	666962	476041	439775	439775			1109
2.成人高等学校	2879494	517248	204279	146995	146995			
二、中等职业学校	316241	113753	113753	96580	96580			
1.中等专业学校	188871	112064	112064	94891	94891			
2.职业高中								
#农村								
3.技工学校								
4.成人中专学校	127370	1689	1689	1689	1689			
三、中　学	3571341	2394705	2394705	2294412	2284891		9520	
1.普通中学	3571341	2394705	2394705	2294412	2284891		9520	
普通高中	2520680	1608369	1608369	1529313	1523615		5698	
#农村	218396	159963	159963	154443	154443			
普通初中	1050660	786336	786336	765098	761276		3822	
#农村	9751	9384	9384	2625	2625			
2.成人中学								
四、小　学	1071904	898653	898653	870088	870088			
1.普通小学	1071904	898653	898653	870088	870088			
#农村	45112	13015	13015	8292	8292			
2.成人小学								
五、特殊教育								
1.特殊教育学校								
2.工读学校								
六、幼儿园	1662565	696809	696809	654638	651601		3037	
#农村	35357	24490	24490	14322	14322			
七、教育行政单位	255549	255549	255549	157781	157781			11734
八、教育事业单位	8034585	2728862	2672262	2403260	2390970	12290		144765
九、其　他	168659386	167671286	167669021	1218701	1218701			133000

教育经费收入情况(中央教育和其他部门)

单位：千元

其　他	政府性基金预算安排的教育经费	#彩　票公益金	国有及国有控股企业办学中的企业拨款	校办产业和社会服务收入中用于教育的经费	其　他属于国家财政性教育经费	民办学校中举办者投　入	捐赠收入	事业收入	#学　费	其　他教育经费
183145812	**2184865**	**71048**		**5712440**	**23443128**		**6709504**	**116482772**	**38691734**	**34191525**
16430019	2173400	59583		5665040	23443128		5468576	110774746	37400503	32328525
16372735	2137954	59583		5387518	23443128		5467404	108535560	35364525	32206637
16337578	1947653	59583		5387226	23442800		5467404	108121267	35060735	32169923
35157	190301			292	329			414294	303790	36713
57284	35447			277523			1172	2239185	2035978	121888
17173								175320	144308	27168
17173								52527	23477	24280
								122793	120831	2887
100294							15604	282214	174644	878818
100294							15604	282214	174644	878818
79056							14916	281847	174644	615549
5520							8902	14540	11631	34991
21238							688	367		263269
6760										367
28565							3926	26		169299
28565							3926	26		169299
4723							41			32056
42171							13600	839199	793864	112957
10168							58	9592	9227	1218
86034										
124237	11465	11465		45135			1207406	3635869		462448
166317319				2265			392	775399	178416	212310

1-7 各级各类教育机构

学校类别	总计	国家财政性教育经费	一般公共预算安排的教育经费	一般公共预算教育经费	教育事业费	基本建设经费	教育费附加	科研经费
总计	**4471434975**	**4040539448**	**3907537766**	**3470102782**	**3246802261**	**85690932**	**137609589**	**18543619**
一、高等学校	941673214	668448006	616559873	552544720	522009516	24041913	6493290	17251144
1.普通高等学校	925426265	659769311	608172549	545282703	515010377	23912235	6360091	17245595
高等本科学校	664712705	463800715	432591031	382624161	360379703	19488242	2756215	17017095
高职高专学校	260713560	195968596	175581518	162658543	154630674	4423993	3603876	228500
2.成人高等学校	16246949	8678695	8387324	7262017	6999139	129678	133199	5548
二、中等职业学校	268907292	251100327	225945527	200160530	183504901	3732786	12922843	54592
1.中等专业学校	127049492	118219960	105990386	93751131	85601300	1958055	6191775	21346
2.职业高中	95927032	92754872	82572329	73918934	67102687	1252341	5563906	16433
#农村	42988431	41734629	36578080	33197799	30559656	366191	2271952	10545
3.技工学校	36990314	31756667	29053813	25602986	24226126	503244	873616	8901
4.成人中专学校	8940454	8368828	8328999	6887478	6574787	19145	293545	7912
三、中学	1364972761	1314055808	1291337129	1144021504	1058581604	30140990	55298910	165049
1.普通中学	1364317874	1313463659	1290747279	1143492807	1058070976	30140990	55280842	165049
普通高中	501748509	458964043	447425497	395171900	358321115	16170835	20679951	67694
#农村	194526226	176278488	172341097	153219598	146223068	1723528	5273001	31264
普通初中	862569365	854499616	843321782	748320907	699749861	13970155	34600891	97355
#农村	471820397	468784355	465954572	414360338	399280509	3050254	12029575	57329
2.成人中学	654888	592149	589850	528697	510628		18068	
四、小学	1391566458	1379195654	1362794138	1205743992	1140512738	17171728	48059526	157247
1.普通小学	1391564912	1379194108	1362792593	1205742524	1140511271	17171728	48059526	157247
#农村	792722037	787648591	783353835	690866807	669829693	4350651	16686463	92350
2.成人小学	1545	1545	1545	1467	1467			
五、特殊教育	20578196	20378274	20087136	17413307	16304464	380662	728181	7330
1.特殊教育学校	19698008	19513077	19222437	16660543	15611589	363085	685869	7189
2.工读学校	880188	865197	864699	752764	692876	17577	42312	142
六、幼儿园	310677263	246396621	236196479	216497299	201474192	4053063	10970044	25499
#农村	143776145	116365853	112133280	102654216	97682583	1736289	3235344	18376
七、教育行政单位	40154131	38866012	37358574	31835728	30142481	927610	765637	192904
八、教育事业单位	76999167	68432956	65887887	56808662	54302318	844329	1662015	315418
九、其他	55906491	53665791	51371025	45077040	39970046	4397851	709143	374435

教育经费收入情况(地方教育和其他部门)

单位：千元

其　他	政府性基金预算安排的教育经费	#彩　票公益金	国有及国有控股企业办学中的企业拨款	校办产业和社会服务收入中用于教育的经费	其　他属于国家财政性教育经费	民办学校中举办者投　入	捐赠收入	事业收入	#学　费	其　他教育经费
418891365	**117788299**	**4225718**		**1872338**	**13341044**		**5323290**	**354380668**	**244554472**	**71191569**
46764009	37549972	762856		997117	13341044		2023882	233096333	154407676	38104993
45644250	37397814	760376		858151	13340798		2016035	226124294	149052268	37516624
32949775	17354042	396038		667418	13188225		1854331	166218209	100919537	32839451
12694476	20043772	364338		190733	152573		161705	59906085	48132731	4677173
1119759	152158	2480		138966	246		7847	6972039	5355408	588368
25730404	24742864	921236		411937			86984	12864741	5141269	4855239
12217909	12011672	807171		217902			39402	6620977	2677906	2169154
8636962	10149139	105496		33405			38911	2401527	781377	731722
3369736	5153440	73155		3109			28705	971714	210117	253383
3441926	2542260	5188		160594			7371	3339246	1520452	1887029
1433608	39793	3382		36			1300	502991	161534	67335
147150575	22683805	1066070		34875			1538392	38576448	25848994	10802114
147089423	22681506	1066070		34875			1538381	38556606	25842612	10759228
52185903	11503671	375607		34875			1038441	37080727	25842612	4665297
19090235	3934548	53483		2843			501257	16124075	11217176	1622407
94903520	11177834	690463					499940	1475878		6093931
51536905	2829783	194715					292717	417468		2325856
61153	2299						11	19842	6382	42886
156892900	16401515	847055					1136273	1656570		9577961
156892821	16401515	847055					1136273	1656570		9577961
92394678	4294756	419284					514491	620487		3938467
78										
2666498	291138	54268					26052	28103	2415	145767
2554705	290640	54247					25845	17692	2415	141393
111793	498	21					207	10411		4374
19673680	10200142	167785					331615	59906594	58844430	4042434
9460688	4232573	77950					96152	26029520	25605361	1284620
5329942	1507437	111093					83219	153057		1051843
8763806	2151622	234140		393447			89501	6479458		1997252
5919550	2259804	61215		34963			7371	1619364	309688	613965

1-8 各级各类教育机构

学校类别	总计	国家财政性教育经费	一般公共预算安排的教育经费	一般公共预算教育经费	教育事业费	基本建设经费	教育费附加	科研经费
总　计	**29002257**	**20019799**	**16786601**	**14381656**	**12900174**	**1371787**	**109695**	**40780**
一、高等学校	10570022	6426967	4880979	4120327	3391272	727055	2000	31882
1.普通高等学校	10301149	6350893	4813586	4070636	3341581	727055	2000	31882
高等本科学校	2914866	2142459	2112935	1668544	1158647	509897		31832
高职高专学校	7386284	4208433	2700651	2402092	2182934	217158	2000	50
2.成人高等学校	268872	76074	67393	49691	49691			
二、中等职业学校	3036974	1794034	1391481	1195199	1055182	92864	47153	100
1.中等专业学校	1296627	920058	776725	688154	580829	92864	14462	100
2.职业高中	144038	54473	42858	40257	40257			
#农村	6703	6703	6703	5927	5927			
3.技工学校	1520202	769434	543989	441942	409262		32680	
4.成人中专学校	76108	50069	27909	24846	24835		12	
三、中　学	4073200	3734218	3507279	2920410	2794046	120939	5426	3498
1.普通中学	4073200	3734218	3507279	2920410	2794046	120939	5426	3498
普通高中	1554911	1365094	1262548	1063747	995091	67745	912	316
#农村	412319	335867	255745	227724	223258	3650	815	
普通初中	2518289	2369123	2244731	1856663	1798955	53193	4514	3182
#农村	1572693	1504784	1415247	1163051	1147223	15398	430	3027
2.成人中学								
四、小　学	4327233	4130557	4061064	3414804	3141003	250801	23000	5094
1.普通小学	4327233	4130557	4061064	3414804	3141003	250801	23000	5094
#农村	2534577	2492671	2487518	2037552	2011417	25891	243	4869
2.成人小学								
五、特殊教育	7056	7056	7056	4719	4719			
1.特殊教育学校	7056	7056	7056	4719	4719			
2.工读学校								
六、幼儿园	5983520	2987038	2085868	1979533	1915869	31548	32116	207
#农村	1309378	859626	770542	709910	689379	17514	3017	187
七、教育行政单位	441089	417800	408283	371505	348340	23165		
八、教育事业单位	245406	224585	148619	128882	114152	14730		
九、其　他	317757	297544	295973	246277	135591	110686		

教育经费收入情况(国有及国有控股企业办)

单位：千元

其 他	政府性基金预算安排的教育经费	#彩 票 公益金	国有及国有控股企业办学中的企业拨款	校办产业和社会服务收入中用于教育的经费	其 他 属于国家财政性教育经费	民办学校中举办者投入	捐赠收入	事业收入	#学 费	其 他 教育经费
2364165	**238055**	**1105**	**2735235**	**257666**	**2242**		**37890**	**7701120**	**5733136**	**1243448**
728770	125095		1386020	32631	2242		6060	3425081	1983315	711913
711068	125095		1380093	29927	2192		6060	3240055	1898205	704141
412559	14000			13702	1822		222	596622	341329	175563
298509	111095		1380093	16225	370		5838	2643433	1556875	528578
17702			5927	2704	50			185027	85111	7771
196182	4216		178894	219442			8881	970915	546239	263145
88471	3710		52099	87525				247632	101138	128936
2601			8559	3056			2007	79075	57462	8483
776										
102048	507		115396	109542			6873	637940	382153	105954
3063			2840	19319				6268	5486	19771
583371	8580	414	218359				3143	292922	260700	42917
583371	8580	414	218359				3143	292922	260700	42917
198484	16	16	102530				2876	167936	148179	19005
28021	16	16	80105					75188	68253	1265
384887	8564	398	115829				268	124986	112522	23912
249169	280	280	89257				193	53243	48174	14473
641166	5978	629	63515				176	134216	119621	62284
641166	5978	629	63515				176	134216	119621	62284
445097	504	493	4649				51	27738	19229	14117
2337										
2337										
106128	8701	61	888446	4023			19629	2865885	2823261	110967
60445	70	21	87533	1481			14880	425062	420928	9810
36777	9518									23288
19737	75966							4154		16667
49696				1570				7947		12266

1-9 各级各类教育机构

学校类别	总计	国家财政性教育经费	一般公共预算安排的教育经费	一般公共预算教育经费	教育事业费	基本建设经费	教育费附加	科研经费
总计	**15835237**	**13457182**	**12861105**	**10821812**	**9589486**	**1232327**		**40730**
一、高等学校	5518351	3792170	3457859	2938097	2261042	677055		31832
1.普通高等学校	5405022	3734025	3401817	2897553	2220498	677055		31832
高等本科学校	2857718	2138939	2109415	1665024	1155127	509897		31832
高职高专学校	2547304	1595086	1292403	1232530	1065372	167158		
2.成人高等学校	113329	58145	56042	40544	40544			
二、中等职业学校	1025881	714502	676789	593395	500531	92864		100
1.中等专业学校	665383	557769	535915	458320	365456	92864		100
2.职业高中	15531	15531	15531	13248	13248			
#农村	6703	6703	6703	5927	5927			
3.技工学校	303859	119886	104027	103573	103573			
4.成人中专学校	41109	21316	21316	18253	18253			
三、中学	3511052	3400562	3391877	2805008	2691295	113713		3498
1.普通中学	3511052	3400562	3391877	2805008	2691295	113713		3498
普通高中	1350673	1256090	1255969	1057169	989424	67745		316
#农村	274174	252890	252769	224747	221097	3650		
普通初中	2160379	2144472	2135908	1747840	1701872	45968		3182
#农村	1406384	1398823	1398543	1146346	1130948	15398		3027
2.成人中学								
四、小学	3669886	3609821	3603843	2961838	2793271	168567		5094
1.普通小学	3669886	3609821	3603843	2961838	2793271	168567		5094
#农村	2478442	2466020	2465516	2015729	1989838	25891		4869
2.成人小学								
五、特殊教育	7056	7056	7056	4719	4719			
1.特殊教育学校	7056	7056	7056	4719	4719			
2.工读学校								
六、幼儿园	1098758	993143	870806	772092	740545	31548		207
#农村	577446	549553	548426	489718	472204	17514		187
七、教育行政单位	441089	417800	408283	371505	348340	23165		
八、教育事业单位	245406	224585	148619	128882	114152	14730		
九、其他	317757	297544	295973	246277	135591	110686		

教育经费收入情况(中央国有及国有控股企业办)

单位：千元

其　他	政府性基金预算安排的教育经费	#彩　票公益金	国有及国有控股企业办学中的企业拨款	校办产业和社会服务收入中用于教育的经费	其　他属于国家财政性教育经费	民办学校中举办者投　入	捐赠收入	事业收入	#学　费	其　他教育经费
1998563	**203378**	**1065**	**346836**	**43980**	**1882**		**3993**	**1783486**	**956158**	**590577**
487930	99595		215754	17080	1882		490	1412256	710555	313435
472432	99595		215754	15026	1832		490	1357112	685783	313395
412559	14000			13702	1822		222	562803	317009	155754
59873	85595		215754	1324	10		268	794309	368773	157641
15498				2053	50			55144	24772	40
83294	3710		10113	23891				192953	100948	118426
77495	3710			18144				52060	24485	55554
2282										
776										
454			10113	5747				139965	76170	44008
3063								928	294	18864
583371	8580	414	105				2963	75528	58792	31999
583371	8580	414	105				2963	75528	58792	31999
198484	16	16	105				2876	73873	58792	17834
28021	16	16	105					20992	18211	291
384887	8564	398					88	1654		14165
249169	280	280					13	668		6880
636912	5978	629					147	1441		58477
636912	5978	629					147	1441		58477
444918	504	493					22	149		12252
2337										
2337										
98507	32	21	120865	1440			393	89207	85863	16017
58522	32	21	1095				373	25198	24323	2323
36777	9518									23288
19737	75966							4154		16667
49696				1570				7947		12266

1-10　各级各类教育机构

学校类别	总　计	国家财政性教育经费						
			一般公共预算安排的教育经费					
				一般公共预算教育经费				科研经费
					教　育事业费	基本建设经　费	教育费附　加	
总　计	**13167019**	**6562616**	**3925496**	**3559844**	**3310689**	**139460**	**109695**	**50**
一、高等学校	5051670	2634797	1423120	1182230	1130230	50000	2000	50
1.普通高等学校	4896127	2616868	1411768	1173083	1121083	50000	2000	50
高等本科学校	57148	3520	3520	3520	3520			
高职高专学校	4838979	2613348	1408248	1169562	1117562	50000	2000	50
2.成人高等学校	155543	17929	11351	9147	9147			
二、中等职业学校	2011093	1079532	714692	601804	554651		47153	
1.中等专业学校	631244	362289	240810	229835	215373		14462	
2.职业高中	128507	38942	27327	27009	27009			
#农村								
3.技工学校	1216342	649548	439962	338368	305688		32680	
4.成人中专学校	34999	28753	6593	6593	6582		12	
三、中　学	562148	333656	115402	115402	102750	7225	5426	
1.普通中学	562148	333656	115402	115402	102750	7225	5426	
普通高中	204238	109004	6579	6579	5667		912	
#农村	138145	82977	2977	2977	2161		815	
普通初中	357910	224652	108823	108823	97084	7225	4514	
#农村	166309	105961	16705	16705	16275		430	
2.成人中学								
四、小　学	657347	520736	457221	452967	347732	82235	23000	
1.普通小学	657347	520736	457221	452967	347732	82235	23000	
#农村	56135	26651	22002	21823	21579		243	
2.成人小学								
五、特殊教育								
1.特殊教育学校								
2.工读学校								
六、幼儿园	4884761	1993896	1215061	1207441	1175325		32116	
#农村	731932	310073	222116	220192	217175		3017	
七、教育行政单位								
八、教育事业单位								
九、其　他								

教育经费收入情况(地方国有及国有控股企业办)

单位：千元

其 他	政府性基金预算安排的教育经费	#彩 票 公益金	国有及国有控股企业办学中的企业拨款	校办产业和社会服务收入中用于教育的经费	其 他 属于国家财政性教育经费	民办学校中举办者投入	捐赠收入	事业收入	#学 费	其 他 教育经费
365602	**34677**	**40**	**2388398**	**213686**	**360**		**33897**	**5917635**	**4776978**	**652871**
240840	25500		1170266	15552	360		5570	2012826	1272760	398477
238636	25500		1164339	14900	360		5570	1882943	1212422	390746
								33818	24320	19809
238636	25500		1164339	14900	360		5570	1849124	1188102	370937
2204			5927	651				129883	60339	7731
112888	507		168782	195552			8881	777962	445291	144719
10975			52099	69381				195572	76653	73382
318			8559	3056			2007	79075	57462	8483
101594	507		105283	103796			6873	497975	305983	61946
			2840	19319				5340	5192	907
			218254				180	217394	201909	10918
			218254				180	217394	201909	10918
			102425					94063	89387	1171
			80000					54195	50042	974
			115829				180	123332	112522	9747
			89257				180	52575	48174	7593
4254			63515				29	132775	119621	3806
4254			63515				29	132775	119621	3806
179			4649				29	27589	19229	1865
7621	8670	40	767582	2583			19237	2776678	2737397	94951
1923	38		86438	1481			14508	399864	396605	7487

1-11 各级各类教育机构

学校类别	总 计	国家财政性教育经费	一般公共预算安排的教育经费	一般公共预算教育经费	教育事业费	基本建设经费	教育费附加	科研经费
总 计	**694943398**	**88369146**	**87284245**	**84849310**	**78473782**	**1444582**	**4930946**	**108187**
一、高等学校	182901731	24119918	23473441	22563100	21204356	1200606	158138	101723
1.普通高等学校	182891785	24117811	23471334	22560993	21203650	1200606	156737	101723
高等本科学校	145069624	16822633	16220406	15467487	14197149	1189199	81138	96309
高职高专学校	37822161	7295179	7250928	7093506	7006500	11407	75599	5414
2.成人高等学校	9946	2107	2107	2107	706		1401	
二、中等职业学校	24539475	7059778	7027078	6922201	6653076	2261	266864	10
1.中等专业学校	10188376	3301183	3271117	3255421	3094158	560	160702	10
2.职业高中	8311265	2181310	2178677	2098595	2025749		72845	
#农村	2984680	830041	827477	776004	747146		28857	
3.技工学校	4947995	1436085	1436085	1428218	1395654	1701	30862	
4.成人中专学校	1091839	141199	141199	139967	137513		2454	
三、中 学	187643278	20045090	19806040	18999169	17104140	241514	1653514	2507
1.普通中学	187643278	20045090	19806040	18999169	17104140	241514	1653514	2507
普通高中	78293069	5936123	5821948	5451351	4627863	236122	587365	21
#农村	29265780	3193732	3105843	2903268	2359847	229032	314389	
普通初中	109350208	14108967	13984091	13547818	12476277	5393	1066149	2486
#农村	38266440	5878126	5838300	5626350	5515931		110419	337
2.成人中学								
四、小 学	119401859	17086590	17010971	16695563	14931730		1763833	1992
1.普通小学	119401859	17086590	17010971	16695563	14931730		1763833	1992
#农村	36187224	5899882	5879400	5714924	5546287		168636	402
2.成人小学								
五、特殊教育	183243	93168	93168	91964	89449		2515	
1.特殊教育学校	162524	85928	85928	84724	84587		137	
2.工读学校	20719	7240	7240	7240	4862		2379	
六、幼儿园	180273813	19964602	19873547	19577314	18491033	200	1086082	1956
#农村	58531515	6944223	6925735	6786776	6530591	200	255984	1336
七、教育行政单位								
八、教育事业单位								
九、其 他								

教育经费收入情况(民办)

单位：千元

其 他	政府性基金预算安排的教育经费	#彩票公益金	国有及国有控股企业办学中的企业拨款	校办产业和社会服务收入中用于教育的经费	其他属于国家财政性教育经费	民办学校中举办者投入	捐赠收入	事业收入	#学费	其他教育经费
2326748	**886519**	**3657**			**198383**	**24238215**	**2195856**	**567187037**	**524085910**	**12953144**
808618	448095				198383	5128420	1042416	146174452	130662930	6436524
808618	448095				198383	5128420	1042416	146166621	130655109	6436516
656610	406010				196217	3155910	965710	119297650	107168246	4827723
152008	42085				2165	1972511	76707	26868971	23486863	1608793
								7831	7820	8
104867	32700	67				1167376	11844	15643832	12699717	656644
15686	30067	67				651055	7884	6019155	4937973	209099
80082	2634					427152	3067	5470749	4411384	228986
51473	2564					197950	1835	1866642	1525686	88213
7867						58112	550	3254505	2628542	198743
1232						31057	343	899423	721818	19816
804364	239050	1060				8095871	674083	156113317	140934392	2714916
804364	239050	1060				8095871	674083	156113317	140934392	2714916
370577	114175	647				4531647	294910	66427360	59479777	1103028
202575	87890	84				2286892	160771	23410254	20472118	214131
433788	124875	413				3564224	379173	89685957	81454615	1611888
211614	39825	198				2097128	184362	29720601	26161223	386223
313417	75619	540				3946618	236799	96481652	89398794	1650200
313417	75619	540				3946618	236799	96481652	89398794	1650200
164074	20482	256				2184100	90013	27613282	24594144	399947
1204						4897	2894	75842	71104	6442
1204						3640	2694	63822	59845	6439
						1256	200	12020	11259	3
294277	91054	1990				5895033	227819	152697941	150318974	1488418
137623	18488	1634				2055547	23916	49150012	48310001	357817

1-12 各级各类教育机构

学校类别	合 计	个人部分	工资福利支 出	对个人和家庭的补助支出	#助学金
总 计	**5638509266**	**3515192375**	**3088407016**	**426785359**	**227210290**
一、高等学校	1513871451	747600596	587728662	159871935	112755927
1.普通高等学校	1496068827	738862488	579896769	158965719	112566820
高等本科学校	1191028502	590099774	462728174	127371600	88725525
高职高专学校	305040324	148762714	117168596	31594119	23841295
2.成人高等学校	17802624	8738108	7831892	906216	189107
二、中等职业学校	299173991	162384786	141047082	21337704	11681204
1.中等专业学校	140011554	74794208	64128421	10665788	6038601
2.职业高中	105911235	58198638	50978787	7219852	4082264
#农村	47033649	24854366	21620269	3234097	2286652
3.技工学校	43035491	22292732	19488916	2803816	1462419
4.成人中专学校	10215712	7099208	6450959	648249	97919
三、中 学	1576025765	1081643922	982682886	98961036	47434744
1.普通中学	1575354018	1081186532	982247940	98938592	47434744
普通高中	588547646	385385074	354655878	30729197	14140609
#农村	226800005	155189822	142113373	13076449	8001294
普通初中	986806372	695801458	627592063	68209396	33294135
#农村	517202062	384898900	344113297	40785603	22729258
2.成人中学	671747	457389	434946	22443	
四、小 学	1538505053	1112559227	992990817	119568411	47534903
1.普通小学	1538503507	1112557926	992989515	119568411	47534903
#农村	842943247	646173792	570635625	75538168	33235542
2.成人小学	1545	1302	1302		
五、特殊教育	21151397	14492332	13297475	1194857	441690
1.特殊教育学校	20230535	13893163	12742167	1150996	436874
2.工读学校	920862	599169	555308	43860	4816
六、幼儿园	505878170	307383348	293225582	14157766	7272244
#农村	205583313	130475214	123157476	7317738	4844669
七、教育行政单位	41144538	23076625	19066430	4010196	
八、教育事业单位	83716517	45390824	40703203	4687621	50577
九、其 他	59042385	20660715	17664879	2995835	39002

教育经费支出明细(全国)

单位：千元

公用部分	商品和服务支　出	其他资本性支　出	专项公用支　出	专项项目支　出	基本建设支　出
2017537295	**1125396105**	**892141190**	**319379343**	**572761847**	**105779596**
730057866	426413159	303644707	141308436	162336270	36212988
721140678	419281549	301859129	140274122	161585007	36065661
569684094	355285143	214398952	103206854	111192098	31244635
151456584	63996406	87460177	37067269	50392909	4821026
8917188	7131611	1785578	1034314	751264	147327
132185506	61483462	70702043	24735167	45966877	4603700
62673888	29106816	33567072	11817041	21750031	2543457
46299112	19354622	26944490	7887721	19056769	1413484
21735154	7923104	13812050	3467168	10344882	444128
20115147	10763378	9351769	4713852	4637918	627612
3097359	2258647	838712	316553	522159	19145
460698458	228152483	232545976	66112389	166433587	33683385
460484100	228008759	232475341	66098180	166377161	33683385
185283722	93684880	91598841	27480779	64118062	17878850
69499425	34405924	35093501	9698301	25395200	2110758
275200378	134323879	140876499	38617401	102259099	15804535
128870207	60330729	68539479	17148584	51390895	3432955
214358	143723	70635	14209	56426	
406023442	214422189	191601253	54641953	136959301	19922383
406023198	214421945	191601253	54641953	136959301	19922383
192250363	97823493	94426869	24178786	70248084	4519092
244	244				
6266586	3775834	2490752	1163412	1327341	392479
5964104	3559761	2404343	1116954	1287389	373267
302482	216073	86409	46458	39951	19212
194173352	128842956	65330396	21965104	43365292	4321470
73281733	44769625	28512108	7808671	20703437	1826366
17209825	13254214	3955610	1768406	2187204	858088
37258118	29405256	7852861	3614464	4238397	1067575
33664142	19646551	14017591	4070012	9947579	4717528

1-13 各级各类教育机构

学校类别	合计	个人部分	工资福利支出	对个人和家庭的补助支出	#助学金
总计	**438742363**	**214639466**	**162873577**	**51765889**	**37357765**
一、高等学校	409236437	200303890	150190281	50113609	36999091
1.普通高等学校	407441506	199792064	149706889	50085175	36999091
高等本科学校	403733594	198195286	148319556	49875730	36857765
高职高专学校	3707912	1596778	1387333	209445	141325
2.成人高等学校	1794931	511826	483392	28434	
二、中等职业学校	1491775	672723	582915	89808	42531
1.中等专业学校	1096400	432637	363221	69417	31538
2.职业高中	15531	10057	8402	1655	126
#农村	6703	4515	2937	1578	64
3.技工学校	319094	185186	172045	13140	10867
4.成人中专学校	60750	44843	39246	5597	
三、中学	7113457	4900396	4383995	516401	121656
1.普通中学	7113457	4900396	4383995	516401	121656
普通高中	3794161	2488805	2263102	225703	55589
#农村	469862	349343	292385	56957	6348
普通初中	3319295	2411591	2120894	290698	66067
#农村	1519982	1183419	1002137	181282	32473
2.成人中学					
四、小学	5134949	3662104	3182571	479533	87693
1.普通小学	5134949	3662104	3182571	479533	87693
#农村	2714474	2122289	1778577	343712	62159
2.成人小学					
五、特殊教育	7396	5827	4765	1062	104
1.特殊教育学校	7396	5827	4765	1062	104
2.工读学校					
六、幼儿园	3887652	2714777	2552733	162044	30948
#农村	724661	469796	397791	72004	20308
七、教育行政单位	899543	349665	188579	161086	
八、教育事业单位	6467128	1290581	1168913	121667	50577
九、其他	4504026	739502	618823	120679	25164

教育经费支出明细(中央)

单位：千元

公用部分	商品和服务支出	其他资本性支出			基本建设支出
			专项公用支出	专项项目支出	
213789739	**157497016**	**56292723**	**32345036**	**23947688**	**10313158**
199471475	145577311	53894164	31118299	22775865	9461072
198188370	144412768	53775602	30999738	22775865	9461072
196246537	143571818	52674718	30777187	21897531	9291772
1941834	840949	1100884	222551	878333	169300
1283105	1164543	118561	118561		
666976	357303	309673	261608	48065	152076
511686	237893	273794	236778	37015	152076
5474	2687	2787	1187	1601	
2188	878	1310	709	602	
133909	101185	32724	23275	9449	
15907	15538	368	368		
2095688	1453785	641903	366516	275387	117372
2095688	1453785	641903	366516	275387	117372
1237467	882243	355224	225466	129759	67890
116869	78618	38251	11280	26971	3650
858221	571543	286679	141051	145628	49482
318969	170361	148607	58271	90336	17595
1300297	743522	556775	208642	348133	172548
1300297	743522	556775	208642	348133	172548
563435	291819	271616	97736	173880	28750
1569	1504	66	66		
1569	1504	66	66		
1123175	797531	325644	144949	180695	49699
234693	132513	102180	33426	68754	20172
361556	219342	142214	44606	97608	188322
5132177	4889814	242363	145249	97114	44371
3636827	3456904	179922	55101	124821	127698

1-14 各级各类教育机构

学校类别	合　计	个人部分	工资福利支　出	对个人和家庭的补助支出	#助学金
总　计	**5199766902**	**3300552909**	**2925533439**	**375019470**	**189852526**
一、高等学校	1104635014	547296706	437538380	109758326	75756836
1.普通高等学校	1088627320	539070424	430189880	108880543	75567729
高等本科学校	787294908	391904488	314408618	77495870	51867759
高职高专学校	301332412	147165936	115781262	31384674	23699970
2.成人高等学校	16007693	8226282	7348500	877782	189107
二、中等职业学校	297682216	161712062	140464167	21247895	11638673
1.中等专业学校	138915154	74361571	63765200	10596371	6007063
2.职业高中	105895704	58188581	50970384	7218197	4082138
#农村	47026945	24849851	21617332	3232519	2286588
3.技工学校	42716396	22107546	19316870	2790675	1451552
4.成人中专学校	10154962	7054364	6411713	642652	97919
三、中　学	1568912308	1076743525	978298890	98444635	47313088
1.普通中学	1568240561	1076286136	977863945	98422191	47313088
普通高中	584753485	382896269	352392776	30503493	14085020
#农村	226330143	154840479	141820987	13019492	7994946
普通初中	983487077	693389867	625471169	67918698	33228068
#农村	515682080	383715481	343111161	40604320	22696785
2.成人中学	671747	457389	434946	22443	
四、小　学	1533370103	1108897123	989808246	119088878	47447209
1.普通小学	1533368558	1108895822	989806944	119088878	47447209
#农村	840228773	644051503	568857048	75194455	33173383
2.成人小学	1545	1302	1302		
五、特殊教育	21144001	14486505	13292710	1193795	441585
1.特殊教育学校	20223139	13887337	12737402	1149935	436769
2.工读学校	920862	599169	555308	43860	4816
六、幼儿园	501990518	304668571	290672849	13995722	7241295
#农村	204858652	130005418	122759685	7245733	4824361
七、教育行政单位	40244995	22726960	18877850	3849110	
八、教育事业单位	77249389	44100243	39534290	4565953	
九、其　他	54538359	19921213	17046056	2875156	13839

教育经费支出明细(地方)

单位：千元

公用部分	商品和服务支出	其他资本性支出	专项公用支出	专项项目支出	基本建设支出
1803747556	**967899089**	**835848467**	**287034307**	**548814160**	**95466438**
530586391	280835848	249750543	110190137	139560406	26751916
522952308	274868781	248083527	109274385	138809142	26604589
373437558	211713324	161724233	72429667	89294567	21952863
149514750	63155457	86359293	36844718	49514575	4651726
7634084	5967067	1667016	915753	751264	147327
131518530	61126160	70392370	24473558	45918812	4451623
62162202	28868924	33293279	11580263	21713016	2391381
46293638	19351935	26941703	7886535	19055169	1413484
21732966	7922226	13810740	3466460	10344280	444128
19981238	10662193	9319045	4690577	4628469	627612
3081452	2243108	838344	316184	522159	19145
458602770	226698698	231904073	65745873	166158200	33566013
458388412	226554974	231833438	65731664	166101774	33566013
184046255	92802638	91243617	27255314	63988304	17810960
69382556	34327306	35055250	9687021	25368228	2107108
274342157	133752336	140589821	38476350	102113470	15755053
128551239	60160367	68390871	17090313	51300558	3415360
214358	143723	70635	14209	56426	
404723145	213678667	191044478	54433311	136611167	19749835
404722901	213678423	191044478	54433311	136611167	19749835
191686928	97531674	94155253	24081050	70074203	4490342
244	244				
6265017	3774330	2490687	1163346	1327341	392479
5962535	3558257	2404278	1116888	1287389	373267
302482	216073	86409	46458	39951	19212
193050177	128045425	65004753	21820156	43184597	4271770
73047040	44637112	28409928	7775245	20634683	1806194
16848269	13034872	3813397	1723800	2089596	669766
32125941	24515442	7610498	3469216	4141283	1023205
30027316	16189647	13837669	4014911	9822758	4589830

1-15 各级各类教育机构

学校类别	合计	个人部分	工资福利支出	对个人和家庭的补助支出	#助学金
总计	**4917343670**	**3120996912**	**2733624829**	**387372083**	**195595903**
一、高等学校	1329001050	677104813	534600481	142504332	97350569
1.普通高等学校	1311522694	668538075	526935270	141602806	97161542
高等本科学校	1051981204	538641931	422221004	116420927	78741498
高职高专学校	259541490	129896145	104714266	25181879	18420044
2.成人高等学校	17478356	8566738	7665211	901527	189027
二、中等职业学校	271589949	148997127	130250527	18746600	9352553
1.中等专业学校	128456406	69352723	59919202	9433521	4917280
2.职业高中	97061501	53820468	47373453	6447015	3359996
#农村	43740899	23241521	20313966	2927555	2001357
3.技工学校	37009898	19324487	17024880	2299607	1046230
4.成人中专学校	9062143	6499450	5932992	566458	29046
三、中学	1384371115	967564254	876863506	90700748	40951787
1.普通中学	1383699368	967106864	876428560	90678304	40951787
普通高中	509964976	340353426	312401104	27952322	11879658
#农村	196794038	138109964	126203401	11906563	6997094
普通初中	873734392	626753438	564027456	62725982	29072128
#农村	476574257	360266299	321593592	38672706	20983924
2.成人中学	671747	457389	434946	22443	
四、小学	1411271430	1036357181	924663094	111694086	42436103
1.普通小学	1411269884	1036355879	924661793	111694086	42436103
#农村	802922106	621993734	548666054	73327680	31506163
2.成人小学	1545	1302	1302		
五、特殊教育	20955022	14379085	13204480	1174604	427074
1.特殊教育学校	20054944	13786914	12655896	1131018	422369
2.工读学校	900078	592171	548584	43587	4705
六、幼儿园	317513516	187830083	176814630	11015453	4988239
#农村	145181160	89784963	83854864	5930099	3702656
七、教育行政单位	40538565	22915319	19034853	3880466	
八、教育事业单位	83454844	45309494	40637324	4672170	50577
九、其他	58648178	20539556	17555933	2983624	39002

教育经费支出明细(教育和其他部门)

单位：千元

公用部分	商品和服务支出	其他资本性支出	专项公用支出	专项项目支出	基本建设支出
1694308012	**922026626**	**772281386**	**278706636**	**493574750**	**102038746**
618203046	378913286	239289760	121143426	118146334	33693192
609438754	371899673	237539081	120116602	117422479	33545864
484286765	317860450	166426315	87710304	78716011	29052508
125151989	54039223	71112766	32406299	38706468	4493356
8764291	7013613	1750679	1026824	723855	147327
118146031	51865977	66280054	22951169	43328885	4446790
56717136	25190792	31526344	10971330	20555014	2386548
41827548	16521170	25306378	7364445	17941932	1413484
20055250	6999451	13055799	3266626	9789173	444128
17057799	8334027	8723772	4359219	4364553	627612
2543548	1819987	723561	256175	467386	19145
383523361	177973952	205549408	57445567	148103841	33283500
383309003	177830229	205478774	57431359	148047415	33283500
152060119	74058602	78001517	23546904	54454613	17551430
56817627	27761579	29056048	8207192	20848856	1866447
231248883	103771627	127477257	33884455	93592802	15732071
112892598	50541776	62350822	15151804	47199018	3415360
214358	143723	70635	14209	56426	
355265435	176767919	178497517	49858398	128639119	19648814
355265192	176767675	178497517	49858398	128639119	19648814
176438030	87390646	89047384	22419191	66628193	4490342
244	244				
6183458	3710765	2472693	1153243	1319450	392479
5894763	3504755	2390009	1107990	1282019	373267
288695	206011	82684	45253	37431	19212
125411863	70731727	54680136	16771325	37908811	4271570
53590203	28523969	25066234	6277845	18788388	1805994
16953481	13136704	3816777	1727180	2089596	669766
37102546	29362570	7739976	3598108	4141868	1042804
33518791	19563726	13955065	4058219	9896846	4589830

1-16 各级各类教育机构

学校类别	合 计	个人部分	工资福利支出	对个人和家庭的补助支出	#助学金
总 计	**421159645**	**204909804**	**154827856**	**50081948**	**36798005**
一、高等学校	403373511	197914203	148261446	49652757	36710916
1.普通高等学校	401696994	197483661	147858329	49625332	36710916
高等本科学校	400333588	196831876	147276086	49555790	36668429
高职高专学校	1363406	651786	582243	69542	42487
2.成人高等学校	1676517	430542	403117	27424	
二、中等职业学校	203411	114669	109461	5208	1419
1.中等专业学校	188537	105516	100867	4648	1419
2.职业高中					
#农村					
3.技工学校					
4.成人中专学校	14874	9154	8593	560	
三、中 学	3273049	2185375	2098447	86928	7053
1.普通中学	3273049	2185375	2098447	86928	7053
普通高中	2301444	1525550	1456671	68879	5735
#农村	179407	139461	133666	5795	79
普通初中	971605	659825	641776	18050	1318
#农村	9021	8077	7261	816	77
2.成人中学					
四、小 学	1140274	796710	769847	26863	510
1.普通小学	1140274	796710	769847	26863	510
#农村	22317	19010	17623	1387	311
2.成人小学					
五、特殊教育					
1.特殊教育学校					
2.工读学校					
六、幼儿园	2560554	1882894	1818743	64151	2367
#农村	44911	36224	35494	730	102
七、教育行政单位	293571	188359	157003	31356	
八、教育事业单位	6205456	1209250	1103034	106216	50577
九、其 他	4109819	618344	509876	108467	25164

教育经费支出明细(中央教育和其他部门)

单位：千元

公用部分	商品和服务支出	其他资本性支出	专项公用支出	专项项目支出	基本建设支出
207592561	**154159456**	**53433105**	**31168933**	**22264172**	**8657279**
196821628	144082179	52739449	30657961	22081488	8637680
195575653	142952205	52623448	30541960	22081488	8637680
194866175	142612776	52253399	30473044	21780355	8635537
709478	339429	370049	68916	301133	2142
1245976	1129974	116001	116001		
88742	84918	3823	3823		
83022	79272	3750	3750		
5720	5646	73	73		
1087673	889554	198119	190540	7580	
1087673	889554	198119	190540	7580	
775894	627938	147956	140741	7215	
39946	34385	5561	5561		
311779	261616	50163	49799	364	
944	539	406	356	50	
343564	267004	76560	62275	14285	
343564	267004	76560	62275	14285	
3307	1967	1341	1051	290	
677661	512762	164899	78752	86146	
8687	6074	2614	1839	774	
105212	101832	3380	3380		
4976605	4847127	129478	128893	585	19600
3491476	3374079	117396	43308	74088	

1-17 各级各类教育机构

学校类别	合计	个人部分	工资福利支出	对个人和家庭的补助支出	#助学金
总计	**4496184025**	**2916087108**	**2578796973**	**337290135**	**158797898**
一、高等学校	925627540	479190610	386339034	92851576	60639653
1.普通高等学校	909825700	471054414	379076941	91977473	60450627
高等本科学校	651647616	341810055	274944918	66865137	42073069
高职高专学校	258178084	129244359	104132022	25112336	18377557
2.成人高等学校	15801839	8136196	7262094	874102	189027
二、中等职业学校	271386538	148882458	130141066	18741392	9351134
1.中等专业学校	128267869	69247207	59818335	9428872	4915862
2.职业高中	97061501	53820468	47373453	6447015	3359996
#农村	43740899	23241521	20313966	2927555	2001357
3.技工学校	37009898	19324487	17024880	2299607	1046230
4.成人中专学校	9047270	6490296	5924399	565897	29046
三、中学	1381098066	965378878	874765059	90613819	40944733
1.普通中学	1380426319	964921489	874330114	90591376	40944733
普通高中	507663532	338827877	310944433	27883444	11873923
#农村	196614631	137970504	126069735	11900768	6997015
普通初中	872762787	626093613	563385681	62707932	29070810
#农村	476565236	360258222	321586331	38671890	20983847
2.成人中学	671747	457389	434946	22443	
四、小学	1410131156	1035560471	923893248	111667223	42435593
1.普通小学	1410129610	1035559169	923891946	111667223	42435593
#农村	802899789	621974724	548648431	73326293	31505851
2.成人小学	1545	1302	1302		
五、特殊教育	20955022	14379085	13204480	1174604	427074
1.特殊教育学校	20054944	13786914	12655896	1131018	422369
2.工读学校	900078	592171	548584	43587	4705
六、幼儿园	314952962	185947189	174995888	10951302	4985872
#农村	145136249	89748739	83819370	5929370	3702554
七、教育行政单位	40244995	22726960	18877850	3849110	
八、教育事业单位	77249389	44100243	39534290	4565953	
九、其他	54538359	19921213	17046056	2875156	13839

教育经费支出明细(地方教育和其他部门)

单位：千元

公用部分	商品和服务支出	其他资本性支出			基本建设支出
			专项公用支出	专项项目支出	
1486715452	**767867170**	**718848282**	**247537703**	**471310579**	**93381466**
421381417	234831106	186550311	90485465	96064846	25055512
413863102	228947468	184915633	89574642	95340991	24908185
289420591	175247674	114172916	57237260	56935656	20416971
124442511	53699794	70742717	32337382	38405335	4491214
7518316	5883638	1634678	910823	723855	147327
118057290	51781059	66276231	22947346	43328885	4446790
56634114	25111520	31522594	10967580	20555014	2386548
41827548	16521170	25306378	7364445	17941932	1413484
20055250	6999451	13055799	3266626	9789173	444128
17057799	8334027	8723772	4359219	4364553	627612
2537828	1814341	723487	256101	467386	19145
382435688	177084398	205351289	57255028	148096261	33283500
382221329	176940675	205280655	57240819	148039835	33283500
151284225	73430664	77853561	23406163	54447398	17551430
56777681	27727193	29050488	8201631	20848856	1866447
230937104	103510010	127427094	33834656	93592438	15732071
112891654	50541238	62350417	15151448	47198968	3415360
214358	143723	70635	14209	56426	
354921871	176500914	178420957	49796122	128624835	19648814
354921627	176500671	178420957	49796122	128624835	19648814
176434723	87388679	89046044	22418141	66627903	4490342
244	244				
6183458	3710765	2472693	1153243	1319450	392479
5894763	3504755	2390009	1107990	1282019	373267
288695	206011	82684	45253	37431	19212
124734203	70218965	54515237	16692573	37822664	4271570
53581516	28517896	25063620	6276006	18787614	1805994
16848269	13034872	3813397	1723800	2089596	669766
32125941	24515442	7610498	3469216	4141283	1023205
30027316	16189647	13837669	4014911	9822758	4589830

1-18　各级各类教育机构

学校类别	合　计	个人部分	工资福利支　出	对个人和家庭的补助支出	#助学金
总　　计	**30810879**	**17375793**	**14970570**	**2405223**	**1059309**
一、高等学校	10846446	5049489	4080819	968670	661501
1.普通高等学校	10532921	4883236	3918621	964616	661420
高等本科学校	3458920	1399643	1071825	327818	195759
高职高专学校	7074001	3483594	2846795	636798	465661
2.成人高等学校	313525	166253	162199	4054	81
二、中等职业学校	3383349	1812193	1598079	214114	133611
1.中等专业学校	1531925	699077	598536	100541	53111
2.职业高中	190183	90695	79723	10972	8941
#农村	6703	4515	2937	1578	64
3.技工学校	1571038	952693	856050	96643	70814
4.成人中专学校	90203	69729	63770	5958	745
三、中　学	4553710	2994396	2551601	442796	124170
1.普通中学	4553710	2994396	2551601	442796	124170
普通高中	1830780	1063712	903088	160624	52549
#农村	562557	262163	208141	54022	8814
普通初中	2722929	1930684	1648513	282171	71621
#农村	1692636	1252739	1067625	185114	35590
2.成人中学					
四、小　学	4584100	3167901	2696082	471820	91886
1.普通小学	4584100	3167901	2696082	471820	91886
#农村	2746377	2140057	1793702	346355	64420
2.成人小学					
五、特殊教育	7396	5827	4765	1062	104
1.特殊教育学校	7396	5827	4765	1062	104
2.工读学校					
六、幼儿园	6174027	3982193	3832823	149370	48036
#农村	1406365	933106	851789	81317	26023
七、教育行政单位	605972	161306	31577	129730	
八、教育事业单位	261673	81330	65879	15451	
九、其　他	394207	121158	108947	12212	

教育经费支出明细(国有及国有控股企业办)

单位：千元

公用部分	商品和服务支出	其他资本性支出	专项公用支出	专项项目支出	基本建设支出
11662398	**6523603**	**5138795**	**2075012**	**3063783**	**1772687**
4959017	2653364	2305652	891534	1414119	837940
4811745	2539590	2272154	884044	1388111	837940
1403043	979651	423392	306216	117176	656234
3408702	1559939	1848762	577828	1270935	181706
147272	113774	33498	7490	26008	
1419080	894741	524339	386224	138115	152076
680772	339929	340844	292466	48378	152076
99488	46158	53330	5095	48235	
2188	878	1310	709	602	
618346	488575	129770	88267	41503	
20474	20079	395	395		
1434716	674257	760459	330414	430045	124597
1434716	674257	760459	330414	430045	124597
699179	281396	417782	172589	245193	67890
296743	54584	242159	93045	149114	3650
735537	392861	342677	157825	184851	56708
422303	186531	235771	117495	118276	17595
1148615	615654	532961	170284	362677	267584
1148615	615654	532961	170284	362677	267584
577569	300793	276776	99317	177459	28750
1569	1504	66	66		
1569	1504	66	66		
2142135	1441062	701073	227115	473958	49699
453087	296369	156718	67994	88724	20172
256344	117510	138834	41226	97608	188322
155572	42686	112885	16356	96529	24771
145351	82825	62526	11793	50733	127698

1-19 各级各类教育机构

学校类别	合计	个人部分	工资福利支出	对个人和家庭的补助支出	#助学金
总　计	**17582719**	**9729662**	**8045720**	**1683942**	**559759**
一、高等学校	5862926	2389687	1928835	460852	288175
1.普通高等学校	5744513	2308403	1848560	459843	288175
高等本科学校	3400007	1363410	1043471	319940	189337
高职高专学校	2344506	944993	805090	139903	98839
2.成人高等学校	118414	81284	80275	1010	
二、中等职业学校	1288365	558054	473454	84600	41112
1.中等专业学校	907863	327122	262353	64768	30119
2.职业高中	15531	10057	8402	1655	126
#农村	6703	4515	2937	1578	64
3.技工学校	319094	185186	172045	13140	10867
4.成人中专学校	45877	35690	30653	5037	
三、中　学	3840408	2715021	2285549	429473	114603
1.普通中学	3840408	2715021	2285549	429473	114603
普通高中	1492718	963255	806431	156825	49854
#农村	290455	209882	158719	51162	6270
普通初中	2347690	1751766	1479118	272648	64749
#农村	1510961	1175342	994876	180466	32396
2.成人中学					
四、小　学	3994675	2865394	2412724	452670	87183
1.普通小学	3994675	2865394	2412724	452670	87183
#农村	2692157	2103279	1760954	342326	61848
2.成人小学					
五、特殊教育	7396	5827	4765	1062	104
1.特殊教育学校	7396	5827	4765	1062	104
2.工读学校					
六、幼儿园	1327097	831884	733990	97893	28581
#农村	679750	433572	362297	71275	20206
七、教育行政单位	605972	161306	31577	129730	
八、教育事业单位	261673	81330	65879	15451	
九、其　他	394207	121158	108947	12212	

教育经费支出明细(中央国有及国有控股企业办)

单位：千元

公用部分	商品和服务支出	其他资本性支出	专项公用支出	专项项目支出	基本建设支出
6197178	**3337559**	**2859619**	**1176103**	**1683516**	**1655879**
2649847	1495132	1154715	460338	694377	823392
2612717	1460563	1152154	457777	694377	823392
1380362	959042	421319	304143	117176	656234
1232356	501520	730835	153634	577201	167158
37129	34569	2560	2560		
578234	272384	305850	257785	48065	152076
428664	158621	270044	233028	37015	152076
5474	2687	2787	1187	1601	
2188	878	1310	709	602	
133909	101185	32724	23275	9449	
10187	9892	295	295		
1008015	564231	443784	175977	267807	117372
1008015	564231	443784	175977	267807	117372
461573	254305	207268	84725	122543	67890
76923	44232	32690	5719	26971	3650
546442	309926	236516	91252	145264	49482
318024	169823	148202	57915	90286	17595
956733	476518	480215	146367	333849	172548
956733	476518	480215	146367	333849	172548
560128	289852	270275	96685	173590	28750
1569	1504	66	66		
1569	1504	66	66		
445514	284769	160745	66196	94549	49699
226006	126440	99566	31587	67980	20172
256344	117510	138834	41226	97608	188322
155572	42686	112885	16356	96529	24771
145351	82825	62526	11793	50733	127698

1-20 各级各类教育机构教育

学校类别	合计	个人部分	工资福利支出	对个人和家庭的补助支出	#助学金
总计	**13228160**	**7646132**	**6924850**	**721282**	**499549**
一、高等学校	4983520	2659802	2151984	507818	373326
1.普通高等学校	4788408	2574833	2070060	504773	373245
高等本科学校	58914	36232	28355	7878	6422
高职高专学校	4729495	2538601	2041706	496895	366823
2.成人高等学校	195112	84969	81924	3045	81
二、中等职业学校	2094984	1254138	1124625	129514	92499
1.中等专业学校	624063	371955	336182	35773	22992
2.职业高中	174652	80638	71321	9317	8815
#农村					
3.技工学校	1251944	767507	684004	83503	59947
4.成人中专学校	44326	34039	33117	922	745
三、中学	713302	279375	266052	13323	9567
1.普通中学	713302	279375	266052	13323	9567
普通高中	338063	100457	96657	3800	2695
#农村	272102	52282	49422	2859	2544
普通初中	375239	178918	169395	9523	6872
#农村	181675	77397	72750	4647	3194
2.成人中学					
四、小学	589425	302507	283357	19150	4703
1.普通小学	589425	302507	283357	19150	4703
#农村	54220	36778	32748	4030	2573
2.成人小学					
五、特殊教育					
1.特殊教育学校					
2.工读学校					
六、幼儿园	4846930	3150309	3098832	51477	19455
#农村	726615	499534	489492	10042	5816
七、教育行政单位					
八、教育事业单位					
九、其他					

经费支出明细(地方国有及国有控股企业办)

单位：千元

公用部分	商品和服务支出	其他资本性支出	专项公用支出	专项项目支出	基本建设支出
5465220	**3186044**	**2279176**	**898909**	**1380267**	**116809**
2309170	1158232	1150938	431196	719742	14548
2199027	1079027	1120000	426266	693734	14548
22681	20609	2073	2073		
2176346	1058419	1117927	424193	693734	14548
110143	79205	30938	4930	26008	
840846	622357	218489	128439	90050	
252108	181308	70800	59438	11362	
94014	43472	50543	3909	46634	
484437	387391	97046	64992	32054	
10287	10187	100	100		
426701	110026	316675	154438	162237	7225
426701	110026	316675	154438	162237	7225
237606	27092	210514	87864	122650	
219820	10351	209469	87326	122143	
189095	82934	106161	66574	39587	7225
104278	16709	87569	59579	27990	
191882	139136	52746	23918	28828	95036
191882	139136	52746	23918	28828	95036
17442	10941	6501	2632	3869	
1696621	1156293	540328	160919	379409	
227081	169929	57152	36408	20744	

1-21 各级各类教育机构

学校类别	合 计	个人部分	工资福利支出	对个人和家庭的补助支出	#助学金
总 计	**690354717**	**376819670**	**339811616**	**37008053**	**30555078**
一、高等学校	174023954	65446294	49047362	16398932	14743857
1.普通高等学校	174013212	65441176	49042879	16398297	14743857
高等本科学校	135588378	50058200	39435345	10622855	9788268
高职高专学校	38424834	15382976	9607534	5775442	4955590
2.成人高等学校	10742	5118	4482	635	
二、中等职业学校	24200694	11575466	9198476	2376990	2195040
1.中等专业学校	10023222	4742409	3610683	1131726	1068209
2.职业高中	8659551	4287475	3525611	761865	713327
#农村	3286046	1608330	1303366	304964	285232
3.技工学校	4454554	2015552	1607986	407566	345376
4.成人中专学校	1063366	530030	454197	75833	68128
三、中 学	187100941	111085272	103267779	7817493	6358787
1.普通中学	187100941	111085272	103267779	7817493	6358787
普通高中	76751890	43967936	41351686	2616250	2208402
#农村	29443410	16817694	15701830	1115865	995386
普通初中	110349051	67117336	61916093	5201243	4150385
#农村	38935169	23379863	21452080	1927783	1709744
2.成人中学					
四、小 学	122649523	73034145	65631641	7402505	5006914
1.普通小学	122649523	73034145	65631641	7402505	5006914
#农村	37274765	22040001	20175869	1864133	1664959
2.成人小学					
五、特殊教育	188979	107420	88230	19191	14512
1.特殊教育学校	168194	100422	81505	18917	14400
2.工读学校	20785	6998	6724	274	111
六、幼儿园	182190626	115571072	112578129	2992943	2235968
#农村	58995788	39757145	38450824	1306321	1115991
七、教育行政单位					
八、教育事业单位					
九、其 他					

教育经费支出明细(民办)

单位：千元

公用部分	商品和服务支出	其他资本性支出			基本建设支出
			专项公用支出	专项项目支出	
311566884	**196845875**	**114721009**	**38597695**	**76123314**	**1968163**
106895803	44846509	62049294	19273477	42775818	1681857
106890179	44842286	62047893	19273477	42774417	1681857
83994286	36445041	47549244	15190334	32358910	1535892
22895893	8397245	14498649	4083142	10415506	145964
5625	4224	1401		1401	
12620395	8722745	3897650	1397774	2499877	4833
5275980	3576096	1699884	553244	1146640	4833
4372076	2787293	1584783	518181	1066602	
1677716	922776	754941	199833	555108	
2439002	1940775	498227	266366	231861	
533336	418580	114756	59983	54773	
75740381	49504273	26236108	8336407	17899701	275287
75740381	49504273	26236108	8336407	17899701	275287
32524424	19344881	13179542	3761286	9418256	259530
12385055	6589762	5795293	1398063	4397230	240661
43215958	30159392	13056566	4575121	8481445	15757
15555306	9602421	5952885	1879285	4073600	
49609392	37038617	12570775	4613271	7957504	5986
49609392	37038617	12570775	4613271	7957504	5986
15234763	10132055	5102709	1660277	3442431	
81559	63565	17994	10103	7891	
67772	53503	14269	8898	5371	
13787	10062	3725	1205	2520	
66619354	56670166	9949188	4966664	4982524	200
19238443	15949287	3289156	1462831	1826325	200

1-22　各级各类教育机构

学校类别	合　计	个人部分	工资福利支出	对个人和家庭的补助支出	#助学金
总　　计	**4378814582**	**2891416348**	**2520719560**	**370696788**	**193329068**
一、高等学校	881925378	476341310	361336197	115005113	85678760
1.普通高等学校	872831919	470270914	355959617	114311297	85513431
高等本科学校	666288564	364683149	277029612	87653537	64686910
高职高专学校	206543355	105587765	78930005	26657760	20826521
2.成人高等学校	9093459	6070396	5376581	693816	165329
二、中等职业学校	261091990	145849220	125773882	20075338	10960787
1.中等专业学校	122907893	67346520	57333130	10013390	5666879
2.职业高中	95993314	54135974	47178988	6956986	3897179
#农村	43254231	23434189	20325525	3108664	2191954
3.技工学校	33628465	17957779	15466120	2491659	1311431
4.成人中专学校	8562318	6408946	5795643	613303	85299
三、中　学	1356197733	962905961	869561600	93344361	43606066
1.普通中学	1355589116	962461781	869138069	93323712	43606066
普通高中	474218244	330015622	302528717	27486905	12114625
#农村	182518037	134317806	122685103	11632703	7113914
普通初中	881370872	632446158	566609351	65836807	31491441
#农村	480768273	362978819	323216136	39762683	21982445
2.成人中学	608617	444180	423531	20649	
四、小　学	1418040575	1043806620	926402214	117404407	46143534
1.普通小学	1418039030	1043805319	926400912	117404407	46143534
#农村	805329871	624096869	549552056	74544813	32629566
2.成人小学	1545	1302	1302		
五、特殊教育	20784075	14369928	13206768	1163160	425011
1.特殊教育学校	19903258	13781111	12661786	1119325	420199
2.工读学校	880817	588817	544983	43834	4812
六、幼儿园	274638031	162019387	149491019	12528368	6488402
#农村	126011988	79702132	73043125	6659007	4464751
七、教育行政单位	39709735	22843396	18928893	3914502	
八、教育事业单位	70930521	43257998	38853502	4404496	
九、其　他	55496546	20022528	17165486	2857043	26508

财政补助支出明细(全国)

单位：千元

公用部分	商品和服务支出	其他资本性支出	专项公用支出	专项项目支出	基本建设支出
1381618639	**695947732**	**685670907**	**240054471**	**445616436**	**105779596**
369371079	197057298	172313781	90762652	81551129	36212988
366495344	195150626	171344718	90133528	81211190	36065661
270360780	157594529	112766251	62984750	49781501	31244635
96134564	37556097	58578466	27148778	31429689	4821026
2875735	1906672	969063	629125	339939	147327
110639071	47290020	63349051	21401566	41947485	4603700
53017916	23142366	29875550	10196473	19679077	2543457
40443855	15497747	24946109	7119655	17826453	1413484
19375915	6586142	12789773	3176411	9613361	444128
15043073	7175414	7867658	3851305	4016353	627612
2134226	1474492	659734	234133	425601	19145
359608387	162101335	197507052	53878235	143628816	33683385
359443950	162001614	197442336	53868305	143574030	33683385
126323771	54451731	71872040	20184590	51687450	17878850
46089473	19413344	26676129	6746377	19929752	2110758
233120179	107549883	125570296	33683715	91886580	15804535
114356500	52494035	61862465	15189604	46672860	3432955
164437	99721	64716	9930	54786	
354311572	179501257	174810315	49338600	125471715	19922383
354311328	179501013	174810315	49338600	125471715	19922383
176713910	88921903	87792007	22296555	65495452	4519092
244	244				
6021668	3627641	2394027	1122229	1271799	392479
5748880	3433109	2315771	1081370	1234401	373267
272788	194532	78256	40859	37398	19212
108297174	56957966	51339209	15083455	36255753	4321470
44483490	20983565	23499926	5511501	17988425	1826366
16008251	12227535	3780716	1638639	2142077	858088
26604948	19951296	6653652	2970561	3683091	1067575
30756490	17233385	13523104	3858534	9664570	4717528

1-23 各级各类教育机构

学校类别	合 计	个人部分	工资福利支出	对个人和家庭的补助支出	#助学金
总 计	**235674019**	**132851657**	**99119534**	**33732123**	**25874342**
一、高等学校	214713605	121940364	89612430	32327934	25583679
1.普通高等学校	214378613	121779738	89457717	32322021	25583679
高等本科学校	212103385	121061378	88893062	32168316	25464041
高职高专学校	2275228	718360	564656	153705	119638
2.成人高等学校	334992	160626	154713	5913	
二、中等职业学校	1060506	441713	359059	82654	40707
1.中等专业学校	919743	336069	272511	63558	29809
2.职业高中	15531	10057	8402	1655	126
#农村	6703	4515	2937	1578	64
3.技工学校	101687	73919	61365	12554	10772
4.成人中专学校	23546	21668	16780	4888	
三、中 学	6117444	4444440	3951893	492547	117064
1.普通中学	6117444	4444440	3951893	492547	117064
普通高中	3010578	2130041	1925165	204877	51321
#农村	425372	335047	280082	54965	5498
普通初中	3106866	2314399	2026728	287671	65743
#农村	1515144	1182398	1001293	181105	32431
2.成人中学					
四、小 学	4846290	3527628	3054109	473519	87502
1.普通小学	4846290	3527628	3054109	473519	87502
#农村	2698970	2115573	1773349	342224	62088
2.成人小学					
五、特殊教育	7396	5827	4765	1062	104
1.特殊教育学校	7396	5827	4765	1062	104
2.工读学校					
六、幼儿园	1838031	1221617	1120277	101340	30140
#农村	678898	437044	365680	71364	20293
七、教育行政单位	868794	340808	188579	152229	
八、教育事业单位	2783618	405222	375077	30144	
九、其 他	3438336	524038	453344	70694	15145

财政补助支出明细(中央)

单位：千元

公用部分	商品和服务支　出	其他资本性支　出	专项公用支　出	专项项目支　出	基本建设支　出
92509204	**64714944**	**27794260**	**20090644**	**7703616**	**10313158**
83312169	57316971	25995198	19158815	6836383	9461072
83137803	57175136	25962667	19126285	6836383	9461072
81750235	56787233	24963002	18931061	6031941	9291772
1387568	387903	999665	195224	804442	169300
174366	141835	32531	32531		
466717	191839	274878	237308	37570	152076
431597	171883	259714	231851	27863	152076
5474	2687	2787	1187	1601	
2188	878	1310	709	602	
27768	15632	12136	4029	8107	
1878	1637	241	241		
1555631	1035176	520456	267213	253243	117372
1555631	1035176	520456	267213	253243	117372
812647	552506	260141	143766	116375	67890
86674	57273	29401	5405	23996	3650
742985	482669	260315	123447	136868	49482
315152	168675	146477	56500	89977	17595
1146114	656365	489750	191328	298422	172548
1146114	656365	489750	191328	298422	172548
554647	288998	265649	92561	173089	28750
1569	1504	66	66		
1569	1504	66	66		
566714	398426	168288	82479	85809	49699
221682	124017	97664	31944	65720	20172
339664	213864	125800	42287	83513	188322
2334025	2160655	173370	85104	88265	44371
2786600	2740145	46455	26043	20412	127698

1-24 各级各类教育机构

学校类别	合 计	个人部分	工资福利支出	对个人和家庭的补助支出	#助学金
总 计	**4143140563**	**2758564691**	**2421600026**	**336964664**	**167454726**
一、高等学校	667211773	354400946	271723767	82677179	60095081
1.普通高等学校	658453306	348491176	266501899	81989277	59929752
高等本科学校	454185179	243621771	188136550	55485221	39222869
高职高专学校	204268127	104869405	78365349	26504056	20706883
2.成人高等学校	8758467	5909770	5221868	687903	165329
二、中等职业学校	260031483	145407507	125414823	19992684	10920080
1.中等专业学校	121988150	67010451	57060619	9949832	5637070
2.职业高中	95977783	54125917	47170586	6955331	3897053
#农村	43247528	23429673	20322588	3107085	2191890
3.技工学校	33526778	17883861	15404755	2479105	1300659
4.成人中专学校	8538772	6387278	5778863	608415	85299
三、中 学	1350080289	958461520	865609707	92851813	43489003
1.普通中学	1349471672	958017340	865186176	92831165	43489003
普通高中	471207666	327885581	300603553	27282028	12063304
#农村	182092665	133982759	122405021	11577738	7108417
普通初中	878264006	630131759	564582623	65549136	31425699
#农村	479253129	361796421	322214843	39581578	21950014
2.成人中学	608617	444180	423531	20649	
四、小 学	1413194285	1040278992	923348104	116930888	46056031
1.普通小学	1413192739	1040277691	923346803	116930888	46056031
#农村	802630901	621981296	547778707	74202589	32567477
2.成人小学	1545	1302	1302		
五、特殊教育	20776679	14364101	13202003	1162098	424906
1.特殊教育学校	19895862	13775284	12657021	1118264	420094
2.工读学校	880817	588817	544983	43834	4812
六、幼儿园	272800000	160797770	148370741	12427029	6458262
#农村	125333091	79265088	72677445	6587643	4444458
七、教育行政单位	38840941	22502588	18740314	3762274	
八、教育事业单位	68146903	42852776	38478425	4374351	
九、其 他	52058210	19498490	16712141	2786349	11363

财政补助支出明细(地方)

单位：千元

公用部分	商品和服务支出	其他资本性支出	专项公用支出	专项项目支出	基本建设支出
1289109435	**631232789**	**657876646**	**219963827**	**437912820**	**95466438**
286058910	139740327	146318583	71603837	74714746	26751916
283357541	137975490	145382050	71007243	74374807	26604589
188610545	100807296	87803249	44053689	43749560	21952863
94746996	37168195	57578801	26953554	30625247	4651726
2701370	1764837	936533	596594	339939	147327
110172354	47098181	63074172	21164257	41909915	4451623
52586319	22970483	29615835	9964622	19651214	2391381
40438382	15495060	24943322	7118469	17824853	1413484
19373727	6585264	12788462	3175703	9612760	444128
15015305	7159782	7855522	3847276	4008247	627612
2132348	1472855	659493	233891	425601	19145
358052755	161066159	196986596	53611022	143375574	33566013
357888318	160966439	196921880	53601092	143320787	33566013
125511125	53899225	71611899	20040825	51571075	17810960
46002799	19356071	26646728	6740972	19905756	2107108
232377194	107067213	125309980	33560268	91749713	15755053
114041348	52325360	61715988	15133104	46582883	3415360
164437	99721	64716	9930	54786	
353165457	178844892	174320565	49147272	125173293	19749835
353165214	178844648	174320565	49147272	125173293	19749835
176159263	88632905	87526358	22203995	65322363	4490342
244	244				
6020099	3626137	2393962	1122163	1271799	392479
5747310	3431605	2315705	1081304	1234401	373267
272788	194532	78256	40859	37398	19212
107730460	56559539	51170921	15000977	36169944	4271770
44261808	20859547	23402261	5479557	17922705	1806194
15668587	12013671	3654916	1596351	2058565	669766
24270923	17790641	6480282	2885456	3594826	1023205
27969890	14493241	13476649	3832491	9644158	4589830

1-25 各级各类教育机构

学校类别	合 计	个人部分	工资福利支出	对个人和家庭的补助支出	#助学金
总 计	**4271453862**	**2834439806**	**2492548110**	**341891695**	**170306266**
一、高等学校	852939993	459849446	357683472	102165974	73955023
1.普通高等学校	843916043	453844775	352371317	101473457	73789774
高等本科学校	647282318	354961743	274578429	80383313	57825095
高职高专学校	196633725	98883032	77792888	21090144	15964679
2.成人高等学校	9023949	6004672	5312155	692517	165248
二、中等职业学校	252181680	141050555	123175628	17874927	8934984
1.中等专业学校	118475339	65257218	56296161	8961058	4687763
2.职业高中	93656741	52810320	46504590	6305730	3281297
#农村	42403619	22895403	20034411	2860992	1958333
3.技工学校	31655826	16682002	14619016	2062986	938652
4.成人中专学校	8393774	6301014	5755862	545153	27272
三、中 学	1331982461	949841212	861316302	88524910	40057372
1.普通中学	1331373844	949397032	860892771	88504261	40057372
普通高中	466720008	325434479	299219941	26214539	11152519
#农村	179006217	132203755	121122927	11080828	6638545
普通初中	864653836	623962553	561672830	62289723	28904853
#农村	473316028	359076823	320673225	38403598	20885206
2.成人中学	608617	444180	423531	20649	
四、小 学	1396438584	1031489065	920550688	110938377	42167955
1.普通小学	1396437038	1031487763	920549387	110938377	42167955
#农村	796753069	619614001	546796386	72817616	31312969
2.成人小学	1545	1302	1302		
五、特殊教育	20681704	14313945	13165761	1148184	414972
1.特殊教育学校	19808127	13725963	12621339	1104624	410271
2.工读学校	873577	587982	544421	43561	4701
六、幼儿园	252240845	152121261	141911606	10209656	4749453
#农村	118191917	76378030	70781389	5596641	3551373
七、教育行政单位	39134512	22690947	18897317	3793630	
八、教育事业单位	70689338	43179202	38788597	4390605	
九、其 他	55164745	19904172	17058739	2845433	26508

财政补助支出明细(教育和其他部门)

单位：千元

公用部分	商品和服务支出	其他资本性支出			基本建设支出
			专项公用支出	专项项目支出	
1334975311	**663926089**	**671049221**	**234562331**	**436486891**	**102038746**
359397355	193615197	165782158	88697361	77084796	33693192
356525405	191710421	164814983	88068725	76746259	33545864
263268068	155399165	107868902	61521251	46347651	29052508
93257337	36311256	56946081	26547473	30398608	4493356
2871950	1904776	967174	628637	338538	147327
106684335	44458758	62225576	20879212	41346365	4446790
50831573	21602739	29228834	9840835	19387999	2386548
39432936	14843785	24589152	7011809	17577342	1413484
19064087	6336543	12727544	3139384	9588161	444128
14346211	6577518	7768694	3799641	3969053	627612
2073614	1434717	638897	226927	411971	19145
348857749	154153259	194704489	52997154	141707335	33283500
348693312	154053539	194639773	52987224	141652549	33283500
123734099	53133222	70600877	19928279	50672598	17551430
44936015	18944658	25991357	6653870	19337487	1866447
224959213	100920317	124038896	33058945	90979951	15732071
110823845	49661280	61162565	14938548	46224017	3415360
164437	99721	64716	9930	54786	
345300705	172044938	173255767	48660896	124594871	19648814
345300461	172044694	173255767	48660896	124594871	19648814
172648726	85622522	87026204	21963917	65062287	4490342
244	244				
5975280	3592025	2383255	1116482	1266773	392479
5708897	3402965	2305932	1076557	1229375	373267
266383	189060	77322	39925	37398	19212
95848014	46858576	48989438	13806791	35182647	4271570
40007894	17446293	22561600	5106863	17454737	1805994
15773799	12115503	3658296	1599732	2058565	669766
26467332	19916564	6550767	2955661	3595107	1042804
30670743	17171269	13499474	3849042	9650432	4589830

1-26 各级各类教育机构

学校类别	合　计	个人部分	工资福利支出	对个人和家庭的补助支出	#助学金
总　计	**220881352**	**124431716**	**92213946**	**32217770**	**25374467**
一、高等学校	210719491	120413014	88401223	32011791	25352788
1.普通高等学校	210440559	120306904	88300309	32006595	25352788
高等本科学校	209588185	119990144	88021906	31968238	25324628
高职高专学校	852374	316760	278403	38356	28160
2.成人高等学校	278932	106110	100913	5197	
二、中等职业学校	113516	73995	71709	2286	12
1.中等专业学校	111827	72306	70020	2286	12
2.职业高中					
#农村					
3.技工学校					
4.成人中专学校	1689	1689	1689		
三、中　学	2384182	1761564	1692441	69123	4004
1.普通中学	2384182	1761564	1692441	69123	4004
普通高中	1603020	1196467	1143781	52686	2830
#农村	159975	133687	128959	4729	59
普通初中	781162	565098	548660	16437	1174
#农村	9001	8077	7261	816	77
2.成人中学					
四、小　学	920008	665889	643382	22506	501
1.普通小学	920008	665889	643382	22506	501
#农村	16182	14503	14201	302	302
2.成人小学					
五、特殊教育					
1.特殊教育学校					
2.工读学校					
六、幼儿园	801615	596787	591418	5369	2017
#农村	19482	15440	14805	635	102
七、教育行政单位	293571	188359	157003	31356	
八、教育事业单位	2542434	326426	310172	16254	
九、其　他	3106535	405682	346598	59084	15145

财政补助支出明细(中央教育和其他部门)

单位：千元

公用部分	商品和服务支出	其他资本性支出	专项公用支出	专项项目支出	基本建设支出
87792357	**62419928**	**25372429**	**19061372**	**6311057**	**8657279**
81668797	56599596	25069202	18790338	6278863	8637680
81495975	56458816	25037159	18758296	6278863	8637680
80962504	56284257	24678246	18700515	5977731	8635537
533472	174559	358913	57780	301133	2142
172822	140780	32043	32043		
39520	37796	1724	1724		
39520	37796	1724	1724		
622618	510220	112398	106612	5786	
622618	510220	112398	106612	5786	
406554	329251	77303	71850	5453	
26288	24926	1361	1361		
216064	180969	35095	34762	333	
924	539	386	356	30	
254119	190455	63664	51727	11937	
254119	190455	63664	51727	11937	
1679	1101	578	320	258	
204828	176078	28750	20834	7916	
4042	2036	2007	1232	774	
105212	101832	3380	3380		
2196409	2125924	70485	70205	281	19600
2700853	2678028	22825	16551	6274	

1-27 各级各类教育机构

学校类别	合 计	个人部分	工资福利支 出	对个人和家庭的补助支出	#助学金
总 计	**4050572510**	**2710008090**	**2400334165**	**309673925**	**144931799**
一、高等学校	642220502	339436432	269282250	70154182	48602234
1.普通高等学校	633475485	333537870	264071008	69466863	48436986
高等本科学校	437694133	234971598	186556523	48415075	32500467
高职高专学校	195781352	98566272	77514485	21051787	15936519
2.成人高等学校	8745017	5898562	5211242	687320	165248
二、中等职业学校	252068164	140976560	123103919	17872641	8934972
1.中等专业学校	118363512	65184912	56226140	8958772	4687751
2.职业高中	93656741	52810320	46504590	6305730	3281297
#农村	42403619	22895403	20034411	2860992	1958333
3.技工学校	31655826	16682002	14619016	2062986	938652
4.成人中专学校	8392085	6299325	5754173	545153	27272
三、中 学	1329598279	948079648	859623861	88455787	40053368
1.普通中学	1328989662	947635468	859200330	88435138	40053368
普通高中	465116987	324238013	298076160	26161853	11149689
#农村	178846242	132070068	120993968	11076100	6638486
普通初中	863872675	623397455	561124170	62273285	28903679
#农村	473307027	359068746	320665964	38402782	20885129
2.成人中学	608617	444180	423531	20649	
四、小 学	1395518576	1030823176	919907306	110915870	42167454
1.普通小学	1395517030	1030821875	919906004	110915870	42167454
#农村	796736887	619599498	546782184	72817314	31312667
2.成人小学	1545	1302	1302		
五、特殊教育	20681704	14313945	13165761	1148184	414972
1.特殊教育学校	19808127	13725963	12621339	1104624	410271
2.工读学校	873577	587982	544421	43561	4701
六、幼儿园	251439230	151524475	141320188	10204287	4747436
#农村	118172435	76362590	70766584	5596006	3551271
七、教育行政单位	38840941	22502588	18740314	3762274	
八、教育事业单位	68146903	42852776	38478425	4374351	
九、其 他	52058210	19498490	16712141	2786349	11363

财政补助支出明细(地方教育和其它部门)

单位：千元

公用部分	商品和服务支出	其他资本性支出	专项公用支出	专项项目支出	基本建设支出
1247182954	**601506161**	**645676792**	**215500958**	**430175834**	**93381466**
277728558	137015602	140712956	69907023	70805933	25055512
275029429	135251605	139777824	69310429	70467395	24908185
182305564	99114908	83190656	42820736	40369920	20416971
92723865	36136697	56587168	26489693	30097475	4491214
2699128	1763996	935132	596594	338538	147327
106644814	44420962	62223852	20877487	41346365	4446790
50792052	21564943	29227109	9839111	19387999	2386548
39432936	14843785	24589152	7011809	17577342	1413484
19064087	6336543	12727544	3139384	9588161	444128
14346211	6577518	7768694	3799641	3969053	627612
2073614	1434717	638897	226927	411971	19145
348235131	153643040	194592091	52890542	141701550	33283500
348070694	153543319	194527375	52880612	141646763	33283500
123327545	52803971	70523574	19856429	50667145	17551430
44909728	18919732	25989996	6652509	19337487	1866447
224743149	100739348	124003801	33024183	90979618	15732071
110822921	49660742	61162179	14938192	46223987	3415360
164437	99721	64716	9930	54786	
345046586	171854483	173192103	48609169	124582935	19648814
345046342	171854239	173192103	48609169	124582935	19648814
172647046	85621420	87025626	21963597	65062029	4490342
244	244				
5975280	3592025	2383255	1116482	1266773	392479
5708897	3402965	2305932	1076557	1229375	373267
266383	189060	77322	39925	37398	19212
95643185	46682498	48960688	13785957	35174731	4271570
40003851	17444258	22559594	5105630	17453963	1805994
15668587	12013671	3654916	1596351	2058565	669766
24270923	17790641	6480282	2885456	3594826	1023205
27969890	14493241	13476649	3832491	9644158	4589830

1-28 各级各类教育机构

学校类别	合计	个人部分	工资福利支出	对个人和家庭的补助支出	#助学金
总　计	**18809900**	**10701602**	**8640507**	**2061095**	**929852**
一、高等学校	5523225	2485948	1786983	698965	554551
1.普通高等学校	5455822	2420223	1722557	697666	554470
高等本科学校	2518720	1074754	871155	203598	142933
高职高专学校	2937103	1345470	851402	494068	411537
2.成人高等学校	67403	65725	64425	1299	81
二、中等职业学校	1750677	862354	677597	184757	125458
1.中等专业学校	1075203	437530	349082	88448	50156
2.职业高中	94473	27046	16099	10947	8939
#农村	6703	4515	2937	1578	64
3.技工学校	553090	372984	292570	80415	66304
4.成人中专学校	27910	24794	19846	4948	60
三、中　学	3851499	2728382	2300172	428209	116367
1.普通中学	3851499	2728382	2300172	428209	116367
普通高中	1413626	935448	783088	152361	48660
#农村	268374	203146	152822	50324	5526
普通初中	2437872	1792933	1517085	275849	67707
#农村	1522874	1186723	1004492	182230	33032
2.成人中学					
四、小　学	4326574	3015345	2549433	465912	89572
1.普通小学	4326574	3015345	2549433	465912	89572
#农村	2704779	2117652	1772415	345237	63655
2.成人小学					
五、特殊教育	7396	5827	4765	1062	104
1.特殊教育学校	7396	5827	4765	1062	104
2.工读学校					
六、幼儿园	2202322	1254146	1118328	135818	43799
#农村	877405	546810	468658	78152	25439
七、教育行政单位	575223	152449	31577	120872	
八、教育事业单位	241183	78796	64905	13891	
九、其　他	331801	118356	106747	11610	

财政补助支出明细(国有及国有控股企业办)

单位：千元

公用部分					基本建设支出
	商品和服务支出	其他资本性支出			
			专项公用支出	专项项目支出	
6335610	**3431968**	**2903642**	**1311694**	**1591947**	**1772687**
2199337	1066850	1132487	524670	607818	837940
2197659	1065660	1131999	524182	607818	837940
787732	502976	284756	230546	54210	656234
1409927	562684	847244	293636	553607	181706
1678	1190	488	488		
736247	375450	360797	270240	90556	152076
485597	200904	284693	251639	33054	152076
67427	21931	45497	3500	41997	
2188	878	1310	709	602	
180106	149740	30366	14861	15505	
3116	2875	241	241		
998520	576000	422519	164469	258051	124597
998520	576000	422519	164469	258051	124597
410288	227399	182889	71967	110922	67890
61577	33486	28092	4095	23996	3650
588231	348601	239630	92501	147129	56708
318557	172366	146190	56244	89947	17595
1043645	579672	463974	156473	307501	267584
1043645	579672	463974	156473	307501	267584
558377	292490	265887	93057	172831	28750
1569	1504	66	66		
1569	1504	66	66		
898477	623612	274865	132478	142387	49699
310423	190096	120326	49584	70742	20172
234452	112032	122420	38907	83513	188322
137616	34732	102885	14900	87985	24771
85747	62117	23630	9492	14138	127698

1-29 各级各类教育机构

学校类别	合计	个人部分	工资福利支出	对个人和家庭的补助支出	#助学金
总计	**14792667**	**8419942**	**6905588**	**1514353**	**499875**
一、高等学校	3994114	1527350	1211207	316142	230891
1.普通高等学校	3938054	1472834	1157408	315426	230891
高等本科学校	2515200	1071233	871155	200078	139413
高职高专学校	1422855	401601	286253	115348	91478
2.成人高等学校	56059	54516	53799	716	
二、中等职业学校	946991	367718	287349	80368	40695
1.中等专业学校	807916	263763	202491	61272	29797
2.职业高中	15531	10057	8402	1655	126
#农村	6703	4515	2937	1578	64
3.技工学校	101687	73919	61365	12554	10772
4.成人中专学校	21857	19979	15091	4888	
三、中学	3733262	2682876	2259452	423424	113060
1.普通中学	3733262	2682876	2259452	423424	113060
普通高中	1407557	933575	781384	152191	48491
#农村	265397	201360	151123	50237	5439
普通初中	2325704	1749301	1478068	271233	64569
#农村	1506143	1174321	994032	180289	32354
2.成人中学					
四、小学	3926283	2861740	2410727	451013	87001
1.普通小学	3926283	2861740	2410727	451013	87001
#农村	2682788	2101070	1759148	341922	61786
2.成人小学					
五、特殊教育	7396	5827	4765	1062	104
1.特殊教育学校	7396	5827	4765	1062	104
2.工读学校					
六、幼儿园	1036416	624830	528860	95971	28123
#农村	659416	421604	350875	70729	20191
七、教育行政单位	575223	152449	31577	120872	
八、教育事业单位	241183	78796	64905	13891	
九、其他	331801	118356	106747	11610	

财政补助支出明细(中央国有及国有控股企业办)

单位：千元

公用部分	商品和服务支出	其他资本性支出			基本建设支出
			专项公用支出	专项项目支出	
4716847	**2295016**	**2421831**	**1029272**	**1392560**	**1655879**
1643372	717375	925996	368477	557519	823392
1641828	716320	925508	367989	557519	823392
787732	502976	284756	230546	54210	656234
854096	213344	640752	137443	503309	167158
1544	1056	488	488		
427197	154043	273154	235584	37570	152076
392077	134087	257990	230127	27863	152076
5474	2687	2787	1187	1601	
2188	878	1310	709	602	
27768	15632	12136	4029	8107	
1878	1637	241	241		
933014	524956	408058	160601	247457	117372
933014	524956	408058	160601	247457	117372
406093	223255	182838	71916	110922	67890
60387	32347	28040	4044	23996	3650
526921	301700	225220	88685	136535	49482
314228	168136	146091	56145	89947	17595
891995	465910	426085	139601	286485	172548
891995	465910	426085	139601	286485	172548
552968	287897	265071	92241	172831	28750
1569	1504	66	66		
1569	1504	66	66		
361886	222348	139538	61645	77893	49699
217640	121982	95658	30712	64946	20172
234452	112032	122420	38907	83513	188322
137616	34732	102885	14900	87985	24771
85747	62117	23630	9492	14138	127698

1-30 各级各类教育机构

学校类别	合　计	个人部分	工资福利支　出	对个人和家庭的补助支出	#助学金
总　计	**4017232**	**2281661**	**1734919**	**546742**	**429977**
一、高等学校	1529111	958598	575775	382823	323660
1.普通高等学校	1517768	947389	565149	382240	323579
高等本科学校	3520	3520		3520	3520
高职高专学校	1514248	943869	565149	378719	320059
2.成人高等学校	11343	11209	10626	583	81
二、中等职业学校	803687	494636	390248	104388	84763
1.中等专业学校	267288	173767	146591	27176	20359
2.职业高中	78942	16989	7697	9292	8813
#农村					
3.技工学校	451404	299066	231205	67861	55532
4.成人中专学校	6053	4815	4755	60	60
三、中　学	118237	45506	40720	4785	3308
1.普通中学	118237	45506	40720	4785	3308
普通高中	6069	1874	1704	170	170
#农村	2977	1786	1699	87	87
普通初中	112168	43632	39016	4616	3138
#农村	16731	12402	10460	1942	678
2.成人中学					
四、小　学	400291	153605	138707	14899	2571
1.普通小学	400291	153605	138707	14899	2571
#农村	21991	16582	13267	3315	1869
2.成人小学					
五、特殊教育					
1.特殊教育学校					
2.工读学校					
六、幼儿园	1165906	629315	589469	39847	15675
#农村	217989	125206	117782	7423	5248
七、教育行政单位					
八、教育事业单位					
九、其　他					

财政补助支出明细(地方国有及国有控股企业办)

单位：千元

公用部分					基本建设支出
	商品和服务支出	其他资本性支出			
			专项公用支出	专项项目支出	
1618763	**1136953**	**481810**	**282422**	**199388**	**116809**
555966	349474	206491	156193	50298	14548
555831	349340	206491	156193	50298	14548
555831	349340	206491	156193	50298	14548
135	135				
309050	221408	87643	34657	52986	
93520	66817	26703	21512	5191	
61954	19244	42710	2313	40397	
152338	134108	18230	10832	7398	
1238	1238				
65506	51044	14461	3868	10594	7225
65506	51044	14461	3868	10594	7225
4195	4144	51	51		
1191	1139	51	51		
61311	46901	14410	3816	10594	7225
4329	4230	99	99		
151650	113762	37888	16872	21016	95036
151650	113762	37888	16872	21016	95036
5409	4593	816	816		
536591	401264	135327	70833	64494	
92783	68115	24669	18873	5796	

1-31 各级各类教育机构

学校类别	合 计	个人部分	工资福利支出	对个人和家庭的补助支出	#助学金
总　计	**88550821**	**46274940**	**19530943**	**26743997**	**22092950**
一、高等学校	23462160	14005916	1865742	12140174	11169186
1.普通高等学校	23460053	14005916	1865742	12140174	11169186
高等本科学校	16487526	8646653	1580027	7066626	6718881
高职高专学校	6972527	5359264	285715	5073549	4450305
2.成人高等学校	2107				
二、中等职业学校	7159633	3936311	1920656	2015654	1900345
1.中等专业学校	3357351	1651771	687887	963885	928960
2.职业高中	2242100	1298609	658299	640309	606943
#农村	843909	534270	288177	246093	233558
3.技工学校	1419548	902793	554534	348258	306475
4.成人中专学校	140634	83138	19935	63203	57967
三、中　学	20363773	10336367	5945126	4391241	3432327
1.普通中学	20363773	10336367	5945126	4391241	3432327
普通高中	6084610	3645695	2525689	1120006	913445
#农村	3243446	1910905	1409354	501551	469843
普通初中	14279163	6690672	3419437	3271235	2518882
#农村	5929371	2715273	1538419	1176854	1064207
2.成人中学					
四、小　学	17275417	9302210	3302092	6000119	3886006
1.普通小学	17275417	9302210	3302092	6000119	3886006
#农村	5872023	2365215	983255	1381960	1252941
2.成人小学					
五、特殊教育	94975	50156	36242	13914	9935
1.特殊教育学校	87734	49321	35681	13640	9824
2.工读学校	7240	835	561	274	111
六、幼儿园	20194863	8643979	6461085	2182895	1695151
#农村	6942667	2777293	1793079	984214	887939
七、教育行政单位					
八、教育事业单位					
九、其　他					

财政补助支出明细(民办)

单位：千元

公用部分	商品和服务支出	其他资本性支出	专项公用支出	专项项目支出	基本建设支出
40307718	**28589675**	**11718044**	**4180446**	**7537598**	**1968163**
7774387	2375251	5399136	1540621	3858515	1681857
7772280	2374545	5397735	1540621	3857114	1681857
6304981	1692388	4612593	1232953	3379640	1535892
1467299	682158	785142	307668	477474	145964
2107	706	1401		1401	
3218489	2455811	762678	252113	510564	4833
1700746	1338723	362023	103999	258024	4833
943492	632031	311460	104346	207114	
309639	248721	60918	36319	24599	
516755	448156	68599	36803	31796	
57496	36900	20596	6965	13631	
9752119	7372075	2380043	716613	1663431	275287
9752119	7372075	2380043	716613	1663431	275287
2179384	1091110	1088274	184344	903930	259530
1091880	435200	656680	88412	568268	240661
7572734	6280965	1291769	532268	759501	15757
3214098	2660388	553709	194813	358897	
7967221	6876647	1090574	521231	569343	5986
7967221	6876647	1090574	521231	569343	5986
3506807	3006892	499915	239581	260335	
44819	34112	10707	5681	5026	
38413	28640	9773	4747	5026	
6406	5472	934	934		
11550684	9475777	2074906	1144187	930720	200
4165174	3347175	817999	355053	462946	200

1-32 各级各类教育机构一般公共预算

学校类别	合 计	个人部分	工资福利支出	对个人和家庭的补助支出	#助学金
总 计	**3620676943**	**2462961071**	**2153779218**	**309181853**	**186073560**
一、高等学校	727955254	417510221	314226254	103283967	82689349
1.普通高等学校	720454165	412566382	309761851	102804531	82525071
高等本科学校	551228699	319072223	240653642	78418581	62178012
高职高专学校	169225465	93494159	69108209	24385951	20347059
2.成人高等学校	7501089	4943838	4464402	479436	164278
二、中等职业学校	197874632	121984352	105752874	16231478	10246460
1.中等专业学校	92856806	55798245	47638944	8159301	5248058
2.职业高中	71433364	45628196	39944967	5683229	3642371
#农村	32375494	20250936	17481783	2769153	2058268
3.技工学校	26834067	15527614	13520714	2006900	1270745
4.成人中专学校	6750395	5030297	4648248	382050	85286
三、中 学	1123011179	815330841	738812677	76518164	42081316
1.普通中学	1122493070	814947229	738444784	76502444	42081316
普通高中	386193055	277184744	255318470	21866274	11574647
#农村	152739550	114924510	104692865	10231645	6933940
普通初中	736300015	537762484	483126314	54636170	30506668
#农村	412705697	311640604	277403260	34237344	21542169
2.成人中学	518109	383612	367893	15719	
四、小 学	1190032295	886040766	791929713	94111053	44291789
1.普通小学	1190030828	886039543	791928490	94111053	44291789
#农村	689145929	531140082	470493263	60646819	31956849
2.成人小学	1467	1223	1223		
五、特殊教育	17051140	11826550	10971113	855437	394453
1.特殊教育学校	16330100	11351684	10522959	828724	390070
2.工读学校	721040	474866	448154	26713	4384
六、幼儿园	230938605	141782044	130744423	11037622	6343685
#农村	108275940	70246442	64042267	6204175	4401737
七、教育行政单位	31710439	17976443	15489635	2486807	
八、教育事业单位	57868416	34773093	31910987	2862106	
九、其 他	44234981	15736762	13941543	1795219	26508

教育事业费和基本建设支出明细(全国)

单位：千元

公用部分	商品和服务支出	其他资本性支出	专项公用支出	专项项目支出	基本建设支出
1062484131	**603816806**	**458667325**	**184735192**	**273932132**	**95231740**
277842077	159022566	118819511	75336008	43483503	32602956
275432078	157314776	118117302	74768875	43348427	32455704
203933845	122745187	81188657	52080967	29107691	28222632
71498234	34569588	36928645	22687908	14240737	4233073
2409999	1707790	702209	567133	135075	147252
72068846	40480292	31588554	15997083	15591470	3821434
34938465	19344391	15594074	7921812	7672263	2120096
24490145	13585371	10904774	5075513	5829261	1315023
11717896	5986153	5731743	2387282	3344461	406661
10939284	6272745	4666539	2813678	1852861	367169
1700952	1277786	423166	186080	237086	19145
276831278	144768796	132062482	37884849	94177633	30849060
276696781	144677257	132019524	37875733	94143790	30849060
92197541	47933789	44263752	13585624	30678128	16810770
35787070	17845680	17941391	4989275	12952115	2027969
184499240	96743469	87755771	24290109	63465663	14038291
98142391	49450282	48692109	12150330	36541779	2922702
134497	91538	42959	9116	33842	
286420826	162654339	123766487	36450302	87316185	17570703
286420583	162654095	123766487	36450302	87316185	17570703
153731107	83653125	70077982	18289456	51788526	4274740
244	244				
4857596	3246397	1611199	823639	787561	366994
4630634	3081184	1549450	793325	756125	347782
226962	165213	61749	30314	31435	19212
85049641	51059169	33990471	11740160	22250312	4106920
36304758	19417934	16886823	4683360	12203463	1724740
12906608	10634316	2272292	1141279	1131013	827389
22097945	17820449	4277496	2266622	2010874	997379
24409314	14130482	10278832	3095250	7183582	4088906

1-33 各级各类教育机构一般公共预算

学校类别	合 计	个人部分	工资福利支出	对个人和家庭的补助支出	#助学金
总 计	**181324173**	**113606096**	**82557040**	**31049056**	**23984115**
一、高等学校	164934470	104663089	74744521	29918568	23701259
1.普通高等学校	164708362	104552913	74638155	29914758	23701259
高等本科学校	162886483	103947070	74180583	29766487	23581856
高职高专学校	1821879	605844	457572	148271	119404
2.成人高等学校	226108	110176	106366	3810	
二、中等职业学校	783116	352073	286369	65704	37888
1.中等专业学校	648151	251968	205082	46886	26990
2.职业高中	13248	7775	6120	1655	126
#农村	5927	3739	2161	1578	64
3.技工学校	101233	73694	61267	12427	10772
4.成人中专学校	20483	18637	13901	4736	
三、中 学	5339287	3782892	3380749	402143	114634
1.普通中学	5339287	3782892	3380749	402143	114634
普通高中	2710124	1881344	1704190	177154	50897
#农村	386611	298955	250530	48425	5074
普通初中	2629163	1901548	1676559	224989	63736
#农村	1220175	924740	786036	138704	32214
2.成人中学					
四、小 学	4083029	2851878	2473503	378375	84966
1.普通小学	4083029	2851878	2473503	378375	84966
#农村	2181683	1659180	1384061	275120	61873
2.成人小学					
五、特殊教育	4961	3703	3070	633	104
1.特殊教育学校	4961	3703	3070	633	104
2.工读学校					
六、幼儿园	1680039	1082228	987011	95217	30118
#农村	604904	374590	305520	69071	20293
七、教育行政单位	724999	229014	119164	109849	
八、教育事业单位	2391682	189714	172800	16914	
九、其 他	1382590	451506	389852	61654	15145

教育事业费和基本建设支出明细(中央)

单位：千元

公用部分	商品和服务支出	其他资本性支出			基本建设支出
			专项公用支出	专项项目支出	
58288884	**39861216**	**18427667**	**13673059**	**4754609**	**9429193**
51669614	34583563	17086050	12964831	4121219	8601767
51553682	34490840	17062842	12941623	4121219	8601767
50504804	34114574	16390230	12785656	3604574	8434609
1048878	376265	672612	155967	516645	167158
115932	92723	23208	23208		
284109	178042	106067	86397	19671	146934
249249	158328	90922	80958	9963	146934
5474	2687	2787	1187	1601	
2188	878	1310	709	602	
27539	15422	12117	4010	8107	
1847	1605	241	241		
1440053	999651	440402	241799	198603	116342
1440053	999651	440402	241799	198603	116342
761140	524377	236763	127581	109182	67640
84006	56253	27753	5269	22485	3650
678913	475274	203639	114218	89421	48701
277880	165761	112119	55567	56552	17555
1059567	643578	415989	181649	234341	171584
1059567	643578	415989	181649	234341	171584
494350	284683	209666	91024	118642	28152
1259	1197	62	62		
1259	1197	62	62		
553248	391758	161490	79524	81967	44562
215279	122493	92787	30675	62112	15035
309083	200909	108174	36464	71710	186902
2167356	2087456	79900	60085	19815	34612
804594	775063	29531	22248	7283	126490

1-34 各级各类教育机构一般公共预算

学校类别	合 计	个人部分	工资福利支 出	对个人和家庭的补助支出	#助学金
总 计	**3439352770**	**2349354975**	**2071222178**	**278132796**	**162089445**
一、高等学校	563020784	312847131	239481732	73365399	58988089
1.普通高等学校	555745803	308013469	235123696	72889773	58823812
高等本科学校	388342216	215125153	166473060	48652094	38596156
高职高专学校	167403586	92888316	68650636	24237679	20227656
2.成人高等学校	7274981	4833662	4358036	475626	164278
二、中等职业学校	197091516	121632279	105466504	16165774	10208572
1.中等专业学校	92208655	55546277	47433863	8112414	5221068
2.职业高中	71420116	45620421	39938847	5681574	3642245
#农村	32369566	20247197	17479622	2767575	2058204
3.技工学校	26732834	15453920	13459448	1994472	1259973
4.成人中专学校	6729911	5011660	4634347	377314	85286
三、中 学	1117671892	811547948	735431928	76116020	41966682
1.普通中学	1117153783	811164336	735064035	76100301	41966682
普通高中	383482930	275303400	253614280	21689120	11523750
#农村	152352938	114625555	104442336	10183220	6928866
普通初中	733670852	535860936	481449755	54411181	30442932
#农村	411485523	310715865	276617224	34098640	21509954
2.成人中学	518109	383612	367893	15719	
四、小 学	1185949267	883188888	789456210	93732678	44206823
1.普通小学	1185947800	883187665	789454987	93732678	44206823
#农村	686964247	529480902	469109202	60371699	31894976
2.成人小学	1467	1223	1223		
五、特殊教育	17046179	11822847	10968043	854804	394349
1.特殊教育学校	16325138	11347981	10519890	828091	389965
2.工读学校	721040	474866	448154	26713	4384
六、幼儿园	229258566	140699817	129757412	10942405	6313567
#农村	107671036	69871852	63736747	6135104	4381443
七、教育行政单位	30985441	17747429	15370471	2376958	
八、教育事业单位	55476734	34583379	31738187	2845192	
九、其 他	42852391	15285256	13551691	1733565	11363

教育事业费和基本建设支出明细(地方)

单位：千元

公用部分	商品和服务支出	其他资本性支出	专项公用支出	专项项目支出	基本建设支出
1004195247	**563955590**	**440239658**	**171062134**	**269177524**	**85802548**
226172463	124439002	101733461	62371177	39362284	24001189
223878396	122823936	101054460	61827252	39227208	23853937
153429040	88630613	64798427	39295311	25503117	19788023
70449356	34193323	36256033	22531941	13724091	4065915
2294067	1615066	679000	543925	135075	147252
71784737	40302251	31482486	15910687	15571800	3674500
34689216	19186064	15503152	7840853	7662299	1973162
24484671	13582684	10901987	5074327	5827660	1315023
11715708	5985276	5730433	2386573	3343860	406661
10911745	6257323	4654422	2809668	1844754	367169
1699105	1276180	422925	185839	237086	19145
275391225	143769145	131622080	37643050	93979030	30732719
275256728	143677606	131579121	37633934	93945187	30732719
91436401	47409411	44026989	13458043	30568946	16743129
35703064	17789427	17913637	4984007	12929631	2024319
183820327	96268195	87552132	24175891	63376242	13989589
97864511	49284520	48579991	12094763	36485227	2905147
134497	91538	42959	9116	33842	
285361259	162010761	123350498	36268654	87081844	17399120
285361015	162010517	123350498	36268654	87081844	17399120
153236757	83368442	69868316	18198432	51669884	4246588
244	244				
4856337	3245200	1611137	823576	787561	366994
4629375	3079987	1549388	793262	756125	347782
226962	165213	61749	30314	31435	19212
84496392	50667411	33828981	11660636	22168345	4062358
36089478	19295442	16794037	4652685	12141352	1709706
12597525	10433407	2164118	1104814	1059303	640487
19930589	15732993	4197596	2206537	1991058	962766
23604720	13355419	10249301	3073002	7176299	3962415

1-35 各级各类教育机构一般公共预算

学校类别	合　计	个人部分	工资福利支　出	对个人和家庭的补助支出	#助学金
总　　计	**3525444998**	**2412110552**	**2129668269**	**282442283**	**164473951**
一、高等学校	701682503	401884131	311178590	90705541	71079757
1.普通高等学校	694231500	396988512	306761813	90226698	70915560
高等本科学校	534053499	309849887	238545255	71304633	55384211
高职高专学校	160178002	87138624	68216559	18922066	15531349
2.成人高等学校	7451003	4895620	4416777	478843	164197
二、中等职业学校	189909144	117521694	103435194	14086500	8250924
1.中等专业学校	88947970	53854814	46721847	7132967	4278758
2.职业高中	69337680	44409332	39352300	5057032	3043519
#农村	31615882	19762696	17231750	2530947	1831340
3.技工学校	25034859	14330909	12748472	1582437	901377
4.成人中专学校	6588634	4926640	4612576	314063	27271
三、中　学	1102267287	804270844	732014828	72256016	38925729
1.普通中学	1101749177	803887232	731646935	72240297	38925729
普通高中	380042184	273344320	252594069	20750251	10717530
#农村	149887135	113027266	103328294	9698972	6466334
普通初中	721706993	530542912	479052866	51490046	28208199
#农村	405917199	308207585	275266578	32941007	20457110
2.成人中学	518109	383612	367893	15719	
四、小　学	1171408021	875833129	787146713	88686415	41144573
1.普通小学	1171406554	875831906	787145490	88686415	41144573
#农村	681437850	527264970	468248335	59016635	30657604
2.成人小学	1467	1223	1223		
五、特殊教育	16955099	11774705	10933466	841239	384577
1.特殊教育学校	16238920	11299949	10485312	814637	380304
2.工读学校	716179	474755	448154	26602	4272
六、幼儿园	210335976	132603443	123764759	8838684	4661883
#农村	100982046	67148020	61978235	5169785	3500256
七、教育行政单位	31180441	17847415	15465349	2382066	
八、教育事业单位	57740764	34720360	31866983	2853377	
九、其　他	43965763	15654832	13862387	1792445	26508

教育事业费和基本建设支出明细(教育和其他部门)

单位：千元

公用部分	商品和服务支出	其他资本性支出	专项公用支出	专项项目支出	基本建设支出
1021456073	**574552281**	**446903792**	**180075443**	**266828349**	**91878373**
269393170	156213770	113179400	73570706	39608693	30405202
266985038	154507360	112477679	73004061	39473618	30257950
197985715	121037682	76948033	50872178	26075854	26217896
68999324	33469677	35529646	22131883	13397763	4040054
2408131	1706410	701721	566645	135075	147252
68717783	37873531	30844251	15673567	15170684	3669667
33124827	17896446	15228382	7721499	7506883	1968329
23613325	12978101	10635224	5005652	5629572	1315023
11446525	5753321	5693204	2369643	3323560	406661
10336781	5759465	4577317	2767542	1809774	367169
1642849	1239520	403329	178874	224455	19145
267524243	137416252	130107992	37154043	92953949	30472199
267389746	137324713	130065033	37144926	92920107	30472199
90202637	46786566	43416070	13374654	30041417	16495228
35064581	17442326	17622255	4919033	12703222	1795287
177187110	90538147	86648963	23770273	62878690	13976971
94804467	46665936	48138531	11923593	36214938	2905147
134497	91538	42959	9116	33842	
278258007	155681207	122576800	35848061	86728739	17316885
278257763	155680963	122576800	35848061	86728739	17316885
149926293	80414815	69511478	17995166	51516311	4246588
244	244				
4813401	3212031	1601370	818835	782535	366994
4591189	3051568	1539621	788521	751099	347782
222212	160463	61749	30314	31435	19212
73670376	41766982	31903394	10552861	21350534	4062158
32124520	16031005	16093515	4315043	11778471	1709506
12692540	10525322	2167218	1107914	1059303	640487
22038038	17786796	4251242	2259903	1991339	982366
24348516	14076390	10272126	3089554	7182572	3962415

1-36 各级各类教育机构一般公共预算

学校类别	合 计	个人部分	工资福利支出	对个人和家庭的补助支出	#助学金
总 计	**169312392**	**107032699**	**77186138**	**29846561**	**23529341**
一、高等学校	161735271	103490146	73806842	29683303	23507684
1.普通高等学校	161549415	103419066	73739563	29679503	23507684
高等本科学校	160993255	103146444	73502916	29643528	23479759
高职高专学校	556160	272622	236647	35975	27926
2.成人高等学校	185855	71079	67279	3800	
二、中等职业学校	96320	58164	57085	1079	12
1.中等专业学校	94631	56475	55396	1079	12
2.职业高中					
#农村					
3.技工学校					
4.成人中专学校	1689	1689	1689		
三、中 学	2271063	1688176	1623234	64942	4004
1.普通中学	2271063	1688176	1623234	64942	4004
普通高中	1519825	1145699	1095452	50247	2830
#农村	154443	128570	124503	4067	59
普通初中	751237	542477	527781	14695	1174
#农村	2343	1927	1850	77	77
2.成人中学					
四、小 学	881504	631311	610680	20631	501
1.普通小学	881504	631311	610680	20631	501
#农村	7164	5485	5183	302	302
2.成人小学					
五、特殊教育					
1.特殊教育学校					
2.工读学校					
六、幼儿园	755833	558360	553927	4433	1995
#农村	13288	9870	9540	330	102
七、教育行政单位	195001	99986	94878	5107	
八、教育事业单位	2264030	136981	128796	8185	
九、其 他	1113372	369575	310696	58880	15145

教育事业费和基本建设支出明细(中央教育和其他部门)

单位：千元

公用部分	商品和服务支出	其他资本性支出			基本建设支出
			专项公用支出	专项项目支出	
54481719	**37837576**	**16644143**	**12923549**	**3720593**	**7797974**
50466751	34082451	16384300	12695666	3688634	7778375
50351974	33990395	16361579	12672945	3688634	7778375
50068436	33824677	16243759	12651754	3592005	7778375
283539	165718	117820	21191	96629	
114776	92056	22720	22720		
38156	36432	1724	1724		
38156	36432	1724	1724		
582886	491673	91213	85427	5786	
582886	491673	91213	85427	5786	
374126	311753	62373	56920	5453	
25873	24582	1291	1291		
208761	179920	28840	28507	333	
417	118	299	269	30	
250193	189536	60657	48720	11937	
250193	189536	60657	48720	11937	
1679	1101	578	320	258	
197473	170796	26677	18995	7682	
3418	1707	1711	937	774	
95015	91915	3100	3100		
2107449	2053803	53646	53365	281	19600
743796	720971	22825	16551	6274	

1-37 各级各类教育机构一般公共预算

学校类别	合 计	个人部分	工资福利支出	对个人和家庭的补助支出	#助学金
总 计	**3356132606**	**2305077853**	**2052482130**	**252595723**	**140944610**
一、高等学校	539947233	298393986	237371748	61022238	47572073
1.普通高等学校	532682085	293569445	233022250	60547195	47407876
高等本科学校	373060244	206703443	165042339	41661104	31904452
高职高专学校	159621841	86866002	67979912	18886091	15503424
2.成人高等学校	7265148	4824540	4349497	475043	164197
二、中等职业学校	189812824	117463531	103378110	14085421	8250912
1.中等专业学校	88853339	53798339	46666451	7131888	4278746
2.职业高中	69337680	44409332	39352300	5057032	3043519
#农村	31615882	19762696	17231750	2530947	1831340
3.技工学校	25034859	14330909	12748472	1582437	901377
4.成人中专学校	6586945	4924951	4610887	314063	27271
三、中 学	1099996224	802582668	730391594	72191074	38921725
1.普通中学	1099478115	802199056	730023701	72175355	38921725
普通高中	378522359	272198620	251498616	20700004	10714700
#农村	149732692	112898697	103203792	9694905	6466275
普通初中	720955755	530000435	478525085	51475350	28207025
#农村	405914856	308205659	275264729	32940930	20457033
2.成人中学	518109	383612	367893	15719	
四、小 学	1170526517	875201817	786536033	88665784	41144072
1.普通小学	1170525050	875200594	786534810	88665784	41144072
#农村	681430686	527259485	468243152	59016333	30657303
2.成人小学	1467	1223	1223		
五、特殊教育	16955099	11774705	10933466	841239	384577
1.特殊教育学校	16238920	11299949	10485312	814637	380304
2.工读学校	716179	474755	448154	26602	4272
六、幼儿园	209580144	132045083	123210832	8834251	4659888
#农村	100968758	67138151	61968695	5169455	3500155
七、教育行政单位	30985441	17747429	15370471	2376958	
八、教育事业单位	55476734	34583379	31738187	2845192	
九、其 他	42852391	15285256	13551691	1733565	11363

教育事业费和基本建设支出明细(地方教育和其他部门)

单位：千元

公用部分	商品和服务支出	其他资本性支出	专项公用支出	专项项目支出	基本建设支出
966974354	**536714705**	**430259649**	**167151894**	**263107756**	**84080399**
218926419	122131319	96795100	60875041	35920059	22626828
216633064	120516965	96116099	60331116	35784984	22479576
147917279	87213005	60704273	38220424	22483849	18439522
68715785	33303959	35411826	22110692	13301134	4040054
2293355	1614355	679000	543925	135075	147252
68679626	37837100	30842527	15671842	15170684	3669667
33086671	17860014	15226657	7719774	7506883	1968329
23613325	12978101	10635224	5005652	5629572	1315023
11446525	5753321	5693204	2369643	3323560	406661
10336781	5759465	4577317	2767542	1809774	367169
1642849	1239520	403329	178874	224455	19145
266941357	136924578	130016779	37068615	92948163	30472199
266806860	136833040	129973820	37059499	92914321	30472199
89828511	46474813	43353697	13317734	30035964	16495228
35038708	17417744	17620964	4917742	12703222	1795287
176978349	90358226	86620122	23741765	62878357	13976971
94804050	46665818	48138232	11923323	36214908	2905147
134497	91538	42959	9116	33842	
278007815	155491672	122516143	35799341	86716802	17316885
278007571	155491428	122516143	35799341	86716802	17316885
149924613	80413714	69510900	17994847	51516053	4246588
244	244				
4813401	3212031	1601370	818835	782535	366994
4591189	3051568	1539621	788521	751099	347782
222212	160463	61749	30314	31435	19212
73472903	41596186	31876717	10533866	21342851	4062158
32121102	16029298	16091804	4314107	11777697	1709506
12597525	10433407	2164118	1104814	1059303	640487
19930589	15732993	4197596	2206537	1991058	962766
23604720	13355419	10249301	3073002	7176299	3962415

1-38 各级各类教育机构一般公共预算

学校类别	合 计	个人部分	工资福利支出	对个人和家庭的补助支出	#助学金
总 计	**15428693**	**8546634**	**6862879**	**1683755**	**874572**
一、高等学校	4466477	1964901	1389752	575149	513753
1.普通高等学校	4417096	1916682	1342126	574556	513672
高等本科学校	1896748	804145	677667	126479	105617
高职高专学校	2520348	1112537	664460	448077	408055
2.成人高等学校	49380	48219	47626	593	81
二、中等职业学校	1251777	685226	524163	161062	116411
1.中等专业学校	765052	335365	266493	68871	44296
2.职业高中	41026	23069	12122	10947	8939
#农村	5927	3739	2161	1578	64
3.技工学校	420862	305041	228581	76461	63128
4.成人中专学校	24836	21751	16967	4784	48
三、中 学	3181240	2139418	1797432	341986	113937
1.普通中学	3181240	2139418	1797432	341986	113937
普通高中	1195553	736992	609915	127077	48237
#农村	234330	171645	127200	44445	5103
普通初中	1985687	1402426	1187517	214909	65701
#农村	1234133	934938	794369	140569	32816
2.成人中学					
四、小 学	3574807	2368293	1997968	370325	87036
1.普通小学	3574807	2368293	1997968	370325	87036
#农村	2196087	1669985	1391853	278133	63441
2.成人小学					
五、特殊教育	4961	3703	3070	633	104
1.特殊教育学校	4961	3703	3070	633	104
2.工读学校					
六、幼儿园	2022563	1121402	1003047	118355	43330
#农村	789539	479383	403263	76120	25404
七、教育行政单位	529998	129028	24286	104742	
八、教育事业单位	127652	52733	44004	8729	
九、其 他	269218	81930	79156	2774	

教育事业费和基本建设支出明细(国有及国有控股企业办)

单位：千元

公用部分	商品和服务支出	其他资本性支出			基本建设支出
			专项公用支出	专项项目支出	
5146833	**2998331**	**2148502**	**997853**	**1150650**	**1735226**
1663636	791484	872152	405376	466776	837940
1662474	790811	871664	404888	466776	837940
436368	289898	146471	133902	12569	656234
1226106	500913	725193	270986	454207	181706
1162	674	488	488		
419617	280887	138730	112225	26506	146934
282754	170906	111848	100360	11488	146934
17957	13513	4444	1270	3175	
2188	878	1310	709	602	
115821	93625	22196	10354	11843	
3085	2844	241	241		
918255	558625	359630	160161	199469	123567
918255	558625	359630	160161	199469	123567
390920	216530	174390	70661	103729	67640
59034	32572	26463	3978	22485	3650
527334	342095	185240	89500	95740	55927
281640	169748	111891	55370	56522	17555
952696	567097	385599	149494	236105	253818
952696	567097	385599	149494	236105	253818
497949	288044	209905	91520	118384	28152
1259	1197	62	62		
1259	1197	62	62		
856598	602303	254295	124755	129540	44562
295121	183657	111464	44410	67055	15035
214068	108994	105074	33364	71710	186902
59907	33653	26254	6719	19535	15013
60798	54092	6706	5696	1010	126490

1-39　各级各类教育机构一般公共预算

学校类别	合　计	个人部分	工资福利支　出	对个人和家庭的补助支出	#助学金
总　　计	**12011781**	**6573398**	**5370902**	**1202496**	**454774**
一、高等学校	3199199	1172944	937679	235265	193575
1.普通高等学校	3158946	1133847	898592	235255	193575
高等本科学校	1893228	800625	677667	122959	102097
高职高专学校	1265719	333222	220925	112296	91478
2.成人高等学校	40253	39097	39087	10	
二、中等职业学校	686796	293910	229284	64625	37876
1.中等专业学校	553520	195493	149686	45808	26978
2.职业高中	13248	7775	6120	1655	126
#农村	5927	3739	2161	1578	64
3.技工学校	101233	73694	61267	12427	10772
4.成人中专学校	18794	16948	12212	4736	
三、中　学	3068225	2094716	1757516	337201	110629
1.普通中学	3068225	2094716	1757516	337201	110629
普通高中	1190299	735645	608738	126907	48067
#农村	232168	170385	126027	44358	5015
普通初中	1877925	1359072	1148778	210294	62562
#农村	1217831	922813	784186	138627	32138
2.成人中学					
四、小　学	3201525	2220566	1862823	357744	84465
1.普通小学	3201525	2220566	1862823	357744	84465
#农村	2174518	1653695	1378878	274818	61572
2.成人小学					
五、特殊教育	4961	3703	3070	633	104
1.特殊教育学校	4961	3703	3070	633	104
2.工读学校					
六、幼儿园	924206	523868	433084	90784	28123
#农村	591616	364721	295980	68741	20191
七、教育行政单位	529998	129028	24286	104742	
八、教育事业单位	127652	52733	44004	8729	
九、其　他	269218	81930	79156	2774	

教育事业费和基本建设支出明细(中央国有及国有控股企业办)

单位：千元

公用部分	商品和服务支出	其他资本性支出			基本建设支出
			专项公用支出	专项项目支出	
3807165	**2023640**	**1783525**	**749509**	**1034016**	**1631219**
1202863	501112	701751	269165	432585	823392
1201707	500445	701263	268677	432585	823392
436368	289898	146471	133902	12569	656234
765339	210547	554792	134776	420016	167158
1156	668	488	488		
245953	141610	104343	84672	19671	146934
211093	121896	89197	79234	9963	146934
5474	2687	2787	1187	1601	
2188	878	1310	709	602	
27539	15422	12117	4010	8107	
1847	1605	241	241		
857167	507978	349189	156372	192817	116342
857167	507978	349189	156372	192817	116342
387014	212624	174390	70661	103729	67640
58133	31670	26463	3978	22485	3650
470152	295353	174799	85711	89088	48701
277463	165644	111820	55298	56522	17555
809375	454043	355332	132928	222404	171584
809375	454043	355332	132928	222404	171584
492670	283582	209088	90704	118384	28152
1259	1197	62	62		
1259	1197	62	62		
355776	220963	134813	60529	74284	44562
211861	120786	91075	29738	61337	15035
214068	108994	105074	33364	71710	186902
59907	33653	26254	6719	19535	15013
60798	54092	6706	5696	1010	126490

1-40　各级各类教育机构一般公共预算

学校类别	合　计	个人部分	工资福利支　出	对个人和家庭的补助支出	#助学金
总　计	**3416912**	**1973236**	**1491977**	**481259**	**419798**
一、高等学校	1267277	791957	452073	339884	320178
1.普通高等学校	1258150	782835	443534	339301	320097
高等本科学校	3520	3520		3520	3520
高职高专学校	1254629	779315	443534	335781	316577
2.成人高等学校	9128	9122	8539	583	81
二、中等职业学校	564980	391316	294879	96437	78535
1.中等专业学校	211532	139871	116807	23064	17318
2.职业高中	27778	15294	6002	9292	8813
#农村					
3.技工学校	319629	231347	167314	64033	52356
4.成人中专学校	6041	4803	4755	48	48
三、中　学	113015	44702	39917	4785	3308
1.普通中学	113015	44702	39917	4785	3308
普通高中	5253	1347	1178	170	170
#农村	2161	1260	1173	87	87
普通初中	107762	43355	38739	4616	3138
#农村	16301	12125	10183	1942	678
2.成人中学					
四、小　学	373282	147727	135145	12581	2571
1.普通小学	373282	147727	135145	12581	2571
#农村	21568	16290	12975	3315	1869
2.成人小学					
五、特殊教育					
1.特殊教育学校					
2.工读学校					
六、幼儿园	1098357	597534	569963	27571	15207
#农村	197922	114662	107283	7379	5213
七、教育行政单位					
八、教育事业单位					
九、其　他					

教育事业费和基本建设支出明细(地方国有及国有控股企业办)

单位：千元

公用部分	商品和服务支出	其他资本性支出			基本建设支出
			专项公用支出	专项项目支出	
1339668	**974691**	**364978**	**248343**	**116634**	**104008**
460773	290372	170401	136210	34191	14548
460767	290366	170401	136210	34191	14548
460767	290366	170401	136210	34191	14548
6	6				
173664	139277	34387	27553	6835	
71661	49010	22651	21126	1525	
12483	10826	1657	83	1574	
88282	78203	10079	6343	3736	
1238	1238				
61088	50647	10441	3789	6652	7225
61088	50647	10441	3789	6652	7225
3906	3906				
901	901				
57182	46741	10441	3789	6652	7225
4177	4105	72	72		
143321	113055	30266	16565	13701	82235
143321	113055	30266	16565	13701	82235
5278	4462	816	816		
500822	381340	119482	64227	55256	
83260	62871	20389	14672	5717	

1-41　各级各类教育机构一般公共预算

学校类别	合　计				
		个人部分	工资福利支　出	对个人和家庭的补助支出	#助学金
总　　计	**79803252**	**42303886**	**17248071**	**25055814**	**20725037**
一、高等学校	21806274	13661189	1657912	12003277	11095838
1.普通高等学校	21805568	13661189	1657912	12003277	11095838
高等本科学校	15278453	8418190	1430721	6987469	6688183
高职高专学校	6527116	5242998	227190	5015808	4407655
2.成人高等学校	706				
二、中等职业学校	6713712	3777432	1793516	1983916	1879125
1.中等专业学校	3143784	1608067	650605	957462	925004
2.职业高中	2054658	1195795	580545	615250	589913
#农村	753685	484501	247872	236628	226864
3.技工学校	1378345	891664	543662	348002	306240
4.成人中专学校	136924	81907	18704	63203	57967
三、中　学	17562653	8920578	5000417	3920161	3041649
1.普通中学	17562653	8920578	5000417	3920161	3041649
普通高中	4955318	3103432	2114486	988946	808880
#农村	2618085	1725599	1237371	488228	462503
普通初中	12607335	5817146	2885931	2931215	2232769
#农村	5554366	2498081	1342312	1155769	1052243
2.成人中学					
四、小　学	15049467	7839344	2785032	5054312	3060180
1.普通小学	15049467	7839344	2785032	5054312	3060180
#农村	5511992	2205127	853075	1352052	1235804
2.成人小学					
五、特殊教育	91080	48143	34578	13565	9772
1.特殊教育学校	86218	48032	34578	13454	9661
2.工读学校	4862	111		111	111
六、幼儿园	18580066	8057200	5976617	2080583	1638473
#农村	6504356	2619039	1660769	958270	876076
七、教育行政单位					
八、教育事业单位					
九、其　他					

教育事业费和基本建设支出明细(民办)

单位：千元

公用部分					基本建设支出
	商品和服务支出	其他资本性支出			
			专项公用支出	专项项目支出	
35881225	**26266195**	**9615030**	**3661897**	**5953133**	**1618141**
6785271	2017311	4767960	1359926	3408034	1359814
6784565	2016606	4767960	1359926	3408034	1359814
5511762	1417608	4094154	1074887	3019267	1348501
1272804	598998	673806	285040	388766	11313
706	706				
2931447	2325874	605572	211292	394281	4833
1530884	1277040	253844	99953	153891	4833
858863	593757	265106	68592	196514	
269184	231955	37229	16930	20299	
486682	419655	67026	35782	31244	
55018	35422	19596	6965	12631	
8388780	6793919	1594861	570646	1024215	253294
8388780	6793919	1594861	570646	1024215	253294
1603984	930692	673292	140310	532982	247901
663455	370782	292673	66264	226408	229032
6784796	5863227	921569	430337	491232	5393
3056284	2614597	441687	171368	270319	
7210124	6406035	804088	452748	351341	
7210124	6406035	804088	452748	351341	
3306866	2950266	356600	202769	153831	
42937	33170	9767	4741	5026	
38186	28419	9767	4741	5026	
4750	4750				
10522667	8689885	1832782	1062544	770238	200
3885117	3203272	681844	323907	357937	200

1-42　各级各类学校生均教育经费支出(教育和其他部门)

单位：元

学校类别	教育经费支出	个人和公用部分支出			基本建设支出
			个人部分	公用部分	
总　计	**21294.16**	**20852.28**	**13515.22**	**7337.06**	**441.87**
一、高等学校	37674.86	36719.72	19194.74	17524.98	955.14
1.普通高等学校	38735.90	37745.13	19745.31	17999.81	990.78
高等本科学校	44819.08	43581.32	22948.54	20632.77	1237.77
高职高专学校	24988.74	24556.12	12506.44	12049.67	432.62
2.成人高等学校	12330.63	12226.69	6043.66	6183.03	103.94
二、中等职业学校	23184.70	22805.09	12719.37	10085.72	379.61
1.中等专业学校	22889.74	22464.48	12358.01	10106.47	425.26
2.职业高中	24079.20	23728.54	13351.89	10376.66	350.66
#农村	20526.81	20318.39	10906.83	9411.57	208.42
3.技工学校	19439.65	19109.99	10150.29	8959.70	329.66
4.成人中专学校	54114.41	54000.08	38811.34	15188.75	114.33
三、中　学	21888.26	21362.02	15298.14	6063.88	526.24
1.普通中学	21879.78	21353.49	15292.40	6061.08	526.30
普通高中	24178.87	23346.70	16137.11	7209.60	832.16
#农村	18398.91	18224.41	12912.34	5312.06	174.50
普通初中	20729.34	20356.09	14869.72	5486.38	373.24
#农村	18057.40	17927.99	13650.49	4277.50	129.41
2.成人中学	108691.09	108691.09	74007.19	34683.91	
四、小　学	14480.62	14279.01	10633.74	3645.27	201.61
1.普通小学	14480.66	14279.05	10633.77	3645.28	201.61
#农村	13502.38	13426.87	10459.79	2967.08	75.51
2.成人小学	4403.06	4403.06	3708.32	694.74	
五、特殊教育	64610.98	63400.85	44335.28	19065.56	1210.14
1.特殊教育学校	63182.03	62006.07	43434.93	18571.14	1175.96
2.工读学校	130244.68	127464.69	85689.38	41775.31	2780.00
六、幼儿园	13899.18	13712.19	8222.28	5489.91	186.99
#农村	10080.96	9955.56	6234.41	3721.15	125.40

1-43 各级各类学校生均一般公共预算教育事业费和基本建设支出（教育和其他部门）

单位：元

学校类别	一般公共预算教育事业费和基本建设支出	事业费支出			基本建设支出
			个人部分	公用部分	
总　计	**15499.51**	**15095.57**	**10604.77**	**4490.80**	**403.94**
一、高等学校	22061.17	21105.22	12635.39	8469.83	955.95
1.普通高等学校	21947.45	20990.88	12550.40	8440.47	956.58
高等本科学校	24882.79	23661.24	14436.63	9224.61	1221.55
高职高专学校	15751.96	15354.66	8569.24	6785.42	397.30
2.成人高等学校	42652.23	41809.30	28024.29	13785.01	842.92
二、中等职业学校	16211.89	15898.62	10032.42	5866.20	313.27
1.中等专业学校	15849.71	15498.97	9596.43	5902.54	350.74
2.职业高中	17201.43	16875.19	11017.15	5858.04	326.23
#农村	14836.76	14645.92	9274.28	5371.65	190.84
3.技工学校	13149.70	12956.84	7527.39	5429.45	192.86
4.成人中专学校	39343.90	39229.57	29419.33	9810.24	114.33
三、中　学	17427.93	16946.13	12716.31	4229.82	481.80
1.普通中学	17421.44	16939.59	12711.49	4228.11	481.84
普通高中	18018.86	17236.78	12960.02	4276.76	782.08
#农村	14013.43	13845.58	10567.28	3278.30	167.85
普通初中	17122.49	16790.89	12587.12	4203.76	331.60
#农村	15380.20	15270.12	11677.98	3592.14	110.08
2.成人中学	83831.94	83831.94	62069.84	21762.10	
四、小　学	12019.46	11841.77	8986.65	2855.12	177.68
1.普通小学	12019.49	11841.80	8986.67	2855.13	177.68
#农村	11459.43	11388.02	8866.78	2521.24	71.41
2.成人小学	4179.50	4179.50	3484.76	694.74	
五、特殊教育	52277.95	51146.39	36305.15	14841.24	1131.56
1.特殊教育学校	51159.85	50064.18	35599.88	14464.29	1095.67
2.工读学校	103633.82	100853.82	68698.91	32154.92	2780.00
六、幼儿园	9207.47	9029.65	5804.73	3224.93	177.82
#农村	7011.90	6893.20	4662.56	2230.63	118.70

1-44 各级各类学校生均教育经费支出(中央教育和其他部门)

单位：元

学校类别	教育经费支出	个人和公用部分支出			基本建设支出
			个人部分	公用部分	
总　计	**70278.56**	**68833.93**	**34193.13**	**34640.80**	**1444.63**
一、高等学校	70161.36	68658.95	34424.50	34234.46	1502.41
1.普通高等学校	71445.59	69909.29	35124.33	34784.97	1536.29
高等本科学校	71735.13	70187.74	35269.99	34917.75	1547.39
高职高专学校	32695.85	32644.47	15630.48	17013.99	51.37
2.成人高等学校					
二、中等职业学校	79323.09	79323.09	44716.99	34606.09	
1.中等专业学校	80674.93	80674.93	45150.01	35524.91	
2.职业高中					
#农村					
3.技工学校					
4.成人中专学校	65426.10	65426.10	40265.53	25160.58	
三、中　学	46418.32	46418.32	30992.95	15425.37	
1.普通中学	46418.32	46418.32	30992.95	15425.37	
普通高中	53138.04	53138.04	35223.42	17914.62	
#农村	33082.67	33082.67	25716.55	7366.12	
普通初中	35719.01	35719.01	24257.10	11461.91	
#农村	39508.49	39508.49	35373.41	4135.08	
2.成人中学					
四、小　学	19679.58	19679.58	13750.13	5929.45	
1.普通小学	19679.58	19679.58	13750.13	5929.45	
#农村	26010.63	26010.63	22155.96	3854.67	
2.成人小学					
五、特殊教育					
1.特殊教育学校					
2.工读学校					
六、幼儿园	23242.83	23242.83	17091.53	6151.31	
#农村	13628.70	13628.70	10992.52	2636.18	

1-45 各级各类学校生均一般公共预算教育事业费和基本建设支出(中央教育和其他部门)

单位：元

学校类别	一般公共预算教育事业费和基本建设支出	事业费支出			基本建设支出
			个人部分	公用部分	
总　计	**30287.46**	**28892.52**	**19146.55**	**9745.97**	**1394.94**
一、高等学校	30249.61	28794.81	19355.93	9438.88	1454.80
1.普通高等学校	30399.52	28935.82	19460.86	9474.97	1463.69
高等本科学校	30534.46	29059.19	19563.06	9496.13	1475.27
高职高专学校	13337.61	13337.61	6537.91	6799.70	
2.成人高等学校					
二、中等职业学校	37561.39	37561.39	22681.82	14879.57	
1.中等专业学校	40492.45	40492.45	24165.46	16326.99	
2.职业高中					
#农村					
3.技工学校					
4.成人中专学校	7429.87	7429.87	7429.87		
三、中　学	32208.17	32208.17	23941.69	8266.49	
1.普通中学	32208.17	32208.17	23941.69	8266.49	
普通高中	35091.24	35091.24	26453.05	8638.19	
#农村	28479.21	28479.21	23708.22	4770.99	
普通初中	27617.67	27617.67	19943.02	7674.65	
#农村	10262.56	10262.56	8437.64	1824.92	
2.成人中学					
四、小　学	15213.56	15213.56	10895.57	4317.98	
1.普通小学	15213.56	15213.56	10895.57	4317.98	
#农村	8349.98	8349.98	6392.73	1957.25	
2.成人小学					
五、特殊教育					
1.特殊教育学校					
2.工读学校					
六、幼儿园	6860.89	6860.89	5068.38	1792.51	
#农村	4032.41	4032.41	2995.05	1037.36	

1-46 各级各类学校生均教育经费支出(地方教育和其他部门)

单位：元

学校类别	教育经费支出	个人和公用部分支出			基本建设支出
			个人部分	公用部分	
总　计	**19989.09**	**19573.94**	**12964.31**	**6609.63**	**415.15**
一、高等学校	31349.24	30500.66	16229.27	14271.39	848.58
1.普通高等学校	32222.59	31340.44	16682.97	14657.47	882.15
高等本科学校	36423.20	35282.01	19105.13	16176.88	1141.19
高职高专学校	24957.67	24523.51	12493.85	12029.66	434.16
2.成人高等学校	12243.15	12129.01	6303.87	5825.14	114.15
二、中等职业学校	23172.41	22792.72	12712.37	10080.35	379.69
1.中等专业学校	22865.67	22440.23	12344.35	10095.88	425.44
2.职业高中	24079.20	23728.54	13351.89	10376.66	350.66
#农村	20526.81	20318.39	10906.83	9411.57	208.42
3.技工学校	19439.65	19109.99	10150.29	8959.70	329.66
4.成人中专学校	54099.03	53984.55	38809.36	15175.19	114.48
三、中　学	21860.89	21334.05	15280.62	6053.43	526.83
1.普通中学	21852.39	21325.51	15274.88	6050.63	526.88
普通高中	24119.28	23285.40	16097.83	7187.57	833.87
#农村	18391.46	18216.87	12905.85	5311.02	174.59
普通初中	20719.66	20346.17	14863.66	5482.52	373.48
#农村	18057.21	17927.80	13650.30	4277.50	129.41
2.成人中学	108691.09	108691.09	74007.19	34683.91	
四、小　学	14477.53	14275.80	10631.89	3643.91	201.73
1.普通小学	14477.57	14275.83	10631.91	3643.92	201.73
#农村	13502.20	13426.69	10459.62	2967.07	75.51
2.成人小学	4403.06	4403.06	3708.32	694.74	
五、特殊教育	64610.98	63400.85	44335.28	19065.56	1210.14
1.特殊教育学校	63182.03	62006.07	43434.93	18571.14	1175.96
2.工读学校	130244.68	127464.69	85689.38	41775.31	2780.00
六、幼儿园	13853.90	13666.00	8179.30	5486.71	187.89
#农村	10080.15	9954.72	6233.32	3721.40	125.43

1-47 各级各类学校生均一般公共预算教育事业费和基本建设支出（地方教育和其他部门）

单位：元

学校类别	一般公共预算教育事业费和基本建设支出	事业费支出			基本建设支出
			个人部分	公用部分	
总　计	**15126.91**	**14747.94**	**10389.55**	**4358.39**	**378.97**
一、高等学校	20406.53	19551.38	11277.37	8274.01	855.15
1.普通高等学校	20240.74	19386.57	11154.99	8231.58	854.17
高等本科学校	23042.27	21903.35	12767.15	9136.19	1138.93
高职高专学校	15761.90	15362.96	8577.60	6785.36	398.94
2.成人高等学校	51086.50	50051.07	33924.83	16126.24	1035.44
二、中等职业学校	16207.22	15893.88	10029.65	5864.23	313.34
1.中等专业学校	15839.44	15488.55	9590.36	5898.19	350.88
2.职业高中	17201.43	16875.19	11017.15	5858.04	326.23
#农村	14836.76	14645.92	9274.28	5371.65	190.84
3.技工学校	13149.70	12956.84	7527.39	5429.45	192.86
4.成人中专学校	39387.28	39272.80	29449.22	9823.58	114.48
三、中　学	17411.43	16929.10	12703.78	4225.32	482.33
1.普通中学	17404.93	16922.55	12698.95	4223.60	482.38
普通高中	17983.73	17200.04	12932.25	4267.78	783.69
#农村	14006.09	13838.16	10560.62	3277.54	167.93
普通初中	17115.71	16783.89	12582.37	4201.52	331.82
#农村	15380.24	15270.17	11678.01	3592.16	110.08
2.成人中学	83831.94	83831.94	62069.84	21762.10	
四、小　学	12017.56	11839.77	8985.52	2854.25	177.79
1.普通小学	12017.59	11839.80	8985.54	2854.26	177.79
#农村	11459.48	11388.07	8866.81	2521.25	71.41
2.成人小学	4179.50	4179.50	3484.76	694.74	
五、特殊教育	52277.95	51146.39	36305.15	14841.24	1131.56
1.特殊教育学校	51159.85	50064.18	35599.88	14464.29	1095.67
2.工读学校	103633.82	100853.82	68698.91	32154.92	2780.00
六、幼儿园	9218.84	9040.16	5808.29	3231.87	178.68
#农村	7012.58	6893.85	4662.95	2230.91	118.73

第二部分

各地区按来源分类教育经费收入

2-1　教育经费总收入

单位：千元

地区	总计			教育部门和其他部门			国有及国有控股企业办学			民办学校
	合计	中央	地方	合计	中央	地方	合计	中央	地方	地方
合　计	**5622923588**	**420064199**	**5202859389**	**4902489004**	**404622038**	**4497866966**	**28443710**	**15442161**	**13001549**	**691990874**
北　京	276120969	122861161	153259808	258594115	122847852	135746264	345140	13310	331830	17181714
天　津	78227383	11581665	66645718	70859108	11557590	59301518	433797	24076	409721	6934479
河　北	221622267	2344145	219278122	185829748	2294608	183535141	743602	49537	694065	35048916
山　西	111922390	520636	111401754	98312189	520636	97791553	589740		589740	13020460
内蒙古	86156007	197397	85958610	81444203	197397	81246806	158002		158002	4553802
辽　宁	122279266	11179074	111100192	108594526	11179074	97415452	290235		290235	13394504
吉　林	80004598	9084284	70920315	72151231	9084284	63066948	85090		85090	7768277
黑龙江	99423325	15013519	84409806	91337599	13568384	77769215	2179633	1445135	734499	5906093
上　海	196729527	39081951	157647576	173368500	39052876	134315624	200844	29075	171769	23160183
江　苏	402596604	29258495	373338109	363989917	29226132	334763785	426725	32363	394363	38179962
浙　江	329871247	13353274	316517973	277317283	13353274	263964009	374087		374087	52179877
安　徽	198660217	8866340	189793877	176296380	8860039	167436340	668329	6301	662028	21695508
福　建	160028464	6826169	153202295	140639883	6826169	133813714	335907		335907	19052674
江　西	165550656	408539	165142116	146359950	402150	145957800	208052	6390	201662	18982654
山　东	352581886	12502912	340078975	305663519	12502912	293160608	2350794		2350794	44567573
河　南	277897420	1149323	276748097	226518751	1063207	225455544	608517	86116	522401	50770153
湖　北	211819279	32499119	179320160	183431383	32251763	151179620	530688	247356	283332	27857208
湖　南	209713298	9328015	200385283	180616836	9321586	171295249	346013	6429	339584	28750450
广　东	618654925	16774309	601880616	493758236	16701601	477056635	1111534	72708	1038826	123785156
广　西	164797826	311189	164486637	149407973	311189	149096785	73968		73968	15315885
海　南	46627441	145353	46482088	39456129	145353	39310776	91422		91422	7079890
重　庆	136423820	8806940	127616880	121502645	8613982	112888663	440514	192957	247557	14480661
四　川	281681419	22555815	259125605	239606332	22184636	217421696	1835021	371179	1463842	40240067
贵　州	150969476	161650	150807826	137591379	161650	137429729	92980		92980	13285117
云　南	167374565	433780	166940786	148965565	433780	148531785	331127		331127	18077874
西　藏	33355084		33355084	33158204		33158204				196880
陕　西	167617396	26103641	141513755	147207413	26097561	121109852	437530	6080	431450	19972453
甘　肃	89818700	4834319	84984380	85861578	4834319	81027259	124749		124749	3832373
青　海	30680896	11856	30669041	29891451	11856	29879595	43639		43639	745807
宁　夏	29309776	923057	28386719	26913089	923057	25990032	79370		79370	2317317
新　疆	124407461	12946273	111461188	107843889	93123	107750766	12906661	12853151	53510	3656911
大　连	18030231	30170	18000061	16504352	30170	16474181	13880		13880	1512000
宁　波	43321196	105691	43215505	35783320	105691	35677629				7537877
厦　门	25664050	10914	25653135	22395797	10914	22384883	53352		53352	3214901
青　岛	44009434		44009434	36570972		36570972	819724		819724	6618738
深　圳	138300560	530152	137770407	115531805	530152	115001652				22768755

注：辽宁数据包含大连，浙江数据包含宁波，福建数据包含厦门，山东数据包含青岛，广东数据包含深圳，下同。

2-2 国家财政性教育经费

单位：千元

地区	总计			教育部门和其他部门			国有及国有控股企业办学			民办学校
	合计	中央	地方	合计	中央	地方	合计	中央	地方	地方
合计	**4419087551**	**260302343**	**4158785208**	**4314209676**	**247238237**	**4066971439**	**19461252**	**13064106**	**6397146**	**85416622**
北京	201974622	70672187	131302435	199742157	70662688	129079470	185885	9499	176385	2046580
天津	61746393	8196239	53550154	61069820	8195932	52873888	196250	307	195943	480323
河北	175941025	1630749	174310276	171787341	1609335	170178006	347995	21415	326581	3805689
山西	91447691	512798	90934892	89516349	512798	89003551	327135		327135	1604206
内蒙古	76701374	191397	76509977	75938618	191397	75747221	92559		92559	670197
辽宁	94123805	7401888	86721916	93255078	7401888	85853190	46505		46505	822221
吉林	62771062	6234842	56536219	62060656	6234842	55825813	61426		61426	648980
黑龙江	79434205	6845425	72588781	77601016	5844151	71756864	1462612	1001273	461338	370578
上海	146583606	21265812	125317794	144819250	21265812	123553437	32784		32784	1731573
江苏	318736294	18318903	300417391	314907158	18309999	296597159	183369	8905	174465	3645767
浙江	245674848	7676901	237997948	236212795	7676901	228535895	117590		117590	9344463
安徽	160806513	6733817	154072696	158460461	6732287	151728174	217942	1530	216412	2128109
福建	125576692	4017323	121559369	123662797	4017323	119645474	216931		216931	1696964
江西	133837195	402310	133434885	131960916	402150	131558766	38889	160	38729	1837390
山东	277543276	7638606	269904670	269663953	7638606	262025347	1543152		1543152	6336172
河南	209330899	1013337	208317563	203135722	986869	202148853	97267	26468	70799	6097910
湖北	160084600	22664812	137419788	158211277	22623138	135588140	186623	41674	144950	1686699
湖南	158292982	6165787	152127195	155459633	6165787	149293847	203623		203623	2629725
广东	460569553	10662773	449906780	441868533	10616520	431252013	382462	46253	336208	18318558
广西	134094708	311049	133783659	132049179	311049	131738131	3209		3209	2042319
海南	37859325	124283	37735042	37063101	124283	36938817	6241		6241	789983
重庆	108665887	5166117	103499770	105652455	5166117	100486339	63563		63563	2949869
四川	218415641	13634697	204780944	213092409	13430369	199662040	1247025	204329	1042696	4076207
贵州	127990561	161650	127828911	126763256	161650	126601607	45869		45869	1181435
云南	141466206	427251	141038956	138635316	427251	138208065	104855		104855	2726036
西藏	32944822		32944822	32807038		32807038				137784
陕西	127752559	16182334	111570225	124580370	16182122	108398248	219001	212	218789	2953188
甘肃	79905675	3520595	76385080	79177624	3520595	75657029	64027		64027	664024
青海	28537840	4628	28533212	28328884	4628	28324257	32058		32058	176898
宁夏	25056400	743373	24313027	24728493	743373	23985120	18485		18485	309422
新疆	115221294	11780461	103440833	101998021	78380	101919641	11715919	11702082	13838	1507354
大连	15920976	9233	15911743	15860264	9233	15851031	6390		6390	54322
宁波	33247141	105691	33141450	32270146	105691	32164455				976996
厦门	22048422	6314	22042108	21249121	6314	21242807	22537		22537	776765
青岛	36441656		36441656	35082823		35082823	723242		723242	635591
深圳	114295855	451377	113844478	107433603	451377	106982226				6862252

2-3 一般公共预算安排的教育经费

单位：千元

地区	总计			教育部门和其他部门			国有及国有控股企业办学			民办学校
	合计	中央	地方	合计	中央	地方	合计	中央	地方	地方
合计	**4250427337**	**226281605**	**4024145732**	**4149862767**	**213813427**	**3936049340**	**16228145**	**12468179**	**3759966**	**84336426**
北京	194924039	65075109	129848930	192847370	65075109	127772260	37030		37030	2039640
天津	59503687	7107081	52396606	58868674	7107081	51761593	154697		154697	480316
河北	171644421	1402433	170241988	167548447	1399988	166148459	292603	2445	290158	3803371
山西	89261857	447726	88814131	87577658	447726	87129932	80840		80840	1603359
内蒙古	75788142	169674	75618468	75172063	169674	75002389	9739		9739	606340
辽宁	92476779	6593784	85882994	91624222	6593784	85030437	33899		33899	818658
吉林	62007216	6148233	55858983	61309516	6148233	55161283	58507		58507	639193
黑龙江	77689276	5652404	72036872	76176521	4955940	71220580	1142408	696464	445944	370347
上海	141352566	18702028	122650537	139618548	18702028	120916519	6572		6572	1727445
江苏	304301558	16056009	288245549	300506357	16047105	284459253	154298	8905	145394	3640903
浙江	228039671	3917741	224121930	219336602	3917741	215418861	99923		99923	8603146
安徽	150916339	5207863	145708476	148684299	5206333	143477967	143875	1530	142345	2088164
福建	118849381	3720357	115129024	117127382	3720357	113407025	30832		30832	1691167
江西	131787912	288179	131499733	129913859	288019	129625840	38889	160	38729	1835164
山东	262149422	6661323	255488099	255455419	6661323	248794097	368461		368461	6325542
河南	203293413	443737	202849676	197175038	425013	196750025	30863	18724	12139	6087512
湖北	151105883	17969479	133136404	149277364	17930585	131346779	145404	38894	106510	1683116
湖南	156116902	5973453	150143449	153367132	5973453	147393679	139323		139323	2610447
广东	442642064	9631950	433010113	424022261	9585708	414436553	330520	46243	284278	18289283
广西	125894047	159304	125734743	123854744	159304	123695440	3209		3209	2036093
海南	37045911	21492	37024418	36257503	21492	36236011	3118		3118	785289
重庆	103506851	4345851	99161000	100549854	4345851	96204003	58631		58631	2898365
四川	208669346	10924647	197744699	203607794	10760951	192846843	1036126	163696	872431	4025426
贵州	124425827	134385	124291442	123198872	134385	123064487	45869		45869	1181085
云南	137395065	199380	137195685	134600889	199380	134401509	68574		68574	2725602
西藏	32820759		32820759	32682975		32682975				137784
陕西	122776064	13973844	108802220	119684961	13973632	105711329	144952	212	144740	2946152
甘肃	77963995	3075245	74888750	77279777	3075245	74204532	20210		20210	664008
青海	28368069		28368069	28160261		28160261	30910		30910	176898
宁夏	24916415	730833	24185581	24593216	730833	23862383	13777		13777	309422
新疆	112794462	11548059	101246403	99783189	57152	99726037	11504085	11490907	13178	1507189
大连	15701016	559	15700457	15640304	559	15639745	6390		6390	54322
宁波	31558230	8937	31549293	30696963	8937	30688026				861267
厦门	19969433	6284	19963149	19170592	6284	19164308	22537		22537	776304
青岛	33408952		33408952	32766027		32766027	7334		7334	635591
深圳	110704909	445621	110259288	103845568	445621	103399946				6859342

2-4 一般公共预算教育经费

单位：千元

地区	总计			教育部门和其他部门			国有及国有控股企业办学			民办学校
	合计	中央	地方	合计	中央	地方	合计	中央	地方	地方
合计	**3746336473**	**169082372**	**3577254100**	**3650228635**	**158625332**	**3491603302**	**13855052**	**10457040**	**3398012**	**82252786**
北京	160631071	47114957	113516114	158558324	47114957	111443367	37030		37030	2035717
天津	52383601	5085606	47297995	51763365	5085606	46677759	140777		140777	479459
河北	163377220	1276087	162101134	159310737	1273641	158037096	278512	2445	276067	3787971
山西	77573901		77573901	75926559		75926559	80396		80396	1566945
内蒙古	63417327	48072	63369254	62809638	48072	62761566	9739		9739	597949
辽宁	76172182	5393300	70778883	75333855	5393300	69940555	32592		32592	805735
吉林	53722171	5327242	48394930	53026055	5327242	47698813	58189		58189	637928
黑龙江	65609692	4879181	60730510	64414796	4281348	60133448	824808	597834	226974	370088
上海	114170965	12835676	101335289	112530440	12835676	99694763	6572		6572	1633953
江苏	261822319	11309537	250512781	258235845	11300633	246935212	152274	8905	143369	3434201
浙江	206268464	3278171	202990293	197845157	3278171	194566986	99923		99923	8323385
安徽	134683703	3141584	131542120	132493290	3140053	129353237	130526	1530	128996	2059888
福建	108930201	2722690	106207512	107285077	2722690	104562387	30832		30832	1614292
江西	125121458	38302	125083156	123294494	38142	123256353	38597	160	38437	1788367
山东	243649148	4948017	238701131	237100108	4948017	232152090	327102		327102	6221939
河南	174596411	287220	174309191	168698735	268496	168430239	30266	18724	11542	5867410
湖北	136769103	14270909	122498193	134976542	14232015	120744527	145144	38894	106250	1647417
湖南	146552196	4074557	142477639	143833423	4074557	139758867	139232		139232	2579540
广东	385650579	6313321	379337258	367388028	6267078	361120950	329690	46243	283448	17932861
广西	110532556	28378	110504178	108500216	28378	108471838	3159		3159	2029181
海南	30275904	7019	30268885	29493845	7019	29486826	3056		3056	779003
重庆	84617324	4115314	80502010	81772256	4115314	77656942	58631		58631	2786437
四川	183035234	8911065	174124169	178173934	8751814	169422120	983866	159251	824615	3877433
贵州	112603849	36038	112567811	111406773	36038	111370735	44806		44806	1152270
云南	114734602	33106	114701496	112049930	33106	112016824	68574		68574	2616098
西藏	29035711		29035711	28903640		28903640				132071
陕西	113829020	10460915	103368105	110756284	10460703	100295582	144262	212	144051	2928473
甘肃	69050202	2858287	66191915	68374236	2858287	65515949	19446		19446	656520
青海	23036012		23036012	22833340		22833340	27252		27252	175420
宁夏	20608251	704571	19903680	20290635	704571	19586065	13777		13777	303838
新疆	103876096	9583252	94292844	92849077	408	92848669	9596021	9582844	13178	1430998
大连	12520021	559	12519462	12459309	559	12458750	6390		6390	54322
宁波	28175631	400	28175231	27353040	400	27352640				822591
厦门	17516489		17516489	16787586		16787586	22537		22537	706366
青岛	30518885		30518885	29876074		29876074	7334		7334	635477
深圳	95169832	1329	95168503	88425211	1329	88423882				6744621

2-5 教育事业费

单位：千元

地区	总计			教育部门和其他部门			国有及国有控股企业办学			民办学校
	合计	中央	地方	合计	中央	地方	合计	中央	地方	地方
合　计	**3506812538**	**160385815**	**3346426723**	**3418525612**	**151161102**	**3267364510**	**12374271**	**9224713**	**3149558**	**75912655**
北　京	152676322	44532117	108144205	150616017	44532117	106083900	37030		37030	2023276
天　津	48691939	4035326	44656613	48071703	4035326	44036377	140777		140777	479459
河　北	157089982	1234517	155855466	153078483	1232071	151846412	277889	2445	275444	3733610
山　西	72801249		72801249	71211873		71211873	80396		80396	1508980
内蒙古	58972642	48072	58924569	58431802	48072	58383730	9739		9739	531100
辽　宁	72122366	5252220	66870147	71324976	5252220	66072756	26677		26677	770713
吉　林	51749267	5228412	46520855	51054770	5228412	45826358	58177		58177	636320
黑龙江	63611670	4725041	58886629	62466774	4127208	58339567	774808	597834	176974	370088
上　海	94482553	12243547	82239006	93579897	12243547	81336350	6572		6572	896084
江　苏	243306566	10901427	232405139	239977517	10892523	229084994	107072	8905	98167	3221977
浙　江	190295020	3113421	187181599	182738330	3113421	179624908	17452		17452	7539239
安　徽	126802338	3103494	123698844	124743182	3101963	121641218	130041	1530	128511	1929115
福　建	102789063	2681500	100107563	101227092	2681500	98545592	30816		30816	1531156
江　西	119510001	38302	119471700	117764640	38142	117726499	38597	160	38437	1706764
山　东	229112509	4629937	224482572	222916913	4629937	218286975	311228		311228	5884368
河　南	165370791	287220	165083571	159479248	268496	159210751	30266	18724	11542	5861278
湖　北	136203001	13704808	122498193	134410441	13665914	120744527	145144	38894	106250	1647417
湖　南	140005758	3972297	136033462	137381189	3972297	133408892	139232		139232	2485337
广　东	338671576	6218791	332452785	322234984	6172548	316062435	317223	46243	270981	16119369
广　西	106318045	28378	106289667	104319553	28378	104291174	3159		3159	1995334
海　南	28786700	7019	28779681	28004641	7019	27997622	3056		3056	779003
重　庆	79185641	3964194	75221447	76351555	3964194	72387361	58631		58631	2775454
四　川	173904227	8620265	165283962	169173160	8461014	160712146	973366	159251	814115	3757701
贵　州	108141692	36038	108105654	106973205	36038	106937167	44806		44806	1123681
云　南	110438295	33106	110405189	108219238	33106	108186132	68574		68574	2150483
西　藏	27550548		27550548	27418477		27418477				132071
陕　西	105694131	10002095	95692037	102682340	10001883	92680457	119371	212	119159	2892421
甘　肃	66602149	2736147	63866002	65928857	2736147	63192711	19446		19446	653845
青　海	21017825		21017825	20816298		20816298	27252		27252	174275
宁　夏	19765285	657201	19108085	19497670	657201	18840469	13777		13777	253838
新　疆	95143384	8350925	86792459	86430791	408	86430383	8363694	8350517	13178	348898
大　连	11706783	559	11706224	11647307	559	11646748	5314		5314	54163
宁　波	26429343	400	26428943	25716203	400	25715803				713140
厦　门	15582123		15582123	14907943		14907943	22521		22521	651660
青　岛	27079905		27079905	26609753		26609753	7334		7334	462818
深　圳	62927617	1329	62926288	57541770	1329	57540440				5385847

2-6 基本建设经费

单位：千元

地区	总计			教育部门和其他部门			国有及国有控股企业办学			民办学校
	合计	中央	地方	合计	中央	地方	合计	中央	地方	地方
合计	**96831395**	**8696557**	**88134838**	**94017287**	**7464230**	**86553057**	**1371787**	**1232327**	**139460**	**1442320**
北京	7042759	2582840	4459919	7042759	2582840	4459919				
天津	2880608	1050280	1830328	2880608	1050280	1830328				
河北	2121482	41570	2079912	2121482	41570	2079912				
山西	1635665		1635665	1635665		1635665				
内蒙古	1239521		1239521	1239521		1239521				
辽宁	1373507	141080	1232427	1373507	141080	1232427				
吉林	512800	98830	413970	512400	98830	413570				400
黑龙江	1377184	154140	1223044	1327184	154140	1173044	50000		50000	
上海	5011400	592129	4419271	4971400	592129	4379271				40000
江苏	1257591	408110	849481	1257591	408110	849481				
浙江	5390907	164750	5226157	5250514	164750	5085764	65000		65000	75393
安徽	2855191	38090	2817101	2855191	38090	2817101				
福建	1314522	41190	1273332	1314522	41190	1273332				
江西	1719475		1719475	1714068		1714068				5407
山东	968577	318080	650497	968577	318080	650497				
河南	2039685		2039685	2039485		2039485				200
湖北	566101	566101		566101	566101					
湖南	1313692	102260	1211432	1313692	102260	1211432				
广东	30040498	94530	29945968	30003551	94530	29909021				36946
广西	2148790		2148790	2148790		2148790				
海南	1022789		1022789	1022789		1022789				
重庆	2342965	151120	2191845	2342965	151120	2191845				
四川	2336070	290800	2045270	2336070	290800	2045270				
贵州	1241575		1241575	1241575		1241575				
云南	1909139		1909139	1743017		1743017				166122
西藏	1472709		1472709	1472709		1472709				
陕西	4627502	458820	4168682	4603042	458820	4144222	24460		24460	
甘肃	1081410	122140	959270	1081410	122140	959270				
青海	1601127		1601127	1601127		1601127				
宁夏	458500	47370	411130	408500	47370	361130				50000
新疆	5927652	1232327	4695325	3627473		3627473	1232327	1232327		1067852
大连	81290		81290	81290		81290				
宁波	113853		113853	113853		113853				
厦门	242282		242282	242282		242282				
青岛										
深圳	25582901		25582901	25545954		25545954				36946

2-7 教育费附加

单位：千元

地区	总计			教育部门和其他部门			国有及国有控股企业办学			民办学校
	合计	中央	地方	合计	中央	地方	合计	中央	地方	地方
合 计	**142692540**		**142692540**	**137685736**		**137685736**	**108994**		**108994**	**4897810**
北 京	911990		911990	899549		899549				12441
天 津	811054		811054	811054		811054				
河 北	4165756		4165756	4110772		4110772	623		623	54361
山 西	3136986		3136986	3079022		3079022				57965
内蒙古	3205164		3205164	3138315		3138315				66848
辽 宁	2676309		2676309	2635372		2635372	5915		5915	35022
吉 林	1460104		1460104	1458885		1458885	12		12	1207
黑龙江	620837		620837	620837		620837				
上 海	14677012		14677012	13979142		13979142				697870
江 苏	17258161		17258161	17000736		17000736	45202		45202	212223
浙 江	10582537		10582537	9856313		9856313	17471		17471	708753
安 徽	5026174		5026174	4894917		4894917	485		485	130773
福 建	4826616		4826616	4743464		4743464	16		16	83137
江 西	3891982		3891982	3815786		3815786				76196
山 东	13568062		13568062	13214618		13214618	15873		15873	337570
河 南	7185936		7185936	7180003		7180003				5932
湖 北										
湖 南	5232745		5232745	5138542		5138542				94203
广 东	16938505		16938505	15149493		15149493	12467		12467	1776546
广 西	2065720		2065720	2031874		2031874				33847
海 南	466415		466415	466415		466415				
重 庆	3088718		3088718	3077736		3077736				10983
四 川	6794936		6794936	6664704		6664704	10500		10500	119733
贵 州	3220582		3220582	3191993		3191993				28588
云 南	2387168		2387168	2087675		2087675				299493
西 藏	12453		12453	12453		12453				
陕 西	3507387		3507387	3470903		3470903	432		432	36052
甘 肃	1366643		1366643	1363969		1363969				2675
青 海	417060		417060	415915		415915				1145
宁 夏	384466		384466	384466		384466				
新 疆	2805060		2805060	2790813		2790813				14248
大 连	731947		731947	730712		730712	1077		1077	159
宁 波	1632435		1632435	1522985		1522985				109451
厦 门	1692083		1692083	1637361		1637361	16		16	54706
青 岛	3438979		3438979	3266321		3266321				172658
深 圳	6659314		6659314	5337487		5337487				1321827

2-8 其他一般公共预算安排的教育经费

单位：千元

地 区	总计			教育部门和其他部门			国有及国有控股企业办学			民办学校
	合计	中央	地方	合计	中央	地方	合计	中央	地方	地方
合 计	**504090864**	**57199233**	**446891631**	**499634132**	**55188094**	**444446038**	**2373092**	**2011139**	**361954**	**2083640**
北 京	34292969	17960152	16332816	34289045	17960152	16328893				3923
天 津	7120086	2021475	5098610	7105309	2021475	5083834	13920		13920	857
河 北	8267201	126347	8140854	8237710	126347	8111363	14091		14091	15400
山 西	11687957	447726	11240230	11651098	447726	11203372	444		444	36414
内蒙古	12370815	121601	12249214	12362424	121601	12240823				8391
辽 宁	16304596	1200485	15104112	16290367	1200485	15089883	1307		1307	12923
吉 林	8285045	820991	7464053	8283461	820991	7462470	318		318	1265
黑龙江	12079585	773223	11306361	11761725	674593	11087132	317600	98630	218970	259
上 海	27181600	5866352	21315248	27088108	5866352	21221756				93492
江 苏	42479240	4746472	37732768	42270513	4746472	37524041	2025		2025	206702
浙 江	21771207	639570	21131637	21491445	639570	20851875				279762
安 徽	16232635	2066279	14166356	16191009	2066279	14124730	13350		13350	28277
福 建	9919179	997667	8921513	9842305	997667	8844638				76875
江 西	6666454	249877	6416576	6619365	249877	6369487	292		292	46797
山 东	18500274	1713305	16786968	18355311	1713305	16642006	41359		41359	103603
河 南	28697001	156517	28540484	28476302	156517	28319786	597		597	220102
湖 北	14336781	3698570	10638211	14300822	3698570	10602252	260		260	35699
湖 南	9564707	1898897	7665810	9533709	1898897	7634812	91		91	30907
广 东	56991485	3318630	53672855	56634233	3318630	53315603	830		830	356422
广 西	15361491	130926	15230565	15354528	130926	15223602	50		50	6913
海 南	6770007	14474	6755533	6763658	14474	6749185	63		63	6286
重 庆	18889527	230537	18658990	18777599	230537	18547062				111928
四 川	25634112	2013582	23620530	25433860	2009137	23424722	52260	4445	47816	147992
贵 州	11821978	98347	11723631	11792099	98347	11693752	1063		1063	28815
云 南	22660463	166274	22494189	22550959	166274	22384685				109505
西 藏	3785048		3785048	3779335		3779335				5713
陕 西	8947044	3512929	5434115	8928676	3512929	5415747	689		689	17679
甘 肃	8913793	216958	8696834	8905541	216958	8688583	763		763	7488
青 海	5332057		5332057	5326922		5326922	3657		3657	1478
宁 夏	4308164	26263	4281901	4302581	26263	4276318				5583
新 疆	8918366	1964807	6953559	6934112	56744	6877368	1908063	1908063		76191
大 连	3180995		3180995	3180995		3180995				
宁 波	3382599	8537	3374062	3343922	8537	3335385				38676
厦 门	2452944	6284	2446660	2383005	6284	2376721				69939
青 岛	2890068		2890068	2889953		2889953				115
深 圳	15535077	444292	15090785	15420356	444292	14976064				114721

2-9 科研经费

单位：千元

地区	总计			教育部门和其他部门			国有及国有控股企业办学			民办学校
	合计	中央	地方	合计	中央	地方	合计	中央	地方	地方
合计	**61806114**	**39667876**	**22138237**	**61673124**	**39627147**	**22045978**	**40780**	**40730**	**50**	**92209**
北京	11942487	10542989	1399498	11942487	10542989	1399498				
天津	1467768	1315738	152030	1467768	1315738	152030				
河北	110888	3918	106969	110778	3918	106859	30		30	80
山西	2319314	439	2318875	2319314	439	2318875				
内蒙古	363460	116697	246763	363460	116697	246763				
辽宁	1387914	878040	509874	1387914	878040	509874				
吉林	822646	627162	195483	822646	627162	195483				
黑龙江	845217	444785	400433	845118	444685	400433	100	100		
上海	7307433	5021186	2286247	7307433	5021186	2286247				
江苏	4923933	3853301	1070632	4917483	3853301	1064182				6450
浙江	1733645	490271	1243374	1685398	490271	1195127				48247
安徽	2054941	1939709	115231	2050018	1939709	110308				4923
福建	1240960	842206	398754	1240942	842206	398736				18
江西	588651	249517	339134	588648	249517	339131				3
山东	2557190	1071932	1485258	2557190	1071932	1485258				
河南	692006	133196	558810	689013	133196	555818				2993
湖北	2865691	2531521	334170	2865539	2531521	334017				153
湖南	2669821	1792679	877142	2665037	1792679	872358	20		20	4764
广东	7813529	2764040	5049489	7791286	2764040	5027246				22242
广西	549552	130926	418626	549552	130926	418626				
海南	200102	14384	185718	198326	14384	183942				1776
重庆	283821	64322	219499	283475	64322	219153				347
四川	2135985	1398724	737260	2135975	1398724	737250				10
贵州	287487	95863	191624	287397	95863	191534				90
云南	601565	157544	444021	601565	157544	444021				
西藏	7991		7991	7991		7991				
陕西	3224292	3039935	184357	3224252	3039935	184317				40
甘肃	246952	72402	174549	246952	72402	174549				
青海	209961		209961	209961		209961				
宁夏	139780		139780	139705		139705				75
新疆	211133	74448	136685	170503	33818	136685	40630	40630		
大连	610		610	610		610				
宁波	27224		27224	26624		26624				600
厦门	24976	6284	18692	24976	6284	18692				
青岛	38159		38159	38159		38159				
深圳	3070864	444292	2626572	3068414	444292	2624122				2450

2-10 其他经费

单位：千元

地区	总计			教育部门和其他部门			国有及国有控股企业办学			民办学校
	合计	中央	地方	合计	中央	地方	合计	中央	地方	地方
合计	**442284750**	**17531356**	**424753393**	**437961008**	**15560947**	**422400060**	**2332312**	**1970409**	**361903**	**1991430**
北京	22350482	7417164	14933317	22346558	7417164	14929394				3923
天津	5652317	705738	4946580	5637542	705738	4931805	13919		13919	857
河北	8156313	122428	8033884	8126933	122428	8004504	14062		14062	15320
山西	9368643	447287	8921356	9331786	447287	8884499	444		444	36415
内蒙古	12007355	4904	12002452	11998965	4904	11994062				8391
辽宁	14916683	322445	14594238	14902454	322445	14580009	1306		1306	12922
吉林	7462399	193829	7268570	7460816	193829	7266987	319		319	1265
黑龙江	11234366	328437	10905928	10916607	229907	10686699	317500	98530	218970	260
上海	19874168	845167	19029001	19780676	845167	18935508				93492
江苏	37555307	893171	36662136	37353030	893171	36459859	2024		2024	200252
浙江	20037561	149298	19888263	19806048	149298	19656748				231515
安徽	14177694	126570	14051125	14140991	126570	14014421	13350		13350	23354
福建	8678220	155461	8522759	8601362	155461	8445901				76856
江西	6077802	360	6077442	6030717	360	6030357	292		292	46795
山东	15943084	641373	15301711	15798121	641373	15156748	41359		41359	103603
河南	28004996	23321	27981675	27787289	23321	27763969	597		597	217109
湖北	11471090	1167048	10304042	11435282	1167048	10268234	260		260	35547
湖南	6894885	106218	6788668	6868671	106218	6762454	71		71	26143
广东	49177956	554589	48623366	48842946	554589	48288356	830		830	334180
广西	14811939		14811939	14804975		14804975	51		51	6913
海南	6569906	90	6569816	6565332	90	6565242	62		62	4510
重庆	18605705	166215	18439490	18494124	166215	18327909				111581
四川	23498128	614858	22883270	23297884	610413	22687471	52261	4445	47816	147982
贵州	11534491	2484	11532007	11504703	2484	11502219	1064		1064	28725
云南	22058897	8730	22050167	21949394	8730	21940664				109505
西藏	3777058		3777058	3771345		3771345				5713
陕西	5722752	472994	5249759	5704425	472994	5231431	688		688	17638
甘肃	8666842	144555	8522284	8658590	144555	8514034	764		764	7488
青海	5122096		5122096	5116960		5116960	3657		3657	1478
宁夏	4168384	26263	4142122	4162875	26263	4136613				5509
新疆	8707234	1890360	6816873	6763608	22926	6740682	1867433	1867433		76191
大连	3180386		3180386	3180386		3180386				
宁波	3355375	8537	3346838	3317298	8537	3308761				38077
厦门	2427969		2427969	2358029		2358029				69939
青岛	2851909		2851909	2851794		2851794				115
深圳	12464212		12464212	12351941		12351941				112271

2-11 政府性基金预算安排的教育经费

单位：千元

地 区	总 计			教育部门和其他部门			国有及国有控股企业办学			民办学校
	合计	中央	地方	合计	中央	地方	合计	中央	地方	地方
合 计	**121097737**	**2388063**	**118709674**	**119977959**	**2184775**	**117793184**	**237965**	**203288**	**34677**	**881814**
北 京	367521	187145	180376	367521	187145	180376				
天 津	1457935	451360	1006575	1457935	451360	1006575				
河 北	3547373		3547373	3545421		3545421				1951
山 西	1804694		1804694	1804694		1804694				
内蒙古	772753		772753	709629		709629				63125
辽 宁	389231		389231	389231		389231				
吉 林	586845	206	586639	586845	206	586639				
黑龙江	484148	20015	464133	470052	6000	464052	14015	14015		81
上 海	1867718	43306	1824411	1867718	43306	1824411				
江 苏	11062183	11010	11051173	11061538	11010	11050528				646
浙 江	12125658		12125658	11478211		11478211				647447
安 徽	7654046	22170	7631876	7607172	22170	7585002	8111		8111	38763
福 建	5848085	124	5847961	5848005	124	5847881				80
江 西	1807277		1807277	1807277		1807277				
山 东	12219507		12219507	12196336		12196336	16057		16057	7113
河 南	4803569		4803569	4803318		4803318	40		40	211
湖 北	3607817	2269	3605549	3607671	2269	3605403				146
湖 南	1719335	31684	1687652	1700057	31684	1668374				19278
广 东	15965475	157986	15807489	15962324	157975	15804349	19	11	8	3133
广 西	7809435		7809435	7809413		7809413				22
海 南	686686		686686	686232		686232	454		454	
重 庆	3863406	1001	3862405	3812159	1001	3811158	507		507	50740
四 川	7613274	1262640	6350634	7554854	1262640	6292214	9500		9500	48920
贵 州	3450126		3450126	3450126		3450126				
云 南	3597626		3597626	3597467		3597467				159
西 藏	120780		120780	120780		120780				
陕 西	2039349	6693	2032657	2039349	6693	2032657				
甘 肃	1278761	1183	1277579	1278761	1183	1277579				
青 海	153020		153020	153020		153020				
宁 夏	56565		56565	56565		56565				
新 疆	2337541	189273	2148268	2148278	10	2148268	189263	189263		
大 连	198597		198597	198597		198597				
宁 波	1482344		1482344	1391950		1391950				90394
厦 门	2072507		2072507	2072507		2072507				
青 岛	2316796		2316796	2316796		2316796				
深 圳	3580922		3580922	3580842		3580842				80

2-12 彩票公益金

单位：千元

地区	总计			教育部门和其他部门			国有及国有控股企业办学			民办学校
	合计	中央	地方	合计	中央	地方	合计	中央	地方	地方
合　计	**4301527**	**81933**	**4219594**	**4296856**	**80958**	**4215898**	**1015**	**975**	**40**	**3657**
北　京	134973	60439	74534	134973	60439	74534				
天　津	14269		14269	14269		14269				
河　北	206960		206960	206460		206460				500
山　西	96199		96199	96199		96199				
内蒙古	110876		110876	110666		110666				210
辽　宁	52885		52885	52885		52885				
吉　林	29433	206	29227	29433	206	29227				
黑龙江	37106	15	37091	37009		37009	15	15		81
上　海	10925	6341	4584	10925	6341	4584				
江　苏	168405		168405	168397		168397				8
浙　江	165009		165009	164791		164791				218
安　徽	182201	5660	176541	180426	5660	174766				1775
福　建	594781	124	594657	594701	124	594577				80
江　西	118808		118808	118808		118808				
山　东	256088		256088	255956		255956				132
河　南	289358		289358	289106		289106	40		40	211
湖　北	113871	2269	111602	113871	2269	111602				
湖　南	142850	784	142067	142840	784	142057				10
广　东	337919		337919	337779		337779				140
广　西	69051		69051	69029		69029				22
海　南	44144		44144	44144		44144				
重　庆	57438	1001	56437	57388	1001	56387				50
四　川	371863	660	371203	371803	660	371143				60
贵　州	145022		145022	145022		145022				
云　南	147373		147373	147214		147214				159
西　藏	38625		38625	38625		38625				
陕　西	122255	2283	119972	122255	2283	119972				
甘　肃	70204	1183	69022	70204	1183	69022				
青　海	50492		50492	50492		50492				
宁　夏	45564		45564	45564		45564				
新　疆	76580	970	75611	75621	10	75611	960	960		
大　连	11982		11982	11982		11982				
宁　波	24210		24210	24110		24110				100
厦　门	526927		526927	526927		526927				
青　岛	66686		66686	66686		66686				
深　圳	59424		59424	59344		59344				80

2-13 国有及国有控股企业办学中的企业拨款

单位：千元

地区	总计			教育部门和其他部门			国有及国有控股企业办学			民办学校
	合计	中央	地方	合计	中央	地方	合计	中央	地方	地方
合计	**2735235**	**346836**	**2388398**				**2735235**	**346836**	**2388398**	
北京	131432	9499	121932				131432	9499	121932	
天津	37825	307	37517				37825	307	37517	
河北	29059	5602	23457				29059	5602	23457	
山西	233615		233615				233615		233615	
内蒙古	74601		74601				74601		74601	
辽宁	826		826				826		826	
吉林	2919		2919				2919		2919	
黑龙江	305999	290794	15205				305999	290794	15205	
上海	24480		24480				24480		24480	
江苏	29071		29071				29071		29071	
浙江	17667		17667				17667		17667	
安徽	59371		59371				59371		59371	
福建	186098		186098				186098		186098	
江西										
山东	1148669		1148669				1148669		1148669	
河南	58241		58241				58241		58241	
湖北	38340		38340				38340		38340	
湖南	8300		8300				8300		8300	
广东	40427		40427				40427		40427	
广西										
海南	485		485				485		485	
重庆	3596		3596				3596		3596	
四川	157160	40633	116527				157160	40633	116527	
贵州										
云南	25531		25531				25531		25531	
西藏										
陕西	73610		73610				73610		73610	
甘肃	42310		42310				42310		42310	
青海	285		285				285		285	
宁夏	4708		4708				4708		4708	
新疆	610		610				610		610	
大连										
宁波										
厦门										
青岛	715908		715908				715908		715908	
深圳										

2-14 校办产业和社会服务收入用于教育的经费

单位：千元

地 区	总 计			教育部门和其他部门			国有及国有控股企业办学			民办学校
	合计	中央	地方	合计	中央	地方	合计	中央	地方	地方
合 计	**7842445**	**5756421**	**2086024**	**7584778**	**5712440**	**1872338**	**257666**	**43980**	**213686**	
北 京	1267143	1091145	175998	1249719	1091145	158575	17424		17424	
天 津	42389	591	41797	38660	591	38069	3729		3729	
河 北	27993	13367	14626	1660		1660	26333	13367	12966	
山 西	52567		52567	39886		39886	12681		12681	
内蒙古	21678		21678	13460		13460	8218		8218	
辽 宁	98892	51966	46927	87112	51966	35146	11781		11781	
吉 林	50033		50033	50033		50033				
黑龙江	6812	4274	2538	6622	4274	2348	189		189	
上 海	578609	549979	28630	576877	549979	26898	1732		1732	
江 苏	507242	188492	318750	507242	188492	318750				
浙 江	240347	90237	150110	240347	90237	150110				
安 徽	75071	57539	17532	68487	57539	10948	6585		6585	
福 建	28553	10000	18553	28553	10000	18553				
江 西	32184		32184	32184		32184				
山 东	430038	285851	144187	420074	285851	134223	9964		9964	
河 南	159566	7744	151822	151443		151443	8123	7744	379	
湖 北	3039605	3022700	16905	3036725	3019920	16805	2880	2780	100	
湖 南	172314	41892	130422	116674	41892	74782	55640		55640	
广 东	158264	43719	114545	146768	43719	103049	11496		11496	
广 西	22692		22692	22692		22692				
海 南	3765		3765	1580		1580	2184		2184	
重 庆	300436	67161	233275	299607	67161	232446	829		829	
四 川	273548	109549	163999	229320	109549	119771	44229		44229	
贵 州	2273		2273	2273		2273				
云 南	73741		73741	62991		62991	10750		10750	
西 藏										
陕 西	113373	72931	40442	112934	72931	40003	440		440	
甘 肃	32038	27195	4844	30531	27195	3336	1507		1507	
青 海	6890		6890	6027		6027	863		863	
宁 夏	1482		1482	1482		1482				
新 疆	22905	20090	2815	2815		2815	20090	20090		
大 连										
宁 波	3476		3476	3476		3476				
厦 门	4834		4834	4834		4834				
青 岛										
深 圳	2610		2610	2610		2610				

2-15 其他属于国家财政性教育经费

单位：千元

地区	总计			教育部门和其他部门			国有及国有控股企业办学			民办学校
	合计	中央	地方	合计	中央	地方	合计	中央	地方	地方
合　计	**36984797**	**25529417**	**11455380**	**36784172**	**25527595**	**11256577**	**2242**	**1822**	**420**	**198383**
北　京	5284487	4309288	975199	5277547	4309288	968259				6940
天　津	704558	636899	67659	704551	636899	67652				7
河　北	692179	209347	482832	691812	209347	482465				367
山　西	94958	65072	29887	94111	65072	29040				847
内蒙古	44199	21723	22476	43467	21723	21743				732
辽　宁	1158077	756138	401938	1154514	756138	398375				3563
吉　林	124048	86403	37645	114262	86403	27859				9787
黑龙江	947970	877937	70033	947821	877937	69884				149
上　海	2760235	1970499	789736	2756108	1970499	785609				4127
江　苏	2836239	2063392	772847	2832021	2063392	768628				4218
浙　江	5251505	3668922	1582583	5157635	3668922	1488712				93870
安　徽	2101685	1446245	655440	2100503	1446245	654258				1182
福　建	664574	286843	377731	658857	286843	372014				5717
江　西	209822	114130	95692	207596	114130	93466				2226
山　东	1595640	691433	904208	1592123	691433	900691				3517
河　南	1016111	561856	454255	1005924	561856	444068				10187
湖　北	2292954	1670364	622590	2289517	1670364	619153				3437
湖　南	276130	118757	157372	275770	118757	157012	360		360	
广　东	1763324	829118	934206	1737181	829118	908063				26143
广　西	368534	151744	216790	362330	151744	210586				6204
海　南	122479	102791	19688	117785	102791	14994				4694
重　庆	991598	752104	239494	990835	752104	238731				764
四　川	1702312	1297228	405084	1700441	1297228	403213	10		10	1861
贵　州	112336	27265	85071	111986	27265	84721				350
云　南	374243	227871	146372	373969	227871	146098				274
西　藏	3283		3283	3283		3283				
陕　西	2750163	2128867	621296	2743126	2128867	614259				7036
甘　肃	588570	416973	171597	588554	416973	171581				16
青　海	9576	4628	4949	9576	4628	4949				
宁　夏	77230	12539	64690	77230	12539	64690				
新　疆	65776	23040	42736	63739	21218	42521	1872	1822	50	165
大　连	21363	8674	12689	21363	8674	12689				
宁　波	203091	96754	106337	177757	96754	81003				25334
厦　门	1648	30	1618	1188	30	1158				460
青　岛										
深　圳	7412	5755	1657	4582	5755	-1173				2830

2-16 民办学校中举办者投入

单位：千元

地区	总计			教育部门和其他部门			国有及国有控股企业办学			民办学校
	合计	中央	地方	合计	中央	地方	合计	中央	地方	地方
合计	**24238215**		**24238215**							**24238215**
北京	136888		136888							136888
天津	809309		809309							809309
河北	993916		993916							993916
山西	514233		514233							514233
内蒙古	169923		169923							169923
辽宁	253815		253815							253815
吉林	98071		98071							98071
黑龙江	96125		96125							96125
上海	89740		89740							89740
江苏	1022834		1022834							1022834
浙江	1988880		1988880							1988880
安徽	925455		925455							925455
福建	1138679		1138679							1138679
江西	1195311		1195311							1195311
山东	2083199		2083199							2083199
河南	2309987		2309987							2309987
湖北	1181428		1181428							1181428
湖南	1213439		1213439							1213439
广东	3900550		3900550							3900550
广西	738126		738126							738126
海南	188504		188504							188504
重庆	504830		504830							504830
四川	1174817		1174817							1174817
贵州	547066		547066							547066
云南	355728		355728							355728
西藏										
陕西	437468		437468							437468
甘肃	85531		85531							85531
青海	5887		5887							5887
宁夏	61324		61324							61324
新疆	17151		17151							17151
大连	26918		26918							26918
宁波	89596		89596							89596
厦门	40981		40981							40981
青岛	87682		87682							87682
深圳	368630		368630							368630

2-17 捐赠收入

单位：千元

地区	总计			教育部门和其他部门			国有及国有控股企业办学			民办学校
	合计	中央	地方	合计	中央	地方	合计	中央	地方	地方
合　计	**14266540**	**6713497**	**7553043**	**12032794**	**6709504**	**5323290**	**37890**	**3993**	**33897**	**2195856**
北　京	4034623	3984357	50266	3998411	3984357	14054	20		20	36192
天　津	166451	98866	67585	144406	98866	45539				22045
河　北	568991	3661	565329	32138	3661	28476	482		482	536371
山　西	94813		94813	90876		90876	29		29	3908
内蒙古	59206		59206	57345		57345				1861
辽　宁	246529	50373	196156	238226	50373	187853	2430		2430	5873
吉　林	61228	18308	42920	47745	18308	29436				13484
黑龙江	34818	28725	6093	34222	28725	5497				596
上　海	830492	736499	93993	743014	736499	6515				87478
江　苏	1061299	304538	756761	782953	304538	478415	7436		7436	270910
浙　江	616266	26395	589871	334271	26395	307876	12		12	281984
安　徽	108473	29687	78785	99923	29687	70236	5		5	8544
福　建	1210920	476743	734177	928766	476743	452023	263		263	281891
江　西	232458		232458	180837		180837				51621
山　东	331544	66258	265286	281521	66258	215263	5166		5166	44857
河　南	224111		224111	216959		216959				7153
湖　北	490574	280420	210153	422182	280420	141761	39		39	68353
湖　南	296102	46418	249684	267675	46418	221257				28426
广　东	1356777	133753	1223024	1166871	133753	1033118	17411		17411	172495
广　西	97968		97968	89056		89056	450		450	8462
海　南	22935		22935	4386		4386				18549
重　庆	236176	76571	159605	120241	76571	43670	130		130	115805
四　川	613255	122428	490828	574183	122235	451948	193	193		38880
贵　州	112377		112377	98957		98957				13420
云　南	464095		464095	409608		409608				54488
西　藏	25994		25994	25994		25994				
陕　西	334299	187048	147251	316922	187048	129874	24		24	17353
甘　肃	95326	38649	56677	92560	38649	53911				2766
青　海	111822		111822	111822		111822				
宁　夏	19431		19431	17548		17548				1883
新　疆	107189	3800	103389	103179		103179	3800	3800		210
大　连	5061		5061	4095		4095				966
宁　波	66818		66818	45733		45733				21085
厦　门	28573		28573	8140		8140				20433
青　岛	39505		39505	19038		19038				20467
深　圳	177941		177941	93407		93407				84534

2-18 港澳台及海外捐赠

单位：千元

地区	总计			教育部门和其他部门			国有及国有控股企业办学			民办学校
	合计	中央	地方	合计	中央	地方	合计	中央	地方	地方
合计	**439035**	**168083**	**270951**	**422695**	**168083**	**254611**				**16340**
北京	12730	12730		12730	12730					
天津	18779	18779		18779	18779					
河北	250		250	250		250				
山西	30		30	30		30				
内蒙古										
辽宁	1063	626	437	1063	626	437				
吉林	942	255	687	942	255	687				
黑龙江	115	115		115	115					
上海	60092	52201	7891	52550	52201	350				7541
江苏	2092	156	1936	1374	156	1218				718
浙江	13076		13076	11810		11810				1266
安徽	234	191	43	234	191	43				
福建	61349	54581	6767	61065	54581	6484				284
江西										
山东	4528	4174	354	4224	4174	50				304
河南	1170		1170	1170		1170				
湖北	629	629		629	629					
湖南	1615	266	1349	1615	266	1349				
广东	231196	2595	228602	226959	2595	224364				4238
广西	3893		3893	2235		2235				1659
海南	8		8	8		8				
重庆	20808	20388	420	20808	20388	420				
四川	402	380	21	402	380	21				
贵州	704		704	704		704				
云南	1360		1360	1360		1360				
西藏										
陕西	842		842	842		842				
甘肃	918	18	900	797	18	779				121
青海										
宁夏										
新疆	210		210							210
大连										
宁波	10871		10871	10871		10871				
厦门										
青岛										
深圳										

2-19 事业收入

单位：千元

地区	总计			教育部门和其他部门			国有及国有控股企业办学			民办学校
	合计	中央	地方	合计	中央	地方	合计	中央	地方	地方
合 计	**1045751597**	**118266258**	**927485340**	**470863440**	**116482772**	**354380668**	**7701120**	**1783486**	**5917635**	**567187037**
北 京	57525505	36962075	20563430	42969596	36958275	6011321	132844	3800	129043	14423065
天 津	13896592	2945592	10951000	8184315	2942378	5241937	188581	3214	185367	5523697
河 北	43036661	603406	42433254	13369948	575284	12794664	378613	28123	350491	29288099
山 西	18769930	2422	18767508	7743360	2422	7740938	240901		240901	10785669
内蒙古	8688345	5303	8683042	5078691	5303	5073388	65074		65074	3544580
辽 宁	25972059	3266252	22705807	13728628	3266252	10462376	237878		237878	12005554
吉 林	14460331	2048019	12412312	7607719	2048019	5559700	19515		19515	6833097
黑龙江	16564690	5427043	11137647	10587148	4985310	5601838	634726	441733	192993	5342817
上 海	42521172	13302264	29218908	22037090	13302264	8734826	129855		129855	20354227
江 苏	69168204	8342463	60825740	36927523	8333274	28594248	212954	9189	203765	32027727
浙 江	68261083	4352302	63908781	28568729	4352302	24216427	254977		254977	39437377
安 徽	32063406	1408647	30654759	13746568	1406352	12340217	436925	2296	434629	17879914
福 建	28314369	2036704	26277664	12747192	2036704	10710488	109946		109946	15457230
江 西	28165511	374	28165137	12358619		12358619	157942	374	157569	15648949
山 东	67127034	3797774	63329260	31010700	3797774	27212926	617131		617131	35499203
河 南	63195378	120146	63075232	20712899	65378	20647520	486398	54767	431631	41996081
湖 北	45425770	7093945	38331825	20460815	6893997	13566818	300092	199948	100144	24664864
湖 南	45738789	2234378	43504411	21154380	2228248	18926132	135224	6130	129094	24449184
广 东	145780614	4699125	141081489	45117181	4675178	40442003	686441	23947	662494	99976992
广 西	27576470	60	27576410	15328941	60	15328881	54364		54364	12193165
海 南	7963834	20300	7943534	2022449	20300	2002149	21752		21752	5919633
重 庆	22999372	2306565	20692808	12308761	2199158	10109603	286002	107407	178595	10404610
四 川	56833379	7193327	49640053	22305748	7048659	15257089	529041	144668	384373	33998591
贵 州	18404042		18404042	7107464		7107464	44885		44885	11251693
云 南	22698483	6529	22691954	7978968	6529	7972439	203227		203227	14516287
西 藏	326929		326929	267882		267882				59047
陕 西	35154183	8195992	26958191	18781654	8193706	10587948	209349	2286	207063	16163180
甘 肃	8690217	985461	7704756	5631389	985461	4645928	59975		59975	2998853
青 海	1572502	7228	1565274	1003402	7228	996174	11548		11548	557552
宁 夏	3217341	133650	3083691	1251401	133650	1117752	60190		60190	1905749
新 疆	5639401	768911	4870490	2764280	13307	2750973	794770	755604	39166	2080351
大 连	2050150	20937	2029213	627703	20937	606766	7489		7489	1414957
宁 波	9323348		9323348	3019126		3019126				6304223
厦 门	3225082	4600	3220482	897501	4600	892901	30765		30765	2296816
青 岛	7182084		7182084	1365291		1365291	94518		94518	5722275
深 圳	22154874	78776	22076098	6807410	78776	6728634				15347464

2-20 学费

单位：千元

地 区	总 计			教育部门和其他部门			国有及国有控股企业办学			民办学校
	合计	中央	地方	合计	中央	地方	合计	中央	地方	地方
合 计	**813065252**	**39647892**	**773417360**	**283246206**	**38691734**	**244554472**	**5733136**	**956158**	**4776978**	**524085910**
北 京	28734827	11841972	16892856	14937308	11841929	3095378	116993	42	116950	13680527
天 津	10301519	1035759	9265759	4916019	1033054	3882965	108214	2705	105509	5277285
河 北	36808139	347006	36461133	9711800	319888	9391913	291629	27118	264510	26804710
山 西	15496141	2387	15493753	5381478	2387	5379090	205470		205470	9909192
内蒙古	7346408	5303	7341105	3905647	5303	3900344	64930		64930	3375831
辽 宁	19623908	1371996	18251912	8452203	1371996	7080207	178986		178986	10992719
吉 林	11463378	802499	10660880	4933613	802499	4131115	19515		19515	6510250
黑龙江	10538164	1017912	9520253	5262898	877482	4385416	316005	140430	175575	4959262
上 海	28373578	4212149	24161429	9154646	4212149	4942496	49990		49990	19168943
江 苏	52876894	2684431	50192463	22081923	2676403	19405520	155539	8028	147510	30639433
浙 江	52630093	727939	51902154	15660751	727939	14932812	248968		248968	36720373
安 徽	25997172	692035	25305137	9414810	689739	8725071	297983	2296	295687	16284379
福 建	22752225	715026	22037199	8292915	715026	7577889	104128		104128	14355182
江 西	22139455	191	22139263	8335696		8335696	129076	191	128884	13674683
山 东	55494097	1327397	54166700	21849251	1327397	20521855	432273		432273	33212572
河 南	53541235	61751	53479484	15239282	52567	15186715	402674	9184	393490	37899280
湖 北	35148674	2926572	32222102	12391856	2802862	9588994	209387	123710	85677	22547431
湖 南	36061529	857434	35204095	14058909	852473	13206435	87838	4961	82877	21914782
广 东	125518915	2024446	123494469	31272677	2015346	29257330	648908	9100	639808	93597330
广 西	21604600	60	21604540	10392100	60	10392040	52231		52231	11160269
海 南	6646189	12002	6634187	1408297	12002	1396295	18182		18182	5219710
重 庆	17482307	1224187	16258120	7821534	1140357	6681177	245039	83830	161209	9415734
四 川	43642055	2468673	41173382	12021772	2347868	9673904	433079	120806	312273	31187205
贵 州	15214171		15214171	4848900		4848900	36544		36544	10328727
云 南	19165375	6515	19158860	5409519	6515	5403004	153973		153973	13601882
西 藏	173328		173328	121874		121874				51454
陕 西	23350331	2159115	21191216	8622668	2157464	6465204	190073	1651	188422	14537590
甘 肃	6883124	578438	6304686	3988909	578438	3410471	55619		55619	2838596
青 海	1122634	7228	1115406	566394	7228	559165	11511		11511	544729
宁 夏	2631167	105969	2525198	856553	105969	750584	7108		7108	1767506
新 疆	4303621	431500	3872121	1934004	9394	1924611	461272	422106	39165	1908345
大 连	1873816	12907	1860908	506300	12907	493393	7489		7489	1360026
宁 波	8233849		8233849	2189335		2189335				6044514
厦 门	2941239	4600	2936639	755011	4600	750410	26235		26235	2159993
青 岛	6614819		6614819	1221074		1221074	16514		16514	5377232
深 圳	18816644	2776	18813869	4198346	2776	4195570				14618299

2-21 其他教育经费

单位：千元

地区	总计			教育部门和其他部门			国有及国有控股企业办学			民办学校
	合计	中央	地方	合计	中央	地方	合计	中央	地方	地方
合计	**119579685**	**34782101**	**84797584**	**105383093**	**34191525**	**71191569**	**1243448**	**590577**	**652871**	**12953144**
北京	12449331	11242542	1206789	11883951	11242532	641419	26391	10	26381	538989
天津	1608638	340968	1267670	1460567	320413	1140154	48966	20555	28411	99105
河北	1081674	106328	975346	640322	106328	533994	16511		16511	424840
山西	1095723	5416	1090307	961604	5416	956189	21674		21674	112445
内蒙古	537160	697	536463	369549	697	368852	369		369	167242
辽宁	1683058	460561	1222497	1372595	460561	912034	3422		3422	307041
吉林	2613906	783114	1830792	2435112	783114	1651998	4148		4148	174646
黑龙江	3293487	2712326	581161	3115213	2710198	405015	82296	2128	80168	95977
上海	6704516	3777376	2927141	5769146	3748301	2020846	38205	29075	9130	897165
江苏	12607974	2292591	10315384	11372284	2278322	9093962	22966	14269	8698	1212724
浙江	13330169	1297677	12032492	12201488	1297677	10903811	1508		1508	1127173
安徽	4756370	694189	4062181	3989427	691714	3297713	13458	2475	10983	753485
福建	3787804	295398	3492406	3301128	295398	3005729	8767		8767	477909
江西	2120182	5856	2114326	1859578		1859578	11221	5856	5365	249383
山东	5496833	1000274	4496560	4707345	1000274	3707072	185346		185346	604142
河南	2837045	15841	2821204	2453171	10960	2442211	24852	4881	19971	359022
湖北	4636907	2459943	2176964	4337109	2454208	1882901	43934	5734	38199	255864
湖南	4171987	881432	3290555	3735146	881133	2854013	7165	299	6866	429675
广东	7047431	1278658	5768773	5605651	1276150	4329501	25220	2507	22712	1416560
广西	2290554	80	2290474	1940797	80	1940717	15944		15944	333813
海南	592844	770	592074	366193	770	365424	63430		63430	163220
重庆	4017555	1257687	2759867	3421187	1172137	2249050	90819	85550	5269	505548
四川	4644327	1605363	3038964	3633993	1583373	2050619	58762	21990	36773	951572
贵州	3915429		3915429	3621701		3621701	2226		2226	291502
云南	2390052		2390052	1941673		1941673	23044		23044	425335
西藏	57339		57339	57290		57290				48
陕西	3938887	1538267	2400620	3528467	1534685	1993783	9155	3582	5573	401264
甘肃	1041951	289615	752337	960005	289615	670391	746		746	81200
青海	452846		452846	447343		447343	33		33	5469
宁夏	955281	46035	909246	915647	46035	869612	696		696	38938
新疆	3422426	393102	3029325	2978410	1437	2976973	392172	391665	507	51845
大连	27126		27126	12289		12289				14837
宁波	594293		594293	448316		448316				145978
厦门	320991		320991	241036		241036	49		49	79906
青岛	258507		258507	103821		103821	1964		1964	152723
深圳	1303260		1303260	1197385		1197385				105875

第三部分

各地区各级各类教育机构教育经费收入

3-1 教育经费收入情况

地区	总计	国家财政性教育经费	一般公共预算安排的教育经费	一般公共预算教育经费	教育事业费	基本建设经费	教育费附加	科研经费	其他
合计	**5622923588**	**4419087551**	**4250427337**	**3746336473**	**3506812538**	**96831395**	**142692540**	**61806114**	**442284751**
北京	276120969	201974622	194924039	160631071	152676322	7042759	911990	11942487	22350481
天津	78227383	61746393	59503687	52383601	48691939	2880608	811054	1467768	5652318
河北	221622267	175941025	171644421	163377220	157089982	2121482	4165756	110888	8156313
山西	111922390	91447691	89261857	77573901	72801249	1635665	3136986	2319314	9368643
内蒙古	86156007	76701374	75788142	63417327	58972642	1239521	3205164	363460	12007355
辽宁	122279266	94123805	92476779	76172182	72122366	1373507	2676309	1387914	14916683
吉林	80004598	62771062	62007216	53722171	51749267	512800	1460104	822646	7462399
黑龙江	99423325	79434205	77689276	65609692	63611670	1377184	620837	845217	11234367
上海	196729527	146583606	141352566	114170965	94482553	5011400	14677012	7307433	19874167
江苏	402596604	318736294	304301558	261822319	243306566	1257591	17258161	4923933	37555307
浙江	329871247	245674848	228039671	206268464	190295020	5390907	10582537	1733645	20037562
安徽	198660217	160806513	150916339	134683703	126802338	2855191	5026174	2054941	14177695
福建	160028464	125576692	118849381	108930201	102789063	1314522	4826616	1240960	8678220
江西	165550656	133837195	131787912	125121458	119510001	1719475	3891982	588651	6077802
山东	352581886	277543276	262149422	243649148	229112509	968577	13568062	2557190	15943083
河南	277897420	209330899	203293413	174596411	165370791	2039685	7185936	692006	28004995
湖北	211819279	160084600	151105883	136769103	136203001	566101		2865691	11471089
湖南	209713298	158292982	156116902	146552196	140005758	1313692	5232745	2669821	6894886
广东	618654925	460569553	442642064	385650579	338671576	30040498	16938505	7813529	49177956
广西	164797826	134094708	125894047	110532556	106318045	2148790	2065720	549552	14811939
海南	46627441	37859325	37045911	30275904	28786700	1022789	466415	200102	6569906
重庆	136423820	108665887	103506851	84617324	79185641	2342965	3088718	283821	18605706
四川	281681419	218415641	208669346	183035234	173904227	2336070	6794936	2135985	23498127
贵州	150969476	127990561	124425827	112603849	108141692	1241575	3220582	287487	11534491
云南	167374565	141466206	137395065	114734602	110438295	1909139	2387168	601565	22058898
西藏	33355084	32944822	32820759	29035711	27550548	1472709	12453	7991	3777057
陕西	167617396	127752559	122776064	113829020	105694131	4627502	3507387	3224292	5722752
甘肃	89818700	79905675	77963995	69050202	66602149	1081410	1366643	246952	8666841
青海	30680896	28537840	28368069	23036012	21017825	1601127	417060	209961	5122096
宁夏	29309776	25056400	24916415	20608251	19765285	458500	384466	139780	4168384
新疆	124407461	115221294	112794462	103876096	95143384	5927652	2805060	211133	8707233
大连	18030231	15920976	15701016	12520021	11706783	81290	731947	610	3180385
宁波	43321196	33247141	31558230	28175631	26429343	113853	1632435	27224	3355375
厦门	25664050	22048422	19969433	17516489	15582123	242282	1692083	24976	2427968
青岛	44009434	36441656	33408952	30518885	27079905		3438979	38159	2851908
深圳	138300560	114295855	110704909	95169832	62927617	25582901	6659314	3070864	12464213

(各级各类教育机构)

单位：千元

政府性基金预算安排的教育经费	#彩票公益金	国有及国有控股企业办学中的企业拨款	校办产业和社会服务收入中用于教育的经费	其他属于国家财政性教育经费	民办学校中举办者投入	捐赠收入	事业收入	#学费	其他教育经费
121097737	**4301527**	**2735235**	**7842445**	**36984797**	**24238215**	**14266540**	**1045751597**	**813065252**	**119579685**
367521	134973	131432	1267143	5284487	136888	4034623	57525505	28734827	12449331
1457935	14269	37825	42389	704558	809309	166451	13896592	10301519	1608638
3547373	206960	29059	27993	692179	993916	568991	43036661	36808139	1081674
1804694	96199	233615	52567	94958	514233	94813	18769930	15496141	1095723
772753	110876	74601	21678	44199	169923	59206	8688345	7346408	537160
389231	52885	826	98892	1158077	253815	246529	25972059	19623908	1683058
586845	29433	2919	50033	124048	98071	61228	14460331	11463378	2613906
484148	37106	305999	6812	947970	96125	34818	16564690	10538164	3293487
1867718	10925	24480	578609	2760235	89740	830492	42521172	28373578	6704516
11062183	168405	29071	507242	2836239	1022834	1061299	69168204	52876894	12607974
12125658	165009	17667	240347	5251505	1988880	616266	68261083	52630093	13330169
7654046	182201	59371	75071	2101685	925455	108473	32063406	25997172	4756370
5848085	594781	186098	28553	664574	1138679	1210920	28314369	22752225	3787804
1807277	118808		32184	209822	1195311	232458	28165511	22139455	2120182
12219507	256088	1148669	430038	1595640	2083199	331544	67127034	55494097	5496833
4803569	289358	58241	159566	1016111	2309987	224111	63195378	53541235	2837045
3607817	113871	38340	3039605	2292954	1181428	490574	45425770	35148674	4636907
1719335	142850	8300	172314	276130	1213439	296102	45738789	36061529	4171987
15965475	337919	40427	158264	1763324	3900550	1356777	145780614	125518915	7047431
7809435	69051		22692	368534	738126	97968	27576470	21604600	2290554
686686	44144	485	3765	122479	188504	22935	7963834	6646189	592844
3863406	57438	3596	300436	991598	504830	236176	22999372	17482307	4017555
7613274	371863	157160	273548	1702312	1174817	613255	56833379	43642055	4644327
3450126	145022		2273	112336	547066	112377	18404042	15214171	3915429
3597626	147373	25531	73741	374243	355728	464095	22698483	19165375	2390052
120780	38625			3283		25994	326929	173328	57339
2039349	122255	73610	113373	2750163	437468	334299	35154183	23350331	3938887
1278761	70204	42310	32038	588570	85531	95326	8690217	6883124	1041951
153020	50492	285	6890	9576	5887	111822	1572502	1122634	452846
56565	45564	4708	1482	77230	61324	19431	3217341	2631167	955281
2337541	76580	610	22905	65776	17151	107189	5639401	4303621	3422426
198597	11982			21363	26918	5061	2050150	1873816	27126
1482344	24210		3476	203091	89596	66818	9323348	8233849	594293
2072507	526927		4834	1648	40981	28573	3225082	2941239	320991
2316796	66686	715908			87682	39505	7182084	6614819	258507
3580922	59424		2610	7412	368630	177941	22154874	18816644	1303260

3-2 教育经费收入情况

地区	总计	国家财政性教育经费	一般公共预算安排的教育经费	一般公共预算教育经费	教育事业费	基本建设经费	教育费附加	科研经费	其他
合计	**5179545392**	**4135471210**	**3998747507**	**3558511936**	**3328586732**	**87274974**	**142650230**	**18651856**	**421583715**
北京	147432024	125474650	124273425	110899705	105527855	4459919	911932	105034	13268686
天津	66679591	53584027	52412799	47280188	44688806	1780328	811054	346723	4785888
河北	219175661	174207815	169943444	161802590	155556921	2079912	4165756	106969	8033885
山西	111912560	91445699	89259865	77573901	72801249	1635665	3136986	2319314	9366651
内蒙古	86148220	76699587	75786355	63417154	58972469	1239521	3205164	363460	12005741
辽宁	111091059	86712783	85987114	70724138	66817786	1232427	2673926	660507	14602469
吉林	70258384	55874288	55110649	47982750	46108675	413970	1460104	37489	7090410
黑龙江	83625465	71804439	71208767	60227905	58384024	1223044	620837	74933	10905929
上海	152923960	120594178	117146124	98569433	79806352	4119271	14643810	387872	18188818
江苏	372750538	299829819	287070700	249287120	231179478	849481	17258161	1131354	36652226
浙江	314260597	235740572	222542481	201791591	185985927	5226157	10579507	1382634	19368256
安徽	189366905	153645724	145475518	131317109	123473833	2817101	5026174	109217	14049193
福建	153027369	121384442	114814545	105919359	99822452	1273332	4823574	434344	8460843
江西	165543906	133836675	131787392	125121298	119509841	1719475	3891982	588651	6077442
山东	338379232	268204927	253674014	237496904	223278345	650497	13568062	1016621	15160489
河南	277468734	209038200	203008457	174334776	165109156	2039685	7185936	692006	27981674
湖北	178002523	136102151	132161581	121614572	121614572			242028	10304981
湖南	200106000	151847911	149745408	142255389	135811211	1211432	5232745	734013	6756006
广东	598424676	446450839	429124390	375638321	329148507	29551904	16937911	4806310	48679759
广西	164797686	134094708	125894047	110532556	106318045	2148790	2065720	549552	14811939
海南	46599544	37852498	37039084	30269077	28779873	1022789	466415	200102	6569906
重庆	126750400	102633290	98345019	79673717	74393154	2191845	3088718	231804	18439498
四川	257844873	203500212	196415794	173207991	164470584	1942470	6794936	324533	22883270
贵州	150966594	127987679	124422945	112602951	108140794	1241575	3220582	287487	11532508
云南	167364725	141462895	137391753	114733000	110436693	1909139	2387168	601565	22057188
西藏	33355084	32944822	32820759	29035711	27550548	1472709	12453	7991	3777057
陕西	139915408	109971878	107363029	101991828	94328759	4155682	3507387	213851	5157351
甘肃	84849005	76249704	74740067	66012298	63686385	959270	1366643	205021	8522747
青海	30673374	28537546	28367775	23035718	21017531	1601127	417060	209961	5122096
宁夏	28339812	24266120	24138674	19886283	19090687	411130	384466	110008	4142384
新疆	111511485	103491129	101275532	94276604	86776218	4695325	2805060	170503	6828426
大连	18005992	15917675	15697715	12516720	11705865	81290	729564	610	3180385
宁波	43320796	33246741	31557830	28175231	26428943	113853	1632435	27224	3355375
厦门	25659449	22048422	19969433	17516489	15582123	242282	1692083	24976	2427968
青岛	44009434	36441656	33408952	30518885	27079905		3438979	38159	2851908
深圳	137526324	113600395	109933449	94474372	62587630	25228023	6658719	2994864	12464213

(地方各级各类教育机构)

单位：千元

政府性基金预算安排的教育经费	#彩票公益金	国有及国有控股企业办学中的企业拨款	校办产业和社会服务收入中用于教育的经费	其他属于国家财政性教育经费	民办学校中举办者投入	捐赠收入	事业收入	#学费	其他教育经费
118709494	**4229414**	**2388398**	**2086024**	**13539787**	**24238215**	**7553043**	**927485340**	**773417360**	**84797584**
180376	74534	121932	175998	722920	136888	50266	20563430	16892856	1206789
996575	14269	37517	41797	95339	809309	67585	10951000	9265759	1267670
3547373	206960	23457	14626	678916	993916	565329	42433254	36461133	975346
1804694	96199	233615	52567	94958	514233	94813	18767508	15493753	1090307
772753	110876	74601	21678	44199	169923	59206	8683042	7341105	536463
389231	52885	826	46927	288685	253815	196156	22705807	18251912	1222497
586639	29227	2919	50033	124048	98071	42920	12412312	10660880	1830792
464053	37011	15205	2538	113877	96125	6093	11137647	9520253	581161
1829411	9584	24480	28630	1565533	89740	93993	29218908	24161429	2927141
11051173	168405	29071	318750	1360125	1022834	756761	60825740	50192463	10315384
12125558	164909	17667	150110	904756	1988880	589871	63908781	51902154	12032492
7636876	181541	59371	17532	456426	925455	78785	30654759	25305137	4062181
5847961	594657	186098	18553	517284	1138679	734177	26277664	22037199	3492406
1807277	118808		32184	209822	1195311	232458	28165137	22139263	2114326
12219507	256088	1148669	144187	1018550	2083199	265286	63329260	54166700	4496560
4803569	289358	58241	151822	1016111	2309987	224111	63075232	53479484	2821204
3605549	111602	38340	16905	279777	1181428	210153	38331825	32222102	2176964
1687652	142067	8300	130422	276130	1213439	249684	43504411	35204095	3290555
15807489	337919	40427	114545	1363989	3900550	1223024	141081489	123494469	5768773
7809435	69051		22692	368534	738126	97968	27576410	21604540	2290474
686686	44144	485	3765	122479	188504	22935	7943534	6634187	592074
3862405	56437	3596	233275	188995	504830	159605	20692808	16258120	2759867
6350634	371203	116527	163999	453258	1174817	490828	49640053	41173382	3038964
3450126	145022		2273	112336	547066	112377	18404042	15214171	3915429
3597626	147373	25531	73741	374243	355728	464095	22691954	19158860	2390052
120780	38625			3283		25994	326929	173328	57339
2032657	119972	73610	40442	462140	437468	147251	26958191	21191216	2400620
1277579	69022	42310	4844	184905	85531	56677	7704756	6304686	752337
153020	50492	285	6890	9576	5887	111822	1565274	1115406	452846
56565	45564	4708	1482	64690	61324	19431	3083691	2525198	909246
2148268	75611	610	2815	63904	17151	103389	4870490	3872121	3029325
198597	11982			21363	26918	5061	2029213	1860908	27126
1482344	24210		3476	203091	89596	66818	9323348	8233849	594293
2072507	526927		4834	1648	40981	28573	3220482	2936639	320991
2316796	66686	715908			87682	39505	7182084	6614819	258507
3580922	59424		2610	83412	368630	177941	22076098	18813869	1303260

3-3 教育经费收入情况

地区	总计	国家财政性教育经费	一般公共预算安排的教育经费	一般公共预算教育经费	教育事业费	基本建设经费	教育费附加	科研经费	其他
合计	**1543559694**	**958837772**	**873475604**	**748535410**	**707570850**	**34281378**	**6683182**	**60208777**	**64731417**
北京	142685138	91116237	84518046	65312403	62302070	3008737	1596	11610899	7594745
天津	30318398	19260890	17287907	13933256	12496594	1432710	3952	1466497	1888154
河北	46233874	28380559	26744538	26313672	25460135	837865	15671	82393	348473
山西	29141449	21164942	20676942	17492382	16521409	907218	63755	2209533	975026
内蒙古	19105412	14523307	14140259	11843025	11473033	356941	13050	360828	1936407
辽宁	46344926	27492687	26148309	21615709	20505338	1003938	106433	1385110	3147490
吉林	28394354	17138059	16752035	14967219	14581796	139042	246381	819674	965141
黑龙江	38636024	22883950	21391366	17966875	17111175	842708	12992	845103	2579388
上海	82494591	52299593	48952128	36796368	32189712	4066043	540613	7286433	4869327
江苏	110358844	66254343	61070707	50377870	49295055	456110	626705	4873699	5819138
浙江	83213611	49393818	42060340	34921583	32971946	854391	1095245	1545249	5593508
安徽	46294763	30390177	26187997	22822755	21758222	1037811	26722	2045186	1320056
福建	39230689	22047472	19493408	16784655	15848371	283190	653094	1208160	1500593
江西	37911642	21886737	20800231	19889050	19609278	266754	13018	587258	323923
山东	88236881	54438893	46742429	42548799	41340020	842412	366368	2550509	1643121
河南	64102833	38403334	34563835	31365104	30606002	358999	400103	646041	2552689
湖北	74863876	45623001	39394343	34535900	33969799	566101		2851886	2006556
湖南	49393301	28229312	27349215	24323870	23715333	330668	277868	2647327	378019
广东	147833737	96708975	89356284	75835172	65380904	8817554	1636713	7668146	5852966
广西	39474230	23412544	17806995	16301121	15852743	428965	19413	538180	967693
海南	10765377	7199830	7076739	5408562	4778957	629604		189208	1478969
重庆	37658690	21097857	18305990	16844834	16489369	355235	229	80521	1380636
四川	71463212	41139858	36944215	33504148	32435991	779267	288890	2055725	1384341
贵州	27641887	19861327	18712242	17194821	16760371	275459	158990	151857	1365565
云南	30059429	18126234	16278940	13923273	13662033	257879	3362	584513	1771154
西藏	3489116	3189023	3185740	2959365	2863920	95445		3900	222475
陕西	63118344	35773323	32166094	27401674	26364250	1032731	4693	3212029	1552392
甘肃	21073127	15020110	14102069	12578977	12216541	338638	23798	224021	1299071
青海	6361513	5466332	5391794	4564477	3773878	779781	10818	209224	618093
宁夏	6347687	4459924	4354924	3660279	3321248	327370	11661	134570	560074
新疆	21312738	16455125	15519542	14548212	11915354	2571812	61046	135097	836233
大连	1317088	1058082	1036719	824386	741396	31116	51874		212333
宁波	7701383	4029687	3566595	2959451	2941836	15000	2616	24615	582529
厦门	3614391	2090485	1680698	1591689	1050188		541501	15850	73159
青岛	6533302	4266661	1841564	1738198	1711172		27026	35439	67927
深圳	30952196	25959356	25751034	21227422	13360833	6945349	921240	3062165	1461447

(高等学校)

单位：千元

政府性基金预算安排的教育经费	#彩票公益金	国有及国有控股企业办学中的企业拨款	校办产业和社会服务收入中用于教育的经费	其他属于国家财政性教育经费	民办学校中举办者投入	捐赠收入	事业收入	#学费	其他教育经费
40296562	**822438**	**1386020**	**6694788**	**36984797**	**5128420**	**8540936**	**493470612**	**324454423**	**77581954**
175680	48974		1138023	5284487		2764723	38426770	14719297	10377408
1229855	6700	36713	1857	704558	534587	110464	9269382	5903215	1143076
934569	30380	7300	1973	692179	185147	547506	16247933	13158622	872729
269002	9898	93294	30746	94958	135000	4578	7193681	5246276	643248
330540	5164		8307	44199		13062	4210739	3332632	358304
119335	6440		66965	1158077		125651	17320010	11745622	1406578
210939	896	2919	48117	124048		33653	9879422	7155548	1343220
362858	1344	175754	6001	947970		29048	12721857	7151237	3001169
38306	1341		548924	2760235		778298	24954089	11524589	4462610
2042217	705		305180	2836239		676389	34006352	20681719	9421760
1910257	2640		171715	5251505	218926	177031	28065162	15938724	5358674
2004026	32967	33146	63324	2101685	207264	58690	12578637	9191158	3059995
1872906	212433		16583	664574	818896	624610	14281816	10039861	1457896
848172	628		28512	209822	907859	46098	14017247	10961116	1053700
4859688	13025	922165	318971	1595640	415954	209560	29100654	20568875	4071819
2783293	46104	15000	25095	1016111	39660	61201	23479742	18928977	2118897
876249	49285	35000	3024456	2292954	300650	427165	24607798	17059457	3905261
482284	7182		121683	276130		206400	18431777	13199624	2525811
5447579	38553		141788	1763324	137038	773468	45996156	33861921	4218100
5224834	2105		12181	368534	154000	28351	14515032	10989085	1364303
242	242		370	122479	22560	1193	3350027	2659019	191767
1517250	2001		283019	991598	411130	93687	12996141	9160394	3059874
2287654	207892	40800	164877	1702312	124481	163184	26570976	17271245	3464712
1035283	12390		1466	112336	290770	26853	5767841	4323041	1695097
1422694	3907	20922	29435	374243		178165	10321538	7930943	1433492
				3283		650	250314	108868	49129
775644	17714		81421	2750163	214500	293473	23680692	13334942	3156356
297538	1183	3008	28926	588570	10000	47905	5421942	4127204	573170
58935			6027	9576		30	759476	452327	135675
26516	26516		1255	77230		1682	1664321	1279522	221760
852217	33832		17589	65776		38163	3383088	2449362	1436363
				21363		3480	254096	173280	1429
260000				203091		36303	3333014	2586999	302380
406840	200000		1298	1648		1951	1376938	1180308	145017
1709189		715908			30000	19998	2098217	1800066	118425
200424	8406		485	7412		154261	4398336	1992244	440243

3-4 教育经费收入情况

地区	总计	国家财政性教育经费	一般公共预算安排的教育经费	一般公共预算教育经费	教育事业费	基本建设经费	教育费附加	科研经费	其他
合计	**1129626615**	**695202721**	**641456433**	**576290050**	**544344102**	**25292519**	**6653429**	**17352916**	**47813467**
北京	29452257	22810166	21995233	21517570	21077788	438187	1596	62944	414719
天津	18885689	11142975	10241163	8870958	8534576	332430	3952	345452	1024753
河北	43872757	26682411	25059653	24752865	23940899	796295	15671	78475	228313
山西	29141449	21164942	20676942	17492382	16521409	907218	63755	2209533	975026
内蒙古	19105412	14523307	14140259	11843025	11473033	356941	13050	360828	1936407
辽宁	35216850	20090541	19667520	16171067	15201776	862858	106433	657704	2838750
吉林	19029367	10478701	10092884	9464313	9177720	40212	246381	34518	594053
黑龙江	23754892	16140366	15681904	13274394	12572833	688568	12992	74819	2332691
上海	39867126	26854215	25287471	21589644	17898798	3173914	516932	366872	3330955
江苏	80614406	47421264	43913244	37858620	37183915	48000	626705	1081120	4973504
浙江	67616214	39464916	36568525	30444710	28662853	689641	1092215	1194237	4929578
安徽	37036435	23231685	20749473	19457952	18431509	999721	26722	99462	1192059
福建	32388728	17893762	15497113	13804826	12912773	242000	650052	401544	1290744
江西	37911642	21886737	20800231	19889050	19609278	266754	13018	587258	323923
山东	74042400	45108718	38275195	36396554	35505855	524332	366368	1009940	868701
河南	63833285	38166197	34326698	31138451	30379349	358999	400103	646041	2542206
湖北	41702567	22167260	20973967	19888437	19888437			228222	857308
湖南	39850152	21815386	21008866	20055442	19549166	228408	277868	711520	241904
广东	127694456	82639467	75887806	65871332	55905659	8328960	1636713	4660927	5355546
广西	39474230	23412544	17806995	16301121	15852743	428965	19413	538180	967693
海南	10765377	7199830	7076739	5408562	4778957	629604		189208	1478969
重庆	28278975	15270638	13349536	12105100	11900756	204115	229	28503	1215932
四川	47825911	26286661	24752262	23708625	23034068	385667	288890	244274	799363
贵州	27640989	19860429	18711344	17193923	16759473	275459	158990	151857	1365565
云南	30059429	18126234	16278940	13923273	13662033	257879	3362	584513	1771154
西藏	3489116	3189023	3185740	2959365	2863920	95445		3900	222475
陕西	35747576	18258822	17019241	15809707	15244103	560911	4693	201588	1007945
甘肃	16202374	11417612	10931613	9561553	9321257	216498	23798	182090	1187970
青海	6361513	5466332	5391794	4564477	3773878	779781	10818	209224	618093
宁夏	5378781	3669644	3577183	2938311	2646650	280000	11661	104798	534074
新疆	17386261	13361937	12530901	12034441	10078637	1894757	61046	103364	393096
大连	1317088	1058082	1036719	824386	741396	31116	51874		212333
宁波	7700983	4029287	3566195	2959051	2941436	15000	2616	24615	582529
厦门	3614391	2090485	1680698	1591689	1050188		541501	15850	73159
青岛	6533302	4266661	1841564	1738198	1711172		27026	35439	67927
深圳	30182242	25265402	24981081	20533469	13021758	6590471	921240	2986165	1461447

(地方高等学校)

单位：千元

政府性基金预算安排的教育经费	#彩票公益金	国有及国有控股企业办学中的企业拨款	校办产业和社会服务收入中用于教育的经费	其他属于国家财政性教育经费	民办学校中举办者投入	捐赠收入	事业收入	#学费	其他教育经费
38023567	**762856**	**1170266**	**1012668**	**13539787**	**5128420**	**3071869**	**381283611**	**286343366**	**44939994**
			92013	722920		1450	6115892	3434942	524748
768495	6700	36713	1265	95339	534587	11598	6365680	4908776	830850
934569	30380	7300	1973	678916	185147	543845	15679378	12845463	781977
269002	9898	93294	30746	94958	135000	4578	7193681	5246276	643248
330540	5164		8307	44199		13062	4210739	3332632	358304
119335	6440		15000	288685		75279	14102832	10409823	948199
210732	690	2919	48117	124048		15345	7865559	6387164	669762
342858	1344		1727	113877		373	7325239	6162963	288914
			1211	1565533		44403	12170434	7657670	798074
2031207	705		116688	1360125		371852	25676562	18008800	7144728
1910157	2540		81478	904756	218926	150636	23717035	15214961	4064700
1986856	32307	33146	5785	456426	207264	29002	11184430	8513328	2384054
1872782	212309		6583	517284	818896	147897	12357148	9335106	1171024
848172	628		28512	209822	907859	46098	14017247	10961116	1053700
4859688	13025	922165	33120	1018550	415954	143303	25302880	19241479	3071546
2783293	46104	15000	25095	1016111	39660	61201	23450711	18907067	2115516
873980	47016	35000	4536	279777	300650	155647	17584924	14200133	1494086
450600	6398		79791	276130		163156	16218161	12360825	1653448
5289604	38553		98069	1363989	137038	639725	41336261	31861857	2941965
5224834	2105		12181	368534	154000	28351	14515032	10989085	1364303
242	242		370	122479	22560	1193	3350027	2659019	191767
1516249	1000		215858	188995	411130	22140	10721995	7960095	1853072
1025014	207232	800	55328	453258	124481	40765	19459866	14867955	1914138
1035283	12390		1466	112336	290770	26853	5767841	4323041	1695097
1422694	3907	20922	29435	374243		178165	10321538	7930943	1433492
				3283		650	250314	108868	49129
768952	15431		8491	462140	214500	106426	15514380	11202127	1653449
296355		3008	1731	184905	10000	9297	4449143	3561427	316322
58935			6027	9576		30	759476	452327	135675
26516	26516		1255	64690		1682	1531729	1174612	175725
766622	33832		509	63904		37866	2767476	2123485	1218983
				21363		3480	254096	173280	1429
260000				203091		36303	3333014	2586999	302380
406840	200000		1298	1648		1951	1376938	1180308	145017
1709189		715908			30000	19998	2098217	1800066	118425
200424	8406		485	83412		154261	4322336	1992244	440243

3-5 教育经费收入情况

地区	总计	国家财政性教育经费	一般公共预算安排的教育经费	一般公共预算教育经费	教育事业费	基本建设经费	教育费附加	科研经费	其他
合计	**1524154433**	**949563648**	**864814501**	**741074601**	**700374319**	**34151700**	**6548582**	**60203229**	**63536672**
北京	138844002	89790388	83550301	64475590	61466583	3008737	270	11610899	7463812
天津	29984202	19037245	17064745	13741086	12314426	1422710	3950	1466497	1857162
河北	45408912	27839531	26203510	25802142	24949403	837865	14874	82144	319224
山西	28903709	21022752	20534853	17369716	16399011	907218	63488	2209533	955604
内蒙古	18887889	14427550	14044503	11754103	11384111	356941	13050	360761	1929640
辽宁	45947180	27252887	25910800	21423118	20314723	1003938	104457	1385094	3102588
吉林	27793237	16745964	16368151	14649833	14284683	135720	229430	819674	898644
黑龙江	38130001	22524966	21033162	17737270	16894894	829550	12826	844904	2450988
上海	81337539	51487479	48141224	36113712	31535316	4066043	512354	7286433	4741079
江苏	110182073	66132083	60948447	50283500	49206716	456110	620674	4873699	5791248
浙江	81900449	48707776	41401259	34332711	32392522	854391	1085798	1544660	5523888
安徽	45901236	30252882	26051446	22703453	21639041	1037811	26601	2045186	1302807
福建	38678123	21867426	19314643	16620334	15685479	283190	651664	1208140	1486170
江西	37383260	21634394	20548888	19646399	19366877	266754	12768	587258	315231
山东	87536987	54283304	46587151	42399635	41192054	842412	365169	2550509	1637007
河南	63801969	38269471	34440713	31272179	30513077	358999	400103	645851	2522683
湖北	74728843	45553574	39324916	34472534	33906433	566101		2851886	2000495
湖南	48515642	27870094	27044854	24043576	23487280	330668	225627	2647223	354054
广东	145605479	95759997	88437434	75079459	64634327	8817554	1627578	7665524	5692451
广西	39123093	23221863	17696314	16203988	15755810	428965	19213	537334	954992
海南	10646128	7114612	6991522	5355094	4725490	629604		188891	1447537
重庆	37481187	21092354	18300487	16842429	16486965	355235	229	80521	1377537
四川	70370517	40568747	36382097	33003780	31936031	779267	288482	2055725	1322591
贵州	27369139	19695169	18561829	17059464	16632434	268040	158990	151857	1350508
云南	29568390	17898127	16050990	13721968	13460727	257879	3362	584513	1744510
西藏	3489116	3189023	3185740	2959365	2863920	95445		3900	222475
陕西	62431258	35404010	31801094	27066463	26042511	1020952	3000	3212029	1522601
甘肃	20848630	14916428	14001394	12497951	12135758	338638	23555	223695	1279748
青海	6317365	5438350	5363812	4545836	3755237	779781	10818	209224	608752
宁夏	6347687	4459924	4354924	3660279	3321248	327370	11661	134570	560074
新疆	20691190	16105280	15173301	14237633	11691231	2487812	58589	135097	800572
大连	1170437	952792	931429	746196	665080	31116	50000		185233
宁波	7394886	3890281	3427190	2834544	2817044	15000	2500	24609	568037
厦门	3614391	2090485	1680698	1591689	1050188		541501	15850	73159
青岛	6382637	4236065	1811279	1713668	1687840		25828	35439	62172
深圳	30811773	25867495	25659174	21156838	13294983	6945349	916505	3062165	1440171

(普通高等学校)

单位：千元

政府性基金预算安排的教育经费	#彩票公益金	国有及国有控股企业办学中的企业拨款	校办产业和社会服务收入中用于教育的经费	其他属于国家财政性教育经费	民办学校中举办者投入	捐赠收入	事业收入	#学费	其他教育经费
40108957	**819958**	**1380093**	**6275595**	**36984501**	**5128420**	**8531916**	**484066530**	**316970108**	**76863918**
140234	48974		815365	5284487		2763551	36040509	12539367	10249554
1229855	6700	36713	1375	704558	534587	110464	9177520	5816463	1124385
934569	30380	7300	1973	692179	185147	547506	15965188	12918366	871540
269002	9898	93294	30645	94958	135000	4578	7101948	5213123	639432
330540	5164		8307	44199		13062	4088984	3225245	358293
119335	6440		64675	1158077		122171	17168106	11716577	1404016
210939	896		42876	123998		33653	9717094	7051162	1296525
362523	1009	175754	5556	947970		29048	12604502	7037452	2971485
38306	1341		547714	2760235		778298	24638792	11387720	4432969
2042217	705		305180	2836239		676389	33953278	20649756	9420322
1887824	2640		167188	5251505	218926	177024	27478870	15531909	5317852
2003281	32322	33146	63324	2101685	207264	58690	12328357	9061720	3054044
1872906	212433		15302	664574	818896	624510	13918447	9739327	1448844
847172	628		28512	209822	907859	46098	13747389	10708034	1047521
4859377	13025	922165	318971	1595640	415954	209560	28559422	20116321	4068747
2783293	46104	15000	14354	1016111	39660	61201	23323130	18785994	2108507
876249	49285	35000	3024456	2292954	300650	427165	24542837	16999632	3904616
482284	7182		66827	276130		206400	17978032	12861402	2461117
5417490	38553		141788	1763285	137038	773458	44724830	32752492	4210156
5144834	2105		12181	368534	154000	28351	14387859	10957189	1331021
242	242		370	122479	22560	1193	3317069	2658981	190694
1517250	2001		283019	991598	411130	93687	12980549	9145014	2903467
2287654	207892	40800	155883	1702312	124481	163184	26117241	16847420	3396864
1019538	12390		1466	112336	290770	26853	5662135	4221493	1694212
1422694	3907	20922	29435	374086		178165	10066059	7866309	1426039
				3283		650	250314	108868	49129
775644	17714		77110	2750163	214500	293473	23368037	13061181	3151238
297538	1183		28926	588570	10000	47905	5303926	4030066	570372
58935			6027	9576		30	743625	436476	135360
26516	26516		1255	77230		1682	1664321	1279522	221760
850717	32332		15536	65726		33913	3148160	2245527	1403837
				21363			216218	164653	1427
260000				203091		36303	3169432	2520077	298870
406840	200000		1298	1648		1951	1376938	1180308	145017
1708878		715908			30000	19998	1978217	1685345	118358
200424	8406		485	7412		154261	4353587	1947495	436430

3-6 教育经费收入情况

地区	总计	国家财政性教育经费	一般公共预算安排的教育经费	一般公共预算教育经费				科研经费	其他
					教育事业费	基本建设经费	教育费附加		
合计	**1113214177**	**686503990**	**633055651**	**569016779**	**537335109**	**25162841**	**6518828**	**17347368**	**46691504**
北京	28486865	22001565	21231767	20827752	20389295	438187	270	62944	341070
天津	18551493	10919331	10018001	8678787	8352407	322430	3950	345452	993761
河北	43047796	26141382	24518624	24241335	23430166	796295	14874	78225	199064
山西	28903709	21022752	20534853	17369716	16399011	907218	63488	2209533	955604
内蒙古	18887889	14427550	14044503	11754103	11384111	356941	13050	360761	1929640
辽宁	34822853	19850741	19430012	15978476	15011161	862858	104457	657688	2793848
吉林	18428250	10086607	9709000	9146926	8880607	36890	229430	34518	527556
黑龙江	23248870	15781382	15323699	13044789	12356552	675410	12826	74619	2204291
上海	38710074	26042100	24476567	20906988	17244402	3173914	488673	366872	3202706
江苏	80437635	47299004	43790984	37764250	37095576	48000	620674	1081120	4945615
浙江	66303051	38778875	35909443	29855838	28083429	689641	1082768	1193648	4859957
安徽	36642908	23094390	20612922	19338651	18312329	999721	26601	99462	1174810
福建	31836162	17713717	15318349	13640504	12749882	242000	648622	401524	1276320
江西	37383260	21634394	20548888	19646399	19366877	266754	12768	587258	315231
山东	73342506	44953129	38119917	36247391	35357890	524332	365169	1009940	862586
河南	63532420	38032334	34203576	31045526	30286424	358999	400103	645851	2512199
湖北	41567534	22097833	20904540	19825070	19825070			228222	851247
湖南	38972493	21456168	20704504	19775149	19321113	228408	225627	711416	217940
广东	125466198	81690489	74968956	65115620	55159082	8328960	1627578	4658304	5195031
广西	39123093	23221863	17696314	16203988	15755810	428965	19213	537334	954992
海南	10646128	7114612	6991522	5355094	4725490	629604		188891	1447537
重庆	28101472	15265135	13344033	12102696	11898352	204115	229	28503	1212833
四川	46733215	25715550	24190143	23208257	22534108	385667	288482	244274	737613
贵州	27368241	19694270	18560930	17058566	16631535	268040	158990	151857	1350508
云南	29568390	17898127	16050990	13721968	13460727	257879	3362	584513	1744510
西藏	3489116	3189023	3185740	2959365	2863920	95445		3900	222475
陕西	35060490	17889510	16654240	15474497	14922365	549132	3000	201588	978155
甘肃	15977877	11313929	10830938	9480527	9240474	216498	23555	181764	1168647
青海	6317365	5438350	5363812	4545836	3755237	779781	10818	209224	608752
宁夏	5378781	3669644	3577183	2938311	2646650	280000	11661	104798	534074
新疆	16878043	13070238	12240702	11764405	9895058	1810757	58589	103364	372933
大连	1170437	952792	931429	746196	665080	31116	50000		185233
宁波	7394486	3889881	3426790	2834144	2816644	15000	2500	24609	568037
厦门	3614391	2090485	1680698	1591689	1050188		541501	15850	73159
青岛	6382637	4236065	1811279	1713668	1687840		25828	35439	62172
深圳	30041819	25173542	24889220	20462884	12955908	6590471	916505	2986165	1440171

(地方普通高等学校)

单位：千元

政府性基金预算安排的教育经费	#彩票公益金	国有及国有控股企业办学中的企业拨款	校办产业和社会服务收入中用于教育的经费	其他属于国家财政性教育经费	民办学校中举办者投入	捐赠收入	事业收入	#学费	其他教育经费
37871409	**760376**	**1164339**	**873051**	**13539540**	**5128420**	**3064022**	**374173858**	**280919800**	**44343886**
			46878	722920		1450	5965130	3288960	518720
768495	6700	36713	783	95339	534587	11598	6273819	4822024	812159
934569	30380	7300	1973	678916	185147	543845	15396633	12605207	780789
269002	9898	93294	30645	94958	135000	4578	7101948	5213123	639432
330540	5164		8307	44199		13062	4088984	3225245	358293
119335	6440		12709	288685		71799	13954615	10382807	945699
210732	690		42876	123998		15345	7703232	6282778	623067
342523	1009		1282	113877		373	7207885	6049179	259230
				1565533		44403	11855137	7520801	768433
2031207	705		116688	1360125		371852	25623488	17976838	7143290
1887724	2540		76951	904756	218926	150629	23130744	14808145	4023878
1986111	31662	33146	5785	456426	207264	29002	10934149	8383890	2378103
1872782	212309		5302	517284	818896	147797	11993779	9034572	1161972
847172	628		28512	209822	907859	46098	13747389	10708034	1047521
4859377	13025	922165	33120	1018550	415954	143303	24761647	18788924	3068474
2783293	46104	15000	14354	1016111	39660	61201	23294099	18764084	2105126
873980	47016	35000	4536	279777	300650	155647	17519963	14140308	1493441
450600	6398		24934	276130		163156	15764416	12022603	1588754
5259515	38553		98069	1363950	137038	639715	40064935	30752428	2934021
5144834	2105		12181	368534	154000	28351	14387859	10957189	1331021
242	242		370	122479	22560	1193	3317069	2658981	190694
1516249	1000		215858	188995	411130	22140	10706403	7944716	1696664
1025014	207232	800	46334	453258	124481	40765	19006131	14444130	1846289
1019538	12390		1466	112336	290770	26853	5662135	4221493	1694212
1422694	3907	20922	29435	374086		178165	10066059	7866309	1426039
				3283		650	250314	108868	49129
768952	15431		4179	462140	214500	106426	15201725	10928365	1648330
296355			1731	184905	10000	9297	4331127	3464289	313524
58935			6027	9576		30	743625	436476	135360
26516	26516		1255	64690		1682	1531729	1174612	175725
765122	32332		509	63904		33616	2587692	1944422	1186498
				21363			216218	164653	1427
260000				203091		36303	3169432	2520077	298870
406840	200000		1298	1648		1951	1376938	1180308	145017
1708878		715908			30000	19998	1978217	1685345	118358
200424	8406		485	83412		154261	4277587	1947495	436430

3-7 教育经费收入情况

地区	总计	国家财政性教育经费	一般公共预算安排的教育经费	一般公共预算教育经费	教育事业费	基本建设经费	教育费附加	科研经费	其他
合计	1217114460	741424477	678805363	568480685	536114436	29499142	2867107	59968156	50356522
北京	134600701	86140016	79909982	61030002	58033980	2996023		11610599	7269381
天津	25638913	16196696	14264142	11156687	9741977	1414710		1465923	1641532
河北	34667893	20895258	19551181	19233702	18694595	538291	816	77635	239845
山西	23199849	16716750	16391145	13488421	12589803	897218	1400	2207045	695679
内蒙古	12653332	9537015	9486736	7738651	7583373	142233	13045	358399	1389686
辽宁	39612453	22638462	21414875	17409999	16479565	879947	50487	1384181	2620695
吉林	23854992	14138741	13974360	12403948	12300899	103050		819344	751067
黑龙江	32176835	18640526	17377105	14472577	13874278	598298		844888	2059641
上海	77519907	49310808	45998026	34239608	30421100	3792043	26466	7286433	4471985
江苏	87999662	51220806	46500093	37651991	36860824	408110	383057	4863589	3984514
浙江	66887802	39039395	32613144	27327992	25825711	780871	721409	1512087	3773066
安徽	33684228	21731884	17977014	15098874	14559387	539486		2043238	834902
福建	29298003	16609147	14788016	12465513	11884470	231190	349853	1201265	1121238
江西	27249489	14892260	14085620	13281196	13116894	159891	4411	575574	228850
山东	65184109	37957264	33799621	29948386	29210188	622412	115786	2550310	1300924
河南	44037231	24664359	22014303	19815685	19296819	254877	263988	580308	1618310
湖北	62928525	37915021	32412087	28003202	27437101	566101		2851330	1557555
湖南	34029762	18604947	18254957	15439956	15165386	264112	10458	2630014	184987
广东	112314651	73636543	70082070	58004639	49340833	8064134	599672	7630551	4446880
广西	25239455	13972672	11446229	10222284	9843648	378101	535	537334	686611
海南	8694955	5905409	5783561	4316872	3687268	629604		186494	1280195
重庆	26208068	14658224	12861139	11821991	11554042	267720	229	80042	959106
四川	55051501	31285470	28015539	24863006	23857694	723777	281535	2050111	1102422
贵州	17848742	12213066	11809489	10763731	10527389	198040	38302	149105	896653
云南	21309551	12440707	11338782	9398785	9202650	195486	649	583532	1356465
西藏	2702803	2429062	2425779	2250329	2170675	79653		3900	171550
陕西	54018709	29702588	26855568	22346514	21460694	885820		3212029	1297025
甘肃	15134064	10564748	9948641	8766669	8434346	329316	3008	219234	962738
青海	4574675	3867592	3799081	3119530	2797749	319781	2000	208224	471327
宁夏	4822393	3257270	3180335	2650389	2403019	247370		128352	401594
新疆	13971206	10641773	10446742	9749558	7758081	1991477		117086	580098
大连	833433	689039	667779	528448	447332	31116	50000		139331
宁波	5755264	2695612	2415217	1981632	1966632	15000		23471	410114
厦门	2351411	1564377	1205292	1139178	820594		318584	15845	50268
青岛	4409408	2724725	1085848	1035689	1035689			35439	14719
深圳	25960315	21539879	21556011	17591672	11296838	6294232	603	3046731	917608

(普通高等本科学校)

单位：千元

政府性基金预算安排的教育经费	#彩票公益金	国有及国有控股企业办学中的企业拨款	校办产业和社会服务收入中用于教育的经费	其他属于国家财政性教育经费	民办学校中举办者投入	捐赠收入	事业收入	#学费	其他教育经费
19721704	**455621**		**6068346**	**36829064**	**3155910**	**8287667**	**394233747**	**243489848**	**70012660**
140234	48974		806940	5282859		2762551	35507802	12132585	10190333
1227855	6700		591	704108	529587	108422	7809302	4687991	994907
651413	29855		1655	691008	5000	544860	12428580	9858933	794196
212386	2006		18271	94948	135000	2131	5813764	4123475	532205
10			6099	44169		8927	2811313	2190753	296077
4440	4440		64244	1154903		120792	15535647	10339752	1317553
696	696		39727	123958		24074	8471571	5924517	1220607
310863	649		4587	947970		28739	10718585	5627109	2788986
5981	1341		547714	2759087		777267	23089635	10116847	4342197
1611629	699		301425	2807660		642759	27461059	15581151	8675037
1106571	1606		94788	5224893	174926	169633	22783237	12044336	4720612
1592302	660		61039	2101530	193000	53410	9127430	6466963	2578503
1144632	203344		13117	663381	168664	618199	10662674	7016953	1239319
577611	375		19207	209822	902859	35255	10459674	8029844	959441
2249788	9532		316146	1591709	385954	200534	23111553	15723252	3528805
1620965	44996		13355	1015737		56364	17522521	13719197	1793988
187520	13180		3023935	2291480	115650	426060	20712522	13895414	3759273
31864	964		44782	273345		192100	12997816	8693929	2234899
1740634	1368		116732	1697106		715843	34152557	24263592	3809708
2149005	800		9171	368267	5000	25585	10125847	7358034	1110351
				121848		1143	2650290	2139499	138114
528885	2001		281537	986662		81103	9141177	5980954	2327564
1423939	52631		148283	1697709	35000	157076	20490086	12167756	3083869
291490	1190		268	111820	290770	19366	3844752	2761624	1480787
712871	2839		16783	372270		176851	7508897	5664682	1183096
				3283		650	223962	98472	49129
22124	17714		76798	2748098	214500	289571	20949409	11031531	2862642
1183	1183		27419	587505		41272	3998610	2977973	529435
58935				9576			591821	318874	115261
				76935		1335	1388995	1132108	174794
115881	5881		13733	65417		5796	2142662	1421746	1180975
				21260			143011	103616	1383
80000				200396		35440	2771766	2215448	252446
356840	200000		726	1519		1100	719153	589052	66780
1638878						19518	1554147	1404641	111017
			485	-16617		154136	3834349	1647179	431950

3-8 教育经费收入情况

地区	总计	国家财政性教育经费	一般公共预算安排的教育经费	一般公共预算教育经费	教育事业费	基本建设经费	教育费附加	科研经费	其他
合计	**809839478**	**480626867**	**448814956**	**398095168**	**374580373**	**20677441**	**2837354**	**17113404**	**33606385**
北京	24400785	18481454	17721616	17497275	17071802	425473		62644	161697
天津	14206204	8078781	7217398	6094388	5779958	314430		344879	778131
河北	32306777	19197109	17866296	17672895	17175358	496721	816	73716	119685
山西	23199849	16716750	16391145	13488421	12589803	897218	1400	2207045	695679
内蒙古	12653332	9537015	9486736	7738651	7583373	142233	13045	358399	1389686
辽宁	28488126	15236316	14934086	11965356	11176003	738867	50487	656775	2311955
吉林	14490005	7479383	7315208	6901042	6896822	4220		34188	379978
黑龙江	17865316	12135990	11730937	9843390	9399231	444158		74603	1812944
上海	35131659	23982480	22418094	19111205	16208507	2899914	2784	366872	2940017
江苏	58255224	32387728	29342630	25132740	24749684		383057	1071010	3138880
浙江	51290404	29110494	27121329	22851118	21516617	616121	718379	1161075	3109135
安徽	24425900	14573392	12538490	11734071	11232675	501396		97514	706904
福建	22456041	12455438	10791722	9485684	8948873	190000	346811	394649	911389
江西	27249489	14892260	14085620	13281196	13116894	159891	4411	575574	228850
山东	50989628	28627089	25332386	23796142	23376024	304332	115786	1009741	526504
河南	43767683	24427222	21777166	19589032	19070166	254877	263988	580308	1607826
湖北	30132320	14544897	14077329	13441356	13441356			227666	408306
湖南	24621424	12246811	11970397	11226209	11053900	161852	10458	695316	48872
广东	92635433	59880667	56768722	48182234	40007023	7575540	599672	4623332	3963156
广西	25239455	13972672	11446229	10222284	9843648	378101	535	537334	686611
海南	8694955	5905409	5783561	4316872	3687268	629604		186494	1280195
重庆	17121255	8932236	8005917	7166709	7049880	116600	229	28025	811183
四川	31706811	16642578	15993880	15233334	14621622	330177	281535	238659	521888
贵州	17847844	12212168	11808590	10762833	10526490	198040	38302	149105	896653
云南	21309551	12440707	11338782	9398785	9202650	195486	649	583532	1356465
西藏	2702803	2429062	2425779	2250329	2170675	79653		3900	171550
陕西	26647941	12188088	11708714	10754547	10340547	414000		201588	752579
甘肃	10263311	6962249	6778186	5749245	5539062	207176	3008	177304	851637
青海	4574675	3867592	3799081	3119530	2797749	319781	2000	208224	471327
宁夏	3853487	2466990	2402594	1928420	1728420	200000		98580	375594
新疆	11311789	8615842	8436335	8159874	6678294	1481580		85354	191108
大连	833433	689039	667779	528448	447332	31116	50000		139331
宁波	5754864	2695212	2414817	1981232	1966232	15000		23471	410114
厦门	2351411	1564377	1205292	1139178	820594		318584	15845	50268
青岛	4409408	2724725	1085848	1035689	1035689			35439	14719
深圳	25190361	20845925	20786057	16897719	10957763	5939353	603	2970731	917608

(地方普通高等本科学校)

单位：千元

政府性基金预算安排的教育经费	#彩票公益金	国有及国有控股企业办学中的企业拨款	校办产业和社会服务收入中用于教育的经费	其他属于国家财政性教育经费	民办学校中举办者投入	捐赠收入	事业收入	#学费	其他教育经费
17760052	**396038**		**667418**	**13384442**	**3155910**	**2820041**	**285549677**	**208112103**	**37686983**
			38547	721292		450	5459265	2905105	459616
766495	6700			94889	529587	9555	4905600	3693552	682681
651413	29855		1655	677745	5000	541198	11860025	9545774	703444
212386	2006		18271	94948	135000	2131	5813764	4123475	532205
10			6099	44169		8927	2811313	2190753	296077
4440	4440		12278	285511		70419	12322156	9005982	859235
490	490		39727	123958		5765	6457708	5156132	547149
290863	649		313	113877		64	5650474	4677310	78788
				1564386		43372	10401980	6325002	703828
1600619	699		112933	1331545		338221	19131270	12908233	6398005
1106471	1506		4550	878144	174926	143238	18435110	11320573	3426638
1575132			3500	456271	193000	23723	7733222	5789133	1902563
1144509	203220		3117	516091	168664	141486	8738006	6312198	952447
577611	375		19207	209822	902859	35255	10459674	8029844	959441
2249788	9532		30295	1014619	385954	134276	19313779	14395855	2528531
1620965	44996		13355	1015737		56364	17493490	13697287	1790607
185251	10911		4015	278303	115650	154541	13957207	11181958	1360025
180	180		2890	273345		148856	10863220	7925591	1362536
1740634	1368		73211	1298100		582100	29634857	22374389	2537809
2149005	800		9171	368267	5000	25585	10125847	7358034	1110351
				121848		1143	2650290	2139499	138114
527884	1000		214376	184059		9556	6973721	4863913	1205742
161299	51971		38734	448665	35000	34850	13457805	9831200	1536577
291490	1190		268	111820	290770	19366	3844752	2761624	1480787
712871	2839		16783	372270		176851	7508897	5664682	1183096
				3283		650	223962	98472	49129
15431	15431		3867	460075	214500	102523	12783096	8898716	1359734
			224	183840		2664	3025811	2412196	272587
58935				9576			591821	318874	115261
				64395		1335	1256403	1027198	128759
115881	5881		31	63595		5574	1665151	1179545	1025221
				21260			143011	103616	1383
80000				200396		35440	2771766	2215448	252446
356840	200000		726	1519		1100	719153	589052	66780
1638878						19518	1554147	1404641	111017
			485	59383		154136	3758349	1647179	431950

3-9 教育经费收入情况

地区	总计	国家财政性教育经费	一般公共预算安排的教育经费	一般公共预算教育经费	教育事业费	基本建设经费	教育费附加	科研经费	其他
合计	307039973	208139171	186009139	172593916	164259883	4652558	3681475	235073	13180149
北京	4243301	3650372	3640319	3445588	3432604	12714	270	300	194431
天津	4345289	2840550	2800603	2584399	2572449	8000	3950	574	215630
河北	10741019	6944273	6652328	6568440	6254808	299574	14058	4509	79379
山西	5703860	4306002	4143708	3881295	3809208	10000	62088	2488	259925
内蒙古	6234557	4890535	4557766	4015452	3800738	214708	5	2362	539953
辽宁	6334727	4614425	4495925	4013119	3835158	123991	53971	913	481893
吉林	3938245	2607223	2393792	2245885	1983785	32670	229430	330	147577
黑龙江	5953166	3884440	3656056	3264693	3020615	231252	12826	16	391347
上海	3817632	2176671	2143198	1874104	1114216	274000	485888		269093
江苏	22182411	14911277	14448354	12631510	12345892	48000	237617	10110	1806735
浙江	15012647	9668381	8788115	7004720	6566811	73520	364388	32573	1750822
安徽	12217008	8520997	8074432	7604579	7079654	498324	26601	1948	467905
福建	9380121	5258279	4526627	4154821	3801009	52000	301812	6875	364931
江西	10133772	6742134	6463268	6365203	6249983	106863	8357	11685	86380
山东	22352878	16326039	12787531	12451249	11981866	220000	249383	199	336083
河南	19764737	13605112	12426409	11456494	11216258	104121	136115	65543	904373
湖北	11800318	7638553	6912829	6469332	6469332			556	442941
湖南	14485880	9265146	8789897	8603620	8321894	66557	215170	17209	169068
广东	33290828	22123454	18355364	17074820	15293494	753420	1027907	34972	1245571
广西	13883638	9249191	6250085	5981704	5912162	50864	18678		268381
海南	1951173	1209203	1207961	1038222	1038222			2396	167342
重庆	11273120	6434131	5439348	5020438	4932923	87515		479	418431
四川	15319016	9283277	8366558	8140774	8078337	55490	6947	5615	220170
贵州	9520397	7482103	6752340	6295733	6105045	70000	120688	2752	453855
云南	8258839	5457420	4712208	4323183	4258077	62393	2713	980	388045
西藏	786313	759961	759961	709036	693245	15791			50925
陕西	8412549	5701422	4945525	4719950	4581817	135132	3000		225576
甘肃	5714566	4351680	4052752	3731281	3701412	9322	20547	4461	317010
青海	1742690	1570758	1564731	1426306	957488	460000	8818	1000	137425
宁夏	1525294	1202655	1174589	1009891	918230	80000	11661	6218	158480
新疆	6719984	5463507	4726559	4488075	3933151	496335	58589	18011	220474
大连	337004	263753	263650	217748	217748				45902
宁波	1639622	1194669	1011973	852912	850412		2500	1138	157923
厦门	1262981	526108	475406	452511	229594		222917	5	22890
青岛	1973230	1511339	725432	677978	652151		25828		47453
深圳	4851458	4327616	4103163	3565165	1998145	651117	915903	15434	522563

（普通高职高专学校）

单位：千元

政府性基金预算安排的教育经费	#彩票公益金	国有及国有控股企业办学中的企业拨款	校办产业和社会服务收入中用于教育的经费	其他属于国家财政性教育经费	民办学校中举办者投入	捐赠收入	事业收入	#学费	其他教育经费
20387253	**364338**	**1380093**	**207249**	**155437**	**1972511**	**244250**	**89832783**	**73480260**	**6851258**
			8425	1628		1000	532707	406781	59221
2000		36713	783	451	5000	2043	1368218	1128472	129478
283156	526	7300	318	1171	180147	2646	3536608	3059432	77345
56616	7892	93294	12374	10		2447	1288184	1089647	107227
330530	5164		2208	30		4136	1277671	1034493	62216
114895	2000		431	3174		1379	1632459	1376825	86464
210243	200		3149	40		9579	1245524	1126646	75918
51660	360	175754	969			310	1885917	1410343	182500
32326				1147		1032	1549158	1270873	90772
430588	7		3755	28579		33630	6492218	5068606	745285
781254	1034		72400	26612	44000	7391	4695634	3487573	597241
410979	31662	33146	2285	155	14264	5279	3200927	2594757	475540
728274	9089		2186	1193	650232	6311	3255773	2722374	209526
269561	253		9305		5000	10843	3287715	2678190	88080
2609588	3492	922165	2825	3931	30000	9027	5447869	4393069	539942
1162329	1108	15000	999	374	39660	4837	5800609	5066797	314519
688729	36105	35000	521	1474	185000	1106	3830316	3104217	145344
450420	6218		22044	2785		14300	4980216	4167473	226218
3676856	37186		25056	66178	137038	57615	10572273	8488900	400449
2995829	1305		3010	267	149000	2766	4262011	3599155	220670
242	242		370	631	22560	50	666779	519481	52580
988365			1481	4937	411130	12584	3839373	3164060	575903
863715	155260	40800	7600	4603	89481	6108	5627155	4679665	312995
728048	11200		1198	516		7486	1817383	1459869	213425
709822	1067	20922	12652	1816		1314	2557162	2201627	242943
							26352	10395	
753520			312	2064		3902	2418628	2029649	288596
296355			1507	1065	10000	6633	1305316	1052094	40937
			6027			30	151803	117602	20099
26516	26516		1255	295		347	275326	147414	46966
734836	26451		1802	309		28116	1005498	823781	222862
				103			73207	61037	44
180000				2696		863	397666	304629	46424
50000			573	129		851	657785	591256	78237
70000		715908			30000	480	424070	280704	7341
200424	8406			24029		125	519238	300316	4479

3-10 教育经费收入情况

地区	总计	国家财政性教育经费	一般公共预算安排的教育经费	一般公共预算教育经费	教育事业费	基本建设经费	教育费附加	科研经费	其他
合计	**303374699**	**205877123**	**184240695**	**170921611**	**162754736**	**4485400**	**3681475**	**233964**	**13085119**
北京	4086079	3520110	3510151	3330477	3317493	12714	270	300	179374
天津	4345289	2840550	2800603	2584399	2572449	8000	3950	574	215630
河北	10741019	6944273	6652328	6568440	6254808	299574	14058	4509	79379
山西	5703860	4306002	4143708	3881295	3809208	10000	62088	2488	259925
内蒙古	6234557	4890535	4557766	4015452	3800738	214708	5	2362	539953
辽宁	6334727	4614425	4495925	4013119	3835158	123991	53971	913	481893
吉林	3938245	2607223	2393792	2245885	1983785	32670	229430	330	147577
黑龙江	5383554	3645391	3592762	3201399	2957321	231252	12826	16	391347
上海	3578414	2059620	2058473	1795783	1035895	274000	485888		262689
江苏	22182411	14911277	14448354	12631510	12345892	48000	237617	10110	1806735
浙江	15012647	9668381	8788115	7004720	6566811	73520	364388	32573	1750822
安徽	12217008	8520997	8074432	7604579	7079654	498324	26601	1948	467905
福建	9380121	5258279	4526627	4154821	3801009	52000	301812	6875	364931
江西	10133772	6742134	6463268	6365203	6249983	106863	8357	11685	86380
山东	22352878	16326039	12787531	12451249	11981866	220000	249383	199	336083
河南	19764737	13605112	12426409	11456494	11216258	104121	136115	65543	904373
湖北	11435214	7552936	6827211	6383714	6383714			556	442941
湖南	14351070	9209357	8734107	8548940	8267214	66557	215170	16100	169068
广东	32830765	21809822	18200234	16933386	15152059	753420	1027907	34972	1231875
广西	13883638	9249191	6250085	5981704	5912162	50864	18678		268381
海南	1951173	1209203	1207961	1038222	1038222			2396	167342
重庆	10980217	6332899	5338116	4935987	4848472	87515		479	401651
四川	15026405	9072971	8196263	7974923	7912487	55490	6947	5615	215725
贵州	9520397	7482103	6752340	6295733	6105045	70000	120688	2752	453855
云南	8258839	5457420	4712208	4323183	4258077	62393	2713	980	388045
西藏	786313	759961	759961	709036	693245	15791			50925
陕西	8412549	5701422	4945525	4719950	4581817	135132	3000		225576
甘肃	5714566	4351680	4052752	3731281	3701412	9322	20547	4461	317010
青海	1742690	1570758	1564731	1426306	957488	460000	8818	1000	137425
宁夏	1525294	1202655	1174589	1009891	918230	80000	11661	6218	158480
新疆	5566254	4454396	3804367	3604531	3216764	329177	58589	18011	181825
大连	337004	263753	263650	217748	217748				45902
宁波	1639622	1194669	1011973	852912	850412		2500	1138	157923
厦门	1262981	526108	475406	452511	229594		222917	5	22890
青岛	1973230	1511339	725432	677978	652151		25828		47453
深圳	4851458	4327616	4103163	3565165	1998145	651117	915903	15434	522563

(地方普通高职高专学校)

单位：千元

政府性基金预算安排的教育经费	#彩票公益金	国有及国有控股企业办学中的企业拨款	校办产业和社会服务收入中用于教育的经费	其他属于国家财政性教育经费	民办学校中举办者投入	捐赠收入	事业收入	#学费	其他教育经费
20111357	**364338**	**1164339**	**205633**	**155098**	**1972511**	**243982**	**88624181**	**72807697**	**6656904**
			8331	1628		1000	505865	383855	59104
2000		36713	783	451	5000	2043	1368218	1128472	129478
283156	526	7300	318	1171	180147	2646	3536608	3059432	77345
56616	7892	93294	12374	10		2447	1288184	1089647	107227
330530	5164		2208	30		4136	1277671	1034493	62216
114895	2000		431	3174		1379	1632459	1376825	86464
210243	200		3149	40		9579	1245524	1126646	75918
51660	360		969			310	1557411	1371869	180442
				1147		1032	1453158	1195799	64605
430588	7		3755	28579		33630	6492218	5068606	745285
781254	1034		72400	26612	44000	7391	4695634	3487573	597241
410979	31662	33146	2285	155	14264	5279	3200927	2594757	475540
728274	9089		2186	1193	650232	6311	3255773	2722374	209526
269561	253		9305		5000	10843	3287715	2678190	88080
2609588	3492	922165	2825	3931	30000	9027	5447869	4393069	539942
1162329	1108	15000	999	374	39660	4837	5800609	5066797	314519
688729	36105	35000	521	1474	185000	1106	3562756	2958350	133416
450420	6218		22044	2785		14300	4901195	4097012	226218
3518881	37186		24858	65850	137038	57615	10430078	8378038	396212
2995829	1305		3010	267	149000	2766	4262011	3599155	220670
242	242		370	631	22560	50	666779	519481	52580
988365			1481	4937	411130	12584	3732682	3080802	490922
863715	155260	800	7600	4593	89481	5915	5548325	4612930	309712
728048	11200		1198	516		7486	1817383	1459869	213425
709822	1067	20922	12652	1816		1314	2557162	2201627	242943
							26352	10395	
753520			312	2064		3902	2418628	2029649	288596
296355			1507	1065	10000	6633	1305316	1052094	40937
			6027			30	151803	117602	20099
26516	26516		1255	295		347	275326	147414	46966
649241	26451		478	309		28041	922541	764877	161277
				103			73207	61037	44
180000				2696		863	397666	304629	46424
50000			573	129		851	657785	591256	78237
70000		715908			30000	480	424070	280704	7341
200424	8406			24029		125	519238	300316	4479

3-11 教育经费收入情况

地区	总计	国家财政性教育经费	一般公共预算安排的教育经费	一般公共预算教育经费	教育事业费	基本建设经费	教育费附加	科研经费	其他
合计	**19405261**	**9274124**	**8661103**	**7460809**	**7196531**	**129678**	**134600**	**5548**	**1194745**
北京	3841137	1325850	967745	836813	835487		1326		130933
天津	334196	223644	223162	192171	182169	10000	2		30992
河北	824961	541029	541029	511530	510733		797	250	29249
山西	237740	142190	142089	122666	122399		268		19423
内蒙古	217523	95756	95756	88922	88922			67	6767
辽宁	397746	239800	237509	192591	190615		1976	16	44902
吉林	601117	392094	383884	317387	297113	3323	16951		66497
黑龙江	506023	358985	358204	229605	216281	13158	166	200	128400
上海	1157052	812115	810904	682656	654396		28260		128248
江苏	176772	122260	122260	94370	88339		6031		27890
浙江	1313163	686042	659081	588872	579424		9448	589	69620
安徽	393527	137296	136551	119302	119180		121		17249
福建	552566	180045	178765	164321	162891		1430	20	14424
江西	528381	252343	251343	242651	242401		250		8692
山东	699894	155590	155278	149164	147965		1199		6114
河南	300865	133863	123122	92925	92925			190	30007
湖北	135033	69427	69427	63366	63366				6061
湖南	877658	359218	304362	280294	228053		52241	104	23964
广东	2228257	948978	918850	755712	746577		9135	2623	160515
广西	351136	190681	110681	97133	96933		200	847	12701
海南	119249	85217	85217	53468	53468			318	31432
重庆	177503	5503	5503	2404	2404				3099
四川	1092695	571111	562118	500368	499960		408		61750
贵州	272749	166158	150413	135357	127938	7419			15057
云南	491039	228107	227949	201306	201306				26644
西藏									
陕西	687086	369313	365001	335210	321739	11778	1693		29791
甘肃	224497	103683	100675	81026	80783		243	326	19323
青海	44149	27983	27983	18641	18641				9342
宁夏									
新疆	621547	349844	346241	310580	224123	84000	2457		35661
大连	146651	105291	105291	78190	76316		1874		27100
宁波	306497	139406	139406	124907	124791		116	7	14492
厦门									
青岛	150664	30597	30285	24530	23331		1199		5755
深圳	140423	91861	91861	70585	65850		4735		21276

(成人高等学校)

单位：千元

政府性基金预算安排的教育经费	#彩票公益金	国有及国有控股企业办学中的企业拨款	校办产业和社会服务收入中用于教育的经费	其他属于国家财政性教育经费	民办学校中举办者投入	捐赠收入	事业收入	#学费	其他教育经费
187605	**2480**	**5927**	**419193**	**296**		**9019**	**9404082**	**7484316**	**718036**
35447			322658			1172	2386260	2179931	127855
			482				91861	86752	18691
							282744	240256	1189
			101				91733	33154	3816
							121755	107387	11
			2291			3480	151904	29045	2562
		2919	5241	50			162328	104386	46695
335	335		445				117354	113784	29684
			1211				315297	136869	29641
							53074	31962	1438
22433			4528			7	586292	406815	40822
745	645						250280	129438	5951
			1281			100	363369	300534	9052
1000							269859	253082	6179
312							541233	452555	3072
			10741				156612	142983	10390
							64961	59825	645
			54856				453745	338222	64695
30089				39		10	1271325	1109429	7944
80000							127173	31895	33282
							32958	38	1073
							15592	15380	156408
			8993				453735	423824	67849
15745							105706	101549	884
				157			255480	64634	7453
			4312				312655	273762	5119
		3008					118016	97138	2798
							15851	15851	315
1500	1500		2053	50		4250	234928	203835	32525
						3480	37878	8627	2
							163582	66922	3509
312							120000	114721	68
							44749	44749	3813

3-12 教育经费收入情况

地区	总计	国家财政性教育经费	一般公共预算安排的教育经费	一般公共预算教育经费	教育事业费	基本建设经费	教育费附加	科研经费	其他
合计	**16412438**	**8698731**	**8400782**	**7273271**	**7008993**	**129678**	**134600**	**5548**	**1121963**
北京	965392	808602	763467	689818	688492		1326		73649
天津	334196	223644	223162	192171	182169	10000	2		30992
河北	824961	541029	541029	511530	510733		797	250	29249
山西	237740	142190	142089	122666	122399		268		19423
内蒙古	217523	95756	95756	88922	88922			67	6767
辽宁	393997	239800	237509	192591	190615		1976	16	44902
吉林	601117	392094	383884	317387	297113	3323	16951		66497
黑龙江	506023	358985	358204	229605	216281	13158	166	200	128400
上海	1157052	812115	810904	682656	654396		28260		128248
江苏	176772	122260	122260	94370	88339		6031		27890
浙江	1313163	686042	659081	588872	579424		9448	589	69620
安徽	393527	137296	136551	119302	119180		121		17249
福建	552566	180045	178765	164321	162891		1430	20	14424
江西	528381	252343	251343	242651	242401		250		8692
山东	699894	155590	155278	149164	147965		1199		6114
河南	300865	133863	123122	92925	92925			190	30007
湖北	135033	69427	69427	63366	63366				6061
湖南	877658	359218	304362	280294	228053		52241	104	23964
广东	2228257	948978	918850	755712	746577		9135	2623	160515
广西	351136	190681	110681	97133	96933		200	847	12701
海南	119249	85217	85217	53468	53468			318	31432
重庆	177503	5503	5503	2404	2404				3099
四川	1092695	571111	562118	500368	499960		408		61750
贵州	272749	166158	150413	135357	127938	7419			15057
云南	491039	228107	227949	201306	201306				26644
西藏									
陕西	687086	369313	365001	335210	321739	11778	1693		29791
甘肃	224497	103683	100675	81026	80783		243	326	19323
青海	44149	27983	27983	18641	18641				9342
宁夏									
新疆	508218	291699	290199	270036	183579	84000	2457		20163
大连	146651	105291	105291	78190	76316		1874		27100
宁波	306497	139406	139406	124907	124791		116	7	14492
厦门									
青岛	150664	30597	30285	24530	23331		1199		5755
深圳	140423	91861	91861	70585	65850		4735		21276

(地方成人高等学校)

单位：千元

政府性基金预算安排的教育经费	#彩票公益金	国有及国有控股企业办学中的企业拨款	校办产业和社会服务收入中用于教育的经费	其他属于国家财政性教育经费	民办学校中举办者投入	捐赠收入	事业收入	#学费	其他教育经费
152158	**2480**	**5927**	**139617**	**246**		**7847**	**7109753**	**5423566**	**596108**
			45135				150762	145982	6028
			482				91861	86752	18691
							282744	240256	1189
			101				91733	33154	3816
							121755	107387	11
			2291			3480	148217	27017	2500
		2919	5241	50			162328	104386	46695
335	335		445				117354	113784	29684
			1211				315297	136869	29641
							53074	31962	1438
22433			4528			7	586292	406815	40822
745	645						250280	129438	5951
			1281			100	363369	300534	9052
1000							269859	253082	6179
312							541233	452555	3072
			10741				156612	142983	10390
							64961	59825	645
			54856				453745	338222	64695
30089				39		10	1271325	1109429	7944
80000							127173	31895	33282
							32958	38	1073
							15592	15380	156408
			8993				453735	423824	67849
15745							105706	101549	884
				157			255480	64634	7453
			4312				312655	273762	5119
		3008					118016	97138	2798
							15851	15851	315
1500	1500					4250	179784	179063	32485
						3480	37878	8627	2
							163582	66922	3509
312							120000	114721	68
							44749	44749	3813

3-13 教育经费收入情况

地区	总计	国家财政性教育经费	一般公共预算安排的教育经费	一般公共预算教育经费	教育事业费	基本建设经费	教育费附加	科研经费	其他
合计	**296799982**	**260067892**	**234477838**	**208374510**	**191309739**	**3827911**	**13236860**	**54702**	**26048626**
北京	6325164	5801197	5698638	4914566	4831917	57136	25513	153	783919
天津	2561566	2323138	2310801	2075528	2061827		13701		235272
河北	14449446	12523678	11840222	11303728	10657365	57382	588982	10007	526488
山西	6735799	6284246	5318173	4598103	4427553	10679	159872	434	719636
内蒙古	4489339	4284451	4199749	3611593	3204832	261605	145156		588155
辽宁	5334743	4756840	4711854	3841753	3523131	8962	309660	8	870093
吉林	3870454	3582104	3332135	2824523	2672148	20139	132235	251	507362
黑龙江	4393896	3932753	3919244	3321124	3254625	13440	53058		598121
上海	6962763	6450258	6354260	5487517	3526431		1961086		866743
江苏	24094681	21316315	18825169	15674951	14568104	13756	1093091	2808	3147409
浙江	20704823	19066105	17052829	15356869	13687844	1005426	663599	821	1695139
安徽	13684210	11972000	8497545	7610928	6941177	181398	488353	59	886558
福建	8797665	8118411	7410191	6789787	5673581	28116	1088090	619	619785
江西	8109373	6600500	6242863	5944321	5421825	145744	376752	70	298471
山东	24095644	21922934	18476177	17335973	15060630	43909	2231434	268	1139935
河南	14073568	12116656	11332017	9819701	8972481	88100	759119	4481	1507836
湖北	9195879	8045626	7241035	6486748	6486748			1008	753279
湖南	12145521	9495169	8933125	8619455	7877874	52658	688923	1906	311764
广东	32570745	27512924	26311126	23350997	22158167	100322	1092507	4456	2955673
广西	9181545	7777082	7180441	6453903	6040221	189456	224226	717	725821
海南	2183681	1941159	1935434	1700616	1677923	19189	3504		234818
重庆	8568903	7149926	6676923	5561011	4888467	437380	235163		1115913
四川	14348553	12212397	10151119	8975749	8585449	79512	310788	10410	1164960
贵州	7074403	5636309	4861155	4129993	3907886	88536	133571	1778	729385
云南	10402499	9198756	7623500	6558823	6154986	299417	104419	6680	1057997
西藏	1471177	1469294	1469294	1289025	1185217	100050	3758		180269
陕西	6269666	4781524	4430675	4168956	3994210	44944	129803	850	260869
甘肃	4473686	4139950	3678423	3261287	3064234	126564	70489	40	417095
青海	1255055	1191175	1157624	990165	946728	27844	15593		167460
宁夏	1287651	1151180	1150953	1007226	997596	90	9539		143727
新疆	7687883	7313836	6155144	5309590	4858561	326155	124874	6880	838674
大连	1140794	1078747	1075566	881713	844366	6060	31287		193853
宁波	3506931	3357719	3284730	2795036	2674107	893	120036	5	489689
厦门	2072018	1965446	1690076	1427958	1117258	23000	287700	597	261521
青岛	4251205	3999400	3466044	3075712	2239649		836063		390332
深圳	3553814	2907915	2891647	2378963	1972241	34429	372293	200	512484

（中等职业学校）

单位：千元

政府性基金预算安排的教育经费	#彩票公益金	国有及国有控股企业办学中的企业拨款	校办产业和社会服务收入中用于教育的经费	其他属于国家财政性教育经费	民办学校中举办者投入	捐赠收入	事业收入	#学费	其他教育经费
24779780	**921303**	**178894**	**631379**		**1167376**	**107709**	**29654809**	**18531533**	**5802196**
45074	45074	9499	47986		5000	3116	419178	281189	96674
1732	1386	1112	9494		18000	158	139960	101125	80310
655940	8256	1500	26015		94671	1074	1758964	1255160	71059
919580	28867	26297	20197		34252	1994	338361	167642	76945
41603	16472	34381	8719		6143		183363	127103	15382
23717	18133	41	21229		7073	2528	498353	365063	69948
249968	7665				4759	1078	238857	182009	43656
13089	13089	306	113		1449	1085	378799	272521	79810
63049	4344	24480	8469			532	344769	248696	167204
2455579	88083		35568		16620	9930	2420373	1490461	331443
1970480	64372		42797		34430	6699	1152120	634009	445471
3449889	26371	13153	11412		71565	761	1330726	841929	309159
698915	20841		9304		1950	11260	515639	255176	150405
356966	15557		671		87094	2423	1360966	958744	58390
3320971	129597	33508	92278		89210	2054	1823578	1157229	257868
671167	88351	11714	101758		80848	8763	1697564	990423	169736
797531	36771		7060		118878	4322	957719	562628	69334
503613	14998	7800	50631		128508	3457	2203279	1399744	315109
1178093	64483	9600	14105		184661	8193	4482095	3228649	382873
589514	8360		7127		50267	3367	993574	190837	357254
2331			3394		3258	2960	135680	83564	100623
459036	3822		13966		2468	2348	996266	412300	417896
2013187	32809		48091		49781	6076	1907782	1232240	172518
774405	54142		749		19173	4109	647462	355861	767350
1550637	29455		24619		16876	11401	938768	638491	236699
							1362		521
320809	17448	5503	24537		26934	472	1288065	890077	172671
461528	23961				3191	5365	230138	72034	95043
32687	32687		863			345	31494	13708	32041
			227		10006	716	101389	66423	24360
1158691	25908				314	1120	138168	56499	234445
3181	3181				2000	98	55786	37078	4163
72364	12535		625		200	82	126339	54526	22591
271867	10941		3503			323	98546	64285	7702
533356	29741				872	574	210600	160759	39760
14143	8930		2125			175	613150	479091	32573

3-14 教育经费收入情况

地区	总计	国家财政性教育经费	一般公共预算安排的教育经费	一般公共预算教育经费	教育事业费	基本建设经费	教育费附加	科研经费	其他
合计	**295457860**	**259239636**	**233687296**	**207684535**	**190712628**	**3735047**	**13236860**	**54602**	**25948159**
北京	6024883	5683457	5590397	4823499	4740849	57136	25513	153	766746
天津	2534812	2320152	2308122	2072849	2059148		13701		235272
河北	14403360	12505203	11835114	11298620	10652257	57382	588982	10007	526488
山西	6735799	6284246	5318173	4598103	4427553	10679	159872	434	719636
内蒙古	4489339	4284451	4199749	3611593	3204832	261605	145156		588155
辽宁	5334743	4756840	4711854	3841753	3523131	8962	309660	8	870093
吉林	3870454	3582104	3332135	2824523	2672148	20139	132235	251	507362
黑龙江	4303549	3845899	3832696	3238988	3172490	13440	53058		593708
上海	6931458	6448028	6352030	5485287	3524201		1961086		866743
江苏	24062318	21307411	18816264	15666047	14559200	13756	1093091	2808	3147409
浙江	20704823	19066105	17052829	15356869	13687844	1005426	663599	821	1695139
安徽	13684210	11972000	8497545	7610928	6941177	181398	488353	59	886558
福建	8797665	8118411	7410191	6789787	5673581	28116	1088090	619	619785
江西	8102983	6600340	6242703	5944161	5421665	145744	376752	70	298471
山东	24095644	21922934	18476177	17335973	15060630	43909	2231434	268	1139935
河南	13987452	12090189	11313293	9800976	8953757	88100	759119	4481	1507836
湖北	9178386	8038937	7237126	6482839	6482839			1008	753279
湖南	12139093	9495169	8933125	8619455	7877874	52658	688923	1906	311764
广东	32508514	27468413	26266615	23306486	22113656	100322	1092507	4456	2955673
广西	9181545	7777082	7180441	6453903	6040221	189456	224226	717	725821
海南	2183681	1941159	1935434	1700616	1677923	19189	3504		234818
重庆	8567617	7149926	6676923	5561011	4888467	437380	235163		1115913
四川	14243240	12188142	10126864	8951494	8561194	79512	310788	10410	1164960
贵州	7074403	5636309	4861155	4129993	3907886	88536	133571	1778	729385
云南	10402499	9198756	7623500	6558823	6154986	299417	104419	6680	1057997
西藏	1471177	1469294	1469294	1289025	1185217	100050	3758		180269
陕西	6263586	4781313	4430464	4168745	3993998	44944	129803	850	260869
甘肃	4473686	4139950	3678423	3261287	3064234	126564	70489	40	417095
青海	1255055	1191175	1157624	990165	946728	27844	15593		167460
宁夏	1287651	1151180	1150953	1007226	997596	90	9539		143727
新疆	7164235	6825065	5670083	4903511	4545346	233291	124874	6781	759791
大连	1140794	1078747	1075566	881713	844366	6060	31287		193853
宁波	3506931	3357719	3284730	2795036	2674107	893	120036	5	489689
厦门	2072018	1965446	1690076	1427958	1117258	23000	287700	597	261521
青岛	4251205	3999400	3466044	3075712	2239649		836063		390332
深圳	3553814	2907915	2891647	2378963	1972241	34429	372293	200	512484

（地方中等职业学校）

单位：千元

政府性基金预算安排的教育经费	#彩票公益金	国有及国有控股企业办学中的企业拨款	校办产业和社会服务收入中用于教育的经费	其他属于国家财政性教育经费	民办学校中举办者投入	捐赠收入	事业收入	#学费	其他教育经费
24776071	**921303**	**168782**	**607488**		**1167376**	**107709**	**29286535**	**18286277**	**5656602**
45074	45074		47986		5000	3116	248214	144954	85096
1732	1386	805	9494		18000	158	136747	98420	59755
655940	8256	1500	12648		94671	1074	1746930	1244130	55483
919580	28867	26297	20197		34252	1994	338361	167642	76945
41603	16472	34381	8719		6143		183363	127103	15382
23717	18133	41	21229		7073	2528	498353	365063	69948
249968	7665				4759	1078	238857	182009	43656
13089	13089		113		1449	1085	375305	269027	79810
63049	4344	24480	8469			532	344769	248696	138129
2455579	88083		35568		16620	9930	2411183	1482433	317174
1970480	64372		42797		34430	6699	1152120	634009	445471
3449889	26371	13153	11412		71565	761	1330726	841929	309159
698915	20841		9304		1950	11260	515639	255176	150405
356966	15557		671		87094	2423	1360592	958552	52534
3320971	129597	33508	92278		89210	2054	1823578	1157229	257868
671167	88351	11714	94015		80848	8763	1642797	981239	164855
797531	36771		4280		118878	4322	946938	552204	69311
503613	14998	7800	50631		128508	3457	2197148	1394783	314811
1178093	64483	9600	14105		184661	8193	4466882	3228230	380366
589514	8360		7127		50267	3367	993574	190837	357254
2331			3394		3258	2960	135680	83564	100623
459036	3822		13966		2468	2348	995549	411728	417326
2013187	32809		48091		49781	6076	1845431	1181655	153811
774405	54142		749		19173	4109	647462	355861	767350
1550637	29455		24619		16876	11401	938768	638491	236699
							1362		521
320809	17448	5503	24537		26934	472	1285779	888426	169089
461528	23961				3191	5365	230138	72034	95043
32687	32687		863			345	31494	13708	32041
			227		10006	716	101389	66423	24360
1154982	25908				314	1120	121407	50721	216330
3181	3181				2000	98	55786	37078	4163
72364	12535		625		200	82	126339	54526	22591
271867	10941		3503			323	98546	64285	7702
533356	29741				872	574	210600	160759	39760
14143	8930		2125			175	613150	479091	32573

3-15 教育经费收入情况

地区	总计	国家财政性教育经费	一般公共预算安排的教育经费	一般公共预算教育经费	教育事业费	基本建设经费	教育费附加	科研经费	其他
合计	**138723367**	**122553265**	**110150291**	**97789597**	**89371179**	**2051479**	**6366940**	**21456**	**12339238**
北京	2338149	2195618	2140979	1733520	1714004	19486	30	130	407329
天津	1455854	1353939	1348831	1231446	1219774		11673		117385
河北	5027893	3673571	3497561	3402970	3260022	12585	130363	393	94198
山西	2521533	2358501	1891944	1603230	1579739		23490	110	288605
内蒙古	1737959	1611195	1600149	1366349	1145510	218739	2100		233799
辽宁	2885838	2687997	2661391	2134282	1936222		198061	8	527101
吉林	1270449	1146788	1005095	869046	839600	1673	27773		136049
黑龙江	1296995	969240	956860	833550	821526	1245	10779		123309
上海	4237519	3895508	3845244	3332876	1931687		1401189		512368
江苏	17203003	15564799	13833991	11579598	10889806	11409	678382	2658	2251735
浙江	3778133	3444210	3077523	2508315	2117537	262446	128332	190	569017
安徽	12055884	10503753	7841050	6996863	6363636	176398	456829	59	844128
福建	6740602	6430516	5836019	5390212	4555464	28116	806632	617	445190
江西	4554524	4016509	3802998	3622455	3336571	31819	254066	70	180473
山东	11423431	10408748	8239699	7644099	6806614	248	837236	150	595451
河南	5338600	4649421	4350058	3873207	3611629	25451	236127	2201	474650
湖北	6208321	5388873	5044823	4549696	4549696			928	494199
湖南	2152274	1743058	1632961	1585606	1322533		263073		47354
广东	14033231	12363841	11555639	10433927	9881074	63481	489372	1937	1119775
广西	6485927	5647433	5257658	4735881	4464755	132993	138132	717	521060
海南	1349124	1184243	1182059	1055148	1050332	4817			126910
重庆	1720668	1190753	1042996	886220	680278	192239	13703		156777
四川	4038206	3128014	3063643	2721347	2630267	54510	36570	9879	332417
贵州	2600259	2243878	1834366	1631340	1498174	69348	63818	17	203009
云南	4345904	3539980	3153273	2822870	2546241	272192	4437	1182	329221
西藏	1453965	1453895	1453895	1273626	1170068	99800	3758		180269
陕西	916807	798165	780804	693038	693038				87766
甘肃	3165510	2983713	2689633	2392106	2238766	118041	35298	40	297487
青海	1250453	1186573	1153023	985563	942127	27844	15593		167460
宁夏	526745	434445	434445	369572	364676	90	4806		64874
新疆	4609608	4356088	3941682	3531640	3209812	226509	95319	170	409872
大连	613175	597836	594655	491738	468065		23673		102916
宁波	818263	804962	792507	601854	592454		9400		190653
厦门	1567380	1546610	1340011	1176265	918570	23000	234695	597	163149
青岛	405531	360132	330403	219526	200965		18561		110877
深圳	731988	713549	699693	580695	462952	30000	87743	200	118797

(中等专业学校)

单位：千元

政府性基金预算安排的教育经费	#彩票公益金	国有及国有控股企业办学中的企业拨款	校办产业和社会服务收入中用于教育的经费	其他属于国家财政性教育经费	民办学校中举办者投入	捐赠收入	事业收入	#学费	其他教育经费
12045448	**807237**	**52099**	**305427**		**651055**	**47286**	**12940292**	**7740493**	**2531469**
45074	45074		9565			3	122995	58863	19533
1386	1386		3722		15000	72	73198	54334	13645
162643	7634		13367		82671	91	1228543	946673	43017
424185	26432	25460	16912		500	889	108608	18898	53035
10546	10546		501				120050	81828	6713
17158	17158		9448				164252	127058	33588
141693	7290					609	114060	91022	8992
12267	12267		113		1201	1065	294321	232106	31167
43358	4344		6907			150	219133	157996	122728
1729939	87159		869		16500	3072	1438237	890343	180395
363045	63027		3643			435	219247	124261	114241
2649124	14683	4594	8985		65245	761	1250161	796991	235963
586034	20841		8463		1750	11237	202173	64486	94926
212840	6959		671		3100	1335	495882	292424	37699
2092139	129585	22045	54865		58120	792	869241	536919	86530
218735	29403		80628		25143	498	584488	349312	79050
336990	36771		7060		118878	3907	657096	357099	39567
60792	779		49305				304247	158104	104969
808179	63491		24		158768	3374	1417314	930169	89934
386515	8360		3260		49068	2468	588223	109176	198736
			2184		1924	2960	60767	31395	99231
133790	3770		13966			830	303885	107373	225200
59033	32121		5338		33594	1517	792477	541462	82604
408763	54142		749		500	3365	197279	23435	155236
382687	26427		4020		9088	718	686156	479750	109962
									70
17361	17361						90720	56329	27921
294080	22208					5102	140523	21766	36172
32687	32687		863			345	31494	13708	32041
					10006	606	62586	42813	19102
414405	25331					1083	102937	44400	149500
3181	3181						14781	4284	558
12455	12455						9043	2697	4258
203937	10941		2662			300	14278	3192	6192
29729	29729						43452	37041	1947
13856	8643						9906	3707	8533

3-16 教育经费收入情况

地区	总计	国家财政性教育经费	一般公共预算安排的教育经费	一般公共预算教育经费	教育事业费	基本建设经费	教育费附加	科研经费	其他
合计	**137869113**	**121883432**	**109502312**	**97236386**	**88910832**	**1958615**	**6366940**	**21356**	**12244570**
北京	2178548	2089067	2034428	1644141	1624626	19486	30	130	390156
天津	1455854	1353939	1348831	1231446	1219774		11673		117385
河北	4981807	3655096	3492453	3397862	3254914	12585	130363	393	94198
山西	2521533	2358501	1891944	1603230	1579739		23490	110	288605
内蒙古	1737959	1611195	1600149	1366349	1145510	218739	2100		233799
辽宁	2885838	2687997	2661391	2134282	1936222		198061	8	527101
吉林	1270449	1146788	1005095	869046	839600	1673	27773		136049
黑龙江	1296995	969240	956860	833550	821526	1245	10779		123309
上海	4206214	3893278	3843014	3330646	1929457		1401189		512368
江苏	17203003	15564799	13833991	11579598	10889806	11409	678382	2658	2251735
浙江	3778133	3444210	3077523	2508315	2117537	262446	128332	190	569017
安徽	12055884	10503753	7841050	6996863	6363636	176398	456829	59	844128
福建	6740602	6430516	5836019	5390212	4555464	28116	806632	617	445190
江西	4548134	4016349	3802838	3622295	3336411	31819	254066	70	180473
山东	11423431	10408748	8239699	7644099	6806614	248	837236	150	595451
河南	5330057	4647424	4350058	3873207	3611629	25451	236127	2201	474650
湖北	6190829	5382184	5040914	4545787	4545787			928	494199
湖南	2152274	1743058	1632961	1585606	1322533		263073		47354
广东	13971000	12319330	11511128	10389416	9836563	63481	489372	1937	1119775
广西	6485927	5647433	5257658	4735881	4464755	132993	138132	717	521060
海南	1349124	1184243	1182059	1055148	1050332	4817			126910
重庆	1720668	1190753	1042996	886220	680278	192239	13703		156777
四川	4032682	3122832	3058462	2716166	2625086	54510	36570	9879	332417
贵州	2600259	2243878	1834366	1631340	1498174	69348	63818	17	203009
云南	4345904	3539980	3153273	2822870	2546241	272192	4437	1182	329221
西藏	1453965	1453895	1453895	1273626	1170068	99800	3758		180269
陕西	916807	798165	780804	693038	693038				87766
甘肃	3165510	2983713	2689633	2392106	2238766	118041	35298	40	297487
青海	1250453	1186573	1153023	985563	942127	27844	15593		167460
宁夏	526745	434445	434445	369572	364676	90	4806		64874
新疆	4092528	3872050	3461355	3128907	2899943	133645	95319	71	332377
大连	613175	597836	594655	491738	468065		23673		102916
宁波	818263	804962	792507	601854	592454		9400		190653
厦门	1567380	1546610	1340011	1176265	918570	23000	234695	597	163149
青岛	405531	360132	330403	219526	200965		18561		110877
深圳	731988	713549	699693	580695	462952	30000	87743	200	118797

(地方中等专业学校)

单位：千元

政府性基金预算安排的教育经费	#彩票公益金	国有及国有控股企业办学中的企业拨款	校办产业和社会服务收入中用于教育的经费	其他属于国家财政性教育经费	民办学校中举办者投入	捐赠收入	事业收入	#学费	其他教育经费
12041738	**807237**	**52099**	**287283**		**651055**	**47286**	**12835705**	**7692532**	**2451635**
45074	45074		9565			3	78625	43501	10852
1386	1386		3722		15000	72	73198	54334	13645
162643	7634				82671	91	1216509	935643	27441
424185	26432	25460	16912		500	889	108608	18898	53035
10546	10546		501				120050	81828	6713
17158	17158		9448				164252	127058	33588
141693	7290					609	114060	91022	8992
12267	12267		113		1201	1065	294321	232106	31167
43358	4344		6907			150	219133	157996	93653
1729939	87159		869		16500	3072	1438237	890343	180395
363045	63027		3643			435	219247	124261	114241
2649124	14683	4594	8985		65245	761	1250161	796991	235963
586034	20841		8463		1750	11237	202173	64486	94926
212840	6959		671		3100	1335	495508	292233	31843
2092139	129585	22045	54865		58120	792	869241	536919	86530
218735	29403		78631		25143	498	577941	343354	79050
336990	36771		4280		118878	3907	646316	346675	39544
60792	779		49305				304247	158104	104969
808179	63491		24		158768	3374	1402101	929750	87427
386515	8360		3260		49068	2468	588223	109176	198736
			2184		1924	2960	60767	31395	99231
133790	3770		13966			830	303885	107373	225200
59033	32121		5338		33594	1517	792135	541462	82604
408763	54142		749		500	3365	197279	23435	155236
382687	26427		4020		9088	718	686156	479750	109962
									70
17361	17361						90720	56329	27921
294080	22208					5102	140523	21766	36172
32687	32687		863			345	31494	13708	32041
					10006	606	62586	42813	19102
410695	25331					1083	88010	39821	131385
3181	3181						14781	4284	558
12455	12455						9043	2697	4258
203937	10941		2662			300	14278	3192	6192
29729	29729						43452	37041	1947
13856	8643						9906	3707	8533

3-17 教育经费收入情况

地区	总计	国家财政性教育经费	一般公共预算安排的教育经费	一般公共预算教育经费	教育事业费	基本建设经费	教育费附加	科研经费	其他
合计	**104382335**	**94990655**	**84793863**	**76057786**	**69168693**	**1252341**	**5636752**	**16433**	**8719644**
北京	2169747	2028747	2028747	1659913	1596779	37651	25483	22	368812
天津	587131	553882	553882	486520	485541		979		67362
河北	7099903	6839928	6347231	6059435	5608051	44796	406588	2393	285403
山西	3358494	3109981	2617021	2305076	2162445	8365	134267	324	311621
内蒙古	2487567	2418625	2387573	2074301	1891726	42865	139709		313272
辽宁	1991897	1677522	1669220	1397056	1316933	2982	77141		272164
吉林	1618126	1492665	1384389	1180757	1103806	18467	58485	3	203629
黑龙江	1613463	1575991	1575991	1351101	1301786	12195	37120		224890
上海	2250471	2141243	2121551	1816015	1311000		505015		305536
江苏	3938283	3618308	3070592	2504344	2251021	1346	251976		566248
浙江	14359733	13415796	12137871	11257108	10055354	725086	476668	565	880198
安徽	489435	434701	354063	335872	307622	5000	23250		18191
福建	653014	634157	603157	589502	409056		180446		13655
江西	2720532	1989311	1846930	1770777	1595692	53224	121860		76153
山东	8060873	7560672	6392980	6008445	4669049	15661	1323736	89	384446
河南	4894775	4487923	4233050	3681064	3317532	23380	340151	1000	550986
湖北	1962280	1746871	1696710	1496642	1496642			40	200028
湖南	8623320	6724594	6329724	6109621	5670146	51388	388087	1894	218210
广东	6848581	6386620	6207693	5363321	5018184	17899	327238	2379	841993
广西	99971	98418	98418	85822	85127		695		12596
海南	524609	460502	458870	398876	389739	5633	3504		59994
重庆	4622196	4337087	4064835	3350024	3090883	55278	203863		714810
四川	8824727	7979139	6026035	5316284	5023741	24692	267851	54	709697
贵州	3030616	2682873	2317231	2109859	2020918	19188	69753	1761	205611
云南	4156792	4014108	2851468	2342480	2240815	26888	74778	5406	503582
西藏									
陕西	3613276	2976038	2673753	2565142	2391064	44944	129134		108611
甘肃	1079422	1013637	847939	756767	718557	3523	34687		91172
青海	4602	4602	4602	4602	4602				
宁夏	760906	716735	716508	637654	632921		4734		78853
新疆	1937592	1869982	1175830	1043408	1001964	11889	29555	503	131919
大连	446462	401922	401922	326371	321726	80	4565		75551
宁波	2223270	2156382	2100963	1853030	1758334		94696		247933
厦门									
青岛	3384111	3197909	2744295	2504604	1721669		782935		239691
深圳	1355667	1240588	1238176	970988	861731	4097	105161		267188

(职业高中)

单位：千元

政府性基金预算安排的教育经费	#彩票公益金	国有及国有控股企业办学中的企业拨款	校办产业和社会服务收入中用于教育的经费	其他属于国家财政性教育经费	民办学校中举办者投入	捐赠收入	事业收入	#学费	其他教育经费
10151773	**105496**	**8559**	**36461**		**427152**	**43985**	**7951351**	**5250224**	**969191**
					5000	54	115644	85089	20303
							31733	24840	1516
492696	622				805	898	255202	154519	3071
492960					32997	1045	196026	134686	18444
31052	5926				6143		54339	39945	8460
6559	975		1742		7073	2528	271686	208724	33087
108275	375				4455	468	100243	79728	20296
					239	10	35751	20804	1472
19691						382	75415	66620	33432
547716					120	4	250988	186552	68864
1277696	1345		230		26730	6152	676210	369735	234846
70765	11688	8559	1314		320		53022	44064	1391
31000							18781	12824	77
142382	7332				83694	596	634022	495684	12909
1140243			27449		13923	841	446346	309586	39092
252221	58948		2653		39732	7807	333797	180518	25515
50161						415	199829	136266	15166
394149	14220		721		128508	3379	1642122	1095544	124718
176801	691		2125		10893	3865	384781	229803	62422
							1298		255
1632					1334		61566	49397	1207
272252	51				1692	687	247975	121905	34755
1953104	658				16127	4280	791453	483201	33729
365642					18673	744	259342	144669	68984
1162640	1998				2288	9164	103499	62755	27733
302285	87				22903	332	595991	450162	18013
165698	3				3191	187	55633	29051	6775
			227			110	38803	23610	5258
694153	576				314	38	19856	9945	47402
					2000	98	38837	32788	3605
55419	80						57717	12396	9172
453615					872	574	155026	115717	29729
286	286		2125				104072	82043	11007

3-18 教育经费收入情况

地区	总计	国家财政性教育经费							
			一般公共预算安排的教育经费						
				一般公共预算教育经费				科研经费	其他
					教育事业费	基本建设经费	教育费附加		
合计	**104366804**	**94975125**	**84778333**	**76044538**	**69155445**	**1252341**	**5636752**	**16433**	**8717362**
北京	2169747	2028747	2028747	1659913	1596779	37651	25483	22	368812
天津	587131	553882	553882	486520	485541		979		67362
河北	7099903	6839928	6347231	6059435	5608051	44796	406588	2393	285403
山西	3358494	3109981	2617021	2305076	2162445	8365	134267	324	311621
内蒙古	2487567	2418625	2387573	2074301	1891726	42865	139709		313272
辽宁	1991897	1677522	1669220	1397056	1316933	2982	77141		272164
吉林	1618126	1492665	1384389	1180757	1103806	18467	58485	3	203629
黑龙江	1597933	1560460	1560460	1337853	1288538	12195	37120		222608
上海	2250471	2141243	2121551	1816015	1311000		505015		305536
江苏	3938283	3618308	3070592	2504344	2251021	1346	251976		566248
浙江	14359733	13415796	12137871	11257108	10055354	725086	476668	565	880198
安徽	489435	434701	354063	335872	307622	5000	23250		18191
福建	653014	634157	603157	589502	409056		180446		13655
江西	2720532	1989311	1846930	1770777	1595692	53224	121860		76153
山东	8060873	7560672	6392980	6008445	4669049	15661	1323736	89	384446
河南	4894775	4487923	4233050	3681064	3317532	23380	340151	1000	550986
湖北	1962280	1746871	1696710	1496642	1496642			40	200028
湖南	8623320	6724594	6329724	6109621	5670146	51388	388087	1894	218210
广东	6848581	6386620	6207693	5363321	5018184	17899	327238	2379	841993
广西	99971	98418	98418	85822	85127		695		12596
海南	524609	460502	458870	398876	389739	5633	3504		59994
重庆	4622196	4337087	4064835	3350024	3090883	55278	203863		714810
四川	8824727	7979139	6026035	5316284	5023741	24692	267851	54	709697
贵州	3030616	2682873	2317231	2109859	2020918	19188	69753	1761	205611
云南	4156792	4014108	2851468	2342480	2240815	26888	74778	5406	503582
西藏									
陕西	3613276	2976038	2673753	2565142	2391064	44944	129134		108611
甘肃	1079422	1013637	847939	756767	718557	3523	34687		91172
青海	4602	4602	4602	4602	4602				
宁夏	760906	716735	716508	637654	632921		4734		78853
新疆	1937592	1869982	1175830	1043408	1001964	11889	29555	503	131919
大连	446462	401922	401922	326371	321726	80	4565		75551
宁波	2223270	2156382	2100963	1853030	1758334		94696		247933
厦门									
青岛	3384111	3197909	2744295	2504604	1721669		782935		239691
深圳	1355667	1240588	1238176	970988	861731	4097	105161		267188

(地方职业高中)

单位：千元

政府性基金预算安排的教育经费	#彩票公益金	国有及国有控股企业办学中的企业拨款	校办产业和社会服务收入中用于教育的经费	其他属于国家财政性教育经费	民办学校中举办者投入	捐赠收入	事业收入	#学费	其他教育经费
10151773	**105496**	**8559**	**36461**		**427152**	**43985**	**7951351**	**5250224**	**969191**
					5000	54	115644	85089	20303
							31733	24840	1516
492696	622				805	898	255202	154519	3071
492960					32997	1045	196026	134686	18444
31052	5926				6143		54339	39945	8460
6559	975		1742		7073	2528	271686	208724	33087
108275	375				4455	468	100243	79728	20296
					239	10	35751	20804	1472
19691						382	75415	66620	33432
547716					120	4	250988	186552	68864
1277696	1345		230		26730	6152	676210	369735	234846
70765	11688	8559	1314		320		53022	44064	1391
31000							18781	12824	77
142382	7332				83694	596	634022	495684	12909
1140243			27449		13923	841	446346	309586	39092
252221	58948		2653		39732	7807	333797	180518	25515
50161						415	199829	136266	15166
394149	14220		721		128508	3379	1642122	1095544	124718
176801	691		2125		10893	3865	384781	229803	62422
							1298		255
1632					1334		61566	49397	1207
272252	51				1692	687	247975	121905	34755
1953104	658				16127	4280	791453	483201	33729
365642					18673	744	259342	144669	68984
1162640	1998				2288	9164	103499	62755	27733
302285	87				22903	332	595991	450162	18013
165698	3				3191	187	55633	29051	6775
			227			110	38803	23610	5258
694153	576				314	38	19856	9945	47402
					2000	98	38837	32788	3605
55419	80						57717	12396	9172
453615					872	574	155026	115717	29729
286	286		2125				104072	82043	11007

3-19 教育经费收入情况

地区	总计	国家财政性教育经费	一般公共预算安排的教育经费	一般公共预算教育经费	教育事业费	基本建设经费	教育费附加	科研经费	其他
合计	**45979814**	**42571373**	**37412260**	**33979730**	**31312729**	**366191**	**2300809**	**10545**	**3421985**
北京	186828	133054	133054	110977	110977				22077
天津	115296	115296	115296	101490	101490				13806
河北	4165836	4037239	3666122	3513022	3246945	44796	221280	293	152806
山西	1971060	1860100	1596705	1411496	1306069	7886	97541	324	184886
内蒙古	1705887	1669647	1649421	1444139	1298381	26440	119318		205282
辽宁	514109	472214	466630	399553	373068		26485		67078
吉林	832241	759304	700304	615718	572676	11610	31431		84586
黑龙江	712905	704560	704560	613146	574141	12195	26811		91415
上海	205924	172512	169635	128888	51304		77584		40747
江苏	1812973	1764896	1264160	1058808	981356		77452		205352
浙江	5139769	4733874	4108910	3799240	3574760	84016	140465	405	309265
安徽	218769	190395	181318	178938	173938	5000			2380
福建	259064	252757	232757	232757	157953		74804		
江西	1720379	1430231	1354866	1287153	1135602	53224	98327		67713
山东	2452262	2302554	1960128	1891844	1488489	15661	387694	89	68196
河南	2828469	2628940	2445043	2142296	1904069		238227	1000	301747
湖北	551165	493324	493324	467488	467488				25836
湖南	4528960	3863462	3512383	3376100	3082292	14448	279361	1000	135283
广东	764008	708129	645829	595328	529091	820	65418		50501
广西	99971	98418	98418	85822	85127		695		12596
海南	231559	195605	195605	176170	170487	5633	50		19435
重庆	1449348	1393366	1307710	1107024	1070383	18187	18454		200686
四川	4351400	3848673	3152500	2786412	2633330	23400	129682		366088
贵州	1880374	1734374	1500732	1359618	1332754	8687	18177	1525	139588
云南	2747531	2672807	1995115	1631166	1579234	16332	35600	5406	358543
西藏									
陕西	2088002	1963364	1684240	1611701	1516472	2444	92785		72540
甘肃	876410	857290	716593	636946	613778	3523	19645		79646
青海	2184	2184	2184	2184	2184				
宁夏	395327	380852	380625	333914	332985		929		46710
新疆	1171805	1131951	978092	880392	845908	11889	22595	503	97197
大连	43932	43932	43932	35555	35422		133		8377
宁波	624699	581661	533778	490093	481376		8717		43685
厦门									
青岛	171219	155247	155247	148768	32200		116568		6479
深圳									

（农村职业高中）

单位：千元

政府性基金预算安排的教育经费	#彩票公益金	国有及国有控股企业办学中的企业拨款	校办产业和社会服务收入中用于教育的经费	其他属于国家财政性教育经费	民办学校中举办者投入	捐赠收入	事业收入	#学费	其他教育经费
5156004	**73155**		**3109**		**197950**	**30540**	**2838356**	**1735803**	**341596**
							38341	24490	15433
371118	222				245	898	126399	68322	1055
263395					7429	967	95146	66443	7419
20226	100				4620		29569	19386	2050
5584					413		41368	24881	113
59000					2053	468	61668	47188	8749
							7842	3234	502
2877							10322	8959	23090
500736							40138	16548	7940
624734	252		230		14400	4255	315846	196675	71395
9077					320		28053	22591	1
20000							6236	4496	71
75365	7332				65586	476	217344	165452	6741
342426					7649	118	133976	90279	7965
181244	56795		2653		23020	7347	158699	87526	10463
						385	46770	22636	10686
351079	7589				38703	2635	585579	338219	38580
62300					1296	474	49843	30535	4266
							1298		255
					1334		34617	28383	3
85656						72	42414	7232	13497
696174	390				5093	3044	474939	297584	19650
233642					18673	734	103769	57503	22824
677692	50					8001	46029	29138	20694
279124	87				5867	332	106109	57167	12331
140698	3				934	187	15755	5455	2244
			227			110	12020	8807	2345
153859	335				314	38	8268	6676	31234
47883							39661	12396	3377
					842		15131	12912	

3-20 教育经费收入情况

地区	总计	国家财政性教育经费	一般公共预算安排的教育经费	一般公共预算教育经费	教育事业费	基本建设经费	教育费附加	科研经费	其他
合计	**45973111**	**42564670**	**37405556**	**33973803**	**31306802**	**366191**	**2300809**	**10545**	**3421209**
北京	186828	133054	133054	110977	110977				22077
天津	115296	115296	115296	101490	101490				13806
河北	4165836	4037239	3666122	3513022	3246945	44796	221280	293	152806
山西	1971060	1860100	1596705	1411496	1306069	7886	97541	324	184886
内蒙古	1705887	1669647	1649421	1444139	1298381	26440	119318		205282
辽宁	514109	472214	466630	399553	373068		26485		67078
吉林	832241	759304	700304	615718	572676	11610	31431		84586
黑龙江	706201	697857	697857	607219	568213	12195	26811		90638
上海	205924	172512	169635	128888	51304		77584		40747
江苏	1812973	1764896	1264160	1058808	981356		77452		205352
浙江	5139769	4733874	4108910	3799240	3574760	84016	140465	405	309265
安徽	218769	190395	181318	178938	173938	5000			2380
福建	259064	252757	232757	232757	157953		74804		
江西	1720379	1430231	1354866	1287153	1135602	53224	98327		67713
山东	2452262	2302554	1960128	1891844	1488489	15661	387694	89	68196
河南	2828469	2628940	2445043	2142296	1904069		238227	1000	301747
湖北	551165	493324	493324	467488	467488				25836
湖南	4528960	3863462	3512383	3376100	3082292	14448	279361	1000	135283
广东	764008	708129	645829	595328	529091	820	65418		50501
广西	99971	98418	98418	85822	85127		695		12596
海南	231559	195605	195605	176170	170487	5633	50		19435
重庆	1449348	1393366	1307710	1107024	1070383	18187	18454		200686
四川	4351400	3848673	3152500	2786412	2633330	23400	129682		366088
贵州	1880374	1734374	1500732	1359618	1332754	8687	18177	1525	139588
云南	2747531	2672807	1995115	1631166	1579234	16332	35600	5406	358543
西藏									
陕西	2088002	1963364	1684240	1611701	1516472	2444	92785		72540
甘肃	876410	857290	716593	636946	613778	3523	19645		79646
青海	2184	2184	2184	2184	2184				
宁夏	395327	380852	380625	333914	332985		929		46710
新疆	1171805	1131951	978092	880392	845908	11889	22595	503	97197
大连	43932	43932	43932	35555	35422		133		8377
宁波	624699	581661	533778	490093	481376		8717		43685
厦门									
青岛	171219	155247	155247	148768	32200		116568		6479
深圳									

(地方农村职业高中)

单位：千元

政府性基金预算安排的教育经费	#彩票公益金	国有及国有控股企业办学中的企业拨款	校办产业和社会服务收入中用于教育的经费	其他属于国家财政性教育经费	民办学校中举办者投入	捐赠收入	事业收入	#学费	其他教育经费
5156004	**73155**		**3109**		**197950**	**30540**	**2838356**	**1735803**	**341596**
							38341	24490	15433
371118	222				245	898	126399	68322	1055
263395					7429	967	95146	66443	7419
20226	100				4620		29569	19386	2050
5584					413		41368	24881	113
59000					2053	468	61668	47188	8749
							7842	3234	502
2877							10322	8959	23090
500736							40138	16548	7940
624734	252		230		14400	4255	315846	196675	71395
9077					320		28053	22591	1
20000							6236	4496	71
75365	7332				65586	476	217344	165452	6741
342426					7649	118	133976	90279	7965
181244	56795		2653		23020	7347	158699	87526	10463
						385	46770	22636	10686
351079	7589				38703	2635	585579	338219	38580
62300					1296	474	49843	30535	4266
							1298		255
					1334		34617	28383	3
85656						72	42414	7232	13497
696174	390				5093	3044	474939	297584	19650
233642					18673	734	103769	57503	22824
677692	50					8001	46029	29138	20694
279124	87				5867	332	106109	57167	12331
140698	3				934	187	15755	5455	2244
			227			110	12020	8807	2345
153859	335				314	38	8268	6676	31234
47883							39661	12396	3377
					842		15131	12912	

3-21 教育经费收入情况

地区	总计	国家财政性教育经费	一般公共预算安排的教育经费	一般公共预算教育经费	教育事业费	基本建设经费	教育费附加	科研经费	其他
合计	**43458510**	**33962186**	**31033888**	**27473146**	**26031042**	**504946**	**937158**	**8901**	**3551841**
北京	1621711	1517469	1469549	1466811	1466811				2738
天津	453306	369563	362334	317566	316516		1050		44768
河北	1120845	887146	872998	825765	792513		33252	50	47183
山西	675403	637772	632176	571770	567932	2314	1523		60406
内蒙古	103975	98076	55477	43690	43690				11787
辽宁	456978	391292	381212	310384	269947	5980	34458		70828
吉林	295331	269312	269312	226681	196324		30356		42631
黑龙江	787612	705671	704603	610318	608212		2106		94284
上海	270381	214552	188509	155012	101304		53708		33497
江苏	2649270	1912730	1700979	1398930	1236384	1000	161545	150	301899
浙江	2047912	1728230	1364753	1162150	1116626	17893	27631	61	202542
安徽	1067066	976280	245168	228918	221879		7040		16249
福建	1372205	1024683	941961	784450	683531		100919	2	157510
江西	581582	359655	359655	333579	272878	60701			26076
山东	4186991	3602080	3494628	3352024	3286205	28000	37818	30	142574
河南	2350743	2090099	1859697	1522380	1410704	39269	72408	1280	336037
湖北	925343	844446	434066	386751	386751			40	47275
湖南	701640	502726	445648	433676	405753		27923		11972
广东	11387772	8489058	8274390	7310371	7050062	18942	241366	140	963880
广西	2539198	1976607	1769742	1600543	1458681	56463	85398		169199
海南	295977	282444	280534	245171	236432	8739			35363
重庆	1371557	923942	898436	815171	617308	189862	8000		83265
四川	1064176	789067	765513	691996	685848	310	5838		73517
贵州	1304183	572652	572652	258004	258004				314648
云南	1344570	1163838	1139024	1019013	1013857	338	4818	92	119919
西藏	17212	15399	15399	15399	15149	250			
陕西	1455471	734328	704288	664787	664787			850	38651
甘肃	167599	90535	88785	75109	70109	5000			13676
青海									
宁夏									
新疆	842501	792534	742401	646726	576844	69882		6207	89467
大连	81127	78959	78959	63573	54544	5980	3049		15386
宁波	147513	98459	97870	80171	79277	893			17699
厦门	504638	418836	350065	251693	198689		53005		98372
青岛	461529	441359	391347	351582	317015		34568		39765
深圳	1375182	862801	862801	741116	585567	332	155216		121685

(技工学校)

单位：千元

政府性基金预算安排的教育经费	#彩票公益金	国有及国有控股企业办学中的企业拨款	校办产业和社会服务收入中用于教育的经费	其他属于国家财政性教育经费	民办学校中举办者投入	捐赠收入	事业收入	#学费	其他教育经费
2542767	**5188**	**115396**	**270136**		**58112**	**14795**	**7231691**	**4531147**	**2191726**
		9499	38421			3059	49330	16403	51853
346		1112	5771		3000	86	34377	21298	46280
		1500	12648		10505		203368	139348	19826
2311	2311		3285		755	60	31451	14054	5365
		34381	8218				5694	5330	205
		41	10039				62414	29282	3272
					304		15752	6173	9963
763	763	306					37041	13948	44900
		24480	1563				50046	24080	5783
177052	52		34699			6854	655437	382268	74249
324588			38888		7700	30	226051	134551	85901
730000			1113				20006	100	70779
81881			842		200	23	291919	177215	55380
					300	392	215449	166622	5786
88028	12	9460	9964		14167	421	442626	263514	127697
200210		11714	18478			458	203790	24782	56395
410380							66298	42712	14599
48672		7800	605			70	115679	49667	83165
193113	300	9600	11955		15000	954	2654121	2054992	228640
202998			3867		1199	900	402230	81661	158262
699			1210				13348	2772	185
25507					776	824	310349	108466	135665
120			23434				224928	142594	50182
							188401	186986	543129
4215			20599		175	524	81936	39467	98097
							1362		452
		5503	24537		4031	140	590260	381113	126712
1750	1750						25580	19595	51483
50133							12447	2155	37519
							2168	7	
			589		200		45283	39427	3571
67930			842			23	84268	61093	1510
50012	12						12122	8000	8048
						175	499172	393342	13034

3-22 教育经费收入情况

地区	总计	国家财政性教育经费	一般公共预算安排的教育经费	一般公共预算教育经费	教育事业费	基本建设经费	教育费附加	科研经费	其他
合计	**43154651**	**33842300**	**30929861**	**27369572**	**25927469**	**504946**	**937158**	**8901**	**3551387**
北京	1608402	1507970	1469549	1466811	1466811				2738
天津	445416	366576	359655	314887	313837		1050		44768
河北	1120845	887146	872998	825765	792513		33252	50	47183
山西	675403	637772	632176	571770	567932	2314	1523		60406
内蒙古	103975	98076	55477	43690	43690				11787
辽宁	456978	391292	381212	310384	269947	5980	34458		70828
吉林	295331	269312	269312	226681	196324		30356		42631
黑龙江	731001	652260	651498	557213	555108		2106		94284
上海	270381	214552	188509	155012	101304		53708		33497
江苏	2616907	1903826	1692074	1390025	1227480	1000	161545	150	301899
浙江	2047912	1728230	1364753	1162150	1116626	17893	27631	61	202542
安徽	1067066	976280	245168	228918	221879		7040		16249
福建	1372205	1024683	941961	784450	683531		100919	2	157510
江西	581582	359655	359655	333579	272878	60701			26076
山东	4186991	3602080	3494628	3352024	3286205	28000	37818	30	142574
河南	2273170	2065629	1840973	1503656	1391980	39269	72408	1280	336037
湖北	925343	844446	434066	386751	386751			40	47275
湖南	695211	502726	445648	433676	405753		27923		11972
广东	11387772	8489058	8274390	7310371	7050062	18942	241366	140	963880
广西	2539198	1976607	1769742	1600543	1458681	56463	85398		169199
海南	295977	282444	280534	245171	236432	8739			35363
重庆	1370270	923942	898436	815171	617308	189862	8000		83265
四川	964388	769993	746440	672923	666775	310	5838		73517
贵州	1304183	572652	572652	258004	258004				314648
云南	1344570	1163838	1139024	1019013	1013857	338	4818	92	119919
西藏	17212	15399	15399	15399	15149	250			
陕西	1449392	734116	704076	664575	664575			850	38651
甘肃	167599	90535	88785	75109	70109	5000			13676
青海									
宁夏									
新疆	839971	791205	741071	645850	575968	69882		6207	89014
大连	81127	78959	78959	63573	54544	5980	3049		15386
宁波	147513	98459	97870	80171	79277	893			17699
厦门	504638	418836	350065	251693	198689		53005		98372
青岛	461529	441359	391347	351582	317015		34568		39765
深圳	1375182	862801	862801	741116	585567	332	155216		121685

(地方技工学校)

单位：千元

政府性基金预算安排的教育经费	#彩票公益金	国有及国有控股企业办学中的企业拨款	校办产业和社会服务收入中用于教育的经费	其他属于国家财政性教育经费	民办学校中举办者投入	捐赠收入	事业收入	#学费	其他教育经费
2542767	5188	105283	264390		58112	14795	7091726	4454977	2147718
			38421			3059	45530	16361	51843
346		805	5771		3000	86	31163	18593	44590
		1500	12648		10505		203368	139348	19826
2311	2311		3285		755	60	31451	14054	5365
		34381	8218				5694	5330	205
		41	10039				62414	29282	3272
					304		15752	6173	9963
763	763						33841	10748	44900
		24480	1563				50046	24080	5783
177052	52		34699			6854	646248	374240	59980
324588			38888		7700	30	226051	134551	85901
730000			1113				20006	100	70779
81881			842		200	23	291919	177215	55380
					300	392	215449	166622	5786
88028	12	9460	9964		14167	421	442626	263514	127697
200210		11714	12731			458	155570	21556	51514
410380							66298	42712	14599
48672		7800	605			70	109549	44706	82867
193113	300	9600	11955		15000	954	2654121	2054992	228640
202998			3867		1199	900	402230	81661	158262
699			1210				13348	2772	185
25507					776	824	309633	107894	135095
120			23434				162919	92009	31475
							188401	186986	543129
4215			20599		175	524	81936	39467	98097
							1362		452
		5503	24537		4031	140	587975	379462	123130
1750	1750						25580	19595	51483
50133							11247	955	37519
							2168	7	
			589		200		45283	39427	3571
67930			842			23	84268	61093	1510
50012	12						12122	8000	8048
						175	499172	393342	13034

3-23 教育经费收入情况

地区	总计	国家财政性教育经费	一般公共预算安排的教育经费	一般公共预算教育经费	教育事业费	基本建设经费	教育费附加	科研经费	其他
合计	**10235770**	**8561785**	**8499796**	**7053981**	**6738825**	**19145**	**296011**	**7912**	**1437903**
北京	195557	59363	59363	54322	54322				5040
天津	65276	45754	45754	39996	39996				5758
河北	1200805	1123033	1122432	1015558	996779		18779	7170	99704
山西	180369	177992	177031	118028	117437		591		59003
内蒙古	159838	156554	156550	127253	123906		3347		29297
辽宁	30	30	30	30	30				
吉林	686548	673339	673339	548039	532417		15622	248	125052
黑龙江	695826	681851	681791	526154	523101		3053		155637
上海	204392	198956	198956	183614	182440		1175		15341
江苏	304124	220479	219607	192080	190892		1188		27527
浙江	519046	477868	472682	429296	398327		30969	5	43381
安徽	71825	57264	57264	49274	48040		1234		7990
福建	31843	29055	29055	25624	25530		95		3431
江西	252734	235024	233279	217510	216685		826		15769
山东	424349	351433	348869	331405	298762		32643		17464
河南	1489451	889212	889212	743049	632617		110433		146163
湖北	99934	65436	65436	53659	53659				11777
湖南	668288	524791	524791	490552	479442	1270	9840	12	34227
广东	301161	273404	273404	243379	208847		34531		30026
广西	56449	54624	54624	31658	31658				22966
海南	13971	13971	13971	1420	1420				12551
重庆	854483	698144	670657	509596	499999		9597		161061
四川	421444	316178	295928	246122	245593		529	477	49329
贵州	139346	136906	136906	130789	130789				6117
云南	555233	480830	479735	374460	354073		20387		105275
西藏									
陕西	284112	272994	271831	245990	245321		668		25841
甘肃	61156	52066	52066	37305	36801		504		14761
青海									
宁夏									
新疆	298183	295232	295232	87817	69942	17875			207414
大连	30	30	30	30	30				
宁波	317885	297917	293391	259982	244043		15940	5	33404
厦门									
青岛	35								
深圳	90977	90977	90977	86163	61990		24173		4814

(成人中等专业学校)

单位：千元

政府性基金预算安排的教育经费	#彩 票公益金	国有及国有控股企业办学中的企业拨款	校办产业和社会服务收入中用于教育的经费	其 他属于国家财 政 性教育经费	民办学校中举办者投 入	捐赠收入	事业收入	#学 费	其 他教育经费
39793	**3382**	**2840**	**19355**		**31057**	**1643**	**1531475**	**1009669**	**109810**
							131208	120834	4986
							653	653	18869
602					690	86	71852	14620	5144
123	123	837					2276	4	101
4							3280		4
							8803	5086	4405
60	60				8	10	11685	5663	2271
							175		5261
872	872						75710	31297	7935
5151			36			82	30612	5462	10483
					6000		7536	775	1025
							2766	651	22
1745	1266					100	15614	4013	1996
561		2003			3000	1	65366	47211	4549
					15973		575489	435811	8776
							34496	26550	2
						8	141231	96429	2257
							25880	13685	1877
							1823		2
27488						7	134056	74556	22276
931	30		19319		60	279	98924	64983	6003
							2439	771	
1095	1030				5325	995	67177	56518	907
1163							11093	2473	24
						76	8402	1622	612
							2928		24
4490			36			82	14297	5	5590
									35

3-24 教育经费收入情况

地区	总计	国家财政性教育经费	一般公共预算安排的教育经费	一般公共预算教育经费	教育事业费	基本建设经费	教育费附加	科研经费	其他
合计	10067292	8538779	8476791	7034039	6718882	19145	296011	7912	1434840
北京	68187	57674	57674	52633	52633				5040
天津	46411	45754	45754	39996	39996				5758
河北	1200805	1123033	1122432	1015558	996779		18779	7170	99704
山西	180369	177992	177031	118028	117437		591		59003
内蒙古	159838	156554	156550	127253	123906		3347		29297
辽宁	30	30	30	30	30				
吉林	686548	673339	673339	548039	532417		15622	248	125052
黑龙江	677620	663938	663878	510371	507318		3053		153507
上海	204392	198956	198956	183614	182440		1175		15341
江苏	304124	220479	219607	192080	190892		1188		27527
浙江	519046	477868	472682	429296	398327		30969	5	43381
安徽	71825	57264	57264	49274	48040		1234		7990
福建	31843	29055	29055	25624	25530		95		3431
江西	252734	235024	233279	217510	216685		826		15769
山东	424349	351433	348869	331405	298762		32643		17464
河南	1489451	889212	889212	743049	632617		110433		146163
湖北	99934	65436	65436	53659	53659				11777
湖南	668288	524791	524791	490552	479442	1270	9840	12	34227
广东	301161	273404	273404	243379	208847		34531		30026
广西	56449	54624	54624	31658	31658				22966
海南	13971	13971	13971	1420	1420				12551
重庆	854483	698144	670657	509596	499999		9597		161061
四川	421444	316178	295928	246122	245593		529	477	49329
贵州	139346	136906	136906	130789	130789				6117
云南	555233	480830	479735	374460	354073		20387		105275
西藏									
陕西	284112	272994	271831	245990	245321		668		25841
甘肃	61156	52066	52066	37305	36801		504		14761
青海									
宁夏									
新疆	294145	291828	291828	85346	67471	17875			206481
大连	30	30	30	30	30				
宁波	317885	297917	293391	259982	244043		15940	5	33404
厦门									
青岛	35								
深圳	90977	90977	90977	86163	61990		24173		4814

（地方成人中等专业学校）

单位：千元

政府性基金预算安排的教育经费	#彩票公益金	国有及国有控股企业办学中的企业拨款	校办产业和社会服务收入中用于教育的经费	其他属于国家财政性教育经费	民办学校中举办者投入	捐赠收入	事业收入	#学费	其他教育经费
39793	**3382**	**2840**	**19355**		**31057**	**1643**	**1407754**	**888544**	**88058**
							8415	3	2098
							653	653	4
602					690	86	71852	14620	5144
123	123	837					2276	4	101
4							3280		4
							8803	5086	4405
60	60				8	10	11392	5369	2271
							175		5261
872	872						75710	31297	7935
5151			36			82	30612	5462	10483
					6000		7536	775	1025
							2766	651	22
1745	1266					100	15614	4013	1996
561		2003			3000	1	65366	47211	4549
					15973		575489	435811	8776
							34496	26550	2
						8	141231	96429	2257
							25880	13685	1877
							1823		2
27488						7	134056	74556	22276
931	30		19319		60	279	98924	64983	6003
							2439	771	
1095	1030				5325	995	67177	56518	907
1163							11093	2473	24
						76	8402	1622	612
							2293		24
4490			36			82	14297	5	5590
									35

3-25 教育经费收入情况

地区	总计	国家财政性教育经费	一般公共预算安排的教育经费	一般公共预算教育经费				科研经费	其他
					教育事业费	基本建设经费	教育费附加		
合计	**1560260580**	**1340229821**	**1317045152**	**1168235494**	**1080764681**	**30503443**	**56967370**	**171054**	**148638604**
北京	41330125	36063939	35913814	31233332	28904206	1985101	344025	18885	4661596
天津	17838577	16269428	16266318	14699386	14163298	212891	323198	100	1566832
河北	67583459	54779610	54042935	51427301	49409099	283901	1734301	2023	2613611
山西	32746732	27259754	26980523	23748307	21953739	331871	1462697	17525	3214692
内蒙古	24911010	23701088	23506758	19841381	18253198	263148	1325035	206	3665171
辽宁	30587807	27838051	27769185	22720185	21405098	217176	1097910	586	5048415
吉林	20081046	17910518	17895102	15299028	14697083	100454	501491	1293	2594782
黑龙江	26290500	24699186	24684124	20948060	20329559	301875	316626	22	3736042
上海	41151305	33729194	33166382	27648375	21676125	545299	5426950		5518007
江苏	114649976	101398010	98639004	85486936	77489964	189316	7807655	9900	13142168
浙江	87759674	69254733	66263515	60835630	55469817	1728360	3637453	14926	5412959
安徽	61771197	51585744	50026614	44718392	41074674	1255338	2388380	2431	5305792
福建	45569418	38873669	36928283	34406169	32851501	159222	1395446	2898	2519217
江西	52260646	45674664	45429717	43031915	40733289	786996	1511629	19	2397784
山东	107590261	93587244	91752176	85482637	79424880	40275	6017482	914	6268625
河南	86975243	71660293	71219905	60509933	56403337	1078166	3028430	7260	10702712
湖北	55957816	47578169	46593245	42653822	42653822			216	3939207
湖南	65541522	53360330	53017161	50252644	47628578	335347	2288719	5201	2759316
广东	173281001	140045328	136370296	119238995	99864698	13522167	5852130	20013	17111288
广西	47257665	42645600	41797735	36389948	34856065	811626	722258	158	5407629
海南	13187987	11481208	11094307	9246616	8860812	240171	145633	233	1847458
重庆	39080611	35839046	35319578	28569652	26444205	810062	1315384	1247	6748680
四川	80190277	67619760	66348711	57531860	54702185	478539	2351137	1116	8815735
贵州	47288625	40624544	40006106	36007348	34197605	386617	1423126	44041	3954718
云南	53179685	47906528	47697820	39876174	38106615	673410	1096148	6322	7815324
西藏	9473330	9444831	9441428	8259550	8052984	205506	1060	50	1181828
陕西	37309300	33632005	33293586	31729802	29028908	1444536	1256358	2396	1561387
甘肃	25155717	23961833	23857955	21051376	20207009	300678	543689	483	2806096
青海	9301924	8976658	8965847	7128833	6614179	368361	146293	100	1836913
宁夏	9282608	8472649	8471134	6963048	6688710	76140	198198	2599	1505487
新疆	35675533	34356206	34285887	31298864	28619436	1370897	1308531	7890	2979133
大连	6721159	6131064	6089508	4747776	4438730	44115	264931		1341732
宁波	12181469	9882903	9561043	8572792	7953497	38000	581295	1220	987031
厦门	7385306	6750880	6018442	5251946	4775763	48846	427338	904	765591
青岛	14158717	12355314	12312331	11176999	9793936		1383064		1135332
深圳	39708838	34541309	33388413	28883323	14900844	12193936	1788543	2032	4503058

(中学)

单位：千元

政府性基金预算安排的教育经费	#彩票公益金	国有及国有控股企业办学中的企业拨款	校办产业和社会服务收入中用于教育的经费	其他属于国家财政性教育经费	民办学校中举办者投入	捐赠收入	事业收入	#学费	其他教育经费
22931435	**1067544**	**218359**	**34875**		**8095871**	**2231222**	**195264901**	**167218730**	**14438765**
92443	20963	48897	8785		11926	20367	4402019	3850694	831875
3110	3110				94187	11497	1273418	1215543	190046
736675	92799				407901	10443	12320856	10727007	64649
279231	7648				145934	55290	5104787	4472971	180967
194330	27595				38127	20497	1065145	868848	86152
58877	5425		9988		115989	1320	2540845	2233849	91602
15416	7766				11917	14073	1664524	1571516	480014
13701	11093	1362			37719	1599	1421346	1278472	130650
562812	104				10250	20443	6517830	6350390	873588
2759007	26736				417197	204121	11606182	10593856	1024466
2991134	35769		83		498322	230150	15393646	13717725	2382823
1559130	45192				345879	30272	9326206	7737337	483096
1777386	225252	168000			152755	371528	5068303	4566625	1103163
244947	25954				83200	110161	6038758	4473450	353863
1835068	68678				838161	62868	12631795	11223341	470194
440387	58981				1152794	75023	13834563	11389552	252571
982164	12964		2760		305131	29209	7682798	6333615	362510
343169	33599				850120	58640	10604298	8290294	668133
3675032	149042				1528978	174291	30632624	26568533	899780
844988	15608		2877		357443	37128	4018782	3083647	198713
386901	24826				46766	8272	1538031	1327840	113711
517144	16713		2324		12626	77057	2922646	2397497	229236
1262949	22639	100	8000		422126	309521	11374176	9244423	464694
618380	57211		58		90371	38196	5606944	4590611	928569
208708	29009				95930	129101	4771208	4186810	276918
3404	3404					8154	14690	11567	5656
338419	19354				17336	14203	3424454	2799134	221303
103878	13430				6554	11889	1052733	946950	122708
10811	650				232	40684	191492	156320	92859
1515	1015					11290	534447	454612	264222
70319	5017					43937	685355	555700	590035
41556	2201				10583	209	566324	525367	12978
321860	1492				7806	23443	2193547	2062264	73770
732438	204843					3787	549446	511878	81193
42982	22735				30820	4569	1717527	1547278	50487
1152896	19958				233911	4021	4655941	4166692	273657

3-26 教育经费收入情况

地区	总计	国家财政性教育经费	一般公共预算安排的教育经费	一般公共预算教育经费					
					教育事业费	基本建设经费	教育费附加	科研经费	其他
合计	**1553178187**	**1334434554**	**1311258570**	**1163136074**	**1075788495**	**30389729**	**56957850**	**167556**	**147954940**
北京	39149115	34674785	34524660	29880807	27551681	1985101	344025	18885	4624967
天津	17838577	16269428	16266318	14699386	14163298	212891	323198	100	1566832
河北	67583459	54779610	54042935	51427301	49409099	283901	1734301	2023	2613611
山西	32746732	27259754	26980523	23748307	21953739	331871	1462697	17525	3214692
内蒙古	24911010	23701088	23506758	19841381	18253198	263148	1325035	206	3665171
辽宁	30587807	27838051	27769185	22720185	21405098	217176	1097910	586	5048415
吉林	19834482	17761859	17746443	15150369	14548424	100454	501491	1293	2594782
黑龙江	25918889	24331185	24316323	20612449	19993949	301875	316626	22	3703851
上海	40834693	33509316	32946504	27479508	21516779	545299	5417430		5466996
江苏	114649976	101398010	98639004	85486936	77489964	189316	7807655	9900	13142168
浙江	87759674	69254733	66263515	60835630	55469817	1728360	3637453	14926	5412959
安徽	61771197	51585744	50026614	44718392	41074674	1255338	2388380	2431	5305792
福建	45569418	38873669	36928283	34406169	32851501	159222	1395446	2898	2519217
江西	52260646	45674664	45429717	43031915	40733289	786996	1511629	19	2397784
山东	107590261	93587244	91752176	85482637	79424880	40275	6017482	914	6268625
河南	86973621	71659231	71218843	60509244	56402649	1078166	3028430	7260	10702339
湖北	55539773	47233405	46248481	42309058	42309058			216	3939207
湖南	65527071	53350633	53007464	50242946	47618880	335347	2288719	5201	2759316
广东	173281001	140045328	136370296	119238995	99864698	13522167	5852130	20013	17111288
广西	47257665	42645600	41797735	36389948	34856065	811626	722258	158	5407629
海南	13187987	11481208	11094307	9246616	8860812	240171	145633	233	1847458
重庆	38904634	35709885	35190417	28440490	26315044	810062	1315384	1247	6748680
四川	80164702	67616260	66345211	57528360	54698685	478539	2351137	1116	8815735
贵州	47288625	40624544	40006106	36007348	34197605	386617	1423126	44041	3954718
云南	53179685	47906528	47697820	39876174	38106615	673410	1096148	6322	7815324
西藏	9473330	9444831	9441428	8259550	8052984	205506	1060	50	1181828
陕西	37134022	33498641	33160222	31596438	28895544	1444536	1256358	2396	1561387
甘肃	25139512	23946368	23842490	21048191	20203825	300678	543689	483	2793816
青海	9301924	8976658	8965847	7128833	6614179	368361	146293	100	1836913
宁夏	9282608	8472649	8471134	6963048	6688710	76140	198198	2599	1505487
新疆	32536092	31323645	31261811	28829466	26263752	1257183	1308531	4392	2427953
大连	6721159	6131064	6089508	4747776	4438730	44115	264931		1341732
宁波	12181469	9882903	9561043	8572792	7953497	38000	581295	1220	987031
厦门	7385306	6750880	6018442	5251946	4775763	48846	427338	904	765591
青岛	14158717	12355314	12312331	11176999	9793936		1383064		1135332
深圳	39708838	34541309	33388413	28883323	14900844	12193936	1788543	2032	4503058

(地方中学)

单位：千元

政府性基金预算安排的教育经费	#彩票公益金	国有及国有控股企业办学中的企业拨款	校办产业和社会服务收入中用于教育的经费	其他属于国家财政性教育经费	民办学校中举办者投入	捐赠收入	事业收入	#学费	其他教育经费
22922855	**1067130**	**218254**	**34875**		**8095871**	**2212655**	**194907160**	**166985295**	**13527948**
92443	20963	48897	8785		11926	13902	4269498	3809011	179003
3110	3110				94187	11497	1273418	1215543	190046
736675	92799				407901	10443	12320856	10727007	64649
279231	7648				145934	55290	5104787	4472971	180967
194330	27595				38127	20497	1065145	868848	86152
58877	5425		9988		115989	1320	2540845	2233849	91602
15416	7766				11917	14073	1645336	1552370	401297
13606	10998	1257			37719	1599	1417806	1275720	130580
562812	104				10250	20206	6441057	6275059	853864
2759007	26736				417197	204121	11606182	10593856	1024466
2991134	35769		83		498322	230150	15393646	13717725	2382823
1559130	45192				345879	30272	9326206	7737337	483096
1777386	225252	168000			152755	371528	5068303	4566625	1103163
244947	25954				83200	110161	6038758	4473450	353863
1835068	68678				838161	62868	12631795	11223341	470194
440387	58981				1152794	75023	13834563	11389552	252010
982164	12964		2760		305131	20306	7662097	6316368	318833
343169	33599				850120	58640	10602221	8288572	665456
3675032	149042				1528978	174291	30632624	26568533	899780
844988	15608		2877		357443	37128	4018782	3083647	198713
386901	24826				46766	8272	1538031	1327840	113711
517144	16713		2324		12626	77057	2906021	2389231	199045
1262949	22639	100	8000		422126	309521	11373417	9243996	443378
618380	57211		58		90371	38196	5606944	4590611	928569
208708	29009				95930	129101	4771208	4186810	276918
3404	3404					8154	14690	11567	5656
338419	19354				17336	14203	3410958	2788384	192885
103878	13430				6554	11889	1052660	946878	122041
10811	650				232	40684	191492	156320	92859
1515	1015					11290	534447	454612	264222
61834	4698					40973	613368	499661	558106
41556	2201				10583	209	566324	525367	12978
321860	1492				7806	23443	2193547	2062264	73770
732438	204843					3787	549446	511878	81193
42982	22735				30820	4569	1717527	1547278	50487
1152896	19958				233911	4021	4655941	4166692	273657

3-27 教育经费收入情况

地区	总计	国家财政性教育经费	一般公共预算安排的教育经费	一般公共预算教育经费	教育事业费	基本建设经费	教育费附加	科研经费	其他
合计	**1559605693**	**1339637672**	**1316455303**	**1167706797**	**1080254053**	**30503443**	**56949302**	**171054**	**148577451**
北京	41256889	35995128	35845004	31178396	28850271	1985101	343025	18885	4647722
天津	17771757	16202810	16199700	14641248	14105160	212891	323198	100	1558352
河北	67583459	54779610	54042935	51427301	49409099	283901	1734301	2023	2613611
山西	32746732	27259754	26980523	23748307	21953739	331871	1462697	17525	3214692
内蒙古	24911010	23701088	23506758	19841381	18253198	263148	1325035	206	3665171
辽宁	30587807	27838051	27769185	22720185	21405098	217176	1097910	586	5048415
吉林	20078181	17907957	17892541	15297433	14695488	100454	501491	1293	2593815
黑龙江	26290500	24699186	24684124	20948060	20329559	301875	316626	22	3736042
上海	41149292	33727181	33164369	27646920	21674670	545299	5426950		5517449
江苏	114463699	101222531	98463524	85337278	77352337	189316	7795625	9900	13116346
浙江	87487948	69028559	66038957	60615700	55254460	1728360	3632880	14926	5408331
安徽	61771197	51585744	50026614	44718392	41074674	1255338	2388380	2431	5305792
福建	45569418	38873669	36928283	34406169	32851501	159222	1395446	2898	2519217
江西	52260646	45674664	45429717	43031915	40733289	786996	1511629	19	2397784
山东	107590261	93587244	91752176	85482637	79424880	40275	6017482	914	6268625
河南	86975243	71660293	71219905	60509933	56403337	1078166	3028430	7260	10702712
湖北	55957816	47578169	46593245	42653822	42653822			216	3939207
湖南	65538029	53357804	53014634	50250519	47626653	335347	2288519	5201	2758914
广东	173261066	140025884	136351536	119225654	99851622	13522167	5851865	20013	17105868
广西	47257665	42645600	41797735	36389948	34856065	811626	722258	158	5407629
海南	13187987	11481208	11094307	9246616	8860812	240171	145633	233	1847458
重庆	39080611	35839046	35319578	28569652	26444205	810062	1315384	1247	6748680
四川	80190277	67619760	66348711	57531860	54702185	478539	2351137	1116	8815735
贵州	47288625	40624544	40006106	36007348	34197605	386617	1423126	44041	3954718
云南	53179685	47906528	47697820	39876174	38106615	673410	1096148	6322	7815324
西藏	9473330	9444831	9441428	8259550	8052984	205506	1060	50	1181828
陕西	37309300	33632005	33293586	31729802	29028908	1444536	1256358	2396	1561387
甘肃	25127227	23933343	23829465	21023886	20179519	300678	543689	483	2805096
青海	9301924	8976658	8965847	7128833	6614179	368361	146293	100	1836913
宁夏	9282608	8472649	8471134	6963048	6688710	76140	198198	2599	1505487
新疆	35675501	34356174	34285855	31298832	28619405	1370897	1308531	7890	2979133
大连	6721159	6131064	6089508	4747776	4438730	44115	264931		1341732
宁波	12181469	9882903	9561043	8572792	7953497	38000	581295	1220	987031
厦门	7385306	6750880	6018442	5251946	4775763	48846	427338	904	765591
青岛	14158717	12355314	12312331	11176999	9793936		1383064		1135332
深圳	39708838	34541309	33388413	28883323	14900844	12193936	1788543	2032	4503058

(普通中学)

单位：千元

政府性基金预算安排的教育经费	#彩票公益金	国有及国有控股企业办学中的企业拨款	校办产业和社会服务收入中用于教育的经费	其他属于国家财政性教育经费	民办学校中举办者投入	捐赠收入	事业收入	#学费	其他教育经费
22929136	**1067544**	**218359**	**34875**		**8095871**	**2231211**	**195245059**	**167212348**	**14395879**
92443	20963	48897	8785		11926	20367	4397592	3846267	831875
3110	3110				94187	11497	1273418	1215543	189844
736675	92799				407901	10443	12320856	10727007	64649
279231	7648				145934	55290	5104787	4472971	180967
194330	27595				38127	20497	1065145	868848	86152
58877	5425		9988		115989	1320	2540845	2233849	91602
15416	7766				11917	14073	1664524	1571516	479710
13701	11093	1362			37719	1599	1421346	1278472	130650
562812	104				10250	20443	6517830	6350390	873588
2759007	26736				417197	204121	11596058	10593856	1023792
2989519	35769		83		498322	230140	15389548	13716833	2341380
1559130	45192				345879	30272	9326206	7737337	483096
1777386	225252	168000			152755	371528	5068303	4566625	1103163
244947	25954				83200	110161	6038758	4473450	353863
1835068	68678				838161	62868	12631795	11223341	470194
440387	58981				1152794	75023	13834563	11389552	252571
982164	12964		2760		305131	29209	7682798	6333615	362510
343169	33599				850120	58640	10603332	8289458	668133
3674348	149042				1528978	174291	30632397	26568305	899517
844988	15608		2877		357443	37128	4018782	3083647	198713
386901	24826				46766	8272	1538031	1327840	113711
517144	16713		2324		12626	77057	2922646	2397497	229236
1262949	22639	100	8000		422126	309521	11374176	9244423	464694
618380	57211		58		90371	38196	5606944	4590611	928569
208708	29009				95930	129101	4771208	4186810	276918
3404	3404					8154	14690	11567	5656
338419	19354				17336	14203	3424454	2799134	221303
103878	13430				6554	11889	1052733	946950	122708
10811	650				232	40684	191492	156320	92859
1515	1015					11290	534447	454612	264222
70319	5017					43937	685355	555700	590035
41556	2201				10583	209	566324	525367	12978
321860	1492				7806	23443	2193547	2062264	73770
732438	204843					3787	549446	511878	81193
42982	22735				30820	4569	1717527	1547278	50487
1152896	19958				233911	4021	4655941	4166692	273657

3-28 教育经费收入情况

地区	总计	国家财政性教育经费	一般公共预算安排的教育经费	一般公共预算教育经费	教育事业费	基本建设经费	教育费附加	科研经费	其他
合计	**1552523300**	**1333842405**	**1310668721**	**1162607377**	**1075277866**	**30389729**	**56939782**	**167556**	**147893787**
北京	39075878	34605974	34455850	29825871	27497746	1985101	343025	18885	4611093
天津	17771757	16202810	16199700	14641248	14105160	212891	323198	100	1558352
河北	67583459	54779610	54042935	51427301	49409099	283901	1734301	2023	2613611
山西	32746732	27259754	26980523	23748307	21953739	331871	1462697	17525	3214692
内蒙古	24911010	23701088	23506758	19841381	18253198	263148	1325035	206	3665171
辽宁	30587807	27838051	27769185	22720185	21405098	217176	1097910	586	5048415
吉林	19831617	17759298	17743882	15148774	14546829	100454	501491	1293	2593815
黑龙江	25918889	24331185	24316323	20612449	19993949	301875	316626	22	3703851
上海	40832680	33507303	32944491	27478053	21515324	545299	5417430		5466437
江苏	114463699	101222531	98463524	85337278	77352337	189316	7795625	9900	13116346
浙江	87487948	69028559	66038957	60615700	55254460	1728360	3632880	14926	5408331
安徽	61771197	51585744	50026614	44718392	41074674	1255338	2388380	2431	5305792
福建	45569418	38873669	36928283	34406169	32851501	159222	1395446	2898	2519217
江西	52260646	45674664	45429717	43031915	40733289	786996	1511629	19	2397784
山东	107590261	93587244	91752176	85482637	79424880	40275	6017482	914	6268625
河南	86973621	71659231	71218843	60509244	56402649	1078166	3028430	7260	10702339
湖北	55539773	47233405	46248481	42309058	42309058			216	3939207
湖南	65523577	53348106	53004937	50240822	47616956	335347	2288519	5201	2758914
广东	173261066	140025884	136351536	119225654	99851622	13522167	5851865	20013	17105868
广西	47257665	42645600	41797735	36389948	34856065	811626	722258	158	5407629
海南	13187987	11481208	11094307	9246616	8860812	240171	145633	233	1847458
重庆	38904634	35709885	35190417	28440490	26315044	810062	1315384	1247	6748680
四川	80164702	67616260	66345211	57528360	54698685	478539	2351137	1116	8815735
贵州	47288625	40624544	40006106	36007348	34197605	386617	1423126	44041	3954718
云南	53179685	47906528	47697820	39876174	38106615	673410	1096148	6322	7815324
西藏	9473330	9444831	9441428	8259550	8052984	205506	1060	50	1181828
陕西	37134022	33498641	33160222	31596438	28895544	1444536	1256358	2396	1561387
甘肃	25111022	23917878	23814000	21020701	20176335	300678	543689	483	2792816
青海	9301924	8976658	8965847	7128833	6614179	368361	146293	100	1836913
宁夏	9282608	8472649	8471134	6963048	6688710	76140	198198	2599	1505487
新疆	32536060	31323614	31261780	28829435	26263720	1257183	1308531	4392	2427953
大连	6721159	6131064	6089508	4747776	4438730	44115	264931		1341732
宁波	12181469	9882903	9561043	8572792	7953497	38000	581295	1220	987031
厦门	7385306	6750880	6018442	5251946	4775763	48846	427338	904	765591
青岛	14158717	12355314	12312331	11176999	9793936		1383064		1135332
深圳	39708838	34541309	33388413	28883323	14900844	12193936	1788543	2032	4503058

（地方普通中学）

单位：千元

政府性基金预算安排的教育经费	#彩票公益金	国有及国有控股企业办学中的企业拨款	校办产业和社会服务收入中用于教育的经费	其他属于国家财政性教育经费	民办学校中举办者投入	捐赠收入	事业收入	#学费	其他教育经费
22920556	**1067130**	**218254**	**34875**		**8095871**	**2212645**	**194887318**	**166978913**	**13485062**
92443	20963	48897	8785		11926	13902	4265071	3804585	179003
3110	3110				94187	11497	1273418	1215543	189844
736675	92799				407901	10443	12320856	10727007	64649
279231	7648				145934	55290	5104787	4472971	180967
194330	27595				38127	20497	1065145	868848	86152
58877	5425		9988		115989	1320	2540845	2233849	91602
15416	7766				11917	14073	1645336	1552370	400993
13606	10998	1257			37719	1599	1417806	1275720	130580
562812	104				10250	20206	6441057	6275059	853864
2759007	26736				417197	204121	11596058	10593856	1023792
2989519	35769		83		498322	230140	15389548	13716833	2341380
1559130	45192				345879	30272	9326206	7737337	483096
1777386	225252	168000			152755	371528	5068303	4566625	1103163
244947	25954				83200	110161	6038758	4473450	353863
1835068	68678				838161	62868	12631795	11223341	470194
440387	58981				1152794	75023	13834563	11389552	252010
982164	12964		2760		305131	20306	7662097	6316368	318833
343169	33599				850120	58640	10601255	8287737	665456
3674348	149042				1528978	174291	30632397	26568305	899517
844988	15608		2877		357443	37128	4018782	3083647	198713
386901	24826				46766	8272	1538031	1327840	113711
517144	16713		2324		12626	77057	2906021	2389231	199045
1262949	22639	100	8000		422126	309521	11373417	9243996	443378
618380	57211		58		90371	38196	5606944	4590611	928569
208708	29009				95930	129101	4771208	4186810	276918
3404	3404					8154	14690	11567	5656
338419	19354				17336	14203	3410958	2788384	192885
103878	13430				6554	11889	1052660	946878	122041
10811	650				232	40684	191492	156320	92859
1515	1015					11290	534447	454612	264222
61834	4698					40973	613368	499661	558106
41556	2201				10583	209	566324	525367	12978
321860	1492				7806	23443	2193547	2062264	73770
732438	204843					3787	549446	511878	81193
42982	22735				30820	4569	1717527	1547278	50487
1152896	19958				233911	4021	4655941	4166692	273657

3-29 教育经费收入情况

地区	总计	国家财政性教育经费	一般公共预算安排的教育经费	一般公共预算教育经费	教育事业费	基本建设经费	教育费附加	科研经费	其他
合计	**584117169**	**467873630**	**456118362**	**403216311**	**365467683**	**16474702**	**21273926**	**68032**	**52834019**
北京	15462671	12947912	12914375	11232581	10404553	683546	144482	6927	1674867
天津	6658278	5850090	5850090	5243232	5131091	32569	79572	100	606758
河北	25750183	19241754	18709099	17873556	17394080	34379	445097	1417	834126
山西	13632193	11078144	10935035	9653378	8807680	260061	585636	3580	1278078
内蒙古	9978507	9450071	9431481	8075116	7472654	188280	414181	144	1356221
辽宁	11185519	9121724	9110069	7416947	7030904	16309	369734		1693122
吉林	7020303	5804065	5800128	4977887	4720369	26971	230547		822241
黑龙江	9179515	8075675	8070366	6930090	6641069	175125	113896		1140276
上海	14564693	11197310	10900795	9101221	6914604	402033	1784584		1799574
江苏	43568066	37428170	36145357	31237480	27384189	147108	3706182	5548	4902330
浙江	33385410	24650439	23477617	21311284	19009927	1012309	1289048	12067	2154266
安徽	23518492	17812013	16403077	14459425	12623801	962153	873471	10	1943642
福建	15272294	11798868	11444206	10605157	10079184	44212	481761	606	838442
江西	19139647	15058660	14857912	14015891	13145900	422284	447707		842021
山东	37635727	30178832	29157059	27157201	25226074	600	1930527	366	1999492
河南	32682086	23543292	23341941	19884727	18126058	727097	1031572	2825	3454390
湖北	21918700	16913909	16183586	14808470	14808470			97	1375018
湖南	25453895	18254866	18100099	17192354	15942730	108249	1141375	3111	904634
广东	69369975	54094270	52291420	45595874	34918526	8570117	2107230	2906	6692640
广西	16707440	13525380	13351715	11622012	10967104	401671	253238	17	1729685
海南	4720609	3830269	3553367	2970732	2899518	25792	45423		582635
重庆	14706175	12803199	12468109	9995217	9358751	200538	435929	282	2472610
四川	28267336	22160626	21256802	18337678	17429546	129461	778671	576	2918548
贵州	18299792	14241012	13778536	12371116	11349435	223394	798287	15010	1392410
云南	20451133	17206412	17172311	14151276	13220005	382734	548536	5747	3015289
西藏	3594538	3575715	3573304	3186894	3170355	16539			386410
陕西	13703599	12091641	11958706	11328878	10347742	560864	420272	1736	628092
甘肃	9739629	8884193	8847389	7706140	7359492	160426	186222	398	1140851
青海	3670072	3409752	3400888	2720410	2546595	134361	39454		680478
宁夏	3484481	3050584	3050584	2462084	2412288	11500	38296	50	588450
新疆	11396213	10594780	10582939	9592003	8624991	414015	552997	4513	986423
大连	2444551	1983573	1982067	1495543	1418892		76651		486524
宁波	4651951	3380486	3313614	2827872	2632878	38000	156994	921	484821
厦门	2563009	2138755	1962856	1748994	1565075	40270	143648	596	213266
青岛	5127731	4202248	4171789	3739514	3312769		426745		432275
深圳	18694511	15951680	15592516	13852478	5301213	7887363	663902	418	1739620

(普通高中)

单位：千元

政府性基金预算安排的教育经费	#彩票公益金	国有及国有控股企业办学中的企业拨款	校办产业和社会服务收入中用于教育的经费	其他属于国家财政性教育经费	民办学校中举办者投入	捐赠收入	事业收入	#学费	其他教育经费
11617863	**376270**	**102530**	**34875**		**4531647**	**1351143**	**103957871**	**85645212**	**6402879**
2327	1612	22425	8785		4550	8493	1989701	1632661	512014
					48773	3559	670611	631971	85246
532655	66855				216326	7988	6231084	5304665	53031
143109	2071				52895	28848	2352109	1994627	120197
18590	8283				3185	11831	496149	344812	17272
1667	364		9988		111263	471	1895296	1652218	56766
3937	2737				2981	8850	908677	838497	295730
5204	3426	105			37719	853	951276	847999	113991
296515					982	5599	2836766	2742234	524036
1282812	8306				180342	173827	5455302	4749014	330425
1172739	5254		83		158084	164604	7803204	6759977	609079
1408936	12592				191341	21546	5242260	4140235	251332
274662	51831	80000			46602	182218	2748149	2396397	496458
200748	7139				57500	64721	3834937	2743157	123829
1021773	18235				359635	46008	6938790	6136462	112462
201351	20746				878911	30520	8079627	6465421	149736
727564	7668		2760		163663	23430	4532652	3571303	285045
154768	19579				726290	33765	6095183	4644151	343790
1802851	33313				613644	106120	14135993	11852564	419947
170789	444		2877		242236	25619	2797504	2114762	116701
276902	15775				17101	2500	828491	704621	42247
332766	3118		2324		244	14777	1793563	1409916	94392
895824	9824		8000		254366	214080	5389307	3917397	248958
462418	50862		58		82437	17961	3598166	2820011	360216
34101	14603				73524	55350	2961540	2523010	154306
2411	2411					145	14690	11567	3989
132935	5268				3678	8512	1501287	1093380	98481
36804	3300				3376	7246	786651	711449	58163
8864	45					28957	185387	151240	45976
						10070	341304	279457	82523
11841	608					42678	562216	460035	196539
1506	272				10210	168	441037	408897	9564
66872	369				5407	22149	1207846	1124902	36064
175899	40220					1534	385473	354923	37247
30460	15750				15275	2194	873525	753836	34489
359164	4403				156485	1358	2439834	2091795	145153

3-30 教育经费收入情况

地区	总计	国家财政性教育经费	一般公共预算安排的教育经费	一般公共预算教育经费	教育事业费	基本建设经费	教育费附加	科研经费	其他
合计	**580245816**	**465009170**	**453254024**	**400629829**	**362954645**	**16406957**	**21268228**	**67716**	**52556479**
北京	13971260	12036565	12003027	10346131	9518102	683546	144482	6927	1649970
天津	6658278	5850090	5850090	5243232	5131091	32569	79572	100	606758
河北	25750183	19241754	18709099	17873556	17394080	34379	445097	1417	834126
山西	13632193	11078144	10935035	9653378	8807680	260061	585636	3580	1278078
内蒙古	9978507	9450071	9431481	8075116	7472654	188280	414181	144	1356221
辽宁	11185519	9121724	9110069	7416947	7030904	16309	369734		1693122
吉林	6822843	5704510	5700573	4878332	4620814	26971	230547		822241
黑龙江	9021799	7921569	7916365	6782492	6493471	175125	113896		1133873
上海	14314647	11036069	10739554	8988617	6807699	402033	1778885		1750937
江苏	43568066	37428170	36145357	31237480	27384189	147108	3706182	5548	4902330
浙江	33385410	24650439	23477617	21311284	19009927	1012309	1289048	12067	2154266
安徽	23518492	17812013	16403077	14459425	12623801	962153	873471	10	1943642
福建	15272294	11798868	11444206	10605157	10079184	44212	481761	606	838442
江西	19139647	15058660	14857912	14015891	13145900	422284	447707		842021
山东	37635727	30178832	29157059	27157201	25226074	600	1930527	366	1999492
河南	32682086	23543292	23341941	19884727	18126058	727097	1031572	2825	3454390
湖北	21561955	16627163	15896839	14521724	14521724			97	1375018
湖南	25446131	18249476	18094709	17186964	15937340	108249	1141375	3111	904634
广东	69369975	54094270	52291420	45595874	34918526	8570117	2107230	2906	6692640
广西	16707440	13525380	13351715	11622012	10967104	401671	253238	17	1729685
海南	4720609	3830269	3553367	2970732	2899518	25792	45423		582635
重庆	14613256	12741361	12406270	9933378	9296912	200538	435929	282	2472610
四川	28253450	22158774	21254951	18335826	17427694	129461	778671	576	2918548
贵州	18299792	14241012	13778536	12371116	11349435	223394	798287	15010	1392410
云南	20451133	17206412	17172311	14151276	13220005	382734	548536	5747	3015289
西藏	3594538	3575715	3573304	3186894	3170355	16539			386410
陕西	13599604	12017324	11884389	11254561	10273424	560864	420272	1736	628092
甘肃	9733175	8878113	8841308	7705580	7358932	160426	186222	398	1135331
青海	3670072	3409752	3400888	2720410	2546595	134361	39454		680478
宁夏	3484481	3050584	3050584	2462084	2412288	11500	38296	50	588450
新疆	10203256	9492796	9480971	8682432	7783165	346270	552997	4197	794342
大连	2444551	1983573	1982067	1495543	1418892		76651		486524
宁波	4651951	3380486	3313614	2827872	2632878	38000	156994	921	484821
厦门	2563009	2138755	1962856	1748994	1565075	40270	143648	596	213266
青岛	5127731	4202248	4171789	3739514	3312769		426745		432275
深圳	18694511	15951680	15592516	13852478	5301213	7887363	663902	418	1739620

(地方普通高中)

单位: 千元

政府性基金预算安排的教育经费	#彩票公益金	国有及国有控股企业办学中的企业拨款	校办产业和社会服务收入中用于教育的经费	其他属于国家财政性教育经费	民办学校中举办者投入	捐赠收入	事业收入	#学费	其他教育经费
11617846	**376254**	**102425**	**34875**		**4531647**	**1333352**	**103602151**	**85411776**	**5769496**
2327	1612	22425	8785		4550	2554	1857180	1590979	70411
					48773	3559	670611	631971	85246
532655	66855				216326	7988	6231084	5304665	53031
143109	2071				52895	28848	2352109	1994627	120197
18590	8283				3185	11831	496149	344812	17272
1667	364		9988		111263	471	1895296	1652218	56766
3937	2737				2981	8850	889489	819351	217014
5204	3426				37719	853	947736	845246	113921
296515					982	5525	2759993	2666902	512078
1282812	8306				180342	173827	5455302	4749014	330425
1172739	5254		83		158084	164604	7803204	6759977	609079
1408936	12592				191341	21546	5242260	4140235	251332
274662	51831	80000			46602	182218	2748149	2396397	496458
200748	7139				57500	64721	3834937	2743157	123829
1021773	18235				359635	46008	6938790	6136462	112462
201351	20746				878911	30520	8079627	6465421	149736
727564	7668		2760		163663	14528	4511952	3554056	244649
154768	19579				726290	33765	6093168	4642430	343432
1802851	33313				613644	106120	14135993	11852564	419947
170789	444		2877		242236	25619	2797504	2114762	116701
276902	15775				17101	2500	828491	704621	42247
332766	3118		2324		244	14777	1776938	1401651	79937
895824	9824		8000		254366	214080	5388547	3916970	237683
462418	50862		58		82437	17961	3598166	2820011	360216
34101	14603				73524	55350	2961540	2523010	154306
2411	2411					145	14690	11567	3989
132935	5268				3678	8512	1488096	1082630	81994
36804	3300				3376	7246	786578	711377	57863
8864	45					28957	185387	151240	45976
						10070	341304	279457	82523
11825	592					39803	491883	403995	178775
1506	272				10210	168	441037	408897	9564
66872	369				5407	22149	1207846	1124902	36064
175899	40220					1534	385473	354923	37247
30460	15750				15275	2194	873525	753836	34489
359164	4403				156485	1358	2439834	2091795	145153

3-31 教育经费收入情况

地区	总计	国家财政性教育经费	一般公共预算安排的教育经费	一般公共预算教育经费	教育事业费	基本建设经费	教育费附加	科研经费	其他
合计	**224422721**	**179968050**	**175862649**	**156505032**	**148960616**	**1956211**	**5588206**	**31264**	**19326352**
北京	888031	594469	594110	507387	429604	77784		100	86622
天津	989271	873033	873033	773231	771577	1654			99802
河北	13618145	9703137	9443523	8983833	8750718	32199	200917	803	458887
山西	6090119	5092242	5056819	4382281	4080459	67358	234463	2022	672516
内蒙古	4568503	4427508	4418500	3776542	3513778	105796	156968	34	641923
辽宁	2490416	2085976	2085956	1734589	1693821	16309	24459		351367
吉林	2512038	2184084	2180257	1891214	1771759	13742	105713		289043
黑龙江	3430960	3025113	3024263	2661725	2567512	60743	33470		362538
上海	1178060	967299	967299	776894	648364		128531		190405
江苏	14774960	12577185	11987634	10278152	9250192	49000	978960	328	1709154
浙江	11750145	8911913	8573581	7869288	7092180	325539	451569	3343	700949
安徽	12670917	9329712	8430501	7571257	7280799	15000	275457		859244
福建	7232714	5596362	5464318	5141140	4996919		144221	10	323168
江西	9494822	7551367	7529789	7162268	6744313	120887	297069		367521
山东	13254958	9957054	9827635	9174396	8592476		581920		653239
河南	17439974	12088454	11949481	10243632	9601284	226143	416204	386	1705464
湖北	6463381	4817505	4764465	4473519	4473519				290947
湖南	13347582	9820626	9694730	9117696	8792418	55149	270129	2217	574817
广东	12810410	9572690	9191308	7790147	7631701	3560	154886	132	1401030
广西	7438757	6417518	6341570	5539647	5392404	73655	73588		801923
海南	1835746	1595878	1593745	1356692	1314306	25621	16765		237053
重庆	5028471	4512201	4454225	3583226	3487599	29180	66446	84	870915
四川	12548381	10722905	10299255	8857196	8504201	115087	237908	364	1441695
贵州	9702906	7696870	7414791	6615814	6478585	50847	86383	13498	785479
云南	11102665	9705062	9686003	8216868	7698449	211028	307392	1839	1467296
西藏	952928	952054	950994	836180	836180				114814
陕西	6675942	6045619	5957976	5727733	5354318	180437	192978	1736	228507
甘肃	6006457	5588225	5561085	4854833	4709103	40153	105578	325	705927
青海	2084008	1909583	1900775	1499126	1467382	16067	15677		401649
宁夏	1177009	1029002	1029002	814035	810965		3069		214967
新疆	4864044	4617406	4616026	4294491	4223734	43271	27486	4044	317491
大连	182893	130398	130398	105002	104099		903		25396
宁波	1309649	977720	936961	803126	797270		5855		133835
厦门	215444	201484	169244	149813	141934		7879		19431
青岛	628301	522323	522323	466274	357718		108555		56049
深圳									

(农村高中)

单位：千元

政府性基金预算安排的教育经费	#彩票公益金	国有及国有控股企业办学中的企业拨款	校办产业和社会服务收入中用于教育的经费	其他属于国家财政性教育经费	民办学校中举办者投入	捐赠收入	事业收入	#学费	其他教育经费
4022454	**53583**	**80105**	**2843**		**2286892**	**670930**	**39624056**	**31769178**	**1872793**
359	359				633	513	289845	267817	2571
					12000	220	100917	87706	3100
259614	29				189270	4667	3693819	3115223	27251
35423	772				15701	22095	929415	781884	30667
9008	4258					5988	127567	69887	7441
20	20				6400		391478	323868	6563
3827	2627					2007	268118	245949	57829
745	745	105			37719	447	264919	231652	102762
						1046	186246	166654	23469
589550	2632				149880	77286	1880216	1667016	90392
338248	2100		83		119973	60763	2463455	2133919	194041
899211	9825				117949	8915	3141675	2561052	72667
52044	7206	80000			6000	154033	1168353	981057	307965
21578	5142				39974	15785	1833936	1233419	53760
129419					196528	39236	3031322	2696877	30819
138973	3130				501408	5525	4783024	3676490	61564
50280	933		2760		120465	16063	1416722	1045352	92626
125896	2542				139848	30288	3193148	2405070	163672
381382	617				372396	19451	2787324	2296434	58549
75948	33				8535	20066	952435	670235	40204
2134					16511	622	204900	171077	17836
57977	2007					669	497219	341664	18382
423650	3080				131537	100212	1549372	1000889	44355
282080	523				78511	5649	1758365	1419202	163511
19059	3044				23449	38764	1282641	1053411	52750
1061	1061					145	271	200	457
87643	76				2126	5310	603141	414872	19746
27139	639				79	6107	387859	347057	24189
8808						27520	107867	87286	39038
						1412	134558	117915	12037
1380	182					127	193929	158042	52582
							46975	42201	5519
40759	40					17186	306421	282476	8322
32240							12080	10513	1880
						1922	103670	89776	385

3-32 教育经费收入情况

地区	总计	国家财政性教育经费	一般公共预算安排的教育经费	一般公共预算教育经费	教育事业费	基本建设经费	教育费附加	科研经费	其他
合计	**223930151**	**179555197**	**175449916**	**156125842**	**148585076**	**1952560**	**5588206**	**31264**	**19292810**
北京	888031	594469	594110	507387	429604	77784		100	86622
天津	989271	873033	873033	773231	771577	1654			99802
河北	13618145	9703137	9443523	8983833	8750718	32199	200917	803	458887
山西	6090119	5092242	5056819	4382281	4080459	67358	234463	2022	672516
内蒙古	4568503	4427508	4418500	3776542	3513778	105796	156968	34	641923
辽宁	2490416	2085976	2085956	1734589	1693821	16309	24459		351367
吉林	2512038	2184084	2180257	1891214	1771759	13742	105713		289043
黑龙江	3294354	2891693	2890948	2532267	2438053	60743	33470		358681
上海	1178060	967299	967299	776894	648364		128531		190405
江苏	14774960	12577185	11987634	10278152	9250192	49000	978960	328	1709154
浙江	11750145	8911913	8573581	7869288	7092180	325539	451569	3343	700949
安徽	12670917	9329712	8430501	7571257	7280799	15000	275457		859244
福建	7232714	5596362	5464318	5141140	4996919		144221	10	323168
江西	9494822	7551367	7529789	7162268	6744313	120887	297069		367521
山东	13254958	9957054	9827635	9174396	8592476		581920		653239
河南	17439974	12088454	11949481	10243632	9601284	226143	416204	386	1705464
湖北	6251439	4663623	4610583	4319636	4319636				290947
湖南	13347582	9820626	9694730	9117696	8792418	55149	270129	2217	574817
广东	12810410	9572690	9191308	7790147	7631701	3560	154886	132	1401030
广西	7438757	6417518	6341570	5539647	5392404	73655	73588		801923
海南	1835746	1595878	1593745	1356692	1314306	25621	16765		237053
重庆	5028471	4512201	4454225	3583226	3487599	29180	66446	84	870915
四川	12548381	10722905	10299255	8857196	8504201	115087	237908	364	1441695
贵州	9702906	7696870	7414791	6615814	6478585	50847	86383	13498	785479
云南	11102665	9705062	9686003	8216868	7698449	211028	307392	1839	1467296
西藏	952928	952054	950994	836180	836180				114814
陕西	6675942	6045619	5957976	5727733	5354318	180437	192978	1736	228507
甘肃	6000004	5582144	5555005	4854273	4708543	40153	105578	325	700407
青海	2084008	1909583	1900775	1499126	1467382	16067	15677		401649
宁夏	1177009	1029002	1029002	814035	810965		3069		214967
新疆	4726476	4497936	4496572	4199202	4132096	39621	27486	4044	293327
大连	182893	130398	130398	105002	104099		903		25396
宁波	1309649	977720	936961	803126	797270		5855		133835
厦门	215444	201484	169244	149813	141934		7879		19431
青岛	628301	522323	522323	466274	357718		108555		56049
深圳									

（地方农村高中）

单位：千元

政府性基金预算安排的教育经费	#彩票公益金	国有及国有控股企业办学中的企业拨款	校办产业和社会服务收入中用于教育的经费	其他属于国家财政性教育经费	民办学校中举办者投入	捐赠收入	事业收入	#学费	其他教育经费
4022438	**53567**	**80000**	**2843**		**2286892**	**662028**	**39588524**	**31739337**	**1837511**
359	359				633	513	289845	267817	2571
					12000	220	100917	87706	3100
259614	29				189270	4667	3693819	3115223	27251
35423	772				15701	22095	929415	781884	30667
9008	4258					5988	127567	69887	7441
20	20				6400		391478	323868	6563
3827	2627					2007	268118	245949	57829
745	745				37719	447	261804	229242	102692
						1046	186246	166654	23469
589550	2632				149880	77286	1880216	1667016	90392
338248	2100		83		119973	60763	2463455	2133919	194041
899211	9825				117949	8915	3141675	2561052	72667
52044	7206	80000			6000	154033	1168353	981057	307965
21578	5142				39974	15785	1833936	1233419	53760
129419					196528	39236	3031322	2696877	30819
138973	3130				501408	5525	4783024	3676490	61564
50280	933		2760		120465	7161	1402255	1033794	57935
125896	2542				139848	30288	3193148	2405070	163672
381382	617				372396	19451	2787324	2296434	58549
75948	33				8535	20066	952435	670235	40204
2134					16511	622	204900	171077	17836
57977	2007					669	497219	341664	18382
423650	3080				131537	100212	1549372	1000889	44355
282080	523				78511	5649	1758365	1419202	163511
19059	3044				23449	38764	1282641	1053411	52750
1061	1061					145	271	200	457
87643	76				2126	5310	603141	414872	19746
27139	639				79	6107	387786	346985	23889
8808						27520	107867	87286	39038
						1412	134558	117915	12037
1364	166					127	176053	142241	52361
							46975	42201	5519
40759	40					17186	306421	282476	8322
32240							12080	10513	1880
						1922	103670	89776	385

3-33 教育经费收入情况

地区	总计	国家财政性教育经费	一般公共预算安排的教育经费	一般公共预算教育经费	教育事业费	基本建设经费	教育费附加	科研经费	其他
合计	**975488523**	**871764042**	**860336940**	**764490486**	**714786369**	**14028741**	**35675376**	**103022**	**95743432**
北京	25794218	23047216	22930629	19945816	18445719	1301554	198543	11958	2972855
天津	11113478	10352720	10349610	9398016	8974069	180322	243626		951594
河北	41833276	35537856	35333836	33553745	32015018	249522	1289204	606	1779485
山西	19114539	16181610	16045488	14094929	13146059	71809	877060	13945	1936614
内蒙古	14932503	14251017	14075277	11766265	10780544	74868	910853	62	2308950
辽宁	19402288	18716327	18659117	15303238	14374194	200867	728177	586	3355293
吉林	13057877	12103892	12092413	10319546	9975119	73483	270944	1293	1771574
黑龙江	17110986	16623511	16613758	14017970	13688490	126749	202730	22	2595765
上海	26584599	22529871	22263574	18545699	14760066	143266	3642367		3717875
江苏	70895633	63794361	62318167	54099798	49968147	42207	4089444	4352	8214016
浙江	54102539	44378120	42561339	39304416	36244533	716050	2343832	2859	3254065
安徽	38252705	33773730	33623537	30258967	28450874	293184	1514908	2421	3362149
福建	30297124	27074801	25484078	23801012	22772318	115010	913684	2292	1680774
江西	33120999	30616004	30571805	29016023	27587389	364712	1063923	19	1555763
山东	69954534	63408412	62595117	58325436	54198806	39675	4086955	548	4269133
河南	54293157	48117001	47877965	40625207	38277280	351069	1996858	4436	7248322
湖北	34039116	30664260	30409660	27845352	27845352			119	2564189
湖南	40084134	35102937	34914535	33058165	31683923	227097	1147144	2091	1854280
广东	103891091	85931614	84060116	73629780	64933096	4952050	3744634	17108	10413228
广西	30550225	29120220	28446020	24767936	23888961	409955	469020	141	3677944
海南	8467379	7650939	7540940	6275884	5961294	214380	100210	233	1264823
重庆	24374436	23035847	22851469	18574434	17085454	609524	879456	965	4276070
四川	51922942	45459134	45091909	39194182	37272639	349078	1572466	540	5897187
贵州	28988833	26383532	26227570	23636232	22848170	163224	624838	29031	2562308
云南	32728553	30700116	30525509	25724898	24886610	290676	547612	575	4800035
西藏	5878792	5869117	5868124	5072656	4882630	188966	1060	50	795418
陕西	23605701	21540363	21334879	20400924	18681166	883671	836086	660	933296
甘肃	15387598	15049150	14982076	13317746	12820027	140252	357467	85	1664245
青海	5631852	5566906	5564958	4408423	4067584	234000	106839	100	1156435
宁夏	5798126	5422065	5420550	4500964	4276422	64640	159902	2549	917038
新疆	24279288	23761394	23702916	21706830	19994414	956881	755534	3377	1992710
大连	4276607	4147492	4107442	3252233	3019838	44115	188281		855208
宁波	7529518	6502417	6247429	5744920	5320619		424301	299	502210
厦门	4822297	4612125	4055586	3502953	3210687	8576	283690	308	552325
青岛	9030986	8153065	8140543	7437485	6481166		956319		703057
深圳	21014327	18589629	17795897	15030845	9599631	4306572	1124641	1614	2763439

（普通初中）

单位：千元

政府性基金预算安排的教育经费	#彩票公益金	国有及国有控股企业办学中的企业拨款	校办产业和社会服务收入中用于教育的经费	其他属于国家财政性教育经费	民办学校中举办者投入	捐赠收入	事业收入	#学费	其他教育经费
11311273	**691274**	**115829**			**3564224**	**880069**	**91287188**	**81567136**	**7993000**
90115	19351	26472			7376	11874	2407892	2213606	319860
3110	3110				45414	7938	602807	583571	104598
204021	25944				191575	2455	6089772	5422341	11618
136122	5577				93039	26442	2752678	2478344	60770
175740	19312				34943	8667	568996	524037	68880
57210	5062				4726	849	645549	581632	34837
11479	5029				8936	5223	755847	733019	183980
8497	7666	1257				746	470069	430474	16659
266297	104				9268	14844	3681064	3608156	349552
1476194	18430				236855	30294	6140756	5844842	693367
1816780	30515				340237	65536	7586345	6956856	1732301
150194	32600				154538	8727	4083946	3597102	231764
1502724	173421	88000			106153	189310	2320154	2170228	606705
44199	18815				25700	45440	2203821	1730293	230034
813295	50443				478526	16860	5693005	5086879	357732
239036	38235				273883	44503	5754936	4924131	102834
254601	5296				141467	5779	3150145	2762312	77465
188402	14019				123830	24875	4508149	3645307	324343
1871498	115729				915333	68171	16496404	14715741	479570
674199	15164				115207	11508	1221278	968885	82013
109999	9051				29665	5772	709540	623219	71464
184377	13595				12382	62281	1129083	987580	134844
367126	12815	100			167760	95442	5984870	5327026	215736
155962	6349				7933	20236	2008778	1770600	568354
174607	14406				22406	73751	1809668	1663800	122611
993	993					8009			1667
205484	14086				13658	5691	1923167	1705754	122822
67074	10130				3178	4643	266082	235501	64545
1947	605				232	11727	6105	5080	46883
1515	1015					1220	193143	175156	181698
58478	4409					1259	123139	95666	393496
40050	1929				373	41	125287	116470	3415
254988	1123				2400	1295	985701	937363	37706
556539	164624					2253	163973	156955	43946
12523	6985				15546	2375	844002	793442	15998
793732	15555				77426	2662	2216107	2074897	128504

3-34 教育经费收入情况

地区	总计	国家财政性教育经费	一般公共预算安排的教育经费	一般公共预算教育经费	教育事业费	基本建设经费	教育费附加	科研经费	其他
合计	**972277484**	**868833234**	**857414696**	**761977548**	**712323221**	**13982773**	**35671554**	**99840**	**95337308**
北京	25104618	22569410	22452823	19479741	17979644	1301554	198543	11958	2961123
天津	11113478	10352720	10349610	9398016	8974069	180322	243626		951594
河北	41833276	35537856	35333836	33553745	32015018	249522	1289204	606	1779485
山西	19114539	16181610	16045488	14094929	13146059	71809	877060	13945	1936614
内蒙古	14932503	14251017	14075277	11766265	10780544	74868	910853	62	2308950
辽宁	19402288	18716327	18659117	15303238	14374194	200867	728177	586	3355293
吉林	13008774	12054788	12043309	10270442	9926015	73483	270944	1293	1771574
黑龙江	16897090	16409616	16399957	13829957	13500477	126749	202730	22	2569978
上海	26518033	22471234	22204937	18489436	14707625	143266	3638545		3715501
江苏	70895633	63794361	62318167	54099798	49968147	42207	4089444	4352	8214016
浙江	54102539	44378120	42561339	39304416	36244533	716050	2343832	2859	3254065
安徽	38252705	33773730	33623537	30258967	28450874	293184	1514908	2421	3362149
福建	30297124	27074801	25484078	23801012	22772318	115010	913684	2292	1680774
江西	33120999	30616004	30571805	29016023	27587389	364712	1063923	19	1555763
山东	69954534	63408412	62595117	58325436	54198806	39675	4086955	548	4269133
河南	54291535	48115939	47876903	40624518	38276591	351069	1996858	4436	7247949
湖北	33977818	30606242	30351642	27787335	27787335			119	2564189
湖南	40077446	35098630	34910228	33053857	31679616	227097	1147144	2091	1854280
广东	103891091	85931614	84060116	73629780	64933096	4952050	3744634	17108	10413228
广西	30550225	29120220	28446020	24767936	23888961	409955	469020	141	3677944
海南	8467379	7650939	7540940	6275884	5961294	214380	100210	233	1264823
重庆	24291378	22968524	22784147	18507112	17018132	609524	879456	965	4276070
四川	51911252	45457486	45090260	39192533	37270990	349078	1572466	540	5897187
贵州	28988833	26383532	26227570	23636232	22848170	163224	624838	29031	2562308
云南	32728553	30700116	30525509	25724898	24886610	290676	547612	575	4800035
西藏	5878792	5869117	5868124	5072656	4882630	188966	1060	50	795418
陕西	23534419	21481317	21275833	20341877	18622119	883671	836086	660	933296
甘肃	15377847	15039765	14972692	13315121	12817402	140252	357467	85	1657486
青海	5631852	5566906	5564958	4408423	4067584	234000	106839	100	1156435
宁夏	5798126	5422065	5420550	4500964	4276422	64640	159902	2549	917038
新疆	22332804	21830818	21780809	20147003	18480555	910913	755534	195	1633611
大连	4276607	4147492	4107442	3252233	3019838	44115	188281		855208
宁波	7529518	6502417	6247429	5744920	5320619		424301	299	502210
厦门	4822297	4612125	4055586	3502953	3210687	8576	283690	308	552325
青岛	9030986	8153065	8140543	7437485	6481166		956319		703057
深圳	21014327	18589629	17795897	15030845	9599631	4306572	1124641	1614	2763439

（地方普通初中）

单位：千元

政府性基金预算安排的教育经费	#彩票公益金	国有及国有控股企业办学中的企业拨款	校办产业和社会服务收入中用于教育的经费	其他属于国家财政性教育经费	民办学校中举办者投入	捐赠收入	事业收入	#学费	其他教育经费
11302710	**690876**	**115829**			**3564224**	**879293**	**91285167**	**81567136**	**7715566**
90115	19351	26472			7376	11348	2407892	2213606	108592
3110	3110				45414	7938	602807	583571	104598
204021	25944				191575	2455	6089772	5422341	11618
136122	5577				93039	26442	2752678	2478344	60770
175740	19312				34943	8667	568996	524037	68880
57210	5062				4726	849	645549	581632	34837
11479	5029				8936	5223	755847	733019	183980
8402	7571	1257				746	470069	430474	16659
266297	104				9268	14681	3681064	3608156	341786
1476194	18430				236855	30294	6140756	5844842	693367
1816780	30515				340237	65536	7586345	6956856	1732301
150194	32600				154538	8727	4083946	3597102	231764
1502724	173421	88000			106153	189310	2320154	2170228	606705
44199	18815				25700	45440	2203821	1730293	230034
813295	50443				478526	16860	5693005	5086879	357732
239036	38235				273883	44503	5754936	4924131	102274
254601	5296				141467	5779	3150145	2762312	74184
188402	14019				123830	24875	4508087	3645307	322024
1871498	115729				915333	68171	16496404	14715741	479570
674199	15164				115207	11508	1221278	968885	82013
109999	9051				29665	5772	709540	623219	71464
184377	13595				12382	62281	1129083	987580	119108
367126	12815	100			167760	95442	5984870	5327026	205695
155962	6349				7933	20236	2008778	1770600	568354
174607	14406				22406	73751	1809668	1663800	122611
993	993					8009			1667
205484	14086				13658	5691	1922862	1705754	110891
67074	10130				3178	4643	266082	235501	64178
1947	605				232	11727	6105	5080	46883
1515	1015					1220	193143	175156	181698
50009	4106					1171	121485	95666	379331
40050	1929				373	41	125287	116470	3415
254988	1123				2400	1295	985701	937363	37706
556539	164624					2253	163973	156955	43946
12523	6985				15546	2375	844002	793442	15998
793732	15555				77426	2662	2216107	2074897	128504

3-35 教育经费收入情况

地区	总计	国家财政性教育经费	一般公共预算安排的教育经费	一般公共预算教育经费	教育事业费	基本建设经费	教育费附加	科研经费	其他
合计	**511669282**	**476176649**	**473217504**	**421152363**	**405946288**	**3065652**	**12140424**	**60694**	**52004447**
北京	4514422	4096847	4095658	3550844	3308755	221805	20285		544814
天津	2717475	2656579	2656319	2381007	2363620		17387		275311
河北	27407908	23473390	23299085	22061681	21254845	39522	767314	437	1236968
山西	10688031	9560302	9523486	8222346	7794300	42641	385405	10532	1290607
内蒙古	8960879	8715492	8702809	7213369	6785864	18552	408954	16	1489424
辽宁	7699964	7598555	7598441	6262654	6083025	1423	178206	586	1335201
吉林	7593712	7312930	7301811	6289560	6131762	40458	117340		1012251
黑龙江	9485627	9370538	9367629	8083256	7931588	94710	56958		1284373
上海	3082118	2698918	2696862	2144089	1831908		312181		552773
江苏	30601792	28043297	27914339	24143271	22624440	4295	1514536	462	3770606
浙江	21860196	18804693	18097003	16871437	15964039	275500	631897	1161	1224405
安徽	27134114	24300163	24197911	21727671	20646655	219160	861855	337	2469903
福建	15730809	14541116	14293109	13576584	13194632	44768	337185	110	716414
江西	21919785	20667853	20637234	19611688	18897328	128459	585901	19	1025527
山东	36029510	32868151	32759700	30503762	28927638	3550	1572574	548	2255389
河南	36065345	32301333	32134770	27302567	26176314	109649	1016604	560	4831643
湖北	17312720	16348633	16318633	15234598	15234598			100	1083935
湖南	26663079	24370728	24198860	22737353	22036419	182911	518023	2074	1459433
广东	32340648	29348375	29130882	25052905	24505404	149366	398136	12312	4065665
广西	20336794	19879242	19719343	17277982	16961774	85207	231001		2441361
海南	5180401	4914148	4869778	4017560	3847627	113468	56465	233	851985
重庆	12172137	11967140	11885280	9510546	9242443	54336	213768	36	2374697
四川	31254552	29875630	29750994	25851367	24866987	285179	699201	294	3899334
贵州	20307221	19419674	19380856	17482086	17149750	102010	230326	26887	1871883
云南	23987899	23458862	23303490	19729528	19418229	129279	182021	103	3573859
西藏	3834859	3826525	3826091	3269965	3218317	50588	1060	50	556077
陕西	12603677	12060563	11942467	11407971	10884306	127299	396366	660	533836
甘肃	11257836	11165420	11132081	9896110	9612649	112372	171090		1235971
青海	3763887	3712104	3710371	2926528	2806976	76553	42999		783843
宁夏	3029898	2948257	2946849	2389851	2326783	28460	34608	49	556949
新疆	16131988	15871192	15825361	14422226	13917313	324133	180780	3128	1400008
大连	854398	850131	850111	691545	661495		30050		158566
宁波	2571802	2350187	2133959	1963794	1872976		90817		170165
厦门	524580	515591	500567	453677	407615	273	45789	80	46810
青岛	2052785	1995865	1993068	1793552	1656815		136737		199516
深圳									

（农村初中）

单位：千元

政府性基金预算安排的教育经费	#彩票公益金	国有及国有控股企业办学中的企业拨款	校办产业和社会服务收入中用于教育的经费	其他属于国家财政性教育经费	民办学校中举办者投入	捐赠收入	事业收入	#学费	其他教育经费
2869889	**195193**	**89257**			**2097128**	**477273**	**30191313**	**26209397**	**2726919**
1189	1189				1259	1161	400207	375052	14949
260	260					320	49806	43397	10771
174304	22720				165236	2455	3758328	3312517	8499
36816	2316				13287	17656	1064486	945789	32300
12683	4309				32261	5105	165300	152290	42721
114	114				181	21	96361	85201	4846
11119	4669				7936	2074	223617	215946	47155
1652	1532	1257				11	101820	92825	13258
2056	90					745	316919	303250	65536
128958	3394				119927	11578	2184468	2032666	242521
707690	4518				240787	36471	2126717	1975336	651528
102252	26641				84119	6581	2679169	2348888	64081
160008	3304	88000			790	153833	789435	725107	245635
30619	7877				19042	23130	1088762	778146	120998
108451	5014				354910	9620	2653576	2370721	143253
166563	9277				196167	18415	3542860	2955636	6570
30000	1203				116987	5196	805584	701771	36320
171868	10619				53639	18722	2025283	1584245	194706
217493	36151				543651	20779	2364237	2058204	63605
159899	3454				25232	10818	388071	302785	33430
44370	286				9155	5139	206184	181944	45775
81860	12707				3110	1003	174946	119119	25939
124636	5035				101136	76059	1179810	984404	21917
38818	5837				3868	5141	763005	677428	115533
155372	9542				336	21047	439388	380796	68265
433	433					8009			325
118096	2208				1933	927	506055	429653	34198
33339	7711				2178	4635	47376	41433	38227
1733	390					9488	4249	3336	38047
1408	908					628	33401	31512	47612
45831	1486					507	11890		248398
20	20					21	4246	4246	
216228	150				1843	1265	209295	201495	9213
15024	330					33	7222	6554	1734
2797					5894	659	49475	48304	893

3-36 教育经费收入情况

地区	总计	国家财政性教育经费	一般公共预算安排的教育经费	一般公共预算教育经费	教育事业费	基本建设经费	教育费附加	科研经费	其他
合计	**510253146**	**474768442**	**471809577**	**420003392**	**404812715**	**3050254**	**12140424**	**57666**	**51748519**
北京	4514422	4096847	4095658	3550844	3308755	221805	20285		544814
天津	2717475	2656579	2656319	2381007	2363620		17387		275311
河北	27407908	23473390	23299085	22061681	21254845	39522	767314	437	1236968
山西	10688031	9560302	9523486	8222346	7794300	42641	385405	10532	1290607
内蒙古	8960879	8715492	8702809	7213369	6785864	18552	408954	16	1489424
辽宁	7699964	7598555	7598441	6262654	6083025	1423	178206	586	1335201
吉林	7593712	7312930	7301811	6289560	6131762	40458	117340		1012251
黑龙江	9296363	9181274	9178460	7916402	7764734	94710	56958		1262058
上海	3082118	2698918	2696862	2144089	1831908		312181		552773
江苏	30601792	28043297	27914339	24143271	22624440	4295	1514536	462	3770606
浙江	21860196	18804693	18097003	16871437	15964039	275500	631897	1161	1224405
安徽	27134114	24300163	24197911	21727671	20646655	219160	861855	337	2469903
福建	15730809	14541116	14293109	13576584	13194632	44768	337185	110	716414
江西	21919785	20667853	20637234	19611688	18897328	128459	585901	19	1025527
山东	36029510	32868151	32759700	30503762	28927638	3550	1572574	548	2255389
河南	36065345	32301333	32134770	27302567	26176314	109649	1016604	560	4831643
湖北	17312720	16348633	16318633	15234598	15234598			100	1083935
湖南	26663079	24370728	24198860	22737353	22036419	182911	518023	2074	1459433
广东	32340648	29348375	29130882	25052905	24505404	149366	398136	12312	4065665
广西	20336794	19879242	19719343	17277982	16961774	85207	231001		2441361
海南	5180401	4914148	4869778	4017560	3847627	113468	56465	233	851985
重庆	12172137	11967140	11885280	9510546	9242443	54336	213768	36	2374697
四川	31254552	29875630	29750994	25851367	24866987	285179	699201	294	3899334
贵州	20307221	19419674	19380856	17482086	17149750	102010	230326	26887	1871883
云南	23987899	23458862	23303490	19729528	19418229	129279	182021	103	3573859
西藏	3834859	3826525	3826091	3269965	3218317	50588	1060	50	556077
陕西	12603677	12060563	11942467	11407971	10884306	127299	396366	660	533836
甘肃	11248085	11156036	11122697	9893485	9610024	112372	171090		1229212
青海	3763887	3712104	3710371	2926528	2806976	76553	42999		783843
宁夏	3029898	2948257	2946849	2389851	2326783	28460	34608	49	556949
新疆	14914867	14661633	14615987	13442733	12953218	308735	180780	101	1173153
大连	854398	850131	850111	691545	661495		30050		158566
宁波	2571802	2350187	2133959	1963794	1872976		90817		170165
厦门	524580	515591	500567	453677	407615	273	45789	80	46810
青岛	2052785	1995865	1993068	1793552	1656815		136737		199516
深圳									

（地方农村初中）

单位：千元

政府性基金预算安排的教育经费	#彩票公益金	国有及国有控股企业办学中的企业拨款	校办产业和社会服务收入中用于教育的经费	其他属于国家财政性教育经费	民办学校中举办者投入	捐赠收入	事业收入	#学费	其他教育经费
2869608	**194913**	**89257**			**2097128**	**477259**	**30190645**	**26209397**	**2719672**
1189	1189				1259	1161	400207	375052	14949
260	260					320	49806	43397	10771
174304	22720				165236	2455	3758328	3312517	8499
36816	2316				13287	17656	1064486	945789	32300
12683	4309				32261	5105	165300	152290	42721
114	114				181	21	96361	85201	4846
11119	4669				7936	2074	223617	215946	47155
1557	1437	1257				11	101820	92825	13258
2056	90					745	316919	303250	65536
128958	3394				119927	11578	2184468	2032666	242521
707690	4518				240787	36471	2126717	1975336	651528
102252	26641				84119	6581	2679169	2348888	64081
160008	3304	88000			790	153833	789435	725107	245635
30619	7877				19042	23130	1088762	778146	120998
108451	5014				354910	9620	2653576	2370721	143253
166563	9277				196167	18415	3542860	2955636	6570
30000	1203				116987	5196	805584	701771	36320
171868	10619				53639	18722	2025283	1584245	194706
217493	36151				543651	20779	2364237	2058204	63605
159899	3454				25232	10818	388071	302785	33430
44370	286				9155	5139	206184	181944	45775
81860	12707				3110	1003	174946	119119	25939
124636	5035				101136	76059	1179810	984404	21917
38818	5837				3868	5141	763005	677428	115533
155372	9542				336	21047	439388	380796	68265
433	433					8009			325
118096	2208				1933	927	506055	429653	34198
33339	7711				2178	4635	47376	41433	37859
1733	390					9488	4249	3336	38047
1408	908					628	33401	31512	47612
45646	1301					494	11222		241518
20	20					21	4246	4246	
216228	150				1843	1265	209295	201495	9213
15024	330					33	7222	6554	1734
2797					5894	659	49475	48304	893

3-37 教育经费收入情况

地区	总计	国家财政性教育经费	一般公共预算安排的教育经费	一般公共预算教育经费	教育事业费	基本建设经费	教育费附加	科研经费	其他
合计	**654888**	**592149**	**589850**	**528697**	**510628**		**18068**		**61153**
北京	73237	68810	68810	54936	53935		1001		13874
天津	66820	66618	66618	58138	58138				8481
河北									
山西									
内蒙古									
辽宁									
吉林	2866	2561	2561	1595	1595				967
黑龙江									
上海	2013	2013	2013	1455	1455				559
江苏	186277	175479	175479	149658	137628		12030		25822
浙江	271726	226174	224559	219930	215357		4573		4628
安徽									
福建									
江西									
山东									
河南									
湖北									
湖南	3493	2527	2527	2124	1924		200		403
广东	19935	19444	18760	13341	13076		265		5420
广西									
海南									
重庆									
四川									
贵州									
云南									
西藏									
陕西									
甘肃	28490	28490	28490	27490	27490				1000
青海									
宁夏									
新疆	32	32	32	32	32				
大连									
宁波									
厦门									
青岛									
深圳									

(成人中学)

单位：千元

政府性基金预算安排的教育经费	#彩票公益金	国有及国有控股企业办学中的企业拨款	校办产业和社会服务收入中用于教育的经费	其他属于国家财政性教育经费	民办学校中举办者投入	捐赠收入	事业收入	#学费	其他教育经费
2299						**11**	**19842**	**6382**	**42886**
							4426	4426	
									202
									304
							10124		674
1615						11	4098	893	41443
							966	836	
684							227	227	263

3-38 教育经费收入情况

地区	总计	国家财政性教育经费	一般公共预算安排的教育经费	一般公共预算教育经费	教育事业费	基本建设经费	教育费附加	科研经费	其他
合计	**1516367454**	**1401311454**	**1384764826**	**1226724446**	**1159455559**	**17422529**	**49846358**	**164332**	**157876047**
北京	43955855	39429892	39340124	34169376	32368358	1433712	367306	2143	5168604
天津	16727707	15918813	15826231	14483860	14075939	83910	324012	157	1342214
河北	69072434	64095377	63543421	59911157	58027050	158707	1725400	2156	3630108
山西	29986385	27570092	27381008	23967315	22692307	143708	1131301	11743	3401950
内蒙古	24692205	24263602	24162021	19843941	18368537	96261	1379143	63	4318017
辽宁	27342704	26568401	26440581	21818878	20797174	103998	917706	1016	4620687
吉林	20257693	19227213	19216175	16424297	15761096	200382	462819	1079	2790798
黑龙江	21790061	21578774	21567935	18105674	17802590	122860	180223	28	3462234
上海	34020445	29460206	28984491	24187465	19860332	21338	4305794		4797026
江苏	104875048	97863640	95469208	83563170	77473408	335624	5754137	7717	11898322
浙江	85480732	73909534	71369707	65919887	61743169	926102	3250615	4857	5444963
安徽	56141127	53337317	53140633	47745849	45857223	249161	1639465	1888	5392896
福建	43492630	41387516	40684096	37751478	36293898	144430	1313150	2382	2930236
江西	48216143	45882626	45810880	43359692	41543837	226291	1589564	114	2451074
山东	89902358	83513999	82636340	77107313	73113356	5250	3988706	60	5528967
河南	81842696	73267556	73052935	61810115	58856730	437000	2516386	6692	11236128
湖北	48885446	45432550	44854750	41208139	41208139			235	3646376
湖南	58558826	54380321	54103894	51220231	49156736	483562	1579933	10655	2873008
广东	184768661	154975068	151313412	131470079	118111379	6681649	6677051	43087	19800247
广西	52926552	51406273	50492109	43769762	42450194	335551	984018	2704	6719643
海南	13619606	12282594	12165727	9856498	9526200	93199	237099	567	2308662
重庆	37152781	36090780	35362598	27064805	25206637	575658	1282509	5722	8292071
四川	77632341	71576652	70960996	61403148	58252207	596952	2553989	2051	9555796
贵州	48448037	46630795	46434970	42232695	40795426	228453	1208817	49706	4152570
云南	55955117	54669115	54522690	45042102	43687910	415273	938919	495	9480093
西藏	12571091	12554236	12484519	10955611	10345783	605614	4214		1528908
陕西	40200641	37688629	37351842	35776310	33157559	1144919	1473832	1371	1574161
甘肃	28139573	27797147	27626243	24497062	23671995	241437	583630	11	3129170
青海	10166013	10051497	10027710	7975519	7482043	274132	219343	400	2051791
宁夏	8790875	8460792	8447763	6877545	6703852	38000	135694		1570217
新疆	40755671	40040448	39989817	37205474	35064496	1019396	1121582	5233	2779110
大连	6057979	5882321	5775129	4630616	4339686		290931	46	1144467
宁波	12167513	10968961	10509516	9533946	8967059		566887	358	975212
厦门	7978345	7642382	7153113	6186957	5705149	95436	386372	24	966132
青岛	12636086	11773637	11756092	10792306	9870487		921819		963786
深圳	42590195	36705449	34784760	29428176	20872440	5777546	2778190	3668	5352915

(小学)

单位：千元

政府性基金预算安排的教育经费	#彩票公益金	国有及国有控股企业办学中的企业拨款	校办产业和社会服务收入中用于教育的经费	其他属于国家财政性教育经费	民办学校中举办者投入	捐赠收入	事业收入	#学费	其他教育经费
16483113	**848224**	**63515**			**3946618**	**1377174**	**98272464**	**89518415**	**11459744**
32750	8137	57019			23895	17439	4237302	4106624	247327
92582	3067				24362	33700	625323	612466	125509
551956	52664				144745	7337	4805160	4295695	19814
185484	25194	3600			101608	19198	2231166	2000851	64321
101582	22358				76264	20496	310876	291992	20967
127820	6657				1219	115040	622175	566667	35869
11038	10451				15103	9482	563969	556328	441926
9790	8253	1049				369	188182	156567	22736
475715	136				17350	20706	3909117	3861319	613066
2394432	18404				203397	59175	5870285	5696549	878551
2539328	34177	500			319149	137146	8098871	7621068	3016031
196684	22852				88161	12480	2232767	2013674	470401
703419	102271				58809	125382	1234899	1152238	686025
71746	36385				25792	21938	1755899	1220562	529888
877659	21286				496331	32292	5521316	5117760	338420
214620	57020				425559	68284	7934826	6797789	146472
577800	13669				198027	20062	3110249	2800826	124558
276426	82164				106796	23853	3584618	2696750	463238
3661655	71535				1236551	269396	27577114	25675052	710533
914164	19013				59284	21672	1281053	1019071	158271
116867	19026				31924	10460	1169850	1000786	124779
728182	27884				10835	28754	851310	727992	171103
614309	34190	1348			186259	72507	5491440	4917044	305483
195825	16485				24884	24639	1546163	1384687	221557
146425	43086				15124	85619	958879	898466	226380
69718	31610					14440	2365	2365	50
336786	13206				54015	20824	2180515	2013832	256658
170904	30267				622	10585	222122	198103	109096
23787	4933				554	58560	4503	3991	50899
13030	4343					3202	80487	73340	246393
50630	7500					12139	69661	37960	633423
107193	2793				376	1163	173273	164820	846
459445	10018				4894	2719	1071242	1026362	119697
489268	91282				1240	2814	288402	277756	43507
17545	9216				15574	11183	818288	798331	17404
1920689	21915				62207	5077	5636091	5480991	181370

3-39　教育经费收入情况

地区	总计	国家财政性教育经费	一般公共预算安排的教育经费	一般公共预算教育经费	教育事业费	基本建设经费	教育费附加	科研经费	其他
合计	**1511625663**	**1396802980**	**1380262330**	**1222892521**	**1155792200**	**17253962**	**49846358**	**159238**	**157210571**
北京	43496937	39044180	38954412	33799515	31998497	1433712	367306	2143	5152754
天津	16686843	15885248	15792666	14450295	14042374	83910	324012	157	1342214
河北	69072434	64095377	63543421	59911157	58027050	158707	1725400	2156	3630108
山西	29986385	27570092	27381008	23967315	22692307	143708	1131301	11743	3401950
内蒙古	24692205	24263602	24162021	19843941	18368537	96261	1379143	63	4318017
辽宁	27342704	26568401	26440581	21818878	20797174	103998	917706	1016	4620687
吉林	20148540	19140102	19129064	16337187	15673986	200382	462819	1079	2790798
黑龙江	21570840	21359553	21348714	17915859	17612776	122860	180223	28	3432827
上海	33996864	29436781	28961066	24166073	19838940	21338	4305794		4794994
江苏	104875048	97863640	95469208	83563170	77473408	335624	5754137	7717	11898322
浙江	85480732	73909534	71369707	65919887	61743169	926102	3250615	4857	5444963
安徽	56138674	53337317	53140633	47745849	45857223	249161	1639465	1888	5392896
福建	43492630	41387516	40684096	37751478	36293898	144430	1313150	2382	2930236
江西	48216143	45882626	45810880	43359692	41543837	226291	1589564	114	2451074
山东	89902358	83513999	82636340	77107313	73113356	5250	3988706	60	5528967
河南	81828899	73258018	73043398	61805033	58851648	437000	2516386	6692	11231672
湖北	48726730	45277733	44699932	41053322	41053322			235	3646376
湖南	58543468	54371965	54095539	51211875	49148380	483562	1579933	10655	2873008
广东	184768661	154975068	151313412	131470079	118111379	6681649	6677051	43087	19800247
广西	52926552	51406273	50492109	43769762	42450194	335551	984018	2704	6719643
海南	13619606	12282594	12165727	9856498	9526200	93199	237099	567	2308662
重庆	37065618	36014564	35286382	26990093	25131925	575658	1282509	5722	8290567
四川	77621617	71575125	70959468	61401621	58250679	596952	2553989	2051	9555796
贵州	48448037	46630795	46434970	42232695	40795426	228453	1208817	49706	4152570
云南	55955117	54669115	54522690	45042102	43687910	415273	938919	495	9480093
西藏	12571091	12554236	12484519	10955611	10345783	605614	4214		1528908
陕西	40094576	37583256	37246470	35670938	33052186	1144919	1473832	1371	1574161
甘肃	28094461	27784132	27613228	24488770	23663703	241437	583630	11	3124447
青海	10166013	10051497	10027710	7975519	7482043	274132	219343	400	2051791
宁夏	8790875	8460792	8447763	6877545	6703852	38000	135694		1570217
新疆	37305006	36649847	36605195	34433451	32461040	850829	1121582	139	2171605
大连	6057979	5882321	5775129	4630616	4339686		290931	46	1144467
宁波	12167513	10968961	10509516	9533946	8967059		566887	358	975212
厦门	7978345	7642382	7153113	6186957	5705149	95436	386372	24	966132
青岛	12636086	11773637	11756092	10792306	9870487		921819		963786
深圳	42590195	36705449	34784760	29428176	20872440	5777546	2778190	3668	5352915

(地方小学)

单位：千元

政府性基金预算安排的教育经费	#彩票公益金	国有及国有控股企业办学中的企业拨款	校办产业和社会服务收入中用于教育的经费	其他属于国家财政性教育经费	民办学校中举办者投入	捐赠收入	事业收入	#学费	其他教育经费
16477134	**847595**	**63515**			**3946618**	**1373102**	**98270997**	**89518415**	**11231967**
32750	8137	57019			23895	16909	4237302	4106624	174651
92582	3067				24362	33700	625323	612466	118211
551956	52664				144745	7337	4805160	4295695	19814
185484	25194	3600			101608	19198	2231166	2000851	64321
101582	22358				76264	20496	310876	291992	20967
127820	6657				1219	115040	622175	566667	35869
11038	10451				15103	9482	563969	556328	419884
9790	8253	1049				369	188182	156567	22736
475715	136				17350	20550	3909117	3861319	613066
2394432	18404				203397	59175	5870285	5696549	878551
2539328	34177	500			319149	137146	8098871	7621068	3016031
196684	22852				88161	12480	2232767	2013674	467948
703419	102271				58809	125382	1234899	1152238	686025
71746	36385				25792	21938	1755899	1220562	529888
877659	21286				496331	32292	5521316	5117760	338420
214620	57020				425559	68284	7934826	6797789	142212
577800	13669				198027	20062	3110249	2800826	120659
276426	82164				106796	20679	3584618	2696750	459410
3661655	71535				1236551	269396	27577114	25675052	710533
914164	19013				59284	21672	1281053	1019071	158271
116867	19026				31924	10460	1169850	1000786	124779
728182	27884				10835	28730	851284	727992	160206
614309	34190	1348			186259	72507	5491440	4917044	296286
195825	16485				24884	24639	1546163	1384687	221557
146425	43086				15124	85619	958879	898466	226380
69718	31610					14440	2365	2365	50
336786	13206				54015	20824	2180515	2013832	255965
170904	30267				622	10544	222122	198103	77041
23787	4933				554	58560	4503	3991	50899
13030	4343					3202	80487	73340	246393
44652	6870					11992	68221	37960	574945
107193	2793				376	1163	173273	164820	846
459445	10018				4894	2719	1071242	1026362	119697
489268	91282				1240	2814	288402	277756	43507
17545	9216				15574	11183	818288	798331	17404
1920689	21915				62207	5077	5636091	5480991	181370

3-40 教育经费收入情况

地区	总计	国家财政性教育经费	一般公共预算安排的教育经费	一般公共预算教育经费	教育事业费	基本建设经费	教育费附加	科研经费	其他
合计	**1516365908**	**1401309909**	**1384763280**	**1226722979**	**1159454092**	**17422529**	**49846358**	**164332**	**157875969**
北京	43955855	39429892	39340124	34169376	32368358	1433712	367306	2143	5168604
天津	16727707	15918813	15826231	14483860	14075939	83910	324012	157	1342214
河北	69072434	64095377	63543421	59911157	58027050	158707	1725400	2156	3630108
山西	29986385	27570092	27381008	23967315	22692307	143708	1131301	11743	3401950
内蒙古	24692205	24263602	24162021	19843941	18368537	96261	1379143	63	4318017
辽宁	27342704	26568401	26440581	21818878	20797174	103998	917706	1016	4620687
吉林	20257693	19227213	19216175	16424297	15761096	200382	462819	1079	2790798
黑龙江	21790061	21578774	21567935	18105674	17802590	122860	180223	28	3462234
上海	34020445	29460206	28984491	24187465	19860332	21338	4305794		4797026
江苏	104875048	97863640	95469208	83563170	77473408	335624	5754137	7717	11898322
浙江	85480732	73909534	71369707	65919887	61743169	926102	3250615	4857	5444963
安徽	56141127	53337317	53140633	47745849	45857223	249161	1639465	1888	5392896
福建	43491499	41386385	40682965	37750347	36292767	144430	1313150	2382	2930236
江西	48216143	45882626	45810880	43359692	41543837	226291	1589564	114	2451074
山东	89902358	83513999	82636340	77107313	73113356	5250	3988706	60	5528967
河南	81842696	73267556	73052935	61810115	58856730	437000	2516386	6692	11236128
湖北	48885446	45432550	44854750	41208139	41208139			235	3646376
湖南	58558826	54380321	54103894	51220231	49156736	483562	1579933	10655	2873008
广东	184768661	154975068	151313412	131470079	118111379	6681649	6677051	43087	19800247
广西	52926552	51406273	50492109	43769762	42450194	335551	984018	2704	6719643
海南	13619606	12282594	12165727	9856498	9526200	93199	237099	567	2308662
重庆	37152367	36090365	35362184	27064469	25206302	575658	1282509	5722	8291992
四川	77632341	71576652	70960996	61403148	58252207	596952	2553989	2051	9555796
贵州	48448037	46630795	46434970	42232695	40795426	228453	1208817	49706	4152570
云南	55955117	54669115	54522690	45042102	43687910	415273	938919	495	9480093
西藏	12571091	12554236	12484519	10955611	10345783	605614	4214		1528908
陕西	40200641	37688629	37351842	35776310	33157559	1144919	1473832	1371	1574161
甘肃	28139573	27797147	27626243	24497062	23671995	241437	583630	11	3129170
青海	10166013	10051497	10027710	7975519	7482043	274132	219343	400	2051791
宁夏	8790875	8460792	8447763	6877545	6703852	38000	135694		1570217
新疆	40755671	40040448	39989817	37205474	35064496	1019396	1121582	5233	2779110
大连	6057979	5882321	5775129	4630616	4339686		290931	46	1144467
宁波	12167513	10968961	10509516	9533946	8967059		566887	358	975212
厦门	7978345	7642382	7153113	6186957	5705149	95436	386372	24	966132
青岛	12636086	11773637	11756092	10792306	9870487		921819		963786
深圳	42590195	36705449	34784760	29428176	20872440	5777546	2778190	3668	5352915

（普通小学）

单位：千元

政府性基金预算安排的教育经费	#彩票公益金	国有及国有控股企业办学中的企业拨款	校办产业和社会服务收入中用于教育的经费	其他属于国家财政性教育经费	民办学校中举办者投入	捐赠收入	事业收入	#学费	其他教育经费
16483113	**848224**	**63515**			**3946618**	**1377174**	**98272464**	**89518415**	**11459744**
32750	8137	57019			23895	17439	4237302	4106624	247327
92582	3067				24362	33700	625323	612466	125509
551956	52664				144745	7337	4805160	4295695	19814
185484	25194	3600			101608	19198	2231166	2000851	64321
101582	22358				76264	20496	310876	291992	20967
127820	6657				1219	115040	622175	566667	35869
11038	10451				15103	9482	563969	556328	441926
9790	8253	1049				369	188182	156567	22736
475715	136				17350	20706	3909117	3861319	613066
2394432	18404				203397	59175	5870285	5696549	878551
2539328	34177	500			319149	137146	8098871	7621068	3016031
196684	22852				88161	12480	2232767	2013674	470401
703419	102271				58809	125382	1234899	1152238	686025
71746	36385				25792	21938	1755899	1220562	529888
877659	21286				496331	32292	5521316	5117760	338420
214620	57020				425559	68284	7934826	6797789	146472
577800	13669				198027	20062	3110249	2800826	124558
276426	82164				106796	23853	3584618	2696750	463238
3661655	71535				1236551	269396	27577114	25675052	710533
914164	19013				59284	21672	1281053	1019071	158271
116867	19026				31924	10460	1169850	1000786	124779
728182	27884				10835	28754	851310	727992	171103
614309	34190	1348			186259	72507	5491440	4917044	305483
195825	16485				24884	24639	1546163	1384687	221557
146425	43086				15124	85619	958879	898466	226380
69718	31610					14440	2365	2365	50
336786	13206				54015	20824	2180515	2013832	256658
170904	30267				622	10585	222122	198103	109096
23787	4933				554	58560	4503	3991	50899
13030	4343					3202	80487	73340	246393
50630	7500					12139	69661	37960	633423
107193	2793				376	1163	173273	164820	846
459445	10018				4894	2719	1071242	1026362	119697
489268	91282				1240	2814	288402	277756	43507
17545	9216				15574	11183	818288	798331	17404
1920689	21915				62207	5077	5636091	5480991	181370

3-41 教育经费收入情况

地区	总计	国家财政性教育经费	一般公共预算安排的教育经费	一般公共预算教育经费	教育事业费	基本建设经费	教育费附加	科研经费	其他
合计	**1511624118**	**1396801434**	**1380260785**	**1222891054**	**1155790733**	**17253962**	**49846358**	**159238**	**157210493**
北京	43496937	39044180	38954412	33799515	31998497	1433712	367306	2143	5152754
天津	16686843	15885248	15792666	14450295	14042374	83910	324012	157	1342214
河北	69072434	64095377	63543421	59911157	58027050	158707	1725400	2156	3630108
山西	29986385	27570092	27381008	23967315	22692307	143708	1131301	11743	3401950
内蒙古	24692205	24263602	24162021	19843941	18368537	96261	1379143	63	4318017
辽宁	27342704	26568401	26440581	21818878	20797174	103998	917706	1016	4620687
吉林	20148540	19140102	19129064	16337187	15673986	200382	462819	1079	2790798
黑龙江	21570840	21359553	21348714	17915859	17612776	122860	180223	28	3432827
上海	33996864	29436781	28961066	24166073	19838940	21338	4305794		4794994
江苏	104875048	97863640	95469208	83563170	77473408	335624	5754137	7717	11898322
浙江	85480732	73909534	71369707	65919887	61743169	926102	3250615	4857	5444963
安徽	56138674	53337317	53140633	47745849	45857223	249161	1639465	1888	5392896
福建	43491499	41386385	40682965	37750347	36292767	144430	1313150	2382	2930236
江西	48216143	45882626	45810880	43359692	41543837	226291	1589564	114	2451074
山东	89902358	83513999	82636340	77107313	73113356	5250	3988706	60	5528967
河南	81828899	73258018	73043398	61805033	58851648	437000	2516386	6692	11231672
湖北	48726730	45277733	44699932	41053322	41053322			235	3646376
湖南	58543468	54371965	54095539	51211875	49148380	483562	1579933	10655	2873008
广东	184768661	154975068	151313412	131470079	118111379	6681649	6677051	43087	19800247
广西	52926552	51406273	50492109	43769762	42450194	335551	984018	2704	6719643
海南	13619606	12282594	12165727	9856498	9526200	93199	237099	567	2308662
重庆	37065204	36014149	35285967	26989757	25131589	575658	1282509	5722	8290488
四川	77621617	71575125	70959468	61401621	58250679	596952	2553989	2051	9555796
贵州	48448037	46630795	46434970	42232695	40795426	228453	1208817	49706	4152570
云南	55955117	54669115	54522690	45042102	43687910	415273	938919	495	9480093
西藏	12571091	12554236	12484519	10955611	10345783	605614	4214		1528908
陕西	40094576	37583256	37246470	35670938	33052186	1144919	1473832	1371	1574161
甘肃	28094461	27784132	27613228	24488770	23663703	241437	583630	11	3124447
青海	10166013	10051497	10027710	7975519	7482043	274132	219343	400	2051791
宁夏	8790875	8460792	8447763	6877545	6703852	38000	135694		1570217
新疆	37305006	36649847	36605195	34433451	32461040	850829	1121582	139	2171605
大连	6057979	5882321	5775129	4630616	4339686		290931	46	1144467
宁波	12167513	10968961	10509516	9533946	8967059		566887	358	975212
厦门	7978345	7642382	7153113	6186957	5705149	95436	386372	24	966132
青岛	12636086	11773637	11756092	10792306	9870487		921819		963786
深圳	42590195	36705449	34784760	29428176	20872440	5777546	2778190	3668	5352915

(地方普通小学)

单位：千元

政府性基金预算安排的教育经费	#彩票公益金	国有及国有控股企业办学中的企业拨款	校办产业和社会服务收入中用于教育的经费	其他属于国家财政性教育经费	民办学校中举办者投入	捐赠收入	事业收入	#学费	其他教育经费
16477134	**847595**	**63515**			**3946618**	**1373102**	**98270997**	**89518415**	**11231967**
32750	8137	57019			23895	16909	4237302	4106624	174651
92582	3067				24362	33700	625323	612466	118211
551956	52664				144745	7337	4805160	4295695	19814
185484	25194	3600			101608	19198	2231166	2000851	64321
101582	22358				76264	20496	310876	291992	20967
127820	6657				1219	115040	622175	566667	35869
11038	10451				15103	9482	563969	556328	419884
9790	8253	1049				369	188182	156567	22736
475715	136				17350	20550	3909117	3861319	613066
2394432	18404				203397	59175	5870285	5696549	878551
2539328	34177	500			319149	137146	8098871	7621068	3016031
196684	22852				88161	12480	2232767	2013674	467948
703419	102271				58809	125382	1234899	1152238	686025
71746	36385				25792	21938	1755899	1220562	529888
877659	21286				496331	32292	5521316	5117760	338420
214620	57020				425559	68284	7934826	6797789	142212
577800	13669				198027	20062	3110249	2800826	120659
276426	82164				106796	20679	3584618	2696750	459410
3661655	71535				1236551	269396	27577114	25675052	710533
914164	19013				59284	21672	1281053	1019071	158271
116867	19026				31924	10460	1169850	1000786	124779
728182	27884				10835	28730	851284	727992	160206
614309	34190	1348			186259	72507	5491440	4917044	296286
195825	16485				24884	24639	1546163	1384687	221557
146425	43086				15124	85619	958879	898466	226380
69718	31610					14440	2365	2365	50
336786	13206				54015	20824	2180515	2013832	255965
170904	30267				622	10544	222122	198103	77041
23787	4933				554	58560	4503	3991	50899
13030	4343					3202	80487	73340	246393
44652	6870					11992	68221	37960	574945
107193	2793				376	1163	173273	164820	846
459445	10018				4894	2719	1071242	1026362	119697
489268	91282				1240	2814	288402	277756	43507
17545	9216				15574	11183	818288	798331	17404
1920689	21915				62207	5077	5636091	5480991	181370

3-42 教育经费收入情况

地区	总计	国家财政性教育经费	一般公共预算安排的教育经费	一般公共预算教育经费	教育事业费	基本建设经费	教育费附加	科研经费	其他
合计	**831488950**	**796054160**	**791733769**	**698627575**	**677395690**	**4376542**	**16855342**	**97622**	**93008573**
北京	6980485	6372784	6372236	5477917	5209271	233032	35614	50	894270
天津	3649938	3565916	3564849	3213600	3114252	30000	69347		351249
河北	49476208	46176611	45904342	43209787	42039047	94059	1076680	2124	2692431
山西	18732504	17859450	17801506	15196486	14512211	36100	648175	639	2604382
内蒙古	16831556	16668121	16627047	13410653	12649308	44665	716680		3216394
辽宁	11338299	11235530	11233065	9188749	9011978	4025	172746	970	2043346
吉林	12947339	12500486	12490583	10629618	10352240	69582	207796		1860965
黑龙江	12927515	12862818	12853968	10821622	10669987	83014	68622		2032345
上海	4080421	3724848	3719055	2953921	2520184		433737		765134
江苏	43676086	41509196	41257785	35293390	33414638	1596	1877156	1598	5962797
浙江	35536949	32230750	31088076	28955705	27490063	395420	1070221	1561	2130810
安徽	39640710	38069277	37906661	33830244	32820477	207765	802001	402	4076015
福建	23930458	23126935	22949138	21606961	21134080	40174	432708	5	1342171
江西	32927426	31785235	31728107	29980048	29004459	189274	786315	114	1747945
山东	48472454	45562021	45454201	42456007	40823765	5250	1626992		2998194
河南	57754207	52315472	52199523	44185707	42727354	207185	1251169	5410	8008406
湖北	24532013	23333183	23282226	21662811	21662811				1619415
湖南	38070903	36211167	36033837	33838090	32869170	312314	656606	536	2195212
广东	58280401	53765000	53383409	44872836	44089545	80397	702894	23557	8487017
广西	37902432	37489999	37212279	32473949	31905107	108065	460777	2068	4736262
海南	8873111	8308184	8246267	6630385	6478883	71625	79878	87	1615795
重庆	19679578	19521659	19333779	14375259	13999067	92620	283572	1173	4957347
四川	48437282	47254820	46950601	40434772	39116195	320011	998565	1347	6514482
贵州	36245804	35542961	35446983	32094454	31472069	89286	533099	49352	3303177
云南	43787728	43425991	43337416	35966958	35312797	195786	458375	284	7370174
西藏	9881867	9867427	9836591	8642830	8142531	500033	266		1193761
陕西	22000420	21499871	21339890	20393953	19657443	173672	562838	1371	944566
甘肃	21938328	21801782	21757633	19216584	18743843	187403	285338		2541049
青海	7620672	7584703	7563622	6024269	5771339	140298	112632		1539354
宁夏	5384896	5268153	5263842	4224247	4131693	29200	63354		1039595
新疆	29950960	29613810	29595251	27365765	26549883	434691	381191	4974	2224512
大连	1209551	1191711	1191459	968418	927998		40420		223041
宁波	4231296	3990813	3604686	3313318	3176199		137119		291368
厦门	1282412	1271436	1146030	1018148	983097	295	34756		127882
青岛	2799270	2738233	2726111	2465135	2316663		148472		260976
深圳									

（农村小学）

单位：千元

政府性基金预算安排的教育经费	#彩票公益金	国有及国有控股企业办学中的企业拨款	校办产业和社会服务收入中用于教育的经费	其他属于国家财政性教育经费	民办学校中举办者投入	捐赠收入	事业收入	#学费	其他教育经费
4315741	**420033**	**4649**			**2184100**	**604596**	**28261507**	**24613372**	**4384587**
547	547				3108	1040	568624	546266	34929
1067	1067					195	53491	50823	30336
272269	46923				113877	6336	3164803	2806481	14581
54344	21513	3600			22890	15351	791364	693772	43450
41074	11909				69048	13134	76816	70618	4438
2465	1425				319	987	101336	88629	127
9903	9804				9802	4151	248725	244896	184175
7802	7317	1049				209	48260	34950	16228
5793						507	172674	164558	182392
251411	4768				98475	9793	1747573	1662325	311048
1142674	12739				237651	72697	1796126	1701715	1199725
162616	19882				39180	9767	1493331	1336446	29155
177797	4712				5991	61391	401020	367397	335121
57128	30030				5968	15223	850798	493336	270203
107820	10920				348623	10084	2416184	2187225	135541
115948	9824				192502	39945	5174551	4336733	31738
50957	3157				167526	8229	976820	869512	46253
177330	20365				10296	15671	1573061	1224566	260707
381591	9167				704669	123860	3595183	3291841	91689
277721	8015				28967	11289	329424	246728	42753
61917	18996				16934	10045	433104	355261	104844
187881	19319				1714	5001	101602	68261	49602
304219	27247				79891	45299	988432	787429	68841
95977	12022				18288	13388	527072	461203	144095
88574	30741				2895	65329	123415	102850	170098
30836	28478					14440			
159980	8178				5113	8760	438483	373500	48193
44150	27718				372	9981	40325	34264	85868
21081	2227					8302	273	55	27394
4310	4310					2547	18440	11452	95756
18560	6711					1646	10198	280	325306
252	242					987	16830	16477	23
386127	4082				1757	687	183670	176742	54369
125405	15					49	10913	9903	14
12122	4223				6009	2197	52077	51570	754

3-43 教育经费收入情况

地区	总计	国家财政性教育经费	一般公共预算安排的教育经费	一般公共预算教育经费	教育事业费	基本建设经费	教育费附加	科研经费	其他
合计	**828965396**	**793575125**	**789255238**	**696603553**	**675397560**	**4350651**	**16855342**	**92752**	**92558932**
北京	6980485	6372784	6372236	5477917	5209271	233032	35614	50	894270
天津	3649938	3565916	3564849	3213600	3114252	30000	69347		351249
河北	49476208	46176611	45904342	43209787	42039047	94059	1076680	2124	2692431
山西	18732504	17859450	17801506	15196486	14512211	36100	648175	639	2604382
内蒙古	16831556	16668121	16627047	13410653	12649308	44665	716680		3216394
辽宁	11338299	11235530	11233065	9188749	9011978	4025	172746	970	2043346
吉林	12947339	12500486	12490583	10629618	10352240	69582	207796		1860965
黑龙江	12742890	12678194	12669343	10661595	10509959	83014	68622		2007748
上海	4080421	3724848	3719055	2953921	2520184		433737		765134
江苏	43676086	41509196	41257785	35293390	33414638	1596	1877156	1598	5962797
浙江	35536949	32230750	31088076	28955705	27490063	395420	1070221	1561	2130810
安徽	39640710	38069277	37906661	33830244	32820477	207765	802001	402	4076015
福建	23930458	23126935	22949138	21606961	21134080	40174	432708	5	1342171
江西	32927426	31785235	31728107	29980048	29004459	189274	786315	114	1747945
山东	48472454	45562021	45454201	42456007	40823765	5250	1626992		2998194
河南	57754207	52315472	52199523	44185707	42727354	207185	1251169	5410	8008406
湖北	24532013	23333183	23282226	21662811	21662811				1619415
湖南	38070903	36211167	36033837	33838090	32869170	312314	656606	536	2195212
广东	58280401	53765000	53383409	44872836	44089545	80397	702894	23557	8487017
广西	37902432	37489999	37212279	32473949	31905107	108065	460777	2068	4736262
海南	8873111	8308184	8246267	6630385	6478883	71625	79878	87	1615795
重庆	19679578	19521659	19333779	14375259	13999067	92620	283572	1173	4957347
四川	48437282	47254820	46950601	40434772	39116195	320011	998565	1347	6514482
贵州	36245804	35542961	35446983	32094454	31472069	89286	533099	49352	3303177
云南	43787728	43425991	43337416	35966958	35312797	195786	458375	284	7370174
西藏	9881867	9867427	9836591	8642830	8142531	500033	266		1193761
陕西	22000420	21499871	21339890	20393953	19657443	173672	562838	1371	944566
甘肃	21893217	21788767	21744617	19208292	18735551	187403	285338		2536326
青海	7620672	7584703	7563622	6024269	5771339	140298	112632		1539354
宁夏	5384896	5268153	5263842	4224247	4131693	29200	63354		1039595
新疆	27657142	27332415	27314359	25510064	24720073	408800	381191	105	1804191
大连	1209551	1191711	1191459	968418	927998		40420		223041
宁波	4231296	3990813	3604686	3313318	3176199		137119		291368
厦门	1282412	1271436	1146030	1018148	983097	295	34756		127882
青岛	2799270	2738233	2726111	2465135	2316663		148472		260976
深圳									

(地方农村小学)

单位：千元

政府性基金预算安排的教育经费	#彩票公益金	国有及国有控股企业办学中的企业拨款	校办产业和社会服务收入中用于教育的经费	其他属于国家财政性教育经费	民办学校中举办者投入	捐赠收入	事业收入	#学费	其他教育经费
4315238	**419539**	**4649**			**2184100**	**604533**	**28261358**	**24613372**	**4340279**
547	547				3108	1040	568624	546266	34929
1067	1067					195	53491	50823	30336
272269	46923				113877	6336	3164803	2806481	14581
54344	21513	3600			22890	15351	791364	693772	43450
41074	11909				69048	13134	76816	70618	4438
2465	1425				319	987	101336	88629	127
9903	9804				9802	4151	248725	244896	184175
7802	7317	1049				209	48260	34950	16228
5793						507	172674	164558	182392
251411	4768				98475	9793	1747573	1662325	311048
1142674	12739				237651	72697	1796126	1701715	1199725
162616	19882				39180	9767	1493331	1336446	29155
177797	4712				5991	61391	401020	367397	335121
57128	30030				5968	15223	850798	493336	270203
107820	10920				348623	10084	2416184	2187225	135541
115948	9824				192502	39945	5174551	4336733	31738
50957	3157				167526	8229	976820	869512	46253
177330	20365				10296	15671	1573061	1224566	260707
381591	9167				704669	123860	3595183	3291841	91689
277721	8015				28967	11289	329424	246728	42753
61917	18996				16934	10045	433104	355261	104844
187881	19319				1714	5001	101602	68261	49602
304219	27247				79891	45299	988432	787429	68841
95977	12022				18288	13388	527072	461203	144095
88574	30741				2895	65329	123415	102850	170098
30836	28478					14440			
159980	8178				5113	8760	438483	373500	48193
44150	27718				372	9940	40325	34264	53813
21081	2227					8302	273	55	27394
4310	4310					2547	18440	11452	95756
18056	6218					1624	10049	280	313054
252	242					987	16830	16477	23
386127	4082				1757	687	183670	176742	54369
125405	15					49	10913	9903	14
12122	4223				6009	2197	52077	51570	754

3-44 教育经费收入情况

地区	总计	国家财政性教育经费	一般公共预算安排的教育经费	一般公共预算教育经费			科研经费	其他
					教育事业费	基本建设经费	教育费附加		
合计	**1545**	**1545**	**1545**	**1467**	**1467**				**78**
北京									
天津									
河北									
山西									
内蒙古									
辽宁									
吉林									
黑龙江									
上海									
江苏									
浙江									
安徽									
福建	1131	1131	1131	1131	1131				
江西									
山东									
河南									
湖北									
湖南									
广东									
广西									
海南									
重庆	414	414	414	336	336				78
四川									
贵州									
云南									
西藏									
陕西									
甘肃									
青海									
宁夏									
新疆									
大连									
宁波									
厦门									
青岛									
深圳									

(成人小学)

单位：千元

政府性基金预算安排的教育经费	#彩票公益金	国有及国有控股企业办学中的企业拨款	校办产业和社会服务收入中用于教育的经费	其他属于国家财政性教育经费	民办学校中举办者投入	捐赠收入	事业收入	#学费	其他教育经费

3-45 教育经费收入情况

地区	总计	国家财政性教育经费	一般公共预算安排的教育经费	一般公共预算教育经费	教育事业费	基本建设经费	教育费附加	科研经费	其他
合计	**20768494**	**20478498**	**20187360**	**17509989**	**16398632**	**380662**	**730696**	**7330**	**2670040**
北京	706001	704194	703894	597403	576524	20000	878	11	106480
天津	287280	284525	284519	255593	253574		2019		28927
河北	723675	716437	716086	679031	668012		11019	744	36311
山西	521843	518110	499984	372026	361989		10037	5	127953
内蒙古	434390	431394	428560	357074	345278	7072	4723		71487
辽宁	644939	643339	642990	507691	498737		8955		135299
吉林	344369	338537	338537	290950	274808	5000	11142		47587
黑龙江	499164	498639	498639	416876	412108	3358	1409		81762
上海	976083	970236	970236	799886	688851		111035		170350
江苏	1465082	1450821	1445563	1237340	1200195		37145	300	207923
浙江	1260915	1228233	1113794	1003539	896717	79688	27134	45	110209
安徽	646748	636125	633968	571104	485071	64620	21412		62865
福建	761701	753091	713685	667782	644125	8500	15157		45903
江西	499021	491814	491158	463549	419975	28273	15301		27609
山东	1536945	1504299	1478352	1349689	1257471	3549	88669		128662
河南	809289	804646	804198	669705	637703		32002		134493
湖北	621562	611578	611329	488633	488633				122696
湖南	835325	816775	815462	785167	716659	6100	62408		30295
广东	2561263	2530694	2500300	2176395	1910579	90587	175229	5875	318029
广西	488210	478144	475279	400004	392639	4296	3068		75275
海南	134315	134283	133730	110668	108221		2447		23061
重庆	351267	349542	345146	273622	270413		3208		71525
四川	979416	975285	948992	816704	755702	8990	52012		132288
贵州	574690	562404	561974	507256	496363		10893	349	54368
云南	596641	589039	588389	495557	493249		2309		92832
西藏	139256	139255	139255	116230	116230				23025
陕西	442088	432542	430307	401350	387252	843	13255		28957
甘肃	238069	237139	236999	209721	207850		1872		27278
青海	133080	128077	128077	110666	108890		1776		17411
宁夏	196239	186782	175858	87710	87127		582		88148
新疆	359628	332519	332100	291067	237684	49785	3598	1	41032
大连	145419	145419	145419	114634	112112		2522		30785
宁波	149276	147943	147919	133906	131072		2834		14012
厦门	174141	172195	132788	120472	112419		8053		12316
青岛	313519	311332	309658	245579	222843		22736		64079
深圳	541368	539705	539690	448098	320475	77134	50489	1	91591

(特殊教育)

单位：千元

政府性基金预算安排的教育经费	#彩票公益金	国有及国有控股企业办学中的企业拨款	校办产业和社会服务收入中用于教育的经费	其他属于国家财政性教育经费	民办学校中举办者投入	捐赠收入	事业收入	#学费	其他教育经费
291138	**54268**				**4897**	**28946**	**103945**	**73519**	**152208**
300	300					170	212		1426
6	6					202			2552
350	30				500	121	6498	5896	119
18127	18094				80	541	1825	1054	1287
2834	2747					312	2580	2580	104
349	349					1380	220		
						1689			4143
						128	157		240
						31			5816
5258	599					943	1516	1216	11802
114439	2231					674	5841	3326	26167
2156	150				400	626	952	852	8645
39406						2635	677		5299
656	56				1610	1254	719	193	3624
25947	2641				321	2222	26717	26638	3387
448	448					799	3502	3122	343
249	249					7187	24	1	2773
1313	1303				70	1616	9827	8377	7036
30394	2840				1256	1015	20984	16776	7314
2864	2852					189	6926	686	2951
553	50					30			3
4396	1955					1146	256	116	323
26293	4906					763	1675		1692
431						279	168		11838
650	645					1221	478	472	5902
									1
2235	410				660	1231	5949	1602	1706
140	140					168	528	528	234
						31			4972
10924	10924					344	5623	83	3489
420	343						90		27018
24						30			1304
39406						615			1332
1674	1674					1664			523
15	15						151		1512

3-46 教育经费收入情况

地区	总计	国家财政性教育经费	一般公共预算安排的教育经费	一般公共预算教育经费	教育事业费	基本建设经费	教育费附加	科研经费	其他
合计	**19867588**	**19606061**	**19315421**	**16749985**	**15700894**	**363085**	**686006**	**7189**	**2558247**
北京	583332	581843	581543	494671	473972	20000	699	6	86867
天津	267222	264498	264492	236966	234947		2019		27526
河北	723675	716437	716086	679031	668012		11019	744	36311
山西	500342	496857	478731	353445	343564		9881	5	125281
内蒙古	434390	431394	428560	357074	345278	7072	4723		71487
辽宁	595400	593840	593491	467372	461527		5845		126119
吉林	330333	324502	324502	278348	266813	5000	6535		46155
黑龙江	492506	491982	491982	411916	407326	3358	1231		80066
上海	814074	809185	809185	667844	573981		93864		141341
江苏	1438186	1423980	1418722	1212073	1176426		35647	300	206350
浙江	1243467	1210796	1096824	988291	881469	79688	27134	45	108488
安徽	635998	625390	623244	564209	478177	64620	21412		59034
福建	761701	753091	713685	667782	644125	8500	15157		45903
江西	458545	452241	451585	425192	400815	11455	12923		26393
山东	1536945	1504299	1478352	1349689	1257471	3549	88669		128662
河南	787465	782822	782374	652112	620110		32002		130262
湖北	600583	590599	590350	471292	471292				119058
湖南	806872	794524	793211	762916	697417	6100	59398		30295
广东	2469248	2446723	2416344	2099741	1839550	89829	170362	5875	310727
广西	464943	461940	459075	384574	377209	4296	3068		74501
海南	134315	134283	133730	110668	108221		2447		23061
重庆	342190	340466	336070	267196	263988		3208		68874
四川	914074	910591	884304	757777	699066	8990	49721		126527
贵州	473570	461605	461174	415385	409735		5650	213	45575
云南	580180	572630	571979	482375	480067		2308		89605
西藏	139256	139255	139255	116230	116230				23025
陕西	412206	406220	403985	377101	363003	843	13255		26884
甘肃	238069	237139	236999	209721	207850		1872		27278
青海	133080	128077	128077	110666	108890		1776		17411
宁夏	196239	186782	175858	87710	87127		582		88148
新疆	359178	332069	331650	290617	237234	49785	3598	1	41032
大连	135649	135649	135649	107102	104872		2230		28547
宁波	149276	147943	147919	133906	131072		2834		14012
厦门	174141	172195	132788	120472	112419		8053		12316
青岛	313519	311332	309658	245579	222843		22736		64079
深圳	501545	500604	500604	416313	294316	76376	45621	1	84289

(特殊教育学校)

单位：千元

政府性基金预算安排的教育经费	#彩票公益金	国有及国有控股企业办学中的企业拨款	校办产业和社会服务收入中用于教育的经费	其他属于国家财政性教育经费	民办学校中举办者投入	捐赠收入	事业收入	#学费	其他教育经费
290640	**54247**				**3640**	**28539**	**81515**	**62260**	**147832**
300	300					170	62		1257
6	6					202			2522
350	30				500	121	6498	5896	119
18127	18094				80	541	1578	1054	1286
2834	2747					312	2580	2580	104
349	349					1380	181		
						1689			4141
						128	157		239
						24			4865
5258	599					943	1516	1216	11746
113972	2231					674	5841	3326	26156
2146	150				400	626	952	852	8630
39406						2635	677		5299
656	56				1610	1254	719	193	2722
25947	2641				321	2222	26717	26638	3387
448	448					799	3502	3122	343
249	249					7187	24	1	2773
1313	1303				70	1616	3626	2674	7036
30380	2825					815	14967	11220	6743
2864	2852					189	1358	686	1456
553	50					30			3
4396	1955					1146	256	116	323
26287	4900					763	1028		1692
431						79	168		11718
650	645					1221	478	472	5851
									1
2235	410				660	1231	2389	1602	1706
140	140					168	528	528	234
						31			4972
10924	10924					344	5623	83	3489
420	343						90		27018
24						30			1304
39406						615			1332
1674	1674					1664			523
									941

3-47 教育经费收入情况

地区	总计	国家财政性教育经费	一般公共预算安排的教育经费	一般公共预算教育经费	教育事业费	基本建设经费	教育费附加	科研经费	其他
合计	**900907**	**872437**	**871939**	**760004**	**697737**	**17577**	**44690**	**142**	**111793**
北京	122669	122351	122351	102732	102553		179	6	19614
天津	20058	20027	20027	18627	18627				1401
河北									
山西	21501	21253	21253	18580	18425		156		2672
内蒙古									
辽宁	49539	49499	49499	40319	37209		3110		9180
吉林	14037	14034	14034	12602	7995		4608		1432
黑龙江	6657	6657	6657	4960	4782		178		1697
上海	162009	161051	161051	132041	114870		17172		29009
江苏	26896	26841	26841	25268	23770		1498		1573
浙江	17448	17436	16969	15248	15248				1721
安徽	10750	10735	10725	6894	6894				3830
福建									
江西	40476	39573	39573	38357	19160	16818	2379		1216
山东									
河南	21824	21824	21824	17593	17593				4231
湖北	20979	20979	20979	17341	17341				3638
湖南	28452	22251	22251	22251	19241		3010		
广东	92015	83971	83956	76654	71029	758	4867		7302
广西	23267	16204	16204	15429	15429				775
海南									
重庆	9076	9076	9076	6426	6426				2651
四川	65342	64694	64688	58928	56636		2291		5761
贵州	101120	100800	100800	91871	86628		5243	136	8793
云南	16461	16410	16410	13183	13182		1		3227
西藏									
陕西	29882	26322	26322	24250	24250				2072
甘肃									
青海									
宁夏									
新疆	450	450	450	450	450				
大连	9770	9770	9770	7532	7240		292		2238
宁波									
厦门									
青岛									
深圳	39823	39101	39086	31785	26159	758	4867		7302

（工读学校）

单位：千元

政府性基金预算安排的教育经费	#彩票公益金	国有及国有控股企业办学中的企业拨款	校办产业和社会服务收入中用于教育的经费	其他属于国家财政性教育经费	民办学校中举办者投入	捐赠收入	事业收入	#学费	其他教育经费
498	**21**				**1256**	**407**	**22430**	**11259**	**4376**
							150		169
									31
							247		1
							40		
									2
						7			951
									55
467									11
10									15
									902
							6201	5703	
15	15				1256	200	6017	5556	571
							5568		1495
6	6						647		
						200			120
									51
							3560		
15	15						151		571

3-48 教育经费收入情况

地区	总计	国家财政性教育经费	一般公共预算安排的教育经费	一般公共预算教育经费	教育事业费	基本建设经费	教育费附加	科研经费	其他
合计	498597161	270045069	258852702	238708785	222532695	4084811	12091279	27662	20116256
北京	21575765	15471551	15444913	14228205	13673036	424503	130666	1468	1215240
天津	6834556	4163246	4032596	3678667	3518145	16349	144173	698	353232
河北	17232845	9632826	9498293	9005905	8902350	13173	90382	40	492348
山西	7563462	3768369	3566983	3248086	3075208	10908	161970	562	318335
内蒙古	8494311	5708497	5580135	4810675	4484833	77505	248337		769460
辽宁	7225229	2242677	2201872	1984560	1812621	580	171358		217312
吉林	4240158	2009097	1920353	1699441	1642979	17436	39025	1	220912
黑龙江	4389114	2527055	2392168	2111068	2058912	31954	20201		281100
上海	23342601	16692840	16020098	13503190	11307613	44171	2151405		2516908
江苏	36580292	21018300	19772536	18054908	16218949	79185	1756773	703	1716925
浙江	38059135	20720638	19376822	18460379	16422742	501228	1536408	2313	914130
安徽	15701943	8862515	8459434	7872798	7478328	62040	332430	721	585915
福建	16664407	9483795	8822050	8268149	7918935	46020	303194	1557	552344
江西	14231631	9126184	8967259	8638585	8198520	72439	367627		328673
山东	31209120	13387078	12481211	12047017	11241764	183	805069		434194
河南	23103237	6527138	6020738	5179980	4924459	20350	235172	7897	832862
湖北	14736950	5768175	5674149	5275463	5275463			5	398681
湖南	17455082	6559069	6451424	6270303	5915206	72676	282420	117	181004
广东	62908616	24786646	23431552	22269905	20976783	418108	875014	70	1161578
广西	11942053	5274482	5065212	4570776	4190959	271171	108647	100	494335
海南	5230518	3410578	3313670	3014719	2915280	40625	58814	1000	297952
重庆	10398422	5276130	4815915	4335222	4002999	157233	174991		480693
四川	26159607	14511693	13877610	12870034	11812687	233314	824033	13	1007563
贵州	14865022	9949040	9202455	8379650	7947664	181305	250682	10024	812781
云南	12568139	6652229	6637297	5582770	5223175	153631	205964	10	1054517
西藏	4139288	4079928	4079597	3635274	3388773	246436	66		444323
陕西	14935063	10317924	10023288	9624496	8821315	315018	488163		398792
甘肃	8151448	6450197	6188479	5575711	5408000	53145	114567	105	612663
青海	2032883	1460914	1448437	1334255	1201911	110733	21611		114183
宁夏	2472751	1520730	1514465	1388288	1343079	16900	28309		126177
新疆	14153512	12685530	12571691	11790307	11230007	396492	163808	258	781126
大连	1806172	799558	759558	686590	611602		74988		72968
宁波	6100838	3446000	3260455	3101579	2764375		337204	80	158796
厦门	3625156	2638299	2530304	2285692	2214876	32500	38315	424	244188
青岛	4583811	2246925	2245916	2198239	1952752		245486		47678
深圳	17192006	9935354	9698849	9609798	9048570	267675	293553		89051

(幼儿园)

单位：千元

政府性基金预算安排的教育经费		国有及国有控股企业办学中的企业拨款	校办产业和社会服务收入中用于教育的经费	其他属于国家财政性教育经费	民办学校中举办者投入	捐赠收入	事业收入		其他教育经费
	#彩票公益金							#学费	
10299898	**169836**	**888446**	**4023**		**5895033**	**592663**	**216309618**	**212780528**	**5754777**
9809	60	16016	812		96067	18659	5831985	5726144	157503
130650					138173	10358	2493556	2469170	29224
114274	1857	20259			160953	1727	7432412	7361583	4927
90962	4889	110424			97359	574	3653141	3607291	44019
88142	26709	40220			49389	1916	2711540	2706114	22968
40020	20	785			129533	611	4829032	4712568	23375
88743	20				66292	89	2029333	1996818	135348
7168	81	127529	189		56956	678	1755815	1679367	48611
672742					62140	10382	6286543	6263542	290696
1216693	275	29071			385620	100574	14428495	14395298	647304
1326648	3618	17167			918054	51827	14959133	14714342	1409483
390008	15011	13072			212187	4801	6306537	6173890	315903
643646	22169	18098			106269	69657	6786989	6723570	217698
158925	5088				89756	36508	4912291	4505944	66892
712871	639	192996			243223	17187	17358848	17357232	202784
474872	2660	31527			611126	9992	15880363	15390575	74619
90586	13	3340	100		258742	2234	8594394	8387381	113403
107145	1689	500			127945	1532	10700485	10443281	66051
1324267	5175	30827			812067	112749	36502605	36132335	694548
209271	20735				117131	5610	6438673	6321274	106157
96423		485			83996	19	1692640	1574980	43285
455790	2030	3596	829		67771	31196	4944028	4775050	79297
519171	3500	114912			392171	56469	11079361	10957477	119913
746585	4500				121869	7461	4608871	4556708	177781
9671	1608	4609	652		227798	22919	5567423	5498001	97770
331	311					1200	58079	50486	81
226530	34805	68107			124023	3721	4389761	4310121	99634
222415	160	39303			65164	2427	1557394	1537689	76266
12192	12192	285			5100	2580	497678	496288	66612
1557		4708			51319	1441	764836	753186	134425
111789	21	610	1440		16838	5564	1257377	1202824	188204
40000					13958	111	988583	973270	3962
185545	40				76696	4240	2519462	2503698	54439
107995	19108				39741	19082	911750	907012	16284
1008					10416	1517	2308386	2308386	16568
236505					72513	12407	6799666	6679435	372067

3-49 教育经费收入情况

地区	总计	国家财政性教育经费	一般公共预算安排的教育经费	一般公共预算教育经费	教育事业费	基本建设经费	教育费附加	科研经费	其他
合计	**495835838**	**268355118**	**257285087**	**237282054**	**221140549**	**4053263**	**12088242**	**27455**	**19975578**
北京	20678704	14953729	14927091	13720808	13165697	424503	130607	1468	1204815
天津	6789976	4158231	4027581	3673796	3513274	16349	144173	698	353088
河北	17195340	9618138	9489208	8997189	8893634	13173	90382	40	491978
山西	7555624	3768369	3566983	3248086	3075208	10908	161970	562	318335
内蒙古	8488138	5708324	5579962	4810502	4484660	77505	248337		769460
辽宁	7170571	2239275	2198470	1981159	1811603	580	168975		217312
吉林	4215548	2008350	1919607	1698694	1642233	17436	39025	1	220912
黑龙江	4184263	2345647	2325390	2051586	1999431	31954	20201		273804
上海	23099123	16611847	15939105	13433919	11238343	44171	2151405		2505186
江苏	36562014	21004796	19759032	18047864	16211905	79185	1756773	703	1710465
浙江	38051257	20720638	19376822	18460379	16422742	501228	1536408	2313	914130
安徽	15669916	8860722	8457642	7871006	7476535	62040	332430	721	585915
福建	16656717	9483795	8822050	8268149	7918935	46020	303194	1557	552344
江西	14231631	9126184	8967259	8638585	8198520	72439	367627		328673
山东	31209120	13387078	12481211	12047017	11241764	183	805069		434194
河南	23051539	6514546	6008147	5169493	4913972	20350	235172	7897	830757
湖北	14692615	5764599	5670573	5271887	5271887			5	398681
湖南	17429936	6548742	6441097	6259976	5904879	72676	282420	117	181004
广东	62879879	24781951	23426868	22265997	20973470	418108	874419	70	1160801
广西	11941913	5274482	5065212	4570776	4190959	271171	108647	100	494335
海南	5202621	3403751	3306844	3007892	2908453	40625	58814	1000	297952
重庆	10369144	5276130	4815915	4335222	4002999	157233	174991		480693
四川	26131854	14508623	13875173	12867597	11810249	233314	824033	13	1007563
贵州	14865022	9949040	9202455	8379650	7947664	181305	250682	10024	812781
云南	12560009	6650628	6635695	5581168	5221574	153631	205964	10	1054517
西藏	4139288	4079928	4079597	3635274	3388773	246436	66		444323
陕西	14912222	10311647	10017011	9618219	8815038	315018	488163		398792
甘肃	8119645	6431026	6169308	5566709	5398997	53145	114567	105	602494
青海	2025361	1460620	1448143	1333961	1201617	110733	21611		114183
宁夏	2471693	1520730	1514465	1388288	1343079	16900	28309		126177
新疆	13285155	11883551	11771173	11081207	10552454	364945	163808	51	689915
大连	1781933	796256	756256	683289	610684		72605		72968
宁波	6100838	3446000	3260455	3101579	2764375		337204	80	158796
厦门	3620555	2638299	2530304	2285692	2214876	32500	38315	424	244188
青岛	4583811	2246925	2245916	2198239	1952752		245486		47678
深圳	17187724	9933848	9697343	9608291	9047658	267675	292958		89051

(地方幼儿园)

单位：千元

政府性基金预算安排的教育经费	#彩票公益金	国有及国有控股企业办学中的企业拨款	校办产业和社会服务收入中用于教育的经费	其他属于国家财政性教育经费	民办学校中举办者投入	捐赠收入	事业收入	#学费	其他教育经费
10299866	**169815**	**767582**	**2583**		**5895033**	**578671**	**215381213**	**211900801**	**5625803**
9809	60	16016	812		96067	12239	5493330	5396355	123339
130650					138173	10358	2454879	2430555	28335
114274	1857	14657			160953	1727	7409595	7338766	4927
90962	4889	110424			97359	574	3650719	3604904	38603
88142	26709	40220			49389	1916	2706237	2700811	22271
40020	20	785			129533	611	4779958	4676370	21193
88743	20				66292	89	2014365	1981850	126451
7168	81	12899	189		56956	628	1732422	1655975	48610
672742					62140	8271	6141686	6118685	275178
1216693	275	29071			385620	100574	14425010	14391813	646014
1326648	3618	17167			918054	51827	14954958	14710167	1405780
390008	15011	13072			212187	4801	6292097	6159685	300108
643646	22169	18098			106269	69657	6780183	6716764	216812
158925	5088				89756	36508	4912291	4505944	66892
712871	639	192996			243223	17187	17358848	17357232	202784
474872	2660	31527			611126	9992	15844016	15359919	71860
90586	13	3340	100		258742	2234	8554805	8347803	112235
107145	1689	500			127945	1532	10687930	10431327	63787
1324257	5175	30827			812067	112739	36478588	36108371	694534
209271	20735				117131	5610	6438613	6321214	106077
96423		485			83996	19	1672339	1562978	42515
455790	2030	3596	829		67771	26196	4928977	4760000	70069
519171	3500	114279			392171	56461	11060255	10943104	114344
746585	4500				121869	7461	4608871	4556708	177781
9671	1608	4609	652		227798	22919	5560894	5491485	97770
331	311					1200	58079	50486	81
226530	34805	68107			124023	3721	4375863	4296223	96967
222415	160	39303			65164	2427	1544806	1525101	76222
12192	12192	285			5100	2580	490449	489060	66612
1557		4708			51319	1441	763778	752128	134425
111768		610			16838	5171	1206370	1159019	173226
40000					13958	111	967646	960363	3962
185545	40				76696	4240	2519462	2503698	54439
107995	19108				39741	19082	907150	902412	16284
1008					10416	1517	2308386	2308386	16568
236505					72513	12407	6796890	6676659	372067

3-50 教育经费收入情况

地区	总计	国家财政性教育经费	一般公共预算安排的教育经费	一般公共预算教育经费	教育事业费	基本建设经费	教育费附加	科研经费	其他
合计	**203652395**	**124194191**	**119854046**	**110165224**	**104916874**	**1754003**	**3494346**	**19899**	**9668924**
北京	3542536	2995644	2984214	2754110	2691249	35739	27122		230104
天津	863988	682010	602010	556418	539850	12634	3933		45592
河北	10870187	6762108	6691120	6321661	6255168	6078	60415	40	369419
山西	3578384	2271228	2201688	1987888	1923868	10908	53112	392	213408
内蒙古	4750393	3639440	3613961	3073710	2851283	45297	177129		540251
辽宁	1278518	531242	531242	472100	454775	580	16744		59143
吉林	1683006	998849	952534	847151	835927	8883	2341	1	105382
黑龙江	1895446	1351831	1339287	1195900	1164115	27165	4619		143387
上海	2777327	2232914	2214277	1825678	1578763		246915		388599
江苏	11881375	6819381	6727188	6068593	5531823	249	536522	161	658434
浙江	13732848	8022460	7193816	6919291	6232959	249164	437167	185	274341
安徽	9395682	5727088	5499148	5055256	4789938	50240	215078	107	443785
福建	7463343	4390526	4041873	3836450	3726379	13320	96750		205424
江西	8628083	5922729	5833343	5590181	5300499	64439	225244		243161
山东	13246110	6408050	6070097	5856864	5492528		364336		213234
河南	13189175	3854327	3552072	3089528	2982676	18150	88702	7465	455079
湖北	5202283	2289782	2240730	2084151	2084151				156579
湖南	9468952	3992161	3957808	3829761	3653825	55722	120214	117	127930
广东	12862255	4969930	4470603	4060758	3922956	33098	104703	57	409788
广西	6510126	3038290	2944565	2670804	2572040	61337	37427		273761
海南	2741524	2014201	1979898	1809830	1757545	36646	15639	1000	169068
重庆	3107020	1923601	1895014	1672393	1598227	9178	64988		222620
四川	10495097	7071499	6814297	6189815	5924286	117248	148282		624481
贵州	9767862	6998584	6479249	5870569	5722856	69761	77952	10020	598659
云南	6884015	4234942	4230304	3534841	3353620	107480	73741	10	695453
西藏	2751017	2749797	2749601	2449106	2231504	217536	66		300495
陕西	6954645	5545845	5442343	5211242	4926050	131976	153216		231102
甘肃	5341641	4804775	4709425	4234286	4158486	43745	32055	105	475034
青海	1377635	1155488	1155488	1078426	975290	91066	12071		77062
宁夏	1156374	799836	798279	731798	707738	16900	7159		66482
新疆	10255551	9995634	9938572	9286666	8976498	219464	90704	238	651668
大连	151588	90930	90930	82761	76132		6630		8168
宁波	1865824	1125959	986823	942862	874967		67895		43961
厦门	353832	288593	283304	224607	219772		4835		58697
青岛	598479	417993	417975	411229	360095		51133		6747
深圳									

（农村幼儿园）

单位：千元

政府性基金预算安排的教育经费	#彩票公益金	国有及国有控股企业办学中的企业拨款	校办产业和社会服务收入中用于教育的经费	其他属于国家财政性教育经费	民办学校中举办者投入	捐赠收入	事业收入	#学费	其他教育经费
4251131	**79606**	**87533**	**1481**		**2055547**	**135006**	**75614186**	**74345516**	**1653464**
		11430			7381	1393	524400	497974	13717
80000					12580		168573	168095	825
69662	209	1326			79179	1727	4024426	3998090	2747
33940	3372	35601			13170	333	1284911	1276339	8742
25479	17935				22316	1514	1080655	1080404	6468
					22587		723566	703458	1122
46315	20				10486	69	656528	654244	17075
6951		5593			13217	510	499581	467286	30307
18638					4647	57	490997	490045	48712
92193	60				127553	6410	4808934	4802189	119096
828644	135				329784	8949	4734264	4681012	637391
226226	12251	1714			87429	2294	3545311	3443189	33560
342140	2282	6513			25296	28668	2937894	2915690	80958
89386	20				51748	1896	2627506	2484804	24204
320004	168	17949			84712	6358	6703393	6702257	43598
301980	362	275			273340	2817	9055098	8780875	3592
49051	13				25440	1172	2873838	2813593	12052
34353	94				73670	1051	5361298	5249740	40772
498433	554	894			254045	24095	7547595	7524454	66590
93725	1138				41071	135	3387863	3319585	42767
33818		485			29764	19	689046	617660	8494
24162	1980	3596	829		15855	736	1158060	1124274	8768
255739	1975	1463			175849	26509	3211631	3149051	9609
519335	2500				87169	7257	2548519	2527480	126333
3291	161	695	652		98717	6637	2516115	2475365	27605
196	176					1200	20	20	
103501	34030				42388	923	1349132	1315380	16358
95350	150				21166	192	483439	478763	32069
					1394	1320	167794	166820	51639
1557					22995	244	291093	285990	42205
57061	21				601	523	162707	151390	96086
					500		59624	59427	534
139135					6591	550	724806	723201	7919
5289					2327		62861	62861	51
18					3397	28	175629	175629	1431

3-51 教育经费收入情况

地区	总计	国家财政性教育经费	一般公共预算安排的教育经费	一般公共预算教育经费	教育事业费	基本建设经费	教育费附加	科研经费	其他
合计	**203039591**	**123620149**	**119281130**	**109661184**	**104430349**	**1736489**	**3494346**	**19712**	**9600234**
北京	3534299	2989318	2977888	2747784	2684923	35739	27122		230104
天津	862090	682010	602010	556418	539850	12634	3933		45592
河北	10867230	6760821	6690928	6321468	6254976	6078	60415	40	369419
山西	3578384	2271228	2201688	1987888	1923868	10908	53112	392	213408
内蒙古	4750393	3639440	3613961	3073710	2851283	45297	177129		540251
辽宁	1278518	531242	531242	472100	454775	580	16744		59143
吉林	1683006	998849	952534	847151	835927	8883	2341	1	105382
黑龙江	1842924	1300227	1287682	1149507	1117723	27165	4619		138175
上海	2777327	2232914	2214277	1825678	1578763		246915		388599
江苏	11881375	6819381	6727188	6068593	5531823	249	536522	161	658434
浙江	13732848	8022460	7193816	6919291	6232959	249164	437167	185	274341
安徽	9395682	5727088	5499148	5055256	4789938	50240	215078	107	443785
福建	7463343	4390526	4041873	3836450	3726379	13320	96750		205424
江西	8628083	5922729	5833343	5590181	5300499	64439	225244		243161
山东	13246110	6408050	6070097	5856864	5492528		364336		213234
河南	13188236	3854327	3552072	3089528	2982676	18150	88702	7465	455079
湖北	5201715	2289677	2240625	2084046	2084046				156579
湖南	9468496	3992130	3957778	3829731	3653795	55722	120214	117	127930
广东	12850843	4968110	4468792	4058948	3921146	33098	104703	57	409788
广西	6509986	3038290	2944565	2670804	2572040	61337	37427		273761
海南	2740310	2014188	1979885	1809817	1757532	36646	15639	1000	169068
重庆	3107020	1923601	1895014	1672393	1598227	9178	64988		222620
四川	10495097	7071499	6814297	6189815	5924286	117248	148282		624481
贵州	9767862	6998584	6479249	5870569	5722856	69761	77952	10020	598659
云南	6884015	4234942	4230304	3534841	3353620	107480	73741	10	695453
西藏	2751017	2749797	2749601	2449106	2231504	217536	66		300495
陕西	6953718	5545828	5442327	5211225	4926033	131976	153216		231102
甘肃	5321639	4786898	4691548	4226577	4150777	43745	32055	105	464866
青海	1377635	1155488	1155488	1078426	975290	91066	12071		77062
宁夏	1156374	799836	798279	731798	707738	16900	7159		66482
新疆	9744019	9500672	9443632	8845222	8552568	201950	90704	51	598359
大连	151588	90930	90930	82761	76132		6630		8168
宁波	1865824	1125959	986823	942862	874967		67895		43961
厦门	353832	288593	283304	224607	219772		4835		58697
青岛	598479	417993	417975	411229	360095		51133		6747
深圳									

（地方农村幼儿园）

单位：千元

政府性基金预算安排的教育经费	#彩票公益金	国有及国有控股企业办学中的企业拨款	校办产业和社会服务收入中用于教育的经费	其他属于国家财政性教育经费	民办学校中举办者投入	捐赠收入	事业收入	#学费	其他教育经费
4251099	**79585**	**86438**	**1481**		**2055547**	**134576**	**75579396**	**74311967**	**1649924**
		11430			7381	1345	522538	496112	13717
80000					12580		166675	166197	825
69662	209	231			79179	1727	4022756	3996419	2747
33940	3372	35601			13170	333	1284911	1276339	8742
25479	17935				22316	1514	1080655	1080404	6468
					22587		723566	703458	1122
46315	20				10486	69	656528	654244	17075
6951		5593			13217	510	498663	466369	30307
18638					4647	57	490997	490045	48712
92193	60				127553	6410	4808934	4802189	119096
828644	135				329784	8949	4734264	4681012	637391
226226	12251	1714			87429	2294	3545311	3443189	33560
342140	2282	6513			25296	28668	2937894	2915690	80958
89386	20				51748	1896	2627506	2484804	24204
320004	168	17949			84712	6358	6703393	6702257	43598
301980	362	275			273340	2817	9054159	8779936	3592
49051	13				25440	1172	2873375	2813130	12052
34353	94				73670	1051	5360873	5249680	40772
498423	554	894			254045	24085	7538014	7514926	66590
93725	1138				41071	135	3387803	3319525	42687
33818		485			29764	19	688053	616667	8286
24162	1980	3596	829		15855	736	1158060	1124274	8768
255739	1975	1463			175849	26509	3211631	3149051	9609
519335	2500				87169	7257	2548519	2527480	126333
3291	161	695	652		98717	6637	2516115	2475365	27605
196	176					1200	20	20	
103501	34030				42388	923	1349107	1315355	15473
95350	150				21166	192	481359	476683	32025
					1394	1320	167794	166820	51639
1557					22995	244	291093	285990	42205
57040					601	151	148832	138336	93763
					500		59624	59427	534
139135					6591	550	724806	723201	7919
5289					2327		62861	62861	51
18					3397	28	175629	175629	1431

3-52 教育经费收入情况

地区	总计	国家财政性教育经费	一般公共预算安排的教育经费	一般公共预算教育经费					
					教育事业费	基本建设经费	教育费附加	科研经费	其他
合计	**40850769**	**39539360**	**38022406**	**32365015**	**30648603**	**950775**	**765637**	**204638**	**5452753**
北京	1055265	1041377	1041377	749035	749035			11734	280609
天津	391916	387534	387534	354127	353890	238			33407
河北	842558	818980	814768	731371	731371			6227	77170
山西	1094660	1073387	1065562	877117	860579		16538	18842	169603
内蒙古	739273	720540	713974	541743	511685	6954	23104		172230
辽宁	677351	675019	673567	540737	524812	3701	12224	20	132810
吉林	516110	429448	429448	358948	357092		1856	140	70360
黑龙江	1539216	1535290	1458924	1275810	1212448	50370	12993	64	183049
上海	427109	426614	426614	311561	285369		26193		115052
江苏	2056800	1978525	1953086	1578792	1543910		34882	2397	371897
浙江	2285233	2216829	2101471	1896078	1762144		133935	3920	201473
安徽	1425948	1337640	1321289	1151302	1115884	1078	34341	2850	167138
福建	619033	577091	576753	503821	497557	4960	1303	3175	69758
江西	807426	790870	766573	693075	688837		4238		73497
山东	3095058	3010956	2678299	2367882	2367882			1684	308734
河南	1467723	1412148	1401367	1161842	1144953		16889	9267	230258
湖北	1352869	1326320	1310408	1161393	1161393			2017	146997
湖南	2556460	2449936	2449501	2311021	2290552	2980	17489	780	137700
广东	4701940	4634227	4410971	3721233	3481494	11306	228434	6693	683045
广西	523480	501070	500883	415735	415363		372	2389	82759
海南	389944	383574	369806	292164	284542		7622	5012	72630
重庆	829274	818001	761543	575736	536578	2009	37149	1930	183877
四川	3037310	3004826	2540676	2084919	2016903	9280	58737	54845	400912
贵州	1874767	1745778	1727106	1496424	1465216	8600	22608	9309	221373
云南	1284336	1214139	1198284	870328	853853		16475	830	327126
西藏	792164	791986	748548	674570	464384	210000	187		73978
陕西	1839957	1833806	1806831	1684993	1023141	615366	46486	3220	118618
甘肃	562332	526395	523906	442649	437572		5077	3771	77486
青海	237083	224165	223975	163743	163680		62	197	60036
宁夏	241519	201719	201719	146828	146346		482	1750	53141
新疆	1586655	1451167	1437641	1230034	1200138	23934	5963	51576	156031
大连	108198	108198	108142	79167	79136		31		28975
宁波	166553	163143	163143	130012	128077		1935	99	33032
厦门	100588	96130	96130	73848	73848			975	21307
青岛	468527	465029	457308	412741	412741				44567
深圳	886098	885238	862238	760743	613925	11306	135512	908	100587

(教育行政单位)

单位：千元

政府性基金预算安排的教育经费	#彩票公益金	国有及国有控股企业办学中的企业拨款	校办产业和社会服务收入中用于教育的经费	其他属于国家财政性教育经费	民办学校中举办者投入	捐赠收入	事业收入	#学费	其他教育经费
1516955	111093					83219	153057		1075132
						400			13488
									4382
4212	1970						8397		15181
7825						8224			13049
6566	4023					1169	4167		13396
1452	1160						23		2309
						805			85856
76367	2531					1170			2756
									496
25439	17105					140	21050		57086
115358	2856					10460	1406		56538
16351	16201						15100		73208
338	338					4087	266		37588
24297	18163					10192			6364
332657	614					185	28886		55030
10782	2297						32807		22767
15912						350	103		26096
435						604	4043		101877
223256	1400					13219	841		53652
187						99	39		22272
13768									6370
56458									11273
464149	12641					1803	424		30257
18672	250					8359	26818		93811
15855	14036					10845	8216		51136
43437									178
26975	15051					315	470		5365
2490	458					300			35637
190						4009			8909
						305			39495
13526						6177			129311
56									
									3409
									4458
7721									3498
23000									860

3-53 教育经费收入情况

地区	总计	国家财政性教育经费	一般公共预算安排的教育经费	一般公共预算教育经费	教育事业费	基本建设经费	教育费附加	科研经费	其他
合计	**40154131**	**38866012**	**37358574**	**31835728**	**30142481**	**927610**	**765637**	**192904**	**5329942**
北京	799717	785829	785829	591253	591253				194575
天津	391916	387534	387534	354127	353890	238			33407
河北	842558	818980	814768	731371	731371			6227	77170
山西	1094660	1073387	1065562	877117	860579		16538	18842	169603
内蒙古	739273	720540	713974	541743	511685	6954	23104		172230
辽宁	677351	675019	673567	540737	524812	3701	12224	20	132810
吉林	516110	429448	429448	358948	357092		1856	140	70360
黑龙江	1532154	1528228	1451862	1268992	1205629	50370	12993	64	182806
上海	427109	426614	426614	311561	285369		26193		115052
江苏	2056800	1978525	1953086	1578792	1543910		34882	2397	371897
浙江	2285233	2216829	2101471	1896078	1762144		133935	3920	201473
安徽	1425948	1337640	1321289	1151302	1115884	1078	34341	2850	167138
福建	619033	577091	576753	503821	497557	4960	1303	3175	69758
江西	807426	790870	766573	693075	688837		4238		73497
山东	3095058	3010956	2678299	2367882	2367882			1684	308734
河南	1467723	1412148	1401367	1161842	1144953		16889	9267	230258
湖北	1352869	1326320	1310408	1161393	1161393			2017	146997
湖南	2556460	2449936	2449501	2311021	2290552	2980	17489	780	137700
广东	4701940	4634227	4410971	3721233	3481494	11306	228434	6693	683045
广西	523480	501070	500883	415735	415363		372	2389	82759
海南	389944	383574	369806	292164	284542		7622	5012	72630
重庆	829274	818001	761543	575736	536578	2009	37149	1930	183877
四川	3037310	3004826	2540676	2084919	2016903	9280	58737	54845	400912
贵州	1874767	1745778	1727106	1496424	1465216	8600	22608	9309	221373
云南	1284336	1214139	1198284	870328	853853		16475	830	327126
西藏	792164	791986	748548	674570	464384	210000	187		73978
陕西	1839957	1833806	1806831	1684993	1023141	615366	46486	3220	118618
甘肃	562332	526395	523906	442649	437572		5077	3771	77486
青海	237083	224165	223975	163743	163680		62	197	60036
宁夏	241519	201719	201719	146828	146346		482	1750	53141
新疆	1152628	1040429	1036421	865348	858617	769	5963	51576	119497
大连	108198	108198	108142	79167	79136		31		28975
宁波	166553	163143	163143	130012	128077		1935	99	33032
厦门	100588	96130	96130	73848	73848			975	21307
青岛	468527	465029	457308	412741	412741				44567
深圳	886098	885238	862238	760743	613925	11306	135512	908	100587

（地方教育行政单位）

单位：千元

政府性基金预算安排的教育经费	#彩票公益金	国有及国有控股企业办学中的企业拨款	校办产业和社会服务收入中用于教育的经费	其他属于国家财政性教育经费	民办学校中举办者投入	捐赠收入	事业收入	#学费	其他教育经费
1507437	**111093**					**83219**	**153057**		**1051843**
						400			13488
									4382
4212	1970						8397		15181
7825						8224			13049
6566	4023					1169	4167		13396
1452	1160						23		2309
						805			85856
76367	2531					1170			2756
									496
25439	17105					140	21050		57086
115358	2856					10460	1406		56538
16351	16201						15100		73208
338	338					4087	266		37588
24297	18163					10192			6364
332657	614					185	28886		55030
10782	2297						32807		22767
15912						350	103		26096
435						604	4043		101877
223256	1400					13219	841		53652
187						99	39		22272
13768									6370
56458									11273
464149	12641					1803	424		30257
18672	250					8359	26818		93811
15855	14036					10845	8216		51136
43437									178
26975	15051					315	470		5365
2490	458					300			35637
190						4009			8909
						305			39495
4008						6177			106022
56									
									3409
									4458
7721									3498
23000									860

3-54 教育经费收入情况

地区	总计	国家财政性教育经费	一般公共预算安排的教育经费	一般公共预算教育经费	教育事业费	基本建设经费	教育费附加	科研经费	其他
合计	**85279158**	**71386402**	**68708768**	**59340805**	**56807441**	**871349**	**1662015**	**460183**	**8907780**
北京	13649379	8059029	7976028	7027233	6886166	99062	42006	145711	803083
天津	1584361	1463306	1456073	1316457	1316457			250	139366
河北	3030519	2586923	2236975	1968445	1968445			5040	263490
山西	2382517	2082336	2066262	1755560	1683299	38276	33985	57336	253365
内蒙古	1820035	1648279	1639548	1285769	1246156	2192	37421		353780
辽宁	2623706	2451674	2440030	1949439	1905405	1701	42332	412	490179
吉林	1380939	1268919	1264368	1116897	1051456	1571	63871	158	147313
黑龙江	1025778	926735	925053	746431	726742		19689		178622
上海	5626457	5197347	5125277	4401571	4025280	222357	153934	500	723206
江苏	5478223	4586340	4376824	3667207	3589818		77388	12448	697169
浙江	6641664	5650458	5080012	4481033	4163423	109648	207962	148202	450776
安徽	1427276	1245657	1217478	1019226	926561		92665	68	198184
福建	2854053	2487253	2450860	2236540	2056161	123294	57084	15803	198517
江西	1819274	1760445	1730125	1636863	1619427	8233	9202		93262
山东	3762196	3197038	3162299	2824326	2785630		38696		337973
河南	3323035	3016399	2897083	2336033	2256404	20801	58828	5702	555347
湖北	3396960	2950761	2687001	2417044	2417044			815	269142
湖南	1392813	1224368	1222452	1155122	1137879		17243	144	67186
广东	6367950	5818219	5629491	4856503	4387476	116961	352066	45727	727261
广西	1756661	1420104	1418702	1185754	1095899	86136	3720	1563	231385
海南	454098	380104	374817	297991	286695		11296	3945	72882
重庆	1353091	1042944	922205	758493	719714	1586	37194		163712
四川	3716656	3390176	3250660	2769098	2599996	8200	160902	3662	477900
贵州	582862	483170	483125	435146	427221		7925	115	47864
云南	1541185	1388282	1137219	903415	891919		11496	1362	232442
西藏	974739	971468	967578	870915	865147	2600	3169		96663
陕西	2223324	2066662	2053718	1909142	1810688	4247	94207	4425	140151
甘肃	1121052	945221	923439	741364	722081		19283	6222	175853
青海	590140	507751	507721	344016	342702		1314		163706
宁夏	297900	239435	236669	174815	174815			224	61630
新疆	1080318	929600	849675	752955	721334	24483	7138	349	96371
大连	517245	505145	505105	405825	390467		15358	312	98968
宁波	933683	857133	677356	606352	586722		19629		71004
厦门	598397	578948	554256	486013	440708	42500	2805	4355	63889
青岛	776224	741633	738553	653254	650468		2785		85299
深圳	1645013	1615886	1615686	1364108	1030515	63256	270337		251579

（教育事业单位）

单位：千元

政府性基金预算安排的教育经费	#彩票公益金	国有及国有控股企业办学中的企业拨款	校办产业和社会服务收入中用于教育的经费	其他属于国家财政性教育经费	民办学校中举办者投入	捐赠收入	事业收入	#学费	其他教育经费
2239052	**245605**		**438582**			**1296908**	**10119481**		**2476367**
11465	11465		71536			1209486	3814706		566158
			7233			72	94702		26281
349943	19003		5			782	416197		26616
14451	1611		1624			4414	231330		64437
4079	2798		4652			993	151770		18992
10934	10934		710				129734		42299
2635	2635		1916			276	62511		49233
1174	715		508			732	95897		2415
55093	5000		16977				194867		234243
43022	16301		166494			10007	715304		166573
548354	19196		22092			2274	443152		545780
27843	23456		335			842	176001		4777
35766	11477		627			1731	267966		97102
27320	16978		3000			3258	14607		40965
15950	12221		18789			5175	489433		70550
86604	33497		32713			50	271031		35554
258531	230		5230			44	417795		28359
1916	1916						156809		11636
186357	4891		2371			4442	470196		75094
1401	378					1553	270665		64339
5287							67896		6098
120441	3033		298			1989	263241		44917
87364	7840		52153			900	297130		28450
45	45					2480	92384		4828
232270	25107		18793			22329	76278		54296
3890	3300					1550			1720
5529	4268		7415			60	135235		21367
18669	556		3112			16687	132769		26375
30	30					4263	41066		37060
2766	2766					450	48602		9413
79925	3959					68	80209		70442
40	40						8558		3542
179777	124						62661		13889
24692	753								19449
3081	3081						25000		9591
200	200					2000	26519		609

3-55 教育经费收入情况

地区	总计	国家财政性教育经费	一般公共预算安排的教育经费	一般公共预算教育经费	教育事业费	基本建设经费	教育费附加	科研经费	其他
合计	**76999167**	**68432956**	**65887887**	**56808662**	**54302318**	**844329**	**1662015**	**315418**	**8763806**
北京	5614794	5330167	5303765	4623973	4495195	86772	42006	947	678846
天津	1584361	1463306	1456073	1316457	1316457			250	139366
河北	3030519	2586923	2236975	1968445	1968445			5040	263490
山西	2382517	2082336	2066262	1755560	1683299	38276	33985	57336	253365
内蒙古	1820035	1648279	1639548	1285769	1246156	2192	37421		353780
辽宁	2623706	2451674	2440030	1949439	1905405	1701	42332	412	490179
吉林	1380939	1268919	1264368	1116897	1051456	1571	63871	158	147313
黑龙江	1014406	915362	913681	735300	715611		19689		178381
上海	5626457	5197347	5125277	4401571	4025280	222357	153934	500	723206
江苏	5478223	4586340	4376824	3667207	3589818		77388	12448	697169
浙江	6641664	5650458	5080012	4481033	4163423	109648	207962	148202	450776
安徽	1427276	1245657	1217478	1019226	926561		92665	68	198184
福建	2854053	2487253	2450860	2236540	2056161	123294	57084	15803	198517
江西	1819274	1760445	1730125	1636863	1619427	8233	9202		93262
山东	3762196	3197038	3162299	2824326	2785630		38696		337973
河南	3323035	3016399	2897083	2336033	2256404	20801	58828	5702	555347
湖北	3396960	2950761	2687001	2417044	2417044			815	269142
湖南	1392813	1224368	1222452	1155122	1137879		17243	144	67186
广东	6367950	5818219	5629491	4856503	4387476	116961	352066	45727	727261
广西	1756661	1420104	1418702	1185754	1095899	86136	3720	1563	231385
海南	454098	380104	374817	297991	286695		11296	3945	72882
重庆	1353091	1042944	922205	758493	719714	1586	37194		163712
四川	3716656	3390176	3250660	2769098	2599996	8200	160902	3662	477900
贵州	582862	483170	483125	435146	427221		7925	115	47864
云南	1541185	1388282	1137219	903415	891919		11496	1362	232442
西藏	974739	971468	967578	870915	865147	2600	3169		96663
陕西	2223324	2066662	2053718	1909142	1810688	4247	94207	4425	140151
甘肃	1121052	945221	923439	741364	722081		19283	6222	175853
青海	590140	507751	507721	344016	342702		1314		163706
宁夏	297900	239435	236669	174815	174815			224	61630
新疆	846285	716387	712428	635204	618314	9753	7138	349	76875
大连	517245	505145	505105	405825	390467		15358	312	98968
宁波	933683	857133	677356	606352	586722		19629		71004
厦门	598397	578948	554256	486013	440708	42500	2805	4355	63889
青岛	776224	741633	738553	653254	650468		2785		85299
深圳	1645013	1615886	1615686	1364108	1030515	63256	270337		251579

(地方教育事业单位)

单位：千元

政府性基金预算安排的教育经费	#彩票公益金	国有及国有控股企业办学中的企业拨款	校办产业和社会服务收入中用于教育的经费	其他属于国家财政性教育经费	民办学校中举办者投入	捐赠收入	事业收入	#学费	其他教育经费
2151622	**234140**		**393447**			**89501**	**6479458**		**1997252**
			26401			2080	178837		103710
			7233			72	94702		26281
349943	19003		5			782	416197		26616
14451	1611		1624			4414	231330		64437
4079	2798		4652			993	151770		18992
10934	10934		710				129734		42299
2635	2635		1916			276	62511		49233
1174	715		508			732	95897		2415
55093	5000		16977				194867		234243
43022	16301		166494			10007	715304		166573
548354	19196		22092			2274	443152		545780
27843	23456		335			842	176001		4777
35766	11477		627			1731	267966		97102
27320	16978		3000			3258	14607		40965
15950	12221		18789			5175	489433		70550
86604	33497		32713			50	271031		35554
258531	230		5230			44	417795		28359
1916	1916						156809		11636
186357	4891		2371			4442	470196		75094
1401	378					1553	270665		64339
5287							67896		6098
120441	3033		298			1989	263241		44917
87364	7840		52153			900	297130		28450
45	45					2480	92384		4828
232270	25107		18793			22329	76278		54296
3890	3300					1550			1720
5529	4268		7415			60	135235		21367
18669	556		3112			16687	132769		26375
30	30					4263	41066		37060
2766	2766					450	48602		9413
3959	3959					68	76054		53775
40	40						8558		3542
179777	124						62661		13889
24692	753								19449
3081	3081						25000		9591
200	200					2000	26519		609

3-56 教育经费收入情况

地区	总计	国家财政性教育经费	一般公共预算安排的教育经费	一般公共预算教育经费	教育事业费	基本建设经费	教育费附加	科研经费	其他
合计	**60440297**	**57191282**	**54892681**	**46542018**	**41324338**	**4508537**	**709143**	**507435**	**7843227**
北京	4838276	4287206	4287206	2399517	2385010	14507		151484	1736205
天津	1683023	1675512	1651707	1586726	452215	1134511		66	64914
河北	2453458	2406635	2207182	2036610	1266155	770455		2257	168315
山西	1749544	1726454	1706421	1515004	1225167	193006	96832	3334	188082
内蒙古	1470032	1420215	1417138	1282126	1085090	167841	29194	2364	132649
辽宁	1497863	1455117	1448390	1193230	1150050	33450	9730	761	254399
吉林	919475	867168	859062	740868	710810	28775	1283	49	118144
黑龙江	859572	851823	851823	717774	703510	10618	3645		134050
上海	1728172	1357319	1353080	1035032	922840	112191		20500	297548
江苏	3037657	2870000	2749463	2181145	1927161	183600	70384	13961	554357
浙江	4465459	4234502	3621182	3393466	3177217	186063	30186	13311	214405
安徽	1567005	1439338	1431380	1171351	1165199	3745	2407	1738	258291
福建	2038868	1848395	1770054	1521820	1004934	516789	98	6367	241867
江西	1695499	1623355	1549107	1464408	1275014	184743	4650	1190	83509
山东	3153424	2980835	2742139	2585513	2520876	33000	31637	3755	152871
河南	2199795	2122730	2001334	1743997	1568722	36269	139007	4666	252671
湖北	2807920	2748418	2739623	2541959	2541959			9509	188156
湖南	1834448	1777701	1774667	1614384	1566942	29701	17741	3690	156593
广东	3661012	3557472	3318632	2731301	2400095	281843	49362	19462	567869
广西	1247429	1179410	1156691	1045552	1023963	21589		3742	107397
海南	661914	645995	581679	348070	348070			136	233474
重庆	1030781	1001661	996951	633950	627258	3802	2890	194401	168600
四川	4154046	3984993	3646367	3079574	2743108	142018	194448	8162	558632
贵州	2619182	2497192	2436693	2220516	2143940	72606	3970	20309	195868
云南	1787533	1721884	1710926	1482160	1364553	109529	8077	1354	227412
西藏	304923	304802	304802	275172	268112	7060		4041	25589
陕西	1279012	1226144	1219722	1132298	1106808	24900	590		87425
甘肃	903696	827682	826483	692055	666866	20948	4240	12300	122128
青海	603204	531271	516883	424339	383813	40276	250	40	92504
宁夏	392547	363187	362929	302511	302511			637	59782
新疆	1795524	1656865	1652966	1449592	1296372	144699	8520	3850	199524
大连	216177	212442	205870	149313	149288		25	252	56305
宁波	413551	393653	387472	342557	282597	59959		847	44069
厦门	115707	113658	113626	91914	91914			1847	19864
青岛	288043	281725	281486	225857	225857			2720	52908
深圳	1231032	1205643	1172592	1069202	807774	212270	49158	1890	101500

(其他教育机构)

单位：千元

政府性基金预算安排的教育经费	#彩票公益金	国有及国有控股企业办学中的企业拨款	校办产业和社会服务收入中用于教育的经费	其他属于国家财政性教育经费	民办学校中举办者投入	捐赠收入	事业收入	#学费	其他教育经费
2259804	**61215**		**38798**			**7763**	**2402711**	**488104**	**838541**
						262	393335	50879	157473
			23805				252		7258
199453							40244	4176	6579
20034							15639	56	7451
3077	3010					759	48164	17140	895
6727	3767						31668	139	11078
8106						82	21714	1160	30510
						10	2639		5100
			4238			100	313956	125041	56798
120537	196					20	98648	17796	68989
609659	150		3661			5	141751	897	89202
7959							96480	38332	31186
76302			2039			30	157814	14755	32629
74248			1			625	65023	19446	6497
238696	7387						145806	43020	26783
121395							60979	40796	16087
8795	691						54890	4767	4612
3034							43652	23459	13095
238840						4	98001	35650	5535
22212			507				51726		16293
64315							9711		6209
4710							25484	8959	3636
338198	45445		428			2030	110415	19627	56607
60500							107391	3261	14599
10716	520		242			2496	55694	12193	7459
							120	42	2
6422							49043	623	3826
1200	50						72591	615	3423
14388						1320	46794		23819
258							17636	4000	11724
23			3876			20	25453	1275	113186
6572	3767						3530		205
3329			2851				17084		2814
			32						2049
240	240						4067		2251
33051							25019	18192	370

3-57 教育经费收入情况

地区	总计	国家财政性教育经费	一般公共预算安排的教育经费	一般公共预算教育经费	教育事业费	基本建设经费	教育费附加	科研经费	其他
合计	**55906491**	**53665791**	**51371025**	**45077040**	**39970046**	**4397851**	**709143**	**374435**	**5919550**
北京	1509617	1488144	1488144	1344877	1330369	14507		18484	124783
天津	1680138	1672627	1648822	1586726	452215	1134511		66	62029
河北	2451560	2404737	2205284	2036610	1266155	770455		2257	166417
山西	1747552	1724462	1704429	1515004	1225167	193006	96832	3334	186090
内蒙古	1468419	1418601	1415524	1282126	1085090	167841	29194	2364	131035
辽宁	1492389	1449643	1442916	1193230	1150050	33450	9730	761	248925
吉林	918575	866268	858162	740868	710810	28775	1283	49	117244
黑龙江	847308	839559	839559	713461	699198	10618	3645		126098
上海	1165047	1139795	1137821	901984	789793	112191		20500	215337
江苏	2986670	2819013	2698476	2181145	1927161	183600	70384	13961	503370
浙江	4460084	4229127	3615807	3393466	3177217	186063	30186	13311	209030
安徽	1566501	1438834	1430876	1171351	1165199	3745	2407	1738	257787
福建	1887425	1809854	1731513	1490807	973920	516789	98	6367	234339
江西	1695139	1622995	1548747	1464408	1275014	184743	4650	1190	83149
山东	3145251	2972662	2733966	2585513	2520876	33000	31637	3755	144698
河南	2193891	2116826	1995430	1743997	1568722	36269	139007	4666	246767
湖北	2791060	2731558	2722763	2541959	2541959			9509	171296
湖南	1831683	1774936	1771902	1614384	1566942	29701	17741	3690	153828
广东	3661012	3557472	3318632	2731301	2400095	281843	49362	19462	567869
广西	1247429	1179410	1156691	1045552	1023963	21589		3742	107397
海南	661914	645995	581679	348070	348070			136	233474
重庆	1030781	1001661	996951	633950	627258	3802	2890	194401	168600
四川	4124167	3955114	3616488	3079574	2743108	142018	194448	8162	528753
贵州	2617198	2495209	2434709	2220516	2143940	72606	3970	20309	193885
云南	1785823	1720174	1709216	1482160	1364553	109529	8077	1354	225702
西藏	304923	304802	304802	275172	268112	7060		4041	25589
陕西	1258057	1205189	1198767	1132298	1106808	24900	590		66470
甘肃	897875	821861	820661	692055	666866	20948	4240	12300	116307
青海	603204	531271	516883	424339	383813	40276	250	40	92504
宁夏	392547	363187	362929	302511	302511			637	59782
新疆	1483250	1364805	1362476	1207627	1165093	34014	8520	3850	150999
大连	216177	212442	205870	149313	149288		25	252	56305
宁波	413551	393653	387472	342557	282597	59959		847	44069
厦门	115707	113658	113626	91914	91914			1847	19864
青岛	288043	281725	281486	225857	225857			2720	52908
深圳	1231032	1205643	1172592	1069202	807774	212270	49158	1890	101500

(地方其他教育机构)

单位：千元

政府性基金预算安排的教育经费	#彩票公益金	国有及国有控股企业办学中的企业拨款	校办产业和社会服务收入中用于教育的经费	其他属于国家财政性教育经费	民办学校中举办者投入	捐赠收入	事业收入	#学费	其他教育经费
2259804	61215		34963			7371	1619364	309688	613965
							20145	969	1328
			23805				252		7258
199453							40244	4176	6579
20034							15639	56	7451
3077	3010					759	48164	17140	895
6727	3767						31668	139	11078
8106						82	21714	1160	30510
						10	2639		5100
			1973				16977		8275
120537	196					20	98648	17796	68989
609659	150		3661			5	141751	897	89202
7959							96480	38332	31186
76302			2039				52583	11290	24988
74248			1			625	65023	19446	6497
238696	7387						145806	43020	26783
121395							60979	40796	16087
8795	691						54890	4767	4612
3034							43652	23459	13095
238840						4	98001	35650	5535
22212			507				51726		16293
64315							9711		6209
4710							25484	8959	3636
338198	45445		428			2030	110415	19627	56607
60500							107391	3261	14599
10716	520		242			2496	55694	12193	7459
							120	42	2
6422							49043	623	3826
1200	50						72591	615	3423
14388						1320	46794		23819
258							17636	4000	11724
23			2306			20	17506	1275	100920
6572	3767						3530		205
3329			2851				17084		2814
			32						2049
240	240						4067		2251
33051							25019	18192	370

第四部分

各地区各级各类教育机构教育经费支出明细

4-1 教育经费支出明细

地区	合计	个人部分	工资福利支出	对个人和家庭的补助支出	#助学金
合计	**5638509266**	**3515192375**	**3088407016**	**426785359**	**227210290**
北京	273966785	151423182	128654917	22768265	15857827
天津	78456447	51318663	47508720	3809944	2378275
河北	222972003	141604606	125697955	15906651	8446027
山西	110729200	70469932	63632343	6837589	3936455
内蒙古	87881870	56804058	50793899	6010159	3758136
辽宁	123919587	82225839	73693135	8532703	4639227
吉林	82680845	53699457	48399542	5299915	2805771
黑龙江	99734890	65381666	53473521	11908145	3505623
上海	200860727	108339277	100146266	8193011	6601073
江苏	400732073	264766609	237628430	27138179	11299471
浙江	327980792	197043417	181440184	15603233	8395617
安徽	200725473	124853257	105411421	19441836	8067128
福建	164261300	102444527	93577046	8867481	4493648
江西	165806324	95044148	85994073	9050075	6243484
山东	355790429	225583068	202100155	23482913	9954843
河南	280950011	179056233	159281420	19774814	12222177
湖北	210846550	132112142	115142386	16969756	8244615
湖南	211653027	133661549	115948473	17713076	8999887
广东	613519769	369058724	319939488	49119237	14632860
广西	168036041	105722250	92412286	13309963	8654950
海南	45690864	25512589	23504948	2007641	1162514
重庆	135682230	85430123	72684789	12745334	6724012
四川	281871650	177261200	151003538	26257662	15003764
贵州	148688247	100437564	83598683	16838881	10170684
云南	168020336	118054252	100987865	17066387	12880335
西藏	31048264	22304671	17840727	4463944	3904180
陕西	167168987	93527319	81318299	12209021	8503849
甘肃	90132070	60677838	52548932	8128906	4733817
青海	29571985	19188182	16363970	2824211	1685657
宁夏	31197914	18547551	16564833	1982718	1272707
新疆	127932575	83638481	71114773	12523709	8031677
大连	18161612	13554853	12947256	607596	193195
宁波	43169310	28055945	25857252	2198694	1214112
厦门	25965866	15462255	13944808	1517447	349861
青岛	44807207	26843934	24663936	2179998	500773
深圳	137506014	64761145	51286672	13474472	3318727

(各级各类教育机构)

单位：千元

公用部分	商品和服务支出	其他资本性支出			基本建设支出
			专项公用支出	专项项目支出	
2017537295	**1125396105**	**892141190**	**319379343**	**572761847**	**105779596**
114035253	88587426	25447828	15909468	9538359	8508350
24179463	16145783	8033680	3789125	4244555	2958321
79206313	40546252	38660062	11226239	27433823	2161084
38672395	22236540	16435855	7722750	8713105	1586873
29626743	14884773	14741970	5221361	9520609	1451069
40525565	27351918	13173647	5595455	7578192	1168184
28224195	16734259	11489936	5439033	6050903	757193
32985011	20640560	12344451	4700416	7644036	1368213
87870523	64920898	22949625	13184093	9765532	4650927
134603738	70559352	64044385	20165851	43878534	1361726
125159952	68822955	56336997	16738689	39598307	5777424
72458805	34081283	38377522	14020280	24357242	3413411
60981727	30601220	30380507	10404522	19975984	835046
68966854	22125762	46841092	13328755	33512337	1795322
129224448	62967761	66256686	19589544	46667142	982913
98594915	53712863	44882053	15110407	29771645	3298863
77274984	40339116	36935867	10365629	26570239	1459424
76316151	43775846	32540304	10843654	21696650	1675326
213789295	131226326	82562969	36081445	46481524	30671750
59919981	27016847	32903134	11257261	21645873	2393811
18414675	9913886	8500789	3618152	4882637	1763600
46941936	29068343	17873593	6108095	11765499	3310171
102130367	60173359	41957007	16807711	25149296	2480083
46923950	22299673	24624277	9962003	14662273	1326734
47972531	23482495	24490036	6191825	18298211	1993553
7755176	3557506	4197670	1619639	2578031	988417
68946125	38247914	30698212	10557794	20140417	4695543
28297385	13109967	15187418	4242227	10945191	1156847
9280783	3837787	5442996	1835365	3607631	1103021
12191864	5900963	6290901	2346196	3944704	458500
36066193	18526469	17539723	5396358	12143365	8227901
4462079	3060703	1401376	561463	839914	144681
15004084	8131492	6872592	1813815	5058778	109280
10145810	5316904	4828906	1873043	2955863	357800
17963273	7652609	10310664	2383551	7927113	
47141673	34012820	13128854	9892703	3236151	25603196

4-2 教育经费支出明细

地区	合计	个人部分	工资福利支出	对个人和家庭的补助支出	#助学金
合计	**5199766902**	**3300552909**	**2925533439**	**375019470**	**189852526**
北京	148934168	91667678	86120268	5547410	1753988
天津	66970381	46043882	43309196	2734686	1510094
河北	220931859	140338726	124686362	15652364	8320097
山西	110709321	70456404	63619644	6836760	3936454
内蒙古	87873783	56799057	50788899	6010159	3758136
辽宁	112768812	76106239	68841274	7264965	3660749
吉林	72829277	47799384	43956504	3842879	2080845
黑龙江	84492286	59488305	48875175	10613129	2663706
上海	153315857	88203863	83604332	4599530	3383755
江苏	371604746	248567585	225498606	23068980	8479005
浙江	315104508	191221224	177012028	14209196	7212588
安徽	191799247	120653788	102446258	18207530	7207772
福建	157549183	98601413	90727354	7874059	3775194
江西	165800629	95039868	85990350	9049517	6243433
山东	341609908	218891773	196897625	21994148	8963432
河南	280431170	178835167	159089688	19745479	12218862
湖北	178078864	113676584	101342561	12334022	5587175
湖南	201693257	128538732	112093790	16444942	8230735
广东	593755358	360037288	313053387	46983901	13357532
广西	168035604	105721822	92411858	13309963	8654950
海南	45657448	25483495	23475854	2007641	1162514
重庆	126932132	80548567	68793488	11755079	6092539
四川	257883211	165150956	141193964	23956992	13296755
贵州	148685000	100436300	83598683	16837617	10169420
云南	168008822	118046057	100979670	17066387	12880335
西藏	31048264	22304671	17840727	4463944	3904180
陕西	138876679	80963795	71551384	9412411	6593139
甘肃	85368624	57939219	50591905	7347315	4289688
青海	29560759	19179078	16355210	2823869	1685410
宁夏	30239434	17987765	16093732	1894033	1207153
新疆	113218310	75824225	64693662	11130563	7572892
大连	18110060	13509406	12903006	606400	193195
宁波	43168910	28055945	25857252	2198694	1214112
厦门	25960938	15458727	13941280	1517447	349861
青岛	44807207	26843934	24663936	2179998	500773
深圳	136569697	64540125	51074476	13465649	3310629

(地方各级各类教育机构)

单位：千元

公用部分	商品和服务支出	其他资本性支出	专项公用支出	专项项目支出	基本建设支出
1803747556	**967899089**	**835848467**	**287034307**	**548814160**	**95466438**
51358923	40584218	10774705	7636041	3138664	5907567
19133795	12413973	6719822	2965964	3753858	1792704
78455327	39971353	38483974	11108649	27375325	2137806
38666044	22230953	16435091	7722028	8713062	1586873
29623656	14881855	14741802	5221312	9520489	1451069
35712731	23558722	12154009	4907903	7246106	949842
24380103	13622370	10757733	4880234	5877498	649790
23853661	12985458	10868202	3851432	7016771	1150321
60971226	45569504	15401723	8920931	6480792	4140768
122010377	60957128	61053250	17882712	43170537	1026784
118233807	63432298	54801509	15776505	39025004	5649478
67924658	30872615	37052043	13041085	24010958	3220801
58162369	28624138	29538231	10002130	19536101	785401
68965440	22124348	46841092	13328755	33512337	1795322
122051730	57908510	64143221	18451463	45691758	666405
98431655	53598655	44833001	15062110	29770891	3164348
64399100	30983770	33415331	8187933	25227398	3180
71599126	39966439	31632688	10162503	21470185	1555399
203129855	124128956	79000899	33917263	45083636	30588215
59919972	27016838	32903134	11257261	21645873	2393811
18410353	9911007	8499346	3617520	4881826	1763600
43200640	25957858	17242782	5650123	11592659	3182925
90556104	52081010	38475093	14888204	23586889	2176152
46921966	22297690	24624277	9962003	14662273	1326734
47969213	23479473	24489740	6191529	18298211	1993553
7755176	3557506	4197670	1619639	2578031	988417
53644196	27854166	25790029	8446245	17343785	4268688
26365092	11857004	14508089	3925466	10582623	1064313
9278660	3836375	5442285	1834654	3607631	1103021
11840539	5699937	6140602	2298458	3842144	411130
30822063	15934965	14887098	4316254	10570844	6572022
4455973	3056515	1399458	560471	838987	144681
15003684	8131099	6872585	1813807	5058778	109280
10144410	5315504	4828906	1873043	2955863	357800
17963273	7652609	10310664	2383551	7927113	
46426377	33864629	12561747	9325597	3236151	25603196

4-3 教育经费支出明细

地区	合计	个人部分	工资福利支出	对个人和家庭的补助支出	#助学金
合计	**1513871451**	**747600596**	**587728662**	**159871935**	**112755927**
北京	141298487	70619954	51344702	19275252	15357645
天津	29615042	15575598	12996412	2579185	2088141
河北	44544004	21633840	16980444	4653396	3378884
山西	26127917	12826453	10091287	2735166	1970196
内蒙古	18565431	9698983	7621478	2077505	1705183
辽宁	45685485	23672774	19016350	4656423	3623364
吉林	28369054	14610862	11487581	3123281	2133540
黑龙江	37343015	18176852	14257085	3919767	2607599
上海	85151657	38383823	32389938	5993886	5234937
江苏	108844928	59727059	48366323	11360736	7570814
浙江	78516807	37066216	30777334	6288882	4162892
安徽	47172722	24130949	17604275	6526674	4008575
福建	39442672	19891208	15846529	4044680	2915280
江西	37491210	19450997	15929341	3521656	2760094
山东	88710729	43209345	33357121	9852224	6084367
河南	65072735	32677330	25711864	6965466	5092099
湖北	72175345	39028255	30191237	8837018	5274691
湖南	50213894	26014801	20226345	5788455	3541523
广东	138097935	62116642	49846555	12270087	6561302
广西	39542109	16945199	13058485	3886714	3012528
海南	9168316	4163540	3311715	851825	671800
重庆	35634990	18132245	13954752	4177493	3227224
四川	71821915	36227539	29083324	7144216	5311714
贵州	25995610	12016031	8652186	3363846	2400055
云南	29311432	14724464	11493392	3231071	2698391
西藏	3414820	1741517	1213525	527992	467922
陕西	62649449	30303444	23983613	6319831	4752310
甘肃	20095041	10468542	7791019	2677523	1905990
青海	5213951	2124108	1650859	473248	250182
宁夏	6280585	3070941	2447427	623514	411785
新疆	22304163	9171085	7046162	2124922	1574901
大连	1342093	751974	604438	147535	85062
宁波	7780970	3746270	3129977	616293	379380
厦门	3687419	1479228	1192373	286855	168998
青岛	6858099	1221815	1031351	190464	138122
深圳	29069284	8941754	7310287	1631467	959061

（高等学校）

单位：千元

公用部分	商品和服务支出	其他资本性支出	专项公用支出	专项项目支出	基本建设支出
730057866	**426413159**	**303644707**	**141308436**	**162336270**	**36212988**
67177885	49577315	17600570	10629514	6971056	3500648
12542870	8412473	4130397	2201214	1929183	1496574
22117444	10922279	11195165	3790789	7404376	792720
12811446	6452677	6358769	3948036	2410733	490018
8477564	4072355	4405209	1984508	2420701	388884
21314793	13894316	7420477	3579960	3840517	697918
13481544	8599598	4881946	3312190	1569756	276648
18384950	11944025	6440925	2514261	3926664	781212
43077797	32632074	10445723	6991252	3454471	3690037
48668429	32199428	16469001	8946699	7522302	449440
40596743	25147048	15449695	6604981	8844714	853849
21791390	10650938	11140452	5752896	5387556	1250384
19352420	10004043	9348377	3331200	6017177	199043
17875391	7471241	10404150	3387194	7016955	164822
44649585	22180988	22468597	8897232	13571365	851800
31506282	15849270	15657012	7524301	8132711	889123
31687666	18705564	12982102	5358077	7624026	1459424
23612486	14632031	8980456	4447791	4532665	586606
67271856	36267022	31004834	13319804	17685030	8709437
22221228	8807960	13413268	5408878	8004390	375682
3913272	2273225	1640047	677265	962782	1091504
17004280	10120885	6883395	2986686	3896709	498465
34927373	19919774	15007599	7706624	7300975	667003
13681350	5326166	8355184	5440146	2915038	298228
14341356	7366518	6974839	2630884	4343955	245612
1420710	689518	731191	347561	383630	252593
31245368	19912963	11332406	4695829	6636577	1100637
9300716	4722889	4577827	1775812	2802015	325783
2679000	929953	1749047	797234	951813	410843
2882274	1852605	1029668	637607	392062	327370
10042398	4876020	5166378	1682011	3484367	3090680
523297	294777	228520	154340	74180	66823
4024272	2438155	1586117	686666	899452	10428
2208190	1035055	1173135	250440	922696	
5636285	866635	4769649	500745	4268904	
13242778	8776725	4466053	4355470	110583	6884752

4-4 教育经费支出明细

地区	合计	个人部分	工资福利支出	对个人和家庭的补助支出	#助学金
合计	**1104635014**	**547296706**	**437538380**	**109758326**	**75756836**
北京	29941541	15366430	12984172	2382258	1324713
天津	18306512	10410729	8904927	1505801	1220317
河北	42594866	20433107	16033317	4399790	3253111
山西	26127917	12826453	10091287	2735166	1970196
内蒙古	18565431	9698983	7621478	2077505	1705183
辽宁	34677215	17667855	14273336	3394519	2644886
吉林	18909636	8996626	7314478	1682148	1409002
黑龙江	23101291	13053231	10279680	2773551	1769271
上海	38819399	18785083	16372420	2412663	2024873
江苏	79819223	43568904	36277235	7291669	4750480
浙江	65658379	31253902	26358464	4895438	2979862
安徽	38288154	19961664	14668220	5293445	3149219
福建	32936461	16111511	13055924	3055587	2200316
江西	37491210	19450997	15929341	3521656	2760094
山东	74538382	36518050	28154591	8363459	5092956
河南	64731357	32569193	25630582	6938611	5088982
湖北	40049980	21046428	16811781	4234647	2619401
湖南	40412205	21014287	16493454	4520833	2772574
广东	118424028	53160432	43015566	10144866	5287219
广西	39542109	16945199	13058485	3886714	3012528
海南	9168316	4163540	3311715	851825	671800
重庆	27204445	13498507	10304447	3194061	2596214
四川	48049386	24225897	19370082	4855815	3615645
贵州	25994347	12014768	8652186	3362582	2398792
云南	29311432	14724464	11493392	3231071	2698391
西藏	3414820	1741517	1213525	527992	467922
陕西	34709571	17979863	14445999	3533864	2842651
甘肃	15404118	7789220	5888337	1900884	1463702
青海	5213951	2124108	1650859	473248	250182
宁夏	5325609	2514333	1979504	534829	346231
新疆	17903723	7681423	5899595	1781829	1370124
大连	1342093	751974	604438	147535	85062
宁波	7780570	3746270	3129977	616293	379380
厦门	3687419	1479228	1192373	286855	168998
青岛	6858099	1221815	1031351	190464	138122
深圳	28136858	8723670	7100302	1623369	950963

（地方高等学校）

单位：千元

公用部分	商品和服务支出	其他资本性支出			基本建设支出
			专项公用支出	专项项目支出	
530586391	**280835848**	**249750543**	**110190137**	**139560406**	**26751916**
13655646	10343362	3312283	2720782	591502	919465
7564826	4747170	2817656	1379170	1438486	330957
21392317	10368662	11023655	3674641	7349014	769443
12811446	6452677	6358769	3948036	2410733	490018
8477564	4072355	4405209	1984508	2420701	388884
16529784	10119746	6410038	2896332	3513706	479576
9743765	5577018	4166747	2766268	1400479	169245
9484739	4422035	5062704	1701845	3360860	563321
16854438	13784808	3069630	2773683	295947	3179878
36135821	22657335	13478486	6663802	6814684	114498
33678574	19762991	13915583	5643849	8271733	725903
17268715	7449075	9819640	4776498	5043143	1057774
16675551	8162869	8512682	2933418	5579265	149399
17875391	7471241	10404150	3387194	7016955	164822
37485042	17129910	20355132	7759151	12595981	535291
31407557	15781573	15625984	7493273	8132711	754608
19000371	9508217	9492154	3205937	6286218	3180
18931239	10855632	8075607	3769264	4306342	466679
56637693	29191301	27446393	11157903	16288489	8625902
22221228	8807960	13413268	5408878	8004390	375682
3913272	2273225	1640047	677265	962782	1091504
13334717	7062761	6271956	2547837	3724119	371220
23460417	11924526	11535891	5795525	5740366	363072
13681350	5326166	8355184	5440146	2915038	298228
14341356	7366518	6974839	2630884	4343955	245612
1420710	689518	731191	347561	383630	252593
16055926	9601445	6454481	2602304	3852177	673782
7381648	3480333	3901316	1461084	2440232	233249
2679000	929953	1749047	797234	951813	410843
2531276	1651907	879369	589868	289501	280000
7955012	3863560	4091451	1255998	2835453	2267288
523297	294777	228520	154340	74180	66823
4023872	2437762	1586110	686658	899452	10428
2208190	1035055	1173135	250440	922696	
5636285	866635	4769649	500745	4268904	
12528436	8629421	3899014	3788431	110583	6884752

4-5 教育经费支出明细

地区	合计	个人部分	工资福利支出	对个人和家庭的补助支出	#助学金
合计	**1496068827**	**738862488**	**579896769**	**158965719**	**112566820**
北京	138666003	69528371	50331772	19196599	15357629
天津	29277481	15326506	12759234	2567272	2086007
河北	43710594	21170106	16558934	4611172	3361814
山西	25893855	12667562	9940415	2727147	1968563
内蒙古	18377365	9608669	7535693	2072976	1704993
辽宁	45302508	23410653	18768875	4641778	3623302
吉林	27796397	14255498	11166787	3088710	2125147
黑龙江	36828761	17816223	13970735	3845487	2607599
上海	83961868	37830856	31853856	5977001	5234264
江苏	108651117	59608714	48266882	11341833	7568915
浙江	77211822	36378984	30123441	6255543	4154323
安徽	46779985	23923349	17414266	6509083	4006106
福建	38875776	19629058	15618621	4010437	2899409
江西	36923597	19138424	15662623	3475801	2728443
山东	88055244	43041490	33213653	9827837	6083300
河南	64778036	32501322	25556578	6944745	5090426
湖北	72061164	38947506	30121416	8826091	5272263
湖南	49426084	25709479	19960257	5749222	3540787
广东	136076828	61076863	48989979	12086884	6554228
广西	39176749	16781025	12913677	3867348	3004018
海南	9054880	4102633	3258241	844392	664833
重庆	35484383	18106407	13930020	4176387	3227176
四川	70784099	35872417	28760982	7111436	5310079
贵州	25731999	11886340	8558243	3328097	2376558
云南	28790117	14496646	11292309	3204338	2676064
西藏	3414820	1741517	1213525	527992	467922
陕西	61938454	29923342	23636517	6286825	4730709
甘肃	19891937	10352652	7681721	2670931	1905318
青海	5171000	2094667	1624227	470440	250182
宁夏	6280585	3070941	2447427	623514	411785
新疆	21695318	8864266	6765866	2098401	1574658
大连	1200621	654462	511186	143276	85001
宁波	7482383	3612537	3003126	609411	377316
厦门	3687419	1479228	1192373	286855	168998
青岛	6709329	1180456	992780	187676	138047
深圳	28931698	8863168	7252829	1610339	958864

（普通高等学校）

单位：千元

公用部分	商品和服务支出	其他资本性支出	专项公用支出	专项项目支出	基本建设支出
721140678	**419281549**	**301859129**	**140274122**	**161585007**	**36065661**
65636984	48175036	17461948	10496175	6965773	3500648
12462928	8336081	4126847	2198325	1928522	1488047
21747768	10650839	11096928	3739830	7357098	792720
12736275	6384877	6351398	3943249	2408149	490018
8379812	3986403	4393409	1976186	2417223	388884
21193937	13777952	7415985	3576013	3839972	697918
13267574	8420093	4847481	3289184	1558297	273325
18244485	11849090	6395395	2485404	3909991	768054
42440975	32050462	10390513	6941377	3449136	3690037
48592962	32133512	16459451	8939199	7520252	449440
39978988	24679605	15299383	6550297	8749086	853849
21606252	10481658	11124594	5740250	5384344	1250384
19047675	9747018	9300657	3304875	5995782	199043
17620427	7296550	10323877	3339433	6984443	164746
44161955	21767449	22394506	8849148	13545357	851800
31387591	15746400	15641191	7517251	8123940	889123
31654234	18674931	12979303	5356894	7622409	1459424
23129999	14218687	8911312	4421141	4490171	586606
66290528	35393991	30896537	13254035	17642501	8709437
22020042	8703546	13316496	5389016	7927480	375682
3860743	2231653	1629090	667542	961547	1091504
16879511	10110980	6768531	2986123	3782409	498465
34244678	19595885	14648794	7442766	7206028	667003
13573897	5251723	8322174	5417240	2904933	271762
14047859	7145240	6902618	2587922	4314696	245612
1420710	689518	731191	347561	383630	252593
30926254	19649039	11277215	4660026	6617188	1088858
9213501	4651485	4562016	1762261	2799755	325783
2665490	918103	1747386	795573	951813	410843
2882274	1852605	1029668	637607	392062	327370
9824371	4711135	5113236	1662217	3451019	3006680
479336	253115	226221	152462	73759	66823
3859419	2328630	1530789	674021	856768	10428
2208190	1035055	1173135	250440	922696	
5528873	788865	4740008	471104	4268904	
13183778	8719985	4463793	4354333	109460	6884752

4-6 教育经费支出明细

地区	合计	个人部分	工资福利支出	对个人和家庭的补助支出	#助学金
合计	**1088627320**	**539070424**	**430189880**	**108880543**	**75567729**
北京	28969809	14690785	12359756	2331029	1324697
天津	17968951	10161637	8667749	1493889	1218183
河北	41761456	19969373	15611807	4357566	3236040
山西	25893855	12667562	9940415	2727147	1968563
内蒙古	18377365	9608669	7535693	2072976	1704993
辽宁	34310004	17420338	14040464	3379874	2644825
吉林	18336979	8641262	6993685	1647577	1400610
黑龙江	22587038	12692602	9993331	2699271	1769271
上海	37629610	18232116	15836338	2395778	2024200
江苏	79625412	43450560	36177794	7272765	4748582
浙江	64353393	30566670	25704572	4862099	2971293
安徽	37895416	19754064	14478210	5275854	3146750
福建	32369566	15849361	12828016	3021345	2184445
江西	36923597	19138424	15662623	3475801	2728443
山东	73882897	36350195	28011123	8339072	5091888
河南	64436659	32393185	25475295	6917889	5087310
湖北	39935799	20965679	16741960	4223720	2616973
湖南	39624396	20708965	16227365	4481600	2771837
广东	116402921	52120653	42158989	9961664	5280146
广西	39176749	16781025	12913677	3867348	3004018
海南	9054880	4102633	3258241	844392	664833
重庆	27053838	13472669	10279714	3192955	2596166
四川	47011570	23870775	19047740	4823035	3614009
贵州	25730736	11885077	8558243	3326834	2375294
云南	28790117	14496646	11292309	3204338	2676064
西藏	3414820	1741517	1213525	527992	467922
陕西	33998576	17599761	14098903	3500858	2821050
甘肃	15201013	7673330	5779039	1894292	1463030
青海	5171000	2094667	1624227	470440	250182
宁夏	5325609	2514333	1979504	534829	346231
新疆	17413291	7455889	5699573	1756317	1369882
大连	1200621	654462	511186	143276	85001
宁波	7481983	3612537	3003126	609411	377316
厦门	3687419	1479228	1192373	286855	168998
青岛	6709329	1180456	992780	187676	138047
深圳	27999272	8645085	7042844	1602240	950766

（地方普通高等学校）

单位：千元

公用部分	商品和服务支出	其他资本性支出	专项公用支出	专项项目支出	基本建设支出
522952308	**274868781**	**248083527**	**109274385**	**138809142**	**26604589**
13359558	10069896	3289663	2703444	586219	919465
7484884	4670778	2814106	1376280	1437826	322430
21022640	10097222	10925418	3623682	7301737	769443
12736275	6384877	6351398	3943249	2408149	490018
8379812	3986403	4393409	1976186	2417223	388884
16410090	10004545	6405545	2892385	3513161	479576
9529795	5397512	4132282	2743262	1389020	165923
9344274	4327100	5017174	1672987	3344187	550163
16217616	13203196	3014420	2723809	290611	3179878
36060354	22591418	13468936	6656302	6812634	114498
33060820	19295548	13765271	5589166	8176105	725903
17083578	7279796	9803782	4763851	5039931	1057774
16370806	7905844	8464962	2907093	5557869	149399
17620427	7296550	10323877	3339433	6984443	164746
36997411	16716371	20281040	7711067	12569973	535291
31288866	15678703	15610163	7486223	8123940	754608
18966939	9477584	9489355	3204754	6284601	3180
18448752	10442289	8006463	3742614	4263848	466679
55656366	28318270	27338095	11092135	16245960	8625902
22020042	8703546	13316496	5389016	7927480	375682
3860743	2231653	1629090	667542	961547	1091504
13209948	7052856	6157092	2547273	3609819	371220
22777722	11600637	11177085	5531667	5645418	363072
13573897	5251723	8322174	5417240	2904933	271762
14047859	7145240	6902618	2587922	4314696	245612
1420710	689518	731191	347561	383630	252593
15736811	9337521	6399290	2566501	3832789	662004
7294434	3408929	3885505	1447532	2437972	233249
2665490	918103	1747386	795573	951813	410843
2531276	1651907	879369	589868	289501	280000
7774114	3733244	4040869	1238764	2802105	2183288
479336	253115	226221	152462	73759	66823
3859019	2328237	1530781	674013	856768	10428
2208190	1035055	1173135	250440	922696	
5528873	788865	4740008	471104	4268904	
12469436	8572681	3896754	3787294	109460	6884752

4-7 教育经费支出明细

地区	合计	个人部分	工资福利支出	对个人和家庭的补助支出	#助学金
合计	**1191028502**	**590099774**	**462728174**	**127371600**	**88725525**
北京	134279630	67102041	48164480	18937561	15209214
天津	24927861	12627845	10455250	2172596	1777239
河北	30951763	16237014	12633448	3603566	2541927
山西	20300890	9468902	7461357	2007545	1378221
内蒙古	12367200	6638905	5194895	1444010	1172395
辽宁	39141359	19959036	16158185	3800850	2888166
吉林	23462043	12481844	9809428	2672416	1756428
黑龙江	30910426	14315912	11370810	2945101	2018108
上海	80292386	36072702	30279674	5793028	5102286
江苏	86323800	46879659	37249799	9629859	6464135
浙江	62328430	28870817	23474513	5396304	3546028
安徽	34707772	17768760	13168041	4600719	2596528
福建	29616286	15673334	12493480	3179854	2202572
江西	26869030	13605273	11233948	2371325	1785306
山东	64567359	32394685	25072251	7322435	4250629
河南	44968540	22843264	18287750	4555515	3162735
湖北	60208495	32753866	25141624	7612242	4527803
湖南	35133340	17935433	13667853	4267580	2517293
广东	104040238	45626078	36365755	9260323	4951649
广西	25767198	11912713	9285438	2627275	1968833
海南	7176722	3209105	2580751	628354	493372
重庆	25524734	13521833	10660306	2861527	2100735
四川	54822150	28341805	22939998	5401808	4063777
贵州	16956757	7885030	5781688	2103342	1379831
云南	20798959	10879770	8685909	2193861	1807233
西藏	2759741	1295216	940471	354745	303709
陕西	54042837	25841417	20475919	5365497	3945063
甘肃	14380482	7861267	5954938	1906329	1238477
青海	3718770	1589619	1224944	364675	178801
宁夏	4689179	2290871	1821212	469659	293369
新疆	14994125	6215758	4694057	1521701	1103664
大连	860981	448889	359302	89586	37914
宁波	5861648	2833218	2302334	530884	320097
厦门	2576757	987926	781138	206788	110848
青岛	4323083	641502	538006	103495	94625
深圳	24230685	6756771	5458526	1298245	793903

(普通高等本科学校)

单位：千元

公用部分	商品和服务支出	其他资本性支出			基本建设支出
			专项公用支出	专项项目支出	
569684094	**355285143**	**214398952**	**103206854**	**111192098**	**31244635**
63762088	46932231	16829857	10066965	6762892	3415501
10819969	7319724	3500244	1750316	1749929	1480047
14221604	8264431	5957174	2346481	3610693	493145
10371233	4888184	5483049	3328096	2154953	460755
5561310	2832701	2728609	1213912	1514697	166985
18539628	12234978	6304651	2785163	3519488	642695
10764024	7326513	3437511	2519549	917961	216174
15962260	10642995	5319265	1870483	3448782	632255
40713456	30707869	10005587	6679729	3325858	3506228
39006236	26877710	12128526	6766505	5362021	437906
32826794	20692334	12134460	4876503	7257956	630819
16194160	8206340	7987820	4259077	3728743	744852
13822223	7729200	6093023	2300112	3792910	120729
13138228	5529691	7608538	2146376	5462162	125528
31551834	17509935	14041899	6346345	7695553	620840
21352611	12141926	9210685	4285936	4924749	772664
25998387	16254591	9743795	4269241	5474554	1456243
16712372	11195924	5516448	2712491	2803957	485536
50459728	28838782	21620946	9512144	12108802	7954432
13569314	6320864	7248451	2871278	4377172	285171
2876113	1728836	1147277	483443	663834	1091504
11751955	7865741	3886214	1788761	2097453	250946
25908828	16113199	9795629	5156479	4639151	571516
8902819	3693642	5209177	3600007	1609170	168908
9739517	5443352	4296165	1999403	2296763	179672
1221248	602082	619166	254964	364203	243277
27260694	18070547	9190147	4025167	5164980	940726
6203861	3690957	2512904	1049720	1463184	315354
2015519	715614	1299905	393884	906021	113632
2150937	1459814	691123	453890	237234	247370
6305144	3454437	2850708	1094433	1756275	2473223
345270	166453	178817	105121	73696	66823
3018002	1889413	1128590	497544	631046	10428
1588831	624757	964074	175808	788265	
3681582	527788	3153794	267757	2886037	
11240280	7504649	3735631	3626171	109460	6233634

4-8　教育经费支出明细

地　区	合　计	个人部分	工资福利支出	对个人和家庭的补助支出	#助学金
合　计	**787294908**	**391904488**	**314408618**	**77495870**	**51867759**
北　京	24858713	12359820	10272687	2087133	1188382
天　津	13619331	7462977	6363765	1099212	909415
河　北	29002625	15036281	11686321	3349960	2416153
山　西	20300890	9468902	7461357	2007545	1378221
内蒙古	12367200	6638905	5194895	1444010	1172395
辽　宁	28148855	13968720	11429774	2538946	1909689
吉　林	14002625	6867608	5636325	1231283	1031891
黑龙江	17163022	9501643	7686920	1814723	1186187
上　海	34223942	16623679	14400522	2223157	1903077
江　苏	57298095	30721504	25160712	5560792	3643801
浙　江	49470001	23058503	19055644	4002860	2362998
安　徽	25823203	13599475	10231986	3367490	1737172
福　建	23110076	11893637	9702875	2190762	1487608
江　西	26869030	13605273	11233948	2371325	1785306
山　东	50395012	25703390	19869721	5833670	3259217
河　南	44627163	22735127	18206467	4528660	3159618
湖　北	28487629	15015582	11952081	3063501	1906490
湖　南	25466962	13036088	10036130	2999958	1748343
广　东	84916489	36922794	29760780	7162014	3691383
广　西	25767198	11912713	9285438	2627275	1968833
海　南	7176722	3209105	2580751	628354	493372
重　庆	17282999	8995295	7100148	1895146	1484673
四　川	31298508	16474117	13334019	3140098	2387913
贵　州	16955494	7883767	5781688	2102079	1378567
云　南	20798959	10879770	8685909	2193861	1807233
西　藏	2759741	1295216	940471	354745	303709
陕　西	26102959	13517836	10938305	2579530	2035404
甘　肃	9689559	5181946	4052256	1129690	796189
青　海	3718770	1589619	1224944	364675	178801
宁　夏	3734202	1734263	1353289	380974	227814
新　疆	11858935	5010935	3788488	1222446	927903
大　连	860981	448889	359302	89586	37914
宁　波	5861248	2833218	2302334	530884	320097
厦　门	2576757	987926	781138	206788	110848
青　岛	4323083	641502	538006	103495	94625
深　圳	23298259	6538687	5248541	1290147	785805

(地方普通高等本科学校)

单位：千元

公用部分	商品和服务支出	其他资本性支出	专项公用支出	专项项目支出	基本建设支出
373437558	**211713324**	**161724233**	**72429667**	**89294567**	**21952863**
11664574	8892575	2772000	2285409	486590	834318
5841924	3654421	2187504	928271	1259232	314430
13496477	7710813	5785664	2230332	3555331	469868
10371233	4888184	5483049	3328096	2154953	460755
5561310	2832701	2728609	1213912	1514697	166985
13755782	8461570	5294211	2101535	3192677	424353
7026244	4303933	2722312	1973628	748684	108772
7247016	3268294	3978722	1071084	2907639	414363
14604194	11940900	2663294	2473081	190213	2996069
26473627	17335616	9138011	4483608	4654403	102964
25908625	15308278	10600348	3915372	6684975	502872
11671486	5004478	6667008	3282679	3384330	552242
11145354	5888026	5257328	1902329	3354998	71085
13138228	5529691	7608538	2146376	5462162	125528
24387290	12458857	11928433	5208264	6720169	304332
21253886	12074229	9179658	4254909	4924749	638149
13472047	7207049	6264998	2119950	4145049	
12065266	7449578	4615689	2038055	2577634	365608
40120656	21842982	18277673	7390412	10887261	7873039
13569314	6320864	7248451	2871278	4377172	285171
2876113	1728836	1147277	483443	663834	1091504
8164004	4889229	3274774	1349911	1924863	123701
14556806	8226445	6330361	3251819	3078541	267585
8902819	3693642	5209177	3600007	1609170	168908
9739517	5443352	4296165	1999403	2296763	179672
1221248	602082	619166	254964	364203	243277
12071252	7759029	4312223	1931642	2380580	513871
4284793	2448401	1836393	734991	1101401	222820
2015519	715614	1299905	393884	906021	113632
1799939	1259115	540824	406151	134674	200000
5031011	2574542	2456470	804871	1651599	1816988
345270	166453	178817	105121	73696	66823
3017602	1889020	1128582	497536	631046	10428
1588831	624757	964074	175808	788265	
3681582	527788	3153794	267757	2886037	
10525938	7357346	3168592	3059132	109460	6233634

4-9 教育经费支出明细

地区	合计	个人部分	工资福利支出	对个人和家庭的补助支出	#助学金
合计	**305040324**	**148762714**	**117168596**	**31594119**	**23841295**
北京	4386374	2426330	2167292	259038	148415
天津	4349620	2698661	2303984	394677	308768
河北	12758830	4933093	3925486	1007606	819887
山西	5592965	3198660	2479058	719602	590341
内蒙古	6010165	2969764	2340797	628967	532598
辽宁	6161149	3451618	2610690	840928	735136
吉林	4334354	1773653	1357360	416294	368719
黑龙江	5918335	3500311	2599925	900386	589491
上海	3669482	1758154	1574182	183973	131978
江苏	22327317	12729056	11017082	1711973	1104780
浙江	14883392	7508167	6648928	859239	608295
安徽	12072213	6154589	4246224	1908364	1409578
福建	9259490	3955724	3125141	830583	696837
江西	10054567	5533151	4428674	1104477	943138
山东	23487885	10646805	8141403	2505402	1832671
河南	19809496	9658058	7268828	2389230	1927691
湖北	11852668	6193641	4979792	1213849	744460
湖南	14292744	7774046	6292403	1481642	1023494
广东	32036590	15450785	12624224	2826561	1602579
广西	13409551	4868312	3628239	1240073	1035186
海南	1878158	893528	677490	216038	171461
重庆	9959649	4584573	3269714	1314860	1126441
四川	15961949	7530612	5820984	1709628	1246302
贵州	8775242	4001310	2776555	1224755	996727
云南	7991158	3616876	2606399	1010477	868832
西藏	655079	446302	273054	173247	164213
陕西	7895617	4081925	3160597	921328	785646
甘肃	5511454	2491384	1726783	764602	666841
青海	1452230	505048	399283	105765	71381
宁夏	1591407	780070	626215	153855	118417
新疆	6701192	2648508	2071808	576700	470994
大连	339639	205574	151884	53690	47087
宁波	1620736	779319	700792	78528	57219
厦门	1110661	491302	411235	80067	58150
青岛	2386246	538954	454774	84181	43422
深圳	4701013	2106397	1794304	312094	164961

（普通高职高专学校）

单位：千元

公用部分	商品和服务支出	其他资本性支出			基本建设支出
			专项公用支出	专项项目支出	
151456584	**63996406**	**87460177**	**37067269**	**50392909**	**4821026**
1874896	1242805	632091	429210	202881	85147
1642959	1016357	626602	448009	178593	8000
7526163	2386409	5139755	1393349	3746405	299574
2365042	1496693	868349	615153	253196	29263
2818503	1153702	1664800	762274	902526	221899
2654309	1542975	1111334	790850	320484	55223
2503550	1093580	1409970	769634	640336	57151
2282225	1206095	1076129	614921	461208	135799
1727519	1342593	384926	261648	123278	183809
9586727	5255802	4330925	2172694	2158231	11534
7152194	3987271	3164924	1673794	1491130	223030
5412092	2275318	3136774	1481172	1655601	505532
5225452	2017818	3207634	1004763	2202871	78314
4482198	1766859	2715339	1193058	1522281	39218
12610121	4257514	8352607	2502803	5849804	230959
10034980	3604474	6430506	3231315	3199191	116458
5655847	2420340	3235507	1087653	2147854	3180
6417627	3022764	3394864	1708650	1686214	101071
15830800	6555209	9275591	3741891	5533699	755005
8450728	2382682	6068046	2517738	3550308	90511
984630	502817	481813	184099	297713	
5127557	2245239	2882318	1197362	1684956	247519
8335850	3482686	4853164	2286287	2566877	95487
4671078	1558081	3112997	1817234	1295763	102854
4308342	1701889	2606453	588520	2017933	65940
199461	87436	112025	92598	19427	9316
3665559	1578492	2087068	634859	1452209	148132
3009640	960528	2049112	712541	1336571	10430
649970	202490	447481	401689	45792	297211
731337	392792	338545	183717	154828	80000
3519227	1256698	2262529	567784	1694745	533458
134066	86661	47404	47341	63	
841417	439217	402199	176477	225722	
619359	410298	209061	74631	134430	
1847291	261077	1586214	203347	1382867	
1943498	1215336	728162	728162		651117

4-10 教育经费支出明细

地区	合计	个人部分	工资福利支出	对个人和家庭的补助支出	#助学金
合计	**301332412**	**147165936**	**115781262**	**31384674**	**23699970**
北京	4111096	2330965	2087070	243895	136315
天津	4349620	2698661	2303984	394677	308768
河北	12758830	4933093	3925486	1007606	819887
山西	5592965	3198660	2479058	719602	590341
内蒙古	6010165	2969764	2340797	628967	532598
辽宁	6161149	3451618	2610690	840928	735136
吉林	4334354	1773653	1357360	416294	368719
黑龙江	5424016	3190959	2306410	884548	583084
上海	3405668	1608437	1435816	172621	121123
江苏	22327317	12729056	11017082	1711973	1104780
浙江	14883392	7508167	6648928	859239	608295
安徽	12072213	6154589	4246224	1908364	1409578
福建	9259490	3955724	3125141	830583	696837
江西	10054567	5533151	4428674	1104477	943138
山东	23487885	10646805	8141403	2505402	1832671
河南	19809496	9658058	7268828	2389230	1927691
湖北	11448169	5950097	4789879	1160218	710482
湖南	14157434	7672878	6191235	1481642	1023494
广东	31486432	15197859	12398209	2799650	1588763
广西	13409551	4868312	3628239	1240073	1035186
海南	1878158	893528	677490	216038	171461
重庆	9770839	4477375	3179566	1297809	1111492
四川	15713062	7396658	5713721	1682937	1226096
贵州	8775242	4001310	2776555	1224755	996727
云南	7991158	3616876	2606399	1010477	868832
西藏	655079	446302	273054	173247	164213
陕西	7895617	4081925	3160597	921328	785646
甘肃	5511454	2491384	1726783	764602	666841
青海	1452230	505048	399283	105765	71381
宁夏	1591407	780070	626215	153855	118417
新疆	5554356	2444955	1911084	533870	441979
大连	339639	205574	151884	53690	47087
宁波	1620736	779319	700792	78528	57219
厦门	1110661	491302	411235	80067	58150
青岛	2386246	538954	454774	84181	43422
深圳	4701013	2106397	1794304	312094	164961

（地方普通高职高专学校）

单位：千元

公用部分	商品和服务支出	其他资本性支出			基本建设支出
			专项公用支出	专项项目支出	
149514750	**63155457**	**86359293**	**36844718**	**49514575**	**4651726**
1694984	1177321	517663	418034	99629	85147
1642959	1016357	626602	448009	178593	8000
7526163	2386409	5139755	1393349	3746405	299574
2365042	1496693	868349	615153	253196	29263
2818503	1153702	1664800	762274	902526	221899
2654309	1542975	1111334	790850	320484	55223
2503550	1093580	1409970	769634	640336	57151
2097258	1058806	1038451	601903	436548	135799
1613422	1262296	351126	250728	100398	183809
9586727	5255802	4330925	2172694	2158231	11534
7152194	3987271	3164924	1673794	1491130	223030
5412092	2275318	3136774	1481172	1655601	505532
5225452	2017818	3207634	1004763	2202871	78314
4482198	1766859	2715339	1193058	1522281	39218
12610121	4257514	8352607	2502803	5849804	230959
10034980	3604474	6430506	3231315	3199191	116458
5494892	2270535	3224357	1084805	2139552	3180
6383485	2992712	3390774	1704560	1686214	101071
15535710	6475288	9060422	3701723	5358699	752863
8450728	2382682	6068046	2517738	3550308	90511
984630	502817	481813	184099	297713	
5045945	2163627	2882318	1197362	1684956	247519
8220916	3374191	4846725	2279848	2566877	95487
4671078	1558081	3112997	1817234	1295763	102854
4308342	1701889	2606453	588520	2017933	65940
199461	87436	112025	92598	19427	9316
3665559	1578492	2087068	634859	1452209	148132
3009640	960528	2049112	712541	1336571	10430
649970	202490	447481	401689	45792	297211
731337	392792	338545	183717	154828	80000
2743102	1158702	1584400	433893	1150507	366300
134066	86661	47404	47341	63	
841417	439217	402199	176477	225722	
619359	410298	209061	74631	134430	
1847291	261077	1586214	203347	1382867	
1943498	1215336	728162	728162		651117

4-11 教育经费支出明细

地 区	合 计	个人部分	工资福利支 出	对个人和家庭的补助支出	#助学金
合 计	**17802624**	**8738108**	**7831892**	**906216**	**189107**
北 京	2632484	1091584	1012930	78654	16
天 津	337561	249092	237179	11913	2134
河 北	833410	463734	421510	42224	17070
山 西	234062	158891	150872	8019	1633
内蒙古	188067	90315	85786	4529	190
辽 宁	382976	262121	247475	14645	62
吉 林	572657	355364	320793	34571	8392
黑龙江	514253	360630	286350	74280	
上 海	1189789	552967	536082	16885	673
江 苏	193811	118344	99441	18904	1898
浙 江	1304986	687231	653892	33339	8569
安 徽	392738	207600	190010	17591	2470
福 建	566895	262150	227908	34242	15871
江 西	567613	312573	266719	45854	31650
山 东	655485	167855	143468	24387	1068
河 南	294698	176008	155287	20721	1673
湖 北	114181	80749	69821	10927	2428
湖 南	787809	305322	266089	39233	736
广 东	2021107	1039779	856576	183203	7073
广 西	365360	164174	144808	19366	8510
海 南	113436	60907	53474	7434	6968
重 庆	150607	25838	24732	1106	48
四 川	1037817	355122	322342	32780	1636
贵 州	263611	129691	93942	35749	23497
云 南	521315	227817	201084	26734	22327
西 藏					
陕 西	710995	380102	347097	33005	21601
甘 肃	203105	115890	109298	6592	672
青 海	42951	29441	26632	2809	
宁 夏					
新 疆	608846	306818	280297	26522	242
大 连	141473	97511	93252	4259	62
宁 波	298586	133733	126851	6882	2064
厦 门					
青 岛	148770	41359	38571	2788	75
深 圳	137586	78586	57458	21128	197

(成人高等学校)

单位：千元

公用部分	商品和服务支出	其他资本性支出			基本建设支出
			专项公用支出	专项项目支出	
8917188	**7131611**	**1785578**	**1034314**	**751264**	**147327**
1540900	1402279	138622	133339	5283	
79942	76392	3550	2889	661	8527
369676	271440	98237	50959	47277	
75171	67800	7371	4786	2584	
97752	85952	11800	8322	3478	
120856	116364	4492	3947	545	
213970	179505	34465	23006	11459	3323
140466	94935	45531	28858	16673	13158
636822	581612	55210	49875	5335	
75466	65916	9550	7500	2050	
617754	467443	150312	54684	95628	
185137	169279	15858	12646	3212	
304745	257025	47720	26325	21395	
254964	174691	80273	47761	32512	75
487631	413539	74092	48084	26008	
118691	102869	15821	7050	8771	
33432	30633	2799	1183	1617	
482487	413343	69144	26650	42494	
981328	873031	108297	65768	42529	
201186	104414	96772	19862	76910	
52529	41572	10957	9722	1235	
124769	9905	114864	563	114300	
682695	323889	358805	263858	94948	
107454	74443	33011	22906	10105	26466
293497	221277	72220	42962	29259	
319115	263924	55191	35802	19388	11778
87215	71404	15811	13552	2260	
13510	11850	1661	1661		
218027	164885	53142	19794	33348	84000
43961	41663	2299	1878	421	
164854	109525	55329	12645	42684	
107411	77770	29641	29641		
59000	56740	2260	1137	1123	

4-12 教育经费支出明细

地区	合计	个人部分	工资福利支出	对个人和家庭的补助支出	#助学金
合计	**16007693**	**8226282**	**7348500**	**877782**	**189107**
北京	971732	675645	624415	51229	16
天津	337561	249092	237179	11913	2134
河北	833410	463734	421510	42224	17070
山西	234062	158891	150872	8019	1633
内蒙古	188067	90315	85786	4529	190
辽宁	367211	247518	232873	14645	62
吉林	572657	355364	320793	34571	8392
黑龙江	514253	360630	286350	74280	
上海	1189789	552967	536082	16885	673
江苏	193811	118344	99441	18904	1898
浙江	1304986	687231	653892	33339	8569
安徽	392738	207600	190010	17591	2470
福建	566895	262150	227908	34242	15871
江西	567613	312573	266719	45854	31650
山东	655485	167855	143468	24387	1068
河南	294698	176008	155287	20721	1673
湖北	114181	80749	69821	10927	2428
湖南	787809	305322	266089	39233	736
广东	2021107	1039779	856576	183203	7073
广西	365360	164174	144808	19366	8510
海南	113436	60907	53474	7434	6968
重庆	150607	25838	24732	1106	48
四川	1037817	355122	322342	32780	1636
贵州	263611	129691	93942	35749	23497
云南	521315	227817	201084	26734	22327
西藏					
陕西	710995	380102	347097	33005	21601
甘肃	203105	115890	109298	6592	672
青海	42951	29441	26632	2809	
宁夏					
新疆	490432	225534	200022	25512	242
大连	141473	97511	93252	4259	62
宁波	298586	133733	126851	6882	2064
厦门					
青岛	148770	41359	38571	2788	75
深圳	137586	78586	57458	21128	197

(地方成人高等学校)

单位：千元

公用部分	商品和服务支出	其他资本性支出			基本建设支出
			专项公用支出	专项项目支出	
7634084	**5967067**	**1667016**	**915753**	**751264**	**147327**
296087	273467	22621	17338	5283	
79942	76392	3550	2889	661	8527
369676	271440	98237	50959	47277	
75171	67800	7371	4786	2584	
97752	85952	11800	8322	3478	
119694	115201	4492	3947	545	
213970	179505	34465	23006	11459	3323
140466	94935	45531	28858	16673	13158
636822	581612	55210	49875	5335	
75466	65916	9550	7500	2050	
617754	467443	150312	54684	95628	
185137	169279	15858	12646	3212	
304745	257025	47720	26325	21395	
254964	174691	80273	47761	32512	75
487631	413539	74092	48084	26008	
118691	102869	15821	7050	8771	
33432	30633	2799	1183	1617	
482487	413343	69144	26650	42494	
981328	873031	108297	65768	42529	
201186	104414	96772	19862	76910	
52529	41572	10957	9722	1235	
124769	9905	114864	563	114300	
682695	323889	358805	263858	94948	
107454	74443	33011	22906	10105	26466
293497	221277	72220	42962	29259	
319115	263924	55191	35802	19388	11778
87215	71404	15811	13552	2260	
13510	11850	1661	1661		
180898	130316	50582	17234	33348	84000
43961	41663	2299	1878	421	
164854	109525	55329	12645	42684	
107411	77770	29641	29641		
59000	56740	2260	1137	1123	

4-13 教育经费支出明细

地区	合计	个人部分			
			工资福利支出	对个人和家庭的补助支出	
					#助学金
合计	**299173991**	**162384786**	**141047082**	**21337704**	**11681204**
北京	6340937	4017891	3700255	317636	76689
天津	2647925	2034527	1898099	136428	48067
河北	14589685	8359935	7537140	822796	427024
山西	7077632	3672297	3297024	375273	228037
内蒙古	4764145	2744818	2355365	389453	309117
辽宁	5753520	3718374	3266293	452081	180070
吉林	4106724	2568586	2390101	178484	84385
黑龙江	4543557	3154423	2511856	642567	146358
上海	7019652	3594462	3302269	292193	210301
江苏	24236666	14479197	13361611	1117586	302104
浙江	20808684	11502180	10898526	603654	280512
安徽	12232694	5391076	4233737	1157338	615166
福建	8874820	4525989	4209804	316185	100856
江西	8153115	3515556	2877709	637847	529082
山东	24574095	12202792	10959371	1243420	425398
河南	14351402	7713907	6751885	962022	622085
湖北	9289423	4940266	4230007	710258	404389
湖南	12163288	6274005	5335133	938871	622065
广东	32380550	19225081	16642572	2582509	555492
广西	9421828	4560114	3903742	656372	442334
海南	2154310	1147339	1016838	130501	113704
重庆	8610955	4455779	3534361	921417	620759
四川	14462276	7560676	6146074	1414602	905937
贵州	7043090	3774276	2872251	902025	765132
云南	10215060	5409784	4255866	1153918	929850
西藏	1469718	922918	733105	189813	166147
陕西	6303820	3521321	3003903	517418	390976
甘肃	4707429	2441906	2092227	349679	251566
青海	1345658	692178	510345	181833	137343
宁夏	1498020	667299	568076	99223	80088
新疆	8033314	3595832	2651535	944297	710173
大连	1145612	804051	725718	78333	46337
宁波	3262613	2037261	1950152	87108	36469
厦门	2016441	938263	835885	102378	16307
青岛	4377348	2150851	1932617	218234	24376
深圳	3497280	1870346	1420802	449544	83723

(中等职业学校)

单位：千元

公用部分	商品和服务支出	其他资本性支出	专项公用支出	专项项目支出	基本建设支出
132185506	**61483462**	**70702043**	**24735167**	**45966877**	**4603700**
2221192	1651532	569660	441482	128179	101854
613398	463170	150227	129108	21119	
6140656	3122156	3018500	1181736	1836764	89093
3360042	1538395	1821647	711362	1110285	45293
1749192	911600	837592	441235	396357	270135
1958597	1501321	457275	226398	230877	76550
1496110	778654	717456	305425	412031	42029
1375665	879748	495917	292863	203054	13469
3425190	2563553	861636	515792	345844	
9719333	3913936	5805398	1529137	4276261	38136
8118294	3727710	4390584	1234687	3155897	1188210
6641199	2659939	3981260	1054763	2926497	200419
4230020	1758383	2471637	845647	1625990	118811
4520210	1387322	3132889	1068039	2064850	117349
12327394	4540813	7786581	1912821	5873760	43909
6476280	3252915	3223365	1412976	1810389	161215
4349158	1634723	2714435	750247	1964187	
5836025	3033102	2802923	879735	1923188	53258
13067569	7040889	6026681	3221293	2805388	87899
4569106	1941391	2627715	1305114	1322601	292608
986809	559917	426892	320804	106089	20161
3784586	2156754	1627832	460102	1167730	370590
6848962	2972876	3876086	950121	2925965	52638
3129649	1362206	1767443	504494	1262948	139165
4496716	1718653	2778063	707210	2070853	308560
538751	174840	363911	300656	63255	8049
2736029	1468603	1267426	414152	853274	46470
2100733	659297	1441436	352506	1088930	164790
627395	254751	372644	194145	178499	26085
830631	328568	502063	298068	203995	90
3910616	1525748	2384868	773048	1611821	526865
335501	268814	66687	23100	43588	6060
1224458	690225	534234	195330	338904	893
970006	480094	489911	136939	352972	108172
2226497	717493	1509004	375396	1133609	
1592505	1254027	338478	279300	59177	34429

4-14 教育经费支出明细

地区	合计	个人部分			
			工资福利支出	对个人和家庭的补助支出	
					#助学金
合计	**297682216**	**161712062**	**140464167**	**21247895**	**11638673**
北京	6149690	3905384	3592854	312530	75270
天津	2611653	2012867	1876795	136072	47711
河北	14540216	8327801	7505224	822577	426960
山西	7077632	3672297	3297024	375273	228037
内蒙古	4764145	2744818	2355365	389453	309117
辽宁	5753520	3718374	3266293	452081	180070
吉林	4106724	2568586	2390101	178484	84385
黑龙江	4457154	3091178	2456781	634396	146194
上海	6992147	3571655	3279462	292193	210301
江苏	24204303	14453794	13336304	1117490	302008
浙江	20808684	11502180	10898526	603654	280512
安徽	12232694	5391076	4233737	1157338	615166
福建	8874820	4525989	4209804	316185	100856
江西	8147780	3511276	2873986	637289	529031
山东	24574095	12202792	10959371	1243420	425398
河南	14250018	7658976	6697377	961599	621903
湖北	9276829	4929435	4223818	705617	403087
湖南	12156869	6268407	5329536	938871	622065
广东	32330011	19193781	16618624	2575157	554546
广西	9421828	4560114	3903742	656372	442334
海南	2154310	1147339	1016838	130501	113704
重庆	8610190	4455371	3533974	921397	620739
四川	14357622	7513001	6109383	1403618	895115
贵州	7043090	3774276	2872251	902025	765132
云南	10215060	5409784	4255866	1153918	929850
西藏	1469718	922918	733105	189813	166147
陕西	6295551	3515806	2998622	517184	390765
甘肃	4707429	2441906	2092227	349679	251566
青海	1345658	692178	510345	181833	137343
宁夏	1498020	667299	568076	99223	80088
新疆	7254755	3361404	2468755	892650	683275
大连	1145612	804051	725718	78333	46337
宁波	3262613	2037261	1950152	87108	36469
厦门	2016441	938263	835885	102378	16307
青岛	4377348	2150851	1932617	218234	24376
深圳	3497280	1870346	1420802	449544	83723

(地方中等职业学校)

单位：千元

公用部分	商品和服务支出	其他资本性支出	其他资本性支出：专项公用支出	其他资本性支出：专项项目支出	基本建设支出
131518530	**61126160**	**70392370**	**24473558**	**45918812**	**4451623**
2142452	1576615	565837	437658	128179	101854
598787	448877	149909	128790	21119	
6123321	3108486	3014835	1180376	1834459	89093
3360042	1538395	1821647	711362	1110285	45293
1749192	911600	837592	441235	396357	270135
1958597	1501321	457275	226398	230877	76550
1496110	778654	717456	305425	412031	42029
1352507	868364	484143	290790	193353	13469
3420492	2558856	861636	515792	345844	
9712374	3906976	5805398	1529137	4276261	38136
8118294	3727710	4390584	1234687	3155897	1188210
6641199	2659939	3981260	1054763	2926497	200419
4230020	1758383	2471637	845647	1625990	118811
4519156	1386267	3132889	1068039	2064850	117349
12327394	4540813	7786581	1912821	5873760	43909
6429827	3221785	3208042	1397793	1810249	161215
4347394	1633022	2714372	750184	1964187	
5835203	3032323	2802880	879693	1923188	53258
13048331	7024475	6023856	3219807	2804049	87899
4569106	1941391	2627715	1305114	1322601	292608
986809	559917	426892	320804	106089	20161
3784229	2156397	1627832	460102	1167730	370590
6791984	2923201	3868783	943724	2925059	52638
3129649	1362206	1767443	504494	1262948	139165
4496716	1718653	2778063	707210	2070853	308560
538751	174840	363911	300656	63255	8049
2733275	1466342	1266933	413963	852970	46470
2100733	659297	1441436	352506	1088930	164790
627395	254751	372644	194145	178499	26085
830631	328568	502063	298068	203995	90
3518562	1397736	2120825	542376	1578450	374789
335501	268814	66687	23100	43588	6060
1224458	690225	534234	195330	338904	893
970006	480094	489911	136939	352972	108172
2226497	717493	1509004	375396	1133609	
1592505	1254027	338478	279300	59177	34429

4-15 教育经费支出明细

地区	合计	个人部分	工资福利支出	对个人和家庭的补助支出	#助学金
合计	**140011554**	**74794208**	**64128421**	**10665788**	**6038601**
北京	2455858	1419777	1318542	101235	44291
天津	1498203	1130845	1059262	71582	31960
河北	4838339	2645022	2294047	350975	225185
山西	2600315	1425844	1273555	152289	99518
内蒙古	1903353	976335	810382	165952	136875
辽宁	3097391	2037726	1730642	307083	104301
吉林	1338329	827741	759485	68256	42397
黑龙江	1332218	833735	629038	204697	104598
上海	4194316	2113405	1930240	183165	137689
江苏	17542036	10579034	9755492	823542	202851
浙江	3919564	1969770	1833192	136578	84453
安徽	10910567	4961285	3938285	1023000	514622
福建	6885405	3574229	3312941	261287	84805
江西	4618572	2183992	1812259	371734	287805
山东	11768568	5687392	5044844	642548	286324
河南	5308202	2855789	2367877	487912	338763
湖北	6263732	3328043	2862474	465569	277960
湖南	2013248	950016	798599	151417	101169
广东	14069600	8348045	7127949	1220096	316143
广西	6681949	3247280	2759248	488031	324217
海南	1315988	670443	599938	70504	66509
重庆	1662412	744284	560186	184098	136851
四川	4165053	2472273	2009737	462537	301760
贵州	2731536	1186779	873001	313778	252542
云南	4508347	2209203	1652750	556453	474759
西藏	1304421	899227	712675	186552	162990
陕西	887541	553960	469735	84226	67487
甘肃	3369283	1712791	1472630	240161	179658
青海	1341200	688259	509824	178434	133945
宁夏	596321	268731	226755	41976	30030
新疆	4889688	2292957	1622838	670118	486145
大连	616345	426326	361755	64571	39876
宁波	816152	492011	464811	27200	14891
厦门	1615465	760092	672778	87314	13476
青岛	522878	251652	220237	31415	1089
深圳	739316	443010	365174	77836	19617

(中等专业学校)

单位：千元

公用部分	商品和服务支出	其他资本性支出	专项公用支出	专项项目支出	基本建设支出
62673888	**29106816**	**33567072**	**11817041**	**21750031**	**2543457**
971935	759204	212731	180849	31882	64146
367358	270704	96654	78008	18645	
2180673	1353310	827362	334603	492760	12645
1156111	549869	606242	144535	461707	18360
711449	390653	320796	225055	95741	215569
1026339	760007	266333	125497	140836	33326
508715	269853	238862	84747	154116	1873
497238	394519	102719	79615	23104	1245
2080911	1731817	349094	274294	74800	
6947212	2697209	4250003	1141412	3108591	15789
1555946	618141	937805	212250	725556	393848
5753863	2496461	3257403	985560	2271842	195419
3195888	1330284	1865604	585395	1280209	115288
2400087	799964	1600122	628476	971646	34493
6080928	1986254	4094674	870833	3223841	248
2427073	1311992	1115081	627013	488068	25340
2935689	1210423	1725266	518203	1207063	
1063232	607581	455651	177972	277679	
5666262	2785113	2881149	1076700	1804449	55294
3249966	1367888	1882078	785926	1096152	184703
639331	339655	299676	221699	77978	6214
730643	401811	328831	86004	242827	187485
1665143	1081863	583281	315284	267997	27636
1426338	451121	975217	329348	645869	118420
2019094	843903	1175190	447687	727503	280051
397145	172888	224257	161252	63005	8049
333581	227695	105886	42327	63560	
1501979	494134	1007845	217455	790390	154513
626857	254213	372644	194145	178499	26085
327501	135268	192232	73567	118666	90
2229402	1013018	1216384	591331	625053	367329
190019	137413	52606	12398	40209	
324141	131048	193093	55752	137341	
747202	387734	359467	86165	273302	108172
271226	103256	167970	27561	140410	
266306	214036	52271	40443	11828	30000

4-16 教育经费支出明细

地 区	合 计	个人部分	工资福利支出	对个人和家庭的补助支出	#助学金
合 计	**138915154**	**74361571**	**63765200**	**10596371**	**6007063**
北 京	2289034	1325483	1228752	96731	42872
天 津	1498203	1130845	1059262	71582	31960
河 北	4788870	2612887	2262131	350756	225121
山 西	2600315	1425844	1273555	152289	99518
内蒙古	1903353	976335	810382	165952	136875
辽 宁	3097391	2037726	1730642	307083	104301
吉 林	1338329	827741	759485	68256	42397
黑龙江	1332218	833735	629038	204697	104598
上 海	4166811	2090598	1907433	183165	137689
江 苏	17542036	10579034	9755492	823542	202851
浙 江	3919564	1969770	1833192	136578	84453
安 徽	10910567	4961285	3938285	1023000	514622
福 建	6885405	3574229	3312941	261287	84805
江 西	4613237	2179711	1808536	371176	287754
山 东	11768568	5687392	5044844	642548	286324
河 南	5300246	2850024	2362139	487885	338763
湖 北	6251137	3317212	2856284	460928	276658
湖 南	2013248	950016	798599	151417	101169
广 东	14019062	8316745	7104000	1212744	315198
广 西	6681949	3247280	2759248	488031	324217
海 南	1315988	670443	599938	70504	66509
重 庆	1662412	744284	560186	184098	136851
四 川	4159684	2471328	2009737	461591	300815
贵 州	2731536	1186779	873001	313778	252542
云 南	4508347	2209203	1652750	556453	474759
西 藏	1304421	899227	712675	186552	162990
陕 西	887541	553960	469735	84226	67487
甘 肃	3369283	1712791	1472630	240161	179658
青 海	1341200	688259	509824	178434	133945
宁 夏	596321	268731	226755	41976	30030
新 疆	4118877	2062676	1443729	618947	459334
大 连	616345	426326	361755	64571	39876
宁 波	816152	492011	464811	27200	14891
厦 门	1615465	760092	672778	87314	13476
青 岛	522878	251652	220237	31415	1089
深 圳	739316	443010	365174	77836	19617

(地方中等专业学校)

单位：千元

公用部分	商品和服务支出	其他资本性支出	专项公用支出	专项项目支出	基本建设支出
62162202	**28868924**	**33293279**	**11580263**	**21713016**	**2391381**
899404	690423	208981	177099	31882	64146
367358	270704	96654	78008	18645	
2163338	1339641	823697	333243	490454	12645
1156111	549869	606242	144535	461707	18360
711449	390653	320796	225055	95741	215569
1026339	760007	266333	125497	140836	33326
508715	269853	238862	84747	154116	1873
497238	394519	102719	79615	23104	1245
2076213	1727120	349094	274294	74800	
6947212	2697209	4250003	1141412	3108591	15789
1555946	618141	937805	212250	725556	393848
5753863	2496461	3257403	985560	2271842	195419
3195888	1330284	1865604	585395	1280209	115288
2399032	798910	1600122	628476	971646	34493
6080928	1986254	4094674	870833	3223841	248
2424883	1310276	1114607	626539	488068	25340
2933925	1208722	1725203	518140	1207063	
1063232	607581	455651	177972	277679	
5647024	2768700	2878324	1075214	1803110	55294
3249966	1367888	1882078	785926	1096152	184703
639331	339655	299676	221699	77978	6214
730643	401811	328831	86004	242827	187485
1660721	1077440	583281	315284	267997	27636
1426338	451121	975217	329348	645869	118420
2019094	843903	1175190	447687	727503	280051
397145	172888	224257	161252	63005	8049
333581	227695	105886	42327	63560	
1501979	494134	1007845	217455	790390	154513
626857	254213	372644	194145	178499	26085
327501	135268	192232	73567	118666	90
1840948	887581	953367	361685	591682	215253
190019	137413	52606	12398	40209	
324141	131048	193093	55752	137341	
747202	387734	359467	86165	273302	108172
271226	103256	167970	27561	140410	
266306	214036	52271	40443	11828	30000

4-17 教育经费支出明细

地区	合计	个人部分	工资福利支出	对个人和家庭的补助支出	#助学金
合计	**105911235**	**58198638**	**50978787**	**7219852**	**4082264**
北京	2172646	1669547	1507515	162032	10990
天津	616983	484880	452043	32837	4802
河北	7373453	4044796	3708808	335988	173862
山西	3593548	1763194	1621369	141825	97208
内蒙古	2586142	1532884	1322986	209898	167847
辽宁	2129901	1378027	1264457	113569	60359
吉林	1770430	997122	938888	58234	32726
黑龙江	1711841	1174891	930366	244525	36734
上海	2328947	1250770	1153020	97751	66931
江苏	3854365	2338655	2179237	159418	54261
浙江	14385989	8232477	7830968	401509	173524
安徽	511478	240452	139984	100468	78389
福建	608869	261177	248573	12604	5824
江西	2719633	904918	703941	200977	184024
山东	8126333	3959423	3599068	360354	71315
河南	5025897	2918798	2614262	304536	215652
湖北	1970334	1294485	1087396	207089	113543
湖南	8779990	4550369	3845894	704475	475414
广东	6844521	4602953	3963327	639626	78570
广西	107864	64541	52861	11680	5865
海南	528666	307479	260019	47460	37343
重庆	4811601	2557718	2062080	495637	345804
四川	8831383	4185384	3443850	741534	451264
贵州	3100739	1764210	1391963	372248	305039
云南	3814451	2108960	1694926	414033	326855
西藏					
陕西	3606792	1922849	1626118	296731	213347
甘肃	1106381	598109	503350	94759	68397
青海	4458	3919	521	3398	3398
宁夏	901699	398569	341322	57247	50058
新疆	1985901	687084	489675	197409	172921
大连	446783	324816	312857	11958	5874
宁波	1982667	1255398	1207457	47941	20233
厦门					
青岛	3392901	1674884	1493500	181384	22600
深圳	1357186	831065	634078	196986	20710

(职业高中)

单位：千元

公用部分	商品和服务支出	其他资本性支出	专项公用支出	专项项目支出	基本建设支出
46299112	**19354622**	**26944490**	**7887721**	**19056769**	**1413484**
465391	374716	90675	69987	20687	37707
132103	101578	30525	30525		
3252208	1283410	1968799	703079	1265720	76448
1805936	656121	1149815	507389	642426	24419
998692	487635	511058	214376	296682	54566
723471	560934	162537	87055	75482	28404
733152	334327	398825	177938	220887	40156
524726	277337	247389	120076	127313	12223
1078176	607049	471127	200083	271044	
1514364	476640	1037724	215839	821884	1346
5424156	2535689	2888467	796966	2091502	729356
266026	50259	215767	6827	208940	5000
347692	95102	252591	85474	167117	
1790860	388702	1402158	384841	1017317	23855
4151250	1312048	2839202	625042	2214159	15661
2077169	977311	1099858	383569	716289	29930
675849	321778	354070	144066	210004	
4177633	2029232	2148401	639191	1509210	51988
2223669	1376973	846696	554473	292224	17899
43324	14779	28544	22852	5693	
215553	143959	71595	54480	17115	5633
2153772	1102752	1051020	266477	784543	100112
4621307	1507665	3113642	570980	2542662	24692
1315784	572072	743712	145740	597972	20745
1677320	434345	1242975	150220	1092755	28171
1637473	659406	978066	302542	675524	46470
502996	134347	368648	71568	297081	5277
538	538				
503130	193299	309831	224501	85330	
1265393	344619	920774	131566	789208	33424
121887	110339	11548	8169	3379	80
727269	413783	313485	119095	194390	
1718017	498091	1219926	339030	880897	
522025	411387	110638	103344	7294	4097

4-18 教育经费支出明细

地区	合计	个人部分	工资福利支出	对个人和家庭的补助支出	#助学金
合计	**105895704**	**58188581**	**50970384**	**7218197**	**4082138**
北京	2172646	1669547	1507515	162032	10990
天津	616983	484880	452043	32837	4802
河北	7373453	4044796	3708808	335988	173862
山西	3593548	1763194	1621369	141825	97208
内蒙古	2586142	1532884	1322986	209898	167847
辽宁	2129901	1378027	1264457	113569	60359
吉林	1770430	997122	938888	58234	32726
黑龙江	1696310	1164834	921964	242870	36608
上海	2328947	1250770	1153020	97751	66931
江苏	3854365	2338655	2179237	159418	54261
浙江	14385989	8232477	7830968	401509	173524
安徽	511478	240452	139984	100468	78389
福建	608869	261177	248573	12604	5824
江西	2719633	904918	703941	200977	184024
山东	8126333	3959423	3599068	360354	71315
河南	5025897	2918798	2614262	304536	215652
湖北	1970334	1294485	1087396	207089	113543
湖南	8779990	4550369	3845894	704475	475414
广东	6844521	4602953	3963327	639626	78570
广西	107864	64541	52861	11680	5865
海南	528666	307479	260019	47460	37343
重庆	4811601	2557718	2062080	495637	345804
四川	8831383	4185384	3443850	741534	451264
贵州	3100739	1764210	1391963	372248	305039
云南	3814451	2108960	1694926	414033	326855
西藏					
陕西	3606792	1922849	1626118	296731	213347
甘肃	1106381	598109	503350	94759	68397
青海	4458	3919	521	3398	3398
宁夏	901699	398569	341322	57247	50058
新疆	1985901	687084	489675	197409	172921
大连	446783	324816	312857	11958	5874
宁波	1982667	1255398	1207457	47941	20233
厦门					
青岛	3392901	1674884	1493500	181384	22600
深圳	1357186	831065	634078	196986	20710

(地方职业高中)

单位：千元

公用部分	商品和服务支出	其他资本性支出			基本建设支出
			专项公用支出	专项项目支出	
46293638	**19351935**	**26941703**	**7886535**	**19055169**	**1413484**
465391	374716	90675	69987	20687	37707
132103	101578	30525	30525		
3252208	1283410	1968799	703079	1265720	76448
1805936	656121	1149815	507389	642426	24419
998692	487635	511058	214376	296682	54566
723471	560934	162537	87055	75482	28404
733152	334327	398825	177938	220887	40156
519253	274651	244602	118890	125712	12223
1078176	607049	471127	200083	271044	
1514364	476640	1037724	215839	821884	1346
5424156	2535689	2888467	796966	2091502	729356
266026	50259	215767	6827	208940	5000
347692	95102	252591	85474	167117	
1790860	388702	1402158	384841	1017317	23855
4151250	1312048	2839202	625042	2214159	15661
2077169	977311	1099858	383569	716289	29930
675849	321778	354070	144066	210004	
4177633	2029232	2148401	639191	1509210	51988
2223669	1376973	846696	554473	292224	17899
43324	14779	28544	22852	5693	
215553	143959	71595	54480	17115	5633
2153772	1102752	1051020	266477	784543	100112
4621307	1507665	3113642	570980	2542662	24692
1315784	572072	743712	145740	597972	20745
1677320	434345	1242975	150220	1092755	28171
1637473	659406	978066	302542	675524	46470
502996	134347	368648	71568	297081	5277
538	538				
503130	193299	309831	224501	85330	
1265393	344619	920774	131566	789208	33424
121887	110339	11548	8169	3379	80
727269	413783	313485	119095	194390	
1718017	498091	1219926	339030	880897	
522025	411387	110638	103344	7294	4097

4-19 教育经费支出明细

地区	合计	个人部分			
			工资福利支出	对个人和家庭的补助支出	
					#助学金
合计	**47033649**	**24854366**	**21620269**	**3234097**	**2286652**
北京	181920	127402	122960	4442	1028
天津	117833	91624	89805	1820	245
河北	4329611	2216256	2020426	195830	119617
山西	2133089	1075796	983765	92030	62503
内蒙古	1758282	1046658	908441	138216	109893
辽宁	533170	359013	332702	26311	16120
吉林	927344	510248	478789	31459	20417
黑龙江	764144	519226	404013	115213	25645
上海	202418	129216	116150	13066	11701
江苏	1768302	884096	827080	57015	16926
浙江	5331657	3097580	2941959	155621	64861
安徽	222479	103828	35013	68815	58645
福建	248342	96056	90322	5735	2699
江西	1760936	508068	392539	115528	101737
山东	2479033	1164578	1096745	67833	24573
河南	2825466	1668753	1505643	163110	129017
湖北	532873	356492	299964	56529	49544
湖南	4752285	2208554	1874635	333919	247467
广东	778990	445357	404180	41177	12323
广西	107864	64541	52861	11680	5865
海南	221944	113150	89169	23981	20081
重庆	1525008	935195	767796	167399	125664
四川	4302245	2166624	1759082	407542	297022
贵州	1861429	1081564	845461	236103	198339
云南	2643955	1505933	1237774	268159	221299
西藏					
陕西	2112709	1074702	901048	173655	121109
甘肃	893250	491142	418585	72558	47944
青海	2039	1501	521	980	980
宁夏	491088	228924	190846	38078	33572
新疆	1223944	582288	431994	150294	139816
大连	43932	37117	36318	799	193
宁波	614798	419226	404007	15220	8539
厦门					
青岛	170765	36973	35681	1292	1100
深圳					

（农村职业高中）

单位：千元

公用部分	商品和服务支出	其他资本性支出			基本建设支出
			专项公用支出	专项项目支出	
21735154	**7923104**	**13812050**	**3467168**	**10344882**	**444128**
54518	50256	4262	4262		
26209	23895	2314	2314		
2036907	763803	1273104	389895	883209	76448
1033353	383732	649621	224558	425063	23940
682927	324331	358596	144924	213672	28697
169597	109800	59796	24192	35604	4560
382968	175974	206994	79120	127875	34128
232695	108906	123789	49633	74156	12223
73202	48042	25159	10210	14950	
884206	161558	722648	107578	615070	
2150062	910399	1239663	267740	971923	84016
113651	11402	102249	2782	99467	5000
152285	37615	114670	17646	97024	
1229013	190276	1038736	290942	747794	23855
1298795	392470	906324	142964	763361	15661
1156713	488885	667828	161416	506412	
176381	80377	96004	37254	58751	
2528682	970076	1558607	371361	1187246	15048
332813	118901	213911	140983	72929	820
43324	14779	28544	22852	5693	
103161	71239	31922	27812	4110	5633
569646	315487	254159	66455	187704	20167
2112220	775596	1336624	253537	1083087	23400
769621	320062	449559	90723	358836	10244
1120406	280001	840405	93571	746835	17616
1034037	301918	732119	170316	561803	3970
396831	103693	293137	48339	244799	5277
538	538				
262164	82960	179204	115445	63759	
608231	306130	302101	108349	193752	33424
6815	6382	433	433		
195572	102039	93533	39679	53854	
133792	48412	85381	5381	80000	

4-20 教育经费支出明细

地区	合计	个人部分	工资福利支出	对个人和家庭的补助支出	#助学金
合计	**47026945**	**24849851**	**21617332**	**3232519**	**2286588**
北京	181920	127402	122960	4442	1028
天津	117833	91624	89805	1820	245
河北	4329611	2216256	2020426	195830	119617
山西	2133089	1075796	983765	92030	62503
内蒙古	1758282	1046658	908441	138216	109893
辽宁	533170	359013	332702	26311	16120
吉林	927344	510248	478789	31459	20417
黑龙江	757441	514710	401076	113634	25581
上海	202418	129216	116150	13066	11701
江苏	1768302	884096	827080	57015	16926
浙江	5331657	3097580	2941959	155621	64861
安徽	222479	103828	35013	68815	58645
福建	248342	96056	90322	5735	2699
江西	1760936	508068	392539	115528	101737
山东	2479033	1164578	1096745	67833	24573
河南	2825466	1668753	1505643	163110	129017
湖北	532873	356492	299964	56529	49544
湖南	4752285	2208554	1874635	333919	247467
广东	778990	445357	404180	41177	12323
广西	107864	64541	52861	11680	5865
海南	221944	113150	89169	23981	20081
重庆	1525008	935195	767796	167399	125664
四川	4302245	2166624	1759082	407542	297022
贵州	1861429	1081564	845461	236103	198339
云南	2643955	1505933	1237774	268159	221299
西藏					
陕西	2112709	1074702	901048	173655	121109
甘肃	893250	491142	418585	72558	47944
青海	2039	1501	521	980	980
宁夏	491088	228924	190846	38078	33572
新疆	1223944	582288	431994	150294	139816
大连	43932	37117	36318	799	193
宁波	614798	419226	404007	15220	8539
厦门					
青岛	170765	36973	35681	1292	1100
深圳					

（地方农村职业高中）

单位：千元

公用部分	商品和服务支出	其他资本性支出			基本建设支出
			专项公用支出	专项项目支出	
21732966	**7922226**	**13810740**	**3466460**	**10344280**	**444128**
54518	50256	4262	4262		
26209	23895	2314	2314		
2036907	763803	1273104	389895	883209	76448
1033353	383732	649621	224558	425063	23940
682927	324331	358596	144924	213672	28697
169597	109800	59796	24192	35604	4560
382968	175974	206994	79120	127875	34128
230507	108029	122479	48924	73555	12223
73202	48042	25159	10210	14950	
884206	161558	722648	107578	615070	
2150062	910399	1239663	267740	971923	84016
113651	11402	102249	2782	99467	5000
152285	37615	114670	17646	97024	
1229013	190276	1038736	290942	747794	23855
1298795	392470	906324	142964	763361	15661
1156713	488885	667828	161416	506412	
176381	80377	96004	37254	58751	
2528682	970076	1558607	371361	1187246	15048
332813	118901	213911	140983	72929	820
43324	14779	28544	22852	5693	
103161	71239	31922	27812	4110	5633
569646	315487	254159	66455	187704	20167
2112220	775596	1336624	253537	1083087	23400
769621	320062	449559	90723	358836	10244
1120406	280001	840405	93571	746835	17616
1034037	301918	732119	170316	561803	3970
396831	103693	293137	48339	244799	5277
538	538				
262164	82960	179204	115445	63759	
608231	306130	302101	108349	193752	33424
6815	6382	433	433		
195572	102039	93533	39679	53854	
133792	48412	85381	5381	80000	

4-21 教育经费支出明细

地区	合计	个人部分	工资福利支出	对个人和家庭的补助支出	#助学金
合计	**43035491**	**22292732**	**19488916**	**2803816**	**1462419**
北京	1620513	867838	816890	50947	21408
天津	463465	368668	338999	29670	11305
河北	1156708	667713	605293	62420	26831
山西	701649	340124	287483	52641	30808
内蒙古	111515	87099	80544	6554	4395
辽宁	526197	302608	271193	31415	15410
吉林	282676	137358	116562	20796	9111
黑龙江	790831	511399	441925	69475	4682
上海	289224	179055	170450	8605	5682
江苏	2513164	1356211	1242352	113858	41250
浙江	1979216	962794	913134	49660	22286
安徽	739194	142743	113281	29462	22155
福建	1347126	663022	622612	40410	10212
江西	562314	289888	230418	59470	57147
山东	4248526	2263699	2044078	219621	65869
河南	2576741	1069579	978713	90867	24531
湖北	975926	266398	240887	25511	8428
湖南	696112	356564	313374	43190	27943
广东	11165227	6123475	5420596	702879	157655
广西	2576067	1210289	1056356	153933	112229
海南	292868	162281	149819	12462	9852
重庆	1237373	654748	474482	180266	130788
四川	1032845	606775	427613	179162	150866
贵州	1089206	772730	562958	209772	204907
云南	1345504	663540	518861	144679	119372
西藏	165297	23691	20430	3261	3157
陕西	1524521	815401	685238	130163	110143
甘肃	170722	78941	68911	10030	2891
青海					
宁夏					
新疆	854764	348102	275464	72638	51104
大连	82454	52897	51106	1790	587
宁波	143856	73691	70661	3030	1344
厦门	400976	178171	163107	15064	2831
青岛	461534	224282	218847	5435	687
深圳	1309841	570984	402243	168741	40727

(技工学校)

单位：千元

公用部分					基本建设支出
	商品和服务支出	其他资本性支出			
			专项公用支出	专项项目支出	
20115147	**10763378**	**9351769**	**4713852**	**4637918**	**627612**
752676	487148	265528	189918	75610	
94796	74772	20024	17550	2474	
488995	309952	179042	125242	53800	
359011	299858	59153	53486	5667	2514
24416	19888	4529	595	3934	
208769	180363	28406	13847	14560	14820
145318	94934	50384	18293	32092	
279432	141022	138409	87605	50804	
110169	72607	37562	37562		
1135953	676363	459590	163225	296365	21000
951417	417727	533690	203653	330037	65006
596451	94645	501806	61267	440539	
680581	327770	352812	174232	178579	3523
213426	143958	69468	49148	20320	59000
1956826	1159703	797124	382412	414711	28000
1401217	594782	806435	350588	455847	105945
709528	83407	626121	84125	541996	
339548	186390	153159	46209	106949	
5027045	2789892	2237153	1559997	677156	14706
1257872	541017	716855	496147	220708	107906
122274	67219	55055	44162	10893	8314
499632	371533	128099	72341	55758	82993
425760	274637	151123	50196	100928	310
316476	291226	25250	16757	8493	
681626	337635	343991	96250	247741	338
141606	1952	139654	139404	250	
709120	546928	162192	66476	95716	
86781	22071	64711	63251	1460	5000
398425	153982	244444	49912	194531	108237
23578	21045	2533	2533		5980
69271	59089	10182	8507	1675	893
222804	92360	130444	50774	79670	
237252	116144	121108	8805	112302	
738525	582735	155790	125235	30555	332

4-22 教育经费支出明细

地区	合计	个人部分			
			工资福利支出	对个人和家庭的补助支出	
					#助学金
合计	**42716396**	**22107546**	**19316870**	**2790675**	**1451552**
北京	1610964	858778	807873	50905	21408
天津	450088	362423	333110	29313	10949
河北	1156708	667713	605293	62420	26831
山西	701649	340124	287483	52641	30808
内蒙古	111515	87099	80544	6554	4395
辽宁	526197	302608	271193	31415	15410
吉林	282676	137358	116562	20796	9111
黑龙江	738908	475447	407617	67831	4644
上海	289224	179055	170450	8605	5682
江苏	2480801	1330808	1217046	113762	41154
浙江	1979216	962794	913134	49660	22286
安徽	739194	142743	113281	29462	22155
福建	1347126	663022	622612	40410	10212
江西	562314	289888	230418	59470	57147
山东	4248526	2263699	2044078	219621	65869
河南	2483313	1020412	929943	90470	24349
湖北	975926	266398	240887	25511	8428
湖南	689694	350967	307777	43190	27943
广东	11165227	6123475	5420596	702879	157655
广西	2576067	1210289	1056356	153933	112229
海南	292868	162281	149819	12462	9852
重庆	1236609	654340	474094	180246	130768
四川	933560	560045	390922	169123	140990
贵州	1089206	772730	562958	209772	204907
云南	1345504	663540	518861	144679	119372
西藏	165297	23691	20430	3261	3157
陕西	1516252	809886	679957	129929	109931
甘肃	170722	78941	68911	10030	2891
青海					
宁夏					
新疆	851049	346992	274666	72326	51018
大连	82454	52897	51106	1790	587
宁波	143856	73691	70661	3030	1344
厦门	400976	178171	163107	15064	2831
青岛	461534	224282	218847	5435	687
深圳	1309841	570984	402243	168741	40727

（地方技工学校）

单位：千元

公用部分	商品和服务支出	其他资本性支出	专项公用支出	专项项目支出	基本建设支出
19981238	**10662193**	**9319045**	**4690577**	**4628469**	**627612**
752185	486658	265528	189918	75610	
87664	67958	19706	17232	2474	
488995	309952	179042	125242	53800	
359011	299858	59153	53486	5667	2514
24416	19888	4529	595	3934	
208769	180363	28406	13847	14560	14820
145318	94934	50384	18293	32092	
263460	133754	129707	87003	42704	
110169	72607	37562	37562		
1128993	669403	459590	163225	296365	21000
951417	417727	533690	203653	330037	65006
596451	94645	501806	61267	440539	
680581	327770	352812	174232	178579	3523
213426	143958	69468	49148	20320	59000
1956826	1159703	797124	382412	414711	28000
1356955	565369	791586	335879	455707	105945
709528	83407	626121	84125	541996	
338727	185611	153116	46167	106949	
5027045	2789892	2237153	1559997	677156	14706
1257872	541017	716855	496147	220708	107906
122274	67219	55055	44162	10893	8314
499275	371176	128099	72341	55758	82993
373205	229384	143821	43799	100022	310
316476	291226	25250	16757	8493	
681626	337635	343991	96250	247741	338
141606	1952	139654	139404	250	
706366	544667	161699	66287	95412	
86781	22071	64711	63251	1460	5000
395821	152393	243428	48896	194531	108237
23578	21045	2533	2533		5980
69271	59089	10182	8507	1675	893
222804	92360	130444	50774	79670	
237252	116144	121108	8805	112302	
738525	582735	155790	125235	30555	332

4-23 教育经费支出明细

地区	合计	个人部分	工资福利支出	对个人和家庭的补助支出	#助学金
合计	**10215712**	**7099208**	**6450959**	**648249**	**97919**
北京	91920	60729	57307	3422	
天津	69274	50134	47795	2339	
河北	1221185	1002404	928991	73413	1147
山西	182121	143136	114618	28518	502
内蒙古	163135	148501	141453	7049	
辽宁	31	13		13	
吉林	715289	606365	575166	31199	151
黑龙江	708668	634398	510527	123871	344
上海	207166	51232	48560	2672	
江苏	327101	205297	184529	20768	3742
浙江	523915	337140	321232	15908	249
安徽	71454	46596	42188	4408	
福建	33419	27561	25678	1884	15
江西	252596	136758	131092	5666	106
山东	430668	292278	271381	20897	1890
河南	1440562	869741	791034	78708	43139
湖北	79432	51340	39251	12089	4457
湖南	673938	417055	377266	39789	17540
广东	301202	150608	130701	19908	3123
广西	55948	38004	35277	2728	23
海南	16787	7137	7062	75	
重庆	899568	499029	437613	61416	7316
四川	432995	296244	264874	31370	2046
贵州	121609	50557	44330	6227	2644
云南	546759	428082	389329	38753	8864
西藏					
陕西	284965	229110	222812	6298	
甘肃	61043	52066	47336	4730	619
青海					
宁夏					
新疆	302960	267690	263558	4132	3
大连	30	13		13	
宁波	319938	216160	207224	8937	
厦门					
青岛	35	33	33		
深圳	90937	25288	19306	5982	2669

(成人中等专业学校)

单位：千元

公用部分					基本建设支出
	商品和服务支出	其他资本性支出			
			专项公用支出	专项项目支出	
3097359	**2258647**	**838712**	**316553**	**522159**	**19145**
31191	30464	726	726		
19140	16116	3024	3024		
218781	175484	43297	18812	24485	
38985	32548	6437	5951	486	
14633	13425	1209	1209		
18	18				
108924	79540	29384	24448	4936	
74270	66869	7401	5568	1833	
155934	152080	3854	3854		
121804	63723	58081	8661	49420	
186775	156154	30621	21819	8803	
24858	18574	6285	1109	5176	
5858	5227	631	545	86	
115838	54697	61140	5574	55566	
138391	82809	55582	34533	21048	
570821	368830	201991	51806	150185	
28092	19114	8978	3853	5124	
255612	209900	45712	16363	29349	1270
150593	88911	61683	30124	31559	
17944	17706	237	189	48	
9650	9084	566	463	103	
400539	280658	119881	35280	84601	
136751	108711	28040	13661	14379	
71052	47788	23264	12649	10615	
118677	102770	15907	13053	2854	
55855	34574	21281	2807	18474	
8977	8744	233	233		
17396	14128	3267	239	3029	17875
17	17				
103778	86304	17474	11976	5498	
2	2				
65649	45871	19779	10278	9501	

4-24 教育经费支出明细

地区	合计	个人部分	工资福利支出	对个人和家庭的补助支出	#助学金
合计	10154962	7054364	6411713	642652	97919
北京	77046	51575	48714	2862	
天津	46380	34719	32380	2339	
河北	1221185	1002404	928991	73413	1147
山西	182121	143136	114618	28518	502
内蒙古	163135	148501	141453	7049	
辽宁	31	13		13	
吉林	715289	606365	575166	31199	151
黑龙江	689719	617161	498163	118998	344
上海	207166	51232	48560	2672	
江苏	327101	205297	184529	20768	3742
浙江	523915	337140	321232	15908	249
安徽	71454	46596	42188	4408	
福建	33419	27561	25678	1884	15
江西	252596	136758	131092	5666	106
山东	430668	292278	271381	20897	1890
河南	1440562	869741	791034	78708	43139
湖北	79432	51340	39251	12089	4457
湖南	673938	417055	377266	39789	17540
广东	301202	150608	130701	19908	3123
广西	55948	38004	35277	2728	23
海南	16787	7137	7062	75	
重庆	899568	499029	437613	61416	7316
四川	432995	296244	264874	31370	2046
贵州	121609	50557	44330	6227	2644
云南	546759	428082	389329	38753	8864
西藏					
陕西	284965	229110	222812	6298	
甘肃	61043	52066	47336	4730	619
青海					
宁夏					
新疆	298927	264652	260684	3968	3
大连	30	13		13	
宁波	319938	216160	207224	8937	
厦门					
青岛	35	33	33		
深圳	90937	25288	19306	5982	2669

(地方成人中等专业学校)

单位：千元

公用部分	商品和服务支出	其他资本性支出	专项公用支出	专项项目支出	基本建设支出
3081452	**2243108**	**838344**	**316184**	**522159**	**19145**
25471	24818	653	653		
11662	8637	3024	3024		
218781	175484	43297	18812	24485	
38985	32548	6437	5951	486	
14633	13425	1209	1209		
18	18				
108924	79540	29384	24448	4936	
72557	65441	7116	5283	1833	
155934	152080	3854	3854		
121804	63723	58081	8661	49420	
186775	156154	30621	21819	8803	
24858	18574	6285	1109	5176	
5858	5227	631	545	86	
115838	54697	61140	5574	55566	
138391	82809	55582	34533	21048	
570821	368830	201991	51806	150185	
28092	19114	8978	3853	5124	
255612	209900	45712	16363	29349	1270
150593	88911	61683	30124	31559	
17944	17706	237	189	48	
9650	9084	566	463	103	
400539	280658	119881	35280	84601	
136751	108711	28040	13661	14379	
71052	47788	23264	12649	10615	
118677	102770	15907	13053	2854	
55855	34574	21281	2807	18474	
8977	8744	233	233		
16400	13143	3257	228	3029	17875
17	17				
103778	86304	17474	11976	5498	
2	2				
65649	45871	19779	10278	9501	

4-25 教育经费支出明细

地区	合计	个人部分	工资福利支出	对个人和家庭的补助支出	#助学金
合计	**1576025765**	**1081643922**	**982682886**	**98961036**	**47434744**
北京	40597566	26535269	25246044	1289225	172634
天津	18042655	14089529	13587242	502287	165495
河北	68990962	45946289	42108222	3838067	2133554
山西	33245477	23427091	21925751	1501339	867986
内蒙古	25797257	17858491	16365503	1492987	971385
辽宁	31473446	24435529	23052872	1382657	399154
吉林	21246778	15565219	14679873	885346	336742
黑龙江	26656219	20603284	17798684	2804600	243917
上海	41425102	25351943	24518275	833668	520847
江苏	114012085	81004636	75338672	5665964	1580762
浙江	89021110	60026661	56949625	3077037	1713992
安徽	62618443	41991632	36771687	5219945	1828845
福建	47282671	32250976	30434033	1816943	796463
江西	52302285	30681503	28358603	2322900	1590817
山东	108532460	76679726	71253795	5425931	1795533
河南	87771292	59696835	54001277	5695558	3258205
湖北	56534484	40020249	36779919	3240329	1209380
湖南	65551851	44579416	39602000	4977417	2330572
广东	174535659	111345491	99311295	12034196	2727285
广西	48773597	33921639	29991546	3930093	2818147
海南	13413560	7895494	7452310	443184	215043
重庆	39527554	28299936	25083552	3216384	1646186
四川	80308939	56998170	49699376	7298793	3942121
贵州	47266485	34224440	29586850	4637590	3046027
云南	53734624	40336849	35151342	5185507	4166661
西藏	8679918	6643872	5426399	1217474	1106832
陕西	37286621	23577736	21454126	2123610	1467690
甘肃	25542962	18977140	17042581	1934558	1108124
青海	9459305	6805981	5999149	806833	515252
宁夏	9914256	6458340	5933603	524737	359556
新疆	36480143	25414555	21778680	3635876	2399537
大连	6747325	5377799	5230083	147715	45106
宁波	11963467	8511841	8040576	471265	276158
厦门	7372533	4774511	4417722	356789	60588
青岛	14245279	9903491	9128164	775327	153670
深圳	39978789	17810624	13987311	3823313	589929

（中学）

单位：千元

公用部分	商品和服务支出	其他资本性支出			基本建设支出
			专项公用支出	专项项目支出	
460698458	**228152483**	**232545976**	**66112389**	**166433587**	**33683385**
11755548	8785594	2969954	1900701	1069253	2306749
3736390	2420023	1316367	570045	746322	216735
22732263	10815686	11916577	2769331	9147245	312410
9272958	5525143	3747815	1224123	2523691	545429
7580705	3645543	3935162	1212147	2723015	358061
6802392	4420965	2381427	742061	1639366	235525
5552354	2857872	2694482	912966	1781516	129205
5718005	3437700	2280305	798373	1481932	334929
15516034	10242205	5273829	2801916	2471912	557125
32816982	12604426	20212555	4279572	15932983	190468
27221623	13071115	14150508	3350328	10800180	1772826
19085298	8641146	10444152	2995589	7448563	1541513
14867029	6501590	8365438	2851581	5513857	164666
20727518	5302638	15424879	4059740	11365139	893264
31807813	13367433	18440380	4292741	14147640	44921
26762124	13832459	12929665	3097016	9832649	1312333
16514236	6963941	9550295	1768454	7781840	
20636293	10446099	10190194	2475257	7714937	336142
49212251	30281368	18930883	7636596	11294287	13977917
14023668	6104426	7919242	2142233	5777009	828290
5162462	2379647	2782815	1077278	1705537	355604
10136559	6262697	3873863	1130573	2743290	1091058
22720034	13203056	9516978	3258819	6258158	590736
12656215	5866679	6789535	1964751	4824784	385830
12677481	5532496	7144985	1204819	5940166	720294
1878407	794639	1083768	325097	758671	157639
12265962	5505729	6760233	2134026	4626207	1442923
6246108	2742249	3503859	890159	2613701	319714
2294231	863279	1430951	371082	1059869	359093
3379776	1367876	2011900	642511	1369389	76140
8939742	4366762	4572980	1232503	3340477	2125845
1315966	849290	466676	133650	333026	53560
3413626	1646734	1766892	344362	1422530	38000
2545828	1163293	1382535	601037	781498	52194
4341788	2115429	2226359	788563	1437796	
9963400	7070401	2892999	1592138	1300861	12204765

4-26 教育经费支出明细

地区	合计				
		个人部分			
			工资福利支出	对个人和家庭的补助支出	
					#助学金
合计	**1568912308**	**1076743525**	**978298890**	**98444635**	**47313088**
北京	38762557	25385244	24134570	1250674	169369
天津	18042655	14089529	13587242	502287	165495
河北	68990962	45946289	42108222	3838067	2133554
山西	33245477	23427091	21925751	1501339	867986
内蒙古	25797257	17858491	16365503	1492987	971385
辽宁	31473446	24435529	23052872	1382657	399154
吉林	21000250	15394239	14520338	873900	336353
黑龙江	26290049	20329796	17600258	2729538	241569
上海	41091868	25113992	24284283	829709	519795
江苏	114012085	81004636	75338672	5665964	1580762
浙江	89021110	60026661	56949625	3077037	1713992
安徽	62618443	41991632	36771687	5219945	1828845
福建	47282671	32250976	30434033	1816943	796463
江西	52302285	30681503	28358603	2322900	1590817
山东	108532460	76679726	71253795	5425931	1795533
河南	87769670	59695472	53999914	5695558	3258205
湖北	56158484	39754690	36533318	3221372	1208568
湖南	65473126	44513566	39536493	4977074	2330400
广东	174535659	111345491	99311295	12034196	2727285
广西	48773597	33921639	29991546	3930093	2818147
海南	13413560	7895494	7452310	443184	215043
重庆	39336813	28162371	24950141	3212229	1645743
四川	80283363	56979183	49680507	7298676	3942004
贵州	47266485	34224440	29586850	4637590	3046027
云南	53734624	40336849	35151342	5185507	4166661
西藏	8679918	6643872	5426399	1217474	1106832
陕西	37116362	23454419	21338654	2115765	1467042
甘肃	25527607	18963359	17030357	1933003	1107968
青海	9459305	6805981	5999149	806833	515252
宁夏	9914256	6458340	5933603	524737	359556
新疆	33005905	22973022	19691556	3281466	2287283
大连	6747325	5377799	5230083	147715	45106
宁波	11963467	8511841	8040576	471265	276158
厦门	7372533	4774511	4417722	356789	60588
青岛	14245279	9903491	9128164	775327	153670
深圳	39978789	17810624	13987311	3823313	589929

(地方中学)

单位：千元

公用部分	商品和服务支出	其他资本性支出	专项公用支出	专项项目支出	基本建设支出
458602770	**226698698**	**231904073**	**65745873**	**166158200**	**33566013**
11070564	8223356	2847207	1779698	1067510	2306749
3736390	2420023	1316367	570045	746322	216735
22732263	10815686	11916577	2769331	9147245	312410
9272958	5525143	3747815	1224123	2523691	545429
7580705	3645543	3935162	1212147	2723015	358061
6802392	4420965	2381427	742061	1639366	235525
5476806	2792468	2684338	905391	1778947	129205
5625323	3398232	2227091	780796	1446295	334929
15420750	10179862	5240888	2771426	2469462	557125
32816982	12604426	20212555	4279572	15932983	190468
27221623	13071115	14150508	3350328	10800180	1772826
19085298	8641146	10444152	2995589	7448563	1541513
14867029	6501590	8365438	2851581	5513857	164666
20727518	5302638	15424879	4059740	11365139	893264
31807813	13367433	18440380	4292741	14147640	44921
26761864	13832200	12929665	3097016	9832649	1312333
16403794	6865791	9538003	1756162	7781840	
20623418	10434007	10189411	2474508	7714903	336142
49212251	30281368	18930883	7636596	11294287	13977917
14023668	6104426	7919242	2142233	5777009	828290
5162462	2379647	2782815	1077278	1705537	355604
10083384	6221369	3862014	1118724	2743290	1091058
22713445	13197361	9516084	3257926	6258158	590736
12656215	5866679	6789535	1964751	4824784	385830
12677481	5532496	7144985	1204819	5940166	720294
1878407	794639	1083768	325097	758671	157639
12219020	5464604	6754416	2128943	4625473	1442923
6244534	2741330	3503204	889554	2613651	319714
2294231	863279	1430951	371082	1059869	359093
3379776	1367876	2011900	642511	1369389	76140
8024410	3841999	4182411	1074104	3108307	2008473
1315966	849290	466676	133650	333026	53560
3413626	1646734	1766892	344362	1422530	38000
2545828	1163293	1382535	601037	781498	52194
4341788	2115429	2226359	788563	1437796	
9963400	7070401	2892999	1592138	1300861	12204765

4-27 教育经费支出明细

地区	合计				
		个人部分			
			工资福利支出	对个人和家庭的补助支出	
					#助学金
合 计	**1575354018**	**1081186532**	**982247940**	**98938592**	**47434744**
北 京	40515415	26489151	25202093	1287059	172634
天 津	17974799	14024102	13523440	500662	165495
河 北	68990962	45946289	42108222	3838067	2133554
山 西	33245477	23427091	21925751	1501339	867986
内蒙古	25797257	17858491	16365503	1492987	971385
辽 宁	31473446	24435529	23052872	1382657	399154
吉 林	21243824	15562885	14677828	885057	336742
黑龙江	26656219	20603284	17798684	2804600	243917
上 海	41423088	25350469	24517023	833446	520847
江 苏	113824970	80865952	75207082	5658870	1580762
浙 江	88751188	59842193	56773534	3068659	1713992
安 徽	62618443	41991632	36771687	5219945	1828845
福 建	47282671	32250976	30434033	1816943	796463
江 西	52302285	30681503	28358603	2322900	1590817
山 东	108532460	76679726	71253795	5425931	1795533
河 南	87771292	59696835	54001277	5695558	3258205
湖 北	56534484	40020249	36779919	3240329	1209380
湖 南	65548358	44577102	39599735	4977367	2330572
广 东	174515939	111328920	99297345	12031575	2727285
广 西	48773597	33921639	29991546	3930093	2818147
海 南	13413560	7895494	7452310	443184	215043
重 庆	39527554	28299936	25083552	3216384	1646186
四 川	80308939	56998170	49699376	7298793	3942121
贵 州	47266485	34224440	29586850	4637590	3046027
云 南	53734624	40336849	35151342	5185507	4166661
西 藏	8679918	6643872	5426399	1217474	1106832
陕 西	37286621	23577736	21454126	2123610	1467690
甘 肃	25506472	18977140	17042581	1934558	1108124
青 海	9459305	6805981	5999149	806833	515252
宁 夏	9914256	6458340	5933603	524737	359556
新 疆	36480111	25414555	21778680	3635876	2399537
大 连	6747325	5377799	5230083	147715	45106
宁 波	11963467	8511841	8040576	471265	276158
厦 门	7372533	4774511	4417722	356789	60588
青 岛	14245279	9903491	9128164	775327	153670
深 圳	39978789	17810624	13987311	3823313	589929

(普通中学)

单位：千元

公用部分	商品和服务支出	其他资本性支出	专项公用支出	专项项目支出	基本建设支出
460484100	**228008759**	**232475341**	**66098180**	**166377161**	**33683385**
11719515	8750841	2968674	1899869	1068804	2306749
3733961	2417655	1316306	569984	746322	216735
22732263	10815686	11916577	2769331	9147245	312410
9272958	5525143	3747815	1224123	2523691	545429
7580705	3645543	3935162	1212147	2723015	358061
6802392	4420965	2381427	742061	1639366	235525
5551734	2857260	2694474	912958	1781516	129205
5718005	3437700	2280305	798373	1481932	334929
15515495	10241716	5273779	2801866	2471912	557125
32768550	12575706	20192844	4276776	15916068	190468
27136168	12997512	14138656	3340452	10798205	1772826
19085298	8641146	10444152	2995589	7448563	1541513
14867029	6501590	8365438	2851581	5513857	164666
20727518	5302638	15424879	4059740	11365139	893264
31807813	13367433	18440380	4292741	14147640	44921
26762124	13832459	12929665	3097016	9832649	1312333
16514236	6963941	9550295	1768454	7781840	
20635114	10445196	10189917	2475052	7714865	336142
49209102	30279125	18929976	7636215	11293762	13977917
14023668	6104426	7919242	2142233	5777009	828290
5162462	2379647	2782815	1077278	1705537	355604
10136559	6262697	3873863	1130573	2743290	1091058
22720034	13203056	9516978	3258819	6258158	590736
12656215	5866679	6789535	1964751	4824784	385830
12677481	5532496	7144985	1204819	5940166	720294
1878407	794639	1083768	325097	758671	157639
12265962	5505729	6760233	2134026	4626207	1442923
6209618	2742249	3467369	890159	2577211	319714
2294231	863279	1430951	371082	1059869	359093
3379776	1367876	2011900	642511	1369389	76140
8939711	4366731	4572980	1232503	3340477	2125845
1315966	849290	466676	133650	333026	53560
3413626	1646734	1766892	344362	1422530	38000
2545828	1163293	1382535	601037	781498	52194
4341788	2115429	2226359	788563	1437796	
9963400	7070401	2892999	1592138	1300861	12204765

4-28 教育经费支出明细

地区	合计	个人部分	工资福利支出	对个人和家庭的补助支出	#助学金
合计	**1568240561**	**1076286136**	**977863945**	**98422191**	**47313088**
北京	38680406	25339127	24090619	1248508	169369
天津	17974799	14024102	13523440	500662	165495
河北	68990962	45946289	42108222	3838067	2133554
山西	33245477	23427091	21925751	1501339	867986
内蒙古	25797257	17858491	16365503	1492987	971385
辽宁	31473446	24435529	23052872	1382657	399154
吉林	20997295	15391905	14518294	873611	336353
黑龙江	26290049	20329796	17600258	2729538	241569
上海	41089854	25112519	24283031	829488	519795
江苏	113824970	80865952	75207082	5658870	1580762
浙江	88751188	59842193	56773534	3068659	1713992
安徽	62618443	41991632	36771687	5219945	1828845
福建	47282671	32250976	30434033	1816943	796463
江西	52302285	30681503	28358603	2322900	1590817
山东	108532460	76679726	71253795	5425931	1795533
河南	87769670	59695472	53999914	5695558	3258205
湖北	56158484	39754690	36533318	3221372	1208568
湖南	65469633	44511252	39534228	4977024	2330400
广东	174515939	111328920	99297345	12031575	2727285
广西	48773597	33921639	29991546	3930093	2818147
海南	13413560	7895494	7452310	443184	215043
重庆	39336813	28162371	24950141	3212229	1645743
四川	80283363	56979183	49680507	7298676	3942004
贵州	47266485	34224440	29586850	4637590	3046027
云南	53734624	40336849	35151342	5185507	4166661
西藏	8679918	6643872	5426399	1217474	1106832
陕西	37116362	23454419	21338654	2115765	1467042
甘肃	25491117	18963359	17030357	1933003	1107968
青海	9459305	6805981	5999149	806833	515252
宁夏	9914256	6458340	5933603	524737	359556
新疆	33005874	22973022	19691556	3281466	2287283
大连	6747325	5377799	5230083	147715	45106
宁波	11963467	8511841	8040576	471265	276158
厦门	7372533	4774511	4417722	356789	60588
青岛	14245279	9903491	9128164	775327	153670
深圳	39978789	17810624	13987311	3823313	589929

(地方普通中学)

单位：千元

公用部分	商品和服务支出	其他资本性支出			基本建设支出
			专项公用支出	专项项目支出	
458388412	**226554974**	**231833438**	**65731664**	**166101774**	**33566013**
11034531	8188604	2845927	1778866	1067061	2306749
3733961	2417655	1316306	569984	746322	216735
22732263	10815686	11916577	2769331	9147245	312410
9272958	5525143	3747815	1224123	2523691	545429
7580705	3645543	3935162	1212147	2723015	358061
6802392	4420965	2381427	742061	1639366	235525
5476186	2791856	2684330	905383	1778947	129205
5625323	3398232	2227091	780796	1446295	334929
15420211	10179372	5240839	2771376	2469462	557125
32768550	12575706	20192844	4276776	15916068	190468
27136168	12997512	14138656	3340452	10798205	1772826
19085298	8641146	10444152	2995589	7448563	1541513
14867029	6501590	8365438	2851581	5513857	164666
20727518	5302638	15424879	4059740	11365139	893264
31807813	13367433	18440380	4292741	14147640	44921
26761864	13832200	12929665	3097016	9832649	1312333
16403794	6865791	9538003	1756162	7781840	
20622239	10433104	10189134	2474303	7714832	336142
49209102	30279125	18929976	7636215	11293762	13977917
14023668	6104426	7919242	2142233	5777009	828290
5162462	2379647	2782815	1077278	1705537	355604
10083384	6221369	3862014	1118724	2743290	1091058
22713445	13197361	9516084	3257926	6258158	590736
12656215	5866679	6789535	1964751	4824784	385830
12677481	5532496	7144985	1204819	5940166	720294
1878407	794639	1083768	325097	758671	157639
12219020	5464604	6754416	2128943	4625473	1442923
6208044	2741330	3466714	889554	2577161	319714
2294231	863279	1430951	371082	1059869	359093
3379776	1367876	2011900	642511	1369389	76140
8024378	3841968	4182411	1074104	3108307	2008473
1315966	849290	466676	133650	333026	53560
3413626	1646734	1766892	344362	1422530	38000
2545828	1163293	1382535	601037	781498	52194
4341788	2115429	2226359	788563	1437796	
9963400	7070401	2892999	1592138	1300861	12204765

4-29 教育经费支出明细

地区	合计	个人部分	工资福利支出	对个人和家庭的补助支出	#助学金
合计	**588547646**	**385385074**	**354655878**	**30729197**	**14140609**
北京	15114984	9809478	9313774	495704	48074
天津	6678004	5317713	5121311	196402	92193
河北	26621908	16814348	15574115	1240233	752366
山西	13662081	9312732	8760501	552232	307935
内蒙古	10430768	6885207	6246287	638920	469045
辽宁	11333328	8304908	7921166	383742	133000
吉林	7482238	5272763	4982488	290276	166142
黑龙江	9260873	6758041	5997305	760736	127899
上海	14064734	8206601	7987502	219099	107941
江苏	43205915	28838251	27092766	1745485	352529
浙江	34117627	22425276	21558911	866365	365464
安徽	23626512	14949461	13418079	1531382	575219
福建	15935198	10923987	10434909	489078	147691
江西	19005457	11000822	10271260	729562	452128
山东	37947289	26283918	24918988	1364930	395978
河南	32892771	20507786	18817941	1689845	904972
湖北	22104723	14831325	13864401	966925	378838
湖南	25250617	16422381	14930141	1492239	681553
广东	69420973	41003116	36922616	4080499	698840
广西	17402394	11404917	10247852	1157065	840332
海南	4826509	2838957	2697182	141774	77364
重庆	14702310	10405440	9373659	1031781	501802
四川	28229755	19617261	17399276	2217985	1212277
贵州	18615762	11910972	10517670	1393302	855497
云南	20805420	13948687	12331830	1616857	1226501
西藏	3113848	2271531	1852822	418709	380372
陕西	13726361	8648663	7993560	655104	422952
甘肃	9901872	7269941	6634726	635216	343900
青海	3788055	2571328	2292922	278406	182075
宁夏	3660952	2437430	2229928	207502	141217
新疆	11618407	8191833	6949990	1241843	798515
大连	2438872	1851718	1796222	55496	25906
宁波	4527595	3077299	2955705	121594	56357
厦门	2555050	1681305	1580782	100524	13425
青岛	5193165	3397935	3171158	226777	37453
深圳	18789437	6720270	5332384	1387886	158049

(普通高中)

单位：千元

公用部分	商品和服务支出	其他资本性支出			基本建设支出
			专项公用支出	专项项目支出	
185283722	**93684880**	**91598841**	**27480779**	**64118062**	**17878850**
4474814	3454910	1019904	745995	273909	830691
1324090	1010981	313109	216475	96634	36200
9753977	4636841	5117136	1073142	4043994	53583
3962774	2332926	1629847	544905	1084943	386575
3287485	1683391	1604094	610573	993521	258077
2996600	1996862	999738	324638	675100	31820
2180071	1269415	910656	472511	438146	29403
2306670	1406417	900253	353250	547003	196161
5444274	3680877	1763397	874400	888997	413859
14220556	5191016	9029540	1999451	7030088	147108
10648177	5346559	5301618	1358538	3943080	1044174
7409201	3300786	4108415	1016105	3092310	1267850
4964588	2467616	2496972	1121640	1375333	46623
7531193	2385011	5146181	1348573	3797608	473443
11658225	5645128	6013097	1583474	4429624	5146
11576751	6295028	5281723	1623269	3658454	808234
7273398	3084942	4188456	871506	3316950	
8719987	4459765	4260222	1084270	3175952	108249
19726887	11970116	7756771	3139177	4617594	8690971
5589446	2498164	3091282	861448	2229834	408030
1961761	871760	1090001	377603	712398	25792
4041960	2522860	1519100	540640	978460	254909
8480890	5104227	3376663	1343983	2032681	131604
6456744	2700407	3756337	1404495	2351843	248046
6439836	2367013	4072823	618021	3454802	416897
810487	316680	493807	117838	375968	31830
4519733	2312356	2207377	684476	1522900	557964
2454949	1147488	1307461	347051	960410	176982
1039542	367558	671984	233297	438687	177185
1212022	535018	677004	211833	465171	11500
2816633	1322760	1493872	378202	1115670	609941
587154	382224	204930	60319	144611	
1412296	737035	675261	111109	564152	38000
833160	445953	387207	181436	205771	40584
1795231	824745	970486	269219	701267	
4181804	2911020	1270784	698408	572376	7887363

4-30 教育经费支出明细

地 区	合 计	个人部分	工资福利支出	对个人和家庭的补助支出	#助学金
合 计	**584753485**	**382896269**	**352392776**	**30503493**	**14085020**
北 京	13856110	9027839	8562284	465555	45145
天 津	6678004	5317713	5121311	196402	92193
河 北	26621908	16814348	15574115	1240233	752366
山 西	13662081	9312732	8760501	552232	307935
内蒙古	10430768	6885207	6246287	638920	469045
辽 宁	11333328	8304908	7921166	383742	133000
吉 林	7284813	5143600	4864770	278830	165753
黑龙江	9103601	6647113	5915772	731341	126317
上 海	13803799	8020013	7804622	215391	106889
江 苏	43205915	28838251	27092766	1745485	352529
浙 江	34117627	22425276	21558911	866365	365464
安 徽	23626512	14949461	13418079	1531382	575219
福 建	15935198	10923987	10434909	489078	147691
江 西	19005457	11000822	10271260	729562	452128
山 东	37947289	26283918	24918988	1364930	395978
河 南	32892771	20507786	18817941	1689845	904972
湖 北	21788917	14599356	13648320	951037	378329
湖 南	25216017	16395949	14903902	1492046	681439
广 东	69420973	41003116	36922616	4080499	698840
广 西	17402394	11404917	10247852	1157065	840332
海 南	4826509	2838957	2697182	141774	77364
重 庆	14586667	10321465	9292152	1029314	501589
四 川	28216226	19607217	17389294	2217923	1212215
贵 州	18615762	11910972	10517670	1393302	855497
云 南	20805420	13948687	12331830	1616857	1226501
西 藏	3113848	2271531	1852822	418709	380372
陕 西	13628062	8578628	7927750	650878	422561
甘 肃	9895538	7264238	6629762	634476	343822
青 海	3788055	2571328	2292922	278406	182075
宁 夏	3660952	2437430	2229928	207502	141217
新 疆	10282961	7339505	6225092	1114413	750244
大 连	2438872	1851718	1796222	55496	25906
宁 波	4527595	3077299	2955705	121594	56357
厦 门	2555050	1681305	1580782	100524	13425
青 岛	5193165	3397935	3171158	226777	37453
深 圳	18789437	6720270	5332384	1387886	158049

(地方普通高中)

单位：千元

公用部分					基本建设支出
	商品和服务支出	其他资本性支出			
			专项公用支出	专项项目支出	
184046255	**92802638**	**91243617**	**27255314**	**63988304**	**17810960**
3997581	3069087	928494	656328	272166	830691
1324090	1010981	313109	216475	96634	36200
9753977	4636841	5117136	1073142	4043994	53583
3962774	2332926	1629847	544905	1084943	386575
3287485	1683391	1604094	610573	993521	258077
2996600	1996862	999738	324638	675100	31820
2111810	1211094	900716	465140	435576	29403
2260326	1384407	875919	349862	526057	196161
5369927	3631882	1738044	851498	886547	413859
14220556	5191016	9029540	1999451	7030088	147108
10648177	5346559	5301618	1358538	3943080	1044174
7409201	3300786	4108415	1016105	3092310	1267850
4964588	2467616	2496972	1121640	1375333	46623
7531193	2385011	5146181	1348573	3797608	473443
11658225	5645128	6013097	1583474	4429624	5146
11576751	6295028	5281723	1623269	3658454	808234
7189561	3011836	4177724	860775	3316950	
8711819	4451879	4259940	1084010	3175930	108249
19726887	11970116	7756771	3139177	4617594	8690971
5589446	2498164	3091282	861448	2229834	408030
1961761	871760	1090001	377603	712398	25792
4010292	2497218	1513075	534614	978460	254909
8477405	5101214	3376191	1343510	2032681	131604
6456744	2700407	3756337	1404495	2351843	248046
6439836	2367013	4072823	618021	3454802	416897
810487	316680	493807	117838	375968	31830
4491469	2287585	2203885	681415	1522469	557964
2454319	1147107	1307212	346802	960410	176982
1039542	367558	671984	233297	438687	177185
1212022	535018	677004	211833	465171	11500
2401404	1090466	1310938	296865	1014073	542051
587154	382224	204930	60319	144611	
1412296	737035	675261	111109	564152	38000
833160	445953	387207	181436	205771	40584
1795231	824745	970486	269219	701267	
4181804	2911020	1270784	698408	572376	7887363

4-31 教育经费支出明细

地区	合计	个人部分	工资福利支出	对个人和家庭的补助支出	#助学金
合计	**226800005**	**155189822**	**142113373**	**13076449**	**8001294**
北京	952725	546759	514876	31883	2411
天津	966571	792889	781597	11292	3360
河北	14481257	8757253	8086722	670531	471599
山西	6079259	4381591	4044281	337311	188059
内蒙古	4743530	3207205	2893117	314088	246971
辽宁	2554021	1939337	1876202	63135	28364
吉林	2612897	1822069	1708290	113779	57592
黑龙江	3450177	2463352	2096525	366827	65963
上海	1112901	797709	779544	18165	11387
江苏	14383813	10053235	9479178	574057	180877
浙江	12447047	8377854	8067230	310624	128086
安徽	12685026	8408154	7528060	880094	371704
福建	7560785	5352306	5150371	201935	80872
江西	9448598	5337390	4970296	367094	264095
山东	13322738	9523948	9141656	382292	177820
河南	17458324	10784987	9941060	843928	567458
湖北	6652147	4432736	4137877	294859	202133
湖南	13131711	8893881	8121977	771904	453563
广东	12749431	8717132	8136283	580850	199248
广西	7535310	5355623	4693496	662127	514902
海南	1869576	1185412	1102743	82669	41622
重庆	5076884	3908615	3540939	367676	241532
四川	12597424	8969994	7845976	1124018	727931
贵州	9722366	6871847	6027151	844696	607033
云南	11202143	7977116	7040358	936757	757479
西藏	887945	777875	645587	132288	128053
陕西	6712554	4235975	3849172	386804	256245
甘肃	6041313	4664002	4182999	481004	273305
青海	2218509	1585389	1412720	172669	126584
宁夏	1243121	933646	851211	82434	56639
新疆	4899903	4134541	3465880	668661	568405
大连	169253	134858	132340	2518	137
宁波	1309362	963686	933639	30047	12244
厦门	217341	140871	132733	8138	771
青岛	656233	396061	361300	34761	3970
深圳					

（农村高中）

单位：千元

公用部分	商品和服务支出	其他资本性支出	专项公用支出	专项项目支出	基本建设支出
69499425	**34405924**	**35093501**	**9698301**	**25395200**	**2110758**
328401	296096	32305	20563	11741	77565
172028	143731	28296	21032	7264	1654
5672601	2570651	3101950	582201	2519749	51403
1618451	1017259	601192	229229	371962	79217
1365154	729957	635197	233209	401988	171171
588222	381815	206407	64586	141821	26461
777086	402373	374713	251427	123286	13742
926082	561525	364557	156607	207950	60743
315193	245369	69823	44696	25127	
4281577	1648091	2633487	656060	1977427	49000
3725227	1662063	2063165	464877	1598288	343966
4261872	1953819	2308053	563929	1744124	15000
2206383	990948	1215435	643096	572339	2096
3990342	1230776	2759566	681564	2078002	120867
3798790	1959290	1839500	491350	1348149	
6437806	3580443	2857363	726915	2130448	235530
2219411	901920	1317491	243513	1073978	
4182681	2272864	1909817	469530	1440288	55149
4028739	2279696	1749043	641366	1107677	3560
2104125	1113909	990215	268588	721627	75562
658543	337506	321037	181447	139590	25621
1138647	748735	389912	106487	283425	29622
3510200	2070121	1440079	639633	800446	117230
2803130	1368611	1434519	278093	1156426	47389
2995040	1193850	1801190	256495	1544695	229987
110070	79335	30735	21422	9313	
2296142	1216199	1079943	314113	765830	180437
1337158	657593	679565	201728	477838	40153
619784	172592	447192	114994	332198	13336
309475	173750	135725	45401	90324	
721066	445037	276029	84149	191879	44296
34395	21254	13140	11798	1342	
345675	225440	120235	36698	83537	
76471	31904	44566	42864	1703	
260173	130188	129985	75551	54434	

4-32 教育经费支出明细

地区	合计	个人部分	工资福利支出	对个人和家庭的补助支出	#助学金
合计	**226330143**	**154840479**	**141820987**	**13019492**	**7994946**
北京	952725	546759	514876	31883	2411
天津	966571	792889	781597	11292	3360
河北	14481257	8757253	8086722	670531	471599
山西	6079259	4381591	4044281	337311	188059
内蒙古	4743530	3207205	2893117	314088	246971
辽宁	2554021	1939337	1876202	63135	28364
吉林	2612897	1822069	1708290	113779	57592
黑龙江	3313657	2367103	2028283	338819	64604
上海	1112901	797709	779544	18165	11387
江苏	14383813	10053235	9479178	574057	180877
浙江	12447047	8377854	8067230	310624	128086
安徽	12685026	8408154	7528060	880094	371704
福建	7560785	5352306	5150371	201935	80872
江西	9448598	5337390	4970296	367094	264095
山东	13322738	9523948	9141656	382292	177820
河南	17458324	10784987	9941060	843928	567458
湖北	6479073	4298978	4009175	289804	202133
湖南	13131711	8893881	8121977	771904	453563
广东	12749431	8717132	8136283	580850	199248
广西	7535310	5355623	4693496	662127	514902
海南	1869576	1185412	1102743	82669	41622
重庆	5076884	3908615	3540939	367676	241532
四川	12597424	8969994	7845976	1124018	727931
贵州	9722366	6871847	6027151	844696	607033
云南	11202143	7977116	7040358	936757	757479
西藏	887945	777875	645587	132288	128053
陕西	6712554	4235975	3849172	386804	256245
甘肃	6034980	4658299	4178035	480264	273226
青海	2218509	1585389	1412720	172669	126584
宁夏	1243121	933646	851211	82434	56639
新疆	4745969	4020909	3375402	645506	563494
大连	169253	134858	132340	2518	137
宁波	1309362	963686	933639	30047	12244
厦门	217341	140871	132733	8138	771
青岛	656233	396061	361300	34761	3970
深圳					

(地方农村高中)

单位：千元

公用部分	商品和服务支出	其他资本性支出	专项公用支出	专项项目支出	基本建设支出
69382556	**34327306**	**35055250**	**9687021**	**25368228**	**2107108**
328401	296096	32305	20563	11741	77565
172028	143731	28296	21032	7264	1654
5672601	2570651	3101950	582201	2519749	51403
1618451	1017259	601192	229229	371962	79217
1365154	729957	635197	233209	401988	171171
588222	381815	206407	64586	141821	26461
777086	402373	374713	251427	123286	13742
885811	542797	343013	154086	188927	60743
315193	245369	69823	44696	25127	
4281577	1648091	2633487	656060	1977427	49000
3725227	1662063	2063165	464877	1598288	343966
4261872	1953819	2308053	563929	1744124	15000
2206383	990948	1215435	643096	572339	2096
3990342	1230776	2759566	681564	2078002	120867
3798790	1959290	1839500	491350	1348149	
6437806	3580443	2857363	726915	2130448	235530
2180094	867915	1312180	238201	1073978	
4182681	2272864	1909817	469530	1440288	55149
4028739	2279696	1749043	641366	1107677	3560
2104125	1113909	990215	268588	721627	75562
658543	337506	321037	181447	139590	25621
1138647	748735	389912	106487	283425	29622
3510200	2070121	1440079	639633	800446	117230
2803130	1368611	1434519	278093	1156426	47389
2995040	1193850	1801190	256495	1544695	229987
110070	79335	30735	21422	9313	
2296142	1216199	1079943	314113	765830	180437
1336528	657212	679316	201478	477838	40153
619784	172592	447192	114994	332198	13336
309475	173750	135725	45401	90324	
684415	419532	264883	80952	183931	40645
34395	21254	13140	11798	1342	
345675	225440	120235	36698	83537	
76471	31904	44566	42864	1703	
260173	130188	129985	75551	54434	

4-33 教育经费支出明细

地区	合计	个人部分	工资福利支出	对个人和家庭的补助支出	#助学金
合计	**986806372**	**695801458**	**627592063**	**68209396**	**33294135**
北京	25400431	16679673	15888318	791355	124559
天津	11296795	8706389	8402129	304260	73301
河北	42369054	29131941	26534107	2597834	1381189
山西	19583396	14114358	13165250	949108	560052
内蒙古	15366489	10973284	10119216	854068	502340
辽宁	20140118	16130621	15131706	998915	266153
吉林	13761586	10290121	9695340	594781	170600
黑龙江	17395346	13845244	11801379	2043864	116018
上海	27358354	17143868	16529520	614347	412906
江苏	70619055	52027702	48114316	3913386	1228233
浙江	54633560	37416917	35214623	2202294	1348528
安徽	38991930	27042171	23353608	3688563	1253626
福建	31347473	21326989	19999124	1327865	648773
江西	33296827	19680681	18087344	1593338	1138689
山东	70585171	50395808	46334807	4061001	1399555
河南	54878521	39189049	35183335	4005714	2353233
湖北	34429761	25188923	22915519	2273404	830542
湖南	40297741	28154721	24669594	3485128	1649019
广东	105094965	70325804	62374729	7951076	2028445
广西	31371203	22516722	19743694	2773028	1977816
海南	8587051	5056537	4755128	301410	137679
重庆	24825244	17894496	15709893	2184603	1144385
四川	52079184	37380909	32300101	5080808	2729844
贵州	28650723	22313468	19069180	3244288	2190531
云南	32929203	26388162	22819512	3568649	2940160
西藏	5566070	4372341	3573576	798765	726460
陕西	23560260	14929073	13460566	1468507	1044737
甘肃	15604600	11707198	10407856	1299343	764223
青海	5671250	4234653	3706227	528426	333177
宁夏	6253304	4020911	3703676	317235	218338
新疆	24861705	17222722	14828690	2394033	1601022
大连	4308453	3526081	3433862	92219	19200
宁波	7435871	5434541	5084871	349671	219802
厦门	4817483	3093206	2836940	256265	47163
青岛	9052114	6505557	5957006	548550	116216
深圳	21189352	11090354	8654927	2435427	431879

（普通初中）

单位：千元

公用部分	商品和服务支出	其他资本性支出	专项公用支出	专项项目支出	基本建设支出
275200378	**134323879**	**140876499**	**38617401**	**102259099**	**15804535**
7244701	5295931	1948769	1153874	794895	1476058
2409871	1406674	1003197	353509	649688	180535
12978286	6178845	6799441	1696189	5103251	258827
5310184	3192217	2117967	679219	1438749	158853
4293220	1962152	2331069	601574	1729495	99984
3805792	2424103	1381689	417423	964266	203704
3371663	1587845	1783818	440448	1343370	99802
3411335	2031283	1380052	445123	934929	138768
10071220	6560838	3510382	1927466	1582916	143266
18547994	7384690	11163304	2277325	8885979	43360
16487991	7650953	8837039	1981914	6855125	728652
11676097	5340360	6335737	1979483	4356254	273663
9902440	4033975	5868466	1729941	4138524	118043
13196325	2917627	10278698	2711167	7567531	419821
20149588	7722305	12427283	2709267	9718016	39775
15185373	7537432	7647941	1473747	6174195	504099
9240838	3878999	5361839	896948	4464891	
11915127	5985431	5929695	1390782	4538913	227893
29482215	18309009	11173205	4497037	6676168	5286946
8434222	3606262	4827960	1280785	3547175	420259
3200701	1507888	1692814	699675	993138	329812
6094599	3739837	2354763	589933	1764830	836149
14239144	8098829	6140314	1914836	4225478	459132
6199471	3166273	3033198	560256	2472942	137784
6237644	3165482	3072162	586798	2485364	303397
1067920	477959	589961	207258	382703	125809
7746229	3193372	4552857	1449550	3103307	884959
3754669	1594761	2159908	543107	1616801	142732
1254689	495721	758967	137785	621182	181908
2167754	832858	1334896	430678	904217	64640
6123078	3043971	3079108	854301	2224807	1515904
728812	467066	261746	73331	188415	53560
2001330	909699	1091631	233253	858377	
1712668	717339	995328	419601	575728	11609
2546557	1290684	1255873	519344	736529	
5781596	4159381	1622215	893730	728484	4317402

4-34 教育经费支出明细

地区	合计	个人部分	工资福利支出	对个人和家庭的补助支出	#助学金
合计	**983487077**	**693389867**	**625471169**	**67918698**	**33228068**
北京	24824296	16311288	15528335	782953	124224
天津	11296795	8706389	8402129	304260	73301
河北	42369054	29131941	26534107	2597834	1381189
山西	19583396	14114358	13165250	949108	560052
内蒙古	15366489	10973284	10119216	854068	502340
辽宁	20140118	16130621	15131706	998915	266153
吉林	13712482	10248305	9653523	594781	170600
黑龙江	17186448	13682683	11684486	1998197	115252
上海	27286056	17092506	16478409	614097	412906
江苏	70619055	52027702	48114316	3913386	1228233
浙江	54633560	37416917	35214623	2202294	1348528
安徽	38991930	27042171	23353608	3688563	1253626
福建	31347473	21326989	19999124	1327865	648773
江西	33296827	19680681	18087344	1593338	1138689
山东	70585171	50395808	46334807	4061001	1399555
河南	54876899	39187687	35181973	4005714	2353233
湖北	34369568	25155334	22884999	2270336	830239
湖南	40253616	28115303	24630326	3484977	1648960
广东	105094965	70325804	62374729	7951076	2028445
广西	31371203	22516722	19743694	2773028	1977816
海南	8587051	5056537	4755128	301410	137679
重庆	24750146	17840906	15657990	2182916	1144154
四川	52067137	37371966	32291213	5080753	2729789
贵州	28650723	22313468	19069180	3244288	2190531
云南	32929203	26388162	22819512	3568649	2940160
西藏	5566070	4372341	3573576	798765	726460
陕西	23488300	14875791	13410904	1464887	1044480
甘肃	15595579	11699122	10400595	1298527	764147
青海	5671250	4234653	3706227	528426	333177
宁夏	6253304	4020911	3703676	317235	218338
新疆	22722913	15633517	13466464	2167053	1537040
大连	4308453	3526081	3433862	92219	19200
宁波	7435871	5434541	5084871	349671	219802
厦门	4817483	3093206	2836940	256265	47163
青岛	9052114	6505557	5957006	548550	116216
深圳	21189352	11090354	8654927	2435427	431879

(地方普通初中)

单位：千元

公用部分	商品和服务支出	其他资本性支出	专项公用支出	专项项目支出	基本建设支出
274342157	**133752336**	**140589821**	**38476350**	**102113470**	**15755053**
7036950	5119517	1917433	1122538	794895	1476058
2409871	1406674	1003197	353509	649688	180535
12978286	6178845	6799441	1696189	5103251	258827
5310184	3192217	2117967	679219	1438749	158853
4293220	1962152	2331069	601574	1729495	99984
3805792	2424103	1381689	417423	964266	203704
3364376	1580762	1783614	440244	1343370	99802
3364997	2013825	1351172	430934	920238	138768
10050284	6547490	3502794	1919879	1582916	143266
18547994	7384690	11163304	2277325	8885979	43360
16487991	7650953	8837039	1981914	6855125	728652
11676097	5340360	6335737	1979483	4356254	273663
9902440	4033975	5868466	1729941	4138524	118043
13196325	2917627	10278698	2711167	7567531	419821
20149588	7722305	12427283	2709267	9718016	39775
15185113	7537172	7647941	1473747	6174195	504099
9214233	3853955	5360279	895388	4464891	
11910420	5981225	5929195	1390293	4538902	227893
29482215	18309009	11173205	4497037	6676168	5286946
8434222	3606262	4827960	1280785	3547175	420259
3200701	1507888	1692814	699675	993138	329812
6073091	3724152	2348940	584110	1764830	836149
14236040	8096146	6139893	1914416	4225478	459132
6199471	3166273	3033198	560256	2472942	137784
6237644	3165482	3072162	586798	2485364	303397
1067920	477959	589961	207258	382703	125809
7727551	3177019	4550532	1447528	3103004	884959
3753725	1594222	2159503	542752	1616751	142732
1254689	495721	758967	137785	621182	181908
2167754	832858	1334896	430678	904217	64640
5622974	2751502	2871472	777239	2094234	1466422
728812	467066	261746	73331	188415	53560
2001330	909699	1091631	233253	858377	
1712668	717339	995328	419601	575728	11609
2546557	1290684	1255873	519344	736529	
5781596	4159381	1622215	893730	728484	4317402

4-35 教育经费支出明细

地区	合计	个人部分	工资福利支出	对个人和家庭的补助支出	#助学金
合计	**517202062**	**384898900**	**344113297**	**40785603**	**22729258**
北京	4367073	3118471	2932317	186154	45628
天津	2758611	2371257	2328463	42794	1246
河北	27907399	19116023	17346224	1769799	1001275
山西	10946997	8313047	7749151	563897	362723
内蒙古	9120266	6822354	6249411	572943	341171
辽宁	7945498	6865629	6435309	430321	124218
吉林	7942329	5989758	5687140	302618	95773
黑龙江	9592268	7494903	6311343	1183560	90421
上海	3039338	2266063	2181827	84237	50575
江苏	30529289	23234815	21625538	1609277	356465
浙江	22315320	15669599	14590633	1078966	661950
安徽	27483302	19899531	16934268	2965263	1039395
福建	16370300	12464192	11852705	611487	244452
江西	22104129	12961228	12160575	800653	530812
山东	36143026	27056323	24776238	2280085	838691
河南	36292900	26506156	23617264	2888893	1830679
湖北	17481188	13302023	12002737	1299286	640889
湖南	26549885	19152241	16565933	2586308	1306377
广东	33042148	24444158	22413622	2030537	610828
广西	20848855	16021212	13787795	2233417	1653941
海南	5275514	3138445	2921336	217108	110691
重庆	12369410	9862454	8624129	1238325	742812
四川	31493812	23461229	20146782	3314447	1912547
贵州	19980466	16710558	14145121	2565437	1954408
云南	24162697	20275096	17402688	2872408	2477934
西藏	3693657	3073102	2546003	527099	497057
陕西	12614540	8660255	7626659	1033595	763438
甘肃	11451096	8761385	7693270	1068115	665980
青海	3794993	3014628	2602161	412468	296437
宁夏	3210515	2456548	2242898	213650	158957
新疆	16375242	12416218	10613760	1802457	1321490
大连	864643	794555	768596	25959	311
宁波	2566214	1859283	1716936	142347	96023
厦门	529499	387528	321230	66298	4137
青岛	2051802	1580327	1421968	158359	18147
深圳					

(农村初中)

单位：千元

公用部分	商品和服务支出	其他资本性支出	专项公用支出	专项项目支出	基本建设支出
128870207	**60330729**	**68539479**	**17148584**	**51390895**	**3432955**
1128854	866779	262075	142230	119845	119748
387354	237247	150107	36254	113853	
8745143	4084037	4661107	1177811	3483296	46233
2585276	1682489	902787	290529	612258	48674
2267316	1130698	1136619	292734	843885	30595
1070887	682897	387989	86266	301723	8982
1894970	895433	999537	247320	752216	57601
1990636	1125657	864980	275233	589747	106729
773275	606557	166718	99376	67343	
7290179	2874411	4415767	900253	3515514	4295
6370200	2830700	3539500	714421	2825079	275520
7384910	3500065	3884845	1318946	2565899	198861
3861284	1909380	1951904	784669	1167236	44824
9012392	1818427	7193965	1879085	5314880	130509
9083153	3345225	5737928	1236403	4501525	3550
9664068	4839790	4824278	773158	4051120	122676
4179165	1706695	2472470	280194	2192275	
7213937	3300720	3913218	849107	3064111	183707
8448041	4710453	3737587	1276562	2461025	149949
4741254	2331114	2410141	685303	1724838	86389
1910955	789728	1121228	476328	644900	226114
2439532	1482511	957021	208736	748285	67425
7645518	4217817	3427701	882729	2544972	387065
3212414	1839772	1372643	232926	1139716	57494
3757744	1981610	1776133	305023	1471111	129858
574624	274536	300089	120033	180055	45931
3826986	1654900	2172086	577352	1594734	127299
2571396	1027129	1544267	350466	1193801	118315
729351	307774	421577	81125	340452	51014
725507	360185	365322	158386	206936	28460
3383885	1915995	1467889	409625	1058264	575140
70088	66446	3641	2788	853	
706931	293787	413144	82185	330960	
141642	85399	56243	43339	12904	329
471474	159786	311688	69454	242234	

4-36 教育经费支出明细

地区	合计	个人部分	工资福利支出	对个人和家庭的补助支出	#助学金
合计	**515682080**	**383715481**	**343111161**	**40604320**	**22696785**
北京	4367073	3118471	2932317	186154	45628
天津	2758611	2371257	2328463	42794	1246
河北	27907399	19116023	17346224	1769799	1001275
山西	10946997	8313047	7749151	563897	362723
内蒙古	9120266	6822354	6249411	572943	341171
辽宁	7945498	6865629	6435309	430321	124218
吉林	7942329	5989758	5687140	302618	95773
黑龙江	9408001	7348187	6208081	1140106	90090
上海	3039338	2266063	2181827	84237	50575
江苏	30529289	23234815	21625538	1609277	356465
浙江	22315320	15669599	14590633	1078966	661950
安徽	27483302	19899531	16934268	2965263	1039395
福建	16370300	12464192	11852705	611487	244452
江西	22104129	12961228	12160575	800653	530812
山东	36143026	27056323	24776238	2280085	838691
河南	36292900	26506156	23617264	2888893	1830679
湖北	17481188	13302023	12002737	1299286	640889
湖南	26549885	19152241	16565933	2586308	1306377
广东	33042148	24444158	22413622	2030537	610828
广西	20848855	16021212	13787795	2233417	1653941
海南	5275514	3138445	2921336	217108	110691
重庆	12369410	9862454	8624129	1238325	742812
四川	31493812	23461229	20146782	3314447	1912547
贵州	19980466	16710558	14145121	2565437	1954408
云南	24162697	20275096	17402688	2872408	2477934
西藏	3693657	3073102	2546003	527099	497057
陕西	12614540	8660255	7626659	1033595	763438
甘肃	11442075	8753308	7686009	1067299	665903
青海	3794993	3014628	2602161	412468	296437
宁夏	3210515	2456548	2242898	213650	158957
新疆	15048547	11387591	9722147	1665445	1289424
大连	864643	794555	768596	25959	311
宁波	2566214	1859283	1716936	142347	96023
厦门	529499	387528	321230	66298	4137
青岛	2051802	1580327	1421968	158359	18147
深圳					

（地方农村初中）

单位：千元

公用部分	商品和服务支出	其他资本性支出	专项公用支出	专项项目支出	基本建设支出
128551239	**60160367**	**68390871**	**17090313**	**51300558**	**3415360**
1128854	866779	262075	142230	119845	119748
387354	237247	150107	36254	113853	
8745143	4084037	4661107	1177811	3483296	46233
2585276	1682489	902787	290529	612258	48674
2267316	1130698	1136619	292734	843885	30595
1070887	682897	387989	86266	301723	8982
1894970	895433	999537	247320	752216	57601
1953086	1110845	842241	265063	577178	106729
773275	606557	166718	99376	67343	
7290179	2874411	4415767	900253	3515514	4295
6370200	2830700	3539500	714421	2825079	275520
7384910	3500065	3884845	1318946	2565899	198861
3861284	1909380	1951904	784669	1167236	44824
9012392	1818427	7193965	1879085	5314880	130509
9083153	3345225	5737928	1236403	4501525	3550
9664068	4839790	4824278	773158	4051120	122676
4179165	1706695	2472470	280194	2192275	
7213937	3300720	3913218	849107	3064111	183707
8448041	4710453	3737587	1276562	2461025	149949
4741254	2331114	2410141	685303	1724838	86389
1910955	789728	1121228	476328	644900	226114
2439532	1482511	957021	208736	748285	67425
7645518	4217817	3427701	882729	2544972	387065
3212414	1839772	1372643	232926	1139716	57494
3757744	1981610	1776133	305023	1471111	129858
574624	274536	300089	120033	180055	45931
3826986	1654900	2172086	577352	1594734	127299
2570452	1026590	1543862	350111	1193751	118315
729351	307774	421577	81125	340452	51014
725507	360185	365322	158386	206936	28460
3103411	1760985	1342426	361880	980546	557545
70088	66446	3641	2788	853	
706931	293787	413144	82185	330960	
141642	85399	56243	43339	12904	329
471474	159786	311688	69454	242234	

4-37 教育经费支出明细

地区	合计	个人部分	工资福利支出	对个人和家庭的补助支出	#助学金
合计	**671747**	**457389**	**434946**	**22443**	
北京	82151	46118	43951	2166	
天津	67856	65427	63803	1624	
河北					
山西					
内蒙古					
辽宁					
吉林	2954	2334	2045	289	
黑龙江					
上海	2013	1474	1252	222	
江苏	187115	138683	131590	7094	
浙江	269923	184468	176091	8378	
安徽					
福建					
江西					
山东					
河南					
湖北					
湖南	3493	2314	2264	50	
广东	19720	16571	13950	2621	
广西					
海南					
重庆					
四川					
贵州					
云南					
西藏					
陕西					
甘肃	36490				
青海					
宁夏					
新疆	32				
大连					
宁波					
厦门					
青岛					
深圳					

（成人中学）

单位：千元

公用部分	商品和服务支出	其他资本性支出	专项公用支出	专项项目支出	基本建设支出
214358	**143723**	**70635**	**14209**	**56426**	
36033	34753	1280	832	448	
2429	2368	61	61		
620	613	8	8		
539	490	50	50		
48432	28720	19712	2796	16916	
85455	73603	11851	9876	1975	
1179	902	277	205	72	
3149	2243	907	381	525	
36490		36490		36490	
32	32				

4-38 教育经费支出明细

地区	合计	个人部分	工资福利支出	对个人和家庭的补助支出	#助学金
合计	**1538505053**	**1112559227**	**992990817**	**119568411**	**47534903**
北京	45046074	30555267	29436459	1118808	171165
天津	16989308	13396933	12983625	413308	74158
河北	70347729	50304960	44411165	5893794	2409682
山西	30761514	22729404	20956289	1773115	740906
内蒙古	25298661	18761286	17103911	1657375	663484
辽宁	28192622	22068645	20488232	1580413	412372
吉林	21249726	16380489	15449067	931422	232468
黑龙江	22264193	18378328	14501642	3876687	478989
上海	34824944	22769496	21922304	847192	571317
江苏	105094966	78702517	71296462	7406055	1592651
浙江	86324892	59106426	55015254	4091173	1972693
安徽	57637594	41370905	35733163	5637742	1394081
福建	45309451	32110585	30000521	2110064	585172
江西	48674618	31589828	29406357	2183471	1230722
山东	90625357	67994015	62372147	5621868	1283259
河南	82525880	60346874	55009698	5337176	3011738
湖北	49724532	35032209	31689131	3343078	1220744
湖南	59449473	42334172	37400418	4933754	2192061
广东	187202314	128394137	110172946	18221191	4008765
广西	54219429	40631509	36231058	4400451	2236303
海南	13888842	9223309	8778703	444606	117520
重庆	37897365	27645689	24077542	3568147	884042
四川	77810668	56646657	48232650	8414007	4198937
贵州	48503729	38429764	31777333	6652431	3283096
云南	56866741	46200430	39578840	6621590	4694200
西藏	11694266	9023421	7182352	1841069	1670872
陕西	40299604	24899062	22375325	2523736	1655920
甘肃	28646615	21633644	18992805	2640840	1328286
青海	10027843	7508402	6451857	1056545	649410
宁夏	9579972	6501116	5912559	588557	345739
新疆	41526130	31889748	28051003	3838745	2224151
大连	6099954	4736584	4569587	166997	14455
宁波	12329552	8802968	8098487	704482	398537
厦门	8100113	5471199	4901206	569993	94492
青岛	12722615	9615278	8806584	808693	159297
深圳	43141310	24356442	18355821	6000621	1348888

（小学）

单位：千元

公用部分	商品和服务支出	其他资本性支出			基本建设支出
			专项公用支出	专项项目支出	
406023442	**214422189**	**191601253**	**54641953**	**136959301**	**19922383**
12624122	9952840	2671282	1706334	964947	1866685
3499628	2257428	1242200	425901	816299	92748
19862586	9883209	9979376	2639374	7340003	180184
7824282	5021897	2802385	1182368	1620017	207828
6411787	3100264	3311523	924024	2387500	125588
6023262	3792971	2230291	700334	1529957	100715
4654354	2439869	2214485	591726	1622759	214884
3770534	2337933	1432601	533373	899227	115331
12034110	8372445	3661665	1526358	2135306	21338
25973776	11455727	14518049	3192490	11325559	418674
26186760	13098525	13088235	2877912	10210323	1031705
16006739	7133874	8872865	3011804	5861061	259950
13055168	6070327	6984841	2149925	4834916	143698
16832730	4374490	12458240	3115902	9342338	252060
22625893	11061418	11564475	2721372	8843103	5450
21489820	11992261	9497558	2012891	7484668	689186
14692322	6717084	7975238	1556338	6418900	
16625155	9048533	7576622	2075403	5501220	490146
51868901	33153267	18715634	7862395	10853239	6939276
13097549	6185684	6911865	1808118	5103747	490371
4551151	2526391	2024760	795706	1229054	114382
9082588	5314334	3768254	1078422	2689831	1169088
20558214	12296504	8261710	2677930	5583779	605796
9821945	5151635	4670310	1027489	3642821	252020
10200887	5031532	5169355	957898	4211457	465424
2282847	955339	1327508	405744	921763	387998
14145902	6185824	7960078	2270983	5689095	1254640
6749991	2802410	3947581	790895	3156686	262980
2314498	1013290	1301209	280524	1020685	204943
3040856	1315316	1725540	521507	1204033	38000
8115086	4379567	3735520	1220513	2515006	1521296
1345643	835250	510393	184329	326064	17727
3526583	1698655	1827928	340843	1487085	
2530766	1277468	1253298	566935	686363	98148
3107337	1974838	1132499	404366	728133	
12953845	9242530	3711314	2257717	1453597	5831024

4-39 教育经费支出明细

地区	合计	个人部分	工资福利支出	对个人和家庭的补助支出	#助学金
合计	**1533370103**	**1108897123**	**989808246**	**119088878**	**47447209**
北京	44553277	30246198	29132688	1113510	171004
天津	16948655	13368971	12957120	411851	74158
河北	70347729	50304960	44411165	5893794	2409682
山西	30759251	22727584	20954469	1773115	740906
内蒙古	25298661	18761286	17103911	1657375	663484
辽宁	28192622	22068645	20488232	1580413	412372
吉林	21136529	16290560	15363559	927002	232468
黑龙江	22044938	18195877	14375850	3820027	478080
上海	34785652	22748631	21901443	847188	571317
江苏	105094966	78702517	71296462	7406055	1592651
浙江	86324892	59106426	55015254	4091173	1972693
安徽	57635141	41369807	35732065	5637742	1394081
福建	45309451	32110585	30000521	2110064	585172
江西	48674618	31589828	29406357	2183471	1230722
山东	90625357	67994015	62372147	5621868	1283259
河南	82512083	60335099	54999896	5335204	3011738
湖北	49557105	34907868	31573274	3334594	1220744
湖南	59407972	42300292	37366613	4933678	2192061
广东	187202314	128394137	110172946	18221191	4008765
广西	54219429	40631509	36231058	4400451	2236303
海南	13888842	9223309	8778703	444606	117520
重庆	37811125	27573216	24007140	3566076	884042
四川	77796156	56637242	48223240	8414002	4198937
贵州	48503729	38429764	31777333	6652431	3283096
云南	56866741	46200430	39578840	6621590	4694200
西藏	11694266	9023421	7182352	1841069	1670872
陕西	40193516	24822168	22300120	2522048	1655882
甘肃	28626561	21616454	18977001	2639453	1327975
青海	10027843	7508402	6451857	1056545	649410
宁夏	9579972	6501116	5912559	588557	345739
新疆	37750711	29206805	25764071	3442735	2137877
大连	6099954	4736584	4569587	166997	14455
宁波	12329552	8802968	8098487	704482	398537
厦门	8100113	5471199	4901206	569993	94492
青岛	12722615	9615278	8806584	808693	159297
深圳	43141310	24356442	18355821	6000621	1348888

(地方小学)

单位：千元

公用部分					基本建设支出
	商品和服务支出	其他资本性支出	专项公用支出	专项项目支出	
404723145	**213678667**	**191044478**	**54433311**	**136611167**	**19749835**
12440394	9798788	2641606	1676659	964947	1866685
3486936	2245304	1241632	425333	816299	92748
19862586	9883209	9979376	2639374	7340003	180184
7823839	5021694	2802145	1182158	1619987	207828
6411787	3100264	3311523	924024	2387500	125588
6023262	3792971	2230291	700334	1529957	100715
4631085	2419955	2211130	588371	1622759	214884
3733729	2321404	1412325	521006	891319	115331
12015683	8357656	3658026	1522720	2135306	21338
25973776	11455727	14518049	3192490	11325559	418674
26186760	13098525	13088235	2877912	10210323	1031705
16005384	7132625	8872758	3011697	5861061	259950
13055168	6070327	6984841	2149925	4834916	143698
16832730	4374490	12458240	3115902	9342338	252060
22625893	11061418	11564475	2721372	8843103	5450
21487797	11990256	9497541	2012874	7484668	689186
14649237	6686440	7962797	1547477	6415320	
16617535	9041906	7575629	2074453	5501176	490146
51868901	33153267	18715634	7862395	10853239	6939276
13097549	6185684	6911865	1808118	5103747	490371
4551151	2526391	2024760	795706	1229054	114382
9068822	5306675	3762147	1072316	2689831	1169088
20553118	12291873	8261245	2677466	5583779	605796
9821945	5151635	4670310	1027489	3642821	252020
10200887	5031532	5169355	957898	4211457	465424
2282847	955339	1327508	405744	921763	387998
14116707	6174482	7942225	2263501	5678724	1254640
6747127	2800646	3946481	790055	3156426	262980
2314498	1013290	1301209	280524	1020685	204943
3040856	1315316	1725540	521507	1204033	38000
7195158	3919578	3275580	1086514	2189066	1348748
1345643	835250	510393	184329	326064	17727
3526583	1698655	1827928	340843	1487085	
2530766	1277468	1253298	566935	686363	98148
3107337	1974838	1132499	404366	728133	
12953845	9242530	3711314	2257717	1453597	5831024

4-40 教育经费支出明细

地区	合计	个人部分	工资福利支出	对个人和家庭的补助支出	#助学金
合计	**1538503507**	**1112557926**	**992989515**	**119568411**	**47534903**
北京	45046074	30555267	29436459	1118808	171165
天津	16989308	13396933	12983625	413308	74158
河北	70347729	50304960	44411165	5893794	2409682
山西	30761514	22729404	20956289	1773115	740906
内蒙古	25298661	18761286	17103911	1657375	663484
辽宁	28192622	22068645	20488232	1580413	412372
吉林	21249726	16380489	15449067	931422	232468
黑龙江	22264193	18378328	14501642	3876687	478989
上海	34824944	22769496	21922304	847192	571317
江苏	105094966	78702517	71296462	7406055	1592651
浙江	86324892	59106426	55015254	4091173	1972693
安徽	57637594	41370905	35733163	5637742	1394081
福建	45308320	32109663	29999599	2110064	585172
江西	48674618	31589828	29406357	2183471	1230722
山东	90625357	67994015	62372147	5621868	1283259
河南	82525880	60346874	55009698	5337176	3011738
湖北	49724532	35032209	31689131	3343078	1220744
湖南	59449473	42334172	37400418	4933754	2192061
广东	187202314	128394137	110172946	18221191	4008765
广西	54219429	40631509	36231058	4400451	2236303
海南	13888842	9223309	8778703	444606	117520
重庆	37896950	27645309	24077162	3568147	884042
四川	77810668	56646657	48232650	8414007	4198937
贵州	48503729	38429764	31777333	6652431	3283096
云南	56866741	46200430	39578840	6621590	4694200
西藏	11694266	9023421	7182352	1841069	1670872
陕西	40299604	24899062	22375325	2523736	1655920
甘肃	28646615	21633644	18992805	2640840	1328286
青海	10027843	7508402	6451857	1056545	649410
宁夏	9579972	6501116	5912559	588557	345739
新疆	41526130	31889748	28051003	3838745	2224151
大连	6099954	4736584	4569587	166997	14455
宁波	12329552	8802968	8098487	704482	398537
厦门	8100113	5471199	4901206	569993	94492
青岛	12722615	9615278	8806584	808693	159297
深圳	43141310	24356442	18355821	6000621	1348888

(普通小学)

单位：千元

公用部分					基本建设支出
	商品和服务支出	其他资本性支出			
			专项公用支出	专项项目支出	
406023198	**214421945**	**191601253**	**54641953**	**136959301**	**19922383**
12624122	9952840	2671282	1706334	964947	1866685
3499628	2257428	1242200	425901	816299	92748
19862586	9883209	9979376	2639374	7340003	180184
7824282	5021897	2802385	1182368	1620017	207828
6411787	3100264	3311523	924024	2387500	125588
6023262	3792971	2230291	700334	1529957	100715
4654354	2439869	2214485	591726	1622759	214884
3770534	2337933	1432601	533373	899227	115331
12034110	8372445	3661665	1526358	2135306	21338
25973776	11455727	14518049	3192490	11325559	418674
26186760	13098525	13088235	2877912	10210323	1031705
16006739	7133874	8872865	3011804	5861061	259950
13054959	6070118	6984841	2149925	4834916	143698
16832730	4374490	12458240	3115902	9342338	252060
22625893	11061418	11564475	2721372	8843103	5450
21489820	11992261	9497558	2012891	7484668	689186
14692322	6717084	7975238	1556338	6418900	
16625155	9048533	7576622	2075403	5501220	490146
51868901	33153267	18715634	7862395	10853239	6939276
13097549	6185684	6911865	1808118	5103747	490371
4551151	2526391	2024760	795706	1229054	114382
9082553	5314299	3768254	1078422	2689831	1169088
20558214	12296504	8261710	2677930	5583779	605796
9821945	5151635	4670310	1027489	3642821	252020
10200887	5031532	5169355	957898	4211457	465424
2282847	955339	1327508	405744	921763	387998
14145902	6185824	7960078	2270983	5689095	1254640
6749991	2802410	3947581	790895	3156686	262980
2314498	1013290	1301209	280524	1020685	204943
3040856	1315316	1725540	521507	1204033	38000
8115086	4379567	3735520	1220513	2515006	1521296
1345643	835250	510393	184329	326064	17727
3526583	1698655	1827928	340843	1487085	
2530766	1277468	1253298	566935	686363	98148
3107337	1974838	1132499	404366	728133	
12953845	9242530	3711314	2257717	1453597	5831024

4-41 教育经费支出明细

地 区	合 计	个人部分	工资福利支出	对个人和家庭的补助支出	#助学金
合 计	**1533368558**	**1108895822**	**989806944**	**119088878**	**47447209**
北 京	44553277	30246198	29132688	1113510	171004
天 津	16948655	13368971	12957120	411851	74158
河 北	70347729	50304960	44411165	5893794	2409682
山 西	30759251	22727584	20954469	1773115	740906
内蒙古	25298661	18761286	17103911	1657375	663484
辽 宁	28192622	22068645	20488232	1580413	412372
吉 林	21136529	16290560	15363559	927002	232468
黑龙江	22044938	18195877	14375850	3820027	478080
上 海	34785652	22748631	21901443	847188	571317
江 苏	105094966	78702517	71296462	7406055	1592651
浙 江	86324892	59106426	55015254	4091173	1972693
安 徽	57635141	41369807	35732065	5637742	1394081
福 建	45308320	32109663	29999599	2110064	585172
江 西	48674618	31589828	29406357	2183471	1230722
山 东	90625357	67994015	62372147	5621868	1283259
河 南	82512083	60335099	54999896	5335204	3011738
湖 北	49557105	34907868	31573274	3334594	1220744
湖 南	59407972	42300292	37366613	4933678	2192061
广 东	187202314	128394137	110172946	18221191	4008765
广 西	54219429	40631509	36231058	4400451	2236303
海 南	13888842	9223309	8778703	444606	117520
重 庆	37810711	27572836	24006760	3566076	884042
四 川	77796156	56637242	48223240	8414002	4198937
贵 州	48503729	38429764	31777333	6652431	3283096
云 南	56866741	46200430	39578840	6621590	4694200
西 藏	11694266	9023421	7182352	1841069	1670872
陕 西	40193516	24822168	22300120	2522048	1655882
甘 肃	28626561	21616454	18977001	2639453	1327975
青 海	10027843	7508402	6451857	1056545	649410
宁 夏	9579972	6501116	5912559	588557	345739
新 疆	37750711	29206805	25764071	3442735	2137877
大 连	6099954	4736584	4569587	166997	14455
宁 波	12329552	8802968	8098487	704482	398537
厦 门	8100113	5471199	4901206	569993	94492
青 岛	12722615	9615278	8806584	808693	159297
深 圳	43141310	24356442	18355821	6000621	1348888

(地方普通小学)

单位：千元

公用部分	商品和服务支出	其他资本性支出			基本建设支出
			专项公用支出	专项项目支出	
404722901	**213678423**	**191044478**	**54433311**	**136611167**	**19749835**
12440394	9798788	2641606	1676659	964947	1866685
3486936	2245304	1241632	425333	816299	92748
19862586	9883209	9979376	2639374	7340003	180184
7823839	5021694	2802145	1182158	1619987	207828
6411787	3100264	3311523	924024	2387500	125588
6023262	3792971	2230291	700334	1529957	100715
4631085	2419955	2211130	588371	1622759	214884
3733729	2321404	1412325	521006	891319	115331
12015683	8357656	3658026	1522720	2135306	21338
25973776	11455727	14518049	3192490	11325559	418674
26186760	13098525	13088235	2877912	10210323	1031705
16005384	7132625	8872758	3011697	5861061	259950
13054959	6070118	6984841	2149925	4834916	143698
16832730	4374490	12458240	3115902	9342338	252060
22625893	11061418	11564475	2721372	8843103	5450
21487797	11990256	9497541	2012874	7484668	689186
14649237	6686440	7962797	1547477	6415320	
16617535	9041906	7575629	2074453	5501176	490146
51868901	33153267	18715634	7862395	10853239	6939276
13097549	6185684	6911865	1808118	5103747	490371
4551151	2526391	2024760	795706	1229054	114382
9068787	5306640	3762147	1072316	2689831	1169088
20553118	12291873	8261245	2677466	5583779	605796
9821945	5151635	4670310	1027489	3642821	252020
10200887	5031532	5169355	957898	4211457	465424
2282847	955339	1327508	405744	921763	387998
14116707	6174482	7942225	2263501	5678724	1254640
6747127	2800646	3946481	790055	3156426	262980
2314498	1013290	1301209	280524	1020685	204943
3040856	1315316	1725540	521507	1204033	38000
7195158	3919578	3275580	1086514	2189066	1348748
1345643	835250	510393	184329	326064	17727
3526583	1698655	1827928	340843	1487085	
2530766	1277468	1253298	566935	686363	98148
3107337	1974838	1132499	404366	728133	
12953845	9242530	3711314	2257717	1453597	5831024

4-42 教育经费支出明细

地区	合计	个人部分	工资福利支出	对个人和家庭的补助支出	#助学金
合计	**842943247**	**646173792**	**570635625**	**75538168**	**33235542**
北京	7436598	5215771	4945064	270707	38566
天津	3694960	3182786	3076056	106730	1478
河北	50458906	36673675	31949620	4724055	2047898
山西	19315010	15007736	13762863	1244873	488017
内蒙古	17109940	13192804	11876551	1316253	485138
辽宁	11668208	10163034	9358792	804242	191197
吉林	13509219	10491981	9956861	535120	129306
黑龙江	13089425	10983193	8584815	2398378	110311
上海	4137850	3153182	3020529	132653	76817
江苏	43740634	35070758	31514240	3556518	371207
浙江	36152081	25286644	23191295	2095349	855347
安徽	40670549	30238099	25969426	4268673	1116374
福建	25207664	18778307	17623997	1154310	134402
江西	33167994	21824233	20451488	1372745	672225
山东	48723872	38209174	34974203	3234970	641675
河南	58215796	43637929	39596663	4041266	2482304
湖北	24919257	18625492	16652511	1972981	966618
湖南	38171327	28144449	24771573	3372876	1838054
广东	59001008	45110095	39559795	5550301	1040212
广西	38893740	30564358	26849583	3714774	1916213
海南	9081492	6537852	6188212	349640	94659
重庆	20054928	16318453	13976942	2341511	623611
四川	48736281	37302268	31630062	5672206	2995553
贵州	36171560	30345932	24846836	5499096	3027983
云南	44488257	37461187	31840582	5620605	4100158
西藏	9176412	7211447	5744748	1466699	1375141
陕西	22029426	14627074	12799931	1827143	1242038
甘肃	22437111	17374907	15131732	2243175	1190762
青海	7446289	5839036	4940270	898766	620794
宁夏	5696867	4361544	3937650	423894	263232
新疆	30340585	25240393	21912736	3327656	2098251
大连	1211448	1048656	987967	60690	324
宁波	4357332	3050088	2784280	265809	135255
厦门	1352583	980536	737003	243533	3713
青岛	2794248	2282387	2032126	250262	19973
深圳					

(农村小学)

单位：千元

公用部分	商品和服务支出	其他资本性支出	专项公用支出	专项项目支出	基本建设支出
192250363	**97823493**	**94426869**	**24178786**	**70248084**	**4519092**
1809645	1542429	267216	166323	100893	411181
478333	357715	120618	31927	88691	33840
13680043	6944427	6735616	1772181	4963435	105187
4236690	2741256	1495433	529409	966025	70585
3866243	1964714	1901529	500356	1401173	50893
1488906	1033060	455846	117029	338817	16268
2939362	1406512	1532850	397620	1135229	77876
2036326	1191253	845073	290087	554986	69907
984669	786388	198280	112461	85819	
8668280	4367849	4300430	1086086	3214344	1596
10457798	5099167	5358631	1124512	4234119	407640
10216118	4787967	5428152	1876840	3551312	216332
6392279	3158235	3234044	1025229	2208815	37078
11151788	2654616	8497173	2144929	6352243	191972
10509448	5061388	5448060	1149147	4298912	5250
14346381	8139119	6207262	1221902	4985360	231487
6293764	2941722	3352042	419713	2932329	
9714189	4876862	4837327	1134384	3702943	312690
13810441	8179498	5630943	2188827	3442116	80471
8228838	4236304	3992534	1079630	2912904	100545
2470235	1319679	1150556	429306	721251	73406
3620217	2097107	1523110	281790	1241320	116257
11088175	6508726	4579449	1098715	3480734	345839
5757411	3052137	2705274	562196	2143078	68217
6834894	3376968	3457925	556443	2901482	192177
1681927	712271	969656	306889	662766	283038
7228380	3009458	4218921	1083973	3134948	173972
4879871	2034511	2845361	530472	2314889	182333
1534772	697534	837238	176367	660871	72481
1306123	753785	552338	230844	321494	29200
4538817	2790835	1747982	553196	1194786	561375
162792	144300	18492	7200	11291	
1307244	564026	743218	128108	615109	
371488	157674	213814	90437	123377	559
511860	315980	195881	70911	124969	

4-43 教育经费支出明细

地区	合计				
		个人部分			
			工资福利支出	对个人和家庭的补助支出	
					#助学金
合计	**840228773**	**644051503**	**568857048**	**75194455**	**33173383**
北京	7436598	5215771	4945064	270707	38566
天津	3694960	3182786	3076056	106730	1478
河北	50458906	36673675	31949620	4724055	2047898
山西	19312747	15005916	13761043	1244873	488017
内蒙古	17109940	13192804	11876551	1316253	485138
辽宁	11668208	10163034	9358792	804242	191197
吉林	13509219	10491981	9956861	535120	129306
黑龙江	12904766	10821545	8476866	2344679	110126
上海	4137850	3153182	3020529	132653	76817
江苏	43740634	35070758	31514240	3556518	371207
浙江	36152081	25286644	23191295	2095349	855347
安徽	40670549	30238099	25969426	4268673	1116374
福建	25207664	18778307	17623997	1154310	134402
江西	33167994	21824233	20451488	1372745	672225
山东	48723872	38209174	34974203	3234970	641675
河南	58215796	43637929	39596663	4041266	2482304
湖北	24919257	18625492	16652511	1972981	966618
湖南	38171327	28144449	24771573	3372876	1838054
广东	59001008	45110095	39559795	5550301	1040212
广西	38893740	30564358	26849583	3714774	1916213
海南	9081492	6537852	6188212	349640	94659
重庆	20054928	16318453	13976942	2341511	623611
四川	48736281	37302268	31630062	5672206	2995553
贵州	36171560	30345932	24846836	5499096	3027983
云南	44488257	37461187	31840582	5620605	4100158
西藏	9176412	7211447	5744748	1466699	1375141
陕西	22029426	14627074	12799931	1827143	1242038
甘肃	22417057	17357717	15115929	2241789	1190451
青海	7446289	5839036	4940270	898766	620794
宁夏	5696867	4361544	3937650	423894	263232
新疆	27833087	23298761	20259732	3039029	2036589
大连	1211448	1048656	987967	60690	324
宁波	4357332	3050088	2784280	265809	135255
厦门	1352583	980536	737003	243533	3713
青岛	2794248	2282387	2032126	250262	19973
深圳					

(地方农村小学)

单位：千元

公用部分	商品和服务支出	其他资本性支出	专项公用支出	专项项目支出	基本建设支出
191686928	**97531674**	**94155253**	**24081050**	**70074203**	**4490342**
1809645	1542429	267216	166323	100893	411181
478333	357715	120618	31927	88691	33840
13680043	6944427	6735616	1772181	4963435	105187
4236247	2741053	1495193	529199	965995	70585
3866243	1964714	1901529	500356	1401173	50893
1488906	1033060	455846	117029	338817	16268
2939362	1406512	1532850	397620	1135229	77876
2013314	1177585	835729	284733	550996	69907
984669	786388	198280	112461	85819	
8668280	4367849	4300430	1086086	3214344	1596
10457798	5099167	5358631	1124512	4234119	407640
10216118	4787967	5428152	1876840	3551312	216332
6392279	3158235	3234044	1025229	2208815	37078
11151788	2654616	8497173	2144929	6352243	191972
10509448	5061388	5448060	1149147	4298912	5250
14346381	8139119	6207262	1221902	4985360	231487
6293764	2941722	3352042	419713	2932329	
9714189	4876862	4837327	1134384	3702943	312690
13810441	8179498	5630943	2188827	3442116	80471
8228838	4236304	3992534	1079630	2912904	100545
2470235	1319679	1150556	429306	721251	73406
3620217	2097107	1523110	281790	1241320	116257
11088175	6508726	4579449	1098715	3480734	345839
5757411	3052137	2705274	562196	2143078	68217
6834894	3376968	3457925	556443	2901482	192177
1681927	712271	969656	306889	662766	283038
7228380	3009458	4218921	1083973	3134948	173972
4877007	2032747	2844260	529632	2314629	182333
1534772	697534	837238	176367	660871	72481
1306123	753785	552338	230844	321494	29200
4001701	2514651	1487050	461864	1025186	532626
162792	144300	18492	7200	11291	
1307244	564026	743218	128108	615109	
371488	157674	213814	90437	123377	559
511860	315980	195881	70911	124969	

4-44 教育经费支出明细

地区	合计	个人部分	工资福利支出	对个人和家庭的补助支出	#助学金
合计	**1545**	**1302**	**1302**		
北京					
天津					
河北					
山西					
内蒙古					
辽宁					
吉林					
黑龙江					
上海					
江苏					
浙江					
安徽					
福建	1131	922	922		
江西					
山东					
河南					
湖北					
湖南					
广东					
广西					
海南					
重庆	414	380	380		
四川					
贵州					
云南					
西藏					
陕西					
甘肃					
青海					
宁夏					
新疆					
大连					
宁波					
厦门					
青岛					
深圳					

(成人小学)

单位：千元

公用部分	商品和服务支出	其他资本性支出			基本建设支出
			专项公用支出	专项项目支出	
244	**244**				
209	209				
35	35				

4-45 教育经费支出明细

地区	合计	个人部分	工资福利支出	对个人和家庭的补助支出	#助学金
合计	**21151397**	**14492332**	**13297475**	**1194857**	**441690**
北京	700562	560542	527788	32754	9350
天津	303113	213940	206626	7314	532
河北	757432	533815	505967	27848	11380
山西	533345	376275	333764	42511	8637
内蒙古	461560	302054	289306	12747	4946
辽宁	681027	549566	501506	48060	9957
吉林	368590	281574	270354	11219	4814
黑龙江	505790	383578	330849	52729	9113
上海	975473	698932	674338	24594	15079
江苏	1483324	1138985	1036395	102590	30205
浙江	1246335	744705	702160	42546	23928
安徽	668745	370245	330720	39525	14814
福建	811337	517676	479612	38064	19986
江西	500554	293020	274560	18460	10249
山东	1555815	1088925	971432	117494	52421
河南	828809	600417	553231	47185	17937
湖北	661574	452696	393257	59439	13483
湖南	849651	554541	507680	46861	24009
广东	2586465	1657469	1515599	141871	22668
广西	515556	349826	324206	25620	11510
海南	138036	86744	79456	7288	5383
重庆	351445	259218	233970	25249	11542
四川	984071	627273	563229	64044	24725
贵州	583947	415482	374129	41353	16420
云南	609488	475002	429670	45332	28731
西藏	134100	114050	106446	7603	6706
陕西	444073	280915	265638	15277	7873
甘肃	242250	175384	165297	10087	4570
青海	99433	59418	52468	6950	3154
宁夏	206689	126187	110095	16093	11375
新疆	362809	203876	187726	16150	6194
大连	145112	121881	118545	3336	932
宁波	152646	111405	105342	6063	2800
厦门	174587	89061	82387	6674	1207
青岛	315381	228644	196364	32280	10783
深圳	539683	273774	225113	48661	2306

(特殊教育)

单位：千元

公用部分					基本建设支出
	商品和服务支出	其他资本性支出	专项公用支出	专项项目支出	
6266586	**3775834**	**2490752**	**1163412**	**1327341**	**392479**
137830	119744	18086	16236	1850	2191
89172	64821	24351	20627	3724	
223617	136945	86672	38842	47829	
157069	94983	62087	32137	29950	
152434	71216	81217	53951	27266	7072
131460	111482	19978	15398	4581	
82016	61164	20852	13616	7236	5000
118853	81552	37301	21970	15331	3358
276541	228309	48233	42309	5923	
342196	230997	111198	60973	50225	2144
421941	200012	221930	53404	168526	79688
231882	109237	122645	50227	72418	66617
285161	126834	158327	48563	109764	8500
179260	96409	82851	41873	40978	28273
463341	237925	225416	84153	141262	3549
228392	151763	76630	27359	49271	
208878	110435	98443	26635	71808	
289010	160807	128203	40678	87525	6100
838409	535247	303162	229811	73351	90587
161434	98978	62456	26849	35607	4296
51292	37736	13556	9490	4066	
92227	69732	22495	11720	10775	
347808	207136	140672	65174	75498	8990
165777	102788	62989	13160	49829	2688
134486	94185	40301	26469	13832	
20050	15635	4416	2154	2262	
162315	75835	86480	27431	59049	843
66867	39930	26936	15477	11460	
40015	11111	28904	7133	21771	
80502	55728	24773	19800	4973	
86352	37158	49193	19792	29401	72581
23230	21219	2012	2012		
41241	31245	9995	6159	3837	
85526	29904	55622	14277	41345	
86737	44557	42180	10041	32139	
188774	163741	25033	24712	321	77134

4-46 教育经费支出明细

地 区	合 计	个人部分	工资福利支出	对个人和家庭的补助支出	#助学金
合 计	**20230535**	**13893163**	**12742167**	**1150996**	**436874**
北 京	574656	464465	438953	25512	8944
天 津	275124	206255	200214	6041	532
河 北	757432	533815	505967	27848	11380
山 西	511844	360505	318192	42314	8637
内蒙古	461560	302054	289306	12747	4946
辽 宁	631338	508919	464201	44718	9895
吉 林	352640	274293	263199	11094	4791
黑龙江	498982	379344	327214	52129	9111
上 海	814024	581708	561070	20638	14616
江 苏	1456241	1120478	1019065	101413	30103
浙 江	1228887	732898	690770	42128	23876
安 徽	657986	360986	323551	37435	14814
福 建	811337	517676	479612	38064	19986
江 西	460711	280773	262476	18297	10249
山 东	1555815	1088925	971432	117494	52421
河 南	806710	586064	540834	45230	17921
湖 北	640595	437276	379319	57957	13483
湖 南	821335	535074	488948	46125	23909
广 东	2494388	1602650	1467075	135575	22306
广 西	489485	340583	315217	25366	11510
海 南	138036	86744	79456	7288	5383
重 庆	342369	251262	226959	24303	11542
四 川	918181	585616	524009	61607	24586
贵 州	478567	343865	310921	32944	13598
云 南	593004	461554	416638	44916	28728
西 藏	134100	114050	106446	7603	6706
陕 西	414456	270730	255536	15194	7873
甘 肃	242250	175384	165297	10087	4570
青 海	99433	59418	52468	6950	3154
宁 夏	206689	126187	110095	16093	11375
新 疆	362359	203612	187726	15885	5930
大 连	135341	113514	110330	3183	886
宁 波	152646	111405	105342	6063	2800
厦 门	174587	89061	82387	6674	1207
青 岛	315381	228644	196364	32280	10783
深 圳	499999	250529	206778	43751	1955

(特殊教育学校)

单位：千元

公用部分	商品和服务支出	其他资本性支出	专项公用支出	专项项目支出	基本建设支出
5964104	**3559761**	**2404343**	**1116954**	**1287389**	**373267**
109634	96150	13484	11634	1850	556
68869	53289	15581	11856	3724	
223617	136945	86672	38842	47829	
151338	90088	61250	31300	29950	
152434	71216	81217	53951	27266	7072
122419	103158	19261	14680	4581	
73348	53697	19650	12671	6980	5000
116280	79294	36986	21656	15331	3358
232316	193873	38444	33717	4726	
333619	226035	107584	58857	48727	2144
416301	196520	219781	52587	167193	79688
230383	108161	122221	49814	72408	66617
285161	126834	158327	48563	109764	8500
168483	86825	81657	40680	40978	11455
463341	237925	225416	84153	141262	3549
220646	147031	73615	25920	47694	
203319	105367	97952	26144	71808	
280161	155995	124166	39782	84383	6100
801909	504211	297698	224347	73351	89829
144605	84833	59773	25693	34079	4296
51292	37736	13556	9490	4066	
91106	68663	22443	11668	10775	
323576	191031	132544	60955	71589	8990
132014	81828	50186	12172	38013	2688
131451	91297	40153	26321	13832	
20050	15635	4416	2154	2262	
142883	72379	70504	25142	45361	843
66867	39930	26936	15477	11460	
40015	11111	28904	7133	21771	
80502	55728	24773	19800	4973	
86166	36972	49193	19792	29401	72581
21828	20213	1615	1615		
41241	31245	9995	6159	3837	
85526	29904	55622	14277	41345	
86737	44557	42180	10041	32139	
173094	150597	22497	22176	321	76376

4-47 教育经费支出明细

地区	合计	个人部分	工资福利支出	对个人和家庭的补助支出	#助学金
合计	**920862**	**599169**	**555308**	**43860**	**4816**
北京	125907	96077	88835	7241	406
天津	27988	7686	6412	1273	
河北					
山西	21501	15770	15572	198	
内蒙古					
辽宁	49688	40647	37305	3342	62
吉林	15950	7281	7155	126	23
黑龙江	6807	4234	3635	599	2
上海	161449	117224	113268	3956	464
江苏	27083	18507	17329	1177	102
浙江	17448	11807	11390	417	53
安徽	10758	9259	7169	2090	
福建					
江西	39843	12247	12084	163	
山东					
河南	22099	14353	12397	1956	15
湖北	20979	15420	13938	1481	
湖南	28316	19467	18731	736	100
广东	92077	54819	48523	6296	362
广西	26071	9243	8989	254	
海南					
重庆	9076	7956	7011	945	
四川	65890	41657	39220	2438	139
贵州	105380	71617	63208	8408	2821
云南	16484	13448	13032	416	3
西藏					
陕西	29617	10186	10102	83	
甘肃					
青海					
宁夏					
新疆	450	264		264	264
大连	9770	8367	8214	153	46
宁波					
厦门					
青岛					
深圳	39684	23246	18335	4911	351

（工读学校）

单位：千元

公用部分	商品和服务支出	其他资本性支出	专项公用支出	专项项目支出	基本建设支出
302482	**216073**	**86409**	**46458**	**39951**	**19212**
28195	23594	4602	4602		1635
20303	11532	8771	8771		
5731	4894	837	837		
9041	8324	718	718		
8669	7467	1201	945	256	
2573	2258	315	315		
44225	34436	9789	8592	1197	
8577	4963	3614	2116	1498	
5640	3491	2149	816	1333	
1499	1076	423	413	10	
10778	9584	1194	1194		16818
7746	4731	3015	1439	1576	
5559	5068	492	492		
8849	4812	4037	896	3141	
36500	31036	5464	5464		758
16829	14145	2683	1156	1527	
1120	1068	52	52		
24232	16105	8127	4218	3909	
33763	20960	12803	988	11815	
3035	2887	148	148		
19432	3456	15976	2288	13687	
186	186				
1403	1006	396	396		
15680	13145	2536	2536		758

4-48 教育经费支出明细

地区	合计	个人部分	工资福利支出	对个人和家庭的补助支出	#助学金
合计	505878170	307383348	293225582	14157766	7272244
北京	22442187	12698418	12508759	189659	3547
天津	7145145	4258007	4179718	78290	1882
河北	17563913	11588082	11259837	328245	85502
山西	7728703	4493204	4328850	164355	120694
内蒙古	8837811	5155446	4954818	200628	104021
辽宁	7192167	4705812	4600941	104871	14311
吉林	4437229	2770507	2727955	42552	13069
黑龙江	4511281	2792240	2614439	177801	18503
上海	23555545	13925504	13822194	103310	40581
江苏	36471629	23765471	23112756	652715	222011
浙江	38756382	22793005	22216381	576623	240525
安徽	15933266	9398796	8895501	503295	205647
福建	17217388	10472571	10159318	313253	72401
江西	14318702	7570266	7389385	180880	122520
山东	31840538	19110597	18480108	630490	313866
河南	23396652	14592354	14248670	343684	220113
湖北	14935145	9267971	8979959	288012	121239
湖南	17677255	10640816	10166909	473906	287229
广东	64465201	39563813	37221541	2342273	755573
广西	12007760	7482096	7221818	260278	134127
海南	5421876	2519555	2423763	95792	39065
重庆	10426427	5273422	4743568	529855	333476
四川	26067087	14521231	13457477	1063754	618622
贵州	14538883	9417865	8506415	911450	659954
云南	12580208	8384067	7853170	530897	362502
西藏	3919808	2793604	2253934	539670	485701
陕西	14967015	8804976	8390969	414007	229081
甘肃	8322323	5326632	4974882	351750	135282
青海	1981546	1107063	937558	169504	130316
宁夏	2742092	1209949	1116491	93457	64164
新疆	14477008	10980007	9477497	1502510	1116722
大连	1834435	1231004	1201752	29252	1302
宁波	6240561	4016767	3870358	146409	120768
厦门	3768948	2292682	2153335	139347	8269
青岛	4768596	2921418	2848654	72764	14526
深圳	17832374	10339115	9208017	1131098	334820

（幼儿园）

单位：千元

公用部分	商品和服务支出	其他资本性支出			基本建设支出
			专项公用支出	专项项目支出	
194173352	**128842956**	**65330396**	**21965104**	**43365292**	**4321470**
9269266	8175623	1093643	784531	309112	474503
2870064	1938750	931314	294153	637161	17074
5962258	4314841	1647418	603927	1043490	13573
3222710	2337164	885546	384879	500666	12789
3575379	2164994	1410386	432670	977716	106986
2484810	2094658	390152	203056	187096	1545
1647346	1043964	603382	182899	420482	19376
1687086	1067425	619661	144021	475640	31954
9590100	7505243	2084856	846954	1237903	39941
12626972	6839534	5787438	1647441	4139997	79185
15435903	9481376	5954528	1609099	4345429	527474
6472429	3389833	3082596	976394	2106203	62040
6698245	4317666	2380579	968599	1411980	46572
6676918	2276125	4400792	1171166	3229626	71519
12729758	8424395	4305362	1322515	2982847	183
8761634	6335326	2426308	609155	1817152	42664
5667174	3923139	1744035	554431	1189604	
6963109	4796214	2166895	700227	1466668	73331
24467119	18409308	6057810	3099201	2958610	434268
4231294	2732038	1499256	471857	1027399	294369
2860276	1537506	1322770	613069	709701	42044
4989276	3701796	1287480	358355	929125	163729
11213351	7567528	3645823	1367536	2278287	332505
4942216	3108926	1833290	475226	1358064	178802
4055303	2678766	1376537	400875	975661	140838
965071	451383	513688	126890	386798	161133
5847021	3537141	2309880	738157	1571723	315018
2926688	1540529	1386158	325817	1060341	69003
807234	446211	361023	73596	287427	67249
1515244	750328	764915	194240	570675	16900
3012098	1955223	1056875	284168	772707	484903
603431	546051	57381	32692	24689	
2223794	1267348	956446	193614	762832	
1443215	1025575	417640	285110	132530	33052
1847178	1308263	538915	281033	257882	
7222343	5733616	1488727	1203287	285439	270917

4-49 教育经费支出明细

地区	合计	个人部分	工资福利支出	对个人和家庭的补助支出	#助学金
合计	**501990518**	**304668571**	**290672849**	**13995722**	**7241295**
北京	20983838	11602631	11456604	146027	3532
天津	7047419	4197717	4119487	78230	1882
河北	17524274	11555069	11227287	327782	85409
山西	7713079	4481497	4317971	163526	120693
内蒙古	8831338	5150446	4949817	200628	104021
辽宁	7055135	4591131	4492094	99038	14311
吉林	4405705	2745578	2703063	42516	13069
黑龙江	4212335	2562379	2389085	173293	18335
上海	23285506	13796416	13694966	101450	40581
江苏	36453357	23750005	23097325	652679	221975
浙江	38743902	22783126	22207095	576031	240525
安徽	15894566	9369710	8867492	502218	205647
福建	17206695	10464550	10151297	313253	72401
江西	14318702	7570266	7389385	180880	122520
山东	31840538	19110597	18480108	630490	313866
河南	23341895	14547494	14203894	343600	220097
湖北	14865706	9214970	8928238	286731	121203
湖南	17648584	10623839	10150026	473814	287198
广东	64425235	39529887	37190378	2339509	755274
广西	12007322	7481668	7221390	260278	134127
海南	5388460	2490462	2394669	95792	39065
重庆	10384619	5236049	4706772	529277	333476
四川	26025797	14488706	13426115	1062590	618622
贵州	14538883	9417865	8506415	911450	659954
云南	12570404	8375872	7844976	530896	362501
西藏	3919808	2793604	2253934	539670	485701
陕西	14920155	8770758	8357626	413133	228927
甘肃	8291031	5298305	4948565	349740	133907
青海	1970320	1097960	928798	169162	130069
宁夏	2738588	1206771	1113314	93457	64164
新疆	13437322	10363243	8954662	1408581	1088243
大连	1782883	1185557	1157501	28056	1302
宁波	6240561	4016767	3870358	146409	120768
厦门	3764020	2289154	2149807	139347	8269
青岛	4768596	2921418	2848654	72764	14526
深圳	17828483	10336178	9205805	1130373	334820

（地方幼儿园）

单位：千元

公用部分					基本建设支出
	商品和服务支出	其他资本性支出			
			专项公用支出	专项项目支出	
193050177	**128045425**	**65004753**	**21820156**	**43184597**	**4271770**
8906704	7874176	1032528	736508	296020	474503
2832628	1901545	931083	293922	637161	17074
5955632	4309128	1646505	603845	1042660	13573
3218793	2333772	885022	384368	500653	12789
3573906	2163689	1410217	432621	977596	106986
2462459	2081505	380954	199133	181821	1545
1640750	1040873	599877	180953	418924	19376
1618002	1011012	606990	139565	467425	31954
9449150	7422903	2026247	844311	1181936	39941
12624167	6837350	5786817	1647199	4139618	79185
15433302	9480150	5953152	1608046	4345106	527474
6462816	3384780	3078036	973704	2104332	62040
6695573	4315418	2380156	968577	1411579	46572
6676918	2276125	4400792	1171166	3229626	71519
12729758	8424395	4305362	1322515	2982847	183
8751737	6328114	2423623	607086	1816537	42664
5650736	3912494	1738242	550092	1188151	
6951413	4785467	2165946	699343	1466603	73331
24461080	18404073	6057007	3098405	2958602	434268
4231285	2732029	1499256	471857	1027399	294369
2855954	1534627	1321326	612437	708890	42044
4984841	3698778	1286063	357188	928875	163729
11204586	7560308	3644278	1366883	2277395	332505
4942216	3108926	1833290	475226	1358064	178802
4053694	2677453	1376240	400579	975661	140838
965071	451383	513688	126890	386798	161133
5834379	3530595	2303784	732887	1570898	315018
2923722	1538626	1385096	325230	1059866	69003
805111	444800	360311	72884	287427	67249
1514917	750002	764915	194240	570675	16900
2638876	1730929	907947	222496	685451	435203
597325	541863	55463	31701	23762	
2223794	1267348	956446	193614	762832	
1441815	1024175	417640	285110	132530	33052
1847178	1308263	538915	281033	257882	
7221389	5732729	1488659	1203220	285439	270917

4-50 教育经费支出明细

地区	合计	个人部分	工资福利支出	对个人和家庭的补助支出	#助学金
合计	**205583313**	**130475214**	**123157476**	**7317738**	**4844669**
北京	3531309	2008185	1992055	16131	1246
天津	889449	529121	521027	8095	842
河北	11072682	7430986	7249670	181315	45576
山西	3685254	2226137	2118462	107675	85086
内蒙古	4886525	2965368	2833544	131824	60267
辽宁	1281898	867077	851007	16070	5724
吉林	1762324	1162568	1149264	13304	4594
黑龙江	1943648	1206691	1121935	84756	14804
上海	2782769	1940819	1922665	18154	6891
江苏	11861619	7961656	7698407	263249	135444
浙江	13864488	8229524	7975868	253656	66694
安徽	9380122	5614190	5340452	273737	116130
福建	7653036	4740785	4624610	116175	40975
江西	8691377	4642648	4525716	116931	88625
山东	13381545	8215569	7863125	352444	198355
河南	13423756	8495386	8276482	218904	181061
湖北	5227473	3351015	3223361	127654	97840
湖南	9477452	5814543	5536060	278483	200450
广东	13096320	8271765	7947584	324181	202041
广西	6617148	4195444	4029660	165783	103981
海南	2796499	1348426	1286350	62076	33738
重庆	3170216	1784667	1541401	243266	190201
四川	10638924	6252082	5596876	655206	459817
贵州	9546211	6627855	5940877	686978	557849
云南	6954248	4867282	4554438	312844	235036
西藏	2636588	1958493	1561036	397457	369521
陕西	6955202	4321053	4067238	253816	159284
甘肃	5428771	3725774	3526784	198990	56553
青海	1294028	683105	551931	131175	109495
宁夏	1219220	590047	530933	59115	44246
新疆	10433213	8446954	7198658	1248296	972302
大连	152169	109246	108224	1022	278
宁波	1886122	1197139	1184463	12676	5347
厦门	395478	211581	174470	37111	500
青岛	602664	392754	376521	16233	7635
深圳					

（农村幼儿园）

单位：千元

公用部分	商品和服务支出	其他资本性支出			基本建设支出
			专项公用支出	专项项目支出	
73281733	**44769625**	**28512108**	**7808671**	**20703437**	**1826366**
1460383	1293640	166743	118553	48190	62741
346969	176940	170029	26824	143205	13359
3635219	2514345	1120874	365351	755523	6478
1447003	1046205	400798	186372	214426	12114
1862985	1100105	762880	239390	523489	58173
413277	350437	62840	28795	34044	1545
589423	350287	239136	70786	168351	10332
709792	369027	340765	67536	273229	27165
841950	694995	146955	115911	31045	
3899714	2060584	1839130	486513	1352617	249
5381020	2847204	2533816	609190	1924625	253944
3715693	2067780	1647913	477890	1170023	50240
2898931	1726314	1172617	413285	759332	13320
3985276	1309459	2675817	745068	1930749	63453
5165976	3387216	1778760	480507	1298253	
4910066	3467309	1442757	299178	1143579	18305
1876457	1214811	661646	149218	512428	
3607188	2444760	1162428	294770	867658	55722
4791465	3169824	1621641	494744	1126896	33090
2358126	1474093	884034	217453	666580	63578
1411175	740227	670948	298591	372357	36898
1374127	981778	392349	90932	301417	11422
4200299	2627969	1572330	330373	1241958	186542
2866043	1716673	1149370	209343	940027	52313
1993016	1305079	687938	165540	522397	93950
519612	232111	287501	95311	192191	158482
2502173	1507055	995118	272611	722508	131976
1661052	861103	799950	176949	623001	41945
549056	281237	267819	51398	216421	61866
612272	325948	286325	93792	192533	16900
1695993	1125112	570881	136497	434384	290266
42924	38134	4790	2868	1921	
688984	358842	330142	74866	255276	
183897	137811	46086	41464	4622	
209910	164897	45013	27179	17834	

4-51 教育经费支出明细

地区	合计	个人部分	工资福利支出	对个人和家庭的补助支出	#助学金
合 计	**204858652**	**130005418**	**122759685**	**7245733**	**4824361**
北 京	3518891	1999836	1983705	16131	1246
天 津	881890	522921	514827	8095	842
河 北	11069725	7428383	7247068	181315	45576
山 西	3683155	2224355	2116680	107675	85086
内蒙古	4886525	2965368	2833544	131824	60267
辽 宁	1281898	867077	851007	16070	5724
吉 林	1762324	1162568	1149264	13304	4594
黑龙江	1891284	1166621	1085229	81392	14708
上 海	2782769	1940819	1922665	18154	6891
江 苏	11861619	7961656	7698407	263249	135444
浙 江	13864488	8229524	7975868	253656	66694
安 徽	9380122	5614190	5340452	273737	116130
福 建	7653036	4740785	4624610	116175	40975
江 西	8691377	4642648	4525716	116931	88625
山 东	13381545	8215569	7863125	352444	198355
河 南	13422879	8494516	8275612	218904	181061
湖 北	5226905	3350635	3222981	127654	97840
湖 南	9477015	5814168	5535686	278482	200449
广 东	13085611	8263691	7940236	323454	201742
广 西	6616711	4195015	4029232	165783	103981
海 南	2793569	1345693	1283617	62076	33738
重 庆	3170216	1784667	1541401	243266	190201
四 川	10638924	6252082	5596876	655206	459817
贵 州	9546211	6627855	5940877	686978	557849
云 南	6954248	4867282	4554438	312844	235036
西 藏	2636588	1958493	1561036	397457	369521
陕 西	6954275	4320160	4066346	253815	159283
甘 肃	5413102	3712237	3513957	198280	56471
青 海	1294028	683105	551931	131175	109495
宁 夏	1219220	590047	530933	59115	44246
新 疆	9818506	8063452	6882358	1181094	952472
大 连	152169	109246	108224	1022	278
宁 波	1886122	1197139	1184463	12676	5347
厦 门	395478	211581	174470	37111	500
青 岛	602664	392754	376521	16233	7635
深 圳					

(地方农村幼儿园)

单位：千元

公用部分	商品和服务支出	其他资本性支出	专项公用支出	专项项目支出	基本建设支出
73047040	**44637112**	**28409928**	**7775245**	**20634683**	**1806194**
1456314	1290986	165328	117409	47920	62741
345610	175580	170029	26824	143205	13359
3634864	2513992	1120872	365349	755523	6478
1446686	1045888	400798	186372	214426	12114
1862985	1100105	762880	239390	523489	58173
413277	350437	62840	28795	34044	1545
589423	350287	239136	70786	168351	10332
697498	362995	334503	65491	269012	27165
841950	694995	146955	115911	31045	
3899714	2060584	1839130	486513	1352617	249
5381020	2847204	2533816	609190	1924625	253944
3715693	2067780	1647913	477890	1170023	50240
2898931	1726314	1172617	413285	759332	13320
3985276	1309459	2675817	745068	1930749	63453
5165976	3387216	1778760	480507	1298253	
4910059	3467302	1442757	299178	1143579	18305
1876269	1214623	661646	149218	512428	
3607125	2444716	1162409	294751	867658	55722
4788830	3167337	1621493	494605	1126888	33090
2358117	1474084	884034	217453	666580	63578
1410978	740052	670926	298569	372357	36898
1374127	981778	392349	90932	301417	11422
4200299	2627969	1572330	330373	1241958	186542
2866043	1716673	1149370	209343	940027	52313
1993016	1305079	687938	165540	522397	93950
519612	232111	287501	95311	192191	158482
2502138	1507020	995118	272611	722508	131976
1658920	860025	798895	176369	622526	41945
549056	281237	267819	51398	216421	61866
612272	325948	286325	93792	192533	16900
1484960	1007337	477623	107023	370600	270094
42924	38134	4790	2868	1921	
688984	358842	330142	74866	255276	
183897	137811	46086	41464	4622	
209910	164897	45013	27179	17834	

4-52 教育经费支出明细

地区	合计				
		个人部分			
			工资福利支出	对个人和家庭的补助支出	
					#助学金
合计	**41144538**	**23076625**	**19066430**	**4010196**	
北京	1076532	727804	637342	90462	
天津	397277	296533	280024	16509	
河北	850040	558233	471318	86915	
山西	1116780	782440	697576	84864	
内蒙古	783391	477641	406310	71331	
辽宁	743357	451235	350453	100782	
吉林	492072	284728	257451	27277	
黑龙江	1957540	661926	440364	221563	
上海	429716	309888	295742	14145	
江苏	2084361	1349628	1122333	227295	
浙江	2267570	1084698	965621	119077	
安徽	1467670	745902	591418	154484	
福建	688586	425919	369688	56231	
江西	807751	425661	364255	61406	
山东	3126681	1935833	1721633	214200	
河南	1520625	750106	631095	119011	
湖北	1387576	856408	719308	137100	
湖南	2552347	1646953	1404371	242582	
广东	4517980	2229899	1646561	583337	
广西	528162	326535	291058	35477	
海南	378806	201520	177706	23814	
重庆	862219	407194	281997	125197	
四川	2707762	1418755	1050238	368517	
贵州	1840602	1150041	995155	154886	
云南	1341773	908395	787528	120867	
西藏	539465	384170	353208	30962	
陕西	1895206	589955	433609	156346	
甘肃	594512	397961	331925	66036	
青海	227650	165098	132828	32270	
宁夏	219152	158715	143397	15319	
新疆	1741376	966851	714917	251934	
大连	108265	86396	74621	11774	
宁波	164956	123097	113760	9338	
厦门	117848	61290	52084	9206	
青岛	438223	282877	264976	17901	
深圳	888930	355064	214481	140583	

(教育行政单位)

单位：千元

公用部分	商品和服务支出	其他资本性支出	专项公用支出	专项项目支出	基本建设支出
17209825	**13254214**	**3955610**	**1768406**	**2187204**	**858088**
343728	300273	43455	43455		5000
100506	85737	14768	2362	12406	238
291807	248912	42895	26435	16460	
334340	261364	72976	40523	32453	
284703	249422	35280	28879	6402	21047
288329	223369	64960	21446	43514	3793
207345	193684	13661	10737	2923	
1218273	375699	842574	326538	516036	77340
119828	113530	6298	5287	1011	
734734	665145	69589	55956	13633	
1182872	1011625	171247	114660	56587	
721010	569893	151117	53918	97200	758
257706	219426	38281	17632	20648	4960
382091	316225	65865	47534	18331	
1190848	654817	536031	112486	423545	
769619	667769	101850	63140	38709	899
531168	457905	73263	51294	21969	
902414	792762	109652	64200	45452	2980
2270286	1875268	395018	228572	166446	17796
201627	189624	12003	9951	2051	
177286	161290	15996	15002	994	
443173	347821	95352	22726	72626	11851
1276975	1134081	142893	61705	81188	12033
690562	567335	123227	57276	65951	
432445	369161	63284	38775	24509	934
151793	115355	36438	20076	16362	3502
799385	443612	355773	104162	251610	505866
196551	138867	57684	35482	22201	
62552	53288	9265	7875	1390	
60437	51128	9309	8571	738	
585434	399827	185607	71749	113858	189091
21869	18852	3017	280	2737	
41858	32312	9546	9546		
56558	40177	16381	2148	14233	
155346	125066	30279	12111	18168	
522560	471901	50660	28483	22177	11306

4-53 教育经费支出明细

地 区	合 计	个人部分	工资福利支出	对个人和家庭的补助支出	#助学金
合 计	**40244995**	**22726960**	**18877850**	**3849110**	
北 京	782961	539445	480339	59106	
天 津	397277	296533	280024	16509	
河 北	850040	558233	471318	86915	
山 西	1116780	782440	697576	84864	
内蒙古	783391	477641	406310	71331	
辽 宁	743357	451235	350453	100782	
吉 林	492072	284728	257451	27277	
黑龙江	1950478	656191	436502	219689	
上 海	429716	309888	295742	14145	
江 苏	2084361	1349628	1122333	227295	
浙 江	2267570	1084698	965621	119077	
安 徽	1467670	745902	591418	154484	
福 建	688586	425919	369688	56231	
江 西	807751	425661	364255	61406	
山 东	3126681	1935833	1721633	214200	
河 南	1520625	750106	631095	119011	
湖 北	1387576	856408	719308	137100	
湖 南	2552347	1646953	1404371	242582	
广 东	4517980	2229899	1646561	583337	
广 西	528162	326535	291058	35477	
海 南	378806	201520	177706	23814	
重 庆	862219	407194	281997	125197	
四 川	2707762	1418755	1050238	368517	
贵 州	1840602	1150041	995155	154886	
云 南	1341773	908395	787528	120867	
西 藏	539465	384170	353208	30962	
陕 西	1895206	589955	433609	156346	
甘 肃	594512	397961	331925	66036	
青 海	227650	165098	132828	32270	
宁 夏	219152	158715	143397	15319	
新 疆	1142466	811280	687203	124077	
大 连	108265	86396	74621	11774	
宁 波	164956	123097	113760	9338	
厦 门	117848	61290	52084	9206	
青 岛	438223	282877	264976	17901	
深 圳	888930	355064	214481	140583	

(地方教育行政单位)

单位：千元

公用部分					基本建设支出
	商品和服务支出	其他资本性支出			
			专项公用支出	专项项目支出	
16848269	**13034872**	**3813397**	**1723800**	**2089596**	**669766**
238516	198441	40075	40075		5000
100506	85737	14768	2362	12406	238
291807	248912	42895	26435	16460	
334340	261364	72976	40523	32453	
284703	249422	35280	28879	6402	21047
288329	223369	64960	21446	43514	3793
207345	193684	13661	10737	2923	
1216946	374378	842569	326533	516036	77340
119828	113530	6298	5287	1011	
734734	665145	69589	55956	13633	
1182872	1011625	171247	114660	56587	
721010	569893	151117	53918	97200	758
257706	219426	38281	17632	20648	4960
382091	316225	65865	47534	18331	
1190848	654817	536031	112486	423545	
769619	667769	101850	63140	38709	899
531168	457905	73263	51294	21969	
902414	792762	109652	64200	45452	2980
2270286	1875268	395018	228572	166446	17796
201627	189624	12003	9951	2051	
177286	161290	15996	15002	994	
443173	347821	95352	22726	72626	11851
1276975	1134081	142893	61705	81188	12033
690562	567335	123227	57276	65951	
432445	369161	63284	38775	24509	934
151793	115355	36438	20076	16362	3502
799385	443612	355773	104162	251610	505866
196551	138867	57684	35482	22201	
62552	53288	9265	7875	1390	
60437	51128	9309	8571	738	
330417	283638	46779	30529	16250	769
21869	18852	3017	280	2737	
41858	32312	9546	9546		
56558	40177	16381	2148	14233	
155346	125066	30279	12111	18168	
522560	471901	50660	28483	22177	11306

4-54 教育经费支出明细

地区	合计	个人部分	工资福利支出	对个人和家庭的补助支出	#助学金
合 计	**83716517**	**45390824**	**40703203**	**4687621**	**50577**
北 京	11806029	4778284	4453043	325241	50577
天 津	1646331	1108652	1057811	50840	
河 北	2845456	1862183	1678070	184113	
山 西	2400298	1575855	1451054	124801	
内蒙古	1857138	1347428	1277525	69903	
辽 宁	2718340	1958965	1848370	110595	
吉 林	1451015	768975	711518	57456	
黑龙江	1057376	672878	546008	126870	
上 海	5751130	2790229	2730545	59684	
江 苏	5461482	3345479	2897935	447544	
浙 江	6533395	3352606	3056198	296407	
安 徽	1400950	741633	650613	91020	
福 建	3005251	1504313	1391202	113110	
江 西	1853713	1059624	984269	75355	
山 东	3833286	1984750	1743333	241416	
河 南	3266240	1846675	1628323	218353	
湖 北	3419215	1807070	1604613	202457	
湖 南	1320802	816505	708499	108006	
广 东	6359726	3030359	2365213	665146	
广 西	1804364	1038065	956259	81806	
海 南	469716	190203	184431	5772	
重 庆	1343280	613706	486978	126728	
四 川	3726051	2216378	1923564	292814	
贵 州	603758	304247	251691	52555	
云 南	1661483	892248	786149	106100	
西 藏	907532	510703	403736	106967	
陕 西	2095043	1196966	1073173	123793	
甘 肃	1094821	792185	737147	55037	
青 海	596937	454478	393071	61406	
宁 夏	295963	205605	195961	9644	
新 疆	1130394	623579	526899	96680	
大 连	538248	317132	307492	9640	
宁 波	866722	466044	435926	30118	
厦 门	611500	280629	244159	36470	
青 岛	793761	354719	305705	49014	
深 圳	1630991	587636	396181	191455	

(教育事业单位)

单位：千元

公用部分	商品和服务支出	其他资本性支出			基本建设支出
			专项公用支出	专项项目支出	
37258118	**29405256**	**7852861**	**3614464**	**4238397**	**1067575**
6791532	6441794	349739	305489	44250	236213
537679	339925	197755	123255	74500	
983273	800819	182453	100069	82384	
764849	626606	138242	96604	41638	59595
503340	390889	112452	60558	51894	6369
751441	636899	114542	58618	55923	7935
669984	432793	237191	66983	170208	12056
384498	271627	112871	47371	65500	
2738544	2315602	422942	378194	44749	222357
2115924	1780452	335472	212787	122685	79
3071142	1986803	1084338	352086	732252	109648
659317	517437	141880	60469	81411	
1417593	1133739	283853	152312	131541	83345
739516	602803	136712	95864	40848	54574
1848434	1477387	371048	121858	249190	102
1398286	883362	514924	180085	334839	21279
1612145	908877	703268	124779	578489	
504297	442522	61775	49854	11922	
3212406	2522212	690194	322094	368100	116961
679694	628666	51028	43566	7462	86605
278999	244451	34549	29435	5114	514
727988	638868	89120	41609	47512	1586
1501472	1064243	437230	220527	216703	8200
299511	222590	76920	26862	50059	
769234	410196	359038	52726	306312	
395443	296017	99426	58292	41134	1386
893831	621516	272315	139011	133304	4247
302636	229333	73303	35807	37496	
142460	128005	14454	8603	5852	
90358	83487	6871	4491	2381	
472291	325336	146955	44209	102747	34524
220604	163871	56733	22035	34698	511
400678	242426	158252	30286	127966	
264636	229588	35048	11109	23939	66235
439041	421048	17994	8574	9420	
980099	915457	64642	61254	3388	63256

4-55 教育经费支出明细

地区	合计	个人部分	工资福利支出	对个人和家庭的补助支出	#助学金
合计	**77249389**	**44100243**	**39534290**	**4565953**	
北京	5600574	3569034	3350009	219025	
天津	1646331	1108652	1057811	50840	
河北	2845456	1862183	1678070	184113	
山西	2400298	1575855	1451054	124801	
内蒙古	1857138	1347428	1277525	69903	
辽宁	2718340	1958965	1848370	110595	
吉林	1451015	768975	711518	57456	
黑龙江	1046598	663120	537789	125331	
上海	5751130	2790229	2730545	59684	
江苏	5461482	3345479	2897935	447544	
浙江	6533395	3352606	3056198	296407	
安徽	1400950	741633	650613	91020	
福建	3005251	1504313	1391202	113110	
江西	1853713	1059624	984269	75355	
山东	3833286	1984750	1743333	241416	
河南	3266240	1846675	1628323	218353	
湖北	3419215	1807070	1604613	202457	
湖南	1320802	816505	708499	108006	
广东	6359726	3030359	2365213	665146	
广西	1804364	1038065	956259	81806	
海南	469716	190203	184431	5772	
重庆	1343280	613706	486978	126728	
四川	3726051	2216378	1923564	292814	
贵州	603758	304247	251691	52555	
云南	1661483	892248	786149	106100	
西藏	907532	510703	403736	106967	
陕西	2095043	1196966	1073173	123793	
甘肃	1094821	792185	737147	55037	
青海	596937	454478	393071	61406	
宁夏	295963	205605	195961	9644	
新疆	879500	552007	469239	82767	
大连	538248	317132	307492	9640	
宁波	866722	466044	435926	30118	
厦门	611500	280629	244159	36470	
青岛	793761	354719	305705	49014	
深圳	1630991	587636	396181	191455	

（地方教育事业单位）

单位：千元

公用部分	商品和服务支出	其他资本性支出			基本建设支出
			专项公用支出	专项项目支出	
32125941	**24515442**	**7610498**	**3469216**	**4141283**	**1023205**
1814927	1594666	220261	176596	43665	216613
537679	339925	197755	123255	74500	
983273	800819	182453	100069	82384	
764849	626606	138242	96604	41638	59595
503340	390889	112452	60558	51894	6369
751441	636899	114542	58618	55923	7935
669984	432793	237191	66983	170208	12056
383477	270665	112812	47312	65500	
2738544	2315602	422942	378194	44749	222357
2115924	1780452	335472	212787	122685	79
3071142	1986803	1084338	352086	732252	109648
659317	517437	141880	60469	81411	
1417593	1133739	283853	152312	131541	83345
739516	602803	136712	95864	40848	54574
1848434	1477387	371048	121858	249190	102
1398286	883362	514924	180085	334839	21279
1612145	908877	703268	124779	578489	
504297	442522	61775	49854	11922	
3212406	2522212	690194	322094	368100	116961
679694	628666	51028	43566	7462	86605
278999	244451	34549	29435	5114	514
727988	638868	89120	41609	47512	1586
1501472	1064243	437230	220527	216703	8200
299511	222590	76920	26862	50059	
769234	410196	359038	52726	306312	
395443	296017	99426	58292	41134	1386
893831	621516	272315	139011	133304	4247
302636	229333	73303	35807	37496	
142460	128005	14454	8603	5852	
90358	83487	6871	4491	2381	
317741	283612	34129	27911	6217	9753
220604	163871	56733	22035	34698	511
400678	242426	158252	30286	127966	
264636	229588	35048	11109	23939	66235
439041	421048	17994	8574	9420	
980099	915457	64642	61254	3388	63256

4-56 教育经费支出明细

地区	合计	个人部分	工资福利支出	对个人和家庭的补助支出	#助学金
合计	**59042385**	**20660715**	**17664879**	**2995835**	**39002**
北京	4658411	929753	800525	129228	16221
天津	1669652	344944	319162	25782	
河北	2482783	817269	745791	71478	
山西	1737533	586912	550748	36164	
内蒙古	1516475	457910	419682	38228	
辽宁	1479624	664938	568118	96820	
吉林	959656	468518	425641	42877	755
黑龙江	895919	558156	472595	85561	1145
上海	1727509	515001	490662	24338	8011
江苏	3042631	1253638	1095945	157694	926
浙江	4505617	1366920	859086	507834	1074
安徽	1593390	712119	600306	111813	
福建	1629126	745290	686339	58952	3490
江西	1704376	457693	409593	48101	
山东	2991467	1377086	1241216	135871	
河南	2216377	831734	745376	86358	
湖北	2719255	707018	554954	152064	690
湖南	1874466	800340	597118	203222	2428
广东	3373940	1495834	1217206	278627	1775
广西	1223235	467266	434113	33152	
海南	657403	84885	80027	4858	
重庆	1027996	342934	288069	54864	782
四川	3982881	1044521	847606	196915	1707
贵州	2312143	705418	582672	122746	
云南	1699527	723014	651907	71107	
西藏	288636	170414	168022	2392	
陕西	1228156	352944	337942	15002	
甘肃	886117	464445	421048	43396	
青海	619661	271456	235835	35621	
宁夏	461185	149398	137223	12174	
新疆	1877238	792948	680352	112596	
大连	200568	128032	115020	13012	
宁波	407824	240292	112674	127618	
厦门	116476	75390	65657	9734	
青岛	287905	164841	149521	15320	
深圳	927372	226390	168661	57729	

(其他教育机构)

单位：千元

公用部分	商品和服务支出	其他资本性支出			基本建设支出
			专项公用支出	专项项目支出	
33664142	**19646551**	**14017591**	**4070012**	**9947579**	**4717528**
3714150	3582712	131439	81726	49713	14507
189756	163456	26299	22459	3840	1134952
892410	301404	591006	75735	515271	773104
924699	378311	546388	102718	443670	225921
891638	278490	613148	83390	529758	166926
770481	675937	94544	48182	46361	44205
433143	326660	106483	42491	63992	57995
327145	244850	82295	21644	60652	10618
1092380	947937	144443	76031	68412	120128
1605392	869707	735685	240797	494888	183600
2924674	1098741	1825933	541533	1284400	214023
849542	408987	440555	64221	376334	31729
818385	469213	349173	39062	310110	65450
1033221	298508	734712	341442	393271	213462
1581381	1022585	558796	124366	434430	33000
1202480	747737	454742	183484	271258	182163
2012237	917448	1094789	175373	919416	
947363	423778	523585	110509	413075	126763
1580498	1141745	438753	161680	277073	297609
734381	328079	406301	40695	365607	21589
433129	193725	239404	80104	159299	139390
681260	455457	225803	17902	207901	3802
2736178	1808160	928018	499275	428742	202183
1536725	591348	945377	452598	492779	70000
864623	280989	583635	172169	411466	111890
102105	64780	37325	33169	4156	16117
850312	496690	353623	34044	319579	24900
407096	234464	172632	20271	152360	14577
313398	137898	175500	95174	80326	34807
311788	95927	215861	19402	196459	
902174	660828	241346	68365	172981	182116
72536	62579	9957	9025	932	
107573	84392	23181	7008	16173	59959
41086	35750	5336	5050	287	
123064	79279	43785	2722	41063	
475368	384420	90948	90342	607	225613

4-57 教育经费支出明细

地区	合计	个人部分	工资福利支出	对个人和家庭的补助支出	#助学金
合计	**54538359**	**19921213**	**17046056**	**2875156**	**13839**
北京	1459170	492770	461244	31526	750
天津	1666767	344944	319162	25782	
河北	2480885	817269	745791	71478	
山西	1735541	586912	550748	36164	
内蒙古	1514861	457910	419682	38228	
辽宁	1474150	664938	568118	96820	
吉林	958756	468518	425641	42877	755
黑龙江	883656	552955	468380	84575	1145
上海	1184965	389037	371133	17904	1808
江苏	2991644	1253638	1095945	157694	926
浙江	4500242	1366920	859086	507834	1074
安徽	1592886	712119	600306	111813	
福建	1433911	689894	635273	54621	
江西	1704016	457693	409593	48101	
山东	2983294	1377086	1241216	135871	
河南	2210473	831734	745376	86358	
湖北	2702395	707018	554954	152064	690
湖南	1871701	800340	597118	203222	2428
广东	3373940	1495834	1217206	278627	1775
广西	1223235	467266	434113	33152	
海南	657403	84885	80027	4858	
重庆	1027996	342934	288069	54864	782
四川	3953002	1044521	847606	196915	1707
贵州	2310159	705418	582672	122746	
云南	1697817	723014	651907	71107	
西藏	288636	170414	168022	2392	
陕西	1207201	352944	337942	15002	
甘肃	880296	464445	421048	43396	
青海	619661	271456	235835	35621	
宁夏	461185	149398	137223	12174	
新疆	1488515	676991	575620	101370	
大连	200568	128032	115020	13012	
宁波	407824	240292	112674	127618	
厦门	116476	75390	65657	9734	
青岛	287905	164841	149521	15320	
深圳	927372	226390	168661	57729	

(地方其他教育机构)

单位：千元

公用部分	商品和服务支出	其他资本性支出	专项公用支出	专项项目支出	基本建设支出
30027316	**16189647**	**13837669**	**4014911**	**9822758**	**4589830**
951892	855071	96821	51829	44993	14507
186871	160571	26299	22459	3840	1134952
890512	299506	591006	75735	515271	773104
922707	376319	546388	102718	443670	225921
890024	276876	613148	83390	529758	166926
765007	670463	94544	48182	46361	44205
432243	325760	106483	42491	63992	57995
320082	237817	82266	21614	60652	10618
675801	607979	67822	67208	613	120128
1554405	818720	735685	240797	494888	183600
2919299	1093366	1825933	541533	1284400	214023
849038	408483	440555	64221	376334	31729
678568	335552	343016	34475	308541	65450
1032861	298148	734712	341442	393271	213462
1573208	1014412	558796	124366	434430	33000
1196576	741833	454742	183484	271258	182163
1995377	900588	1094789	175373	919416	
944598	421013	523585	110509	413075	126763
1580498	1141745	438753	161680	277073	297609
734381	328079	406301	40695	365607	21589
433129	193725	239404	80104	159299	139390
681260	455457	225803	17902	207901	3802
2706299	1778281	928018	499275	428742	202183
1534742	589364	945377	452598	492779	70000
862913	279279	583635	172169	411466	111890
102105	64780	37325	33169	4156	16117
829357	475735	353623	34044	319579	24900
401274	228643	172632	20271	152360	14577
313398	137898	175500	95174	80326	34807
311788	95927	215861	19402	196459	
757106	578257	178849	56601	122249	54418
72536	62579	9957	9025	932	
107573	84392	23181	7008	16173	59959
41086	35750	5336	5050	287	
123064	79279	43785	2722	41063	
475368	384420	90948	90342	607	225613

第五部分

各地区各级各类教育机构财政补助支出明细

5-1 财政补助支出明细

地区	合计	个人部分	工资福利支出	对个人和家庭的补助支出	#助学金
合计	**4378814582**	**2891416348**	**2520719560**	**370696788**	**193329068**
北京	184515666	115169134	98377594	16791540	11920136
天津	61948126	43129536	40188198	2941338	1717484
河北	176942141	118148228	104315086	13833142	6862646
山西	91276333	59615324	53294144	6321180	3664078
内蒙古	78547613	52650311	47005191	5645120	3514558
辽宁	94028943	68241761	60851918	7389844	3793980
吉林	65003024	44870055	40737881	4132174	2085936
黑龙江	80340016	57799870	46695184	11104686	3039938
上海	143939233	84257025	78554396	5702629	4477737
江苏	316083227	214386583	191950549	22436034	8296707
浙江	239285061	154595192	141925644	12669548	6356402
安徽	158848643	101243625	84078209	17165416	6819614
福建	128142345	84572391	77518979	7053412	3240585
江西	134670873	78986469	71079517	7906952	5563340
山东	275403036	188680113	168664915	20015198	8378883
河南	212089679	140439634	123230740	17208894	11086644
湖北	157684959	104528661	90570192	13958468	7100972
湖南	157681470	106864855	91765399	15099457	7942122
广东	451501887	288714307	244509847	44204461	11710967
广西	135494176	87643818	75353686	12290131	8099758
海南	37442666	20792583	18966106	1826478	1033213
重庆	107643814	71226194	59967515	11258679	5839484
四川	216325637	144592394	121063799	23528595	13155427
贵州	125378498	89358408	73589019	15769389	9504589
云南	142075242	106183359	90231055	15952303	12136016
西藏	30688760	22170450	17749902	4420548	3887631
陕西	123030704	71730758	61459338	10271421	7221379
甘肃	80152738	55674815	48140858	7533957	4463145
青海	27168409	18242864	15635266	2607598	1530346
宁夏	27069195	16620419	14811910	1808509	1209288
新疆	118412469	80287210	68437525	11849685	7676061
大连	15888203	12346190	11788372	557819	159731
宁波	32539908	22059807	20298533	1761275	931880
厦门	22257461	13731510	12378984	1352526	219038
青岛	35883984	23001878	20871132	2130746	481056
深圳	113192003	53320447	40714192	12606254	2779469

(各级各类教育机构)

单位：千元

公用部分					基本建设支出
	商品和服务支出	其他资本性支出			
			专项公用支出	专项项目支出	
1381618639	**695947732**	**685670907**	**240054471**	**445616436**	**105779596**
60838182	47000897	13837285	11043753	2793532	8508350
15860269	9688243	6172026	2668102	3503924	2958321
56632829	25552188	31080641	8636778	22443863	2161084
30074136	15837168	14236968	6595441	7641527	1586873
24446233	11137961	13308272	4681471	8626801	1451069
24618998	17194349	7424649	3632767	3791882	1168184
19375776	10960182	8415594	3713795	4701798	757193
21171934	11146914	10025020	3919443	6105577	1368213
55031281	38974476	16056805	10076692	5980113	4650927
100334918	45698898	54636019	15798615	38837405	1361726
78912445	38133403	40779042	11932088	28846953	5777424
54191607	23373498	30818109	10497465	20320644	3413411
42734908	20082164	22652743	7471505	15181238	835046
53889083	14200909	39688173	10709695	28978478	1795322
85740009	35313092	50426917	13655660	36771257	982913
68351181	33863710	34487472	11003458	23484014	3298863
51696874	23530357	28166517	7635637	20530880	1459424
49141288	26861247	22280041	6773519	15506521	1675326
132115830	75214236	56901594	26511454	30390141	30671750
45456548	18387963	27068584	8786094	18282491	2393811
14886482	7260488	7625994	3192137	4433857	1763600
33107450	19727400	13380050	4738499	8641551	3310171
69253160	37723456	31529704	12089845	19439859	2480083
34693356	15103978	19589378	8251487	11337890	1326734
33898331	14942771	18955560	4234770	14720790	1993553
7529893	3375998	4153895	1582152	2571743	988417
46604403	23046444	23557959	8099280	15458679	4695543
23321076	10007380	13313696	3672953	9640743	1156847
7822524	2846704	4975820	1696521	3279299	1103021
9990275	4224786	5765490	2120163	3645327	458500
29897359	15536471	14360888	4633231	9727656	8227901
3397332	2253212	1144120	471164	672956	144681
10370821	4714805	5656016	1292945	4363071	109280
8168151	4026349	4141803	1568646	2573157	357800
12882106	4840580	8041526	1942261	6099265	
34268360	23084302	11184058	8719183	2464874	25603196

5-2 财政补助支出明细

地区	合计	个人部分	工资福利支出	对个人和家庭的补助支出	#助学金
合计	**4143140563**	**2758564691**	**2421600026**	**336964664**	**167454726**
北京	125769694	81530766	76543484	4987282	1478908
天津	54627096	39621467	37310737	2310730	1186026
河北	175621350	117234409	103536606	13697803	6780210
山西	91274341	59615324	53294144	6321180	3664078
内蒙古	78544332	52649133	47004012	5645120	3514558
辽宁	87804153	64148497	57591976	6556520	3134323
吉林	59608200	41045668	37700678	3344991	1716070
黑龙江	73947722	53694170	43566610	10127560	2427039
上海	120435246	72771633	69111758	3659875	2596997
江苏	299482071	204990782	184998173	19992609	6553433
浙江	233975476	151199668	139363120	11836548	5683402
安徽	153604949	98102627	81641792	16460835	6227011
福建	124286900	82198416	75713702	6484714	2767723
江西	134670353	78986418	71079517	7906901	5563289
山东	267712713	184541847	165401631	19140216	7832149
河南	211703624	140292466	123112052	17180415	11083331
湖北	137521613	92612074	81763450	10848624	5034890
湖南	151719146	103780848	89460529	14320320	7323211
广东	439388369	282654541	239696671	42957870	10757539
广西	135494176	87643818	75353686	12290131	8099758
海南	37440741	20792317	18965840	1826478	1033213
重庆	102543894	67946880	57417162	10529718	5346171
四川	203267967	137750693	115550564	22200129	12189918
贵州	125375251	89357145	73589019	15768126	9503325
云南	142071931	106181757	90229454	15952303	12136016
西藏	30688760	22170450	17749902	4420548	3887631
陕西	109088698	64297136	56035381	8261754	5882739
甘肃	77039192	53555910	46561458	6994452	4105085
青海	27168162	18242617	15635266	2607351	1530099
宁夏	26294164	16124081	14393322	1730759	1144365
新疆	104970281	72831134	62228333	10602801	7272216
大连	15884901	12343648	11785829	557819	159731
宁波	32539508	22059807	20298533	1761275	931880
厦门	22257461	13731510	12378984	1352526	219038
青岛	35883984	23001878	20871132	2130746	481056
深圳	112258070	53101291	40503592	12597699	2771371

(地方各级各类教育机构)

单位：千元

公用部分	商品和服务支出	其他资本性支出	专项公用支出	专项项目支出	基本建设支出
1289109435	**631232789**	**657876646**	**219963827**	**437912820**	**95466438**
38331361	29549700	8781661	6861695	1919966	5907567
13212924	8022201	5190723	2119569	3071154	1792704
56249135	25296316	30952819	8547158	22405661	2137806
30072144	15835176	14236968	6595441	7641527	1586873
24444130	11136026	13308104	4681423	8626681	1451069
22705815	15755080	6950734	3240808	3709927	949842
17912741	9761917	8150824	3468406	4682418	649790
19103231	10026712	9076519	3447403	5629116	1150321
43522845	30421215	13101630	7637231	5464399	4140768
93464506	40984664	52479841	13915003	38564838	1026784
77126330	36887067	40239263	11462682	28776581	5649478
52281521	22127399	30154122	9865580	20288542	3220801
41303083	19061248	22241835	7180651	15061185	785401
53888613	14200440	39688173	10709695	28978478	1795322
82504461	32765198	49739263	12990159	36749104	666405
68246810	33790168	34456642	10972628	23484014	3164348
44906359	18949362	25956997	6146447	19810550	3180
46382899	24644229	21738670	6267232	15471438	1555399
126145612	71059362	55086250	24939088	30147162	30588215
45456548	18387963	27068584	8786094	18282491	2393811
14884824	7259872	7624951	3191905	4433046	1763600
31414088	18379468	13034620	4394879	8639741	3182925
63341122	34200475	29140647	10749372	18391275	2176152
34691373	15101995	19589378	8251487	11337890	1326734
33896621	14941061	18955560	4234770	14720790	1993553
7529893	3375998	4153895	1582152	2571743	988417
40522874	19417304	21105570	6877292	14228279	4268688
22418969	9479316	12939653	3413167	9526486	1064313
7822524	2846704	4975820	1696521	3279299	1103021
9758953	4075528	5683425	2074221	3609204	411130
25567125	13493622	12073503	3663667	8409836	6572022
3396573	2252452	1144120	471164	672956	144681
10370421	4714412	5656008	1292937	4363071	109280
8168151	4026349	4141803	1568646	2573157	357800
12882106	4840580	8041526	1942261	6099265	
33553583	22936564	10617019	8152145	2464874	25603196

5-3 财政补助支出明细

地区	合计	个人部分	工资福利支出	对个人和家庭的补助支出	#助学金
合计	**881925378**	**476341310**	**361336197**	**115005113**	**85678760**
北京	73795810	43585485	30010910	13574575	11522091
天津	18242135	10312442	8492726	1819716	1509070
河北	27164223	14484506	10908316	3576190	2737556
山西	19286350	9189050	6854820	2334230	1751398
内蒙古	14410263	8057050	6281419	1775631	1490332
辽宁	25024212	14957230	11354178	3603052	2824453
吉林	16710463	9176234	7135834	2040399	1457986
黑龙江	22222181	13005508	9757143	3248364	2175083
上海	48192764	24367070	20690236	3676834	3242149
江苏	63084327	35228764	28001337	7227427	4798910
浙江	42518392	22724602	18557019	4167584	2714889
安徽	27629258	14782020	9864145	4917875	3132270
福建	21478710	11320480	8834547	2485932	1780530
江西	21670244	12756172	10001195	2754977	2344037
山东	50968914	29883122	23151601	6731521	4669365
河南	38354458	19100890	14196062	4904828	4219924
湖北	41715160	24599547	18490254	6109294	4263396
湖南	26933690	16650517	12805915	3844602	2842778
广东	86972608	42428601	33397395	9031207	4592896
广西	22292363	7359390	4235245	3124145	2580030
海南	6118417	2447566	1717370	730196	573392
重庆	19298316	10622168	7599391	3022777	2570266
四川	38706733	22470699	17448745	5021954	3876506
贵州	17651821	9202044	6336049	2865995	2146543
云南	17233814	10546386	8042115	2504271	2176793
西藏	3147955	1644302	1153013	491289	454079
陕西	31014345	16094192	11562053	4532139	3559840
甘肃	14031855	7371324	5217629	2153694	1665447
青海	4397681	1847766	1435251	412515	228815
宁夏	4480699	2319536	1782215	537321	389119
新疆	17177216	7806649	6022070	1784579	1388818
大连	1058186	634820	513787	121034	70259
宁波	3521195	1647952	1353913	294039	192695
厦门	2147472	740667	586902	153766	44192
青岛	3561109	454401	288241	166160	128311
深圳	25031083	7470047	6396813	1073234	591946

（高等学校）

单位：千元

公用部分	商品和服务支出	其他资本性支出			基本建设支出
			专项公用支出	专项项目支出	
369371079	**197057298**	**172313781**	**90762652**	**81551129**	**36212988**
26709676	19169575	7540102	6428508	1111593	3500648
6433119	3855270	2577849	1299856	1277993	1496574
11886997	5242269	6644728	2484171	4160557	792720
9607282	4338157	5269125	3306735	1962390	490018
5964329	2346732	3617597	1685741	1931856	388884
9369064	6860563	2508501	1991986	516515	697918
7257582	4770645	2486937	1750169	736768	276648
8435461	4031268	4404194	1879647	2524546	781212
20135657	14790986	5344671	4653184	691488	3690037
27406122	16579275	10826848	6310672	4516175	449440
18939941	8723358	10216582	4285349	5931233	853849
11596855	5632672	5964183	3291090	2673092	1250384
9959186	4924867	5034319	2150959	2883360	199043
8749251	3603659	5145592	1644202	3501390	164822
20233993	7852575	12381418	5082354	7299064	851800
18364446	9028887	9335559	5027375	4308184	889123
15656189	8272198	7383991	3545816	3838175	1459424
9696567	6433222	3263345	1882048	1381297	586606
35834569	18642441	17192128	8940366	8251762	8709437
14557291	4497780	10059511	3739571	6319940	375682
2579347	1415109	1164237	481959	682279	1091504
8177683	4991627	3186056	1949629	1236427	498465
15569031	8408781	7160250	4185078	2975172	667003
8151549	2706966	5444582	4353435	1091148	298228
6441816	3272905	3168911	1423507	1745404	245612
1251060	553548	697513	316521	380992	252593
13819516	8469881	5349635	2728661	2620974	1100637
6334748	3070548	3264199	1426246	1837954	325783
2139071	450013	1689058	769977	919082	410843
1833793	1053323	780470	543413	237058	327370
6279887	3068198	3211689	1204428	2007261	3090680
356543	145593	210950	136833	74117	66823
1862815	766472	1096343	375973	720370	10428
1406804	576813	829992	136278	693714	
3106708	79690	3027018	254677	2772341	
10676284	6525875	4150410	4042910	107499	6884752

5-4 财政补助支出明细

地区	合计				
		个人部分			
			工资福利支出	对个人和家庭的补助支出	
					#助学金
合计	**667211773**	**354400946**	**271723767**	**82677179**	**60095081**
北京	23043116	12605069	10693297	1911772	1094748
天津	10962385	6829011	5638967	1190044	977969
河北	25860546	13583287	10142065	3441221	2655120
山西	19286350	9189050	6854820	2334230	1751398
内蒙古	14410263	8057050	6281419	1775631	1490332
辽宁	18808298	10866608	8096879	2769729	2164796
吉林	11551544	5539224	4274730	1264494	1088483
黑龙江	16594293	9486607	7067487	2419120	1565712
上海	25245021	13172495	11535318	1637177	1363102
江苏	46556566	25846158	21062024	4784134	3055768
浙江	37214182	19329078	15994494	3334584	2041889
安徽	22387861	11641031	7427727	4213304	2539667
福建	17664153	8957578	7038953	1918626	1309059
江西	21670244	12756172	10001195	2754977	2344037
山东	43286766	25744857	19888317	5856540	4122632
河南	38017220	18993163	14114780	4878383	4216807
湖北	22083586	13063813	10033344	3030469	2199464
湖南	21005962	13588648	10523020	3065628	2223894
广东	74911203	36402678	28610041	7792638	3640713
广西	22292363	7359390	4235245	3124145	2580030
海南	6118417	2447566	1717370	730196	573392
重庆	14418691	7508599	5209482	2299117	2077397
四川	25712579	15650844	11946448	3704397	2921813
贵州	17650557	9200780	6336049	2864731	2145279
云南	17233814	10546386	8042115	2504271	2176793
西藏	3147955	1644302	1153013	491289	454079
陕西	17338519	8845531	6313735	2531796	2222100
甘肃	10970710	5293888	3675953	1617935	1309199
青海	4397681	1847766	1435251	412515	228815
宁夏	3705668	1823198	1363627	459571	324196
新疆	13665258	6581118	5016603	1564515	1236398
大连	1058186	634820	513787	121034	70259
宁波	3520795	1647952	1353913	294039	192695
厦门	2147472	740667	586902	153766	44192
青岛	3561109	454401	288241	166160	128311
深圳	24098657	7251963	6186827	1065136	583848

（地方高等学校）

单位：千元

公用部分					基本建设支出
	商品和服务支出	其他资本性支出			
			专项公用支出	专项项目支出	
286058910	**139740327**	**146318583**	**71603837**	**74714746**	**26751916**
9518582	6834951	2683631	2435194	248437	919465
3802417	2205303	1597114	751890	845223	330957
11507817	4990911	6516906	2394551	4122355	769443
9607282	4338157	5269125	3306735	1962390	490018
5964329	2346732	3617597	1685741	1931856	388884
7462114	5427528	2034586	1600026	434560	479576
5843074	3614009	2229065	1509108	719957	169245
6544366	2992378	3551987	1443133	2108854	563321
8892647	6468885	2423762	2243636	180126	3179878
20595910	11924857	8671053	4427292	4243761	114498
17159201	7482397	9676804	3815943	5860861	725903
9689056	4387899	5301156	2660166	2640990	1057774
8557176	3932932	4624244	1860937	2763307	149399
8749251	3603659	5145592	1644202	3501390	164822
17006618	5312855	11693763	4416852	7276911	535291
18269449	8964518	9304932	4996748	4308184	754608
9016593	3823923	5192671	2073517	3119153	3180
6950635	4228024	2722611	1376398	1346213	466679
29882622	14504013	15378609	7369817	8008792	8625902
14557291	4497780	10059511	3739571	6319940	375682
2579347	1415109	1164237	481959	682279	1091504
6538872	3680967	2857905	1623289	1234616	371220
9698662	4924892	4773770	2847176	1926595	363072
8151549	2706966	5444582	4353435	1091148	298228
6441816	3272905	3168911	1423507	1745404	245612
1251060	553548	697513	316521	380992	252593
7819206	4901149	2918057	1515916	1402141	673782
5443573	2551248	2892324	1167865	1724460	233249
2139071	450013	1689058	769977	919082	410843
1602471	904065	698405	497471	200935	280000
4816852	2497752	2319100	855263	1463837	2267288
356543	145593	210950	136833	74117	66823
1862415	766080	1096336	375965	720370	10428
1406804	576813	829992	136278	693714	
3106708	79690	3027018	254677	2772341	
9961942	6378571	3583371	3475872	107499	6884752

5-5 财政补助支出明细

地区	合计	个人部分	工资福利支出	对个人和家庭的补助支出	#助学金
合计	**872831919**	**470270914**	**355959617**	**114311297**	**85513431**
北京	72764463	42881289	29356447	13524842	11522089
天津	18016555	10114571	8306081	1808490	1507116
河北	26641075	14113691	10574363	3539328	2721535
山西	19142590	9070015	6743286	2326729	1749815
内蒙古	14314025	7997418	6225834	1771583	1490202
辽宁	24784094	14754234	11163985	3590249	2824453
吉林	16311668	8895412	6886584	2008828	1449950
黑龙江	21861329	12722344	9539966	3182378	2175083
上海	47378443	23906902	20242134	3664768	3242067
江苏	62962067	35148974	27929968	7219006	4797232
浙江	41807451	22204102	18060266	4143836	2708232
安徽	27480724	14692438	9787201	4905236	3130024
福建	21270059	11180076	8718083	2461994	1765519
江西	21356959	12544314	9819710	2724604	2317353
山东	50813636	29772719	23058940	6713779	4669365
河南	38219276	18994078	14102215	4891863	4218329
湖北	41630402	24527635	18428565	6099070	4260968
湖南	26635245	16454932	12634919	3820013	2842554
广东	86007958	41684053	32813430	8870623	4586161
广西	22100982	7288024	4178423	3109601	2571520
海南	6035854	2406209	1683092	723117	566559
重庆	19292813	10617087	7595126	3021961	2570266
四川	38135223	22249366	17246340	5003026	3876046
贵州	17475545	9104148	6264839	2839308	2128030
云南	16987659	10385686	7901797	2483890	2158540
西藏	3147955	1644302	1153013	491289	454079
陕西	30649099	15906477	11401815	4504661	3538902
甘肃	13926649	7290978	5142288	2148690	1664775
青海	4369917	1821966	1412260	409706	228815
宁夏	4480699	2319536	1782215	537321	389119
新疆	16831501	7577939	5806431	1771508	1388733
大连	953080	542907	426071	116836	70259
宁波	3362851	1544788	1255307	289480	191853
厦门	2147472	740667	586902	153766	44192
青岛	3530824	429030	265584	163446	128311
深圳	24939921	7399020	6346914	1052106	591749

（普通高等学校）

单位：千元

公用部分	商品和服务支出	其他资本性支出	专项公用支出	专项项目支出	基本建设支出
366495344	**195150626**	**171344718**	**90133528**	**81211190**	**36065661**
26382526	18894021	7488506	6382195	1106311	3500648
6413937	3836305	2577632	1299639	1277993	1488047
11734664	5127714	6606951	2452568	4154383	792720
9582558	4318471	5264087	3304149	1959938	490018
5927724	2317591	3610133	1679074	1931059	388884
9331943	6825705	2506238	1990144	516094	697918
7142931	4683324	2459606	1734095	725511	273325
8370931	3995052	4375879	1865642	2510236	768054
19781504	14453019	5328485	4636998	691488	3690037
27363653	16544855	10818798	6304672	4514125	449440
18749501	8607475	10142025	4267576	5874449	853849
11537903	5582210	5955693	3283100	2672592	1250384
9890940	4868007	5022933	2139572	2883360	199043
8647899	3566421	5081478	1610333	3471145	164746
20189117	7817472	12371645	5072582	7299064	851800
18336075	9009766	9326310	5025259	4301050	889123
15643343	8261006	7382337	3545098	3837239	1459424
9593707	6382827	3210880	1867768	1343111	586606
35614468	18490617	17123851	8910411	8213439	8709437
14437276	4466556	9970720	3727490	6243230	375682
2538141	1381175	1156966	475122	681843	1091504
8177261	4991205	3186056	1949629	1236427	498465
15218853	8321810	6897043	3929796	2967247	667003
8099636	2682586	5417049	4335309	1081741	271762
6356360	3223454	3132906	1402368	1730538	245612
1251060	553548	697513	316521	380992	252593
13653764	8347001	5306763	2698583	2608180	1088858
6309888	3054635	3255253	1418865	1836388	325783
2137107	449139	1687968	768886	919082	410843
1833793	1053323	780470	543413	237058	327370
6246882	3044336	3202545	1196670	2005875	3006680
343351	133919	209431	135735	73696	66823
1807635	749777	1057859	374770	683089	10428
1406804	576813	829992	136278	693714	
3101794	75488	3026305	253964	2772341	
10656149	6507986	4148163	4041787	106377	6884752

5-6 财政补助支出明细

地区	合计	个人部分	工资福利支出	对个人和家庭的补助支出	#助学金
合计	**658453306**	**348491176**	**266501899**	**81989277**	**59929752**
北京	22290702	12006983	10139747	1867236	1094746
天津	10736805	6631141	5452322	1178818	976015
河北	25337398	13212472	9808112	3404360	2639100
山西	19142590	9070015	6743286	2326729	1749815
内蒙古	14314025	7997418	6225834	1771583	1490202
辽宁	18568181	10663612	7906686	2756925	2164796
吉林	11152749	5258403	4025480	1232923	1080447
黑龙江	16233442	9203444	6850310	2353134	1565712
上海	24430700	12712328	11087216	1625112	1363020
江苏	46434307	25766368	20990656	4775713	3054090
浙江	36503241	18808578	15497742	3310836	2035232
安徽	22239327	11551449	7350784	4200665	2537420
福建	17455503	8817175	6922488	1894687	1294049
江西	21356959	12544314	9819710	2724604	2317353
山东	43131487	25634454	19795657	5838797	4122632
河南	37882037	18886351	14020932	4865419	4215213
湖北	21998828	12991900	9971655	3020245	2197036
湖南	20707517	13393064	10352025	3041039	2223669
广东	73946553	35658130	28026076	7632055	3633978
广西	22100982	7288024	4178423	3109601	2571520
海南	6035854	2406209	1683092	723117	566559
重庆	14413188	7503518	5205217	2298301	2077397
四川	25141069	15429512	11744042	3685469	2921353
贵州	17474282	9102884	6264839	2838045	2126767
云南	16987659	10385686	7901797	2483890	2158540
西藏	3147955	1644302	1153013	491289	454079
陕西	16973273	8657815	6153497	2504318	2201162
甘肃	10865504	5213542	3600611	1612931	1308527
青海	4369917	1821966	1412260	409706	228815
宁夏	3705668	1823198	1363627	459571	324196
新疆	13375602	6406924	4854763	1552161	1236313
大连	953080	542907	426071	116836	70259
宁波	3362451	1544788	1255307	289480	191853
厦门	2147472	740667	586902	153766	44192
青岛	3530824	429030	265584	163446	128311
深圳	24007495	7180937	6136929	1044008	583651

（地方普通高等学校）

单位：千元

公用部分	商品和服务支出	其他资本性支出			基本建设支出
			专项公用支出	专项项目支出	
283357541	**137975490**	**145382050**	**71007243**	**74374807**	**26604589**
9364254	6700176	2664078	2420924	243154	919465
3783234	2186338	1596897	751673	845223	322430
11355484	4876355	6479128	2362948	4116181	769443
9582558	4318471	5264087	3304149	1959938	490018
5927724	2317591	3610133	1679074	1931059	388884
7424994	5392670	2032323	1598184	434139	479576
5728423	3526689	2201734	1493034	708700	165923
6479835	2956163	3523672	1429129	2094544	550163
8538494	6130918	2407576	2227450	180126	3179878
20553440	11890437	8663003	4421292	4241711	114498
16968761	7366514	9602247	3798170	5804077	725903
9630104	4337437	5292666	2652176	2640490	1057774
8488929	3876072	4612857	1849550	2763307	149399
8647899	3566421	5081478	1610333	3471145	164746
16961743	5277752	11683991	4407080	7276911	535291
18241079	8945396	9295683	4994632	4301050	754608
9003747	3812730	5191017	2072799	3118217	3180
6847775	4177629	2670146	1362118	1308028	466679
29662521	14352189	15310332	7339863	7970469	8625902
14437276	4466556	9970720	3727490	6243230	375682
2538141	1381175	1156966	475122	681843	1091504
6538450	3680545	2857905	1623289	1234616	371220
9348484	4837921	4510563	2591894	1918669	363072
8099636	2682586	5417049	4335309	1081741	271762
6356360	3223454	3132906	1402368	1730538	245612
1251060	553548	697513	316521	380992	252593
7653454	4778269	2875186	1485838	1389347	662004
5418713	2535335	2883378	1160484	1722894	233249
2137107	449139	1687968	768886	919082	410843
1602471	904065	698405	497471	200935	280000
4785390	2474946	2310444	847993	1462451	2183288
343351	133919	209431	135735	73696	66823
1807235	749384	1057851	374763	683089	10428
1406804	576813	829992	136278	693714	
3101794	75488	3026305	253964	2772341	
9941807	6360682	3581125	3474748	106377	6884752

5-7 财政补助支出明细

地区	合计	个人部分	工资福利支出	对个人和家庭的补助支出	#助学金
合计	**666288564**	**364683149**	**277029612**	**87653537**	**64686910**
北京	69094343	40716023	27405955	13310067	11404201
天津	15212583	8185999	6722865	1463135	1225764
河北	18223069	10820723	8085931	2734792	2051760
山西	14865082	6576071	4902196	1673876	1206907
内蒙古	9397138	5458422	4259226	1199196	1000259
辽宁	20299722	12275725	9440530	2835195	2160695
吉林	13258029	7617713	5974022	1643690	1117291
黑龙江	17981268	10392114	8006606	2385508	1615707
上海	45307989	22908694	19368723	3539971	3150820
江苏	47977716	26699406	20724390	5975016	4022201
浙江	32231028	16850243	13370522	3479721	2234032
安徽	18749348	10562983	7281322	3281661	1898035
福建	15708157	8655677	6772020	1883657	1273399
江西	14482872	8467394	6683217	1784178	1481478
山东	35236029	21108571	16518541	4590031	3032357
河南	24053221	11868082	9075240	2792842	2428396
湖北	33799124	20194048	15105877	5088171	3571021
湖南	17700115	10931254	8312118	2619136	1961709
广东	65178875	30578563	24000535	6578028	3338474
广西	13060384	4993158	2936688	2056471	1666744
海南	4726780	1884803	1367491	517312	404658
重庆	13240609	7928365	5947607	1980758	1606495
四川	28766433	17296101	13779815	3516286	2745021
贵州	10725439	5942208	4207087	1735121	1211888
云南	12141453	7587833	6002083	1585750	1375699
西藏	2516011	1215707	897080	318627	290450
陕西	25223930	13315440	9626068	3689372	2799622
甘肃	9573183	5387094	3940146	1446947	1032674
青海	3079238	1386142	1079262	306880	158815
宁夏	3221294	1685406	1291277	394129	272709
新疆	11258103	5193185	3945175	1248011	947629
大连	689430	366676	297141	69535	28146
宁波	2187973	970674	737833	232841	146700
厦门	1613164	542567	428377	114190	21839
青岛	2724725	157373	63017	94356	85687
深圳	20633757	5461474	4661426	800048	484257

(普通高等本科学校)

单位：千元

公用部分	商品和服务支出	其他资本性支出	专项公用支出	专项项目支出	基本建设支出
270360780	**157594529**	**112766251**	**62984750**	**49781501**	**31244635**
24962819	17994271	6968549	6021680	946868	3415501
5546537	3379273	2167265	953579	1213686	1480047
6909200	3727372	3181828	1546797	1635031	493145
7828256	3167076	4661180	2847836	1813344	460755
3771731	1585854	2185877	1027620	1158257	166985
7381303	5719673	1661630	1328772	332857	642695
5424142	3980923	1443219	1121390	321829	216174
6956900	3265015	3691884	1317906	2373978	632255
18893068	13822640	5070427	4479462	590965	3506228
20840404	13139198	7701205	4703063	2998142	437906
14749966	6715369	8034597	3077658	4956939	630819
7441514	4010050	3431464	2022331	1409133	744852
6931751	3725758	3205993	1487415	1718578	120729
5889949	2498326	3391623	987572	2404051	125528
13506617	6144940	7361677	3501427	3860250	620840
11412474	6684656	4727819	2587568	2140250	772664
12148833	7076880	5071953	2685845	2386109	1456243
6283325	4763925	1519400	997591	521809	485536
26645880	14927929	11717951	6226147	5491804	7954432
7782054	3007360	4774694	1498825	3275869	285171
1750472	1037609	712863	318234	394629	1091504
5061298	3523621	1537677	1049037	488639	250946
10898816	6348920	4549895	2605576	1944319	571516
4614323	1593134	3021189	2833171	188017	168908
4373948	2399610	1974338	1011251	963087	179672
1057027	470610	586416	224852	361564	243277
10967764	7166631	3801133	2198621	1602512	940726
3870735	2435682	1435053	784918	650135	315354
1579464	330575	1248889	375599	873290	113632
1288518	778994	509525	369362	140163	247370
3591695	2172656	1419039	793643	625396	2473223
255932	78244	177688	103992	73696	66823
1206871	522524	684346	220509	463837	10428
1070597	340412	730185	107959	622227	
2567352	9046	2558307	139685	2418622	
8938648	5511955	3426693	3320317	106377	6233634

5-8 财政补助支出明细

地 区	合 计	个人部分	工资福利支出	对个人和家庭的补助支出	#助学金
合 计	**454185179**	**243621771**	**188136550**	**55485221**	**39222869**
北 京	18858742	9920439	8257102	1663337	984898
天 津	7932833	4702568	3869105	833463	694663
河 北	16919391	9919504	7319680	2599823	1969324
山 西	14865082	6576071	4902196	1673876	1206907
内蒙古	9397138	5458422	4259226	1199196	1000259
辽 宁	14083809	8185103	6183231	2001872	1501038
吉 林	8099110	3980704	3112918	867785	747788
黑龙江	12417799	6926773	5355672	1571101	1012743
上 海	22473187	11771868	10265509	1506359	1277726
江 苏	31449955	17316800	13785077	3531723	2279059
浙 江	26926818	13454719	10807998	2646721	1561032
安 徽	13507951	7421995	4844904	2577090	1305432
福 建	11893601	6292776	4976425	1316350	801929
江 西	14482872	8467394	6683217	1784178	1481478
山 东	27553880	16970306	13255257	3715049	2485623
河 南	23715982	11760355	8993957	2766398	2425279
湖 北	14257043	8725870	6670584	2055287	1541066
湖 南	11828676	7898711	6058549	1840162	1342824
广 东	53507661	24669318	19321090	5348228	2394744
广 西	13060384	4993158	2936688	2056471	1666744
海 南	4726780	1884803	1367491	517312	404658
重 庆	8462216	4849803	3580692	1269111	1125321
四 川	15942574	10587404	8366851	2220553	1810534
贵 州	10724175	5940944	4207087	1733858	1210624
云 南	12141453	7587833	6002083	1585750	1375699
西 藏	2516011	1215707	897080	318627	290450
陕 西	11548104	6066779	4377749	1689029	1461882
甘 肃	6512037	3309658	2398470	911188	676426
青 海	3079238	1386142	1079262	306880	158815
宁 夏	2446264	1189068	872689	316379	207786
新 疆	8854412	4190775	3128711	1062064	820117
大 连	689430	366676	297141	69535	28146
宁 波	2187573	970674	737833	232841	146700
厦 门	1613164	542567	428377	114190	21839
青 岛	2724725	157373	63017	94356	85687
深 圳	19701331	5243391	4451441	791950	476159

(地方普通高等本科学校)

单位：千元

公用部分	商品和服务支出	其他资本性支出	专项公用支出	专项项目支出	基本建设支出
188610545	**100807296**	**87803249**	**44053689**	**43749560**	**21952863**
8103985	5846925	2257059	2070095	186965	834318
2915835	1729306	1186529	405614	780915	314430
6530019	3476014	3054006	1457177	1596829	469868
7828256	3167076	4661180	2847836	1813344	460755
3771731	1585854	2185877	1027620	1158257	166985
5474353	4286638	1187715	936813	250902	424353
4009634	2824288	1185346	880329	305018	108772
5076663	2232227	2844436	885550	1958887	414363
7705250	5528150	2177100	2074617	102483	2996069
14030191	8484780	5545411	2819683	2725728	102964
12969226	5474407	7494819	2608252	4886567	502872
5533714	2765277	2768438	1391407	1377031	552242
5529740	2733823	2795918	1197393	1598524	71085
5889949	2498326	3391623	987572	2404051	125528
10279242	3605220	6674022	2835925	3838097	304332
11317478	6620286	4697192	2556941	2140250	638149
5531173	2649276	2881897	1213817	1668080	
3564357	2581601	982756	496031	486726	365608
20965304	10846569	10118735	4694901	5423834	7873039
7782054	3007360	4774694	1498825	3275869	285171
1750472	1037609	712863	318234	394629	1091504
3488712	2279186	1209526	722697	486829	123701
5087585	2921613	2165972	1270231	895741	267585
4614323	1593134	3021189	2833171	188017	168908
4373948	2399610	1974338	1011251	963087	179672
1057027	470610	586416	224852	361564	243277
4967454	3597899	1369555	985876	383679	513871
2979560	1916382	1063178	526537	536641	222820
1579464	330575	1248889	375599	873290	113632
1057196	629736	427459	323420	104039	200000
2846649	1687538	1159111	575425	583686	1816988
255932	78244	177688	103992	73696	66823
1206471	522132	684339	220502	463837	10428
1070597	340412	730185	107959	622227	
2567352	9046	2558307	139685	2418622	
8224306	5364651	2859655	2753278	106377	6233634

5-9 财政补助支出明细

地区	合计	个人部分			
			工资福利支出	对个人和家庭的补助支出	
					#助学金
合计	**206543355**	**105587765**	**78930005**	**26657760**	**20826521**
北京	3670120	2165266	1950492	214774	117888
天津	2803972	1928572	1583217	345355	281352
河北	8418007	3292968	2488432	804536	669776
山西	4277508	2493943	1841090	652853	542908
内蒙古	4916887	2538996	1966608	572387	489943
辽宁	4484372	2478509	1723455	755054	663758
吉林	3053639	1277699	912561	365138	332659
黑龙江	3880061	2330230	1533360	796870	559376
上海	2070454	998209	873411	124797	91247
江苏	14984351	8449568	7205578	1243989	775031
浙江	9576423	5353858	4689744	664114	474201
安徽	8731376	4129455	2505879	1623575	1231988
福建	5561902	2524399	1946063	578337	492120
江西	6874088	4076920	3136493	940426	835875
山东	15577608	8664148	6540400	2123748	1637008
河南	14166055	7125996	5026975	2099021	1789933
湖北	7831278	4333588	3322688	1010900	689948
湖南	8935130	5523678	4322802	1200877	880845
广东	20829083	11105490	8812895	2292595	1247686
广西	9040598	2294865	1241735	1053130	904777
海南	1309075	521406	315601	205804	161900
重庆	6052204	2688722	1647519	1041203	963772
四川	9368789	4953265	3466525	1486740	1131025
贵州	6750107	3161940	2057753	1104187	916143
云南	4846205	2797853	1899714	898139	782841
西藏	631945	428595	255933	172662	163628
陕西	5425169	2591037	1775748	815289	739280
甘肃	4353466	1903884	1202141	701743	632101
青海	1290679	435824	332998	102826	70000
宁夏	1259405	634130	490938	143192	116411
新疆	5573398	2384754	1861256	523498	441103
大连	263650	176231	128930	47301	42113
宁波	1174878	574113	517474	56639	45153
厦门	534308	198101	158525	39576	22352
青岛	806098	271657	202567	69090	42624
深圳	4306164	1937546	1685489	252058	107492

(普通高职高专学校)

单位：千元

公用部分	商品和服务支出	其他资本性支出	其他资本性支出：专项公用支出	其他资本性支出：专项项目支出	基本建设支出
96134564	**37556097**	**58578466**	**27148778**	**31429689**	**4821026**
1419707	899750	519957	360515	159442	85147
867400	457032	410367	346060	64308	8000
4825464	1400341	3425123	905771	2519352	299574
1754302	1151395	602907	456313	146594	29263
2155993	731738	1424255	651453	772802	221899
1950640	1106032	844609	661372	183237	55223
1718789	702401	1016387	612705	403682	57151
1414032	730037	683994	547737	136258	135799
888436	630378	258058	157535	100523	183809
6523249	3405657	3117592	1601609	1515983	11534
3999535	1892107	2107428	1189918	917510	223030
4096389	1572161	2524229	1260770	1263459	505532
2959189	1142249	1816940	652157	1164783	78314
2757950	1068094	1689855	622761	1067094	39218
6682501	1672532	5009969	1571155	3438814	230959
6923601	2325110	4598491	2437691	2160800	116458
3494510	1184126	2310384	859253	1451131	3180
3310382	1618902	1691479	870177	821302	101071
8968588	3562688	5405900	2684265	2721635	755005
6655222	1459196	5196026	2228664	2967362	90511
787669	343566	444103	156888	287215	
3115963	1467584	1648379	900592	747787	247519
4320038	1972890	2347148	1324219	1022928	95487
3485313	1089452	2395861	1502137	893723	102854
1982412	823844	1158568	391117	767451	65940
194034	82938	111096	91669	19427	9316
2686000	1180370	1505631	499962	1005668	148132
2439153	618953	1820199	633947	1186252	10430
557643	118564	439079	393287	45792	297211
545275	274329	270946	174051	96895	80000
2655187	871680	1783506	403028	1380479	533458
87419	55675	31744	31744		
600765	227252	373512	154261	219251	
336207	236401	99806	28319	71487	
534441	66443	467999	114279	353719	
1717501	996031	721470	721470		651117

5-10 财政补助支出明细

地区	合计	个人部分	工资福利支出	对个人和家庭的补助支出	#助学金
合计	**204268127**	**104869405**	**78365349**	**26504056**	**20706883**
北京	3431960	2086543	1882645	203899	109848
天津	2803972	1928572	1583217	345355	281352
河北	8418007	3292968	2488432	804536	669776
山西	4277508	2493943	1841090	652853	542908
内蒙古	4916887	2538996	1966608	572387	489943
辽宁	4484372	2478509	1723455	755054	663758
吉林	3053639	1277699	912561	365138	332659
黑龙江	3815643	2276671	1494638	782032	552969
上海	1957513	940460	821707	118753	85294
江苏	14984351	8449568	7205578	1243989	775031
浙江	9576423	5353858	4689744	664114	474201
安徽	8731376	4129455	2505879	1623575	1231988
福建	5561902	2524399	1946063	578337	492120
江西	6874088	4076920	3136493	940426	835875
山东	15577608	8664148	6540400	2123748	1637008
河南	14166055	7125996	5026975	2099021	1789933
湖北	7741785	4266030	3301072	964958	655970
湖南	8878841	5494353	4293476	1200877	880845
广东	20438892	10988813	8704986	2283827	1239234
广西	9040598	2294865	1241735	1053130	904777
海南	1309075	521406	315601	205804	161900
重庆	5950972	2653715	1624524	1029190	952076
四川	9198494	4842108	3377192	1464916	1110819
贵州	6750107	3161940	2057753	1104187	916143
云南	4846205	2797853	1899714	898139	782841
西藏	631945	428595	255933	172662	163628
陕西	5425169	2591037	1775748	815289	739280
甘肃	4353466	1903884	1202141	701743	632101
青海	1290679	435824	332998	102826	70000
宁夏	1259405	634130	490938	143192	116411
新疆	4521190	2216149	1726052	490096	416196
大连	263650	176231	128930	47301	42113
宁波	1174878	574113	517474	56639	45153
厦门	534308	198101	158525	39576	22352
青岛	806098	271657	202567	69090	42624
深圳	4306164	1937546	1685489	252058	107492

(地方普通高职高专学校)

单位：千元

公用部分	商品和服务支出	其他资本性支出			基本建设支出
			专项公用支出	专项项目支出	
94746996	**37168195**	**57578801**	**26953554**	**30625247**	**4651726**
1260269	853251	407019	350829	56190	85147
867400	457032	410367	346060	64308	8000
4825464	1400341	3425123	905771	2519352	299574
1754302	1151395	602907	456313	146594	29263
2155993	731738	1424255	651453	772802	221899
1950640	1106032	844609	661372	183237	55223
1718789	702401	1016387	612705	403682	57151
1403172	723937	679236	543579	135657	135799
833244	602768	230476	152833	77643	183809
6523249	3405657	3117592	1601609	1515983	11534
3999535	1892107	2107428	1189918	917510	223030
4096389	1572161	2524229	1260770	1263459	505532
2959189	1142249	1816940	652157	1164783	78314
2757950	1068094	1689855	622761	1067094	39218
6682501	1672532	5009969	1571155	3438814	230959
6923601	2325110	4598491	2437691	2160800	116458
3472574	1163454	2309120	858983	1450137	3180
3283418	1596028	1687389	866087	821302	101071
8697217	3505620	5191597	2644962	2546635	752863
6655222	1459196	5196026	2228664	2967362	90511
787669	343566	444103	156888	287215	
3049739	1401359	1648379	900592	747787	247519
4260899	1916308	2344591	1321663	1022928	95487
3485313	1089452	2395861	1502137	893723	102854
1982412	823844	1158568	391117	767451	65940
194034	82938	111096	91669	19427	9316
2686000	1180370	1505631	499962	1005668	148132
2439153	618953	1820199	633947	1186252	10430
557643	118564	439079	393287	45792	297211
545275	274329	270946	174051	96895	80000
1938741	787408	1151334	272569	878765	366300
87419	55675	31744	31744		
600765	227252	373512	154261	219251	
336207	236401	99806	28319	71487	
534441	66443	467999	114279	353719	
1717501	996031	721470	721470		651117

5-11 财政补助支出明细

地区	合计	个人部分	工资福利支出	对个人和家庭的补助支出	#助学金
合计	**9093459**	**6070396**	**5376581**	**693816**	**165329**
北京	1031346	704196	654463	49733	2
天津	225580	197871	186645	11226	1953
河北	523148	370815	333953	36862	16020
山西	143759	119035	111534	7501	1583
内蒙古	96238	59632	55585	4048	130
辽宁	240117	202997	190193	12804	
吉林	398795	280822	249251	31571	8036
黑龙江	360852	283163	217177	65986	
上海	814321	460168	448102	12066	82
江苏	122260	79790	71369	8421	1678
浙江	710941	520501	496753	23748	6657
安徽	148534	89582	76944	12638	2247
福建	208650	140403	116465	23939	15011
江西	313285	211858	181485	30373	26684
山东	155278	110403	92660	17743	
河南	135183	106812	93847	12965	1595
湖北	84758	71912	61689	10223	2428
湖南	298445	195585	170996	24589	224
广东	964650	744548	583965	160583	6735
广西	191381	71366	56822	14545	8510
海南	82563	41357	34277	7080	6834
重庆	5503	5081	4265	816	
四川	571511	221333	202405	18928	460
贵州	176275	97896	71210	26686	18512
云南	246155	160700	140318	20382	18253
西藏					
陕西	365246	187716	160238	27478	20938
甘肃	105206	80346	75342	5004	672
青海	27764	25800	22991	2809	
宁夏					
新疆	345715	228710	215639	13071	85
大连	105106	91914	87716	4198	
宁波	158344	103164	98605	4559	842
厦门					
青岛	30285	25371	22657	2714	
深圳	91161	71026	49898	21128	197

(成人高等学校)

单位：千元

公用部分	商品和服务支出	其他资本性支出	专项公用支出	专项项目支出	基本建设支出
2875735	**1906672**	**969063**	**629125**	**339939**	**147327**
327150	275554	51596	46313	5283	
19182	18966	217	217		8527
152333	114556	37777	31603	6174	
24724	19686	5038	2585	2453	
36606	29141	7465	6668	797	
37121	34858	2263	1842	421	
114651	87320	27331	16074	11257	3323
64530	36215	28315	14005	14310	13158
354153	337967	16186	16186		
42470	34420	8050	6000	2050	
190440	115883	74557	17773	56784	
58952	50462	8490	7990	500	
68247	56860	11387	11387		
101352	37238	64113	33869	30245	75
44875	35103	9772	9772		
28371	19122	9249	2115	7134	
12846	11192	1654	718	936	
102860	50394	52466	14280	38186	
220102	151824	68277	29954	38323	
120015	31224	88791	12082	76709	
41206	33934	7272	6836	435	
422	422				
350178	86971	263207	255282	7925	
51913	24380	27533	18126	9407	26466
85455	49450	36005	21139	14866	
165752	122880	42872	30078	12793	11778
24860	15913	8946	7380	1566	
1965	874	1091	1091		
33006	23862	9143	7758	1386	84000
13192	11673	1519	1098	421	
55180	16695	38484	1203	37282	
4914	4202	713	713		
20135	17889	2246	1123	1123	

5-12 财政补助支出明细

地区	合计	个人部分	工资福利支出	对个人和家庭的补助支出	#助学金
合计	**8758467**	**5909770**	**5221868**	**687903**	**165329**
北京	752414	598086	553550	44536	2
天津	225580	197871	186645	11226	1953
河北	523148	370815	333953	36862	16020
山西	143759	119035	111534	7501	1583
内蒙古	96238	59632	55585	4048	130
辽宁	240117	202997	190193	12804	
吉林	398795	280822	249251	31571	8036
黑龙江	360852	283163	217177	65986	
上海	814321	460168	448102	12066	82
江苏	122260	79790	71369	8421	1678
浙江	710941	520501	496753	23748	6657
安徽	148534	89582	76944	12638	2247
福建	208650	140403	116465	23939	15011
江西	313285	211858	181485	30373	26684
山东	155278	110403	92660	17743	
河南	135183	106812	93847	12965	1595
湖北	84758	71912	61689	10223	2428
湖南	298445	195585	170996	24589	224
广东	964650	744548	583965	160583	6735
广西	191381	71366	56822	14545	8510
海南	82563	41357	34277	7080	6834
重庆	5503	5081	4265	816	
四川	571511	221333	202405	18928	460
贵州	176275	97896	71210	26686	18512
云南	246155	160700	140318	20382	18253
西藏					
陕西	365246	187716	160238	27478	20938
甘肃	105206	80346	75342	5004	672
青海	27764	25800	22991	2809	
宁夏					
新疆	289656	174194	161839	12354	85
大连	105106	91914	87716	4198	
宁波	158344	103164	98605	4559	842
厦门					
青岛	30285	25371	22657	2714	
深圳	91161	71026	49898	21128	197

(地方成人高等学校)

单位：千元

公用部分	商品和服务支出	其他资本性支出			基本建设支出
			专项公用支出	专项项目支出	
2701370	**1764837**	**936533**	**596594**	**339939**	**147327**
154328	134775	19553	14271	5283	
19182	18966	217	217		8527
152333	114556	37777	31603	6174	
24724	19686	5038	2585	2453	
36606	29141	7465	6668	797	
37121	34858	2263	1842	421	
114651	87320	27331	16074	11257	3323
64530	36215	28315	14005	14310	13158
354153	337967	16186	16186		
42470	34420	8050	6000	2050	
190440	115883	74557	17773	56784	
58952	50462	8490	7990	500	
68247	56860	11387	11387		
101352	37238	64113	33869	30245	75
44875	35103	9772	9772		
28371	19122	9249	2115	7134	
12846	11192	1654	718	936	
102860	50394	52466	14280	38186	
220102	151824	68277	29954	38323	
120015	31224	88791	12082	76709	
41206	33934	7272	6836	435	
422	422				
350178	86971	263207	255282	7925	
51913	24380	27533	18126	9407	26466
85455	49450	36005	21139	14866	
165752	122880	42872	30078	12793	11778
24860	15913	8946	7380	1566	
1965	874	1091	1091		
31462	22807	8655	7270	1386	84000
13192	11673	1519	1098	421	
55180	16695	38484	1203	37282	
4914	4202	713	713		
20135	17889	2246	1123	1123	

5-13 财政补助支出明细

地区	合计	个人部分	工资福利支出	对个人和家庭的补助支出	#助学金
合计	**261091990**	**145849220**	**125773882**	**20075338**	**10960787**
北京	5755843	3814112	3514038	300075	66398
天津	2378161	1883137	1756584	126553	45320
河北	12580468	7512285	6768243	744042	358163
山西	6576763	3437708	3072985	364723	222678
内蒙古	4491787	2615280	2230788	384493	305168
辽宁	5117361	3435469	2994813	440656	176756
吉林	3861415	2479927	2312487	167441	77354
黑龙江	4116364	2965620	2346714	618905	135462
上海	6505312	3399162	3126517	272644	197491
江苏	21600178	13185355	12146135	1039219	260014
浙江	18926980	10850501	10282509	567992	253522
安徽	10491220	4507697	3433601	1074096	563323
福建	8112917	4278147	3974990	303158	96145
江西	6763670	2892479	2285758	606721	503974
山东	21885456	11196590	10023710	1172879	391173
河南	12388831	6774500	5872752	901749	588810
湖北	8176403	4419301	3737849	681452	397903
湖南	9299635	5170043	4309920	860124	579422
广东	27587164	17331342	14905813	2425530	507676
广西	7849124	3825246	3221417	603829	429874
海南	1951937	1034491	907799	126692	111492
重庆	7105615	3699351	2862045	837305	579301
四川	12298180	6463812	5115407	1348405	862729
贵州	5413667	2843149	2016774	826375	700355
云南	9060738	5030841	3911304	1119537	908580
西藏	1461716	922416	732707	189709	166147
陕西	4761657	2846493	2369834	476659	363299
甘肃	4373337	2320721	1977629	343092	246098
青海	1196004	637649	472783	164866	122031
宁夏	1362705	609954	516640	93314	75416
新疆	7641384	3466440	2573334	893105	668715
大连	1081019	769801	694090	75711	46164
宁波	3117054	2006763	1920440	86323	36211
厦门	1878139	929557	827441	102115	16307
青岛	3996846	2038301	1822764	215537	22481
深圳	2894132	1741775	1314583	427192	74866

(中等职业学校)

单位：千元

公用部分	商品和服务支出	其他资本性支出	专项公用支出	专项项目支出	基本建设支出
110639071	**47290020**	**63349051**	**21401566**	**41947485**	**4603700**
1839877	1339229	500648	378616	122032	101854
495024	360198	134826	115806	19019	
4979090	2274913	2704177	1043468	1660709	89093
3093762	1346725	1747037	666296	1080740	45293
1606371	786987	819385	430287	389098	270135
1605342	1193418	411923	196732	215191	76550
1339458	639417	700042	298522	401519	42029
1137276	658841	478434	279085	199349	13469
3106150	2304844	801307	458230	343076	
8376687	2967062	5409625	1282050	4127576	38136
6888268	3121283	3766985	1070917	2696069	1188210
5783103	2176054	3607049	877540	2729509	200419
3715959	1471974	2243985	744075	1499910	118811
3753843	913592	2840251	927465	1912786	117349
10644957	3642320	7002638	1642011	5360627	43909
5453115	2553776	2899339	1255144	1644195	161215
3757102	1266137	2490965	679893	1811072	
4076334	2047757	2028577	616028	1412549	53258
10167922	4880597	5287324	2818060	2469264	87899
3731270	1487459	2243811	1123074	1120738	292608
897284	495610	401673	300776	100897	20161
3035675	1632295	1403380	401967	1001413	370590
5781730	2089070	3692661	831689	2860971	52638
2431353	1021789	1409564	295940	1113624	139165
3721336	1246952	2474384	542756	1931629	308560
531251	167341	363911	300656	63255	8049
1868694	800267	1068428	319363	749064	46470
1887826	517562	1370264	305523	1064740	164790
532270	200721	331548	191244	140304	26085
752661	274586	478075	292005	186070	90
3648079	1411244	2236835	716346	1520489	526865
305159	245481	59677	19316	40361	6060
1109397	593922	515475	184259	331216	893
840411	422995	417416	108772	308644	108172
1958545	595702	1362843	365518	997326	
1117928	816518	301410	256396	45014	34429

5-14 财政补助支出明细

地区	合计	个人部分	工资福利支出	对个人和家庭的补助支出	#助学金
合计	**260031483**	**145407507**	**125414823**	**19992684**	**10920080**
北京	5647580	3745369	3447437	297933	66386
天津	2377446	1882422	1756226	126196	44964
河北	12575360	7507177	6763135	744042	358163
山西	6576763	3437708	3072985	364723	222678
内蒙古	4491787	2615280	2230788	384493	305168
辽宁	5117361	3435469	2994813	440656	176756
吉林	3861415	2479927	2312487	167441	77354
黑龙江	4031127	2903240	2292358	610882	135298
上海	6503082	3396932	3124287	272644	197491
江苏	21591273	13183410	12144287	1039123	259918
浙江	18926980	10850501	10282509	567992	253522
安徽	10491220	4507697	3433601	1074096	563323
福建	8112917	4278147	3974990	303158	96145
江西	6763510	2892428	2285758	606670	503924
山东	21885456	11196590	10023710	1172879	391173
河南	12369654	6756380	5854814	901567	588628
湖北	8171762	4414660	3737849	676811	396601
湖南	9299635	5170043	4309920	860124	579422
广东	27539558	17300224	14881865	2418359	506730
广西	7849124	3825246	3221417	603829	429874
海南	1951937	1034491	907799	126692	111492
重庆	7105615	3699351	2862045	837305	579301
四川	12273925	6446419	5108713	1337706	852030
贵州	5413667	2843149	2016774	826375	700355
云南	9060738	5030841	3911304	1119537	908580
西藏	1461716	922416	732707	189709	166147
陕西	4761446	2846281	2369834	476447	363087
甘肃	4373337	2320721	1977629	343092	246098
青海	1196004	637649	472783	164866	122031
宁夏	1362705	609954	516640	93314	75416
新疆	6887386	3237382	2393358	844023	642028
大连	1081019	769801	694090	75711	46164
宁波	3117054	2006763	1920440	86323	36211
厦门	1878139	929557	827441	102115	16307
青岛	3996846	2038301	1822764	215537	22481
深圳	2894132	1741775	1314583	427192	74866

(地方中等职业学校)

单位：千元

公用部分	商品和服务支出	其他资本性支出			基本建设支出
			专项公用支出	专项项目支出	
110172354	**47098181**	**63074172**	**21164257**	**41909915**	**4451623**
1800357	1301433	498924	376892	122032	101854
495024	360198	134826	115806	19019	
4979090	2274913	2704177	1043468	1660709	89093
3093762	1346725	1747037	666296	1080740	45293
1606371	786987	819385	430287	389098	270135
1605342	1193418	411923	196732	215191	76550
1339458	639417	700042	298522	401519	42029
1114419	647705	466714	277065	189648	13469
3106150	2304844	801307	458230	343076	
8369727	2960102	5409625	1282050	4127576	38136
6888268	3121283	3766985	1070917	2696069	1188210
5783103	2176054	3607049	877540	2729509	200419
3715959	1471974	2243985	744075	1499910	118811
3753734	913483	2840251	927465	1912786	117349
10644957	3642320	7002638	1642011	5360627	43909
5452058	2552719	2899339	1255144	1644195	161215
3757102	1266137	2490965	679893	1811072	
4076334	2047757	2028577	616028	1412549	53258
10151434	4865596	5285838	2816574	2469264	87899
3731270	1487459	2243811	1123074	1120738	292608
897284	495610	401673	300776	100897	20161
3035675	1632295	1403380	401967	1001413	370590
5774868	2084785	3690083	829118	2860965	52638
2431353	1021789	1409564	295940	1113624	139165
3721336	1246952	2474384	542756	1931629	308560
531251	167341	363911	300656	63255	8049
1868694	800267	1068428	319363	749064	46470
1887826	517562	1370264	305523	1064740	164790
532270	200721	331548	191244	140304	26085
752661	274586	478075	292005	186070	90
3275215	1295750	1979465	486839	1492626	374789
305159	245481	59677	19316	40361	6060
1109397	593922	515475	184259	331216	893
840411	422995	417416	108772	308644	108172
1958545	595702	1362843	365518	997326	
1117928	816518	301410	256396	45014	34429

5-15 财政补助支出明细

地区	合计	个人部分	工资福利支出	对个人和家庭的补助支出	#助学金
合计	**122907893**	**67346520**	**57333130**	**10013390**	**5666879**
北京	2226970	1336112	1248627	87485	36054
天津	1381756	1062522	996204	66318	30801
河北	3499213	2042826	1754270	288556	169432
山西	2424545	1345378	1199246	146132	96327
内蒙古	1759003	919306	755150	164156	135342
辽宁	2877204	1938012	1637434	300578	102627
吉林	1258114	794792	735062	59730	36495
黑龙江	994557	679247	492797	186450	93974
上海	3893575	1999307	1829816	169491	130378
江苏	15970848	9795032	9021511	773521	170782
浙江	3493414	1832201	1704025	128176	79541
安徽	9347894	4170942	3216915	954027	473814
福建	6503670	3439696	3186378	253318	82662
江西	4141738	1960631	1605960	354670	274796
山东	10297803	5184959	4584629	600330	260844
河南	4550200	2482739	2031917	450821	318127
湖北	5451700	2993398	2552007	441391	273059
湖南	1617183	796174	659443	136731	95422
广东	12403858	7646389	6487522	1158867	298365
广西	5754396	2823731	2369671	454060	315494
海南	1184530	595735	526111	69624	66052
重庆	1130372	467464	316201	151262	123901
四川	3219276	1969391	1525774	443618	294512
贵州	2144031	1001064	701900	299164	242951
云南	3787119	1972604	1429075	543529	463960
西藏	1296523	898829	712277	186552	162990
陕西	788760	501735	426165	75571	61792
甘肃	3168338	1630121	1394654	235467	175992
青海	1191546	633730	472262	161468	118633
宁夏	510248	237851	198498	39353	27710
新疆	4639511	2194604	1561629	632976	454050
大连	598516	415671	353718	61953	39706
宁波	804994	492011	464811	27200	14891
厦门	1540449	757842	670663	87179	13476
青岛	357566	236551	205330	31221	1010
深圳	714800	443010	365174	77836	19617

(中等专业学校)

单位：千元

公用部分					基本建设支出
	商品和服务支出	其他资本性支出			
			专项公用支出	专项项目支出	
53017916	**23142366**	**29875550**	**10196473**	**19679077**	**2543457**
826712	640567	186146	158874	27272	64146
319234	225947	93287	74642	18645	
1443743	825633	618110	258897	359213	12645
1060807	474670	586137	135345	450792	18360
624128	314043	310085	217948	92137	215569
905866	651657	254208	115930	138278	33326
461449	230910	230539	82374	148164	1873
314064	221653	92411	72710	19701	1245
1894268	1578063	316205	243761	72444	
6160027	2158527	4001500	991652	3009848	15789
1267365	482539	784826	191369	593457	393848
4981532	2064112	2917420	836762	2080658	195419
2948686	1220631	1728055	533233	1194822	115288
2146614	653399	1493215	558986	934229	34493
5112596	1545032	3567564	747942	2819622	248
2042122	1080958	961164	560269	400895	25340
2458303	918317	1539986	459586	1080400	
821009	450607	370402	123168	247233	
4702175	2113777	2588398	933289	1655110	55294
2745962	1109354	1636609	678746	957863	184703
582581	305147	277434	203626	73808	6214
475423	256061	219362	64559	154803	187485
1222249	709295	512954	267047	245907	27636
1024547	325586	698962	155317	543645	118420
1534465	588443	946022	315952	630070	280051
389645	165389	224257	161252	63005	8049
287025	192197	94828	37698	57130	
1383704	405966	977738	203752	773986	154513
531731	200183	331548	191244	140304	26085
272306	102386	169921	68779	101142	90
2077577	931319	1146258	551764	594494	367329
182844	131128	51717	11537	40180	
312983	120368	192615	55274	137341	
674435	373602	300833	66416	234417	108172
121014	82045	38969	24446	14524	
241790	190310	51480	40251	11229	30000

5-16 财政补助支出明细

地区	合计				
		个人部分			
			工资福利支出	对个人和家庭的补助支出	
					#助学金
合计	**121988150**	**67010451**	**57060619**	**9949832**	**5637070**
北京	2120396	1269058	1183715	85343	36042
天津	1381756	1062522	996204	66318	30801
河北	3494105	2037718	1749162	288556	169432
山西	2424545	1345378	1199246	146132	96327
内蒙古	1759003	919306	755150	164156	135342
辽宁	2877204	1938012	1637434	300578	102627
吉林	1258114	794792	735062	59730	36495
黑龙江	994557	679247	492797	186450	93974
上海	3891345	1997077	1827586	169491	130378
江苏	15970848	9795032	9021511	773521	170782
浙江	3493414	1832201	1704025	128176	79541
安徽	9347894	4170942	3216915	954027	473814
福建	6503670	3439696	3186378	253318	82662
江西	4141578	1960580	1605960	354619	274745
山东	10297803	5184959	4584629	600330	260844
河南	4550200	2482739	2031917	450821	318127
湖北	5447059	2988757	2552007	436750	271757
湖南	1617183	796174	659443	136731	95422
广东	12356252	7615270	6463574	1151696	297419
广西	5754396	2823731	2369671	454060	315494
海南	1184530	595735	526111	69624	66052
重庆	1130372	467464	316201	151262	123901
四川	3214094	1968494	1525774	442721	293614
贵州	2144031	1001064	701900	299164	242951
云南	3787119	1972604	1429075	543529	463960
西藏	1296523	898829	712277	186552	162990
陕西	788760	501735	426165	75571	61792
甘肃	3168338	1630121	1394654	235467	175992
青海	1191546	633730	472262	161468	118633
宁夏	510248	237851	198498	39353	27710
新疆	3891270	1969635	1385316	584319	427449
大连	598516	415671	353718	61953	39706
宁波	804994	492011	464811	27200	14891
厦门	1540449	757842	670663	87179	13476
青岛	357566	236551	205330	31221	1010
深圳	714800	443010	365174	77836	19617

（地方中等专业学校）

单位：千元

公用部分					基本建设支出
	商品和服务支出	其他资本性支出	专项公用支出	专项项目支出	
52586319	**22970483**	**29615835**	**9964622**	**19651214**	**2391381**
787192	602771	184421	157149	27272	64146
319234	225947	93287	74642	18645	
1443743	825633	618110	258897	359213	12645
1060807	474670	586137	135345	450792	18360
624128	314043	310085	217948	92137	215569
905866	651657	254208	115930	138278	33326
461449	230910	230539	82374	148164	1873
314064	221653	92411	72710	19701	1245
1894268	1578063	316205	243761	72444	
6160027	2158527	4001500	991652	3009848	15789
1267365	482539	784826	191369	593457	393848
4981532	2064112	2917420	836762	2080658	195419
2948686	1220631	1728055	533233	1194822	115288
2146505	653290	1493215	558986	934229	34493
5112596	1545032	3567564	747942	2819622	248
2042122	1080958	961164	560269	400895	25340
2458303	918317	1539986	459586	1080400	
821009	450607	370402	123168	247233	
4685688	2098776	2586912	931802	1655110	55294
2745962	1109354	1636609	678746	957863	184703
582581	305147	277434	203626	73808	6214
475423	256061	219362	64559	154803	187485
1217964	705010	512954	267047	245907	27636
1024547	325586	698962	155317	543645	118420
1534465	588443	946022	315952	630070	280051
389645	165389	224257	161252	63005	8049
287025	192197	94828	37698	57130	
1383704	405966	977738	203752	773986	154513
531731	200183	331548	191244	140304	26085
272306	102386	169921	68779	101142	90
1706382	816627	889755	323123	566631	215253
182844	131128	51717	11537	40180	
312983	120368	192615	55274	137341	
674435	373602	300833	66416	234417	108172
121014	82045	38969	24446	14524	
241790	190310	51480	40251	11229	30000

5-17 财政补助支出明细

地区	合计	个人部分	工资福利支出	对个人和家庭的补助支出	#助学金
合计	**95993314**	**54135974**	**47178988**	**6956986**	**3897179**
北京	2018369	1612441	1450850	161592	10565
天津	585216	472460	440538	31921	3948
河北	7082621	3937359	3611058	326300	166544
山西	3326767	1632391	1494892	137499	95060
内蒙古	2512305	1500137	1291247	208891	167527
辽宁	1791005	1234173	1122420	111753	58747
吉林	1642700	952649	895958	56691	31732
黑龙江	1676837	1166795	922781	244015	36487
上海	2223690	1220536	1128413	92123	61507
江苏	3583263	2239398	2086200	153198	49207
浙江	13231744	7825938	7449273	376665	152728
安徽	440320	183846	85012	98834	77486
福建	589646	251604	239125	12479	5699
江西	2012546	600177	407296	192881	177463
山东	7584648	3709090	3355809	353281	66845
河南	4631529	2726134	2430642	295491	212239
湖北	1774290	1180499	974652	205847	112572
湖南	6667884	3747655	3097813	649842	443522
广东	6340098	4432976	3805297	627679	74253
广西	106206	64053	52442	11610	5865
海南	473161	276866	231592	45274	35720
重庆	4527426	2437361	1945982	491379	344250
四川	8043397	3804212	3106601	697610	416095
贵州	2679473	1598259	1254026	344232	280807
云南	3668799	2049516	1644714	404801	320960
西藏					
陕西	2991828	1661658	1371510	290148	207373
甘肃	1029524	577674	484168	93506	67183
青海	4458	3919	521	3398	3398
宁夏	852457	372103	318142	53961	47706
新疆	1901104	664096	480012	184084	163690
大连	403515	301225	289271	11954	5870
宁波	1909310	1242008	1194324	47683	19975
厦门					
青岛	3197909	1585104	1406223	178881	20783
深圳	1239285	800335	603382	196952	20700

(职业高中)

单位：千元

公用部分	商品和服务支出	其他资本性支出	专项公用支出	专项项目支出	基本建设支出
40443855	**15497747**	**24946109**	**7119655**	**17826453**	**1413484**
368220	287599	80621	61470	19151	37707
112756	84346	28410	28410		
3068814	1153781	1915033	679504	1235530	76448
1669957	564945	1105012	480153	624859	24419
957601	453609	503992	210966	293026	54566
528429	393091	135337	71144	64193	28404
649895	257187	392708	175984	216724	40156
497819	253801	244018	117006	127011	12223
1003153	539155	463999	193367	270632	
1342518	352242	990277	187943	802334	1346
4676451	2186375	2490075	694066	1796009	729356
251474	38067	213407	6025	207382	5000
338042	89196	248845	81729	167117	
1388514	154753	1233761	325766	907995	23855
3859897	1103512	2756385	586941	2169444	15661
1875465	831423	1044042	354862	689179	29930
593791	267364	326427	134010	192416	
2868241	1342301	1525941	454199	1071741	51988
1889223	1130121	759102	509244	249857	17899
42153	13609	28544	22852	5693	
190662	121778	68884	52591	16293	5633
1989954	961487	1028467	252637	775830	100112
4214494	1180564	3033930	521263	2512667	24692
1060469	383577	676892	123229	553664	20745
1591112	371190	1219922	133658	1086265	28171
1283700	386842	896857	256156	640701	46470
446573	97851	348722	59428	289294	5277
538	538				
480355	172200	308154	223226	84928	
1203584	325240	878344	121825	756519	33424
102210	95560	6649	6468	182	80
667302	364797	302505	113454	189051	
1612805	402029	1210777	333319	877458	
434854	337965	96889	94295	2594	4097

5-18 财政补助支出明细

地区	合计	个人部分	工资福利支出	对个人和家庭的补助支出	#助学金
合计	**95977783**	**54125917**	**47170586**	**6955331**	**3897053**
北京	2018369	1612441	1450850	161592	10565
天津	585216	472460	440538	31921	3948
河北	7082621	3937359	3611058	326300	166544
山西	3326767	1632391	1494892	137499	95060
内蒙古	2512305	1500137	1291247	208891	167527
辽宁	1791005	1234173	1122420	111753	58747
吉林	1642700	952649	895958	56691	31732
黑龙江	1661307	1156738	914378	242360	36361
上海	2223690	1220536	1128413	92123	61507
江苏	3583263	2239398	2086200	153198	49207
浙江	13231744	7825938	7449273	376665	152728
安徽	440320	183846	85012	98834	77486
福建	589646	251604	239125	12479	5699
江西	2012546	600177	407296	192881	177463
山东	7584648	3709090	3355809	353281	66845
河南	4631529	2726134	2430642	295491	212239
湖北	1774290	1180499	974652	205847	112572
湖南	6667884	3747655	3097813	649842	443522
广东	6340098	4432976	3805297	627679	74253
广西	106206	64053	52442	11610	5865
海南	473161	276866	231592	45274	35720
重庆	4527426	2437361	1945982	491379	344250
四川	8043397	3804212	3106601	697610	416095
贵州	2679473	1598259	1254026	344232	280807
云南	3668799	2049516	1644714	404801	320960
西藏					
陕西	2991828	1661658	1371510	290148	207373
甘肃	1029524	577674	484168	93506	67183
青海	4458	3919	521	3398	3398
宁夏	852457	372103	318142	53961	47706
新疆	1901104	664096	480012	184084	163690
大连	403515	301225	289271	11954	5870
宁波	1909310	1242008	1194324	47683	19975
厦门					
青岛	3197909	1585104	1406223	178881	20783
深圳	1239285	800335	603382	196952	20700

(地方职业高中)

单位：千元

公用部分	商品和服务支出	其他资本性支出			基本建设支出
			专项公用支出	专项项目支出	
40438382	**15495060**	**24943322**	**7118469**	**17824853**	**1413484**
368220	287599	80621	61470	19151	37707
112756	84346	28410	28410		
3068814	1153781	1915033	679504	1235530	76448
1669957	564945	1105012	480153	624859	24419
957601	453609	503992	210966	293026	54566
528429	393091	135337	71144	64193	28404
649895	257187	392708	175984	216724	40156
492345	251115	241230	115820	125411	12223
1003153	539155	463999	193367	270632	
1342518	352242	990277	187943	802334	1346
4676451	2186375	2490075	694066	1796009	729356
251474	38067	213407	6025	207382	5000
338042	89196	248845	81729	167117	
1388514	154753	1233761	325766	907995	23855
3859897	1103512	2756385	586941	2169444	15661
1875465	831423	1044042	354862	689179	29930
593791	267364	326427	134010	192416	
2868241	1342301	1525941	454199	1071741	51988
1889223	1130121	759102	509244	249857	17899
42153	13609	28544	22852	5693	
190662	121778	68884	52591	16293	5633
1989954	961487	1028467	252637	775830	100112
4214494	1180564	3033930	521263	2512667	24692
1060469	383577	676892	123229	553664	20745
1591112	371190	1219922	133658	1086265	28171
1283700	386842	896857	256156	640701	46470
446573	97851	348722	59428	289294	5277
538	538				
480355	172200	308154	223226	84928	
1203584	325240	878344	121825	756519	33424
102210	95560	6649	6468	182	80
667302	364797	302505	113454	189051	
1612805	402029	1210777	333319	877458	
434854	337965	96889	94295	2594	4097

5-19 财政补助支出明细

地区	合计	个人部分	工资福利支出	对个人和家庭的补助支出	#助学金
合计	**43254231**	**23434189**	**20325525**	**3108664**	**2191954**
北京	128665	104534	100117	4417	1003
天津	117833	91624	89805	1820	245
河北	4193529	2169123	1978694	190429	115523
山西	2018048	1015345	926561	88784	60962
内蒙古	1721705	1033826	895651	138176	109872
辽宁	489509	341864	315681	26183	16051
吉林	852688	487803	456869	30934	20199
黑龙江	757168	518020	403181	114839	25417
上海	172340	115644	106808	8836	7675
江苏	1723046	874381	819310	55071	15317
浙江	4782122	2907994	2763638	144356	55278
安徽	195270	84806	16464	68342	58173
福建	237133	89281	83546	5735	2699
江西	1455885	398767	288368	110399	98140
山东	2327486	1090524	1023696	66828	23936
河南	2644189	1579832	1421804	158028	126856
湖北	488796	329211	272833	56377	49544
湖南	3846409	1953350	1641182	312168	235188
广东	728297	419366	378751	40615	11917
广西	106206	64053	52442	11610	5865
海南	197456	96466	74483	21983	18458
重庆	1473586	920300	754473	165828	125543
四川	3860366	1950715	1578948	371767	263964
贵州	1688861	1009351	781907	227444	191153
云南	2570469	1484262	1222670	261593	216266
西藏					
陕西	1972365	1024446	854698	169748	117312
甘肃	866839	488295	415746	72549	47944
青海	2039	1501	521	980	980
宁夏	473037	219349	182242	37107	33426
新疆	1162888	570155	424437	145718	137048
大连	43932	37117	36318	799	193
宁波	579722	405903	390941	14961	8281
厦门					
青岛	155247	26342	25351	991	799
深圳					

（农村职业高中）

单位：千元

公用部分	商品和服务支出	其他资本性支出			基本建设支出
			专项公用支出	专项项目支出	
19375915	**6586142**	**12789773**	**3176411**	**9613361**	**444128**
24131	22243	1888	1888		
26209	23895	2314	2314		
1947958	696527	1251431	378352	873079	76448
978762	336954	641808	219911	421897	23940
659181	304546	354635	143309	211325	28697
143085	84616	58469	22865	35604	4560
330758	126031	204727	78635	126092	34128
226924	103848	123076	48920	74156	12223
56695	32427	24269	9731	14537	
848665	142449	706217	92630	613587	
1790113	772388	1017725	231955	785770	84016
105464	5181	100283	2198	98085	5000
147853	33183	114670	17646	97024	
1033262	105616	927646	269557	658090	23855
1221301	339607	881694	135628	746066	15661
1064357	421087	643270	152022	491249	
159586	72966	86619	36469	50151	
1878011	696197	1181814	288111	893703	15048
308111	97932	210180	139858	70322	820
42153	13609	28544	22852	5693	
95357	64215	31142	27032	4110	5633
533118	286852	246266	63579	182688	20167
1886251	605319	1280932	216032	1064900	23400
669266	251589	417677	79638	338039	10244
1068591	244631	823960	81676	742284	17616
943949	247613	696336	154437	541900	3970
373267	86392	286876	42740	244135	5277
538	538				
253688	75613	178076	114718	63357	
559309	292080	267229	101710	165519	33424
6815	6382	433	433		
173819	83831	89988	38631	51357	
128905	43605	85300	5300	80000	

5-20 财政补助支出明细

地区	合计	个人部分			
			工资福利支出	对个人和家庭的补助支出	
					#助学金
合计	**43247528**	**23429673**	**20322588**	**3107085**	**2191890**
北京	128665	104534	100117	4417	1003
天津	117833	91624	89805	1820	245
河北	4193529	2169123	1978694	190429	115523
山西	2018048	1015345	926561	88784	60962
内蒙古	1721705	1033826	895651	138176	109872
辽宁	489509	341864	315681	26183	16051
吉林	852688	487803	456869	30934	20199
黑龙江	750465	513505	400244	113261	25353
上海	172340	115644	106808	8836	7675
江苏	1723046	874381	819310	55071	15317
浙江	4782122	2907994	2763638	144356	55278
安徽	195270	84806	16464	68342	58173
福建	237133	89281	83546	5735	2699
江西	1455885	398767	288368	110399	98140
山东	2327486	1090524	1023696	66828	23936
河南	2644189	1579832	1421804	158028	126856
湖北	488796	329211	272833	56377	49544
湖南	3846409	1953350	1641182	312168	235188
广东	728297	419366	378751	40615	11917
广西	106206	64053	52442	11610	5865
海南	197456	96466	74483	21983	18458
重庆	1473586	920300	754473	165828	125543
四川	3860366	1950715	1578948	371767	263964
贵州	1688861	1009351	781907	227444	191153
云南	2570469	1484262	1222670	261593	216266
西藏					
陕西	1972365	1024446	854698	169748	117312
甘肃	866839	488295	415746	72549	47944
青海	2039	1501	521	980	980
宁夏	473037	219349	182242	37107	33426
新疆	1162888	570155	424437	145718	137048
大连	43932	37117	36318	799	193
宁波	579722	405903	390941	14961	8281
厦门					
青岛	155247	26342	25351	991	799
深圳					

（地方农村职业高中）

单位：千元

公用部分	商品和服务支出	其他资本性支出	专项公用支出	专项项目支出	基本建设支出
19373727	**6585264**	**12788462**	**3175703**	**9612760**	**444128**
24131	22243	1888	1888		
26209	23895	2314	2314		
1947958	696527	1251431	378352	873079	76448
978762	336954	641808	219911	421897	23940
659181	304546	354635	143309	211325	28697
143085	84616	58469	22865	35604	4560
330758	126031	204727	78635	126092	34128
224736	102970	121766	48211	73555	12223
56695	32427	24269	9731	14537	
848665	142449	706217	92630	613587	
1790113	772388	1017725	231955	785770	84016
105464	5181	100283	2198	98085	5000
147853	33183	114670	17646	97024	
1033262	105616	927646	269557	658090	23855
1221301	339607	881694	135628	746066	15661
1064357	421087	643270	152022	491249	
159586	72966	86619	36469	50151	
1878011	696197	1181814	288111	893703	15048
308111	97932	210180	139858	70322	820
42153	13609	28544	22852	5693	
95357	64215	31142	27032	4110	5633
533118	286852	246266	63579	182688	20167
1886251	605319	1280932	216032	1064900	23400
669266	251589	417677	79638	338039	10244
1068591	244631	823960	81676	742284	17616
943949	247613	696336	154437	541900	3970
373267	86392	286876	42740	244135	5277
538	538				
253688	75613	178076	114718	63357	
559309	292080	267229	101710	165519	33424
6815	6382	433	433		
173819	83831	89988	38631	51357	
128905	43605	85300	5300	80000	

5-21 财政补助支出明细

地区	合计	个人部分	工资福利支出	对个人和家庭的补助支出	#助学金
合计	**33628465**	**17957779**	**15466120**	**2491659**	**1311431**
北京	1453402	819548	771412	48136	19779
天津	365476	313437	287463	25974	10571
河北	858142	537890	480414	57476	21917
山西	646979	317841	265268	52574	30789
内蒙古	61196	47566	43112	4454	2298
辽宁	449122	263271	234960	28311	15382
吉林	262967	132514	112500	20014	9103
黑龙江	751529	492205	422919	69286	4657
上海	189145	130120	121762	8358	5606
江苏	1807452	1000008	903592	96416	37288
浙江	1721853	870094	822177	47917	21003
安徽	645741	108768	91664	17103	12022
福建	989498	559655	524126	35530	7783
江西	374495	200909	147179	53731	51715
山东	3652550	2046706	1847705	199001	61987
河南	2312131	942069	856316	85754	24153
湖北	900528	211165	188072	23094	7826
湖南	482646	278957	244525	34431	22939
广东	8569285	5114303	4493840	620463	131940
广西	1933361	899972	764541	135431	108491
海南	280244	155037	143273	11764	9720
重庆	743675	341398	204695	136703	104051
四川	738094	471451	293756	177695	150412
贵州	511674	209196	30377	178819	173954
云南	1132351	609730	476453	133277	114917
西藏	165193	23587	20430	3157	3157
陕西	705245	454092	349347	104745	94135
甘肃	123537	64778	54783	9995	2862
青海					
宁夏					
新疆	800953	341510	269460	72050	50973
大连	78959	52891	51101	1790	587
宁波	103920	62016	58985	3030	1344
厦门	337691	171715	156778	14937	2831
青岛	441371	216646	211211	5435	687
深圳	849110	473143	326720	146422	31880

(技工学校)

单位：千元

公用部分	商品和服务支出	其他资本性支出			基本建设支出
			专项公用支出	专项项目支出	
15043073	**7175414**	**7867658**	**3851305**	**4016353**	**627612**
633854	400624	233230	157620	75610	
52040	41907	10133	9759	374	
320252	186192	134061	91264	42797	
326623	277016	49606	45003	4604	2514
13630	9104	4527	593	3934	
171031	148653	22378	9658	12720	14820
130453	81748	48705	16614	32092	
259324	123775	135548	84744	50804	
59024	41024	18000	18000		
786444	420682	365762	99088	266674	21000
786753	320655	466098	166171	299928	65006
536974	62741	474233	33764	440469	
426320	159404	266916	129030	137886	3523
114585	61448	53138	37471	15667	59000
1577844	948710	629134	278167	350967	28000
1264116	506829	757288	327858	429430	105945
689363	69491	619872	82496	537376	
203689	105847	97842	26467	71376	
3440275	1561548	1878727	1345989	532738	14706
925483	347063	578421	421287	157134	107906
116893	62038	54855	44162	10693	8314
319284	234284	84999	57858	27142	82993
266333	137615	128718	33489	95229	310
302478	291226	11252	5462	5790	
522283	226478	295805	82036	213769	338
141606	1952	139654	139404	250	
251153	195353	55799	22976	32823	
53758	10001	43757	42297	1460	5000
351206	142007	209199	42580	166620	108237
20088	18777	1311	1311		5980
41011	36167	4844	4844		893
165976	49393	116583	42356	74227	
224725	111627	113098	7753	105344	
375635	242373	133262	111572	21690	332

5-22 财政补助支出明细

地 区	合 计				
		个人部分			
			工资福利支 出	对个人和家庭的补助支出	
					#助学金
合 计	**33526778**	**17883861**	**15404755**	**2479105**	**1300659**
北 京	1453402	819548	771412	48136	19779
天 津	364762	312722	287104	25617	10215
河 北	858142	537890	480414	57476	21917
山 西	646979	317841	265268	52574	30789
内蒙古	61196	47566	43112	4454	2298
辽 宁	449122	263271	234960	28311	15382
吉 林	262967	132514	112500	20014	9103
黑龙江	700176	456825	389182	67642	4619
上 海	189145	130120	121762	8358	5606
江 苏	1798548	998064	901744	96320	37192
浙 江	1721853	870094	822177	47917	21003
安 徽	645741	108768	91664	17103	12022
福 建	989498	559655	524126	35530	7783
江 西	374495	200909	147179	53731	51715
山 东	3652550	2046706	1847705	199001	61987
河 南	2292954	923949	838377	85572	23971
湖 北	900528	211165	188072	23094	7826
湖 南	482646	278957	244525	34431	22939
广 东	8569285	5114303	4493840	620463	131940
广 西	1933361	899972	764541	135431	108491
海 南	280244	155037	143273	11764	9720
重 庆	743675	341398	204695	136703	104051
四 川	719021	454955	287061	167894	140610
贵 州	511674	209196	30377	178819	173954
云 南	1132351	609730	476453	133277	114917
西 藏	165193	23587	20430	3157	3157
陕 西	705033	453880	349347	104533	93923
甘 肃	123537	64778	54783	9995	2862
青 海					
宁 夏					
新 疆	798700	340459	268670	71789	50887
大 连	78959	52891	51101	1790	587
宁 波	103920	62016	58985	3030	1344
厦 门	337691	171715	156778	14937	2831
青 岛	441371	216646	211211	5435	687
深 圳	849110	473143	326720	146422	31880

(地方技工学校)

单位：千元

公用部分	商品和服务支出	其他资本性支出	专项公用支出	专项项目支出	基本建设支出
15015305	**7159782**	**7855522**	**3847276**	**4008247**	**627612**
633854	400624	233230	157620	75610	
52040	41907	10133	9759	374	
320252	186192	134061	91264	42797	
326623	277016	49606	45003	4604	2514
13630	9104	4527	593	3934	
171031	148653	22378	9658	12720	14820
130453	81748	48705	16614	32092	
243352	116506	126845	84142	42704	
59024	41024	18000	18000		
779484	413722	365762	99088	266674	21000
786753	320655	466098	166171	299928	65006
536974	62741	474233	33764	440469	
426320	159404	266916	129030	137886	3523
114585	61448	53138	37471	15667	59000
1577844	948710	629134	278167	350967	28000
1263059	505772	757288	327858	429430	105945
689363	69491	619872	82496	537376	
203689	105847	97842	26467	71376	
3440275	1561548	1878727	1345989	532738	14706
925483	347063	578421	421287	157134	107906
116893	62038	54855	44162	10693	8314
319284	234284	84999	57858	27142	82993
263756	137615	126141	30918	95223	310
302478	291226	11252	5462	5790	
522283	226478	295805	82036	213769	338
141606	1952	139654	139404	250	
251153	195353	55799	22976	32823	
53758	10001	43757	42297	1460	5000
350004	141661	208344	41724	166620	108237
20088	18777	1311	1311		5980
41011	36167	4844	4844		893
165976	49393	116583	42356	74227	
224725	111627	113098	7753	105344	
375635	242373	133262	111572	21690	332

5-23 财政补助支出明细

地区	合计	个人部分	工资福利支出	对个人和家庭的补助支出	#助学金
合计	**8562318**	**6408946**	**5795643**	**613303**	**85299**
北京	57102	46012	43150	2862	
天津	45713	34718	32379	2339	
河北	1140491	994211	922501	71710	270
山西	178473	142098	113580	28518	502
内蒙古	159283	148271	141279	6992	
辽宁	30	13		13	
吉林	697634	599973	568967	31006	24
黑龙江	693441	627372	508218	119154	344
上海	198903	49198	46526	2672	
江苏	238614	150916	134832	16084	2736
浙江	479968	322268	307035	15234	249
安徽	57264	44141	40009	4132	
福建	30103	27192	25361	1831	
江西	234891	130762	125323	5439	
山东	350454	255834	235567	20268	1496
河南	894971	623559	553876	69683	34291
湖北	49884	34239	23118	11120	4445
湖南	531922	347258	308138	39120	17540
广东	273923	137675	119153	18522	3118
广西	55161	37490	34763	2728	23
海南	14001	6854	6824	30	
重庆	704142	453128	395167	57962	7098
四川	297413	218758	189277	29481	1711
贵州	78488	34630	30470	4160	2644
云南	472468	398991	361062	37929	8744
西藏					
陕西	275824	229007	222812	6195	
甘肃	51939	48149	44024	4125	61
青海					
宁夏					
新疆	299816	266230	262234	3995	3
大连	30	13		13	
宁波	298830	210729	202319	8410	
厦门					
青岛					
深圳	90937	25288	19306	5982	2669

(成人中等专业学校)

单位：千元

公用部分	商品和服务支出	其他资本性支出	专项公用支出	专项项目支出	基本建设支出
2134226	**1474492**	**659734**	**234133**	**425601**	**19145**
11091	10439	652	652		
10995	7998	2996	2996		
146280	109308	36972	13803	23170	
36375	30094	6281	5795	486	
11012	10231	781	781		
17	17				
97661	69571	28090	23550	4539	
66069	59611	6458	4625	1833	
149704	146602	3102	3102		
87698	35611	52086	3366	48720	
157700	131714	25986	19311	6675	
13123	11134	1989	989	1000	
2911	2743	168	83	86	
104130	43993	60137	5241	54896	
94620	45065	49555	28961	20594	
271412	134565	136846	12155	124691	
15646	10965	4681	3801	879	
183394	149002	34392	12193	22199	1270
136248	75151	61097	29538	31559	
17671	17434	237	189	48	
7148	6647	501	397	103	
251014	180462	70552	26914	43638	
78655	61597	17058	9890	7169	
43858	21400	22458	11932	10526	
73477	60842	12635	11110	1525	
46817	25874	20943	2533	18410	
3790	3743	47	47		
15711	12678	3034	177	2857	17875
17	17				
88101	72590	15511	10687	4824	
65649	45871	19779	10278	9501	

5-24　财政补助支出明细

地　区	合　计	个人部分	工资福利支出	对个人和家庭的补助支出	#助学金
合　计	**8538772**	**6387278**	**5778863**	**608415**	**85299**
北　京	55413	44322	41461	2862	
天　津	45713	34718	32379	2339	
河　北	1140491	994211	922501	71710	270
山　西	178473	142098	113580	28518	502
内蒙古	159283	148271	141279	6992	
辽　宁	30	13		13	
吉　林	697634	599973	568967	31006	24
黑龙江	675088	610430	496000	114430	344
上　海	198903	49198	46526	2672	
江　苏	238614	150916	134832	16084	2736
浙　江	479968	322268	307035	15234	249
安　徽	57264	44141	40009	4132	
福　建	30103	27192	25361	1831	
江　西	234891	130762	125323	5439	
山　东	350454	255834	235567	20268	1496
河　南	894971	623559	553876	69683	34291
湖　北	49884	34239	23118	11120	4445
湖　南	531922	347258	308138	39120	17540
广　东	273923	137675	119153	18522	3118
广　西	55161	37490	34763	2728	23
海　南	14001	6854	6824	30	
重　庆	704142	453128	395167	57962	7098
四　川	297413	218758	189277	29481	1711
贵　州	78488	34630	30470	4160	2644
云　南	472468	398991	361062	37929	8744
西　藏					
陕　西	275824	229007	222812	6195	
甘　肃	51939	48149	44024	4125	61
青　海					
宁　夏					
新　疆	296312	263192	259360	3832	3
大　连	30	13		13	
宁　波	298830	210729	202319	8410	
厦　门					
青　岛					
深　圳	90937	25288	19306	5982	2669

(地方成人中等专业学校)

单位：千元

公用部分	商品和服务支出	其他资本性支出	专项公用支出	专项项目支出	基本建设支出
2132348	**1472855**	**659493**	**233891**	**425601**	**19145**
11091	10439	652	652		
10995	7998	2996	2996		
146280	109308	36972	13803	23170	
36375	30094	6281	5795	486	
11012	10231	781	781		
17	17				
97661	69571	28090	23550	4539	
64658	58430	6227	4394	1833	
149704	146602	3102	3102		
87698	35611	52086	3366	48720	
157700	131714	25986	19311	6675	
13123	11134	1989	989	1000	
2911	2743	168	83	86	
104130	43993	60137	5241	54896	
94620	45065	49555	28961	20594	
271412	134565	136846	12155	124691	
15646	10965	4681	3801	879	
183394	149002	34392	12193	22199	1270
136248	75151	61097	29538	31559	
17671	17434	237	189	48	
7148	6647	501	397	103	
251014	180462	70552	26914	43638	
78655	61597	17058	9890	7169	
43858	21400	22458	11932	10526	
73477	60842	12635	11110	1525	
46817	25874	20943	2533	18410	
3790	3743	47	47		
15245	12222	3023	166	2857	17875
17	17				
88101	72590	15511	10687	4824	
65649	45871	19779	10278	9501	

5-25 财政补助支出明细

地 区	合 计	个人部分	工资福利支出	对个人和家庭的补助支出	#助学金
合 计	**1356197733**	**962905961**	**869561600**	**93344361**	**43606066**
北 京	35740364	24315304	23074027	1241277	146529
天 津	16718136	13281516	12865254	416261	87179
河 北	55962977	38557042	35327419	3229623	1549057
山 西	27873568	20218610	18780707	1437903	832795
内蒙古	24500172	17167095	15709881	1457214	951125
辽 宁	28745527	23158072	21817081	1340992	363739
吉 林	18937618	14243851	13402027	841824	308018
黑龙江	25207261	19836599	17094505	2742094	226447
上 海	34359976	21560377	20823713	736664	436867
江 苏	101302279	72840444	67397507	5442937	1470953
浙 江	69726627	49712916	47102769	2610147	1327769
安 徽	52395920	35420016	30570851	4849166	1596758
福 建	40242151	28751203	27062143	1689060	713444
江 西	45920941	26860587	24757454	2103133	1432177
山 东	94310666	69668176	64406919	5261257	1713487
河 南	72913423	51738403	46371209	5367194	3092591
湖 北	48221766	35317346	32226245	3091101	1117091
湖 南	53438056	38163559	33541040	4622519	2137696
广 东	140681374	95045223	83833765	11211458	2198919
广 西	43605473	31634312	27807248	3827065	2752612
海 南	11723321	6950518	6537813	412705	198474
重 庆	36183009	26177834	23083015	3094818	1564065
四 川	68057683	49919745	42991011	6928734	3667860
贵 州	40709793	30887571	26477398	4410173	2884672
云 南	48552895	37490501	32460551	5029950	4060609
西 藏	8672318	6641372	5425319	1216054	1106654
陕 西	33755978	21295458	19233573	2061885	1431129
甘 肃	24413811	18501756	16599978	1901778	1090994
青 海	9022220	6645775	5910712	735063	449792
宁 夏	9103856	6025442	5547354	478088	336937
新 疆	35198573	24879338	21323113	3556225	2359628
大 连	6089262	5089239	4960142	129097	26810
宁 波	9906153	7233911	6843247	390664	201173
厦 门	6786035	4523993	4174370	349622	57694
青 岛	12411681	8961693	8197010	764683	147216
深 圳	34523817	15455239	11751384	3703855	522389

(中学)

单位：千元

公用部分	商品和服务支出	其他资本性支出	专项公用支出	专项项目支出	基本建设支出
359608387	**162101335**	**197507052**	**53878235**	**143628816**	**33683385**
9118311	6634425	2483886	1737758	746128	2306749
3219885	1993809	1226076	494945	731131	216735
17093524	6893674	10199850	2100391	8099459	312410
7109530	3926766	3182764	1021186	2161577	545429
6975016	3307599	3667417	1144782	2522634	358061
5351930	3418003	1933927	581766	1352161	235525
4564562	2198139	2366423	848727	1517696	129205
5035733	2921724	2114008	719346	1394662	334929
12242474	7763612	4478862	2472844	2006019	557125
28271367	9638748	18632618	3621926	15010692	190468
18240885	8370863	9870021	2403332	7466689	1772826
15434390	6215260	9219131	2522614	6696516	1541513
11326282	4847575	6478707	1867158	4611549	164666
18167090	3720528	14446562	3667302	10779260	893264
24597569	8670423	15927146	3376729	12550417	44921
19862687	9248716	10613971	2303847	8310124	1312333
12904421	4947750	7956671	1342220	6614451	
14938355	7119952	7818403	1783592	6034811	336142
31658234	17629627	14028607	5550856	8477751	13977917
11142871	4780363	6362508	1779737	4582772	828290
4417200	1809512	2607688	998955	1608733	355604
8914117	5265080	3649037	1036332	2612706	1091058
17547202	9327463	8219739	2702614	5517125	590736
9436392	3918303	5518089	1734339	3783750	385830
10342101	3963960	6378141	890690	5487450	720294
1873307	789594	1083712	325041	758671	157639
11017597	4644863	6372734	1979743	4392991	1442923
5592341	2249628	3342713	819160	2523553	319714
2017351	747770	1269582	315809	953772	359093
3002274	1097946	1904328	586114	1318214	76140
8193389	4039657	4153732	1148380	3005352	2125845
946462	656295	290167	101536	188631	53560
2634243	1033510	1600732	271132	1329600	38000
2209848	955925	1253923	544531	709392	52194
3449988	1358095	2091893	715658	1376236	
6863812	4632969	2230844	1291584	939260	12204765

5-26 财政补助支出明细

地区	合计	个人部分	工资福利支出	对个人和家庭的补助支出	#助学金
合计	**1350080289**	**958461520**	**865609707**	**92851813**	**43489003**
北京	34383480	23312534	22101615	1210918	144893
天津	16718136	13281516	12865254	416261	87179
河北	55962977	38557042	35327419	3229623	1549057
山西	27873568	20218610	18780707	1437903	832795
内蒙古	24500172	17167095	15709881	1457214	951125
辽宁	28745527	23158072	21817081	1340992	363739
吉林	18788959	14126237	13291779	834459	307656
黑龙江	24844299	19563147	16896115	2667032	224098
上海	34136466	21403819	20668482	735337	436867
江苏	101302279	72840444	67397507	5442937	1470953
浙江	69726627	49712916	47102769	2610147	1327769
安徽	52395920	35420016	30570851	4849166	1596758
福建	40242151	28751203	27062143	1689060	713444
江西	45920941	26860587	24757454	2103133	1432177
山东	94310666	69668176	64406919	5261257	1713487
河南	72912361	51737473	46370280	5367194	3092591
湖北	47876136	35064613	31991372	3073242	1116279
湖南	53425658	38153949	33531483	4622466	2137696
广东	140681374	95045223	83833765	11211458	2198919
广西	43605473	31634312	27807248	3827065	2752612
海南	11723321	6950518	6537813	412705	198474
重庆	36038929	26075018	22983437	3091581	1563621
四川	68054183	49919628	42991011	6928616	3667743
贵州	40709793	30887571	26477398	4410173	2884672
云南	48552895	37490501	32460551	5029950	4060609
西藏	8672318	6641372	5425319	1216054	1106654
陕西	33622614	21190580	19135964	2054616	1430632
甘肃	24398717	18488216	16587974	1900242	1090858
青海	9022220	6645775	5910712	735063	449792
宁夏	9103856	6025442	5547354	478088	336937
新疆	31828273	22469915	19262051	3207863	2248917
大连	6089262	5089239	4960142	129097	26810
宁波	9906153	7233911	6843247	390664	201173
厦门	6786035	4523993	4174370	349622	57694
青岛	12411681	8961693	8197010	764683	147216
深圳	34523817	15455239	11751384	3703855	522389

(地方中学)

单位：千元

公用部分					基本建设支出
	商品和服务支出	其他资本性支出			
			专项公用支出	专项项目支出	
358052755	**161066159**	**196986596**	**53611022**	**143375574**	**33566013**
8764197	6339279	2424918	1678792	746125	2306749
3219885	1993809	1226076	494945	731131	216735
17093524	6893674	10199850	2100391	8099459	312410
7109530	3926766	3182764	1021186	2161577	545429
6975016	3307599	3667417	1144782	2522634	358061
5351930	3418003	1933927	581766	1352161	235525
4533517	2171878	2361639	846513	1515126	129205
4946223	2884644	2061579	702446	1359133	334929
12175521	7723247	4452274	2448705	2003569	557125
28271367	9638748	18632618	3621926	15010692	190468
18240885	8370863	9870021	2403332	7466689	1772826
15434390	6215260	9219131	2522614	6696516	1541513
11326282	4847575	6478707	1867158	4611549	164666
18167090	3720528	14446562	3667302	10779260	893264
24597569	8670423	15927146	3376729	12550417	44921
19862554	9248584	10613971	2303847	8310124	1312333
12811523	4862883	7948640	1334190	6614451	
14935566	7117164	7818403	1783592	6034811	336142
31658234	17629627	14028607	5550856	8477751	13977917
11142871	4780363	6362508	1779737	4582772	828290
4417200	1809512	2607688	998955	1608733	355604
8872853	5234988	3637865	1025160	2612706	1091058
17543819	9324080	8219739	2702614	5517125	590736
9436392	3918303	5518089	1734339	3783750	385830
10342101	3963960	6378141	890690	5487450	720294
1873307	789594	1083712	325041	758671	157639
10989112	4618598	6370514	1978257	4392257	1442923
5590787	2248709	3342078	818555	2523523	319714
2017351	747770	1269582	315809	953772	359093
3002274	1097946	1904328	586114	1318214	76140
7349885	3551782	3798103	1004679	2793424	2008473
946462	656295	290167	101536	188631	53560
2634243	1033510	1600732	271132	1329600	38000
2209848	955925	1253923	544531	709392	52194
3449988	1358095	2091893	715658	1376236	
6863812	4632969	2230844	1291584	939260	12204765

5-27 财政补助支出明细

地 区	合 计	个人部分	工资福利支出	对个人和家庭的补助支出	#助学金
合 计	**1355589116**	**962461781**	**869138069**	**93323712**	**43606066**
北 京	35662988	24270731	23031619	1239111	146529
天 津	16650702	13216130	12801493	414637	87179
河 北	55962977	38557042	35327419	3229623	1549057
山 西	27873568	20218610	18780707	1437903	832795
内蒙古	24500172	17167095	15709881	1457214	951125
辽 宁	28745527	23158072	21817081	1340992	363739
吉 林	18935018	14241517	13399982	841535	308018
黑龙江	25207261	19836599	17094505	2742094	226447
上 海	34357963	21558903	20822461	736442	436867
江 苏	101126347	72703868	67268002	5435866	1470953
浙 江	69501857	49537956	46934415	2603542	1327769
安 徽	52395920	35420016	30570851	4849166	1596758
福 建	40242151	28751203	27062143	1689060	713444
江 西	45920941	26860587	24757454	2103133	1432177
山 东	94310666	69668176	64406919	5261257	1713487
河 南	72913423	51738403	46371209	5367194	3092591
湖 北	48221766	35317346	32226245	3091101	1117091
湖 南	53435529	38161244	33538775	4622469	2137696
广 东	140661930	95028660	83819823	11208837	2198919
广 西	43605473	31634312	27807248	3827065	2752612
海 南	11723321	6950518	6537813	412705	198474
重 庆	36183009	26177834	23083015	3094818	1564065
四 川	68057683	49919745	42991011	6928734	3667860
贵 州	40709793	30887571	26477398	4410173	2884672
云 南	48552895	37490501	32460551	5029950	4060609
西 藏	8672318	6641372	5425319	1216054	1106654
陕 西	33755978	21295458	19233573	2061885	1431129
甘 肃	24377321	18501756	16599978	1901778	1090994
青 海	9022220	6645775	5910712	735063	449792
宁 夏	9103856	6025442	5547354	478088	336937
新 疆	35198541	24879338	21323113	3556225	2359628
大 连	6089262	5089239	4960142	129097	26810
宁 波	9906153	7233911	6843247	390664	201173
厦 门	6786035	4523993	4174370	349622	57694
青 岛	12411681	8961693	8197010	764683	147216
深 圳	34523817	15455239	11751384	3703855	522389

(普通中学)

单位：千元

公用部分					基本建设支出
	商品和服务支出	其他资本性支出			
			专项公用支出	专项项目支出	
359443950	**162001614**	**197442336**	**53868305**	**143574030**	**33683385**
9085508	6602855	2482653	1736974	745680	2306749
3217836	1991816	1226021	494890	731131	216735
17093524	6893674	10199850	2100391	8099459	312410
7109530	3926766	3182764	1021186	2161577	545429
6975016	3307599	3667417	1144782	2522634	358061
5351930	3418003	1933927	581766	1352161	235525
4564297	2197882	2366415	848719	1517696	129205
5035733	2921724	2114008	719346	1394662	334929
12241935	7763122	4478813	2472794	2006019	557125
28232012	9618668	18613344	3619567	14993777	190468
18191075	8327754	9863321	2397039	7466283	1772826
15434390	6215260	9219131	2522614	6696516	1541513
11326282	4847575	6478707	1867158	4611549	164666
18167090	3720528	14446562	3667302	10779260	893264
24597569	8670423	15927146	3376729	12550417	44921
19862687	9248716	10613971	2303847	8310124	1312333
12904421	4947750	7956671	1342220	6614451	
14938142	7119740	7818403	1783592	6034811	336142
31655352	17627652	14027700	5550474	8477226	13977917
11142871	4780363	6362508	1779737	4582772	828290
4417200	1809512	2607688	998955	1608733	355604
8914117	5265080	3649037	1036332	2612706	1091058
17547202	9327463	8219739	2702614	5517125	590736
9436392	3918303	5518089	1734339	3783750	385830
10342101	3963960	6378141	890690	5487450	720294
1873307	789594	1083712	325041	758671	157639
11017597	4644863	6372734	1979743	4392991	1442923
5555851	2249628	3306223	819160	2487063	319714
2017351	747770	1269582	315809	953772	359093
3002274	1097946	1904328	586114	1318214	76140
8193358	4039626	4153732	1148380	3005352	2125845
946462	656295	290167	101536	188631	53560
2634243	1033510	1600732	271132	1329600	38000
2209848	955925	1253923	544531	709392	52194
3449988	1358095	2091893	715658	1376236	
6863812	4632969	2230844	1291584	939260	12204765

5-28 财政补助支出明细

地区	合计	个人部分	工资福利支出	对个人和家庭的补助支出	#助学金
合计	**1349471672**	**958017340**	**865186176**	**92831165**	**43489003**
北京	34306104	23267960	22059208	1208752	144893
天津	16650702	13216130	12801493	414637	87179
河北	55962977	38557042	35327419	3229623	1549057
山西	27873568	20218610	18780707	1437903	832795
内蒙古	24500172	17167095	15709881	1457214	951125
辽宁	28745527	23158072	21817081	1340992	363739
吉林	18786359	14123903	13289734	834169	307656
黑龙江	24844299	19563147	16896115	2667032	224098
上海	34134452	21402346	20667230	735115	436867
江苏	101126347	72703868	67268002	5435866	1470953
浙江	69501857	49537956	46934415	2603542	1327769
安徽	52395920	35420016	30570851	4849166	1596758
福建	40242151	28751203	27062143	1689060	713444
江西	45920941	26860587	24757454	2103133	1432177
山东	94310666	69668176	64406919	5261257	1713487
河南	72912361	51737473	46370280	5367194	3092591
湖北	47876136	35064613	31991372	3073242	1116279
湖南	53423131	38151635	33529219	4622416	2137696
广东	140661930	95028660	83819823	11208837	2198919
广西	43605473	31634312	27807248	3827065	2752612
海南	11723321	6950518	6537813	412705	198474
重庆	36038929	26075018	22983437	3091581	1563621
四川	68054183	49919628	42991011	6928616	3667743
贵州	40709793	30887571	26477398	4410173	2884672
云南	48552895	37490501	32460551	5029950	4060609
西藏	8672318	6641372	5425319	1216054	1106654
陕西	33622614	21190580	19135964	2054616	1430632
甘肃	24362227	18488216	16587974	1900242	1090858
青海	9022220	6645775	5910712	735063	449792
宁夏	9103856	6025442	5547354	478088	336937
新疆	31828241	22469915	19262051	3207863	2248917
大连	6089262	5089239	4960142	129097	26810
宁波	9906153	7233911	6843247	390664	201173
厦门	6786035	4523993	4174370	349622	57694
青岛	12411681	8961693	8197010	764683	147216
深圳	34523817	15455239	11751384	3703855	522389

(地方普通中学)

单位：千元

公用部分	商品和服务支出	其他资本性支出	专项公用支出	专项项目支出	基本建设支出
357888318	**160966439**	**196921880**	**53601092**	**143320787**	**33566013**
8731394	6307710	2423685	1678008	745677	2306749
3217836	1991816	1226021	494890	731131	216735
17093524	6893674	10199850	2100391	8099459	312410
7109530	3926766	3182764	1021186	2161577	545429
6975016	3307599	3667417	1144782	2522634	358061
5351930	3418003	1933927	581766	1352161	235525
4533252	2171620	2361631	846505	1515126	129205
4946223	2884644	2061579	702446	1359133	334929
12174982	7722757	4452224	2448656	2003569	557125
28232012	9618668	18613344	3619567	14993777	190468
18191075	8327754	9863321	2397039	7466283	1772826
15434390	6215260	9219131	2522614	6696516	1541513
11326282	4847575	6478707	1867158	4611549	164666
18167090	3720528	14446562	3667302	10779260	893264
24597569	8670423	15927146	3376729	12550417	44921
19862554	9248584	10613971	2303847	8310124	1312333
12811523	4862883	7948640	1334190	6614451	
14935354	7116951	7818403	1783592	6034811	336142
31655352	17627652	14027700	5550474	8477226	13977917
11142871	4780363	6362508	1779737	4582772	828290
4417200	1809512	2607688	998955	1608733	355604
8872853	5234988	3637865	1025160	2612706	1091058
17543819	9324080	8219739	2702614	5517125	590736
9436392	3918303	5518089	1734339	3783750	385830
10342101	3963960	6378141	890690	5487450	720294
1873307	789594	1083712	325041	758671	157639
10989112	4618598	6370514	1978257	4392257	1442923
5554297	2248709	3305588	818555	2487033	319714
2017351	747770	1269582	315809	953772	359093
3002274	1097946	1904328	586114	1318214	76140
7349854	3551750	3798103	1004679	2793424	2008473
946462	656295	290167	101536	188631	53560
2634243	1033510	1600732	271132	1329600	38000
2209848	955925	1253923	544531	709392	52194
3449988	1358095	2091893	715658	1376236	
6863812	4632969	2230844	1291584	939260	12204765

5-29 财政补助支出明细

地区	合计	个人部分	工资福利支出	对个人和家庭的补助支出	#助学金
合计	**474218244**	**330015622**	**302528717**	**27486905**	**12114625**
北京	13021527	8988448	8515998	472450	42776
天津	5995119	4929861	4808868	120993	22748
河北	20029206	13433771	12480882	952889	480670
山西	11281171	8043485	7536102	507383	285510
内蒙古	9881747	6582147	5963385	618762	456513
辽宁	9377096	7509192	7157696	351496	104449
吉林	6237787	4605073	4346350	258723	144148
黑龙江	8292110	6292964	5582061	710903	116718
上海	11416313	7112296	6944023	168273	62941
江苏	37248635	25608748	23971094	1637654	305823
浙江	24879703	17478831	16826843	651988	188483
安徽	18044560	11705902	10420220	1285681	415421
福建	12264560	9261106	8838275	422831	108703
江西	15086896	8831275	8227213	604061	373841
山东	30372253	22945882	21691577	1254305	349292
河南	24095118	16659268	15211316	1447952	815564
湖北	17177678	12117846	11257345	860502	320232
湖南	18018700	13157017	11886076	1270941	572925
广东	54466600	34811322	31124089	3687233	495692
广西	13806658	9981038	8893505	1087533	793839
海南	3947119	2365747	2241084	124663	69897
重庆	12931495	9373085	8419626	953459	458063
四川	22272421	16365468	14388362	1977105	1039789
贵州	14545270	10020971	8745842	1275129	776827
云南	17551287	12282010	10766970	1515040	1155949
西藏	3107589	2270111	1852008	418104	380372
陕西	12162839	7751090	7129352	621738	402588
甘肃	9108164	6979012	6366389	612624	330379
青海	3495329	2449329	2212845	236484	142745
宁夏	3233915	2202030	2025591	176439	124101
新疆	10869377	7901295	6697729	1203566	777628
大连	1925915	1633569	1596517	37052	7784
宁波	3385404	2403293	2315272	88021	24653
厦门	2149029	1500331	1404239	96092	11346
青岛	4203528	2936752	2717802	218950	33731
深圳	15953178	5618201	4296377	1321824	121507

(普通高中)

单位：千元

公用部分	商品和服务支出	其他资本性支出	专项公用支出	专项项目支出	基本建设支出
126323771	**54451731**	**71872040**	**20184590**	**51687450**	**17878850**
3202388	2365779	836608	651837	184771	830691
1029058	775674	253385	165520	87865	36200
6541852	2318707	4223145	697732	3525413	53583
2851110	1497676	1353434	434229	919205	386575
3041523	1499918	1541605	582119	959485	258077
1836084	1213055	623029	201288	421740	31820
1603310	812920	790390	422970	367420	29403
1802985	1025294	777690	291842	485848	196161
3890158	2601274	1288884	723662	565222	413859
11492778	3461643	8031136	1616780	6414356	147108
6356698	2877705	3478993	860797	2618195	1044174
5070808	1729275	3341533	721817	2619717	1267850
2956831	1487626	1469205	555367	913837	46623
5782178	1294382	4487796	1088320	3399476	473443
7421225	2595669	4825555	1083161	3742394	5146
6627615	3081727	3545888	1086118	2459770	808234
5059832	1844429	3215403	575802	2639601	
4753433	2273363	2480070	589144	1890926	108249
10964308	5389998	5574310	1986856	3587453	8690971
3417590	1512293	1905297	563722	1341575	408030
1555580	563527	992053	331601	660452	25792
3303500	1888651	1414849	494394	920455	254909
5775349	3081836	2693513	1098529	1594984	131604
4276253	1259763	3016490	1232042	1784448	248046
4852380	1324494	3527886	393896	3133991	416897
805647	311896	493751	117783	375968	31830
3853785	1865189	1988596	600946	1387650	557964
1952170	756644	1195526	294309	901217	176982
868816	271402	597414	202462	394952	177185
1020385	383615	636770	194686	442085	11500
2358141	1086305	1271836	324859	946977	609941
292346	259457	32889	32224	665	
944111	370161	573950	72013	501937	38000
608114	303915	304199	139595	164604	40584
1266776	375732	891044	221750	669294	
2447614	1592941	854673	483653	371020	7887363

5-30 财政补助支出明细

地区	合计	个人部分	工资福利支出	对个人和家庭的补助支出	#助学金
合计	**471207666**	**327885581**	**300603553**	**27282028**	**12063304**
北京	12122822	8311998	7862716	449282	41448
天津	5995119	4929861	4808868	120993	22748
河北	20029206	13433771	12480882	952889	480670
山西	11281171	8043485	7536102	507383	285510
内蒙古	9881747	6582147	5963385	618762	456513
辽宁	9377096	7509192	7157696	351496	104449
吉林	6138232	4529276	4277919	251357	143786
黑龙江	8138044	6182069	5500561	681508	115136
上海	11256433	7003873	6836677	167196	62941
江苏	37248635	25608748	23971094	1637654	305823
浙江	24879703	17478831	16826843	651988	188483
安徽	18044560	11705902	10420220	1285681	415421
福建	12264560	9261106	8838275	422831	108703
江西	15086896	8831275	8227213	604061	373841
山东	30372253	22945882	21691577	1254305	349292
河南	24095118	16659268	15211316	1447952	815564
湖北	16890932	11897394	11051682	845712	319723
湖南	18011809	13151676	11880764	1270912	572925
广东	54466600	34811322	31124089	3687233	495692
广西	13806658	9981038	8893505	1087533	793839
海南	3947119	2365747	2241084	124663	69897
重庆	12862514	9323860	8371951	951909	457851
四川	22270569	16365406	14388362	1977043	1039727
贵州	14545270	10020971	8745842	1275129	776827
云南	17551287	12282010	10766970	1515040	1155949
西藏	3107589	2270111	1852008	418104	380372
陕西	12088522	7695837	7078023	617814	402291
甘肃	9102072	6973550	6361646	611904	330321
青海	3495329	2449329	2212845	236484	142745
宁夏	3233915	2202030	2025591	176439	124101
新疆	9615886	7078615	5997845	1080770	730719
大连	1925915	1633569	1596517	37052	7784
宁波	3385404	2403293	2315272	88021	24653
厦门	2149029	1500331	1404239	96092	11346
青岛	4203528	2936752	2717802	218950	33731
深圳	15953178	5618201	4296377	1321824	121507

（地方普通高中）

单位：千元

公用部分	商品和服务支出	其他资本性支出	专项公用支出	专项项目支出	基本建设支出
125511125	**53899225**	**71611899**	**20040825**	**51571075**	**17810960**
2980133	2183513	796620	611851	184769	830691
1029058	775674	253385	165520	87865	36200
6541852	2318707	4223145	697732	3525413	53583
2851110	1497676	1353434	434229	919205	386575
3041523	1499918	1541605	582119	959485	258077
1836084	1213055	623029	201288	421740	31820
1579552	793742	785810	420959	364851	29403
1759813	1005671	754142	289132	465010	196161
3838700	2568967	1269733	706961	562772	413859
11492778	3461643	8031136	1616780	6414356	147108
6356698	2877705	3478993	860797	2618195	1044174
5070808	1729275	3341533	721817	2619717	1267850
2956831	1487626	1469205	555367	913837	46623
5782178	1294382	4487796	1088320	3399476	473443
7421225	2595669	4825555	1083161	3742394	5146
6627615	3081727	3545888	1086118	2459770	808234
4993538	1784606	3208932	569331	2639601	
4751884	2271813	2480070	589144	1890926	108249
10964308	5389998	5574310	1986856	3587453	8690971
3417590	1512293	1905297	563722	1341575	408030
1555580	563527	992053	331601	660452	25792
3283744	1874244	1409500	489046	920455	254909
5773560	3080047	2693513	1098529	1594984	131604
4276253	1259763	3016490	1232042	1784448	248046
4852380	1324494	3527886	393896	3133991	416897
805647	311896	493751	117783	375968	31830
3834721	1847640	1987081	599863	1387219	557964
1951540	756264	1195276	294059	901217	176982
868816	271402	597414	202462	394952	177185
1020385	383615	636770	194686	442085	11500
1995219	882672	1112547	255654	856893	542051
292346	259457	32889	32224	665	
944111	370161	573950	72013	501937	38000
608114	303915	304199	139595	164604	40584
1266776	375732	891044	221750	669294	
2447614	1592941	854673	483653	371020	7887363

5-31 财政补助支出明细

地 区	合 计	个人部分	工资福利支出	对个人和家庭的补助支出	#助学金
合 计	**182518037**	**134317806**	**122685103**	**11632703**	**7113914**
北 京	652050	412409	391448	20961	1357
天 津	895893	761519	750303	11216	3285
河 北	10496505	6756657	6265807	490850	300844
山 西	5188872	3923445	3616370	307075	174620
内蒙古	4599089	3140966	2833660	307305	242736
辽 宁	2188736	1804720	1744832	59889	26637
吉 林	2310589	1678448	1570675	107773	54306
黑龙江	3120625	2299237	1969415	329822	62540
上 海	967527	741604	729888	11716	5037
江 苏	12282428	8882180	8359001	523179	160986
浙 江	8994066	6742778	6491603	251175	83707
安 徽	9490419	6565376	5822396	742980	275325
福 建	5812731	4567239	4405711	161527	57551
江 西	7613955	4296596	3980708	315888	234963
山 东	10007006	7999964	7660676	339289	155595
河 南	12315094	8628935	7941762	687172	508172
湖 北	4852662	3605060	3355881	249178	178907
湖 南	9670426	7176760	6543037	633723	387662
广 东	9634194	7618654	7108353	510301	158448
广 西	6572179	4910783	4281753	629030	490523
海 南	1614838	1039284	961889	77394	40461
重 庆	4544335	3632391	3286363	346028	232867
四 川	10751880	8069359	7051299	1018061	646811
贵 州	7668300	5990597	5222217	768380	552108
云 南	9843339	7395152	6509883	885270	721738
西 藏	887918	777875	645587	132288	128053
陕 西	6089224	3920215	3546006	374210	250116
甘 肃	5653265	4566348	4100349	465999	264728
青 海	2040136	1518878	1370650	148229	104072
宁 夏	1087230	845238	772617	72621	52087
新 疆	4672527	4049139	3394965	654174	557671
大 连	130498	118252	116107	2145	37
宁 波	977720	778182	756976	21206	4550
厦 门	205163	138343	130393	7950	678
青 岛	522323	329975	296563	33412	2948
深 圳					

(农村高中)

单位：千元

公用部分					基本建设支出
	商品和服务支出	其他资本性支出			
			专项公用支出	专项项目支出	
46089473	**19413344**	**26676129**	**6746377**	**19929752**	**2110758**
162076	141860	20216	14164	6053	77565
132720	109027	23693	18569	5124	1654
3688445	1192179	2496266	361894	2134371	51403
1186210	695395	490814	183034	307781	79217
1286952	670282	616669	226249	390421	171171
357554	187799	169754	37992	131762	26461
618399	269850	348549	236132	112417	13742
760644	429039	331605	142149	189456	60743
225923	175511	50412	28934	21477	
3351248	1132824	2218425	541903	1676522	49000
1907322	926266	981056	251928	729128	343966
2910043	980308	1929735	407993	1521742	15000
1243396	617074	626322	237385	388938	2096
3196493	705201	2491292	565397	1925895	120867
2007042	739049	1267993	292173	975820	
3450629	1568671	1881958	439087	1442871	235530
1247602	487036	760566	104341	656226	
2438516	1162723	1275793	292897	982896	55149
2011981	964443	1047537	389148	658389	3560
1585834	742253	843581	186161	657419	75562
549933	250318	299614	165084	134530	25621
882322	533992	348330	90464	257866	29622
2565291	1344555	1220736	537110	683626	117230
1630314	614127	1016187	191393	824794	47389
2218200	660697	1557503	135436	1422067	229987
110044	79335	30709	21396	9313	
1988572	1014155	974417	272731	701686	180437
1046764	424534	622230	171241	450989	40153
507921	124043	383878	92328	291550	13336
241992	115340	126653	43101	83552	
579092	355457	223635	68564	155072	44296
12247	11273	973	973		
199537	114147	85390	19390	66000	
66821	24690	42130	40730	1400	
192348	66414	125934	71500	54434	

5-32 财政补助支出明细

地区	合计	个人部分	工资福利支出	对个人和家庭的补助支出	#助学金
合计	182092665	133982759	122405021	11577738	7108417
北京	652050	412409	391448	20961	1357
天津	895893	761519	750303	11216	3285
河北	10496505	6756657	6265807	490850	300844
山西	5188872	3923445	3616370	307075	174620
内蒙古	4599089	3140966	2833660	307305	242736
辽宁	2188736	1804720	1744832	59889	26637
吉林	2310589	1678448	1570675	107773	54306
黑龙江	2987310	2203021	1901207	301815	61181
上海	967527	741604	729888	11716	5037
江苏	12282428	8882180	8359001	523179	160986
浙江	8994066	6742778	6491603	251175	83707
安徽	9490419	6565376	5822396	742980	275325
福建	5812731	4567239	4405711	161527	57551
江西	7613955	4296596	3980708	315888	234963
山东	10007006	7999964	7660676	339289	155595
河南	12315094	8628935	7941762	687172	508172
湖北	4698779	3476835	3231665	245170	178907
湖南	9670426	7176760	6543037	633723	387662
广东	9634194	7618654	7108353	510301	158448
广西	6572179	4910783	4281753	629030	490523
海南	1614838	1039284	961889	77394	40461
重庆	4544335	3632391	3286363	346028	232867
四川	10751880	8069359	7051299	1018061	646811
贵州	7668300	5990597	5222217	768380	552108
云南	9843339	7395152	6509883	885270	721738
西藏	887918	777875	645587	132288	128053
陕西	6089224	3920215	3546006	374210	250116
甘肃	5647173	4560886	4095606	465279	264669
青海	2040136	1518878	1370650	148229	104072
宁夏	1087230	845238	772617	72621	52087
新疆	4540445	3943995	3312051	631944	553591
大连	130498	118252	116107	2145	37
宁波	977720	778182	756976	21206	4550
厦门	205163	138343	130393	7950	678
青岛	522323	329975	296563	33412	2948
深圳					

(地方农村高中)

单位：千元

公用部分	商品和服务支出	其他资本性支出	专项公用支出	专项项目支出	基本建设支出
46002799	**19356071**	**26646728**	**6740972**	**19905756**	**2107108**
162076	141860	20216	14164	6053	77565
132720	109027	23693	18569	5124	1654
3688445	1192179	2496266	361894	2134371	51403
1186210	695395	490814	183034	307781	79217
1286952	670282	616669	226249	390421	171171
357554	187799	169754	37992	131762	26461
618399	269850	348549	236132	112417	13742
723545	412698	310847	140305	170541	60743
225923	175511	50412	28934	21477	
3351248	1132824	2218425	541903	1676522	49000
1907322	926266	981056	251928	729128	343966
2910043	980308	1929735	407993	1521742	15000
1243396	617074	626322	237385	388938	2096
3196493	705201	2491292	565397	1925895	120867
2007042	739049	1267993	292173	975820	
3450629	1568671	1881958	439087	1442871	235530
1221944	462490	759454	103229	656226	
2438516	1162723	1275793	292897	982896	55149
2011981	964443	1047537	389148	658389	3560
1585834	742253	843581	186161	657419	75562
549933	250318	299614	165084	134530	25621
882322	533992	348330	90464	257866	29622
2565291	1344555	1220736	537110	683626	117230
1630314	614127	1016187	191393	824794	47389
2218200	660697	1557503	135436	1422067	229987
110044	79335	30709	21396	9313	
1988572	1014155	974417	272731	701686	180437
1046134	424153	621981	170992	450989	40153
507921	124043	383878	92328	291550	13336
241992	115340	126653	43101	83552	
555805	339451	216353	66363	149990	40645
12247	11273	973	973		
199537	114147	85390	19390	66000	
66821	24690	42130	40730	1400	
192348	66414	125934	71500	54434	

5-33 财政补助支出明细

地区	合计	个人部分	工资福利支出	对个人和家庭的补助支出	#助学金
合计	**881370872**	**632446158**	**566609351**	**65836807**	**31491441**
北京	22641461	15282282	14515621	766661	103753
天津	10655583	8286270	7992625	293645	64431
河北	35933770	25123271	22846537	2276734	1068387
山西	16592398	12175125	11244605	930520	547284
内蒙古	14618425	10584947	9746496	838452	494612
辽宁	19368430	15648880	14659385	989495	259290
吉林	12697231	9636444	9053632	582812	163870
黑龙江	16915151	13543635	11512444	2031191	109728
上海	22941650	14446608	13878438	568169	373927
江苏	63877712	47095120	43296908	3798211	1165131
浙江	44622155	32059126	30107572	1951554	1139286
安徽	34351360	23714114	20150630	3563484	1181337
福建	27977591	19490097	18223868	1266229	604741
江西	30834046	18029312	16530241	1499072	1058336
山东	63938413	46722294	42715342	4006952	1364196
河南	48818305	35079134	31159893	3919242	2277028
湖北	31044088	23199499	20968900	2230599	796860
湖南	35416829	25004227	21652699	3351528	1564771
广东	86195329	60217339	52695734	7521605	1703226
广西	29798815	21653274	18913743	2739532	1958773
海南	7776203	4584771	4296729	288042	128577
重庆	23251514	16804748	14663389	2141359	1106001
四川	45785262	33554277	28602649	4951628	2628071
贵州	26164523	20866600	17731556	3135044	2107845
云南	31001608	25208491	21693581	3514909	2904661
西藏	5564729	4371261	3573311	797950	726282
陕西	21593139	13544369	12104221	1440148	1028541
甘肃	15269157	11522743	10233589	1289154	760614
青海	5526891	4196447	3697867	498579	307047
宁夏	5869940	3823411	3521763	301648	212836
新疆	24329165	16978043	14625384	2352659	1582000
大连	4163347	3455670	3363625	92045	19026
宁波	6520749	4830617	4527975	302642	176520
厦门	4637006	3023662	2770131	253530	46348
青岛	8208153	6024940	5479208	545732	113486
深圳	18570639	9837038	7455006	2382032	400882

(普通初中)

单位：千元

公用部分	商品和服务支出	其他资本性支出			基本建设支出
			专项公用支出	专项项目支出	
233120179	**107549883**	**125570296**	**33683715**	**91886580**	**15804535**
5883121	4237076	1646045	1085136	560908	1476058
2188778	1216142	972636	329370	643266	180535
10551672	4574967	5976705	1402659	4574046	258827
4258420	2429090	1829330	586958	1242372	158853
3933494	1807682	2125812	562663	1563149	99984
3515846	2204947	1310899	380478	930420	203704
2960986	1384961	1576025	425750	1150275	99802
3232748	1896430	1336318	427504	908814	138768
8351777	5161848	3189929	1749132	1440796	143266
16739233	6157025	10582209	2002788	8579421	43360
11834377	5450049	6384329	1536241	4848087	728652
10363582	4485985	5877597	1800797	4076800	273663
8369451	3359949	5009502	1311791	3697712	118043
12384913	2426147	9958766	2578982	7379784	419821
17176345	6074754	11101591	2293568	8808022	39775
13235072	6166989	7068083	1217729	5850354	504099
7844589	3103321	4741268	766419	3974849	
10184709	4846376	5338332	1194448	4143884	227893
20691044	12237653	8453391	3563618	4889773	5286946
7725281	3268070	4457211	1216014	3241197	420259
2861620	1245985	1615635	667354	948281	329812
5610617	3376429	2234188	541937	1692251	836149
11771853	6245627	5526226	1604085	3922141	459132
5160139	2658540	2501599	502297	1999302	137784
5489720	2639466	2850254	496795	2353460	303397
1067659	477699	589961	207258	382703	125809
7163812	2779674	4384138	1378797	3005341	884959
3603681	1492984	2110697	524851	1585846	142732
1148536	476368	672168	113347	558820	181908
1981889	714331	1267558	391428	876130	64640
5835217	2953321	2881896	823520	2058376	1515904
654116	396838	257278	69313	187966	53560
1690132	663349	1026783	199119	827664	
1601734	652011	949724	404935	544788	11609
2183213	982363	1200849	493908	706942	
4416198	3040027	1376171	807931	568240	4317402

5-34　财政补助支出明细

地　区	合　计	个人部分	工资福利支出	对个人和家庭的补助支出	#助学金
合　计	**878264006**	**630131759**	**564582623**	**65549136**	**31425699**
北　京	22183281	14955962	14196492	759470	103445
天　津	10655583	8286270	7992625	293645	64431
河　北	35933770	25123271	22846537	2276734	1068387
山　西	16592398	12175125	11244605	930520	547284
内蒙古	14618425	10584947	9746496	838452	494612
辽　宁	19368430	15648880	14659385	989495	259290
吉　林	12648128	9594627	9011815	582812	163870
黑龙江	16706255	13381078	11395554	1985523	108962
上　海	22878019	14398472	13830553	567919	373927
江　苏	63877712	47095120	43296908	3798211	1165131
浙　江	44622155	32059126	30107572	1951554	1139286
安　徽	34351360	23714114	20150630	3563484	1181337
福　建	27977591	19490097	18223868	1266229	604741
江　西	30834046	18029312	16530241	1499072	1058336
山　东	63938413	46722294	42715342	4006952	1364196
河　南	48817243	35078205	31158963	3919242	2277028
湖　北	30985204	23167220	20939690	2227530	796557
湖　南	35411322	24999959	21648455	3351504	1564771
广　东	86195329	60217339	52695734	7521605	1703226
广　西	29798815	21653274	18913743	2739532	1958773
海　南	7776203	4584771	4296729	288042	128577
重　庆	23176416	16751158	14611486	2139672	1105770
四　川	45783613	33554222	28602649	4951573	2628015
贵　州	26164523	20866600	17731556	3135044	2107845
云　南	31001608	25208491	21693581	3514909	2904661
西　藏	5564729	4371261	3573311	797950	726282
陕　西	21534092	13494743	12057941	1436802	1028341
甘　肃	15260155	11514666	10226328	1288338	760537
青　海	5526891	4196447	3697867	498579	307047
宁　夏	5869940	3823411	3521763	301648	212836
新　疆	22212356	15391299	13264206	2127094	1518197
大　连	4163347	3455670	3363625	92045	19026
宁　波	6520749	4830617	4527975	302642	176520
厦　门	4637006	3023662	2770131	253530	46348
青　岛	8208153	6024940	5479208	545732	113486
深　圳	18570639	9837038	7455006	2382032	400882

(地方普通初中)

单位：千元

公用部分	商品和服务支出	其他资本性支出	专项公用支出	专项项目支出	基本建设支出
232377194	**107067213**	**125309980**	**33560268**	**91749713**	**15755053**
5751261	4124196	1627065	1066157	560908	1476058
2188778	1216142	972636	329370	643266	180535
10551672	4574967	5976705	1402659	4574046	258827
4258420	2429090	1829330	586958	1242372	158853
3933494	1807682	2125812	562663	1563149	99984
3515846	2204947	1310899	380478	930420	203704
2953699	1377878	1575821	425546	1150275	99802
3186410	1878972	1307438	413315	894123	138768
8336281	5153790	3182491	1741695	1440796	143266
16739233	6157025	10582209	2002788	8579421	43360
11834377	5450049	6384329	1536241	4848087	728652
10363582	4485985	5877597	1800797	4076800	273663
8369451	3359949	5009502	1311791	3697712	118043
12384913	2426147	9958766	2578982	7379784	419821
17176345	6074754	11101591	2293568	8808022	39775
13234939	6166856	7068083	1217729	5850354	504099
7817984	3078276	4739708	764859	3974849	
10183470	4845138	5338332	1194448	4143884	227893
20691044	12237653	8453391	3563618	4889773	5286946
7725281	3268070	4457211	1216014	3241197	420259
2861620	1245985	1615635	667354	948281	329812
5589109	3360744	2228365	536114	1692251	836149
11770259	6244034	5526226	1604085	3922141	459132
5160139	2658540	2501599	502297	1999302	137784
5489720	2639466	2850254	496795	2353460	303397
1067659	477699	589961	207258	382703	125809
7154391	2770958	4383433	1378394	3005038	884959
3602757	1492445	2110312	524496	1585816	142732
1148536	476368	672168	113347	558820	181908
1981889	714331	1267558	391428	876130	64640
5354635	2669078	2685557	749025	1936532	1466422
654116	396838	257278	69313	187966	53560
1690132	663349	1026783	199119	827664	
1601734	652011	949724	404935	544788	11609
2183213	982363	1200849	493908	706942	
4416198	3040027	1376171	807931	568240	4317402

5-35 财政补助支出明细

地区	合计	个人部分	工资福利支出	对个人和家庭的补助支出	#助学金
合计	**480768273**	**362978819**	**323216136**	**39762683**	**21982445**
北京	3938023	2883309	2710870	172439	32331
天津	2706370	2336253	2293459	42794	1246
河北	23893380	16626084	15056951	1569133	806475
山西	9808773	7553280	6999364	553916	355474
内蒙古	8872436	6701329	6136482	564847	335858
辽宁	7846009	6805093	6375915	429177	123587
吉林	7646181	5810514	5513395	297118	93177
黑龙江	9459293	7416990	6242710	1174280	87445
上海	2696781	2080137	2000011	80127	47888
江苏	28065149	21425436	19864346	1561089	336017
浙江	18901146	14051858	13045638	1006220	606990
安徽	24692316	17918129	15033506	2884623	996170
福建	15020824	11699488	11126175	573314	217204
江西	20880608	12118068	11358250	759818	493213
山东	33004515	25303273	23049896	2253376	819662
河南	32610136	23944679	21105897	2838782	1785001
湖北	16523222	12787737	11506880	1280857	627270
湖南	24334570	17675735	15170281	2505454	1257800
广东	29510125	22862114	20894833	1967282	563604
广西	20383958	15724278	13512499	2211779	1644323
海南	4972762	2973150	2761935	211216	107617
重庆	12107097	9716062	8482859	1233203	738785
四川	30016335	22620566	19340197	3280369	1890511
贵州	19169490	16129123	13640079	2489044	1895194
云南	23676929	20008844	17170551	2838293	2459897
西藏	3693479	3072923	2546003	526921	496879
陕西	12107263	8372819	7343510	1029309	761061
甘肃	11349850	8727265	7666117	1061148	664619
青海	3670945	2982997	2597668	385330	271900
宁夏	3105277	2387510	2177423	210087	156949
新疆	16105031	12263775	10492436	1771339	1308296
大连	860705	793492	767553	25939	291
宁波	2354729	1715301	1583143	132158	86934
厦门	519373	382596	316658	65938	3860
青岛	1995865	1544983	1386999	157985	17773
深圳					

（农村初中）

单位：千元

公用部分	商品和服务支出	其他资本性支出	专项公用支出	专项项目支出	基本建设支出
114356500	**52494035**	**61862465**	**15189604**	**46672860**	**3432955**
934967	702886	232081	126548	105533	119748
370118	220495	149623	35788	113835	
7221064	3055176	4165887	1004347	3161540	46233
2206819	1387870	818949	266852	552097	48674
2140511	1090231	1050280	280164	770116	30595
1031935	666722	365213	72909	292303	8982
1778067	804251	973816	241393	732423	57601
1935575	1082170	853405	272845	580561	106729
616644	494418	122225	82660	39565	
6635419	2486379	4149039	805762	3343277	4295
4573767	2295390	2278377	554149	1724228	275520
6575326	2948193	3627133	1205677	2421456	198861
3276512	1659894	1616618	565509	1051109	44824
8632031	1593652	7038379	1830335	5208044	130509
7697692	2693679	5004013	1004651	3999361	3550
8542782	4099660	4443122	596950	3846172	122676
3735485	1498069	2237416	239955	1997460	
6475128	2829506	3645622	752114	2893507	183707
6498062	3916341	2581721	1091831	1489890	149949
4573290	2229306	2343985	657225	1686760	86389
1773498	701103	1072396	459577	612819	226114
2323610	1392691	930919	194158	736761	67425
7008704	3848920	3159784	720117	2439667	387065
2982872	1656315	1326557	219182	1107376	57494
3538227	1851044	1687183	289570	1397613	129858
574624	274536	300089	120033	180055	45931
3607145	1514858	2092287	551460	1540827	127299
2504269	997942	1506327	340012	1166315	118315
636933	296009	340924	62131	278793	51014
689307	337526	351780	151676	200104	28460
3266117	1868804	1397313	394022	1003291	575140
67213	65371	1841	988	853	
639429	244369	395060	69733	325326	
136448	81043	55405	42779	12626	329
450881	140822	310059	67979	242080	

5-36 财政补助支出明细

地 区	合 计	个人部分	工资福利支出	对个人和家庭的补助支出	#助学金
合 计	**479253129**	**361796421**	**322214843**	**39581578**	**21950014**
北 京	3938023	2883309	2710870	172439	32331
天 津	2706370	2336253	2293459	42794	1246
河 北	23893380	16626084	15056951	1569133	806475
山 西	9808773	7553280	6999364	553916	355474
内蒙古	8872436	6701329	6136482	564847	335858
辽 宁	7846009	6805093	6375915	429177	123587
吉 林	7646181	5810514	5513395	297118	93177
黑龙江	9275030	7270277	6139451	1130826	87114
上 海	2696781	2080137	2000011	80127	47888
江 苏	28065149	21425436	19864346	1561089	336017
浙 江	18901146	14051858	13045638	1006220	606990
安 徽	24692316	17918129	15033506	2884623	996170
福 建	15020824	11699488	11126175	573314	217204
江 西	20880608	12118068	11358250	759818	493213
山 东	33004515	25303273	23049896	2253376	819662
河 南	32610136	23944679	21105897	2838782	1785001
湖 北	16523222	12787737	11506880	1280857	627270
湖 南	24334570	17675735	15170281	2505454	1257800
广 东	29510125	22862114	20894833	1967282	563604
广 西	20383958	15724278	13512499	2211779	1644323
海 南	4972762	2973150	2761935	211216	107617
重 庆	12107097	9716062	8482859	1233203	738785
四 川	30016335	22620566	19340197	3280369	1890511
贵 州	19169490	16129123	13640079	2489044	1895194
云 南	23676929	20008844	17170551	2838293	2459897
西 藏	3693479	3072923	2546003	526921	496879
陕 西	12107263	8372819	7343510	1029309	761061
甘 肃	11340849	8719188	7658856	1060333	664542
青 海	3670945	2982997	2597668	385330	271900
宁 夏	3105277	2387510	2177423	210087	156949
新 疆	14783151	11236167	9601663	1634504	1276273
大 连	860705	793492	767553	25939	291
宁 波	2354729	1715301	1583143	132158	86934
厦 门	519373	382596	316658	65938	3860
青 岛	1995865	1544983	1386999	157985	17773
深 圳					

(地方农村初中)

单位：千元

公用部分	商品和服务支出	其他资本性支出			基本建设支出
			专项公用支出	专项项目支出	
114041348	**52325360**	**61715988**	**15133104**	**46582883**	**3415360**
934967	702886	232081	126548	105533	119748
370118	220495	149623	35788	113835	
7221064	3055176	4165887	1004347	3161540	46233
2206819	1387870	818949	266852	552097	48674
2140511	1090231	1050280	280164	770116	30595
1031935	666722	365213	72909	292303	8982
1778067	804251	973816	241393	732423	57601
1898024	1067358	830667	262674	567992	106729
616644	494418	122225	82660	39565	
6635419	2486379	4149039	805762	3343277	4295
4573767	2295390	2278377	554149	1724228	275520
6575326	2948193	3627133	1205677	2421456	198861
3276512	1659894	1616618	565509	1051109	44824
8632031	1593652	7038379	1830335	5208044	130509
7697692	2693679	5004013	1004651	3999361	3550
8542782	4099660	4443122	596950	3846172	122676
3735485	1498069	2237416	239955	1997460	
6475128	2829506	3645622	752114	2893507	183707
6498062	3916341	2581721	1091831	1489890	149949
4573290	2229306	2343985	657225	1686760	86389
1773498	701103	1072396	459577	612819	226114
2323610	1392691	930919	194158	736761	67425
7008704	3848920	3159784	720117	2439667	387065
2982872	1656315	1326557	219182	1107376	57494
3538227	1851044	1687183	289570	1397613	129858
574624	274536	300089	120033	180055	45931
3607145	1514858	2092287	551460	1540827	127299
2503345	997404	1505942	339656	1166285	118315
636933	296009	340924	62131	278793	51014
689307	337526	351780	151676	200104	28460
2989439	1715480	1273960	348048	925912	557545
67213	65371	1841	988	853	
639429	244369	395060	69733	325326	
136448	81043	55405	42779	12626	329
450881	140822	310059	67979	242080	

5-37 财政补助支出明细

地 区	合 计	个人部分	工资福利支 出	对个人和家庭的补助支出	#助学金
合 计	**608617**	**444180**	**423531**	**20649**	
北 京	77376	44574	42408	2166	
天 津	67434	65386	63761	1624	
河 北					
山 西					
内蒙古					
辽 宁					
吉 林	2600	2334	2045	289	
黑龙江					
上 海	2013	1474	1252	222	
江 苏	175931	136576	129505	7071	
浙 江	224770	174960	168355	6605	
安 徽					
福 建					
江 西					
山 东					
河 南					
湖 北					
湖 南	2527	2314	2264	50	
广 东	19444	16562	13942	2621	
广 西					
海 南					
重 庆					
四 川					
贵 州					
云 南					
西 藏					
陕 西					
甘 肃	36490				
青 海					
宁 夏					
新 疆	32				
大 连					
宁 波					
厦 门					
青 岛					
深 圳					

(成人中学)

单位：千元

公用部分	商品和服务支出	其他资本性支出	专项公用支出	专项项目支出	基本建设支出
164437	**99721**	**64716**	**9930**	**54786**	
32803	31570	1233	784	448	
2049	1994	55	55		
265	258	8	8		
539	490	50	50		
39355	20081	19274	2359	16916	
49810	43110	6700	6293	407	
213	213				
2882	1975	907	381	525	
36490		36490		36490	
32	32				

5-38 财政补助支出明细

地区	合计	个人部分	工资福利支出	对个人和家庭的补助支出	#助学金
合计	**1418040575**	**1043806620**	**926402214**	**117404407**	**46143534**
北京	40023466	28204209	27101600	1102609	159548
天津	16247403	12936128	12524223	411904	74051
河北	65142294	46879536	41225826	5653710	2177493
山西	28256095	21199216	19448525	1750691	731699
内蒙古	24792475	18516076	16864101	1651975	661008
辽宁	27320395	21629380	20056916	1572464	406668
吉林	20188634	15783214	14868237	914977	225593
黑龙江	22012238	18246450	14384793	3861657	476855
上海	29759088	20159324	19341517	817807	546060
江苏	98204143	73892782	66596507	7296275	1551380
浙江	74109329	53254565	49400025	3854539	1807852
安徽	54564465	39231580	33669344	5562236	1364990
福建	42931922	30965080	28894823	2070257	567903
江西	46301034	30000096	27896703	2103393	1162951
山东	84266231	64399591	58812718	5586873	1260842
河南	74176337	54633996	49357822	5276174	2967088
湖北	46062186	33124912	29813694	3311217	1199300
湖南	55173028	39775819	34936428	4839390	2142266
广东	155259815	111146849	93418484	17728365	3684830
广西	52548756	39737582	35385754	4351828	2210677
海南	12535717	8428751	7997118	431633	108739
重庆	36553594	26885104	23332939	3552165	873822
四川	71902027	53069555	44733227	8336327	4143844
贵州	46667440	37221030	30689323	6531707	3204844
云南	55483551	45405083	38882434	6522650	4655140
西藏	11687829	9020931	7180215	1840716	1670749
陕西	37796543	23236705	20736728	2499977	1642382
甘肃	28265126	21437781	18805410	2632371	1325782
青海	9814293	7434872	6431292	1003580	601092
宁夏	9237659	6348499	5784468	564031	337679
新疆	40757463	31601924	27831019	3770905	2200405
大连	5895121	4628717	4461809	166907	14370
宁波	10989165	8125864	7445708	680156	382512
厦门	7749024	5329143	4764476	564667	92573
青岛	11897594	9166100	8358579	807521	158580
深圳	36704776	21005515	15124147	5881367	1279547

（小学）

单位：千元

公用部分	商品和服务支出	其他资本性支出	专项公用支出	专项项目支出	基本建设支出
354311572	**179501257**	**174810315**	**49338600**	**125471715**	**19922383**
9952572	7834250	2118323	1593913	524409	1866685
3218528	2054011	1164517	375381	789137	92748
18082575	8677772	9404804	2448030	6956773	180184
6849051	4286939	2562112	1102030	1460082	207828
6150811	2990874	3159937	895086	2264851	125588
5590300	3523668	2066632	638998	1427634	100715
4190536	2190252	2000284	573835	1426450	214884
3650457	2233308	1417149	527780	889369	115331
9578425	6413676	3164750	1312805	1851945	21338
23892688	9966306	13926382	2929191	10997191	418674
19823059	9796139	10026919	2225924	7800996	1031705
15072935	6483972	8588963	2876222	5712741	259950
11823145	5491413	6331731	1873458	4458273	143698
16048879	3838565	12210313	3017003	9193310	252060
19861190	9476237	10384953	2436891	7948061	5450
18853154	10128843	8724311	1686497	7037814	689186
12937274	5796533	7140741	1400126	5740615	
14907063	7940276	6966787	1836882	5129905	490146
37173690	22323914	14849776	6508703	8341073	6939276
12320803	5695461	6625342	1722209	4903133	490371
3992583	2067065	1925518	730897	1194621	114382
8499402	4862036	3637366	1010524	2626841	1169088
18226676	10457433	7769243	2466526	5302717	605796
9194390	4706177	4488213	960969	3527244	252020
9613043	4626600	4986443	896478	4089965	465424
2278899	953896	1325003	404350	920653	387998
13305198	5544040	7761158	2182373	5578785	1254640
6564364	2704232	3860133	771697	3088436	262980
2174477	980954	1193523	268555	924968	204943
2851160	1185395	1665765	487944	1177822	38000
7634243	4271019	3363224	1177325	2185899	1521296
1248677	747618	501059	175782	325277	17727
2863301	1315719	1547582	300057	1247525	
2321733	1128887	1192846	527124	665722	98148
2731494	1692158	1039336	381612	657724	
9868238	6616341	3251896	2060250	1191646	5831024

5-39 财政补助支出明细

地区	合计	个人部分	工资福利支出	对个人和家庭的补助支出	#助学金
合计	**1413194285**	**1040278992**	**923348104**	**116930888**	**46056031**
北京	39630057	27942010	26843079	1098932	159386
天津	16214737	12914596	12503272	411324	74051
河北	65142294	46879536	41225826	5653710	2177493
山西	28256095	21199216	19448525	1750691	731699
内蒙古	24792475	18516076	16864101	1651975	661008
辽宁	27320395	21629380	20056916	1572464	406668
吉林	20103004	15713532	14802468	911064	225593
黑龙江	21792982	18063998	14259001	3804997	475946
上海	29731291	20140944	19323140	817804	546060
江苏	98204143	73892782	66596507	7296275	1551380
浙江	74109329	53254565	49400025	3854539	1807852
安徽	54564465	39231580	33669344	5562236	1364990
福建	42931922	30965080	28894823	2070257	567903
江西	46301034	30000096	27896703	2103393	1162951
山东	84266231	64399591	58812718	5586873	1260842
河南	74166799	54625539	49351136	5274403	2967088
湖北	45901122	33003728	29700995	3302733	1199300
湖南	55164340	39767363	34927997	4839366	2142266
广东	155259815	111146849	93418484	17728365	3684830
广西	52548756	39737582	35385754	4351828	2210677
海南	12535717	8428751	7997118	431633	108739
重庆	36477378	26822175	23272072	3550102	873822
四川	71898582	53067637	44731310	8336327	4143844
贵州	46667440	37221030	30689323	6531707	3204844
云南	55483551	45405083	38882434	6522650	4655140
西藏	11687829	9020931	7180215	1840716	1670749
陕西	37691170	23160054	20661766	2498289	1642344
甘肃	28248943	21423278	18791209	2632070	1325480
青海	9814293	7434872	6431292	1003580	601092
宁夏	9237659	6348499	5784468	564031	337679
新疆	37050436	28922636	25546084	3376552	2114313
大连	5895121	4628717	4461809	166907	14370
宁波	10989165	8125864	7445708	680156	382512
厦门	7749024	5329143	4764476	564667	92573
青岛	11897594	9166100	8358579	807521	158580
深圳	36704776	21005515	15124147	5881367	1279547

（地方小学）

单位：千元

公用部分	商品和服务支出	其他资本性支出			基本建设支出
			专项公用支出	专项项目支出	
353165457	**178844892**	**174320565**	**49147272**	**125173293**	**19749835**
9821362	7725730	2095632	1571222	524409	1866685
3207394	2043444	1163949	374813	789137	92748
18082575	8677772	9404804	2448030	6956773	180184
6849051	4286939	2562112	1102030	1460082	207828
6150811	2990874	3159937	895086	2264851	125588
5590300	3523668	2066632	638998	1427634	100715
4174588	2176418	1998171	571721	1426450	214884
3613653	2216779	1396874	515413	881461	115331
9569008	6407682	3161326	1309382	1851945	21338
23892688	9966306	13926382	2929191	10997191	418674
19823059	9796139	10026919	2225924	7800996	1031705
15072935	6483972	8588963	2876222	5712741	259950
11823145	5491413	6331731	1873458	4458273	143698
16048879	3838565	12210313	3017003	9193310	252060
19861190	9476237	10384953	2436891	7948061	5450
18852074	10127775	8724299	1686485	7037814	689186
12897394	5766821	7130572	1391265	5739307	
14906831	7940193	6966638	1836733	5129905	490146
37173690	22323914	14849776	6508703	8341073	6939276
12320803	5695461	6625342	1722209	4903133	490371
3992583	2067065	1925518	730897	1194621	114382
8486115	4854856	3631259	1004418	2626841	1169088
18225149	10455906	7769243	2466526	5302717	605796
9194390	4706177	4488213	960969	3527244	252020
9613043	4626600	4986443	896478	4089965	465424
2278899	953896	1325003	404350	920653	387998
13276476	5533170	7743305	2174892	5568414	1254640
6562685	2703130	3859555	771377	3088178	262980
2174477	980954	1193523	268555	924968	204943
2851160	1185395	1665765	487944	1177822	38000
6779052	3821638	2957414	1050091	1907323	1348748
1248677	747618	501059	175782	325277	17727
2863301	1315719	1547582	300057	1247525	
2321733	1128887	1192846	527124	665722	98148
2731494	1692158	1039336	381612	657724	
9868238	6616341	3251896	2060250	1191646	5831024

5-40 财政补助支出明细

地区	合计	个人部分	工资福利支出	对个人和家庭的补助支出	#助学金
合计	1418039030	1043805319	926400912	117404407	46143534
北京	40023466	28204209	27101600	1102609	159548
天津	16247403	12936128	12524223	411904	74051
河北	65142294	46879536	41225826	5653710	2177493
山西	28256095	21199216	19448525	1750691	731699
内蒙古	24792475	18516076	16864101	1651975	661008
辽宁	27320395	21629380	20056916	1572464	406668
吉林	20188634	15783214	14868237	914977	225593
黑龙江	22012238	18246450	14384793	3861657	476855
上海	29759088	20159324	19341517	817807	546060
江苏	98204143	73892782	66596507	7296275	1551380
浙江	74109329	53254565	49400025	3854539	1807852
安徽	54564465	39231580	33669344	5562236	1364990
福建	42930791	30964158	28893901	2070257	567903
江西	46301034	30000096	27896703	2103393	1162951
山东	84266231	64399591	58812718	5586873	1260842
河南	74176337	54633996	49357822	5276174	2967088
湖北	46062186	33124912	29813694	3311217	1199300
湖南	55173028	39775819	34936428	4839390	2142266
广东	155259815	111146849	93418484	17728365	3684830
广西	52548756	39737582	35385754	4351828	2210677
海南	12535717	8428751	7997118	431633	108739
重庆	36553179	26884724	23332559	3552165	873822
四川	71902027	53069555	44733227	8336327	4143844
贵州	46667440	37221030	30689323	6531707	3204844
云南	55483551	45405083	38882434	6522650	4655140
西藏	11687829	9020931	7180215	1840716	1670749
陕西	37796543	23236705	20736728	2499977	1642382
甘肃	28265126	21437781	18805410	2632371	1325782
青海	9814293	7434872	6431292	1003580	601092
宁夏	9237659	6348499	5784468	564031	337679
新疆	40757463	31601924	27831019	3770905	2200405
大连	5895121	4628717	4461809	166907	14370
宁波	10989165	8125864	7445708	680156	382512
厦门	7749024	5329143	4764476	564667	92573
青岛	11897594	9166100	8358579	807521	158580
深圳	36704776	21005515	15124147	5881367	1279547

（普通小学）

单位：千元

公用部分	商品和服务支出	其他资本性支出			基本建设支出
			专项公用支出	专项项目支出	
354311328	**179501013**	**174810315**	**49338600**	**125471715**	**19922383**
9952572	7834250	2118323	1593913	524409	1866685
3218528	2054011	1164517	375381	789137	92748
18082575	8677772	9404804	2448030	6956773	180184
6849051	4286939	2562112	1102030	1460082	207828
6150811	2990874	3159937	895086	2264851	125588
5590300	3523668	2066632	638998	1427634	100715
4190536	2190252	2000284	573835	1426450	214884
3650457	2233308	1417149	527780	889369	115331
9578425	6413676	3164750	1312805	1851945	21338
23892688	9966306	13926382	2929191	10997191	418674
19823059	9796139	10026919	2225924	7800996	1031705
15072935	6483972	8588963	2876222	5712741	259950
11822935	5491204	6331731	1873458	4458273	143698
16048879	3838565	12210313	3017003	9193310	252060
19861190	9476237	10384953	2436891	7948061	5450
18853154	10128843	8724311	1686497	7037814	689186
12937274	5796533	7140741	1400126	5740615	
14907063	7940276	6966787	1836882	5129905	490146
37173690	22323914	14849776	6508703	8341073	6939276
12320803	5695461	6625342	1722209	4903133	490371
3992583	2067065	1925518	730897	1194621	114382
8499368	4862002	3637366	1010524	2626841	1169088
18226676	10457433	7769243	2466526	5302717	605796
9194390	4706177	4488213	960969	3527244	252020
9613043	4626600	4986443	896478	4089965	465424
2278899	953896	1325003	404350	920653	387998
13305198	5544040	7761158	2182373	5578785	1254640
6564364	2704232	3860133	771697	3088436	262980
2174477	980954	1193523	268555	924968	204943
2851160	1185395	1665765	487944	1177822	38000
7634243	4271019	3363224	1177325	2185899	1521296
1248677	747618	501059	175782	325277	17727
2863301	1315719	1547582	300057	1247525	
2321733	1128887	1192846	527124	665722	98148
2731494	1692158	1039336	381612	657724	
9868238	6616341	3251896	2060250	1191646	5831024

5-41 财政补助支出明细

地区	合计	个人部分	工资福利支出	对个人和家庭的补助支出	#助学金
合计	**1413192739**	**1040277691**	**923346803**	**116930888**	**46056031**
北京	39630057	27942010	26843079	1098932	159386
天津	16214737	12914596	12503272	411324	74051
河北	65142294	46879536	41225826	5653710	2177493
山西	28256095	21199216	19448525	1750691	731699
内蒙古	24792475	18516076	16864101	1651975	661008
辽宁	27320395	21629380	20056916	1572464	406668
吉林	20103004	15713532	14802468	911064	225593
黑龙江	21792982	18063998	14259001	3804997	475946
上海	29731291	20140944	19323140	817804	546060
江苏	98204143	73892782	66596507	7296275	1551380
浙江	74109329	53254565	49400025	3854539	1807852
安徽	54564465	39231580	33669344	5562236	1364990
福建	42930791	30964158	28893901	2070257	567903
江西	46301034	30000096	27896703	2103393	1162951
山东	84266231	64399591	58812718	5586873	1260842
河南	74166799	54625539	49351136	5274403	2967088
湖北	45901122	33003728	29700995	3302733	1199300
湖南	55164340	39767363	34927997	4839366	2142266
广东	155259815	111146849	93418484	17728365	3684830
广西	52548756	39737582	35385754	4351828	2210677
海南	12535717	8428751	7997118	431633	108739
重庆	36476963	26821795	23271693	3550102	873822
四川	71898582	53067637	44731310	8336327	4143844
贵州	46667440	37221030	30689323	6531707	3204844
云南	55483551	45405083	38882434	6522650	4655140
西藏	11687829	9020931	7180215	1840716	1670749
陕西	37691170	23160054	20661766	2498289	1642344
甘肃	28248943	21423278	18791209	2632070	1325480
青海	9814293	7434872	6431292	1003580	601092
宁夏	9237659	6348499	5784468	564031	337679
新疆	37050436	28922636	25546084	3376552	2114313
大连	5895121	4628717	4461809	166907	14370
宁波	10989165	8125864	7445708	680156	382512
厦门	7749024	5329143	4764476	564667	92573
青岛	11897594	9166100	8358579	807521	158580
深圳	36704776	21005515	15124147	5881367	1279547

（地方普通小学）

单位：千元

公用部分	商品和服务支出	其他资本性支出			基本建设支出
			专项公用支出	专项项目支出	
353165214	**178844648**	**174320565**	**49147272**	**125173293**	**19749835**
9821362	7725730	2095632	1571222	524409	1866685
3207394	2043444	1163949	374813	789137	92748
18082575	8677772	9404804	2448030	6956773	180184
6849051	4286939	2562112	1102030	1460082	207828
6150811	2990874	3159937	895086	2264851	125588
5590300	3523668	2066632	638998	1427634	100715
4174588	2176418	1998171	571721	1426450	214884
3613653	2216779	1396874	515413	881461	115331
9569008	6407682	3161326	1309382	1851945	21338
23892688	9966306	13926382	2929191	10997191	418674
19823059	9796139	10026919	2225924	7800996	1031705
15072935	6483972	8588963	2876222	5712741	259950
11822935	5491204	6331731	1873458	4458273	143698
16048879	3838565	12210313	3017003	9193310	252060
19861190	9476237	10384953	2436891	7948061	5450
18852074	10127775	8724299	1686485	7037814	689186
12897394	5766821	7130572	1391265	5739307	
14906831	7940193	6966638	1836733	5129905	490146
37173690	22323914	14849776	6508703	8341073	6939276
12320803	5695461	6625342	1722209	4903133	490371
3992583	2067065	1925518	730897	1194621	114382
8486081	4854821	3631259	1004418	2626841	1169088
18225149	10455906	7769243	2466526	5302717	605796
9194390	4706177	4488213	960969	3527244	252020
9613043	4626600	4986443	896478	4089965	465424
2278899	953896	1325003	404350	920653	387998
13276476	5533170	7743305	2174892	5568414	1254640
6562685	2703130	3859555	771377	3088178	262980
2174477	980954	1193523	268555	924968	204943
2851160	1185395	1665765	487944	1177822	38000
6779052	3821638	2957414	1050091	1907323	1348748
1248677	747618	501059	175782	325277	17727
2863301	1315719	1547582	300057	1247525	
2321733	1128887	1192846	527124	665722	98148
2731494	1692158	1039336	381612	657724	
9868238	6616341	3251896	2060250	1191646	5831024

5-42 财政补助支出明细

地 区	合 计	个人部分	工资福利支出	对个人和家庭的补助支出	#助学金
合 计	**805329871**	**624096869**	**549552056**	**74544813**	**32629566**
北 京	6741122	4898948	4631545	267404	35959
天 津	3611617	3137514	3030824	106690	1471
河 北	46999302	34352882	29789830	4563052	1893160
山 西	18382188	14415639	13188491	1227148	481557
内蒙古	16917382	13126699	11813406	1313293	483945
辽 宁	11505587	10088777	9285069	803708	190807
吉 林	13072646	10280231	9751982	528248	126227
黑龙江	13011559	10937355	8552271	2385084	109756
上 海	3722145	2935430	2807376	128054	73943
江 苏	41547893	33516900	30015942	3500958	358801
浙 江	32340611	23736080	21706176	2029904	827010
安 徽	39006030	29093460	24851499	4241962	1098859
福 建	24213572	18249297	17120719	1128578	123786
江 西	32015927	21013780	19676488	1337292	643281
山 东	45813498	36496863	33278626	3218237	631813
河 南	52825223	39719490	35711514	4007976	2456020
湖 北	23657688	18019454	16060851	1958603	955560
湖 南	36258500	26990811	23670357	3320454	1811904
广 东	54018159	42701698	37220010	5481688	997663
广 西	38452323	30317118	26632804	3684314	1902558
海 南	8495625	6185058	5842311	342747	89545
重 庆	19824224	16240378	13904262	2336116	621452
四 川	47532111	36549230	30897811	5651419	2980238
贵 州	35452056	29857587	24454825	5402762	2961078
云 南	44055909	37280968	31746904	5534064	4069327
西 藏	9172328	7210655	5744310	1466345	1375019
陕 西	21544061	14337441	12524775	1812666	1232282
甘 肃	22257953	17299363	15063141	2236222	1188871
青 海	7304913	5779015	4931035	847980	572795
宁 夏	5563343	4301239	3890595	410643	257630
新 疆	30014376	25027510	21756306	3271204	2077250
大 连	1193944	1035714	975024	60690	324
宁 波	3997951	2864972	2606498	258474	133973
厦 门	1341480	973211	730096	243116	3295
青 岛	2738233	2251108	2001058	250050	19761
深 圳					

(农村小学)

单位：千元

公用部分	商品和服务支出	其他资本性支出			基本建设支出
			专项公用支出	专项项目支出	
176713910	**88921903**	**87792007**	**22296555**	**65495452**	**4519092**
1430992	1207326	223666	145632	78034	411181
440263	334493	105770	28678	77091	33840
12541233	6158861	6382372	1678050	4704322	105187
3895964	2489540	1406424	507886	898538	70585
3739791	1915853	1823938	485676	1338262	50893
1400542	1011567	388975	91926	297049	16268
2714539	1306217	1408322	388366	1019956	77876
2004297	1160797	843501	288763	554738	69907
786716	653111	133605	98903	34702	
8029397	3983977	4045420	995641	3049779	1596
8196891	4226094	3970796	870201	3100595	407640
9696237	4417649	5278589	1802863	3475726	216332
5927197	2951969	2975228	898415	2076814	37078
10810175	2431278	8378897	2097598	6281298	191972
9311385	4489708	4821677	988586	3833091	5250
12874246	7142531	5731715	1008449	4723266	231487
5638234	2640712	2997523	347385	2650137	
8954999	4393851	4561148	1008996	3552152	312690
11235990	6798521	4437469	1917647	2519822	80471
8034661	4112715	3921946	1059550	2862396	100545
2237161	1142919	1094241	393897	700344	73406
3467589	1988902	1478687	260086	1218602	116257
10637042	6177489	4459553	1031670	3427883	345839
5526253	2884975	2641278	545419	2095859	68217
6582764	3213255	3369509	539655	2829854	192177
1678634	711483	967151	305495	661656	283038
7032648	2878746	4153902	1068486	3085416	173972
4776257	1997790	2778467	521756	2256712	182333
1453417	667578	785839	164685	621154	72481
1232904	701768	531136	220557	310579	29200
4425490	2730230	1695261	535637	1159624	561375
158230	142529	15701	4526	11175	
1132979	501437	631542	112958	518584	
367709	154502	213208	89831	123377	559
487125	294467	192658	68928	123729	

5-43 财政补助支出明细

地区	合计	个人部分	工资福利支出	对个人和家庭的补助支出	#助学金
合计	**802630901**	**621981296**	**547778707**	**74202589**	**32567477**
北京	6741122	4898948	4631545	267404	35959
天津	3611617	3137514	3030824	106690	1471
河北	46999302	34352882	29789830	4563052	1893160
山西	18382188	14415639	13188491	1227148	481557
内蒙古	16917382	13126699	11813406	1313293	483945
辽宁	11505587	10088777	9285069	803708	190807
吉林	13072646	10280231	9751982	528248	126227
黑龙江	12826900	10775707	8444322	2331385	109571
上海	3722145	2935430	2807376	128054	73943
江苏	41547893	33516900	30015942	3500958	358801
浙江	32340611	23736080	21706176	2029904	827010
安徽	39006030	29093460	24851499	4241962	1098859
福建	24213572	18249297	17120719	1128578	123786
江西	32015927	21013780	19676488	1337292	643281
山东	45813498	36496863	33278626	3218237	631813
河南	52825223	39719490	35711514	4007976	2456020
湖北	23657688	18019454	16060851	1958603	955560
湖南	36258500	26990811	23670357	3320454	1811904
广东	54018159	42701698	37220010	5481688	997663
广西	38452323	30317118	26632804	3684314	1902558
海南	8495625	6185058	5842311	342747	89545
重庆	19824224	16240378	13904262	2336116	621452
四川	47532111	36549230	30897811	5651419	2980238
贵州	35452056	29857587	24454825	5402762	2961078
云南	44055909	37280968	31746904	5534064	4069327
西藏	9172328	7210655	5744310	1466345	1375019
陕西	21544061	14337441	12524775	1812666	1232282
甘肃	22241770	17284860	15048940	2235920	1188569
青海	7304913	5779015	4931035	847980	572795
宁夏	5563343	4301239	3890595	410643	257630
新疆	27516247	23088088	20105107	2982980	2015648
大连	1193944	1035714	975024	60690	324
宁波	3997951	2864972	2606498	258474	133973
厦门	1341480	973211	730096	243116	3295
青岛	2738233	2251108	2001058	250050	19761
深圳					

(地方农村小学)

单位：千元

公用部分	商品和服务支出	其他资本性支出	专项公用支出	专项项目支出	基本建设支出
176159263	**88632905**	**87526358**	**22203995**	**65322363**	**4490342**
1430992	1207326	223666	145632	78034	411181
440263	334493	105770	28678	77091	33840
12541233	6158861	6382372	1678050	4704322	105187
3895964	2489540	1406424	507886	898538	70585
3739791	1915853	1823938	485676	1338262	50893
1400542	1011567	388975	91926	297049	16268
2714539	1306217	1408322	388366	1019956	77876
1981286	1147129	834157	283410	550748	69907
786716	653111	133605	98903	34702	
8029397	3983977	4045420	995641	3049779	1596
8196891	4226094	3970796	870201	3100595	407640
9696237	4417649	5278589	1802863	3475726	216332
5927197	2951969	2975228	898415	2076814	37078
10810175	2431278	8378897	2097598	6281298	191972
9311385	4489708	4821677	988586	3833091	5250
12874246	7142531	5731715	1008449	4723266	231487
5638234	2640712	2997523	347385	2650137	
8954999	4393851	4561148	1008996	3552152	312690
11235990	6798521	4437469	1917647	2519822	80471
8034661	4112715	3921946	1059550	2862396	100545
2237161	1142919	1094241	393897	700344	73406
3467589	1988902	1478687	260086	1218602	116257
10637042	6177489	4459553	1031670	3427883	345839
5526253	2884975	2641278	545419	2095859	68217
6582764	3213255	3369509	539655	2829854	192177
1678634	711483	967151	305495	661656	283038
7032648	2878746	4153902	1068486	3085416	173972
4774578	1996688	2777889	521436	2256454	182333
1453417	667578	785839	164685	621154	72481
1232904	701768	531136	220557	310579	29200
3895534	2456001	1439533	448750	990783	532626
158230	142529	15701	4526	11175	
1132979	501437	631542	112958	518584	
367709	154502	213208	89831	123377	559
487125	294467	192658	68928	123729	

5-44 财政补助支出明细

地区	合计	个人部分	工资福利支出	对个人和家庭的补助支出	#助学金
合计	**1545**	**1302**	**1302**		
北京					
天津					
河北					
山西					
内蒙古					
辽宁					
吉林					
黑龙江					
上海					
江苏					
浙江					
安徽					
福建	1131	922	922		
江西					
山东					
河南					
湖北					
湖南					
广东					
广西					
海南					
重庆	414	380	380		
四川					
贵州					
云南					
西藏					
陕西					
甘肃					
青海					
宁夏					
新疆					
大连					
宁波					
厦门					
青岛					
深圳					

(成人小学)

单位：千元

公用部分	商品和服务支出	其他资本性支出			基本建设支出
			专项公用支出	专项项目支出	
244	**244**				
209	209				
35	35				

5-45 财政补助支出明细

地区	合计	个人部分	工资福利支出	对个人和家庭的补助支出	#助学金
合计	20784075	14369928	13206768	1163160	425011
北京	698501	560532	527784	32748	9344
天津	290935	213786	206539	7248	466
河北	750340	529222	501537	27686	11262
山西	526727	372863	331150	41713	8572
内蒙古	451343	298057	287229	10828	4941
辽宁	677111	548059	501500	46559	8529
吉林	363275	279265	268319	10945	4659
黑龙江	504539	383247	330714	52532	8932
上海	967109	696758	672274	24484	14971
江苏	1467451	1130841	1028755	102086	29917
浙江	1209571	736071	695645	40426	22084
安徽	654004	363074	325177	37897	14601
福建	800263	514255	476726	37529	19541
江西	491774	290783	272554	18229	10073
山东	1521162	1070772	958157	112614	48505
河南	823447	597452	550480	46972	17763
湖北	652031	450571	392477	58093	13480
湖南	817443	544579	499594	44985	23154
广东	2553932	1643552	1502970	140582	22018
广西	500741	347216	321854	25361	11378
海南	137428	86617	79329	7288	5383
重庆	349310	258783	233680	25103	11537
四川	977633	626939	563182	63757	24538
贵州	568714	410705	370754	39951	16185
云南	600309	469411	429305	40106	26958
西藏	134059	114009	106406	7603	6706
陕西	433220	276636	262371	14265	7253
甘肃	239917	174693	164785	9909	4392
青海	93819	58983	52468	6515	2888
宁夏	192717	121553	108131	13422	8848
新疆	335248	200645	184922	15723	6134
大连	144981	121878	118545	3333	929
宁波	149233	111379	105315	6063	2800
厦门	172438	88907	82387	6520	1107
青岛	312899	227006	194837	32169	10783
深圳	538197	273774	225113	48661	2306

(特殊教育)

单位：千元

公用部分	商品和服务支出	其他资本性支出			基本建设支出
			专项公用支出	专项项目支出	
6021668	**3627641**	**2394027**	**1122229**	**1271799**	**392479**
135778	118244	17534	15684	1850	2191
77149	58121	19028	15303	3724	
221118	134663	86455	38626	47829	
153864	93234	60630	31469	29161	
146214	65090	81124	53858	27266	7072
129052	109773	19280	14699	4581	
79010	59336	19674	12820	6854	5000
117934	80835	37099	21769	15331	3358
270351	223078	47273	41383	5890	
334466	225707	108759	59800	48958	2144
393812	187122	206690	48023	158667	79688
224312	103193	121119	49308	71811	66617
277507	121540	155967	47216	108752	8500
172719	91651	81068	41068	40000	28273
446842	226530	220312	80159	140152	3549
225995	150041	75954	27035	48919	
201460	104448	97012	26115	70897	
266764	155103	111661	38303	73358	6100
819794	519794	299999	228399	71600	90587
149229	86933	62297	26690	35607	4296
50811	37355	13456	9390	4066	
90527	69182	21345	11709	9636	
341704	202334	139370	63872	75498	8990
155321	94437	60884	12746	48138	2688
130898	90706	40192	26384	13808	
20050	15635	4416	2154	2262	
155742	70669	85072	27299	57774	843
65224	38826	26398	14938	11460	
34836	10726	24110	2338	21771	
71164	47229	23935	19194	4741	
62022	36107	25915	14478	11437	72581
23103	21092	2012	2012		
37854	29078	8776	5346	3430	
83530	28582	54949	14149	40800	
85893	43870	42023	9884	32139	
187288	162255	25033	24712	321	77134

5-46 财政补助支出明细

地区	合计	个人部分	工资福利支出	对个人和家庭的补助支出	#助学金
合计	**19903258**	**13781111**	**12661786**	**1119325**	**420199**
北京	573326	464459	438953	25506	8938
天津	270908	206101	200126	5974	466
河北	750340	529222	501537	27686	11262
山西	505474	357341	315826	41515	8572
内蒙古	451343	298057	287229	10828	4941
辽宁	627463	507418	464201	43216	8467
吉林	347326	271984	261164	10820	4636
黑龙江	497733	379012	327079	51933	8930
上海	806599	580340	559812	20528	14508
江苏	1440423	1112389	1011481	100909	29815
浙江	1192135	724275	684266	40009	22031
安徽	643269	353838	318009	35829	14601
福建	800263	514255	476726	37529	19541
江西	452201	278536	260469	18066	10073
山东	1521162	1070772	958157	112614	48505
河南	801347	583099	538083	45016	17747
湖北	631052	435151	378539	56612	13480
湖南	795192	527180	482931	44249	23054
广东	2469961	1592827	1458541	134286	21656
广西	484541	339191	314084	25107	11378
海南	137428	86617	79329	7288	5383
重庆	340234	250827	226670	24158	11537
四川	912834	585292	523972	61320	24399
贵州	464597	340021	308477	31544	13365
云南	583899	455966	416272	39694	26958
西藏	134059	114009	106406	7603	6706
陕西	406898	267322	253141	14181	7253
甘肃	239917	174693	164785	9909	4392
青海	93819	58983	52468	6515	2888
宁夏	192717	121553	108131	13422	8848
新疆	334798	200381	184922	15459	5870
大连	135211	113511	110330	3180	883
宁波	149233	111379	105315	6063	2800
厦门	172438	88907	82387	6520	1107
青岛	312899	227006	194837	32169	10783
深圳	499096	250529	206778	43751	1955

(特殊教育学校)

单位：千元

公用部分					基本建设支出
	商品和服务支出	其他资本性支出			
			专项公用支出	专项项目支出	
5748880	**3433109**	**2315771**	**1081370**	**1234401**	**373267**
108310	94887	13423	11573	1850	556
64807	49960	14846	11122	3724	
221118	134663	86455	38626	47829	
148133	88341	59793	30632	29161	
146214	65090	81124	53858	27266	7072
120045	101483	18562	13981	4581	
70342	51869	18473	11875	6598	5000
115362	78577	36785	21454	15331	3358
226259	188741	37518	32792	4726	
325889	220745	105145	57684	47460	2144
388172	183630	204541	47207	157334	79688
222814	102118	120696	48895	71801	66617
277507	121540	155967	47216	108752	8500
162211	82337	79874	39874	40000	11455
446842	226530	220312	80159	140152	3549
218249	145310	72939	25596	47343	
195901	99381	96520	25624	70897	
261912	151547	110364	37627	72737	6100
787306	492720	294586	222986	71600	89829
141054	81282	59772	25692	34079	4296
50811	37355	13456	9390	4066	
89407	68114	21293	11657	9636	
318553	187267	131286	59696	71589	8990
121888	73759	48129	11806	36323	2688
127934	87889	40045	26236	13808	
20050	15635	4416	2154	2262	
138734	69637	69096	25010	44086	843
65224	38826	26398	14938	11460	
34836	10726	24110	2338	21771	
71164	47229	23935	19194	4741	
61836	35921	25915	14478	11437	72581
21700	20085	1615	1615		
37854	29078	8776	5346	3430	
83530	28582	54949	14149	40800	
85893	43870	42023	9884	32139	
172191	149694	22497	22176	321	76376

5-47 财政补助支出明细

地区	合计				
		个人部分			
			工资福利支出	对个人和家庭的补助支出	
					#助学金
合计	**880817**	**588817**	**544983**	**43834**	**4812**
北京	125175	96073	88831	7241	406
天津	20027	7686	6412	1273	
河北					
山西	21253	15523	15325	198	
内蒙古					
辽宁	49649	40641	37299	3342	62
吉林	15950	7281	7155	126	23
黑龙江	6807	4234	3635	599	2
上海	160510	116418	112462	3956	464
江苏	27028	18452	17274	1177	102
浙江	17436	11796	11379	417	53
安徽	10735	9236	7168	2068	
福建					
江西	39573	12247	12084	163	
山东					
河南	22099	14353	12397	1956	15
湖北	20979	15420	13938	1481	
湖南	22251	17398	16663	736	100
广东	83971	50725	44429	6296	362
广西	16200	8025	7771	254	
海南					
重庆	9076	7956	7011	945	
四川	64799	41647	39210	2438	139
贵州	104117	70684	62277	8407	2820
云南	16410	13445	13032	413	
西藏					
陕西	26322	9314	9230	83	
甘肃					
青海					
宁夏					
新疆	450	264		264	264
大连	9770	8367	8214	153	46
宁波					
厦门					
青岛					
深圳	39101	23246	18335	4911	351

(工读学校)

单位：千元

公用部分	商品和服务支出	其他资本性支出	专项公用支出	专项项目支出	基本建设支出
272788	**194532**	**78256**	**40859**	**37398**	**19212**
27468	23356	4112	4112		1635
12342	8160	4181	4181		
5730	4893	837	837		
9008	8290	718	718		
8669	7467	1201	945	256	
2572	2258	315	315		
44092	34337	9755	8592	1164	
8577	4963	3614	2116	1498	
5640	3491	2149	816	1333	
1498	1075	423	413	10	
10508	9314	1194	1194		16818
7746	4731	3015	1439	1576	
5559	5068	492	492		
4852	3555	1297	676	621	
32488	27075	5413	5413		758
8176	5650	2525	998	1527	
1120	1068	52	52		
23152	15067	8085	4176	3909	
33433	20678	12755	940	11815	
2964	2816	148	148		
17008	1032	15976	2288	13687	
186	186				
1403	1006	396	396		
15097	12562	2536	2536		758

5-48 财政补助支出明细

地区	合计	个人部分	工资福利支出	对个人和家庭的补助支出	#助学金
合计	**274638031**	**162019387**	**149491019**	**12528368**	**6488402**
北京	15513806	9329930	9196683	133247	3416
天津	4533291	2795555	2720588	74967	1398
河北	9682524	6994529	6730595	263934	29115
山西	3829543	2279611	2124915	154696	116936
内蒙古	5996901	3746136	3553199	192937	101985
辽宁	2432199	1452260	1373093	79167	13835
吉林	2242803	1400286	1365937	34349	11673
黑龙江	2515074	1495860	1339836	156024	16578
上海	17020453	10593883	10501112	92772	36698
江苏	21119674	12461184	11921756	539428	184695
浙江	20920079	11640081	11125181	514900	229212
安徽	9071319	4855497	4450898	404599	147673
福建	10019368	6231983	5972428	259555	61631
江西	9298295	4312867	4157517	155350	110128
山东	13448634	7240513	6671092	569421	295511
河南	6869319	4219438	3923499	295939	200468
湖北	5879137	3375859	3147607	228252	109112
湖南	6608524	3394915	3044432	350483	215120
广东	24992613	14450067	12289525	2160542	703283
广西	5591186	2944238	2730539	213699	115187
海南	3567470	1370114	1285803	84311	35733
重庆	5301680	2251372	1826918	424455	239711
四川	14528832	7424132	6443550	980582	578793
贵州	9982169	6653893	5885644	768249	551990
云南	6818671	4771172	4312810	458362	307936
西藏	3866039	2764267	2227399	536868	483296
陕西	10283446	5858369	5464785	393584	217476
甘肃	6504761	4248627	3912529	336098	130432
青海	1356796	735771	576305	159466	125729
宁夏	1818777	694556	607011	87544	61289
新疆	13024649	10032423	8607835	1424588	1052361
大连	792107	571828	544516	27312	1200
宁波	3519236	2114054	1976675	137379	116489
厦门	2707483	1702564	1582136	120427	7164
青岛	2265541	1352438	1289894	62545	13685
深圳	10109779	6214604	5129076	1085528	308415

（幼儿园）

单位：千元

公用部分	商品和服务支出	其他资本性支出			基本建设支出
			专项公用支出	专项项目支出	
108297174	**56957966**	**51339209**	**15083455**	**36255753**	**4321470**
5709373	4923029	786345	591177	195168	474503
1720662	893350	827311	234896	592416	17074
2674422	1408773	1265650	354636	911014	13573
1537143	854143	683001	244640	438361	12789
2143780	915648	1228132	320663	907468	106986
978394	747579	230815	99835	130981	1545
823141	333729	489412	113936	375476	19376
987260	435791	551469	109289	442179	31954
6386628	4635028	1751600	718084	1033516	39941
8579304	3878399	4700905	1136581	3564324	79185
8752524	4755279	3997245	955736	3041509	527474
4153782	1536786	2616996	725440	1891556	62040
3740813	1932893	1807919	636835	1171084	46572
4913910	881916	4031994	931180	3100814	71519
6207938	3090066	3117871	743172	2374699	183
2607217	776813	1830404	328857	1501547	42664
2503278	1240725	1262552	321778	940774	
3140278	1721668	1418610	407425	1011185	73331
10108278	6300797	3807481	1835962	1971519	434268
2352578	1086295	1266283	320197	946086	294369
2155312	930551	1224762	546908	677853	42044
2886578	1780651	1105927	253402	852525	163729
6772195	3608292	3163903	1130699	2033204	332505
3149473	1567680	1581793	370030	1211764	178802
1906661	904073	1002588	209520	793068	140838
940640	430872	509768	124627	385141	161133
4110059	2146909	1963150	589499	1373650	315018
2187131	992411	1194720	270839	923880	69003
553776	258084	295692	47971	247721	67249
1107321	421433	685888	163208	522680	16900
2507324	1568300	939023	246434	692590	484903
220279	208347	11932	5730	6202	
1405182	696045	709137	116245	592892	
971867	631236	340631	219923	120709	33052
913103	524294	388808	193960	194849	
3624258	2603597	1020660	865544	155116	270917

5-49 财政补助支出明细

地区	合计	个人部分	工资福利支出	对个人和家庭的补助支出	#助学金
合计	**272800000**	**160797770**	**148370741**	**12427029**	**6458262**
北京	14886203	8852857	8721299	131557	3401
天津	4528276	2793163	2718197	74967	1398
河北	9672418	6987038	6723473	263565	29115
山西	3829543	2279611	2124915	154696	116936
内蒙古	5995234	3744957	3552021	192937	101985
辽宁	2428796	1449617	1370450	79167	13835
吉林	2242087	1400204	1365855	34349	11673
黑龙江	2448226	1448037	1295752	152286	16472
上海	16939460	10542459	10449740	92719	36698
江苏	21106170	12449932	11910541	539392	184659
浙江	20920079	11640081	11125181	514900	229212
安徽	9069526	4855487	4450898	404589	147673
福建	10019368	6231983	5972428	259555	61631
江西	9298295	4312867	4157517	155350	110128
山东	13448634	7240513	6671092	569421	295511
河南	6856183	4207503	3911646	295857	200453
湖北	5875561	3373564	3145347	228217	109076
湖南	6597779	3390842	3040445	350397	215094
广东	24988105	14447342	12287651	2159691	702984
广西	5591186	2944238	2730539	213699	115187
海南	3565545	1369848	1285537	84311	35733
重庆	5301680	2251372	1826918	424455	239711
四川	14526394	7421713	6441223	980490	578793
贵州	9982169	6653893	5885644	768249	551990
云南	6817069	4769570	4311208	458362	307936
西藏	3866039	2764267	2227399	536868	483296
陕西	10277169	5855149	5461718	393430	217322
甘肃	6489457	4235200	3901010	334190	129058
青海	1356549	735524	576305	159219	125481
宁夏	1818777	694556	607011	87544	61289
新疆	12058023	9454382	8121781	1332600	1024530
大连	788805	569285	541974	27312	1200
宁波	3519236	2114054	1976675	137379	116489
厦门	2707483	1702564	1582136	120427	7164
青岛	2265541	1352438	1289894	62545	13685
深圳	10108272	6213532	5128461	1085071	308415

(地方幼儿园)

单位：千元

公用部分	商品和服务支出	其他资本性支出	专项公用支出	专项项目支出	基本建设支出
107730460	**56559539**	**51170921**	**15000977**	**36169944**	**4271770**
5558844	4796666	762178	572766	189412	474503
1718039	890727	827311	234896	592416	17074
2671807	1406158	1265650	354636	911014	13573
1537143	854143	683001	244640	438361	12789
2143291	915327	1227963	320615	907348	106986
977634	746819	230815	99835	130981	1545
822507	333095	489412	113936	375476	19376
968234	428542	539693	105144	434549	31954
6357060	4605460	1751600	718084	1033516	39941
8577052	3876530	4700522	1136350	3564172	79185
8752524	4755279	3997245	955736	3041509	527474
4151999	1535964	2616035	724479	1891556	62040
3740813	1932893	1807919	636835	1171084	46572
4913910	881916	4031994	931180	3100814	71519
6207938	3090066	3117871	743172	2374699	183
2606016	775803	1830214	328667	1501547	42664
2501997	1239444	1262552	321778	940774	
3133607	1715485	1418122	406937	1011185	73331
10106495	6299353	3807142	1835631	1971511	434268
2352578	1086295	1266283	320197	946086	294369
2153653	929935	1223719	546677	677042	42044
2886578	1780651	1105927	253402	852525	163729
6772176	3608273	3163903	1130699	2033204	332505
3149473	1567680	1581793	370030	1211764	178802
1906661	904073	1002588	209520	793068	140838
940640	430872	509768	124627	385141	161133
4107002	2144591	1962412	589224	1373188	315018
2185254	991489	1193765	270360	923405	69003
553776	258084	295692	47971	247721	67249
1107321	421433	685888	163208	522680	16900
2168438	1356495	811943	189747	622196	435203
219519	207587	11932	5730	6202	
1405182	696045	709137	116245	592892	
971867	631236	340631	219923	120709	33052
913103	524294	388808	193960	194849	
3623824	2603163	1020660	865544	155116	270917

5-50　财政补助支出明细

地　区	合　计	个人部分	工资福利支　出	对个人和家庭的补助支出	#助学金
合　计	**126011988**	**79702132**	**73043125**	**6659007**	**4464751**
北　京	2891564	1683222	1667097	16125	1246
天　津	707668	411059	403503	7555	375
河　北	6830752	5028379	4871684	156695	25085
山　西	2345049	1480846	1376537	104308	83321
内蒙古	3763893	2485702	2359868	125834	59077
辽　宁	553911	389849	377458	12391	5596
吉　林	1079327	726648	715137	11510	4255
黑龙江	1379766	843695	762860	80835	13883
上　海	2227335	1640960	1625782	15178	5210
江　苏	6841199	4236009	3998941	237068	118788
浙　江	8046546	4483427	4251104	232322	62845
安　徽	5766972	3336266	3121913	214353	74987
福　建	4590141	2918465	2827841	90624	36596
江　西	6034607	2958794	2858019	100775	79385
山　东	6455516	3767558	3441138	326420	190368
河　南	4086250	2511002	2314302	196700	167407
湖　北	2342608	1393652	1281218	112434	90094
湖　南	4001250	2155628	1943925	211703	167328
广　东	5034883	2761255	2475744	285511	193172
广　西	3261648	1766225	1632521	133704	87764
海　南	2077439	927474	875014	52460	30595
重　庆	1983252	1112528	892698	219830	170720
四　川	7211601	4129441	3519679	609762	429843
贵　州	6981995	5159260	4563982	595278	486861
云　南	4337862	3255670	2996584	259086	190507
西　藏	2635574	1958045	1560611	397434	369521
陕　西	5570861	3502903	3258188	244715	154912
甘　肃	4892728	3410120	3215330	194789	55113
青　海	1033964	566416	439913	126503	105049
宁　夏	868936	434123	376586	57537	43226
新　疆	10176892	8267513	7037946	1229567	961622
大　连	90660	68596	67967	629	176
宁　波	1144723	644738	635830	8908	4419
厦　门	329682	181227	158080	23147	500
青　岛	418231	270456	254987	15470	7215
深　圳					

（农村幼儿园）

单位：千元

公用部分	商品和服务支出	其他资本性支出			基本建设支出
			专项公用支出	专项项目支出	
44483490	**20983565**	**23499926**	**5511501**	**17988425**	**1826366**
1145601	1010256	135346	100595	34750	62741
283250	116933	166317	24087	142230	13359
1795896	892874	903022	224915	678106	6478
852090	520921	331169	135119	196050	12114
1220018	524206	695813	189485	506328	58173
162518	122964	39554	16001	23553	1545
342347	131701	210646	49066	161580	10332
508905	194050	314855	54562	260293	27165
586374	462670	123704	97067	26637	
2604941	1176198	1428743	319657	1109086	249
3309176	1558857	1750318	393969	1356349	253944
2380466	971778	1408688	340381	1068307	50240
1658356	760868	897488	255353	642134	13320
3012359	525563	2486796	625916	1860880	63453
2687957	1288977	1398981	261535	1137446	
1556943	388960	1167983	169255	998728	18305
948956	413024	535933	95930	440003	
1789901	971826	818075	179025	639050	55722
2240538	1132744	1107794	286731	821063	33090
1431845	660309	771536	146434	625102	63578
1113068	484779	628289	271254	357034	36898
859303	512042	347261	66912	280349	11422
2895617	1437076	1458542	272567	1185975	186542
1770423	802765	967658	146260	821398	52313
988243	485468	502775	77181	425593	93950
519047	232063	286984	94794	192191	158482
1935982	1068101	867881	221005	646877	131976
1440663	698382	742282	154621	587661	41945
405682	187778	217904	35611	182293	61866
417913	175218	242695	77569	165126	16900
1619113	1074216	544897	128644	416253	290266
22064	19555	2509	787	1722	
499985	214059	285926	49414	236512	
148455	108166	40289	37168	3122	
147775	112492	35282	19422	15860	

5-51 财政补助支出明细

地区	合计	个人部分	工资福利支出	对个人和家庭的补助支出	#助学金
合计	**125333091**	**79265088**	**72677445**	**6587643**	**4444458**
北京	2886389	1679936	1663811	16125	1246
天津	707668	411059	403503	7555	375
河北	6830560	5028379	4871684	156695	25085
山西	2345049	1480846	1376537	104308	83321
内蒙古	3763893	2485702	2359868	125834	59077
辽宁	553911	389849	377458	12391	5596
吉林	1079327	726648	715137	11510	4255
黑龙江	1328161	803625	726154	77471	13787
上海	2227335	1640960	1625782	15178	5210
江苏	6841199	4236009	3998941	237068	118788
浙江	8046546	4483427	4251104	232322	62845
安徽	5766972	3336266	3121913	214353	74987
福建	4590141	2918465	2827841	90624	36596
江西	6034607	2958794	2858019	100775	79385
山东	6455516	3767558	3441138	326420	190368
河南	4086250	2511002	2314302	196700	167407
湖北	2342504	1393652	1281218	112434	90094
湖南	4001220	2155627	1943925	211702	167327
广东	5033249	2760294	2475132	285162	192873
广西	3261648	1766225	1632521	133704	87764
海南	2077426	927474	875014	52460	30595
重庆	1983252	1112528	892698	219830	170720
四川	7211601	4129441	3519679	609762	429843
贵州	6981995	5159260	4563982	595278	486861
云南	4337862	3255670	2996584	259086	190507
西藏	2635574	1958045	1560611	397434	369521
陕西	5570844	3502902	3258188	244714	154911
甘肃	4878717	3397986	3203812	194175	55031
青海	1033964	566416	439913	126503	105049
宁夏	868936	434123	376586	57537	43226
新疆	9570775	7886921	6724388	1162533	941807
大连	90660	68596	67967	629	176
宁波	1144723	644738	635830	8908	4419
厦门	329682	181227	158080	23147	500
青岛	418231	270456	254987	15470	7215
深圳					

(地方农村幼儿园)

单位：千元

公用部分	商品和服务支出	其他资本性支出			基本建设支出
			专项公用支出	专项项目支出	
44261808	**20859547**	**23402261**	**5479557**	**17922705**	**1806194**
1143712	1009316	134397	99917	34480	62741
283250	116933	166317	24087	142230	13359
1795704	892682	903022	224915	678106	6478
852090	520921	331169	135119	196050	12114
1220018	524206	695813	189485	506328	58173
162518	122964	39554	16001	23553	1545
342347	131701	210646	49066	161580	10332
497371	188746	308625	52548	256077	27165
586374	462670	123704	97067	26637	
2604941	1176198	1428743	319657	1109086	249
3309176	1558857	1750318	393969	1356349	253944
2380466	971778	1408688	340381	1068307	50240
1658356	760868	897488	255353	642134	13320
3012359	525563	2486796	625916	1860880	63453
2687957	1288977	1398981	261535	1137446	
1556943	388960	1167983	169255	998728	18305
948852	412919	535933	95930	440003	
1789871	971796	818075	179025	639050	55722
2239865	1132217	1107648	286592	821056	33090
1431845	660309	771536	146434	625102	63578
1113055	484766	628289	271254	357034	36898
859303	512042	347261	66912	280349	11422
2895617	1437076	1458542	272567	1185975	186542
1770423	802765	967658	146260	821398	52313
988243	485468	502775	77181	425593	93950
519047	232063	286984	94794	192191	158482
1935966	1068085	867881	221005	646877	131976
1438786	697459	741327	154141	587185	41945
405682	187778	217904	35611	182293	61866
417913	175218	242695	77569	165126	16900
1413760	958246	455513	100010	355503	270094
22064	19555	2509	787	1722	
499985	214059	285926	49414	236512	
148455	108166	40289	37168	3122	
147775	112492	35282	19422	15860	

5-52 财政补助支出明细

地区	合计	个人部分	工资福利支出	对个人和家庭的补助支出	#助学金
合计	**39709735**	**22843396**	**18928893**	**3914502**	
北京	1026586	726545	636083	90462	
天津	393703	294900	280024	14876	
河北	826677	556948	470452	86496	
山西	1102307	779594	696832	82762	
内蒙古	761793	472138	404680	67458	
辽宁	732623	450025	350063	99962	
吉林	427853	282293	257001	25292	
黑龙江	1944000	660423	439370	221053	
上海	423292	308348	294203	14145	
江苏	1986830	1329017	1106751	222266	
浙江	2193391	1073337	956957	116380	
安徽	1372789	721060	574117	146944	
福建	635034	407326	357383	49943	
江西	796959	424038	362645	61393	
山东	3008357	1934103	1720318	213785	
河南	1481147	747687	629334	118353	
湖北	1347818	843651	709323	134328	
湖南	2441093	1618406	1383544	234861	
广东	4419732	2220100	1641539	578561	
广西	516314	323828	289630	34198	
海南	371420	200810	177628	23182	
重庆	838037	402125	277914	124212	
四川	2661474	1414095	1046216	367879	
贵州	1714284	1137151	984890	152261	
云南	1272040	898694	783567	115127	
西藏	538293	384047	353085	30962	
陕西	1881742	587630	432024	155606	
甘肃	559634	395532	331611	63921	
青海	214433	163635	132356	31279	
宁夏	200504	154527	140472	14056	
新疆	1619576	931382	708882	222499	
大连	108265	86396	74621	11774	
宁波	162112	122972	113697	9275	
厦门	113557	61290	52084	9206	
青岛	407785	282876	264975	17901	
深圳	871937	355064	214481	140583	

（教育行政单位）

单位：千元

公用部分	商品和服务支出	其他资本性支出	专项公用支出	专项项目支出	基本建设支出
16008251	**12227535**	**3780716**	**1638639**	**2142077**	**858088**
295041	282627	12414	12414		5000
98565	83833	14733	2326	12406	238
269729	227829	41900	25893	16007	
322714	251528	71186	40050	31136	
268607	233980	34627	28225	6402	21047
278805	213858	64947	21434	43514	3793
145559	132333	13226	10303	2923	
1206236	372570	833667	317631	516036	77340
114944	108758	6185	5175	1011	
657813	589415	68398	54765	13633	
1120054	952309	167744	112351	55393	
650971	509913	141058	43858	97200	758
222748	192253	30495	14918	15578	4960
372921	308536	64385	46054	18331	
1074254	549389	524866	105045	419821	
732560	637293	95268	58688	36579	899
504167	433153	71014	49066	21948	
819708	712722	106986	61934	45052	2980
2181836	1792972	388864	223940	164924	17796
192486	181277	11209	9158	2051	
170610	154749	15861	14867	994	
424061	328959	95102	22475	72626	11851
1235346	1095929	139417	59552	79865	12033
577133	461244	115889	54938	60951	
372411	314805	57606	35268	22338	934
150743	114306	36438	20076	16362	3502
788247	435387	352860	103465	249395	505866
164102	124620	39483	17281	22201	
50798	44423	6375	6334	41	
45977	37955	8022	7284	738	
499104	348613	150491	53870	96621	189091
21869	18852	3017	280	2737	
39140	29611	9529	9529		
52266	40169	12097	2148	9950	
124909	96302	28606	10438	18168	
505567	455100	50467	28445	22022	11306

5-53 财政补助支出明细

地区	合计	个人部分	工资福利支出	对个人和家庭的补助支出	#助学金
合计	**38840941**	**22502588**	**18740314**	**3762274**	
北京	733015	538186	479080	59106	
天津	393703	294900	280024	14876	
河北	826677	556948	470452	86496	
山西	1102307	779594	696832	82762	
内蒙古	761793	472138	404680	67458	
辽宁	732623	450025	350063	99962	
吉林	427853	282293	257001	25292	
黑龙江	1936937	654687	435508	219179	
上海	423292	308348	294203	14145	
江苏	1986830	1329017	1106751	222266	
浙江	2193391	1073337	956957	116380	
安徽	1372789	721060	574117	146944	
福建	635034	407326	357383	49943	
江西	796959	424038	362645	61393	
山东	3008357	1934103	1720318	213785	
河南	1481147	747687	629334	118353	
湖北	1347818	843651	709323	134328	
湖南	2441093	1618406	1383544	234861	
广东	4419732	2220100	1641539	578561	
广西	516314	323828	289630	34198	
海南	371420	200810	177628	23182	
重庆	838037	402125	277914	124212	
四川	2661474	1414095	1046216	367879	
贵州	1714284	1137151	984890	152261	
云南	1272040	898694	783567	115127	
西藏	538293	384047	353085	30962	
陕西	1881742	587630	432024	155606	
甘肃	559634	395532	331611	63921	
青海	214433	163635	132356	31279	
宁夏	200504	154527	140472	14056	
新疆	1051416	784668	681168	103500	
大连	108265	86396	74621	11774	
宁波	162112	122972	113697	9275	
厦门	113557	61290	52084	9206	
青岛	407785	282876	264975	17901	
深圳	871937	355064	214481	140583	

(地方教育行政单位)

单位：千元

公用部分	商品和服务支出	其他资本性支出	专项公用支出	专项项目支出	基本建设支出
15668587	**12013671**	**3654916**	**1596351**	**2058565**	**669766**
189829	180795	9033	9033		5000
98565	83833	14733	2326	12406	238
269729	227829	41900	25893	16007	
322714	251528	71186	40050	31136	
268607	233980	34627	28225	6402	21047
278805	213858	64947	21434	43514	3793
145559	132333	13226	10303	2923	
1204910	371249	833661	317625	516036	77340
114944	108758	6185	5175	1011	
657813	589415	68398	54765	13633	
1120054	952309	167744	112351	55393	
650971	509913	141058	43858	97200	758
222748	192253	30495	14918	15578	4960
372921	308536	64385	46054	18331	
1074254	549389	524866	105045	419821	
732560	637293	95268	58688	36579	899
504167	433153	71014	49066	21948	
819708	712722	106986	61934	45052	2980
2181836	1792972	388864	223940	164924	17796
192486	181277	11209	9158	2051	
170610	154749	15861	14867	994	
424061	328959	95102	22475	72626	11851
1235346	1095929	139417	59552	79865	12033
577133	461244	115889	54938	60951	
372411	314805	57606	35268	22338	934
150743	114306	36438	20076	16362	3502
788247	435387	352860	103465	249395	505866
164102	124620	39483	17281	22201	
50798	44423	6375	6334	41	
45977	37955	8022	7284	738	
265979	237902	28077	14969	13108	769
21869	18852	3017	280	2737	
39140	29611	9529	9529		
52266	40169	12097	2148	9950	
124909	96302	28606	10438	18168	
505567	455100	50467	28445	22022	11306

5-54 财政补助支出明细

地区	合计	个人部分	工资福利支出	对个人和家庭的补助支出	#助学金
合计	**70930521**	**43257998**	**38853502**	**4404496**	
北京	7855208	3813180	3584119	229060	
天津	1505264	1080191	1035938	44253	
河北	2396611	1825121	1644434	180687	
山西	2107704	1555256	1435777	119479	
内蒙古	1694557	1323185	1256215	66970	
辽宁	2543612	1947272	1836970	110302	
吉林	1339723	757359	703051	54308	
黑龙江	955250	660205	537496	122709	
上海	5340452	2721842	2674158	47684	
江苏	4467652	3104863	2692722	412142	
浙江	5449722	3243449	2953631	289818	
安徽	1249369	714315	625395	88919	
福建	2536354	1434398	1329789	104609	
江西	1793383	1031163	957156	74006	
山东	3204888	1940763	1705981	234782	
河南	2950560	1818057	1603498	214560	
湖北	2972064	1705844	1512553	193290	
湖南	1154518	754887	652841	102046	
广东	5772624	2978536	2325297	653239	
广西	1435884	1021747	944491	77256	
海南	391993	189348	183731	5617	
重庆	1014000	586949	463865	123084	
四川	3391229	2181690	1892313	289377	
贵州	467089	300777	248732	52045	
云南	1422217	861116	769595	91521	
西藏	891984	508692	403736	104956	
陕西	1937247	1185821	1063472	122349	
甘肃	954808	772018	719777	52241	
青海	519643	447404	388292	59112	
宁夏	244154	202439	193567	8872	
新疆	970759	590113	514910	75203	
大连	522433	316259	306622	9637	
宁波	784649	456638	426880	29757	
厦门	589628	280311	243841	36470	
青岛	748072	354226	305311	48915	
深圳	1602430	579625	391511	188114	

(教育事业单位)

单位：千元

公用部分	商品和服务支出	其他资本性支出	专项公用支出	专项项目支出	基本建设支出
26604948	**19951296**	**6653652**	**2970561**	**3683091**	**1067575**
3805815	3541554	264261	221273	42987	236213
425072	236031	189041	114783	74258	
571490	426993	144498	66652	77846	
492853	377954	114899	80490	34408	59595
365002	265518	99484	48587	50897	6369
588406	490710	97696	41936	55760	7935
570307	336250	234057	63868	170190	12056
295045	183416	111629	46142	65487	
2396253	2001898	394355	349702	44653	222357
1362710	1072897	289812	179594	110218	79
2096625	1353763	742863	294806	448057	109648
535055	404519	130535	52668	77868	
1018611	776967	241644	112766	128878	83345
707646	573726	133921	94605	39316	54574
1264023	931018	333005	84114	248891	102
1111224	638433	472791	138650	334141	21279
1266221	594803	671418	96719	574699	
399631	348593	51037	40008	11030	
2677127	2062119	615008	249343	365665	116961
327532	294109	33423	26175	7248	86605
202131	168710	33421	28307	5114	514
425466	367781	57685	35896	21789	1586
1201338	843748	357590	183131	174459	8200
166312	138095	28217	18616	9601	
561101	286246	274855	42141	232714	
381906	286027	95880	55559	40321	1386
747180	486408	260771	134962	125809	4247
182790	139178	43611	27407	16205	
72239	64471	7767	6510	1257	
41715	35497	6219	3838	2381	
346122	223864	122259	31313	90946	34524
205663	149724	55939	21241	34698	511
328012	180681	147331	23867	123464	
243082	208114	34969	11029	23939	66235
393845	376604	17241	7821	9420	
959549	897046	62503	59115	3388	63256

5-55 财政补助支出明细

地区	合计	个人部分	工资福利支出	对个人和家庭的补助支出	#助学金
合计	**68146903**	**42852776**	**38478425**	**4374351**	
北京	5312773	3486754	3273947	212807	
天津	1505264	1080191	1035938	44253	
河北	2396611	1825121	1644434	180687	
山西	2107704	1555256	1435777	119479	
内蒙古	1694557	1323185	1256215	66970	
辽宁	2543612	1947272	1836970	110302	
吉林	1339723	757359	703051	54308	
黑龙江	944471	650447	529277	121170	
上海	5340452	2721842	2674158	47684	
江苏	4467652	3104863	2692722	412142	
浙江	5449722	3243449	2953631	289818	
安徽	1249369	714315	625395	88919	
福建	2536354	1434398	1329789	104609	
江西	1793383	1031163	957156	74006	
山东	3204888	1940763	1705981	234782	
河南	2950560	1818057	1603498	214560	
湖北	2972064	1705844	1512553	193290	
湖南	1154518	754887	652841	102046	
广东	5772624	2978536	2325297	653239	
广西	1435884	1021747	944491	77256	
海南	391993	189348	183731	5617	
重庆	1014000	586949	463865	123084	
四川	3391229	2181690	1892313	289377	
贵州	467089	300777	248732	52045	
云南	1422217	861116	769595	91521	
西藏	891984	508692	403736	104956	
陕西	1937247	1185821	1063472	122349	
甘肃	954808	772018	719777	52241	
青海	519643	447404	388292	59112	
宁夏	244154	202439	193567	8872	
新疆	740354	521074	458224	62851	
大连	522433	316259	306622	9637	
宁波	784649	456638	426880	29757	
厦门	589628	280311	243841	36470	
青岛	748072	354226	305311	48915	
深圳	1602430	579625	391511	188114	

（地方教育事业单位）

单位：千元

公用部分	商品和服务支出	其他资本性支出			基本建设支出
			专项公用支出	专项项目支出	
24270923	**17790641**	**6480282**	**2885456**	**3594826**	**1023205**
1609406	1415631	193775	151069	42707	216613
425072	236031	189041	114783	74258	
571490	426993	144498	66652	77846	
492853	377954	114899	80490	34408	59595
365002	265518	99484	48587	50897	6369
588406	490710	97696	41936	55760	7935
570307	336250	234057	63868	170190	12056
294024	182453	111571	46084	65487	
2396253	2001898	394355	349702	44653	222357
1362710	1072897	289812	179594	110218	79
2096625	1353763	742863	294806	448057	109648
535055	404519	130535	52668	77868	
1018611	776967	241644	112766	128878	83345
707646	573726	133921	94605	39316	54574
1264023	931018	333005	84114	248891	102
1111224	638433	472791	138650	334141	21279
1266221	594803	671418	96719	574699	
399631	348593	51037	40008	11030	
2677127	2062119	615008	249343	365665	116961
327532	294109	33423	26175	7248	86605
202131	168710	33421	28307	5114	514
425466	367781	57685	35896	21789	1586
1201338	843748	357590	183131	174459	8200
166312	138095	28217	18616	9601	
561101	286246	274855	42141	232714	
381906	286027	95880	55559	40321	1386
747180	486408	260771	134962	125809	4247
182790	139178	43611	27407	16205	
72239	64471	7767	6510	1257	
41715	35497	6219	3838	2381	
209527	190094	19432	16472	2961	9753
205663	149724	55939	21241	34698	511
328012	180681	147331	23867	123464	
243082	208114	34969	11029	23939	66235
393845	376604	17241	7821	9420	
959549	897046	62503	59115	3388	63256

5-56 财政补助支出明细

地区	合计	个人部分	工资福利支出	对个人和家庭的补助支出	#助学金
合计	**55496546**	**20022528**	**17165486**	**2857043**	**26508**
北京	4106081	819837	732349	87487	12810
天津	1639099	331881	306320	25561	
河北	2436026	809038	738265	70773	
山西	1717275	583416	548433	34983	
内蒙古	1448323	455294	417679	37615	
辽宁	1435904	663994	567304	96689	
吉林	931240	467626	424987	42639	652
黑龙江	863110	545959	464612	81348	581
上海	1370787	450262	430666	19596	3501
江苏	2850694	1213333	1059079	154255	839
浙江	4230970	1359670	851908	507762	1074
安徽	1420300	648365	564682	83684	
福建	1385626	669520	616150	53369	1392
江西	1634571	418285	388535	29749	
山东	2788727	1346483	1214419	132065	
河南	2132158	809212	726085	83127	
湖北	2658393	691630	540189	151441	690
湖南	1815483	792131	591685	200446	1685
广东	3262027	1470037	1195060	274978	1345
广西	1154335	450259	417509	32750	
海南	644963	84368	79515	4853	
重庆	1000252	342509	287749	54760	782
四川	3801847	1021726	830148	191579	1157
贵州	2203522	702089	579455	122634	
云南	1631008	710155	639376	70779	
西藏	288566	170414	168022	2392	
陕西	1166525	349455	334499	14956	
甘肃	809490	452363	411511	40852	
青海	553522	271008	235806	35202	
宁夏	428123	143914	132052	11862	
新疆	1687601	778297	671439	106858	
大连	196829	127252	114240	13012	
宁波	391110	240275	112657	127618	
厦门	113686	75077	65347	9731	
青岛	282458	164837	149521	15316	
深圳	915851	224803	167084	57719	

(其他教育机构)

单位：千元

公用部分	商品和服务支出	其他资本性支出			基本建设支出
			专项公用支出	专项项目支出	
30756490	**17233385**	**13523104**	**3858534**	**9664570**	**4717528**
3271737	3157964	113773	64410	49363	14507
172265	153619	18646	14806	3840	1134952
853884	265303	588581	74912	513669	773104
907937	361722	546215	102545	443670	225921
826102	225532	600570	74242	526328	166926
727705	636778	90928	45381	45547	44205
405619	300082	105538	41615	63922	57995
306532	229162	77370	18753	58617	10618
800397	732596	67801	65284	2516	120128
1453761	781089	672672	224036	448636	183600
2657277	873286	1783991	535650	1248340	214023
740205	311129	429076	58725	370351	31729
650656	322682	327974	24121	303853	65450
1002824	268736	734088	340817	393271	213462
1409243	874533	534710	105185	429525	33000
1140782	700907	439875	177365	262511	182163
1966763	874609	1092153	173903	918250	
896589	381954	514635	107300	407335	126763
1494381	1061973	432408	155826	276582	297609
682487	278287	404200	39283	364917	21589
421205	181827	239378	80078	159299	139390
653941	429789	224151	16563	207588	3802
2577938	1690406	887531	466684	420848	202183
1431433	489287	942146	450476	491671	70000
808964	236524	572440	168026	404414	111890
102035	64780	37255	33169	4087	16117
792170	448019	344151	33913	310238	24900
342551	170376	172175	19861	152314	14577
247707	89542	158166	87783	70383	34807
284209	71422	212788	17163	195624	
727188	569469	157720	40658	117062	182116
69577	60211	9366	8434	932	
90876	69767	21109	6537	14572	59959
38609	33629	4980	4693	287	
117621	73865	43756	2693	41063	
465435	374601	90834	90227	607	225613

5-57 财政补助支出明细

地 区	合 计	个人部分	工资福利支出	对个人和家庭的补助支出	#助学金
合 计	**52058210**	**19498490**	**16712141**	**2786349**	**11363**
北 京	1434968	487455	455945	31510	750
天 津	1636214	331881	306320	25561	
河 北	2434128	809038	738265	70773	
山 西	1715283	583416	548433	34983	
内蒙古	1446709	455294	417679	37615	
辽 宁	1430430	663994	567304	96689	
吉 林	930340	467626	424987	42639	652
黑龙江	850846	540758	460397	80361	581
上 海	1149074	388036	370155	17881	1808
江 苏	2799707	1213333	1059079	154255	839
浙 江	4225595	1359670	851908	507762	1074
安 徽	1419796	648365	564682	83684	
福 建	1344738	658445	606468	51978	
江 西	1634211	418285	388535	29749	
山 东	2780553	1346483	1214419	132065	
河 南	2126254	809212	726085	83127	
湖 北	2641533	691630	540189	151441	690
湖 南	1812718	792131	591685	200446	1685
广 东	3262027	1470037	1195060	274978	1345
广 西	1154335	450259	417509	32750	
海 南	644963	84368	79515	4853	
重 庆	1000252	342509	287749	54760	782
四 川	3771968	1021726	830148	191579	1157
贵 州	2201538	702089	579455	122634	
云 南	1629298	710155	639376	70779	
西 藏	288566	170414	168022	2392	
陕 西	1145570	349455	334499	14956	
甘 肃	803669	452363	411511	40852	
青 海	553522	271008	235806	35202	
宁 夏	428123	143914	132052	11862	
新 疆	1361284	665141	568907	96234	
大 连	196829	127252	114240	13012	
宁 波	391110	240275	112657	127618	
厦 门	113686	75077	65347	9731	
青 岛	282458	164837	149521	15316	
深 圳	915851	224803	167084	57719	

(地方其他教育机构)

单位：千元

公用部分	商品和服务支出	其他资本性支出	专项公用支出	专项项目支出	基本建设支出
27969890	**14493241**	**13476649**	**3832491**	**9644158**	**4589830**
933006	836971	96035	51042	44993	14507
169380	150734	18646	14806	3840	1134952
851986	263405	588581	74912	513669	773104
905945	359730	546215	102545	443670	225921
824488	223918	600570	74242	526328	166926
722231	631304	90928	45381	45547	44205
404719	299182	105538	41615	63922	57995
299469	222129	77341	18723	58617	10618
640909	577363	63547	62933	613	120128
1402774	730102	672672	224036	448636	183600
2651902	867911	1783991	535650	1248340	214023
739701	310625	429076	58725	370351	31729
620843	293700	327142	23289	303853	65450
1002464	268376	734088	340817	393271	213462
1401070	866360	534710	105185	429525	33000
1134878	695003	439875	177365	262511	182163
1949903	857749	1092153	173903	918250	
893824	379189	514635	107300	407335	126763
1494381	1061973	432408	155826	276582	297609
682487	278287	404200	39283	364917	21589
421205	181827	239378	80078	159299	139390
653941	429789	224151	16563	207588	3802
2548059	1660527	887531	466684	420848	202183
1429450	487304	942146	450476	491671	70000
807254	234814	572440	168026	404414	111890
102035	64780	37255	33169	4087	16117
771215	427064	344151	33913	310238	24900
336729	164554	172175	19861	152314	14577
247707	89542	158166	87783	70383	34807
284209	71422	212788	17163	195624	
641724	507605	134119	31196	102923	54418
69577	60211	9366	8434	932	
90876	69767	21109	6537	14572	59959
38609	33629	4980	4693	287	
117621	73865	43756	2693	41063	
465435	374601	90834	90227	607	225613

第六部分

各地区各级各类教育机构一般公共预算教育事业费和基本建设支出明细

6-1 一般公共预算教育事业费和

地区	合计	个人部分	工资福利支出	对个人和家庭的补助支出	#助学金
合计	**3620676943**	**2462961071**	**2153779218**	**309181853**	**186073560**
北京	156360915	96327344	82895327	13432017	11316885
天津	52587422	37939026	35317907	2621119	1590732
河北	158319502	110295389	97592783	12702606	6810675
山西	75484071	50788765	45610710	5178055	3578105
内蒙古	61879010	40845645	36671678	4173967	3426669
辽宁	74591458	53717715	48051892	5665822	3696749
吉林	54239825	37433611	33685918	3747693	2066639
黑龙江	65949128	46588145	37879256	8708889	3016017
上海	99412296	62097583	57769815	4327767	3693456
江苏	245342232	177542682	158651317	18891366	7816322
浙江	195773856	135556429	124442366	11114063	5866485
安徽	132299612	87100438	73578875	13521563	6610245
福建	107112996	77078141	71213631	5864509	3041032
江西	122242252	72999199	65505888	7493311	5520490
山东	230845149	173074577	155073189	18001388	8146225
河南	170694171	112676637	99935593	12741044	11026614
湖北	139324102	93163892	80495931	12667961	7054274
湖南	141688095	100115940	85897442	14218498	7859080
广东	364840475	239608129	208863773	30744356	10334891
广西	110143680	73564525	62172863	11391662	8058415
海南	29349659	15818335	14290140	1528195	977868
重庆	81649590	52947436	45552410	7395026	5681883
四川	177721606	122135541	101156922	20978619	12780037
贵州	107063430	77879940	63493123	14386817	9196229
云南	113767595	84932320	72024832	12907488	11615246
西藏	26771635	18508451	14183359	4325093	3880026
陕西	109620121	66104168	56263747	9840421	6956758
甘肃	68328175	46957833	40379845	6577987	4399913
青海	21353186	13238054	11556436	1681618	1504940
宁夏	22146201	12499199	11084690	1414509	1189911
新疆	103775500	73425980	62487560	10938420	7360748
大连	11814297	9227065	8933854	293212	139645
宁波	26322789	19171781	17689234	1482547	884287
厦门	16011160	11884992	10974429	910563	203867
青岛	27183581	20141122	18155006	1986116	410463
深圳	88566512	39604704	30089344	9515360	1614908

基本建设支出明细(各级各类教育机构)

单位：千元

公用部分	商品和服务支出	其他资本性支出			基本建设支出
			专项公用支出	专项项目支出	
1062484131	**603816806**	**458667325**	**184735192**	**273932132**	**95231740**
51930810	39983591	11947219	9597042	2350177	8102760
11890757	8276180	3614577	2100453	1514124	2757640
45916950	24276695	21640255	7304859	14335396	2107163
23440145	14154744	9285401	4517949	4767451	1255161
19727225	9806255	9920970	3779723	6141247	1306139
19937912	14424315	5513597	3026844	2486753	935831
16111508	9753950	6357558	2997117	3360441	694706
18215558	10154800	8060758	3269668	4791089	1145425
32663786	24604469	8059318	5989433	2069885	4650927
66554762	38785438	27769324	10928542	16840782	1244787
54995828	32111749	22884079	9203372	13680707	5221598
42420179	20990983	21429195	8705660	12723535	2778995
29347720	16918285	12429435	4949064	7480371	687135
47557779	13532926	34024852	9257919	24766933	1685274
56826091	29684946	27141145	9181601	17959545	944481
55600457	31904831	23695626	9012773	14682853	2417076
44715945	20931193	23784752	6851529	16933223	1444264
40019148	22904976	17114172	5493104	11621068	1553007
95649865	63632221	32017644	18409791	13607853	29582482
34517042	17652675	16864367	6431766	10432601	2062112
12963646	6658686	6304960	2752777	3552183	567678
26490208	18055957	8434251	3839405	4594847	2211946
53356914	33919598	19437316	7980013	11457303	2229151
28034261	13508247	14526013	7142450	7383563	1149229
26996569	13115529	13881040	3599036	10282004	1838706
7360214	3313584	4046630	1557311	2489319	902971
39051185	20761826	18289360	6468006	11821353	4464768
20290777	9328563	10962214	3325935	7636279	1079565
7070657	2668983	4401674	1575520	2826154	1044475
9188502	3882979	5305523	1967872	3337652	458500
23641731	14117632	9524099	3518660	6005440	6707789
2504994	1914971	590024	342876	247148	82237
7041728	3790011	3251717	1054090	2197627	109280
3883886	3134519	749367	515816	233552	242282
7042459	3523286	3519173	981785	2537389	
23743981	18436426	5307554	5107987	199567	25217828

6-2 一般公共预算教育事业费和

地区	合计	个人部分	工资福利支出	对个人和家庭的补助支出	#助学金
合计	**3439352770**	**2349354975**	**2071222178**	**278132796**	**162089445**
北京	110996087	68396228	65978281	2417947	1415365
天津	47563370	35014889	32906503	2108385	1173519
河北	157100541	109462606	96889719	12572887	6728240
山西	75484071	50788765	45610710	5178055	3578105
内蒙古	61877656	40844467	36670500	4173967	3426669
辽宁	69182399	49934317	45085389	4848928	3053521
吉林	49346411	33844509	30877816	2966693	1702408
黑龙江	60857637	42938416	35187639	7750777	2407534
上海	84552957	53085154	50411240	2673914	2176226
江苏	232991572	169470614	152708313	16762301	6385217
浙江	191306206	132551720	122215331	10336389	5248811
安徽	128946685	84545603	71580324	12965278	6155072
福建	104121524	74959241	69560080	5399160	2648705
江西	122242092	72999148	65505888	7493260	5520439
山东	225925312	169777058	152445409	17331649	7625847
河南	170333798	112549247	99828620	12720627	11023301
湖北	123345878	83135165	73560114	9575051	4991569
湖南	137524405	97227435	83786039	13441396	7241587
广东	355429221	234047493	204548046	29499447	9381927
广西	110143680	73564525	62172863	11391662	8058415
海南	29347734	15818068	14289873	1528195	977868
重庆	76765451	49844036	43177654	6666382	5188570
四川	166945410	115884241	96232432	19651809	11815938
贵州	107062167	77878677	63493123	14385554	9194965
云南	113765994	84930718	72023230	12907488	11615246
西藏	26771635	18508451	14183359	4325093	3880026
陕西	98301100	59409955	51398756	8011199	5797360
甘肃	65400006	44986970	38943153	6043817	4045335
青海	21352939	13237807	11556436	1681371	1504693
宁夏	21397170	12028861	10692102	1336759	1124987
新疆	92971660	67690591	57703238	9987353	7001980
大连	11813379	9226201	8932989	293212	139645
宁波	26322389	19171781	17689234	1482547	884287
厦门	16011160	11884992	10974429	910563	203867
青岛	27183581	20141122	18155006	1986116	410463
深圳	87662129	39386143	29879338	9506805	1606809

基本建设支出明细(地方各级各类教育机构)

单位：千元

公用部分	商品和服务支出	其他资本性支出			基本建设支出
			专项公用支出	专项项目支出	
1004195247	**563955590**	**440239658**	**171062134**	**269177524**	**85802548**
36785680	28519421	8266259	6520164	1746095	5814179
10756458	7382242	3374216	1872776	1501440	1792023
45543482	24028604	21514878	7217683	14297195	2094453
23440145	14154744	9285401	4517949	4767451	1255161
19727050	9806098	9920952	3779705	6141247	1306139
18467721	13361450	5106271	2699757	2406514	780361
14914599	8784914	6129685	2788624	3341061	587303
16903824	9395305	7508519	2977985	4530534	1015397
27327035	20852685	6474349	4645017	1829332	4140768
62609387	36164082	26445305	9677411	16767894	911571
53658654	31210812	22447842	8837507	13610335	5095833
41663253	20509732	21153521	8458748	12694773	2737829
28524793	16385466	12139328	4777216	7362111	637490
47557670	13532817	34024852	9257919	24766933	1685274
55520282	28703094	26817188	8877457	17939731	627972
55501990	31837194	23664796	8981943	14682853	2282561
40207532	18222065	21985467	5767481	16217986	3180
38863892	22134945	16728946	5142961	11585985	1433079
91880640	61151997	30728643	17186678	13541965	29501089
34517042	17652675	16864367	6431766	10432601	2062112
12961987	6658070	6303917	2752546	3551372	567678
24833926	16730570	8103356	3510320	4593036	2087489
49135950	30668462	18467488	7072128	11395360	1925220
28034261	13508247	14526013	7142450	7383563	1149229
26996569	13115529	13881040	3599036	10282004	1838706
7360214	3313584	4046630	1557311	2489319	902971
34847962	18599493	16248470	5613005	10635464	4043182
19420913	8826576	10594337	3072315	7522022	992123
7070657	2668983	4401674	1575520	2826154	1044475
8957179	3733721	5223458	1921930	3301528	411130
20204499	12342011	7862488	2828825	5033663	5076570
2504941	1914917	590024	342876	247148	82237
7041328	3789618	3251709	1054083	2197627	109280
3883886	3134519	749367	515816	233552	242282
7042459	3523286	3519173	981785	2537389	
23058158	18315131	4743027	4543460	199567	25217828

6-3 一般公共预算教育事业费和

地区	合计	个人部分	工资福利支出	对个人和家庭的补助支出	#助学金
合计	**727955254**	**417510221**	**314226254**	**103283967**	**82689349**
北京	62182811	37916261	25254474	12661787	10924563
天津	13845458	8722695	7098391	1624304	1382320
河北	23976289	14244185	10715777	3528407	2732546
山西	16947332	8694744	6618243	2076501	1746907
内蒙古	11832937	6300703	4727947	1572757	1475092
辽宁	20845053	12063389	8929482	3133906	2777583
吉林	14690085	8359242	6342803	2016439	1450721
黑龙江	17980547	10486165	7785906	2700258	2161466
上海	35501482	18614165	15475636	3138529	2814182
江苏	49549402	29121407	23233292	5888115	4403338
浙江	33547223	18484497	14711224	3773273	2576249
安徽	23036575	13245207	9080938	4164269	2974505
福建	16453978	10141983	8028458	2113526	1619689
江西	20090501	12499921	9780188	2719733	2335365
山东	41449261	28083868	21786056	6297812	4583724
河南	31888212	16648051	12085843	4562208	4197856
湖北	35720667	21902896	15930125	5972771	4247185
湖南	23708498	16143985	12366829	3777155	2810884
广东	70210397	37464755	31088960	6375795	4471344
广西	15586511	6526409	3499913	3026496	2563715
海南	4523798	2011221	1299486	711735	567640
重庆	16278855	9104981	6208523	2896458	2509823
四川	34181948	21527433	16619020	4908413	3863856
贵州	15469672	7850772	5460146	2390625	2007187
云南	14010305	8875406	6592811	2282595	2088761
西藏	2895567	1483217	1000158	483059	449264
陕西	26694338	14562123	10277954	4284169	3376290
甘肃	12224725	6042422	4177033	1865389	1647786
青海	3666539	1316174	1043435	272739	228503
宁夏	3753419	1833147	1385090	448058	385209
新疆	15212868	7238797	5622111	1616686	1315795
大连	771039	437248	364766	72481	70259
宁波	2904693	1346372	1095032	251341	189774
厦门	1067271	626100	537185	88915	36052
青岛	1721838	386484	220324	166160	128311
深圳	20506963	6040570	5288521	752050	536573

基本建设支出明细(高等学校)

单位：千元

公用部分	商品和服务支出	其他资本性支出	专项公用支出	专项项目支出	基本建设支出
277842077	**159022566**	**118819511**	**75336008**	**43483503**	**32602956**
21078103	14907067	6171036	5328813	842223	3188447
3826189	2783298	1042891	949355	93536	1296574
8966201	5065881	3900320	2426140	1474180	765904
7777002	3900224	3876777	2139548	1737230	475586
5162347	1998623	3163724	1539849	1623874	369887
8211378	5899242	2312136	1870541	441595	570286
6063400	4263116	1800284	1474619	325665	267444
6915395	3518960	3396435	1537142	1859293	578987
13197279	9400398	3796882	3472416	324466	3690037
19988063	13144226	6843837	5047710	1796127	439931
14440975	6896148	7544827	3579988	3964839	621752
8829204	4666044	4163160	2704554	1458606	962164
6139266	3778447	2360819	1763504	597315	172729
7444471	3286733	4157738	1595624	2562114	146108
12524553	5493839	7030714	3782244	3248470	840840
14616348	8441449	6174899	4510993	1663906	623813
12373506	6162489	6211017	3051037	3159980	1444264
6996957	4184115	2812842	1611963	1200878	567557
24376878	13887022	10489857	6989819	3500038	8368764
8724067	4252124	4471943	2644877	1827066	336035
2346566	1227214	1119352	437623	681730	166010
6823051	4888446	1934605	1705840	228765	350823
12032027	7372549	4659478	3315567	1343911	622488
7377357	2532801	4844556	4284262	560294	241543
4892196	2730487	2161709	1202541	959168	242703
1237155	539643	697513	316521	380992	175195
11149718	6940756	4208962	2347846	1861116	982497
5868530	2958410	2910120	1402102	1508018	313773
1954734	345922	1608812	753189	855622	395631
1592902	920800	672102	512851	159251	327370
4916257	2636094	2280163	1036930	1243233	3057814
301729	143135	158594	105293	53301	32063
1547893	710728	837165	358997	478167	10428
441171	306138	135033	50750	84283	
1335355	73317	1262038	229619	1032419	
7896074	4764763	3131311	3024594	106717	6570319

6-4 一般公共预算教育事业费和

地区	合计	个人部分	工资福利支出	对个人和家庭的补助支出	#助学金
合计	**563020784**	**312847131**	**239481732**	**73365399**	**58988089**
北京	22605500	12274471	10524045	1750427	1036920
天津	8859658	5823052	4710545	1112507	965463
河北	22772173	13423631	10024943	3398688	2650110
山西	16947332	8694744	6618243	2076501	1746907
内蒙古	11832937	6300703	4727947	1572757	1475092
辽宁	15437013	8280956	5963943	2317013	2134355
吉林	10031677	4957518	3710800	1246718	1086852
黑龙江	13564712	7342163	5466733	1875430	1556511
上海	21048928	9833109	8345405	1487704	1298646
江苏	37214690	21056647	17297479	3759168	2972352
浙江	29079574	15479787	12484189	2995598	1958574
安徽	19685441	10690381	7082387	3607994	2519332
福建	13495867	8031657	6382089	1649568	1228753
江西	20090501	12499921	9780188	2719733	2335365
山东	36529424	24786349	19158276	5628073	4063345
河南	31563819	16553169	12011113	4542056	4194739
湖北	20257355	12255021	9344141	2910880	2186629
湖南	19576639	13277618	10277401	3000217	2193417
广东	60846330	31935683	26797702	5137981	3519601
广西	15586511	6526409	3499913	3026496	2563715
海南	4523798	2011221	1299486	711735	567640
重庆	11613508	6165822	3992707	2173115	2016954
四川	23437472	15296062	11703551	3592512	2910574
贵州	15468409	7849508	5460146	2389362	2005924
云南	14010305	8875406	6592811	2282595	2088761
西藏	2895567	1483217	1000158	483059	449264
陕西	15620542	8052871	5588601	2464270	2217792
甘肃	9315745	4087173	2753913	1333259	1295020
青海	3666539	1316174	1043435	272739	228503
宁夏	3004388	1362809	992501	370308	320286
新疆	12438431	6323878	4846940	1476938	1200691
大连	771039	437248	364766	72481	70259
宁波	2904293	1346372	1095032	251341	189774
厦门	1067271	626100	537185	88915	36052
青岛	1721838	386484	220324	166160	128311
深圳	19603492	5822487	5078535	743951	528474

基本建设支出明细(地方高等学校)

单位：千元

公用部分	商品和服务支出	其他资本性支出			基本建设支出
			专项公用支出	专项项目支出	
226172463	**124439002**	**101733461**	**62371177**	**39362284**	**24001189**
9411563	6740873	2670690	2422253	248437	919465
2705648	1902550	803098	722246	80852	330957
8595348	4820405	3774942	2338965	1435978	753194
7777002	3900224	3876777	2139548	1737230	475586
5162347	1998623	3163724	1539849	1623874	369887
6741241	4836431	1904810	1543453	361357	414816
4914117	3334809	1579308	1270455	308853	160041
5773590	2833157	2940433	1280926	1659507	448959
8035941	5813796	2222144	2133878	88267	3179878
16051328	10531270	5520058	3796668	1723391	106714
13103801	5995211	7108590	3214123	3894467	495986
8074062	4185616	3888447	2458603	1429844	920998
5341125	3269581	2071544	1592489	479055	123085
7444471	3286733	4157738	1595624	2562114	146108
11218744	4511987	6706757	3478100	3228657	524332
14521351	8377079	6144272	4480366	1663906	489298
7999153	3569221	4429932	1983881	2446051	3180
5851393	3423140	2428253	1262458	1165795	447629
20623276	11420634	9202643	5768485	3434158	8287371
8724067	4252124	4471943	2644877	1827066	336035
2346566	1227214	1119352	437623	681730	166010
5221321	3600332	1620989	1394034	226955	226366
7822854	4130626	3692228	2410253	1281975	318557
7377357	2532801	4844556	4284262	560294	241543
4892196	2730487	2161709	1202541	959168	242703
1237155	539643	697513	316521	380992	175195
7006760	4817877	2188883	1502089	686794	560911
5002241	2458283	2543959	1149434	1394524	226331
1954734	345922	1608812	753189	855622	395631
1361579	771542	590037	466909	123127	280000
3880131	2280812	1599319	787077	812243	2234421
301729	143135	158594	105293	53301	32063
1547493	710336	837157	358990	478167	10428
441171	306138	135033	50750	84283	
1335355	73317	1262038	229619	1032419	
7210686	4643902	2566784	2460067	106717	6570319

6-5 一般公共预算教育事业费和

地区	合计	个人部分	工资福利支出	对个人和家庭的补助支出	#助学金
合计	**720454165**	**412566382**	**309761851**	**102804531**	**82525071**
北京	61321376	37321297	24682943	12638355	10924561
天津	13650681	8555489	6939936	1615553	1380366
河北	23484644	13899308	10403037	3496271	2716525
山西	16823973	8594980	6522065	2072914	1745324
内蒙古	11743572	6247742	4675891	1571851	1474962
辽宁	20652740	11905308	8776469	3128839	2777583
吉林	14373850	8144564	6151378	1993186	1442685
黑龙江	17750656	10315632	7638786	2676846	2161466
上海	34843193	18277700	15143266	3134434	2814101
江苏	49461063	29068968	23186158	5882810	4401661
浙江	32957203	18034393	14280017	3754376	2569979
安徽	22914298	13175051	9016875	4158176	2972259
福建	16272767	10015851	7923724	2092126	1604678
江西	19784383	12293872	9603764	2690108	2308681
山东	41301296	27979579	21699510	6280069	4583724
河南	31782881	16570660	12010762	4559898	4196261
湖北	35656559	21846975	15882820	5964155	4244757
湖南	23483527	15972752	12216107	3756644	2810660
广东	69451006	36876721	30611458	6265263	4464655
广西	15488878	6467672	3454532	3013140	2555205
海南	4469829	1978855	1273459	705395	561416
重庆	16276451	9102999	6206541	2896458	2509823
四川	33674998	21363749	16469062	4894687	3863396
贵州	15324886	7768367	5400044	2368322	1988675
云南	13805659	8741159	6477496	2263663	2070508
西藏	2895567	1483217	1000158	483059	449264
陕西	26360575	14404208	10146489	4257720	3355352
甘肃	12139122	5981263	4118336	1862927	1647123
青海	3648057	1299657	1026918	272739	228503
宁夏	3753419	1833147	1385090	448058	385209
新疆	14907054	7045249	5438762	1606487	1315710
大连	694908	372434	300205	72229	70259
宁波	2779608	1257337	1008717	248621	188932
厦门	1067271	626100	537185	88915	36052
青岛	1698507	366868	203422	163446	128311
深圳	20441114	5990524	5253128	737397	536376

基本建设支出明细(普通高等学校)

单位：千元

公用部分	商品和服务支出	其他资本性支出			基本建设支出
			专项公用支出	专项项目支出	
275432078	**157314776**	**118117302**	**74768875**	**43348427**	**32455704**
20811632	14682366	6129266	5292326	836940	3188447
3807145	2764472	1042674	949138	93536	1288047
8819432	4956751	3862682	2394676	1468005	765904
7753408	3881668	3871740	2136962	1734777	475586
5125943	1969684	3156260	1533183	1623077	369887
8177145	5867146	2310000	1868825	441175	570286
5965164	4179374	1785790	1461198	324592	264122
6869194	3495911	3373283	1528300	1844983	565829
12875456	9093378	3782078	3457612	324466	3690037
19952164	13110876	6841287	5047210	1794077	439931
14301059	6789146	7511913	3571273	3940640	621752
8777083	4621598	4155485	2697379	1458106	962164
6084188	3733252	2350936	1753621	597315	172729
7344403	3250779	4093625	1561755	2531870	146108
12480876	5459545	7021332	3772862	3248470	840840
14588408	8422758	6165650	4508878	1656773	623813
12365319	6155345	6209974	3050878	3159096	1444264
6943219	4145444	2797775	1605010	1192764	567557
24205522	13752091	10453430	6961715	3491715	8368764
8685171	4221792	4463379	2637161	1826218	336035
2324964	1212544	1112421	431126	681294	166010
6822629	4888024	1934605	1705840	228765	350823
11688762	7288279	4400483	3060997	1339486	622488
7341442	2508672	4832770	4274138	558632	215077
4821797	2681227	2140570	1181401	959168	242703
1237155	539643	697513	316521	380992	175195
10985649	6819559	4166090	2317768	1848322	970718
5844085	2942912	2901174	1394721	1506452	313773
1952770	345048	1607721	752099	855622	395631
1592902	920800	672102	512851	159251	327370
4887991	2614694	2273297	1031450	1241848	2973814
290411	133314	157098	104217	52881	32063
1511843	694517	817326	357794	459531	10428
441171	306138	135033	50750	84283	
1331639	69924	1261715	229296	1032419	
7880270	4750828	3129442	3023847	105595	6570319

6-6　一般公共预算教育事业费和

地区	合计				
		个人部分			
			工资福利支出	对个人和家庭的补助支出	
					#助学金
合计	**555745803**	**308013469**	**235123696**	**72889773**	**58823812**
北京	21929920	11750587	10019792	1730794	1036918
天津	8664880	5655846	4552090	1103756	963509
河北	22280527	13078754	9712202	3366552	2634090
山西	16823973	8594980	6522065	2072914	1745324
内蒙古	11743572	6247742	4675891	1571851	1474962
辽宁	15244699	8122875	5810930	2311945	2134355
吉林	9715441	4742841	3519375	1223465	1078816
黑龙江	13334821	7171631	5319613	1852018	1556511
上海	20390639	9496643	8013035	1483608	1298564
江苏	37126351	21004208	17250344	3753864	2970674
浙江	28489554	15029684	12052982	2976702	1952304
安徽	19563164	10620226	7018325	3601901	2517086
福建	13314656	7905524	6277356	1628169	1213743
江西	19784383	12293872	9603764	2690108	2308681
山东	36381459	24682060	19071730	5610330	4063345
河南	31458487	16475778	11936032	4539746	4193144
湖北	20193247	12199100	9296836	2902264	2184201
湖南	19351668	13106385	10126679	2979706	2193193
广东	60086939	31347649	26320200	5027449	3512912
广西	15488878	6467672	3454532	3013140	2555205
海南	4469829	1978855	1273459	705395	561416
重庆	11611104	6163840	3990725	2173115	2016954
四川	22930523	15132377	11553592	3578785	2910114
贵州	15323623	7767103	5400044	2367059	1987412
云南	13805659	8741159	6477496	2263663	2070508
西藏	2895567	1483217	1000158	483059	449264
陕西	15286779	7894957	5457135	2437821	2196854
甘肃	9230142	4026014	2695217	1330797	1294357
青海	3648057	1299657	1026918	272739	228503
宁夏	3004388	1362809	992501	370308	320286
新疆	12172869	6169427	4702678	1466748	1200606
大连	694908	372434	300205	72229	70259
宁波	2779208	1257337	1008717	248621	188932
厦门	1067271	626100	537185	88915	36052
青岛	1698507	366868	203422	163446	128311
深圳	19537642	5772441	5043142	729298	528277

基本建设支出明细(地方普通高等学校)

单位：千元

公用部分	商品和服务支出	其他资本性支出			基本建设支出
			专项公用支出	专项项目支出	
223878396	**122823936**	**101054460**	**61827252**	**39227208**	**23853937**
9259868	6608228	2651641	2408486	243154	919465
2686605	1883724	802881	722029	80852	322430
8448579	4711275	3737304	2307501	1429803	753194
7753408	3881668	3871740	2136962	1734777	475586
5125943	1969684	3156260	1533183	1623077	369887
6707008	4804334	1902673	1541737	360936	414816
4815881	3251067	1564814	1257033	307781	156719
5727389	2810108	2917281	1272084	1645197	435801
7714117	5506777	2207340	2119074	88267	3179878
16015429	10497920	5517508	3796168	1721341	106714
12963884	5888209	7075676	3205408	3870267	495986
8021941	4141170	3880771	2451427	1429344	920998
5286047	3224386	2061661	1582606	479055	123085
7344403	3250779	4093625	1561755	2531870	146108
11175067	4477693	6697375	3468718	3228657	524332
14493411	8358388	6135023	4478251	1656773	489298
7990966	3562077	4428889	1983723	2445167	3180
5797655	3384469	2413186	1255505	1157681	447629
20451920	11285703	9166216	5740381	3425835	8287371
8685171	4221792	4463379	2637161	1826218	336035
2324964	1212544	1112421	431126	681294	166010
5220899	3599910	1620989	1394034	226955	226366
7479589	4046356	3433233	2155683	1277550	318557
7341442	2508672	4832770	4274138	558632	215077
4821797	2681227	2140570	1181401	959168	242703
1237155	539643	697513	316521	380992	175195
6842690	4696679	2146011	1472010	674001	549132
4977797	2442784	2535012	1142054	1392958	226331
1952770	345048	1607721	752099	855622	395631
1361579	771542	590037	466909	123127	280000
3853020	2260079	1592941	782084	810857	2150421
290411	133314	157098	104217	52881	32063
1511443	694125	817318	357787	459531	10428
441171	306138	135033	50750	84283	
1331639	69924	1261715	229296	1032419	
7194882	4629967	2564915	2459320	105595	6570319

6-7 一般公共预算教育事业费和

地区	合计	个人部分	工资福利支出	对个人和家庭的补助支出	#助学金
合计	**551228699**	**319072223**	**240653642**	**78418581**	**62178012**
北京	57843996	35303796	22843652	12460144	10820598
天津	11064152	6834343	5544871	1289472	1099018
河北	17010100	10668583	7965194	2703389	2047817
山西	12955890	6305723	4858001	1447722	1205072
内蒙古	7734142	4227514	3159955	1067559	993209
辽宁	16716990	9898986	7447840	2451147	2133445
吉林	12081555	7036827	5404278	1632550	1111654
黑龙江	14487850	8284602	6328775	1955827	1602090
上海	33539471	17719863	14694511	3025352	2730750
江苏	36973833	22343382	17391590	4951792	3665374
浙江	26226533	13984545	10767184	3217361	2140311
安徽	15209991	9505687	6787578	2718109	1746226
福建	12198621	7725563	6125471	1600092	1166791
江西	13255198	8297782	6537981	1759801	1474063
山东	28851613	19773913	15552788	4221125	2953321
河南	20070264	10254057	7635836	2618221	2420412
湖北	28979901	17915267	12937263	4978004	3556466
湖南	15144032	10647113	8042131	2604983	1957033
广东	53464957	27015620	22549912	4465708	3300594
广西	9698575	4373302	2387030	1986271	1659437
海南	3327713	1561385	1056877	504508	399688
重庆	11524393	6758842	4881917	1876925	1559481
四川	25410344	16531245	13097241	3434005	2733162
贵州	9645626	5070642	3651850	1418792	1149964
云南	9714277	6324717	4925380	1399337	1302992
西藏	2322827	1105547	795150	310397	285636
陕西	21723856	12014208	8553549	3460660	2619932
甘肃	8444406	4421363	3205852	1215511	1025760
青海	2509736	987458	785608	201849	158815
宁夏	2703544	1353727	1027365	326362	268799
新疆	10394313	4826620	3711014	1115606	890101
大连	477160	242105	212016	30090	28146
宁波	1929848	839519	640034	199485	143779
厦门	833728	460086	390279	69807	19593
青岛	1035689	142654	48298	94356	85687
深圳	17792691	4641568	4009397	632171	483946

基本建设支出明细(普通高等本科学校)

单位：千元

公用部分	商品和服务支出	其他资本性支出	专项公用支出	专项项目支出	基本建设支出
203933845	**122745187**	**81188657**	**52080967**	**29107691**	**28222632**
19436900	13814388	5622512	4938390	684122	3103300
2949762	2311094	638668	603490	35178	1280047
5875187	3587593	2287595	1501398	786196	466330
6203843	2866563	3337280	1716428	1620852	446324
3349140	1266840	2082300	941015	1141285	157489
6302940	4778486	1524455	1214450	310005	515063
4837756	3568508	1269249	1070667	198581	206971
5678653	2829492	2849162	1072166	1776995	524595
12313380	8680561	3632819	3340771	292047	3506228
14202055	9826762	4375293	3571531	803762	428397
11732711	5260958	6471752	2725765	3745987	509278
5232160	3075539	2156621	1630693	525928	472144
4352330	2830825	1521505	1180801	340703	120729
4849826	2207366	2642461	950498	1691962	107590
8456860	3888537	4568323	2692024	1876299	620840
9279421	6187069	3092352	2447010	645342	536786
9623550	5074330	4549220	2239201	2310020	1441084
4020432	2667150	1353282	837319	515963	476486
18827351	10855769	7971582	5059359	2912223	7621986
5040102	2772282	2267820	1296198	971622	285171
1600317	923626	676691	282611	394080	166010
4527597	3439322	1088275	1005520	82755	237955
8308039	5508218	2799821	1940558	859263	571060
4455906	1490068	2965838	2817614	148223	119079
3212798	1875672	1337126	800669	536457	176763
1051401	464985	586416	224852	361564	165879
8874062	5647023	3227039	1818813	1408226	835586
3718591	2334966	1383625	762879	620746	304451
1423858	230116	1193741	368381	825361	98420
1102447	668404	434042	344131	89911	247370
3094470	1812676	1281794	685762	596032	2473223
202992	77638	125354	72474	52881	32063
1079902	472531	607371	203534	403837	10428
373642	238655	134987	50704	84283	
893035	9046	883990	135290	748700	
7231922	4282777	2949145	2843550	105595	5919202

6-8 一般公共预算教育事业费和

地区	合计	个人部分	工资福利支出	对个人和家庭的补助支出	#助学金
合计	**388342216**	**215125153**	**166473060**	**48652094**	**38596156**
北京	18670325	9798895	8237175	1561720	940994
天津	6078351	3934700	3157025	777675	682161
河北	15805983	9848029	7274359	2573670	1965381
山西	12955890	6305723	4858001	1447722	1205072
内蒙古	7734142	4227514	3159955	1067559	993209
辽宁	11308949	6116553	4482301	1634253	1490217
吉林	7423146	3635104	2772275	862829	747786
黑龙江	10136434	5194159	4048323	1145836	1003543
上海	19164627	8991023	7610778	1380244	1220931
江苏	24639122	14278622	11455776	2822846	2234388
浙江	21758884	10979836	8540149	2439687	1522636
安徽	11858857	6950861	4789027	2161834	1291053
福建	9240510	5615237	4479102	1136134	775856
江西	13255198	8297782	6537981	1759801	1474063
山东	23931776	16476394	12925008	3551385	2432943
河南	19745871	10159176	7561106	2598069	2417296
湖北	13606083	8334950	6372895	1962054	1529888
湖南	11066853	7810072	5982028	1828044	1339567
广东	44252084	21577534	18341187	3236347	2357304
广西	9698575	4373302	2387030	1986271	1659437
海南	3327713	1561385	1056877	504508	399688
重庆	6943498	3837910	2672632	1165278	1078307
四川	14831719	10407586	8267904	2139682	1800085
贵州	9644363	5069379	3651850	1417528	1148701
云南	9714277	6324717	4925380	1399337	1302992
西藏	2322827	1105547	795150	310397	285636
陕西	10650060	5504957	3864196	1640761	1461435
甘肃	5535426	2466114	1782733	683381	672994
青海	2509736	987458	785608	201849	158815
宁夏	1954513	883389	634777	248612	203876
新疆	8576424	4071249	3064470	1006779	799905
大连	477160	242105	212016	30090	28146
宁波	1929448	839519	640034	199485	143779
厦门	833728	460086	390279	69807	19593
青岛	1035689	142654	48298	94356	85687
深圳	16889219	4423484	3799412	624072	475847

基本建设支出明细(地方普通高等本科学校)

单位：千元

公用部分	商品和服务支出	其他资本性支出	专项公用支出	专项项目支出	基本建设支出
153429040	**88630613**	**64798427**	**39295311**	**25503117**	**19788023**
8037112	5785911	2251201	2064236	186965	834318
1829221	1430347	398875	376381	22494	314430
5504334	3342117	2162217	1414223	747994	453620
6203843	2866563	3337280	1716428	1620852	446324
3349140	1266840	2082300	941015	1141285	157489
4832803	3715674	1117128	887362	229766	359593
3688474	2640201	1048273	866503	181770	99568
4547707	2149789	2397918	820108	1577810	394568
7177535	5118323	2059213	2003365	55848	2996069
10265320	7213806	3051514	2320488	731026	95180
10395537	4360021	6035515	2359901	3675615	383512
4477018	2595111	1881907	1384742	497165	430978
3554189	2321959	1232230	1009786	222444	71085
4849826	2207366	2642461	950498	1691962	107590
7151051	2906685	4244366	2387880	1856485	304332
9184425	6122699	3061726	2416383	645342	402270
5271133	2501733	2769400	1172315	1597084	
2900223	1927439	972784	491904	480880	356558
15133956	8443305	6690652	3844308	2846343	7540593
5040102	2772282	2267820	1296198	971622	285171
1600317	923626	676691	282611	394080	166010
2992091	2217432	774659	693714	80945	113498
4157004	2321877	1835127	1037801	797326	267129
4455906	1490068	2965838	2817614	148223	119079
3212798	1875672	1337126	800669	536457	176763
1051401	464985	586416	224852	361564	165879
4731103	3524143	1206960	973056	233904	414000
2852303	1834839	1017464	510212	507252	217009
1423858	230116	1193741	368381	825361	98420
871124	519147	351977	298189	53788	200000
2688187	1540537	1147651	564187	583463	1816988
202992	77638	125354	72474	52881	32063
1079502	472138	607364	203527	403837	10428
373642	238655	134987	50704	84283	
893035	9046	883990	135290	748700	
6546533	4161916	2384617	2279023	105595	5919202

6-9 一般公共预算教育事业费和

地区	合计	个人部分	工资福利支出	对个人和家庭的补助支出	#助学金
合计	**169225465**	**93494159**	**69108209**	**24385951**	**20347059**
北京	3477381	2017501	1839291	178211	103963
天津	2586529	1721146	1395065	326081	281348
河北	6474544	3230725	2437843	792882	668709
山西	3868083	2289257	1664065	625192	540252
内蒙古	4009431	2020228	1515936	504292	481753
辽宁	3935750	2006322	1328629	677693	644138
吉林	2292295	1107737	747100	360637	331030
黑龙江	3262806	2031031	1310011	721019	559376
上海	1303722	557837	448755	109081	83351
江苏	12487229	6725586	5794568	931018	736287
浙江	6730670	4049848	3512833	537015	429668
安徽	7704307	3669365	2229297	1440068	1226032
福建	4074146	2290288	1798253	492034	437887
江西	6529185	3996089	3065783	930306	834618
山东	12449683	8205666	6146722	2058945	1630403
河南	11712617	6316603	4374925	1941677	1775849
湖北	6676658	3931708	2945557	986151	688291
湖南	8339496	5325639	4173977	1151662	853626
广东	15986049	9861101	8061546	1799555	1164061
广西	5790304	2094370	1067501	1026869	895768
海南	1142116	417469	216582	200887	161728
重庆	4752058	2344157	1324624	1019533	950342
四川	8264654	4832503	3371821	1460683	1130234
贵州	5679260	2697725	1748194	949531	838710
云南	4091382	2416442	1552116	864326	767516
西藏	572739	377670	205008	172662	163628
陕西	4636720	2390000	1592940	797060	735419
甘肃	3694716	1559900	912484	647416	621363
青海	1138322	312199	241309	70889	69689
宁夏	1049875	479420	357724	121696	116411
新疆	4512741	2218629	1727748	490881	425609
大连	217748	130329	88189	42140	42113
宁波	849760	417818	368683	49136	45153
厦门	233543	166014	146906	19108	16459
青岛	662817	224214	155124	69090	42624
深圳	2648423	1348956	1243731	105226	52430

基本建设支出明细(普通高职高专学校)

单位：千元

公用部分	商品和服务支出	其他资本性支出			基本建设支出
			专项公用支出	专项项目支出	
71498234	**34569588**	**36928645**	**22687908**	**14240737**	**4233073**
1374732	867978	506755	353936	152819	85147
857383	453377	404006	345648	58358	8000
2944245	1369158	1575087	893278	681809	299574
1549564	1015105	534459	420534	113925	29263
1776804	702844	1073960	592167	481793	212399
1874205	1088660	785545	654375	131170	55223
1127407	610866	516541	390531	126011	57151
1190541	666420	524121	456134	67987	41234
562076	412817	149259	116840	32419	183809
5750109	3284114	2465995	1475680	990315	11534
2568348	1528188	1040160	845508	194652	112474
3544923	1546059	1998864	1066686	932178	490020
1731858	902427	829431	572820	256612	52000
2494577	1043413	1451164	611257	839907	38518
4024017	1571008	2453009	1080838	1372171	220000
5308987	2235689	3073298	2061867	1011430	87027
2741769	1081015	1660754	811678	849076	3180
2922787	1478294	1444492	767691	676801	91071
5378171	2896322	2481849	1902357	579492	746777
3645069	1449510	2195559	1340964	854596	50864
724647	288917	435730	148515	287215	
2295033	1448702	846331	700320	146010	112868
3380723	1780061	1600662	1120439	480223	51428
2885537	1018604	1866932	1456524	410409	95998
1608999	805556	803444	380732	422712	65940
185754	74658	111096	91669	19427	9316
2111587	1172536	939051	498955	440097	135132
2125494	607946	1517548	631842	885706	9322
528912	114932	413980	383718	30262	297211
490455	252395	238060	168720	69340	80000
1793521	802018	991503	345688	645815	500591
87419	55675	31744	31744		
431941	221987	209955	154260	55694	
67529	67483	46	46		
438604	60878	377725	94006	283719	
648349	468051	180298	180298		651117

6-10 一般公共预算教育事业费和

地区	合计	个人部分	工资福利支出	对个人和家庭的补助支出	#助学金
合计	167403586	92888316	68650636	24237679	20227656
北京	3259595	1951691	1782617	169074	95923
天津	2586529	1721146	1395065	326081	281348
河北	6474544	3230725	2437843	792882	668709
山西	3868083	2289257	1664065	625192	540252
内蒙古	4009431	2020228	1515936	504292	481753
辽宁	3935750	2006322	1328629	677693	644138
吉林	2292295	1107737	747100	360637	331030
黑龙江	3198387	1977472	1271290	706182	552969
上海	1226012	505621	402257	103364	77634
江苏	12487229	6725586	5794568	931018	736287
浙江	6730670	4049848	3512833	537015	429668
安徽	7704307	3669365	2229297	1440068	1226032
福建	4074146	2290288	1798253	492034	437887
江西	6529185	3996089	3065783	930306	834618
山东	12449683	8205666	6146722	2058945	1630403
河南	11712617	6316603	4374925	1941677	1775849
湖北	6587164	3864151	2923941	940210	654313
湖南	8284815	5296313	4144651	1151662	853626
广东	15834856	9770115	7979013	1791102	1155608
广西	5790304	2094370	1067501	1026869	895768
海南	1142116	417469	216582	200887	161728
重庆	4667606	2325930	1318093	1007837	938647
四川	8098804	4724791	3285688	1439103	1110029
贵州	5679260	2697725	1748194	949531	838710
云南	4091382	2416442	1552116	864326	767516
西藏	572739	377670	205008	172662	163628
陕西	4636720	2390000	1592940	797060	735419
甘肃	3694716	1559900	912484	647416	621363
青海	1138322	312199	241309	70889	69689
宁夏	1049875	479420	357724	121696	116411
新疆	3596444	2098178	1638209	459970	400702
大连	217748	130329	88189	42140	42113
宁波	849760	417818	368683	49136	45153
厦门	233543	166014	146906	19108	16459
青岛	662817	224214	155124	69090	42624
深圳	2648423	1348956	1243731	105226	52430

基本建设支出明细(地方普通高职高专学校)

单位：千元

公用部分	商品和服务支出	其他资本性支出	专项公用支出	专项项目支出	基本建设支出
70449356	**34193323**	**36256033**	**22531941**	**13724091**	**4065915**
1222757	822317	400440	344250	56190	85147
857383	453377	404006	345648	58358	8000
2944245	1369158	1575087	893278	681809	299574
1549564	1015105	534459	420534	113925	29263
1776804	702844	1073960	592167	481793	212399
1874205	1088660	785545	654375	131170	55223
1127407	610866	516541	390531	126011	57151
1179682	660319	519363	451976	67386	41234
536582	388455	148128	115709	32419	183809
5750109	3284114	2465995	1475680	990315	11534
2568348	1528188	1040160	845508	194652	112474
3544923	1546059	1998864	1066686	932178	490020
1731858	902427	829431	572820	256612	52000
2494577	1043413	1451164	611257	839907	38518
4024017	1571008	2453009	1080838	1372171	220000
5308987	2235689	3073298	2061867	1011430	87027
2719833	1060343	1659490	811407	848082	3180
2897432	1457029	1440402	763601	676801	91071
5317964	2842399	2475565	1896073	579492	746777
3645069	1449510	2195559	1340964	854596	50864
724647	288917	435730	148515	287215	
2228808	1382478	846331	700320	146010	112868
3322585	1724479	1598105	1117882	480223	51428
2885537	1018604	1866932	1456524	410409	95998
1608999	805556	803444	380732	422712	65940
185754	74658	111096	91669	19427	9316
2111587	1172536	939051	498955	440097	135132
2125494	607946	1517548	631842	885706	9322
528912	114932	413980	383718	30262	297211
490455	252395	238060	168720	69340	80000
1164833	719543	445290	217897	227394	333433
87419	55675	31744	31744		
431941	221987	209955	154260	55694	
67529	67483	46	46		
438604	60878	377725	94006	283719	
648349	468051	180298	180298		651117

6-11 一般公共预算教育事业费和

地区	合计	个人部分	工资福利支出	对个人和家庭的补助支出	#助学金
合计	7501089	4943838	4464402	479436	164278
北京	861434	594964	571532	23432	2
天津	194777	167206	158455	8751	1953
河北	491645	344877	312741	32136	16020
山西	123358	99765	96178	3587	1583
内蒙古	89365	52961	52056	906	130
辽宁	192314	158080	153013	5067	
吉林	316236	214677	191425	23253	8036
黑龙江	229891	170532	147120	23412	
上海	658289	336465	332370	4095	82
江苏	88339	52439	47135	5305	1678
浙江	590020	450104	431207	18896	6270
安徽	122277	70155	64063	6093	2247
福建	181211	126133	104734	21399	15011
江西	306118	206050	176424	29626	26684
山东	147965	104289	86546	17743	
河南	105331	77391	75082	2309	1595
湖北	64108	55921	47305	8616	2428
湖南	224971	171233	150722	20511	224
广东	759391	588034	477503	110531	6689
广西	97633	58737	45381	13356	8510
海南	53969	32367	26027	6340	6225
重庆	2404	1982	1982		
四川	506949	163685	149959	13726	460
贵州	144786	82405	60102	22303	18512
云南	204646	134247	115315	18932	18253
西藏					
陕西	333762	157915	131466	26449	20938
甘肃	85603	61159	58697	2462	663
青海	18482	16517	16517		
宁夏					
新疆	305815	193548	183349	10200	85
大连	76131	64813	64561	252	
宁波	125085	89035	86315	2720	842
厦门					
青岛	23331	19616	16902	2714	
深圳	65850	50046	35393	14653	197

基本建设支出明细(成人高等学校)

单位：千元

公用部分	商品和服务支出	其他资本性支出			基本建设支出
			专项公用支出	专项项目支出	
2409999	**1707790**	**702209**	**567133**	**135075**	**147252**
266470	224701	41770	36487	5283	
19044	18827	217	217		8527
146768	109130	37638	31464	6174	
23594	18556	5038	2585	2453	
36404	28940	7464	6667	797	
34233	32096	2137	1716	421	
98236	83742	14494	13421	1073	3323
46201	23049	23152	8841	14310	13158
321823	307019	14804	14804		
35900	33350	2550	500	2050	
139916	107002	32914	8715	24199	
52122	44446	7676	7176	500	
55078	45195	9883	9883		
100068	35954	64113	33869	30245	
43677	34294	9382	9382		
27940	18691	9249	2115	7134	
8187	7144	1043	159	884	
53738	38671	15067	6953	8114	
171357	134930	36426	28104	8323	
38896	30333	8564	7716	848	
21602	14670	6932	6496	435	
422	422				
343265	84270	258995	254570	4425	
35915	24129	11786	10124	1662	26466
70399	49260	21139	21139		
164069	121197	42872	30078	12793	11778
24445	15498	8946	7380	1566	
1965	874	1091	1091		
28266	21400	6866	5480	1386	84000
11318	9822	1496	1076	421	
36050	16211	19839	1203	18636	
3716	3393	323	323		
15804	13934	1869	747	1123	

6-12 一般公共预算教育事业费和

地 区	合 计				
		个人部分	工资福利支 出	对个人和家庭的补助支出	#助学金
合 计	**7274981**	**4833662**	**4358036**	**475626**	**164278**
北 京	675579	523885	504252	19632	2
天 津	194777	167206	158455	8751	1953
河 北	491645	344877	312741	32136	16020
山 西	123358	99765	96178	3587	1583
内蒙古	89365	52961	52056	906	130
辽 宁	192314	158080	153013	5067	
吉 林	316236	214677	191425	23253	8036
黑龙江	229891	170532	147120	23412	
上 海	658289	336465	332370	4095	82
江 苏	88339	52439	47135	5305	1678
浙 江	590020	450104	431207	18896	6270
安 徽	122277	70155	64063	6093	2247
福 建	181211	126133	104734	21399	15011
江 西	306118	206050	176424	29626	26684
山 东	147965	104289	86546	17743	
河 南	105331	77391	75082	2309	1595
湖 北	64108	55921	47305	8616	2428
湖 南	224971	171233	150722	20511	224
广 东	759391	588034	477503	110531	6689
广 西	97633	58737	45381	13356	8510
海 南	53969	32367	26027	6340	6225
重 庆	2404	1982	1982		
四 川	506949	163685	149959	13726	460
贵 州	144786	82405	60102	22303	18512
云 南	204646	134247	115315	18932	18253
西 藏					
陕 西	333762	157915	131466	26449	20938
甘 肃	85603	61159	58697	2462	663
青 海	18482	16517	16517		
宁 夏					
新 疆	265562	154451	144262	10190	85
大 连	76131	64813	64561	252	
宁 波	125085	89035	86315	2720	842
厦 门					
青 岛	23331	19616	16902	2714	
深 圳	65850	50046	35393	14653	197

基本建设支出明细(地方成人高等学校)

单位：千元

公用部分	商品和服务支出	其他资本性支出			基本建设支出
			专项公用支出	专项项目支出	
2294067	**1615066**	**679000**	**543925**	**135075**	**147252**
151694	132645	19049	13767	5283	
19044	18827	217	217		8527
146768	109130	37638	31464	6174	
23594	18556	5038	2585	2453	
36404	28940	7464	6667	797	
34233	32096	2137	1716	421	
98236	83742	14494	13421	1073	3323
46201	23049	23152	8841	14310	13158
321823	307019	14804	14804		
35900	33350	2550	500	2050	
139916	107002	32914	8715	24199	
52122	44446	7676	7176	500	
55078	45195	9883	9883		
100068	35954	64113	33869	30245	
43677	34294	9382	9382		
27940	18691	9249	2115	7134	
8187	7144	1043	159	884	
53738	38671	15067	6953	8114	
171357	134930	36426	28104	8323	
38896	30333	8564	7716	848	
21602	14670	6932	6496	435	
422	422				
343265	84270	258995	254570	4425	
35915	24129	11786	10124	1662	26466
70399	49260	21139	21139		
164069	121197	42872	30078	12793	11778
24445	15498	8946	7380	1566	
1965	874	1091	1091		
27111	20732	6378	4992	1386	84000
11318	9822	1496	1076	421	
36050	16211	19839	1203	18636	
3716	3393	323	323		
15804	13934	1869	747	1123	

6-13　一般公共预算教育事业费和

地区	合计	个人部分	工资福利支出	对个人和家庭的补助支出	#助学金
合计	197874632	121984352	105752874	16231478	10246460
北京	4908818	3120947	2984133	136814	62145
天津	2120301	1643260	1531991	111269	45320
河北	10635289	7012626	6337979	674647	351710
山西	4666257	2766924	2498958	267966	201082
内蒙古	3684080	2039614	1720300	319314	295451
辽宁	3766912	2574658	2239178	335480	156022
吉林	2894889	1964568	1824265	140303	73148
黑龙江	3383700	2374717	1901695	473021	133848
上海	3579795	2247284	2141724	105560	72868
江苏	14798677	10157628	9344155	813473	227595
浙江	14549491	9271832	8832192	439641	214844
安徽	7328482	3795829	2908754	887075	548296
福建	5859831	3744695	3537213	207482	86048
江西	5723623	2646706	2063321	583385	491257
山东	15330123	10141767	9101047	1040720	367571
河南	9367706	5413511	4759913	653597	584008
湖北	6646428	3711294	3120407	590887	394499
湖南	7774388	4862369	4048097	814272	566936
广东	22364684	14743669	13109806	1633863	458085
广西	6282990	3244039	2691960	552079	427018
海南	1684571	818704	699214	119490	111010
重庆	5307424	2750072	2109727	640345	567933
四川	8793076	5460456	4240018	1220438	849138
贵州	3802848	2451710	1698062	753648	669580
云南	6452164	4022875	3147554	875320	813375
西藏	1272456	743490	561781	181709	166147
陕西	4037730	2596858	2132638	464220	362165
甘肃	3336471	1924764	1620668	304096	242055
青海	990987	470657	344640	126017	118815
宁夏	1206228	467155	391252	75904	70643
新疆	5324215	2799673	2110230	689443	517850
大连	852699	575983	516525	59458	46164
宁波	2435199	1550353	1506350	44003	22847
厦门	1145836	768511	729138	39373	11447
青岛	2237083	1685576	1475110	210466	22481
深圳	1990662	1198114	895258	302856	54511

基本建设支出明细(中等职业学校)

单位：千元

公用部分	商品和服务支出	其他资本性支出			基本建设支出
			专项公用支出	专项项目支出	
72068846	**40480292**	**31588554**	**15997083**	**15591470**	**3821434**
1686074	1209018	477056	355398	121659	101797
477041	343568	133474	114800	18674	
3544629	2069349	1475279	777876	697403	78034
1869295	1214700	654594	434658	219936	30039
1376331	696249	680082	384806	295276	268135
1142162	880504	261659	142579	119080	50091
889912	530344	359568	215288	144280	40409
995515	575413	420102	253698	166404	13469
1332511	985688	346823	133710	213113	
4627292	2528384	2098908	887150	1211759	13756
4267963	2728781	1539182	774313	764869	1009696
3332234	1890987	1441247	737697	703549	200419
2085020	1114106	970914	438350	532564	30116
2961440	868318	2093122	746832	1346290	115477
5144447	3018745	2125701	894886	1230816	43909
3856095	2345812	1510283	981459	528825	98100
2935134	1189134	1746000	616013	1129987	
2858760	1795825	1062935	495680	567255	53258
7539283	4325945	3213338	2038842	1174496	81731
2860568	1415006	1445562	749108	696454	178384
846643	469883	376760	276115	100645	19223
2231836	1496299	735537	327696	407841	325516
3279983	1924775	1355208	670150	685058	52638
1265274	662237	603037	253025	350011	85864
2120869	1124030	996839	487054	509784	308420
528966	167341	361625	300511	61114	
1395928	751503	644425	271893	372531	44944
1253083	480258	772825	276877	495949	158623
499087	194230	304857	185182	119674	21244
738983	270303	468679	288022	180657	90
2126489	1213557	912932	487414	425518	398053
270656	215686	54970	14874	40096	6060
883953	467203	416750	163860	252889	893
354325	292173	62152	45992	16160	23000
551507	354509	196997	88648	108349	
758119	666791	91328	82198	9130	34429

6-14 一般公共预算教育事业费和

地区	合计	个人部分	工资福利支出	对个人和家庭的补助支出	#助学金
合计	**197091516**	**121632279**	**105466504**	**16165774**	**10208572**
北京	4817750	3068036	2932157	135879	62133
天津	2119587	1642545	1531633	110913	44964
河北	10630180	7007518	6332871	674647	351710
山西	4666257	2766924	2498958	267966	201082
内蒙古	3684080	2039614	1720300	319314	295451
辽宁	3766912	2574658	2239178	335480	156022
吉林	2894889	1964568	1824265	140303	73148
黑龙江	3302876	2316749	1851751	464998	133684
上海	3577565	2245054	2139494	105560	72868
江苏	14789772	10155684	9342307	813377	227499
浙江	14549491	9271832	8832192	439641	214844
安徽	7328482	3795829	2908754	887075	548296
福建	5859831	3744695	3537213	207482	86048
江西	5723463	2646655	2063321	583334	491206
山东	15330123	10141767	9101047	1040720	367571
河南	9348529	5395391	4741975	653415	583826
湖北	6641787	3706653	3120407	586246	393197
湖南	7774388	4862369	4048097	814272	566936
广东	22320622	14713542	13085969	1627573	457162
广西	6282990	3244039	2691960	552079	427018
海南	1684571	818704	699214	119490	111010
重庆	5307424	2750072	2109727	640345	567933
四川	8768821	5443063	4233323	1209740	838439
贵州	3802848	2451710	1698062	753648	669580
云南	6452164	4022875	3147554	875320	813375
西藏	1272456	743490	561781	181709	166147
陕西	4037518	2596646	2132638	464008	361953
甘肃	3336471	1924764	1620668	304096	242055
青海	990987	470657	344640	126017	118815
宁夏	1206228	467155	391252	75904	70643
新疆	4822455	2639019	1983795	655224	493958
大连	852699	575983	516525	59458	46164
宁波	2435199	1550353	1506350	44003	22847
厦门	1145836	768511	729138	39373	11447
青岛	2237083	1685576	1475110	210466	22481
深圳	1990662	1198114	895258	302856	54511

基本建设支出明细(地方中等职业学校)

单位：千元

公用部分	商品和服务支出	其他资本性支出			基本建设支出
			专项公用支出	专项项目支出	
71784737	**40302251**	**31482486**	**15910687**	**15571800**	**3674500**
1647918	1172586	475332	353673	121659	101797
477041	343568	133474	114800	18674	
3544629	2069349	1475279	777876	697403	78034
1869295	1214700	654594	434658	219936	30039
1376331	696249	680082	384806	295276	268135
1142162	880504	261659	142579	119080	50091
889912	530344	359568	215288	144280	40409
972658	564276	408382	251679	156703	13469
1332511	985688	346823	133710	213113	
4620332	2521424	2098908	887150	1211759	13756
4267963	2728781	1539182	774313	764869	1009696
3332234	1890987	1441247	737697	703549	200419
2085020	1114106	970914	438350	532564	30116
2961331	868209	2093122	746832	1346290	115477
5144447	3018745	2125701	894886	1230816	43909
3855038	2344755	1510283	981459	528825	98100
2935134	1189134	1746000	616013	1129987	
2858760	1795825	1062935	495680	567255	53258
7525348	4313497	3211852	2037356	1174496	81731
2860568	1415006	1445562	749108	696454	178384
846643	469883	376760	276115	100645	19223
2231836	1496299	735537	327696	407841	325516
3273121	1920490	1352631	667579	685052	52638
1265274	662237	603037	253025	350011	85864
2120869	1124030	996839	487054	509784	308420
528966	167341	361625	300511	61114	
1395928	751503	644425	271893	372531	44944
1253083	480258	772825	276877	495949	158623
499087	194230	304857	185182	119674	21244
738983	270303	468679	288022	180657	90
1932316	1107943	824373	408818	415554	251120
270656	215686	54970	14874	40096	6060
883953	467203	416750	163860	252889	893
354325	292173	62152	45992	16160	23000
551507	354509	196997	88648	108349	
758119	666791	91328	82198	9130	34429

6-15 一般公共预算教育事业费和

地区	合计	个人部分	工资福利支出	对个人和家庭的补助支出	#助学金
合计	**92856806**	**55798245**	**47638944**	**8159301**	**5248058**
北京	1777558	1016216	943324	72892	31905
天津	1244801	940300	881849	58451	30801
河北	3094260	1965841	1696025	269816	166506
山西	1652819	1053125	955723	97402	78746
内蒙古	1483642	708243	570026	138217	130684
辽宁	2062314	1427324	1191848	235477	87594
吉林	916858	638659	584976	53683	34630
黑龙江	846889	561167	402904	158263	93974
上海	1933924	1328046	1276495	51551	33860
江苏	11053839	7583086	6960875	622211	153160
浙江	2389349	1381848	1310901	70946	45762
安徽	6725648	3498005	2720530	777474	458787
福建	4752375	3011746	2840224	171523	72783
江西	3500277	1783062	1448287	334775	263634
山东	6934549	4664732	4150393	514339	239927
河南	3695905	2010104	1658813	351291	315858
湖北	4681609	2529768	2130449	399319	269728
湖南	1196417	745548	615386	130162	94217
广东	9986596	6558865	5760715	798149	267444
广西	4705751	2396413	1980036	416377	312739
海南	1056140	474950	406521	68429	66052
重庆	862429	352811	226416	126395	123876
四川	2765497	1684563	1288086	396477	289712
贵州	1454798	828473	575681	252792	225363
云南	2882474	1649712	1167600	482112	459102
西藏	1107263	719903	541351	178552	162990
陕西	682604	419296	347439	71856	61792
甘肃	2453305	1337977	1131906	206071	172198
青海	986529	466737	344119	122618	115416
宁夏	437468	176082	148492	27589	25589
新疆	3532919	1885644	1381554	504090	363229
大连	468745	312755	260848	51907	39706
宁波	592486	326021	320266	5755	2058
厦门	946678	638863	605312	33551	8617
青岛	198399	156771	128595	28176	1010
深圳	493169	312789	264510	48279	10053

基本建设支出明细(中等专业学校)

单位：千元

公用部分					基本建设支出
	商品和服务支出	其他资本性支出			
			专项公用支出	专项项目支出	
34938465	**19344391**	**15594074**	**7921812**	**7672263**	**2120096**
697196	530123	167073	139801	27272	64146
304501	211586	92915	74270	18645	
1115833	746911	368922	159367	209555	12585
581334	426861	154473	124376	30097	18360
559831	283606	276225	189854	86371	215569
609513	443605	165908	92152	73756	25477
276526	195685	80841	59876	20966	1673
284477	195530	88946	70507	18440	1245
605878	527953	77925	55788	22138	
3459344	1832631	1626713	696062	930651	11409
745055	361521	383534	146931	236604	262446
3032224	1796282	1235942	707139	528803	195419
1710512	896860	813652	342922	470730	30116
1684594	617880	1066715	490483	576231	32621
2269569	1285671	983898	372946	610952	248
1660462	1009846	650615	467632	182983	25340
2151841	856103	1295738	443110	852628	
450869	288453	162417	102377	60040	
3372968	1904202	1468766	717946	750820	54764
2157418	1054560	1102857	544588	558269	151920
574976	299140	275836	202035	73801	6214
324879	231926	92952	60146	32806	184739
1053298	647518	405779	236541	169238	27636
559649	290769	268880	122330	146550	66676
952711	557145	395566	302339	93226	280051
387360	165389	221971	161107	60864	
263309	176704	86605	34618	51987	
965314	379719	585595	185888	399707	150013
498548	193692	304857	185182	119674	21244
261297	100738	160559	64829	95729	90
1367181	835784	531397	368669	162728	280095
155991	107016	48974	8879	40096	
266465	88749	177716	52041	125675	
284816	246222	38593	22433	16160	23000
41628	28802	12827	3918	8909	
150380	140440	9940	8080	1860	30000

6-16 一般公共预算教育事业费和

地区	合计	个人部分	工资福利支出	对个人和家庭的补助支出	#助学金
合计	**92208655**	**55546277**	**47433863**	**8112414**	**5221068**
北京	1688179	964994	893036	71957	31893
天津	1244801	940300	881849	58451	30801
河北	3089151	1960733	1690917	269816	166506
山西	1652819	1053125	955723	97402	78746
内蒙古	1483642	708243	570026	138217	130684
辽宁	2062314	1427324	1191848	235477	87594
吉林	916858	638659	584976	53683	34630
黑龙江	846889	561167	402904	158263	93974
上海	1931694	1325816	1274265	51551	33860
江苏	11053839	7583086	6960875	622211	153160
浙江	2389349	1381848	1310901	70946	45762
安徽	6725648	3498005	2720530	777474	458787
福建	4752375	3011746	2840224	171523	72783
江西	3500117	1783011	1448287	334724	263583
山东	6934549	4664732	4150393	514339	239927
河南	3695905	2010104	1658813	351291	315858
湖北	4676968	2525127	2130449	394678	268426
湖南	1196417	745548	615386	130162	94217
广东	9942534	6528738	5736878	791859	266521
广西	4705751	2396413	1980036	416377	312739
海南	1056140	474950	406521	68429	66052
重庆	862429	352811	226416	126395	123876
四川	2760315	1683666	1288086	395580	288815
贵州	1454798	828473	575681	252792	225363
云南	2882474	1649712	1167600	482112	459102
西藏	1107263	719903	541351	178552	162990
陕西	682604	419296	347439	71856	61792
甘肃	2453305	1337977	1131906	206071	172198
青海	986529	466737	344119	122618	115416
宁夏	437468	176082	148492	27589	25589
新疆	3035529	1727952	1257935	470017	339423
大连	468745	312755	260848	51907	39706
宁波	592486	326021	320266	5755	2058
厦门	946678	638863	605312	33551	8617
青岛	198399	156771	128595	28176	1010
深圳	493169	312789	264510	48279	10053

基本建设支出明细(地方中等专业学校)

单位：千元

公用部分	商品和服务支出	其他资本性支出			基本建设支出
			专项公用支出	专项项目支出	
34689216	**19186064**	**15503152**	**7840853**	**7662299**	**1973162**
659040	493691	165348	138076	27272	64146
304501	211586	92915	74270	18645	
1115833	746911	368922	159367	209555	12585
581334	426861	154473	124376	30097	18360
559831	283606	276225	189854	86371	215569
609513	443605	165908	92152	73756	25477
276526	195685	80841	59876	20966	1673
284477	195530	88946	70507	18440	1245
605878	527953	77925	55788	22138	
3459344	1832631	1626713	696062	930651	11409
745055	361521	383534	146931	236604	262446
3032224	1796282	1235942	707139	528803	195419
1710512	896860	813652	342922	470730	30116
1684485	617771	1066715	490483	576231	32621
2269569	1285671	983898	372946	610952	248
1660462	1009846	650615	467632	182983	25340
2151841	856103	1295738	443110	852628	
450869	288453	162417	102377	60040	
3359033	1891753	1467280	716459	750820	54764
2157418	1054560	1102857	544588	558269	151920
574976	299140	275836	202035	73801	6214
324879	231926	92952	60146	32806	184739
1049013	643234	405779	236541	169238	27636
559649	290769	268880	122330	146550	66676
952711	557145	395566	302339	93226	280051
387360	165389	221971	161107	60864	
263309	176704	86605	34618	51987	
965314	379719	585595	185888	399707	150013
498548	193692	304857	185182	119674	21244
261297	100738	160559	64829	95729	90
1174416	730730	443686	290921	152765	133161
155991	107016	48974	8879	40096	
266465	88749	177716	52041	125675	
284816	246222	38593	22433	16160	23000
41628	28802	12827	3918	8909	
150380	140440	9940	8080	1860	30000

6-17 一般公共预算教育事业费和

地区	合计	个人部分	工资福利支出	对个人和家庭的补助支出	#助学金
合计	71433364	45628196	39944967	5683229	3642371
北京	1628734	1246743	1232108	14635	10460
天津	516804	405560	376584	28976	3948
河北	5757326	3658025	3361750	296275	163272
山西	2314234	1357105	1238163	118942	91180
内蒙古	2025736	1176783	999744	177039	162469
辽宁	1400351	950034	869822	80212	53045
吉林	1217101	745038	699173	45866	29405
黑龙江	1400159	932464	740313	192151	34873
上海	1362439	809742	756259	53483	38827
江苏	2276837	1708533	1594555	113978	35210
浙江	10590587	6886591	6562523	324067	147971
安徽	328011	169229	78642	90587	77486
福建	377100	233648	221790	11858	5604
江西	1660313	564086	373738	190348	175930
山东	4729122	3321972	2986831	335141	66840
河南	3462899	2187926	1960557	227369	211054
湖北	1524043	986737	822166	164571	112499
湖南	5698505	3549388	2934403	614985	432603
广东	4976720	3598371	3184690	413681	69446
广西	92666	51341	41205	10136	5865
海南	407053	216185	175503	40682	35239
重庆	3301019	1836319	1456403	379916	332907
四川	5114409	3176835	2550595	626240	408331
贵州	2044552	1385454	1065860	319594	267820
云南	2224773	1577157	1309381	267777	240994
西藏					
陕西	2446348	1549558	1264248	285310	206263
甘肃	738187	500211	411061	89149	66934
青海	4458	3919	521	3398	3398
宁夏	768760	291074	242760	48314	45054
新疆	1044119	552167	433621	118546	107445
大连	323399	225709	218859	6851	5870
宁波	1511262	1002055	971492	30562	19444
厦门					
青岛	1721669	1346004	1168200	177804	20783
深圳	866417	530349	391973	138376	17792

基本建设支出明细(职业高中)

单位：千元

公用部分	商品和服务支出	其他资本性支出			基本建设支出
			专项公用支出	专项项目支出	
24490145	**13585371**	**10904774**	**5075513**	**5829261**	**1315023**
344340	268233	76107	57330	18777	37651
111243	83416	27827	27827		
2033852	1048650	985202	540814	444388	65448
947764	501166	446598	261848	184750	9365
796386	397497	398889	193698	205191	52566
440523	359448	81074	46770	34305	9795
433327	208270	225056	138373	86684	38736
455472	237520	217952	106980	110973	12223
552697	287756	264941	73966	190975	
566958	299607	267351	101411	165939	1346
2974640	1961603	1013037	501264	511773	729356
153783	27303	126480	3738	122742	5000
143452	75436	68016	26143	41873	
1072371	152053	920318	218807	701511	23855
1391489	779745	611744	247693	364051	15661
1245043	766046	478997	290412	188585	29930
537307	263650	273657	126962	146695	
2097130	1273230	823899	356603	467296	51988
1360449	956982	403467	305684	97783	17899
41325	13472	27853	22730	5123	
185234	117677	67557	51306	16251	5633
1406917	883723	523194	190087	333107	57783
1912882	1103279	809603	394072	415531	24692
639910	339457	300453	113308	187145	19188
619584	318214	301371	99275	202096	28031
851846	362117	489729	217418	272311	44944
234366	90940	143427	48645	94782	3610
538	538				
477686	169565	308121	223193	84928	
461630	238776	222854	89158	133696	30321
97610	91908	5702	5702		80
509207	287108	222099	97510	124589	
375665	234185	141480	77040	64441	
331971	278708	53263	51322	1941	4097

6-18 一般公共预算教育事业费和

地区	合计	个人部分	工资福利支出	对个人和家庭的补助支出	#助学金
合计	**71420116**	**45620421**	**39938847**	**5681574**	**3642245**
北京	1628734	1246743	1232108	14635	10460
天津	516804	405560	376584	28976	3948
河北	5757326	3658025	3361750	296275	163272
山西	2314234	1357105	1238163	118942	91180
内蒙古	2025736	1176783	999744	177039	162469
辽宁	1400351	950034	869822	80212	53045
吉林	1217101	745038	699173	45866	29405
黑龙江	1386911	924690	734193	190497	34747
上海	1362439	809742	756259	53483	38827
江苏	2276837	1708533	1594555	113978	35210
浙江	10590587	6886591	6562523	324067	147971
安徽	328011	169229	78642	90587	77486
福建	377100	233648	221790	11858	5604
江西	1660313	564086	373738	190348	175930
山东	4729122	3321972	2986831	335141	66840
河南	3462899	2187926	1960557	227369	211054
湖北	1524043	986737	822166	164571	112499
湖南	5698505	3549388	2934403	614985	432603
广东	4976720	3598371	3184690	413681	69446
广西	92666	51341	41205	10136	5865
海南	407053	216185	175503	40682	35239
重庆	3301019	1836319	1456403	379916	332907
四川	5114409	3176835	2550595	626240	408331
贵州	2044552	1385454	1065860	319594	267820
云南	2224773	1577157	1309381	267777	240994
西藏					
陕西	2446348	1549558	1264248	285310	206263
甘肃	738187	500211	411061	89149	66934
青海	4458	3919	521	3398	3398
宁夏	768760	291074	242760	48314	45054
新疆	1044119	552167	433621	118546	107445
大连	323399	225709	218859	6851	5870
宁波	1511262	1002055	971492	30562	19444
厦门					
青岛	1721669	1346004	1168200	177804	20783
深圳	866417	530349	391973	138376	17792

基本建设支出明细(地方职业高中)

单位：千元

公用部分	商品和服务支出	其他资本性支出			基本建设支出
			专项公用支出	专项项目支出	
24484671	**13582684**	**10901987**	**5074327**	**5827660**	**1315023**
344340	268233	76107	57330	18777	37651
111243	83416	27827	27827		
2033852	1048650	985202	540814	444388	65448
947764	501166	446598	261848	184750	9365
796386	397497	398889	193698	205191	52566
440523	359448	81074	46770	34305	9795
433327	208270	225056	138373	86684	38736
449998	234833	215165	105793	109372	12223
552697	287756	264941	73966	190975	
566958	299607	267351	101411	165939	1346
2974640	1961603	1013037	501264	511773	729356
153783	27303	126480	3738	122742	5000
143452	75436	68016	26143	41873	
1072371	152053	920318	218807	701511	23855
1391489	779745	611744	247693	364051	15661
1245043	766046	478997	290412	188585	29930
537307	263650	273657	126962	146695	
2097130	1273230	823899	356603	467296	51988
1360449	956982	403467	305684	97783	17899
41325	13472	27853	22730	5123	
185234	117677	67557	51306	16251	5633
1406917	883723	523194	190087	333107	57783
1912882	1103279	809603	394072	415531	24692
639910	339457	300453	113308	187145	19188
619584	318214	301371	99275	202096	28031
851846	362117	489729	217418	272311	44944
234366	90940	143427	48645	94782	3610
538	538				
477686	169565	308121	223193	84928	
461630	238776	222854	89158	133696	30321
97610	91908	5702	5702		80
509207	287108	222099	97510	124589	
375665	234185	141480	77040	64441	
331971	278708	53263	51322	1941	4097

6-19 一般公共预算教育事业费和

地区	合计	个人部分	工资福利支出	对个人和家庭的补助支出	#助学金
合计	**32375494**	**20250936**	**17481783**	**2769153**	**2058268**
北京	107519	83811	82489	1322	1003
天津	104027	77818	75999	1820	245
河北	3368079	2025471	1848600	176871	114667
山西	1405059	831708	754874	76834	58135
内蒙古	1376953	825751	709130	116620	105053
辽宁	389417	274359	255340	19019	15664
吉林	638622	386450	359204	27246	20195
黑龙江	634151	424386	321987	102399	24987
上海	51464	30837	29112	1725	1671
江苏	999456	733632	684448	49184	13115
浙江	3693094	2611783	2476573	135211	53560
安徽	183813	82426	14854	67572	58173
福建	159330	87082	81686	5397	2688
江西	1202641	368140	259881	108259	96607
山东	1526899	1019408	958007	61401	23936
河南	1920837	1285050	1145837	139213	126244
湖北	462960	303394	247049	56345	49544
湖南	3098098	1824675	1531267	293407	228033
广东	534269	373240	340893	32347	10716
广西	92666	51341	41205	10136	5865
海南	177023	76918	56050	20868	17977
重庆	1146696	715531	577340	138191	124201
四川	2673972	1676652	1321448	355205	259213
贵州	1347830	880031	663438	216593	185275
云南	1614418	1159965	985569	174397	162729
西藏					
陕西	1524201	953989	786073	167916	116202
甘肃	627073	422352	352900	69453	47697
青海	2039	1501	521	980	980
宁夏	422746	170693	136771	33921	31180
新疆	890142	492540	383236	109305	102712
大连	35422	28740	28244	496	193
宁波	479437	367585	356219	11366	7795
厦门					
青岛	32200	19863	18872	991	799
深圳					

基本建设支出明细(农村职业高中)

单位：千元

公用部分	商品和服务支出	其他资本性支出			基本建设支出
			专项公用支出	专项项目支出	
11717896	**5986153**	**5731743**	**2387282**	**3344461**	**406661**
23708	21821	1887	1887		
26209	23895	2314	2314		
1277160	645813	631347	304561	326786	65448
564466	294536	269929	161714	108216	8886
524505	260683	263822	132253	131568	26697
110498	77477	33021	14469	18553	4560
219464	111218	108246	48762	59484	32708
197541	95629	101912	39027	62885	12223
20626	14751	5875	5469	405	
265824	131527	134296	46899	87397	
997295	729008	268287	175290	92997	84016
96387	5181	91206	2198	89008	5000
72247	28587	43661	12774	30887	
810646	104016	706630	178061	528569	23855
491830	246318	245512	83860	161652	15661
635788	389201	246587	104891	141696	
159566	72947	86619	36469	50151	
1258375	677723	580653	231338	349314	15048
160209	93516	66693	31656	35037	820
41325	13472	27853	22730	5123	
94471	63857	30614	26505	4110	5633
410998	275525	135473	60907	74566	20167
973920	557170	416750	185183	231567	23400
459112	236672	222440	78711	143729	8687
436976	225360	211616	58418	153198	17476
567768	226550	341219	123599	217620	2444
201110	79504	121606	32745	88861	3610
538	538				
252054	74011	178042	114685	63357	
367280	209648	157632	69909	87724	30321
6682	6357	325	325		
111852	77245	34607	31348	3259	
12337	12337				

6-20 一般公共预算教育事业费和

地区	合计	个人部分	工资福利支出	对个人和家庭的补助支出	#助学金
合计	**32369566**	**20247197**	**17479622**	**2767575**	**2058204**
北京	107519	83811	82489	1322	1003
天津	104027	77818	75999	1820	245
河北	3368079	2025471	1848600	176871	114667
山西	1405059	831708	754874	76834	58135
内蒙古	1376953	825751	709130	116620	105053
辽宁	389417	274359	255340	19019	15664
吉林	638622	386450	359204	27246	20195
黑龙江	628224	420647	319826	100820	24923
上海	51464	30837	29112	1725	1671
江苏	999456	733632	684448	49184	13115
浙江	3693094	2611783	2476573	135211	53560
安徽	183813	82426	14854	67572	58173
福建	159330	87082	81686	5397	2688
江西	1202641	368140	259881	108259	96607
山东	1526899	1019408	958007	61401	23936
河南	1920837	1285050	1145837	139213	126244
湖北	462960	303394	247049	56345	49544
湖南	3098098	1824675	1531267	293407	228033
广东	534269	373240	340893	32347	10716
广西	92666	51341	41205	10136	5865
海南	177023	76918	56050	20868	17977
重庆	1146696	715531	577340	138191	124201
四川	2673972	1676652	1321448	355205	259213
贵州	1347830	880031	663438	216593	185275
云南	1614418	1159965	985569	174397	162729
西藏					
陕西	1524201	953989	786073	167916	116202
甘肃	627073	422352	352900	69453	47697
青海	2039	1501	521	980	980
宁夏	422746	170693	136771	33921	31180
新疆	890142	492540	383236	109305	102712
大连	35422	28740	28244	496	193
宁波	479437	367585	356219	11366	7795
厦门					
青岛	32200	19863	18872	991	799
深圳					

基本建设支出明细(地方农村职业高中)

单位：千元

公用部分	商品和服务支出	其他资本性支出			基本建设支出
			专项公用支出	专项项目支出	
11715708	**5985276**	**5730433**	**2386573**	**3343860**	**406661**
23708	21821	1887	1887		
26209	23895	2314	2314		
1277160	645813	631347	304561	326786	65448
564466	294536	269929	161714	108216	8886
524505	260683	263822	132253	131568	26697
110498	77477	33021	14469	18553	4560
219464	111218	108246	48762	59484	32708
195353	94752	100602	38318	62284	12223
20626	14751	5875	5469	405	
265824	131527	134296	46899	87397	
997295	729008	268287	175290	92997	84016
96387	5181	91206	2198	89008	5000
72247	28587	43661	12774	30887	
810646	104016	706630	178061	528569	23855
491830	246318	245512	83860	161652	15661
635788	389201	246587	104891	141696	
159566	72947	86619	36469	50151	
1258375	677723	580653	231338	349314	15048
160209	93516	66693	31656	35037	820
41325	13472	27853	22730	5123	
94471	63857	30614	26505	4110	5633
410998	275525	135473	60907	74566	20167
973920	557170	416750	185183	231567	23400
459112	236672	222440	78711	143729	8687
436976	225360	211616	58418	153198	17476
567768	226550	341219	123599	217620	2444
201110	79504	121606	32745	88861	3610
538	538				
252054	74011	178042	114685	63357	
367280	209648	157632	69909	87724	30321
6682	6357	325	325		
111852	77245	34607	31348	3259	
12337	12337				

6-21 一般公共预算教育事业费和

地区	合计	个人部分	工资福利支出	对个人和家庭的补助支出	#助学金
合计	**26834067**	**15527614**	**13520714**	**2006900**	**1270745**
北京	1450478	816975	769553	47422	19779
天津	318683	268194	246291	21902	10571
河北	777539	497706	441599	56107	21662
山西	581375	265223	217653	47570	30654
内蒙古	48936	36232	33459	2774	2298
辽宁	304217	197287	177509	19778	15382
吉林	210545	102192	87242	14949	9101
黑龙江	607950	408607	361879	46727	4657
上海	101003	75188	75007	181	181
江苏	1258838	742337	674871	67466	36488
浙江	1169191	725840	693524	32316	20862
安徽	226782	92190	75500	16690	12022
福建	703911	475676	452632	23044	7662
江西	346485	179635	126147	53488	51693
山东	3366665	1913682	1741317	172365	59307
河南	1570943	736313	702888	33424	22805
湖北	402668	171457	154728	16729	7826
湖南	393837	253036	220747	32289	22576
广东	7191967	4474564	4065395	409169	118077
广西	1452389	769486	646103	123383	108391
海南	219958	127569	117191	10379	9720
重庆	641379	260451	140208	120242	104051
四川	667092	425841	253286	172555	149385
贵州	231105	208996	30377	178619	173754
云南	1000950	500429	388895	111534	104536
西藏	165193	23587	20430	3157	3157
陕西	660802	424865	323459	101406	94110
甘肃	108111	51682	44194	7488	2862
青海					
宁夏					
新疆	655074	302374	238629	63745	47173
大连	60524	37505	36818	687	587
宁波	86221	45281	43824	1458	1344
厦门	199157	129648	123826	5822	2831
青岛	317015	182801	178314	4487	687
深圳	569086	334503	224285	110218	23997

基本建设支出明细(技工学校)

单位：千元

公用部分	商品和服务支出	其他资本性支出	专项公用支出	专项项目支出	基本建设支出
10939284	**6272745**	**4666539**	**2813678**	**1852861**	**367169**
633503	400278	233225	157615	75610	
50489	40754	9735	9707	28	
279833	176285	103548	66792	36756	
313838	265824	48013	43410	4604	2314
12704	8466	4237	524	3713	
92110	77434	14677	3657	11020	14820
108354	70193	38160	6069	32092	
199344	92588	106755	71597	35159	
25815	24961	854	854		
515501	362562	152939	86491	66448	1000
425458	303681	121777	109760	12017	17893
134592	57086	77506	26502	51004	
228235	139072	89163	69202	19961	
107850	60287	47563	32301	15262	59000
1424983	912870	512113	259083	253031	28000
791800	443260	348540	211440	137100	42830
231211	59286	171925	42141	129784	
140801	94871	45930	26176	19754	
2708335	1404597	1303737	996280	307457	9068
656440	341795	314645	181631	133014	26463
85013	51646	33367	22773	10593	7376
297935	220134	77801	51230	26571	82993
240941	118092	122849	29729	93120	310
22109	10857	11252	5462	5790	
500182	211856	288327	74590	213737	338
141606	1952	139654	139404	250	
235937	187107	48830	17541	31289	
51428	7671	43757	42297	1460	5000
282938	127279	155659	29422	126237	69762
17039	16745	294	294		5980
40046	35202	4844	4844		893
69509	45950	23559	23559		
134213	91523	42690	7690	35000	
234251	213296	20955	16003	4952	332

6-22 一般公共预算教育事业费和

地区	合计	个人部分	工资福利支出	对个人和家庭的补助支出	#助学金
合计	**26732834**	**15453920**	**13459448**	**1994472**	**1259973**
北京	1450478	816975	769553	47422	19779
天津	317968	267479	245933	21546	10215
河北	777539	497706	441599	56107	21662
山西	581375	265223	217653	47570	30654
内蒙古	48936	36232	33459	2774	2298
辽宁	304217	197287	177509	19778	15382
吉林	210545	102192	87242	14949	9101
黑龙江	556598	373226	328143	45083	4619
上海	101003	75188	75007	181	181
江苏	1249934	740393	673023	67370	36392
浙江	1169191	725840	693524	32316	20862
安徽	226782	92190	75500	16690	12022
福建	703911	475676	452632	23044	7662
江西	346485	179635	126147	53488	51693
山东	3366665	1913682	1741317	172365	59307
河南	1551766	718193	684950	33242	22623
湖北	402668	171457	154728	16729	7826
湖南	393837	253036	220747	32289	22576
广东	7191967	4474564	4065395	409169	118077
广西	1452389	769486	646103	123383	108391
海南	219958	127569	117191	10379	9720
重庆	641379	260451	140208	120242	104051
四川	648019	409345	246592	162753	139583
贵州	231105	208996	30377	178619	173754
云南	1000950	500429	388895	111534	104536
西藏	165193	23587	20430	3157	3157
陕西	660590	424653	323459	101194	93898
甘肃	108111	51682	44194	7488	2862
青海					
宁夏					
新疆	653275	301548	237938	63610	47087
大连	60524	37505	36818	687	587
宁波	86221	45281	43824	1458	1344
厦门	199157	129648	123826	5822	2831
青岛	317015	182801	178314	4487	687
深圳	569086	334503	224285	110218	23997

基本建设支出明细(地方技工学校)

单位：千元

公用部分	商品和服务支出	其他资本性支出	专项公用支出	专项项目支出	基本建设支出
10911745	**6257323**	**4654422**	**2809668**	**1844754**	**367169**
633503	400278	233225	157615	75610	
50489	40754	9735	9707	28	
279833	176285	103548	66792	36756	
313838	265824	48013	43410	4604	2314
12704	8466	4237	524	3713	
92110	77434	14677	3657	11020	14820
108354	70193	38160	6069	32092	
183372	85319	98053	70995	27058	
25815	24961	854	854		
508541	355602	152939	86491	66448	1000
425458	303681	121777	109760	12017	17893
134592	57086	77506	26502	51004	
228235	139072	89163	69202	19961	
107850	60287	47563	32301	15262	59000
1424983	912870	512113	259083	253031	28000
790743	442203	348540	211440	137100	42830
231211	59286	171925	42141	129784	
140801	94871	45930	26176	19754	
2708335	1404597	1303737	996280	307457	9068
656440	341795	314645	181631	133014	26463
85013	51646	33367	22773	10593	7376
297935	220134	77801	51230	26571	82993
238364	118092	120272	27158	93114	310
22109	10857	11252	5462	5790	
500182	211856	288327	74590	213737	338
141606	1952	139654	139404	250	
235937	187107	48830	17541	31289	
51428	7671	43757	42297	1460	5000
281965	127143	154822	28584	126237	69762
17039	16745	294	294		5980
40046	35202	4844	4844		893
69509	45950	23559	23559		
134213	91523	42690	7690	35000	
234251	213296	20955	16003	4952	332

6-23 一般公共预算教育事业费和

地区	合计	个人部分	工资福利支出	对个人和家庭的补助支出	#助学金
合计	**6750395**	**5030297**	**4648248**	**382050**	**85286**
北京	52048	41013	39149	1865	
天津	40014	29206	27266	1939	
河北	1006164	891054	838605	52449	270
山西	117830	91471	87419	4051	502
内蒙古	125766	118356	117071	1284	
辽宁	30	13		13	
吉林	550385	478679	452874	25805	11
黑龙江	528701	472478	396600	75879	344
上海	182428	34308	33963	345	
江苏	209162	123672	113854	9818	2736
浙江	400364	277554	265244	12311	249
安徽	48040	36405	34081	2324	
福建	26445	23625	22567	1058	
江西	216547	119922	115149	4774	
山东	299786	241381	222506	18874	1496
河南	637959	479168	437655	41513	34291
湖北	38107	23332	13064	10268	4445
湖南	485629	314398	277562	36836	17540
广东	209401	111870	99005	12864	3118
广西	32184	26798	24616	2183	23
海南	1420				
重庆	502596	300492	286700	13792	7098
四川	246079	173217	148051	25166	1711
贵州	72394	28788	26144	2644	2644
云南	343967	295576	281679	13897	8744
西藏					
陕西	247976	203139	197492	5648	
甘肃	36869	34894	33506	1389	61
青海					
宁夏					
新疆	92102	59487	56426	3061	3
大连	30	13		13	
宁波	245230	176996	170768	6228	
厦门					
青岛					
深圳	61990	20473	14492	5982	2669

基本建设支出明细(成人中等专业学校)

单位：千元

公用部分	商品和服务支出	其他资本性支出	专项公用支出	专项项目支出	基本建设支出
1700952	**1277786**	**423166**	**186080**	**237086**	**19145**
11035	10383	652	652		
10808	7812	2996	2996		
115110	97503	17607	10903	6704	
26359	20849	5510	5024	486	
7410	6681	730	730		
17	17				
71706	56195	15510	10971	4539	
56223	49775	6448	4615	1833	
148120	145018	3102	3102		
85490	33584	51906	3186	48720	
122810	101976	20834	16358	4476	
11635	10316	1319	319	1000	
2821	2738	83	83		
96625	38098	58527	5241	53286	
58406	40460	17946	15163	2782	
158791	126660	32131	11975	20156	
14776	10095	4681	3801	879	
169960	139272	30689	10524	20164	1270
97532	60164	37368	18932	18435	
5386	5179	207	159	48	
1420	1420				
202104	160515	41589	26233	15357	
72862	55885	16977	9808	7169	
43606	21155	22451	11925	10526	
48391	36815	11576	10851	725	
44836	25576	19260	2316	16944	
1974	1927	47	47		
14740	11718	3022	165	2857	17875
17	17				
68234	56144	12090	9465	2625	
41517	34347	7170	6793	377	

6-24 一般公共预算教育事业费和

地区	合计	个人部分	工资福利支出	对个人和家庭的补助支出	#助学金
合计	**6729911**	**5011660**	**4634347**	**377314**	**85286**
北京	50359	39324	37460	1865	
天津	40014	29206	27266	1939	
河北	1006164	891054	838605	52449	270
山西	117830	91471	87419	4051	502
内蒙古	125766	118356	117071	1284	
辽宁	30	13		13	
吉林	550385	478679	452874	25805	11
黑龙江	512478	457667	386512	71155	344
上海	182428	34308	33963	345	
江苏	209162	123672	113854	9818	2736
浙江	400364	277554	265244	12311	249
安徽	48040	36405	34081	2324	
福建	26445	23625	22567	1058	
江西	216547	119922	115149	4774	
山东	299786	241381	222506	18874	1496
河南	637959	479168	437655	41513	34291
湖北	38107	23332	13064	10268	4445
湖南	485629	314398	277562	36836	17540
广东	209401	111870	99005	12864	3118
广西	32184	26798	24616	2183	23
海南	1420				
重庆	502596	300492	286700	13792	7098
四川	246079	173217	148051	25166	1711
贵州	72394	28788	26144	2644	2644
云南	343967	295576	281679	13897	8744
西藏					
陕西	247976	203139	197492	5648	
甘肃	36869	34894	33506	1389	61
青海					
宁夏					
新疆	89531	57352	54301	3050	3
大连	30	13		13	
宁波	245230	176996	170768	6228	
厦门					
青岛					
深圳	61990	20473	14492	5982	2669

基本建设支出明细(地方成人中等专业学校)

单位：千元

公用部分	商品和服务支出	其他资本性支出	专项公用支出	专项项目支出	基本建设支出
1699105	**1276180**	**422925**	**185839**	**237086**	**19145**
11035	10383	652	652		
10808	7812	2996	2996		
115110	97503	17607	10903	6704	
26359	20849	5510	5024	486	
7410	6681	730	730		
17	17				
71706	56195	15510	10971	4539	
54811	48594	6217	4385	1833	
148120	145018	3102	3102		
85490	33584	51906	3186	48720	
122810	101976	20834	16358	4476	
11635	10316	1319	319	1000	
2821	2738	83	83		
96625	38098	58527	5241	53286	
58406	40460	17946	15163	2782	
158791	126660	32131	11975	20156	
14776	10095	4681	3801	879	
169960	139272	30689	10524	20164	1270
97532	60164	37368	18932	18435	
5386	5179	207	159	48	
1420	1420				
202104	160515	41589	26233	15357	
72862	55885	16977	9808	7169	
43606	21155	22451	11925	10526	
48391	36815	11576	10851	725	
44836	25576	19260	2316	16944	
1974	1927	47	47		
14305	11293	3012	155	2857	17875
17	17				
68234	56144	12090	9465	2625	
41517	34347	7170	6793	377	

6-25 一般公共预算教育事业费和

地区	合计	个人部分	工资福利支出	对个人和家庭的补助支出	#助学金
合计	**1123011179**	**815330841**	**738812677**	**76518164**	**42081316**
北京	30486024	19633656	19385353	248303	145941
天津	14768741	11817091	11446732	370358	87178
河北	50073639	35973144	32996474	2976670	1536127
山西	22788539	16910402	15716878	1193524	798222
内蒙古	19193503	13488460	12374841	1113618	916109
辽宁	22357398	18135616	17251270	884347	345004
吉林	15531066	11610804	10899219	711584	302412
黑龙江	21000428	16058879	13965537	2093342	221057
上海	22358548	15701400	15265387	436012	320057
江苏	78076517	59969847	55322901	4646946	1445686
浙江	57546942	43796951	41600190	2196761	1183135
安徽	42971918	30103239	26377047	3726192	1581439
福建	34185381	26326775	24914237	1412538	699922
江西	41680424	24430969	22455934	1975035	1421841
山东	80051274	63567099	58908382	4658717	1664663
河南	58527163	40990782	37392044	3598738	3073423
湖北	43207180	31639498	28981570	2657928	1104533
湖南	48129094	35467564	31238578	4228985	2114960
广东	113621704	77581204	69693645	7887559	1832684
广西	36689122	26427805	22839413	3588392	2743696
海南	9217445	5232616	4905401	327215	174709
重庆	27453077	19483902	17434887	2049015	1540544
四川	55340768	41139501	34938212	6201289	3531622
贵州	34399492	26793180	22700514	4092666	2815332
云南	39401334	30094277	25919546	4174732	3860089
西藏	7477937	5496130	4297608	1198522	1105871
陕西	30552685	19660574	17667880	1992694	1393717
甘肃	20817699	15669790	13981811	1687979	1069773
青海	7013381	4820925	4361160	459765	428510
宁夏	7347277	4475314	4089760	385554	332943
新疆	30745478	22833446	19490262	3343184	2290119
大连	4492374	3802671	3752987	49685	12967
宁波	8006323	6251872	5942588	309284	183798
厦门	4845615	3917217	3695222	221995	57534
青岛	9834045	7807673	7090789	716884	124661
深圳	27079003	10592580	7868005	2724575	187879

基本建设支出明细(中学)

单位：千元

公用部分	商品和服务支出	其他资本性支出	专项公用支出	专项项目支出	基本建设支出
276831278	**144768796**	**132062482**	**37884849**	**94177633**	**30849060**
8593537	6339828	2253709	1573462	680246	2258832
2735596	1853045	882551	351386	531164	216054
13799813	6529299	7270514	1599550	5670965	300681
5530959	3472285	2058674	740944	1317730	347177
5397825	2961482	2436343	818854	1617489	307219
4013246	2779363	1233883	376023	857861	208535
3806398	1923923	1882475	628323	1254151	113865
4625585	2763953	1861632	670218	1191414	315964
6100024	4615590	1484433	1037703	446730	557125
17916202	8443867	9472335	2144944	7327391	190468
12010219	7097979	4912240	1778225	3134015	1739773
11644141	5597796	6046345	1966090	4080255	1224538
7699384	4255768	3443616	955751	2487865	159222
16389967	3631869	12758098	3051516	9706582	859488
16466424	7583193	8883232	1909092	6974140	17750
16383859	8690111	7693748	1756866	5936882	1152522
11567682	4823811	6743871	1182230	5561641	
12325387	6499291	5826097	1339842	4486255	336142
22512147	15439362	7072785	3524717	3548068	13528353
9446165	4646664	4799502	1455669	3343833	815152
3741871	1717327	2024545	877786	1146759	242958
7208494	4741432	2467062	808516	1658546	760682
13703622	8512831	5190791	1459694	3731097	497645
7270692	3609048	3661644	1069946	2591698	335620
8664822	3510807	5154015	694146	4459869	642234
1824167	781579	1042588	319997	722591	157639
9450575	4421300	5029275	1516835	3512439	1441536
4831867	2042831	2789036	662662	2126375	316042
1840338	725404	1114934	274296	840638	352118
2795823	1015356	1780467	558708	1221759	76140
6534447	3742404	2792043	780859	2011184	1377586
645588	544119	101469	62481	38988	44115
1716452	803365	913087	204057	709030	38000
879553	764623	114930	91270	23660	48846
2026371	946218	1080153	267129	813024	
4287131	3680058	607073	586135	20938	12199293

6-26 一般公共预算教育事业费和

地 区	合 计	个人部分	工资福利支出	对个人和家庭的补助支出	#助学金
合 计	**1117671892**	**811547948**	**735431928**	**76116020**	**41966682**
北 京	29165756	18667495	18446771	220724	144304
天 津	14768741	11817091	11446732	370358	87178
河 北	50073639	35973144	32996474	2976670	1536127
山 西	22788539	16910402	15716878	1193524	798222
内蒙古	19193503	13488460	12374841	1113618	916109
辽 宁	22357398	18135616	17251270	884347	345004
吉 林	15382408	11493190	10788971	704219	302049
黑龙江	20669752	15817618	13792402	2025216	218708
上 海	22198978	15569980	15135294	434685	320057
江 苏	78076517	59969847	55322901	4646946	1445686
浙 江	57546942	43796951	41600190	2196761	1183135
安 徽	42971918	30103239	26377047	3726192	1581439
福 建	34185381	26326775	24914237	1412538	699922
江 西	41680424	24430969	22455934	1975035	1421841
山 东	80051274	63567099	58908382	4658717	1664663
河 南	58526474	40990226	37391488	3598738	3073423
湖 北	42861550	31386766	28746696	2640069	1103721
湖 南	48116695	35457954	31229022	4228932	2114960
广 东	113621704	77581204	69693645	7887559	1832684
广 西	36689122	26427805	22839413	3588392	2743696
海 南	9217445	5232616	4905401	327215	174709
重 庆	27308998	19381086	17335308	2045778	1540101
四 川	55337268	41139383	34938212	6201171	3531504
贵 州	34399492	26793180	22700514	4092666	2815332
云 南	39401334	30094277	25919546	4174732	3860089
西 藏	7477937	5496130	4297608	1198522	1105871
陕 西	30419321	19555696	17570271	1985425	1393220
甘 肃	20814795	15667519	13979675	1687844	1069637
青 海	7013381	4820925	4361160	459765	428510
宁 夏	7347277	4475314	4089760	385554	332943
新 疆	28007930	20979991	17905881	3074110	2181838
大 连	4492374	3802671	3752987	49685	12967
宁 波	8006323	6251872	5942588	309284	183798
厦 门	4845615	3917217	3695222	221995	57534
青 岛	9834045	7807673	7090789	716884	124661
深 圳	27079003	10592580	7868005	2724575	187879

基本建设支出明细(地方中学)

单位：千元

公用部分	商品和服务支出	其他资本性支出			基本建设支出
			专项公用支出	专项项目支出	
275391225	**143769145**	**131622080**	**37643050**	**93979030**	**30732719**
8239430	6044689	2194741	1514497	680244	2258832
2735596	1853045	882551	351386	531164	216054
13799813	6529299	7270514	1599550	5670965	300681
5530959	3472285	2058674	740944	1317730	347177
5397825	2961482	2436343	818854	1617489	307219
4013246	2779363	1233883	376023	857861	208535
3775353	1897662	1877691	626109	1251582	113865
4536171	2726967	1809203	653318	1155885	315964
6071873	4593000	1478873	1034592	444280	557125
17916202	8443867	9472335	2144944	7327391	190468
12010219	7097979	4912240	1778225	3134015	1739773
11644141	5597796	6046345	1966090	4080255	1224538
7699384	4255768	3443616	955751	2487865	159222
16389967	3631869	12758098	3051516	9706582	859488
16466424	7583193	8883232	1909092	6974140	17750
16383726	8689979	7693748	1756866	5936882	1152522
11474784	4738944	6735840	1174199	5561641	
12322599	6496502	5826097	1339842	4486255	336142
22512147	15439362	7072785	3524717	3548068	13528353
9446165	4646664	4799502	1455669	3343833	815152
3741871	1717327	2024545	877786	1146759	242958
7167230	4711340	2455890	797344	1658546	760682
13700239	8509448	5190791	1459694	3731097	497645
7270692	3609048	3661644	1069946	2591698	335620
8664822	3510807	5154015	694146	4459869	642234
1824167	781579	1042588	319997	722591	157639
9422090	4395035	5027055	1515349	3511705	1441536
4831235	2042677	2788558	662214	2126345	316042
1840338	725404	1114934	274296	840638	352118
2795823	1015356	1780467	558708	1221759	76140
5766694	3271412	2495282	641387	1853895	1261245
645588	544119	101469	62481	38988	44115
1716452	803365	913087	204057	709030	38000
879553	764623	114930	91270	23660	48846
2026371	946218	1080153	267129	813024	
4287131	3680058	607073	586135	20938	12199293

6-27 一般公共预算教育事业费和

地区	合计	个人部分	工资福利支出	对个人和家庭的补助支出	#助学金
合计	**1122493070**	**814947229**	**738444784**	**76502444**	**42081316**
北京	30423335	19602769	19354823	247946	145941
天津	14709787	11760186	11391412	368774	87178
河北	50073639	35973144	32996474	2976670	1536127
山西	22788539	16910402	15716878	1193524	798222
内蒙古	19193503	13488460	12374841	1113618	916109
辽宁	22357398	18135616	17251270	884347	345004
吉林	15529439	11609441	10897903	711538	302412
黑龙江	21000428	16058879	13965537	2093342	221057
上海	22357094	15700484	15264472	436012	320057
江苏	77938811	59858770	55218895	4639874	1445686
浙江	57332786	43627570	41437414	2190155	1183135
安徽	42971918	30103239	26377047	3726192	1581439
福建	34185381	26326775	24914237	1412538	699922
江西	41680424	24430969	22455934	1975035	1421841
山东	80051274	63567099	58908382	4658717	1664663
河南	58527163	40990782	37392044	3598738	3073423
湖北	43207180	31639498	28981570	2657928	1104533
湖南	48127169	35465652	31236717	4228935	2114960
广东	113608628	77570032	69682477	7887555	1832684
广西	36689122	26427805	22839413	3588392	2743696
海南	9217445	5232616	4905401	327215	174709
重庆	27453077	19483902	17434887	2049015	1540544
四川	55340768	41139501	34938212	6201289	3531622
贵州	34399492	26793180	22700514	4092666	2815332
云南	39401334	30094277	25919546	4174732	3860089
西藏	7477937	5496130	4297608	1198522	1105871
陕西	30552685	19660574	17667880	1992694	1393717
甘肃	20791209	15669790	13981811	1687979	1069773
青海	7013381	4820925	4361160	459765	428510
宁夏	7347277	4475314	4089760	385554	332943
新疆	30745447	22833446	19490262	3343184	2290119
大连	4492374	3802671	3752987	49685	12967
宁波	8006323	6251872	5942588	309284	183798
厦门	4845615	3917217	3695222	221995	57534
青岛	9834045	7807673	7090789	716884	124661
深圳	27079003	10592580	7868005	2724575	187879

基本建设支出明细(普通中学)

单位：千元

公用部分	商品和服务支出	其他资本性支出	专项公用支出	专项项目支出	基本建设支出
276696781	**144677257**	**132019524**	**37875733**	**94143790**	**30849060**
8561735	6308836	2252898	1572678	680221	2258832
2733547	1851051	882496	351331	531164	216054
13799813	6529299	7270514	1599550	5670965	300681
5530959	3472285	2058674	740944	1317730	347177
5397825	2961482	2436343	818854	1617489	307219
4013246	2779363	1233883	376023	857861	208535
3806133	1923665	1882467	628316	1254151	113865
4625585	2763953	1861632	670218	1191414	315964
6099485	4615101	1484384	1037653	446730	557125
17889574	8426365	9463209	2143094	7320115	190468
11965443	7059507	4905936	1771971	3133965	1739773
11644141	5597796	6046345	1966090	4080255	1224538
7699384	4255768	3443616	955751	2487865	159222
16389967	3631869	12758098	3051516	9706582	859488
16466424	7583193	8883232	1909092	6974140	17750
16383859	8690111	7693748	1756866	5936882	1152522
11567682	4823811	6743871	1182230	5561641	
12325375	6499278	5826097	1339842	4486255	336142
22510243	15437574	7072669	3524601	3548068	13528353
9446165	4646664	4799502	1455669	3343833	815152
3741871	1717327	2024545	877786	1146759	242958
7208494	4741432	2467062	808516	1658546	760682
13703622	8512831	5190791	1459694	3731097	497645
7270692	3609048	3661644	1069946	2591698	335620
8664822	3510807	5154015	694146	4459869	642234
1824167	781579	1042588	319997	722591	157639
9450575	4421300	5029275	1516835	3512439	1441536
4805377	2042831	2762546	662662	2099885	316042
1840338	725404	1114934	274296	840638	352118
2795823	1015356	1780467	558708	1221759	76140
6534415	3742372	2792043	780859	2011184	1377586
645588	544119	101469	62481	38988	44115
1716452	803365	913087	204057	709030	38000
879553	764623	114930	91270	23660	48846
2026371	946218	1080153	267129	813024	
4287131	3680058	607073	586135	20938	12199293

6-28　一般公共预算教育事业费和

地　区	合　计				
		个人部分			
			工资福利支　出	对个人和家庭的补助支出	
					#助学金
合　计	**1117153783**	**811164336**	**735064035**	**76100301**	**41966682**
北　京	29103067	18636608	18416241	220367	144304
天　津	14709787	11760186	11391412	368774	87178
河　北	50073639	35973144	32996474	2976670	1536127
山　西	22788539	16910402	15716878	1193524	798222
内蒙古	19193503	13488460	12374841	1113618	916109
辽　宁	22357398	18135616	17251270	884347	345004
吉　林	15380780	11491827	10787655	704172	302049
黑龙江	20669752	15817618	13792402	2025216	218708
上　海	22197523	15569064	15134379	434685	320057
江　苏	77938811	59858770	55218895	4639874	1445686
浙　江	57332786	43627570	41437414	2190155	1183135
安　徽	42971918	30103239	26377047	3726192	1581439
福　建	34185381	26326775	24914237	1412538	699922
江　西	41680424	24430969	22455934	1975035	1421841
山　东	80051274	63567099	58908382	4658717	1664663
河　南	58526474	40990226	37391488	3598738	3073423
湖　北	42861550	31386766	28746696	2640069	1103721
湖　南	48114771	35456042	31227160	4228882	2114960
广　东	113608628	77570032	69682477	7887555	1832684
广　西	36689122	26427805	22839413	3588392	2743696
海　南	9217445	5232616	4905401	327215	174709
重　庆	27308998	19381086	17335308	2045778	1540101
四　川	55337268	41139383	34938212	6201171	3531504
贵　州	34399492	26793180	22700514	4092666	2815332
云　南	39401334	30094277	25919546	4174732	3860089
西　藏	7477937	5496130	4297608	1198522	1105871
陕　西	30419321	19555696	17570271	1985425	1393220
甘　肃	20788305	15667519	13979675	1687844	1069637
青　海	7013381	4820925	4361160	459765	428510
宁　夏	7347277	4475314	4089760	385554	332943
新　疆	28007898	20979991	17905881	3074110	2181838
大　连	4492374	3802671	3752987	49685	12967
宁　波	8006323	6251872	5942588	309284	183798
厦　门	4845615	3917217	3695222	221995	57534
青　岛	9834045	7807673	7090789	716884	124661
深　圳	27079003	10592580	7868005	2724575	187879

基本建设支出明细(地方普通中学)

单位：千元

公用部分	商品和服务支出	其他资本性支出			基本建设支出
			专项公用支出	专项项目支出	
275256728	**143677606**	**131579121**	**37633934**	**93945187**	**30732719**
8207628	6013697	2193930	1513712	680218	2258832
2733547	1851051	882496	351331	531164	216054
13799813	6529299	7270514	1599550	5670965	300681
5530959	3472285	2058674	740944	1317730	347177
5397825	2961482	2436343	818854	1617489	307219
4013246	2779363	1233883	376023	857861	208535
3775087	1897404	1877683	626101	1251582	113865
4536171	2726967	1809203	653318	1155885	315964
6071334	4592510	1478823	1034543	444280	557125
17889574	8426365	9463209	2143094	7320115	190468
11965443	7059507	4905936	1771971	3133965	1739773
11644141	5597796	6046345	1966090	4080255	1224538
7699384	4255768	3443616	955751	2487865	159222
16389967	3631869	12758098	3051516	9706582	859488
16466424	7583193	8883232	1909092	6974140	17750
16383726	8689979	7693748	1756866	5936882	1152522
11474784	4738944	6735840	1174199	5561641	
12322586	6496490	5826097	1339842	4486255	336142
22510243	15437574	7072669	3524601	3548068	13528353
9446165	4646664	4799502	1455669	3343833	815152
3741871	1717327	2024545	877786	1146759	242958
7167230	4711340	2455890	797344	1658546	760682
13700239	8509448	5190791	1459694	3731097	497645
7270692	3609048	3661644	1069946	2591698	335620
8664822	3510807	5154015	694146	4459869	642234
1824167	781579	1042588	319997	722591	157639
9422090	4395035	5027055	1515349	3511705	1441536
4804745	2042677	2762068	662214	2099855	316042
1840338	725404	1114934	274296	840638	352118
2795823	1015356	1780467	558708	1221759	76140
5766663	3271380	2495282	641387	1853895	1261245
645588	544119	101469	62481	38988	44115
1716452	803365	913087	204057	709030	38000
879553	764623	114930	91270	23660	48846
2026371	946218	1080153	267129	813024	
4287131	3680058	607073	586135	20938	12199293

6-29 一般公共预算教育事业费和

地区	合计	个人部分	工资福利支出	对个人和家庭的补助支出	#助学金
合计	**386193055**	**277184744**	**255318470**	**21866274**	**11574647**
北京	11143663	7325962	7225636	100326	42476
天津	5294996	4382229	4277925	104303	22748
河北	17522272	12618451	11745626	872826	473135
山西	9215691	6708739	6272727	436013	273902
内蒙古	8029653	5221194	4706921	514273	442381
辽宁	7305681	5856613	5626750	229862	100633
吉林	5011417	3721954	3491789	230166	140871
黑龙江	6989567	5143236	4588596	554640	115303
上海	7420179	5030311	4950710	79601	37859
江苏	27720971	20782190	19420857	1361333	294370
浙江	20170430	15035217	14510539	524678	183525
安徽	13747779	9698267	8763570	934697	413120
福建	10555070	8400660	8088911	311750	103372
江西	13573409	7975876	7422018	553858	368435
山东	25356366	20945776	19811204	1134573	346688
河南	19327289	13221649	12270465	951184	804265
湖北	15020043	10736569	10022415	714154	316230
湖南	15893964	12279407	11097431	1181976	564661
广东	43674620	28163336	25694720	2468616	391927
广西	11639608	8229580	7218208	1011373	790065
海南	2938914	1792526	1683786	108740	66570
重庆	9611003	6917389	6310072	607317	445076
四川	17613095	13476731	11727107	1749624	1011927
贵州	11594143	8513538	7411536	1102002	730793
云南	13879472	9655821	8527951	1127871	1020744
西藏	2698751	1903941	1497829	406113	379793
陕西	10949114	7068869	6471204	597665	394412
甘肃	7660865	5817820	5304661	513159	322344
青海	2759411	1770543	1635567	134976	124155
宁夏	2587472	1591656	1452572	139083	123691
新疆	9288145	7198693	6089169	1109524	729179
大连	1417446	1201502	1189311	12191	7071
宁波	2677175	1946411	1892325	54085	24477
厦门	1613359	1291627	1248087	43540	11346
青岛	3312769	2508645	2293441	215204	33731
深圳	13176167	3761793	2820847	940945	29049

基本建设支出明细(普通高中)

单位：千元

公用部分	商品和服务支出	其他资本性支出			基本建设支出
			专项公用支出	专项项目支出	
92197541	**47933789**	**44263752**	**13585624**	**30678128**	**16810770**
3020116	2255564	764552	587026	177527	797585
876888	721903	154985	91120	63864	35880
4861966	2168557	2693410	539645	2153764	41854
2233294	1339526	893768	314990	578778	273658
2571120	1385098	1186022	432988	753034	237339
1419885	958065	461820	123727	338093	29183
1262492	690550	571942	268089	303852	26971
1666236	978312	687924	260778	427146	180096
1976009	1538342	437667	287090	150578	413859
6791672	3024485	3767188	915138	2852050	147108
4109465	2360468	1748997	585684	1163313	1025748
3087359	1505884	1581475	537437	1044038	962153
2110197	1266924	843273	296004	547269	44212
5126560	1264130	3862430	770862	3091568	470974
4409990	2253976	2156014	614334	1541680	600
5321742	2845336	2476406	873499	1602908	783898
4283474	1824729	2458746	454245	2004501	
3506307	1872443	1633865	410024	1223841	108249
6941167	4570059	2371108	1293541	1077567	8570117
3010281	1474843	1535438	479159	1056279	399747
1120596	525732	594863	295138	299725	25792
2538398	1711552	826846	389223	437623	155217
4006903	2737855	1269048	434668	834380	129461
2856998	1134844	1722154	698693	1023461	223606
3861365	1123447	2737919	261326	2476593	362286
762980	305443	457537	114119	343418	31830
3322381	1775727	1546655	443186	1103469	557864
1667529	686253	981275	260643	720632	175516
814546	267086	547460	179738	367722	174322
984316	364896	619421	185766	433655	11500
1675307	1001762	673545	187744	485801	414145
215944	202829	13116	13004	111	
692764	279144	413620	69472	344148	38000
281462	241337	40126	31427	8698	40270
804124	293496	510628	44741	465887	
1527011	1215293	311718	300596	11122	7887363

6-30 一般公共预算教育事业费和

地区	合计	个人部分	工资福利支出	对个人和家庭的补助支出	#助学金
合计	**383482930**	**275303400**	**253614280**	**21689120**	**11523750**
北京	10269843	6674390	6595455	78935	41147
天津	5294996	4382229	4277925	104303	22748
河北	17522272	12618451	11745626	872826	473135
山西	9215691	6708739	6272727	436013	273902
内蒙古	8029653	5221194	4706921	514273	442381
辽宁	7305681	5856613	5626750	229862	100633
吉林	4911862	3646157	3423357	222800	140509
黑龙江	6841904	5038744	4513499	525245	113720
上海	7313077	4942660	4864136	78524	37859
江苏	27720971	20782190	19420857	1361333	294370
浙江	20170430	15035217	14510539	524678	183525
安徽	13747779	9698267	8763570	934697	413120
福建	10555070	8400660	8088911	311750	103372
江西	13573409	7975876	7422018	553858	368435
山东	25356366	20945776	19811204	1134573	346688
河南	19327289	13221649	12270465	951184	804265
湖北	14733297	10516116	9816752	699364	315721
湖南	15887073	12274066	11092120	1181946	564661
广东	43674620	28163336	25694720	2468616	391927
广西	11639608	8229580	7218208	1011373	790065
海南	2938914	1792526	1683786	108740	66570
重庆	9542022	6868164	6262397	605767	444863
四川	17611244	13476669	11727107	1749562	1011864
贵州	11594143	8513538	7411536	1102002	730793
云南	13879472	9655821	8527951	1127871	1020744
西藏	2698751	1903941	1497829	406113	379793
陕西	10874797	7013615	6419874	593741	394115
甘肃	7660304	5817475	5304374	513100	322285
青海	2759411	1770543	1635567	134976	124155
宁夏	2587472	1591656	1452572	139083	123691
新疆	8245509	6567540	5555529	1012012	682695
大连	1417446	1201502	1189311	12191	7071
宁波	2677175	1946411	1892325	54085	24477
厦门	1613359	1291627	1248087	43540	11346
青岛	3312769	2508645	2293441	215204	33731
深圳	13176167	3761793	2820847	940945	29049

基本建设支出明细(地方普通高中)

单位：千元

公用部分	商品和服务支出	其他资本性支出	专项公用支出	专项项目支出	基本建设支出
91436401	**47409411**	**44026989**	**13458043**	**30568946**	**16743129**
2797869	2073305	724564	547039	177524	797585
876888	721903	154985	91120	63864	35880
4861966	2168557	2693410	539645	2153764	41854
2233294	1339526	893768	314990	578778	273658
2571120	1385098	1186022	432988	753034	237339
1419885	958065	461820	123727	338093	29183
1238733	671372	567362	266079	301283	26971
1623064	958689	664375	258068	406307	180096
1956557	1523182	433376	285248	148128	413859
6791672	3024485	3767188	915138	2852050	147108
4109465	2360468	1748997	585684	1163313	1025748
3087359	1505884	1581475	537437	1044038	962153
2110197	1266924	843273	296004	547269	44212
5126560	1264130	3862430	770862	3091568	470974
4409990	2253976	2156014	614334	1541680	600
5321742	2845336	2476406	873499	1602908	783898
4217181	1764906	2452275	447774	2004501	
3504758	1870893	1633865	410024	1223841	108249
6941167	4570059	2371108	1293541	1077567	8570117
3010281	1474843	1535438	479159	1056279	399747
1120596	525732	594863	295138	299725	25792
2518642	1697144	821497	383875	437623	155217
4005113	2736065	1269048	434668	834380	129461
2856998	1134844	1722154	698693	1023461	223606
3861365	1123447	2737919	261326	2476593	362286
762980	305443	457537	114119	343418	31830
3303317	1758177	1545140	442103	1103038	557864
1667313	686217	981096	260464	720632	175516
814546	267086	547460	179738	367722	174322
984316	364896	619421	185766	433655	11500
1331464	808761	522703	119793	402910	346504
215944	202829	13116	13004	111	
692764	279144	413620	69472	344148	38000
281462	241337	40126	31427	8698	40270
804124	293496	510628	44741	465887	
1527011	1215293	311718	300596	11122	7887363

6-31 一般公共预算教育事业费和

地 区	合 计				
		个人部分			
			工资福利支 出	对个人和家庭的补助支出	
					#助学金
合 计	**152739550**	**114924510**	**104692865**	**10231645**	**6933940**
北 京	555761	321198	310808	10390	1357
天 津	790295	660935	650805	10130	3285
河 北	8956956	6310693	5855866	454827	299132
山 西	4223212	3217726	2948530	269196	168155
内蒙古	3771080	2496906	2234232	262674	236087
辽 宁	1809888	1452297	1410004	42293	26386
吉 林	1850444	1377687	1285249	92438	53470
黑龙江	2713809	1934115	1649776	284339	61731
上 海	648412	533762	528695	5067	4480
江 苏	9304960	7209172	6744263	464909	152170
浙 江	7470189	5928860	5704777	224083	82122
安 徽	7427443	5679154	5065041	614112	275116
福 建	5249666	4232501	4090084	142417	56795
江 西	6915295	3916291	3610696	305595	233155
山 东	8638279	7354279	7044192	310087	154804
河 南	10031627	6971017	6386988	584028	502433
湖 北	4500384	3312232	3074590	237641	175381
湖 南	8744071	6617742	6019893	597850	386827
广 东	7670856	6298321	5967796	330525	153272
广 西	5599626	4100133	3502495	597638	487533
海 南	1356270	809474	737477	71997	38225
重 庆	3524438	2749581	2495817	253763	225986
四 川	8623187	6678893	5719693	959200	632467
贵 州	6471757	5178426	4460008	718418	534849
云 南	7992706	5953581	5230796	722785	687287
西 藏	765490	657307	525516	131791	127631
陕 西	5565939	3659477	3302605	356872	242005
甘 肃	4782112	3842211	3438953	403257	257234
青 海	1612022	1117700	1018842	98859	93957
宁 夏	857473	619537	557442	62095	52087
新 疆	4315903	3733302	3120934	612368	528521
大 连	104099	92856	91551	1304	37
宁 波	797270	642451	630127	12324	4417
厦 门	145427	118733	114131	4602	678
青 岛	357718	274113	240753	33360	2948
深 圳					

基本建设支出明细(农村高中)

单位：千元

公用部分	商品和服务支出	其他资本性支出			基本建设支出
			专项公用支出	专项项目支出	
35787070	**17845680**	**17941391**	**4989275**	**12952115**	**2027969**
156998	138679	18319	12266	6053	77565
127706	104013	23693	18569	5124	1654
2606589	1137056	1469533	303421	1166112	39674
938297	610870	327427	121943	205484	67189
1119362	618814	500548	191847	308700	154812
331131	177483	153647	35089	118558	26461
459015	224583	234432	140628	93804	13742
718950	418963	299987	130247	169739	60743
114650	101122	13528	6528	7000	
2046788	992549	1054239	356396	697843	49000
1215789	774073	441717	154843	286874	325539
1733289	862381	870908	344249	526659	15000
1017164	539944	477221	161001	316220	
2878138	691363	2186775	474661	1712114	120867
1284000	671956	612045	171649	440395	
2825080	1453351	1371729	365723	1006006	235530
1188152	485665	702487	100896	601591	
2071179	1128602	942577	231893	710684	55149
1368976	886134	482842	226406	256435	3560
1423931	726376	697555	178234	519321	75562
521174	242817	278357	147111	131246	25621
745235	512156	233080	83321	149759	29622
1829207	1241257	587949	192788	395161	115087
1246529	558311	688218	163150	525068	46803
1827768	563824	1263943	112208	1151735	211358
108183	79284	28899	21396	7503	
1726025	951755	774270	221982	552288	180437
899749	378017	521732	146309	375423	40153
480986	121449	359537	76365	283172	13336
237935	112414	125521	41970	83552	
539096	340418	198678	56188	142490	43505
11244	10270	973	973		
154820	108282	46537	17392	29145	
26694	19366	7328	5928	1400	
83605	42527	41078	3109	37969	

6-32 一般公共预算教育事业费和

地 区	合 计	个人部分	工资福利支 出	对个人和家庭的补助支出	#助学金
合 计	152352938	114625555	104442336	10183220	6928866
北 京	555761	321198	310808	10390	1357
天 津	790295	660935	650805	10130	3285
河 北	8956956	6310693	5855866	454827	299132
山 西	4223212	3217726	2948530	269196	168155
内蒙古	3771080	2496906	2234232	262674	236087
辽 宁	1809888	1452297	1410004	42293	26386
吉 林	1850444	1377687	1285249	92438	53470
黑龙江	2584351	1841756	1585425	256331	60371
上 海	648412	533762	528695	5067	4480
江 苏	9304960	7209172	6744263	464909	152170
浙 江	7470189	5928860	5704777	224083	82122
安 徽	7427443	5679154	5065041	614112	275116
福 建	5249666	4232501	4090084	142417	56795
江 西	6915295	3916291	3610696	305595	233155
山 东	8638279	7354279	7044192	310087	154804
河 南	10031627	6971017	6386988	584028	502433
湖 北	4346501	3184007	2950374	233633	175381
湖 南	8744071	6617742	6019893	597850	386827
广 东	7670856	6298321	5967796	330525	153272
广 西	5599626	4100133	3502495	597638	487533
海 南	1356270	809474	737477	71997	38225
重 庆	3524438	2749581	2495817	253763	225986
四 川	8623187	6678893	5719693	959200	632467
贵 州	6471757	5178426	4460008	718418	534849
云 南	7992706	5953581	5230796	722785	687287
西 藏	765490	657307	525516	131791	127631
陕 西	5565939	3659477	3302605	356872	242005
甘 肃	4781552	3841866	3438667	403199	257175
青 海	1612022	1117700	1018842	98859	93957
宁 夏	857473	619537	557442	62095	52087
新 疆	4213192	3655276	3059259	596017	524865
大 连	104099	92856	91551	1304	37
宁 波	797270	642451	630127	12324	4417
厦 门	145427	118733	114131	4602	678
青 岛	357718	274113	240753	33360	2948
深 圳					

基本建设支出明细(地方农村高中)

单位：千元

公用部分	商品和服务支出	其他资本性支出		基本建设支出
			专项公用支出	专项项目支出	

公用部分	商品和服务支出	其他资本性支出	专项公用支出	专项项目支出	基本建设支出
35703064	**17789427**	**17913637**	**4984007**	**12929631**	**2024319**
156998	138679	18319	12266	6053	77565
127706	104013	23693	18569	5124	1654
2606589	1137056	1469533	303421	1166112	39674
938297	610870	327427	121943	205484	67189
1119362	618814	500548	191847	308700	154812
331131	177483	153647	35089	118558	26461
459015	224583	234432	140628	93804	13742
681851	402623	279228	128404	150824	60743
114650	101122	13528	6528	7000	
2046788	992549	1054239	356396	697843	49000
1215789	774073	441717	154843	286874	325539
1733289	862381	870908	344249	526659	15000
1017164	539944	477221	161001	316220	
2878138	691363	2186775	474661	1712114	120867
1284000	671956	612045	171649	440395	
2825080	1453351	1371729	365723	1006006	235530
1162494	461119	701375	99784	601591	
2071179	1128602	942577	231893	710684	55149
1368976	886134	482842	226406	256435	3560
1423931	726376	697555	178234	519321	75562
521174	242817	278357	147111	131246	25621
745235	512156	233080	83321	149759	29622
1829207	1241257	587949	192788	395161	115087
1246529	558311	688218	163150	525068	46803
1827768	563824	1263943	112208	1151735	211358
108183	79284	28899	21396	7503	
1726025	951755	774270	221982	552288	180437
899534	377981	521553	146130	375423	40153
480986	121449	359537	76365	283172	13336
237935	112414	125521	41970	83552	
518061	325088	192974	54054	138920	39855
11244	10270	973	973		
154820	108282	46537	17392	29145	
26694	19366	7328	5928	1400	
83605	42527	41078	3109	37969	

6-33 一般公共预算教育事业费和

地区	合计	个人部分	工资福利支出	对个人和家庭的补助支出	#助学金
合计	**736300015**	**537762484**	**483126314**	**54636170**	**30506668**
北京	19279672	12276806	12129187	147620	103465
天津	9414791	7377957	7113487	264470	64430
河北	32551367	23354693	21250849	2103844	1062992
山西	13572848	10201663	9444152	757511	524321
内蒙古	11163850	8267266	7667921	599345	473727
辽宁	15051717	12279004	11624519	654484	244370
吉林	10518022	7887487	7406115	481372	161541
黑龙江	14010861	10915644	9376941	1538702	105754
上海	14936915	10670173	10313762	356411	282199
江苏	50217841	39076580	35798039	3278541	1151316
浙江	37162355	28592353	26926876	1665477	999610
安徽	29224139	20404972	17613477	2791495	1168318
福建	23630311	17926114	16825326	1100788	596549
江西	28107015	16455093	15033916	1421178	1053406
山东	54694907	42621323	39097178	3524144	1317974
河南	39199874	27769133	25121579	2647554	2269158
湖北	28187137	20902929	18959155	1943774	788303
湖南	32233205	23186245	20139285	3046959	1550299
广东	69934008	49406696	43987757	5418939	1440757
广西	25049514	18198225	15621205	2577020	1953631
海南	6278532	3440090	3221615	218475	108139
重庆	17842074	12566513	11124815	1441698	1095468
四川	37727673	27662769	23211105	4451665	2519695
贵州	22805350	18279642	15288978	2990664	2084540
云南	25521861	20438456	17391595	3046861	2839345
西藏	4779185	3592189	2799780	792410	726078
陕西	19603571	12591706	11196677	1395029	999304
甘肃	13130344	9851970	8677150	1174820	747429
青海	4253970	3050382	2725593	324789	304356
宁夏	4759805	2883659	2637188	246470	209253
新疆	21457302	15634752	13401092	2233660	1560940
大连	3074928	2601169	2563676	37494	5896
宁波	5329149	4305461	4050263	255198	159321
厦门	3232256	2625590	2447135	178455	46188
青岛	6521275	5299028	4797348	501680	90931
深圳	13902836	6830787	5047158	1783630	158831

基本建设支出明细(普通初中)

单位：千元

公用部分	商品和服务支出	其他资本性支出			基本建设支出
			专项公用支出	专项项目支出	
184499240	**96743469**	**87755771**	**24290109**	**63465663**	**14038291**
5541618	4053272	1488346	985652	502694	1461247
1856660	1129148	727511	260211	467300	180174
8937847	4360742	4577105	1059904	3517201	258827
3297665	2132758	1164907	425954	738952	73520
2826704	1576383	1250321	385867	864454	69879
2593361	1821298	772063	252295	519768	179352
2543641	1233115	1310526	360226	950299	86894
2959350	1785641	1173708	409440	764269	135868
4123475	3076759	1046717	750564	296153	143266
11097901	5401880	5696021	1227956	4468065	43360
7855978	4699039	3156939	1186288	1970652	714025
8556782	4091912	4464870	1428653	3036217	262384
5589187	2988844	2600343	659746	1940596	115010
11263407	2367739	8895669	2280655	6615014	388514
12056434	5329217	6727217	1294758	5432460	17150
11062117	5844776	5217341	883367	4333974	368624
7284208	2999083	4285125	727985	3557141	
8819067	4626836	4192232	929818	3262414	227893
15569076	10867515	4701561	2231060	2470501	4958236
6435884	3171821	3264063	976510	2287553	415405
2621275	1191594	1429681	582648	847033	217166
4670096	3029880	1640216	419293	1220923	605465
9696719	5774976	3921743	1025025	2896718	368184
4413693	2474204	1939490	371252	1568237	112015
4803457	2387361	2416096	432820	1983276	279949
1061187	476136	585051	205878	379173	125809
6128194	2645574	3482620	1073649	2408971	883671
3137849	1356577	1781271	402019	1379252	140525
1025792	458318	567473	94557	472916	177796
1811507	650460	1161047	372942	788104	64640
4859108	2740610	2118498	593115	1525383	963442
429644	341290	88353	49477	38877	44115
1023688	524221	499467	134585	364882	
598090	523286	74804	59842	14962	8576
1222247	652721	569525	222388	347137	
2760119	2464764	295355	285539	9816	4311929

6-34 一般公共预算教育事业费和

地区	合计	个人部分	工资福利支出	对个人和家庭的补助支出	#助学金
合计	**733670852**	**535860936**	**481449755**	**54411181**	**30442932**
北京	18833224	11962218	11820786	141432	103157
天津	9414791	7377957	7113487	264470	64430
河北	32551367	23354693	21250849	2103844	1062992
山西	13572848	10201663	9444152	757511	524321
内蒙古	11163850	8267266	7667921	599345	473727
辽宁	15051717	12279004	11624519	654484	244370
吉林	10468918	7845670	7364298	481372	161541
黑龙江	13827848	10778874	9278903	1499971	104988
上海	14884446	10626404	10270243	356161	282199
江苏	50217841	39076580	35798039	3278541	1151316
浙江	37162355	28592353	26926876	1665477	999610
安徽	29224139	20404972	17613477	2791495	1168318
福建	23630311	17926114	16825326	1100788	596549
江西	28107015	16455093	15033916	1421178	1053406
山东	54694907	42621323	39097178	3524144	1317974
河南	39199185	27768577	25121023	2647554	2269158
湖北	28128253	20870649	18929944	1940705	788000
湖南	32227698	23181976	20135040	3046936	1550299
广东	69934008	49406696	43987757	5418939	1440757
广西	25049514	18198225	15621205	2577020	1953631
海南	6278532	3440090	3221615	218475	108139
重庆	17766976	12512922	11072912	1440011	1095237
四川	37726024	27662714	23211105	4451609	2519640
贵州	22805350	18279642	15288978	2990664	2084540
云南	25521861	20438456	17391595	3046861	2839345
西藏	4779185	3592189	2799780	792410	726078
陕西	19544525	12542080	11150397	1391684	999105
甘肃	13128001	9850044	8675300	1174743	747352
青海	4253970	3050382	2725593	324789	304356
宁夏	4759805	2883659	2637188	246470	209253
新疆	19762390	14412450	12350352	2062098	1499144
大连	3074928	2601169	2563676	37494	5896
宁波	5329149	4305461	4050263	255198	159321
厦门	3232256	2625590	2447135	178455	46188
青岛	6521275	5299028	4797348	501680	90931
深圳	13902836	6830787	5047158	1783630	158831

基本建设支出明细(地方普通初中)

单位：千元

公用部分	商品和服务支出	其他资本性支出			基本建设支出
			专项公用支出	专项项目支出	
183820327	**96268195**	**87552132**	**24175891**	**63376242**	**13989589**
5409759	3940392	1469367	966673	502694	1461247
1856660	1129148	727511	260211	467300	180174
8937847	4360742	4577105	1059904	3517201	258827
3297665	2132758	1164907	425954	738952	73520
2826704	1576383	1250321	385867	864454	69879
2593361	1821298	772063	252295	519768	179352
2536354	1226033	1310322	360022	950299	86894
2913106	1768279	1144828	395250	749578	135868
4114776	3069329	1045447	749295	296153	143266
11097901	5401880	5696021	1227956	4468065	43360
7855978	4699039	3156939	1186288	1970652	714025
8556782	4091912	4464870	1428653	3036217	262384
5589187	2988844	2600343	659746	1940596	115010
11263407	2367739	8895669	2280655	6615014	388514
12056434	5329217	6727217	1294758	5432460	17150
11061984	5844643	5217341	883367	4333974	368624
7257603	2974038	4283565	726425	3557141	
8817829	4625597	4192232	929818	3262414	227893
15569076	10867515	4701561	2231060	2470501	4958236
6435884	3171821	3264063	976510	2287553	415405
2621275	1191594	1429681	582648	847033	217166
4648588	3014195	1634393	413470	1220923	605465
9695125	5773383	3921743	1025025	2896718	368184
4413693	2474204	1939490	371252	1568237	112015
4803457	2387361	2416096	432820	1983276	279949
1061187	476136	585051	205878	379173	125809
6118773	2636858	3481915	1073247	2408668	883671
3137432	1356460	1780972	401750	1379222	140525
1025792	458318	567473	94557	472916	177796
1811507	650460	1161047	372942	788104	64640
4435199	2462620	1972579	521594	1450985	914740
429644	341290	88353	49477	38877	44115
1023688	524221	499467	134585	364882	
598090	523286	74804	59842	14962	8576
1222247	652721	569525	222388	347137	
2760119	2464764	295355	285539	9816	4311929

6-35 一般公共预算教育事业费和

地 区	合 计	个人部分	工资福利支 出	对个人和家庭的补助支出	#助学金
合 计	**412705697**	**311640604**	**277403260**	**34237344**	**21542169**
北 京	3280021	2264692	2222902	41790	32278
天 津	2412972	2060682	2023345	37337	1244
河 北	21647518	15410745	13951810	1458935	801356
山 西	8055814	6232866	5762012	470854	336560
内蒙古	6923151	5191708	4787754	403955	327060
辽 宁	6300134	5453579	5141694	311885	122059
吉 林	6447770	4788737	4555933	232804	92003
黑龙江	8099646	6124964	5139016	985948	84593
上 海	1832088	1491183	1454214	36969	33792
江 苏	22665576	17782432	16462411	1320021	326740
浙 江	16322941	12827380	11927657	899723	544389
安 徽	21190505	15470729	13220038	2250690	985936
福 建	13718750	10945799	10416865	528934	212957
江 西	19172874	11069708	10352220	717488	490259
山 东	29049330	23163566	21210890	1952675	793885
河 南	26558353	19076591	17040777	2035814	1778412
湖 北	15398301	11765577	10546572	1219004	619307
湖 南	22176815	16249403	13967007	2282396	1247065
广 东	24734698	18784409	17495434	1288975	558533
广 西	17500304	13300309	11193052	2107257	1639208
海 南	4007544	2240187	2075558	164629	87985
重 庆	9403553	7331851	6446866	884985	730812
四 川	25154017	18788840	15774583	3014257	1803468
贵 州	16996869	14236370	11829405	2406964	1879726
云 南	19833462	16461837	13932435	2529402	2411928
西 藏	3148169	2532117	2007018	525099	496879
陕 西	11047309	7806302	6811684	994618	733653
甘 肃	9861961	7483008	6502616	980392	654460
青 海	2834990	2200179	1916302	283876	269209
宁 夏	2492968	1812827	1637135	175693	154502
新 疆	14437294	11292029	9598057	1693973	1291912
大 连	672062	634889	617702	17187	226
宁 波	1868597	1523168	1412369	110799	81116
厦 门	409752	336094	277015	59079	3860
青 岛	1656815	1336471	1202815	133656	8741
深 圳					

基本建设支出明细(农村初中)

单位：千元

公用部分	商品和服务支出	其他资本性支出			基本建设支出
			专项公用支出	专项项目支出	
98142391	**49450282**	**48692109**	**12150330**	**36541779**	**2922702**
895581	680699	214882	110490	104392	119748
352291	219723	132568	35788	96780	
6190541	2928883	3261658	763577	2498081	46233
1780175	1208828	571347	204348	367000	42773
1718631	966604	752028	219173	532854	12812
844282	570612	273670	56372	217298	2274
1607776	733727	874049	207068	666981	51257
1870854	1062442	808412	261826	546586	103829
340905	292819	48086	37899	10187	
4878849	2238764	2640085	542867	2097219	4295
3220062	2024838	1195223	434576	760648	275500
5531415	2728290	2803126	966444	1836682	188360
2728183	1507231	1220952	368250	852702	44768
7973118	1568077	6405040	1705096	4699944	130049
5882214	2554882	3327332	585982	2741350	3550
7361261	4023575	3337686	454821	2882866	120501
3632724	1454936	2177788	210154	1967633	
5743706	2757378	2986328	637677	2348651	183707
5800923	3741457	2059466	908683	1150783	149366
4114572	2183872	1930700	539872	1390829	85423
1653889	673731	980158	398321	581837	113468
2015278	1299850	715427	173077	542350	56425
6063359	3616675	2446684	545523	1901161	301818
2703005	1589096	1113909	189056	924853	57494
3241767	1762338	1479429	274531	1204897	129858
570121	274382	295739	119213	176525	45931
3113708	1443169	1670539	419056	1251483	127299
2260728	934215	1326513	298272	1028241	118225
583805	282067	301738	50443	251295	51006
651681	318486	333195	146043	187152	28460
2816989	1808637	1008352	285832	722520	328276
37173	36231	942	889	53	
345428	196759	148669	43046	105623	
73384	67454	5930	5214	716	273
320344	121909	198436	25922	172513	

6-36 一般公共预算教育事业费和

地 区	合 计				
		个人部分			
			工资福利支 出	对个人和家庭的补助支出	
					#助学金
合 计	**411485523**	**310715865**	**276617224**	**34098640**	**21509954**
北 京	3280021	2264692	2222902	41790	32278
天 津	2412972	2060682	2023345	37337	1244
河 北	21647518	15410745	13951810	1458935	801356
山 西	8055814	6232866	5762012	470854	336560
内蒙古	6923151	5191708	4787754	403955	327060
辽 宁	6300134	5453579	5141694	311885	122059
吉 林	6447770	4788737	4555933	232804	92003
黑龙江	7937792	6000565	5051136	949430	84262
上 海	1832088	1491183	1454214	36969	33792
江 苏	22665576	17782432	16462411	1320021	326740
浙 江	16322941	12827380	11927657	899723	544389
安 徽	21190505	15470729	13220038	2250690	985936
福 建	13718750	10945799	10416865	528934	212957
江 西	19172874	11069708	10352220	717488	490259
山 东	29049330	23163566	21210890	1952675	793885
河 南	26558353	19076591	17040777	2035814	1778412
湖 北	15398301	11765577	10546572	1219004	619307
湖 南	22176815	16249403	13967007	2282396	1247065
广 东	24734698	18784409	17495434	1288975	558533
广 西	17500304	13300309	11193052	2107257	1639208
海 南	4007544	2240187	2075558	164629	87985
重 庆	9403553	7331851	6446866	884985	730812
四 川	25154017	18788840	15774583	3014257	1803468
贵 州	16996869	14236370	11829405	2406964	1879726
云 南	19833462	16461837	13932435	2529402	2411928
西 藏	3148169	2532117	2007018	525099	496879
陕 西	11047309	7806302	6811684	994618	733653
甘 肃	9859618	7481081	6500766	980315	654383
青 海	2834990	2200179	1916302	283876	269209
宁 夏	2492968	1812827	1637135	175693	154502
新 疆	13381317	10493615	8901751	1591864	1260105
大 连	672062	634889	617702	17187	226
宁 波	1868597	1523168	1412369	110799	81116
厦 门	409752	336094	277015	59079	3860
青 岛	1656815	1336471	1202815	133656	8741
深 圳					

基本建设支出明细(地方农村初中)

单位：千元

公用部分	商品和服务支出	其他资本性支出			基本建设支出
			专项公用支出	专项项目支出	
97864511	**49284520**	**48579991**	**12094763**	**36485227**	**2905147**
895581	680699	214882	110490	104392	119748
352291	219723	132568	35788	96780	
6190541	2928883	3261658	763577	2498081	46233
1780175	1208828	571347	204348	367000	42773
1718631	966604	752028	219173	532854	12812
844282	570612	273670	56372	217298	2274
1607776	733727	874049	207068	666981	51257
1833398	1047725	785674	251656	534018	103829
340905	292819	48086	37899	10187	
4878849	2238764	2640085	542867	2097219	4295
3220062	2024838	1195223	434576	760648	275500
5531415	2728290	2803126	966444	1836682	188360
2728183	1507231	1220952	368250	852702	44768
7973118	1568077	6405040	1705096	4699944	130049
5882214	2554882	3327332	585982	2741350	3550
7361261	4023575	3337686	454821	2882866	120501
3632724	1454936	2177788	210154	1967633	
5743706	2757378	2986328	637677	2348651	183707
5800923	3741457	2059466	908683	1150783	149366
4114572	2183872	1930700	539872	1390829	85423
1653889	673731	980158	398321	581837	113468
2015278	1299850	715427	173077	542350	56425
6063359	3616675	2446684	545523	1901161	301818
2703005	1589096	1113909	189056	924853	57494
3241767	1762338	1479429	274531	1204897	129858
570121	274382	295739	119213	176525	45931
3113708	1443169	1670539	419056	1251483	127299
2260312	934098	1326214	298003	1028211	118225
583805	282067	301738	50443	251295	51006
651681	318486	333195	146043	187152	28460
2576981	1657710	919271	240704	678567	310721
37173	36231	942	889	53	
345428	196759	148669	43046	105623	
73384	67454	5930	5214	716	273
320344	121909	198436	25922	172513	

6-37 一般公共预算教育事业费和

地区	合计	个人部分	工资福利支出	对个人和家庭的补助支出	#助学金
合计	**518109**	**383612**	**367893**	**15719**	
北京	62689	30887	30530	357	
天津	58954	56905	55321	1584	
河北					
山西					
内蒙古					
辽宁					
吉林	1628	1362	1316	47	
黑龙江					
上海	1455	915	915		
江苏	137706	111077	104006	7071	
浙江	214157	169381	162776	6605	
安徽					
福建					
江西					
山东					
河南					
湖北					
湖南	1924	1912	1862	50	
广东	13076	11172	11168	4	
广西					
海南					
重庆					
四川					
贵州					
云南					
西藏					
陕西					
甘肃	26490				
青海					
宁夏					
新疆	32				
大连					
宁波					
厦门					
青岛					
深圳					

基本建设支出明细(成人中学)

单位：千元

公用部分	商品和服务支出	其他资本性支出			基本建设支出
			专项公用支出	专项项目支出	
134497	**91538**	**42959**	**9116**	**33842**	
31802	30992	810	784	26	
2049	1994	55	55		
265	258	8	8		
539	490	50	50		
26629	17502	9126	1850	7277	
44776	38472	6304	6254	50	
13	13				
1903	1787	116	116		
26490		26490		26490	
32	32				

6-38 一般公共预算教育事业费和

地 区	合 计	个人部分	工资福利支出	对个人和家庭的补助支出	#助学金
合 计	**1190032295**	**886040766**	**791929713**	**94111053**	**44291789**
北 京	34270667	22931356	22720182	211174	159351
天 津	14442863	11606801	11237073	369728	74051
河 北	59162904	43297519	38278410	5019109	2150839
山 西	23449625	17818238	16460397	1357842	710940
内蒙古	18862144	14195259	13222840	972420	649476
辽 宁	21430829	17075290	16019317	1055972	397284
吉 林	16723415	12916528	12149913	766615	223576
黑龙江	18252568	14750877	11737905	3012972	474143
上 海	20133175	14532179	13992661	539518	438233
江 苏	78034176	62297090	55879799	6417292	1532016
浙 江	62741516	47916050	44518685	3397365	1649325
安 徽	47280476	33716104	29529912	4186193	1345361
福 建	37661248	28476588	26726041	1750547	559216
江 西	42077177	27533494	25614802	1918692	1152516
山 东	73764607	58885950	54020895	4865055	1188719
河 南	60078247	43350486	39765151	3585335	2954905
湖 北	41771704	29879387	27004832	2874555	1188306
湖 南	50353035	37009056	32466251	4542805	2129188
广 东	124827494	90511905	78321023	12190883	2874054
广 西	43772824	33186390	29267164	3919226	2199453
海 南	9811445	6222392	5940382	282011	85771
重 庆	26124881	18776696	17440344	1336352	818793
四 川	59064607	43582092	36442151	7139941	3947258
贵 州	40932024	32879688	26740461	6139227	3157206
云 南	44677736	35994474	30895503	5098971	4538601
西 藏	10104179	7509128	5704234	1804894	1668742
陕 西	34378145	21694142	19266234	2427908	1600631
甘 肃	24320910	18273268	15977178	2296090	1306613
青 海	7452483	5397464	4743667	653796	601069
宁 夏	7440831	4756534	4335589	420945	337109
新 疆	36634362	29068338	25510717	3557621	2179046
大 连	4343539	3490131	3408800	81331	8529
宁 波	8967553	7323349	6730598	592751	369007
厦 门	5883746	4625186	4195499	429687	90562
青 岛	9965649	8153308	7423840	729468	110790
深 圳	26686613	14900884	10392254	4508629	549289

基本建设支出明细(小学)

单位：千元

公用部分	商品和服务支出	其他资本性支出			基本建设支出
			专项公用支出	专项项目支出	
286420826	**162654339**	**123766487**	**36450302**	**87316185**	**17570703**
9508686	7547427	1961259	1496980	464279	1830625
2743314	1959512	783802	342510	441292	92748
15689517	8325603	7363914	1987399	5376515	175867
5478112	3852390	1625722	767325	858397	153275
4574209	2610134	1964075	653952	1310123	92675
4283616	2946427	1337189	477089	860100	71923
3597814	1962666	1635148	500062	1135086	209073
3387957	2101331	1286626	506047	780578	113734
5579657	4059870	1519787	630508	889279	21338
15401462	8792196	6609266	1676688	4932578	335624
13898383	8532231	5366152	1609536	3756616	927084
13308094	6215485	7092609	2490574	4602035	256278
9043674	4830905	4212769	1162908	3049861	140987
14316621	3726907	10589714	2602989	7986725	227062
14873407	8359012	6514395	1664607	4849788	5250
16273002	9751579	6521423	1270593	5250830	454759
11892317	5643870	6248446	1366395	4882051	
12860041	7287787	5572254	1501235	4071019	483938
27627881	19448278	8179603	3876539	4303064	6687707
10257843	5497140	4760703	1292516	3468187	328591
3490486	1919412	1571074	568793	1002281	98567
6748697	4462498	2286199	708461	1577738	599488
14900410	9596889	5303521	1437415	3866106	582105
7806990	4300015	3506975	740681	2766294	245345
8273060	4163167	4109893	794956	3314937	410201
2207053	939325	1267728	389941	877787	387998
11539084	5297401	6241683	1712939	4528744	1144919
5808808	2470874	3337933	672876	2665057	238834
1881296	940701	940595	234116	706478	173724
2646297	1128145	1518151	429685	1088466	38000
6523040	3985161	2537879	883986	1653893	1042984
853408	640980	212427	136788	75639	
1644203	1047512	596692	210455	386237	
1163123	941320	221803	142523	79280	95436
1812341	1207573	604767	206873	397894	
6003583	5356212	647371	623907	23464	5782146

6-39 一般公共预算教育事业费和

地 区	合 计	个人部分	工资福利支出	对个人和家庭的补助支出	#助学金
合 计	**1185949267**	**883188888**	**789456210**	**93732678**	**44206823**
北 京	33892908	22684807	22477206	207601	159190
天 津	14410197	11585269	11216121	369148	74051
河 北	59162904	43297519	38278410	5019109	2150839
山 西	23449625	17818238	16460397	1357842	710940
内蒙古	18862144	14195259	13222840	972420	649476
辽 宁	21430829	17075290	16019317	1055972	397284
吉 林	16637785	12846846	12084144	762702	223576
黑龙江	18062719	14597833	11634717	2963115	473234
上 海	20111337	14515832	13976317	539515	438233
江 苏	78034176	62297090	55879799	6417292	1532016
浙 江	62741516	47916050	44518685	3397365	1649325
安 徽	47280476	33716104	29529912	4186193	1345361
福 建	37661248	28476588	26726041	1750547	559216
江 西	42077177	27533494	25614802	1918692	1152516
山 东	73764607	58885950	54020895	4865055	1188719
河 南	60073166	43346485	39761150	3585335	2954905
湖 北	41610639	29758203	26892132	2866071	1188306
湖 南	50344347	37000601	32457819	4542782	2129188
广 东	124827494	90511905	78321023	12190883	2874054
广 西	43772824	33186390	29267164	3919226	2199453
海 南	9811445	6222392	5940382	282011	85771
重 庆	26050168	18715271	17380982	1334289	818793
四 川	59063079	43582092	36442151	7139941	3947258
贵 州	40932024	32879688	26740461	6139227	3157206
云 南	44677736	35994474	30895503	5098971	4538601
西 藏	10104179	7509128	5704234	1804894	1668742
陕 西	34272772	21617492	19191272	2426220	1600593
甘 肃	24313745	18267783	15971995	2295788	1306311
青 海	7452483	5397464	4743667	653796	601069
宁 夏	7440831	4756534	4335589	420945	337109
新 疆	33622686	27000816	23751082	3249734	2095490
大 连	4343539	3490131	3408800	81331	8529
宁 波	8967553	7323349	6730598	592751	369007
厦 门	5883746	4625186	4195499	429687	90562
青 岛	9965649	8153308	7423840	729468	110790
深 圳	26686613	14900884	10392254	4508629	549289

基本建设支出明细(地方小学)

单位：千元

公用部分	商品和服务支出	其他资本性支出			基本建设支出
			专项公用支出	专项项目支出	
285361259	**162010761**	**123350498**	**36268654**	**87081844**	**17399120**
9377475	7438907	1938568	1474289	464279	1830625
2732180	1948946	783234	341942	441292	92748
15689517	8325603	7363914	1987399	5376515	175867
5478112	3852390	1625722	767325	858397	153275
4574209	2610134	1964075	653952	1310123	92675
4283616	2946427	1337189	477089	860100	71923
3581866	1948831	1633035	497948	1135086	209073
3351152	2084802	1266350	493680	772670	113734
5574167	4054796	1519371	630092	889279	21338
15401462	8792196	6609266	1676688	4932578	335624
13898383	8532231	5366152	1609536	3756616	927084
13308094	6215485	7092609	2490574	4602035	256278
9043674	4830905	4212769	1162908	3049861	140987
14316621	3726907	10589714	2602989	7986725	227062
14873407	8359012	6514395	1664607	4849788	5250
16271922	9750512	6521410	1270580	5250830	454759
11852436	5614159	6238277	1357534	4880743	
12859808	7287704	5572105	1501086	4071019	483938
27627881	19448278	8179603	3876539	4303064	6687707
10257843	5497140	4760703	1292516	3468187	328591
3490486	1919412	1571074	568793	1002281	98567
6735410	4455318	2280092	702354	1577738	599488
14898882	9595361	5303521	1437415	3866106	582105
7806990	4300015	3506975	740681	2766294	245345
8273060	4163167	4109893	794956	3314937	410201
2207053	939325	1267728	389941	877787	387998
11510361	5286531	6223830	1705457	4518373	1144919
5807128	2469773	3337355	672556	2664799	238834
1881296	940701	940595	234116	706478	173724
2646297	1128145	1518151	429685	1088466	38000
5750470	3547647	2202822	763425	1439397	871401
853408	640980	212427	136788	75639	
1644203	1047512	596692	210455	386237	
1163123	941320	221803	142523	79280	95436
1812341	1207573	604767	206873	397894	
6003583	5356212	647371	623907	23464	5782146

6-40 一般公共预算教育事业费和

地 区	合 计	个人部分	工资福利支出	对个人和家庭的补助支出	#助学金
合 计	**1190030828**	**886039543**	**791928490**	**94111053**	**44291789**
北 京	34270667	22931356	22720182	211174	159351
天 津	14442863	11606801	11237073	369728	74051
河 北	59162904	43297519	38278410	5019109	2150839
山 西	23449625	17818238	16460397	1357842	710940
内蒙古	18862144	14195259	13222840	972420	649476
辽 宁	21430829	17075290	16019317	1055972	397284
吉 林	16723415	12916528	12149913	766615	223576
黑龙江	18252568	14750877	11737905	3012972	474143
上 海	20133175	14532179	13992661	539518	438233
江 苏	78034176	62297090	55879799	6417292	1532016
浙 江	62741516	47916050	44518685	3397365	1649325
安 徽	47280476	33716104	29529912	4186193	1345361
福 建	37660117	28475666	26725119	1750547	559216
江 西	42077177	27533494	25614802	1918692	1152516
山 东	73764607	58885950	54020895	4865055	1188719
河 南	60078247	43350486	39765151	3585335	2954905
湖 北	41771704	29879387	27004832	2874555	1188306
湖 南	50353035	37009056	32466251	4542805	2129188
广 东	124827494	90511905	78321023	12190883	2874054
广 西	43772824	33186390	29267164	3919226	2199453
海 南	9811445	6222392	5940382	282011	85771
重 庆	26124545	18776395	17440043	1336352	818793
四 川	59064607	43582092	36442151	7139941	3947258
贵 州	40932024	32879688	26740461	6139227	3157206
云 南	44677736	35994474	30895503	5098971	4538601
西 藏	10104179	7509128	5704234	1804894	1668742
陕 西	34378145	21694142	19266234	2427908	1600631
甘 肃	24320910	18273268	15977178	2296090	1306613
青 海	7452483	5397464	4743667	653796	601069
宁 夏	7440831	4756534	4335589	420945	337109
新 疆	36634362	29068338	25510717	3557621	2179046
大 连	4343539	3490131	3408800	81331	8529
宁 波	8967553	7323349	6730598	592751	369007
厦 门	5883746	4625186	4195499	429687	90562
青 岛	9965649	8153308	7423840	729468	110790
深 圳	26686613	14900884	10392254	4508629	549289

基本建设支出明细(普通小学)

单位：千元

公用部分	商品和服务支出	其他资本性支出			基本建设支出
			专项公用支出	专项项目支出	
286420583	**162654095**	**123766487**	**36450302**	**87316185**	**17570703**
9508686	7547427	1961259	1496980	464279	1830625
2743314	1959512	783802	342510	441292	92748
15689517	8325603	7363914	1987399	5376515	175867
5478112	3852390	1625722	767325	858397	153275
4574209	2610134	1964075	653952	1310123	92675
4283616	2946427	1337189	477089	860100	71923
3597814	1962666	1635148	500062	1135086	209073
3387957	2101331	1286626	506047	780578	113734
5579657	4059870	1519787	630508	889279	21338
15401462	8792196	6609266	1676688	4932578	335624
13898383	8532231	5366152	1609536	3756616	927084
13308094	6215485	7092609	2490574	4602035	256278
9043464	4830696	4212769	1162908	3049861	140987
14316621	3726907	10589714	2602989	7986725	227062
14873407	8359012	6514395	1664607	4849788	5250
16273002	9751579	6521423	1270593	5250830	454759
11892317	5643870	6248446	1366395	4882051	
12860041	7287787	5572254	1501235	4071019	483938
27627881	19448278	8179603	3876539	4303064	6687707
10257843	5497140	4760703	1292516	3468187	328591
3490486	1919412	1571074	568793	1002281	98567
6748662	4462463	2286199	708461	1577738	599488
14900410	9596889	5303521	1437415	3866106	582105
7806990	4300015	3506975	740681	2766294	245345
8273060	4163167	4109893	794956	3314937	410201
2207053	939325	1267728	389941	877787	387998
11539084	5297401	6241683	1712939	4528744	1144919
5808808	2470874	3337933	672876	2665057	238834
1881296	940701	940595	234116	706478	173724
2646297	1128145	1518151	429685	1088466	38000
6523040	3985161	2537879	883986	1653893	1042984
853408	640980	212427	136788	75639	
1644203	1047512	596692	210455	386237	
1163123	941320	221803	142523	79280	95436
1812341	1207573	604767	206873	397894	
6003583	5356212	647371	623907	23464	5782146

6-41 一般公共预算教育事业费和

地区	合计	个人部分	工资福利支出	对个人和家庭的补助支出	#助学金
合计	**1185947800**	**883187665**	**789454987**	**93732678**	**44206823**
北京	33892908	22684807	22477206	207601	159190
天津	14410197	11585269	11216121	369148	74051
河北	59162904	43297519	38278410	5019109	2150839
山西	23449625	17818238	16460397	1357842	710940
内蒙古	18862144	14195259	13222840	972420	649476
辽宁	21430829	17075290	16019317	1055972	397284
吉林	16637785	12846846	12084144	762702	223576
黑龙江	18062719	14597833	11634717	2963115	473234
上海	20111337	14515832	13976317	539515	438233
江苏	78034176	62297090	55879799	6417292	1532016
浙江	62741516	47916050	44518685	3397365	1649325
安徽	47280476	33716104	29529912	4186193	1345361
福建	37660117	28475666	26725119	1750547	559216
江西	42077177	27533494	25614802	1918692	1152516
山东	73764607	58885950	54020895	4865055	1188719
河南	60073166	43346485	39761150	3585335	2954905
湖北	41610639	29758203	26892132	2866071	1188306
湖南	50344347	37000601	32457819	4542782	2129188
广东	124827494	90511905	78321023	12190883	2874054
广西	43772824	33186390	29267164	3919226	2199453
海南	9811445	6222392	5940382	282011	85771
重庆	26049832	18714969	17380680	1334289	818793
四川	59063079	43582092	36442151	7139941	3947258
贵州	40932024	32879688	26740461	6139227	3157206
云南	44677736	35994474	30895503	5098971	4538601
西藏	10104179	7509128	5704234	1804894	1668742
陕西	34272772	21617492	19191272	2426220	1600593
甘肃	24313745	18267783	15971995	2295788	1306311
青海	7452483	5397464	4743667	653796	601069
宁夏	7440831	4756534	4335589	420945	337109
新疆	33622686	27000816	23751082	3249734	2095490
大连	4343539	3490131	3408800	81331	8529
宁波	8967553	7323349	6730598	592751	369007
厦门	5883746	4625186	4195499	429687	90562
青岛	9965649	8153308	7423840	729468	110790
深圳	26686613	14900884	10392254	4508629	549289

基本建设支出明细(地方普通小学)

单位：千元

公用部分	商品和服务支出	其他资本性支出			基本建设支出
			专项公用支出	专项项目支出	
285361015	**162010517**	**123350498**	**36268654**	**87081844**	**17399120**
9377475	7438907	1938568	1474289	464279	1830625
2732180	1948946	783234	341942	441292	92748
15689517	8325603	7363914	1987399	5376515	175867
5478112	3852390	1625722	767325	858397	153275
4574209	2610134	1964075	653952	1310123	92675
4283616	2946427	1337189	477089	860100	71923
3581866	1948831	1633035	497948	1135086	209073
3351152	2084802	1266350	493680	772670	113734
5574167	4054796	1519371	630092	889279	21338
15401462	8792196	6609266	1676688	4932578	335624
13898383	8532231	5366152	1609536	3756616	927084
13308094	6215485	7092609	2490574	4602035	256278
9043464	4830696	4212769	1162908	3049861	140987
14316621	3726907	10589714	2602989	7986725	227062
14873407	8359012	6514395	1664607	4849788	5250
16271922	9750512	6521410	1270580	5250830	454759
11852436	5614159	6238277	1357534	4880743	
12859808	7287704	5572105	1501086	4071019	483938
27627881	19448278	8179603	3876539	4303064	6687707
10257843	5497140	4760703	1292516	3468187	328591
3490486	1919412	1571074	568793	1002281	98567
6735375	4455283	2280092	702354	1577738	599488
14898882	9595361	5303521	1437415	3866106	582105
7806990	4300015	3506975	740681	2766294	245345
8273060	4163167	4109893	794956	3314937	410201
2207053	939325	1267728	389941	877787	387998
11510361	5286531	6223830	1705457	4518373	1144919
5807128	2469773	3337355	672556	2664799	238834
1881296	940701	940595	234116	706478	173724
2646297	1128145	1518151	429685	1088466	38000
5750470	3547647	2202822	763425	1439397	871401
853408	640980	212427	136788	75639	
1644203	1047512	596692	210455	386237	
1163123	941320	221803	142523	79280	95436
1812341	1207573	604767	206873	397894	
6003583	5356212	647371	623907	23464	5782146

6-42 一般公共预算教育事业费和

地区	合计	个人部分	工资福利支出	对个人和家庭的补助支出	#助学金
合 计	**689145929**	**531140082**	**470493263**	**60646819**	**31956849**
北 京	5686246	3893215	3843375	49840	35788
天 津	3189471	2786143	2691480	94663	1471
河 北	42892285	31708951	27644731	4064220	1868911
山 西	15047107	11785280	10874793	910487	466496
内蒙古	12921567	9905002	9176944	728058	474602
辽 宁	9273107	8034440	7484590	549850	187855
吉 林	10880171	8388539	7975504	413034	124970
黑龙江	10858018	8879915	6948926	1930989	107159
上 海	2522009	2060690	1998291	62399	55002
江 苏	33391283	27744892	24771858	2973034	342860
浙 江	27951410	21721289	19887970	1833319	755203
安 徽	33909723	24890558	21768107	3122451	1087242
福 建	22043084	17011655	16025810	985845	120916
江 西	29376348	19241985	18038179	1203806	633100
山 东	41053426	33445077	30715034	2730044	594717
河 南	43399518	31667130	28770897	2896233	2443951
湖 北	21952868	16519556	14671022	1848534	945945
湖 南	33211391	24905831	21819591	3086241	1802784
广 东	44304699	34171798	31116797	3055002	983151
广 西	32796084	25543107	22216473	3326634	1891378
海 南	6711360	4570832	4325371	245461	71012
重 庆	14329656	11348448	10391447	957001	612388
四 川	39608832	30120198	25225092	4895106	2829335
贵 州	31390560	26381175	21264681	5116494	2925312
云 南	35975001	29835195	25466206	4368989	3969598
西 藏	7961388	6023549	4565651	1457898	1373012
陕 西	19858542	13357344	11602727	1754617	1193672
甘 肃	19327061	14717331	12760500	1956831	1169938
青 海	5607156	4245932	3636466	609466	572771
宁 夏	4410940	3230358	2918672	311686	257230
新 疆	27305618	23004667	19896080	3108587	2059079
大 连	928562	810978	769955	41024	270
宁 波	3173364	2598738	2381818	216920	132952
厦 门	1048755	853819	633420	220399	3240
青 岛	2316663	1975716	1760681	215034	5186
深 圳					

基本建设支出明细(农村小学)

单位：千元

公用部分	商品和服务支出	其他资本性支出			基本建设支出
			专项公用支出	专项项目支出	
153731107	**83653125**	**70077982**	**18289456**	**51788526**	**4274740**
1386617	1169969	216648	142949	73699	406414
369488	333041	36447	28669	7777	33840
11082263	5927099	5155164	1397469	3757695	101071
3219373	2247287	972085	394915	577170	42454
2975200	1706685	1268515	391428	877088	41365
1231919	895170	336749	76242	260507	6748
2414845	1190111	1224734	338627	886107	76787
1909794	1113416	796378	277257	519121	68309
461319	402178	59141	41816	17325	
5644795	3521069	2123726	539617	1584109	1596
5831831	3706948	2124883	683755	1441129	398290
8804283	4245111	4559172	1665993	2893179	214882
4994615	2676237	2318379	664126	1654252	36814
9944318	2376290	7568028	1917421	5650607	190045
7603099	4165744	3437354	765038	2672317	5250
11515214	7019129	4496084	755922	3740162	217175
5433312	2582335	2850977	335458	2515519	
7992870	4258402	3734468	841644	2892824	312690
10052503	6444713	3607790	1532000	2075790	80397
7152433	3997081	3155352	849870	2305482	100545
2067188	1079821	987367	332798	654568	73340
2866050	1855450	1010600	198414	812186	115158
9165274	5757489	3407785	744252	2663534	323360
4945788	2752254	2193535	448755	1744780	63596
5949092	2982873	2966219	515152	2451067	190715
1654801	701653	953148	292137	661011	283038
6327525	2746895	3580630	897893	2682737	173672
4427718	1887479	2540239	463566	2076674	182012
1293660	637117	656544	150002	506541	67564
1151382	670121	481261	194516	286745	29200
3862540	2603960	1258580	411756	846824	438411
117584	106329	11255	1656	9599	
574626	384726	189900	82660	107241	
194642	135634	59008	27654	31354	295
340947	206475	134473	50908	83565	

6-43 一般公共预算教育事业费和

地区	合计	个人部分			
			工资福利支出	对个人和家庭的补助支出	
					#助学金
合计	**686964247**	**529480902**	**469109202**	**60371699**	**31894976**
北京	5686246	3893215	3843375	49840	35788
天津	3189471	2786143	2691480	94663	1471
河北	42892285	31708951	27644731	4064220	1868911
山西	15047107	11785280	10874793	910487	466496
内蒙古	12921567	9905002	9176944	728058	474602
辽宁	9273107	8034440	7484590	549850	187855
吉林	10880171	8388539	7975504	413034	124970
黑龙江	10697956	8742865	6858771	1884094	106974
上海	2522009	2060690	1998291	62399	55002
江苏	33391283	27744892	24771858	2973034	342860
浙江	27951410	21721289	19887970	1833319	755203
安徽	33909723	24890558	21768107	3122451	1087242
福建	22043084	17011655	16025810	985845	120916
江西	29376348	19241985	18038179	1203806	633100
山东	41053426	33445077	30715034	2730044	594717
河南	43399518	31667130	28770897	2896233	2443951
湖北	21952868	16519556	14671022	1848534	945945
湖南	33211391	24905831	21819591	3086241	1802784
广东	44304699	34171798	31116797	3055002	983151
广西	32796084	25543107	22216473	3326634	1891378
海南	6711360	4570832	4325371	245461	71012
重庆	14329656	11348448	10391447	957001	612388
四川	39608832	30120198	25225092	4895106	2829335
贵州	31390560	26381175	21264681	5116494	2925312
云南	35975001	29835195	25466206	4368989	3969598
西藏	7961388	6023549	4565651	1457898	1373012
陕西	19858542	13357344	11602727	1754617	1193672
甘肃	19319897	14711846	12755317	1956529	1169636
青海	5607156	4245932	3636466	609466	572771
宁夏	4410940	3230358	2918672	311686	257230
新疆	25291162	21488023	18607358	2880665	1997692
大连	928562	810978	769955	41024	270
宁波	3173364	2598738	2381818	216920	132952
厦门	1048755	853819	633420	220399	3240
青岛	2316663	1975716	1760681	215034	5186
深圳					

基本建设支出明细(地方农村小学)

单位：千元

公用部分	商品和服务支出	其他资本性支出			基本建设支出
			专项公用支出	专项项目支出	
153236757	**83368442**	**69868316**	**18198432**	**51669884**	**4246588**
1386617	1169969	216648	142949	73699	406414
369488	333041	36447	28669	7777	33840
11082263	5927099	5155164	1397469	3757695	101071
3219373	2247287	972085	394915	577170	42454
2975200	1706685	1268515	391428	877088	41365
1231919	895170	336749	76242	260507	6748
2414845	1190111	1224734	338627	886107	76787
1886782	1099747	787035	271903	515132	68309
461319	402178	59141	41816	17325	
5644795	3521069	2123726	539617	1584109	1596
5831831	3706948	2124883	683755	1441129	398290
8804283	4245111	4559172	1665993	2893179	214882
4994615	2676237	2318379	664126	1654252	36814
9944318	2376290	7568028	1917421	5650607	190045
7603099	4165744	3437354	765038	2672317	5250
11515214	7019129	4496084	755922	3740162	217175
5433312	2582335	2850977	335458	2515519	
7992870	4258402	3734468	841644	2892824	312690
10052503	6444713	3607790	1532000	2075790	80397
7152433	3997081	3155352	849870	2305482	100545
2067188	1079821	987367	332798	654568	73340
2866050	1855450	1010600	198414	812186	115158
9165274	5757489	3407785	744252	2663534	323360
4945788	2752254	2193535	448755	1744780	63596
5949092	2982873	2966219	515152	2451067	190715
1654801	701653	953148	292137	661011	283038
6327525	2746895	3580630	897893	2682737	173672
4426038	1886377	2539661	463246	2076416	182012
1293660	637117	656544	150002	506541	67564
1151382	670121	481261	194516	286745	29200
3392881	2334046	1058835	326405	732429	410259
117584	106329	11255	1656	9599	
574626	384726	189900	82660	107241	
194642	135634	59008	27654	31354	295
340947	206475	134473	50908	83565	

6-44 一般公共预算教育事业费和

地区	合计	个人部分	工资福利支出	对个人和家庭的补助支出	#助学金
合计	**1467**	**1223**	**1223**		
北京					
天津					
河北					
山西					
内蒙古					
辽宁					
吉林					
黑龙江					
上海					
江苏					
浙江					
安徽					
福建	1131	922	922		
江西					
山东					
河南					
湖北					
湖南					
广东					
广西					
海南					
重庆	336	301	301		
四川					
贵州					
云南					
西藏					
陕西					
甘肃					
青海					
宁夏					
新疆					
大连					
宁波					
厦门					
青岛					
深圳					

基本建设支出明细(成人小学)

单位：千元

公用部分	商品和服务支出	其他资本性支出	专项公用支出	专项项目支出	基本建设支出
244	**244**				
209	209				
35	35				

6-45 一般公共预算教育事业费和

地区	合计	个人部分	工资福利支出	对个人和家庭的补助支出	#助学金
合计	**17051140**	**11826550**	**10971113**	**855437**	**394453**
北京	586761	453598	439924	13674	9344
天津	260086	188042	182139	5903	466
河北	699634	492075	467352	24722	10735
山西	370427	256571	240666	15905	7891
内蒙古	370892	227492	220381	7112	4914
辽宁	528087	421605	394806	26799	7478
吉林	300084	229176	219849	9327	4484
黑龙江	420205	300457	261732	38726	8931
上海	686067	520784	506909	13875	10356
江苏	1213923	923876	838530	85346	28153
浙江	958252	621704	590746	30958	19486
安徽	567538	299913	271547	28366	14601
福建	694627	473678	442919	30759	18505
江西	448010	262535	245032	17504	9976
山东	1275423	961213	863058	98156	47443
河南	654989	462917	442558	20358	16751
湖北	528826	348013	318878	29134	13349
湖南	724125	511000	471015	39985	20557
广东	2026214	1331952	1224016	107936	19151
广西	418602	279696	262166	17530	9656
海南	109718	65316	58376	6940	5383
重庆	269591	187501	173843	13658	10929
四川	765356	498459	445890	52569	22666
贵州	502143	354550	319441	35109	15759
云南	503091	377301	343908	33393	26729
西藏	113482	93432	85868	7565	6706
陕西	389658	248772	234801	13970	7119
甘肃	210256	147849	140292	7557	4245
青海	74332	41573	38043	3531	2888
宁夏	92393	63190	58452	4738	3805
新疆	288345	182310	167976	14333	5997
大连	111471	90850	89567	1283	770
宁波	133505	97431	92888	4542	2750
厦门	112578	76651	73667	2984	1107
青岛	223470	183801	157875	25926	10534
深圳	397385	183123	139037	44086	1979

基本建设支出明细(特殊教育)

单位：千元

公用部分	商品和服务支出	其他资本性支出			基本建设支出
			专项公用支出	专项项目支出	
4857596	**3246397**	**1611199**	**823639**	**787561**	**366994**
130972	113919	17053	15203	1850	2191
72045	54862	17183	13459	3724	
207560	128289	79271	35568	43702	
113857	78841	35016	24906	10110	
136328	58805	77523	50326	27197	7072
106482	91365	15117	11771	3346	
65908	52143	13765	11031	2733	5000
116390	80426	35964	20683	15281	3358
165284	141413	23871	23602	269	
287902	213578	74324	47256	27068	2144
256860	171320	85540	38401	47139	79688
201008	100260	100748	38252	62496	66617
212450	111571	100878	35598	65281	8500
157202	86640	70562	33817	36746	28273
310660	214982	95678	62755	32923	3549
192072	145562	46511	22904	23606	
180813	85259	95555	24668	70887	
207025	143308	63716	16592	47124	6100
603675	454125	149550	112645	36905	90587
134609	80079	54531	23250	31281	4296
44401	32457	11944	8436	3508	
82090	63768	18321	11426	6895	
257908	184439	73469	36580	36888	8990
147594	87357	60237	12515	47722	
125790	87521	38269	26135	12133	
20050	15635	4416	2154	2262	
140043	68679	71364	23719	47645	843
62407	37475	24932	14800	10132	
32759	10355	22404	2338	20065	
29203	17312	11891	8688	3204	
56251	34653	21598	14162	7437	49785
20621	19658	963	963		
36074	28434	7640	4210	3430	
35927	25500	10428	9964	464	
39669	35187	4482	4187	295	
137128	123103	14025	13704	321	77134

6-46 一般公共预算教育事业费和

地区	合计	个人部分	工资福利支出	对个人和家庭的补助支出	#助学金
合计	**16330100**	**11351684**	**10522959**	**828724**	**390070**
北京	481641	376970	364233	12736	8938
天津	241460	181757	176678	5079	466
河北	699634	492075	467352	24722	10735
山西	352003	243721	228013	15707	7891
内蒙古	370892	227492	220381	7112	4914
辽宁	490768	390041	365223	24818	7416
吉林	291580	223328	214126	9202	4461
黑龙江	415273	297920	259381	38539	8929
上海	571605	432885	420999	11886	9932
江苏	1189966	906954	822783	84171	28051
浙江	943004	611709	580867	30842	19433
安徽	560644	294507	266780	27727	14601
福建	694627	473678	442919	30759	18505
江西	412032	252227	234724	17503	9976
山东	1275423	961213	863058	98156	47443
河南	637099	452740	432706	20034	16736
湖北	511485	336231	308578	27653	13349
湖南	704883	493602	454352	39250	20457
广东	1954427	1288665	1185454	103211	18925
广西	403181	272451	255172	17279	9656
海南	109718	65316	58376	6940	5383
重庆	263165	182196	168725	13471	10929
四川	708984	462940	412636	50304	22527
贵州	412929	294363	267066	27297	13192
云南	489909	367083	334103	32980	26729
西藏	113482	93432	85868	7565	6706
陕西	365408	241530	227643	13887	7119
甘肃	210256	147849	140292	7557	4245
青海	74332	41573	38043	3531	2888
宁夏	92393	63190	58452	4738	3805
新疆	287895	182046	167976	14069	5733
大连	104231	84721	83507	1215	723
宁波	133505	97431	92888	4542	2750
厦门	112578	76651	73667	2984	1107
青岛	223470	183801	157875	25926	10534
深圳	370468	167315	126569	40746	1764

基本建设支出明细(特殊教育学校)

单位：千元

公用部分	商品和服务支出	其他资本性支出	专项公用支出	专项项目支出	基本建设支出
4630634	**3081184**	**1549450**	**793325**	**756125**	**347782**
104116	91009	13107	11257	1850	556
59703	46701	13002	9277	3724	
207560	128289	79271	35568	43702	
108282	74103	34179	24069	10110	
136328	58805	77523	50326	27197	7072
100727	85882	14845	11499	3346	
63252	49488	13765	11031	2733	5000
113995	78168	35827	20547	15281	3358
138719	117399	21320	21316	4	
280867	208659	72209	45140	27068	2144
251606	167829	83778	37584	46193	79688
199520	99185	100335	37839	62496	66617
212450	111571	100878	35598	65281	8500
148350	78048	70302	33557	36746	11455
310660	214982	95678	62755	32923	3549
184358	140862	43496	21466	22030	
175254	80191	95063	24177	70887	
205182	141470	63712	16588	47124	6100
575934	431092	144841	107936	36905	89829
126434	74428	52006	22252	29754	4296
44401	32457	11944	8436	3508	
80969	62700	18269	11374	6895	
237055	169380	67675	32405	35271	8990
118566	70890	47677	11771	35906	
122826	84706	38121	25988	12133	
20050	15635	4416	2154	2262	
123035	67647	55388	21430	33957	843
62407	37475	24932	14800	10132	
32759	10355	22404	2338	20065	
29203	17312	11891	8688	3204	
56065	34467	21598	14162	7437	49785
19510	18652	858	858		
36074	28434	7640	4210	3430	
35927	25500	10428	9964	464	
39669	35187	4482	4187	295	
126777	114583	12193	11872	321	76376

6-47 一般公共预算教育事业费和

地区	合计	个人部分	工资福利支出	对个人和家庭的补助支出	#助学金
合计	**721040**	**474866**	**448154**	**26713**	**4384**
北京	105120	76629	75691	938	406
天津	18627	6285	5461	823	
河北					
山西	18425	12850	12652	198	
内蒙古					
辽宁	37319	31564	29584	1980	62
吉林	8504	5849	5723	126	23
黑龙江	4932	2538	2350	187	2
上海	114463	87898	85910	1989	424
江苏	23957	16922	15747	1175	102
浙江	15248	9995	9879	116	53
安徽	6894	5406	4767	639	
福建					
江西	35979	10308	10307	1	
山东					
河南	17890	10176	9852	324	15
湖北	17341	11782	10300	1481	
湖南	19241	17398	16663	736	100
广东	71787	43287	38562	4725	227
广西	15421	7245	6994	251	
海南					
重庆	6426	5305	5118	188	
四川	56372	35519	33254	2264	139
贵州	89214	60187	52375	7812	2567
云南	13182	10218	9806	413	
西藏					
陕西	24250	7241	7158	83	
甘肃					
青海					
宁夏					
新疆	450	264		264	264
大连	7240	6129	6060	69	46
宁波					
厦门					
青岛					
深圳	26918	15808	12469	3340	215

基本建设支出明细(工读学校)

单位：千元

公用部分	商品和服务支出	其他资本性支出			基本建设支出
			专项公用支出	专项项目支出	
226962	**165213**	**61749**	**30314**	**31435**	**19212**
26856	22910	3947	3947		1635
12342	8160	4181	4181		
5575	4738	837	837		
5755	5483	272	272		
2656	2656				
2394	2258	137	137		
26564	24014	2550	2285	265	
7035	4919	2116	2116		
5253	3491	1762	816	946	
1488	1075	413	413		
8852	8592	260	260		16818
7714	4699	3015	1439	1576	
5559	5068	492	492		
1843	1838	4	4		
27742	23032	4709	4709		758
8176	5650	2525	998	1527	
1120	1068	52	52		
20853	15059	5794	4176	1618	
29027	16467	12560	744	11815	
2964	2816	148	148		
17008	1032	15976	2288	13687	
186	186				
1111	1006	104	104		
10351	8519	1831	1831		758

6-48 一般公共预算教育事业费和

地区	合计	个人部分			
			工资福利支出	对个人和家庭的补助支出	
					#助学金
合计	230938605	141782044	130744423	11037622	6343685
北京	14095686	8096074	8074588	21487	2732
天津	3834732	2459690	2392021	67668	1398
河北	8969048	6505092	6288388	216704	28717
山西	3218928	1959660	1820092	139568	113063
内蒙古	4819468	2961630	2833518	128112	85627
辽宁	1947806	1159849	1093504	66345	13378
吉林	1845478	1155408	1125279	30128	11647
黑龙江	2176789	1210422	1101519	108903	15990
上海	11430444	7949000	7893307	55693	34258
江苏	16396139	10866002	10399302	466700	178696
浙江	17087074	10603955	10137393	466563	222373
安徽	7864159	4338562	3971541	367021	146045
福建	8478898	5718710	5493542	225168	56261
江西	8413492	3954616	3805540	149076	109535
山东	11453592	6771553	6223037	548517	294106
河南	5134098	3397130	3165922	231208	199672
湖北	5376651	2988474	2798828	189646	105714
湖南	6026728	3199993	2868711	331282	214870
广东	21536711	13107224	11299378	1807846	678228
广西	4744051	2507518	2317255	190262	114877
海南	3076875	1126975	1068052	58923	33355
重庆	4261941	1770597	1424601	345996	233079
四川	12139460	6421867	5524291	897575	564340
贵州	8183127	5793829	5076487	717342	531164
云南	5529388	3795291	3433304	361987	287690
西藏	3424607	2324579	1803508	521071	483296
陕西	9153126	5455082	5064822	390260	216836
甘肃	5548084	3645482	3334220	311262	129441
青海	1201851	622366	483140	139226	125156
宁夏	1629143	566212	490777	75435	60201
新疆	11941030	9349204	7938555	1410649	1051941
大连	622359	455898	432264	23634	956
宁波	2818435	1913350	1779431	133919	116110
厦门	2304599	1528400	1423462	104938	7164
青岛	1967958	1255060	1195466	59594	13685
深圳	9469645	5971937	4995259	976678	284675

基本建设支出明细(幼儿园)

单位：千元

公用部分	商品和服务支出	其他资本性支出			基本建设支出
			专项公用支出	专项项目支出	
85049641	**51059169**	**33990471**	**11740160**	**22250312**	**4106920**
5525109	4809884	715226	561198	154028	474503
1357969	814410	543559	203979	339580	17074
2450382	1372989	1077394	343475	733919	13573
1247720	809374	438345	224231	214115	11548
1770051	830780	939271	227528	711743	87787
787377	617249	170128	66289	103840	580
671988	310713	361275	84521	276755	18083
934413	426137	508276	108847	399429	31954
3441502	2923068	518435	367996	150439	39941
5450952	3491122	1959830	725599	1234231	79185
5963183	4081200	1881983	653537	1228446	519935
3463558	1457512	2006046	647559	1358487	62040
2714168	1668921	1045247	488891	556356	46020
4387845	853205	3534640	832392	2702248	71031
4681856	2775233	1906623	609854	1296769	183
1716783	722017	994766	231802	762964	20185
2388177	1191201	1196976	312635	884342	
2753405	1609893	1143512	339770	803742	73331
8014258	5863283	2150975	1462603	688372	415229
1945073	1033040	912034	212113	699921	291460
1908980	863279	1045702	491650	554051	40920
2333145	1621176	711969	217089	494881	158199
5413098	3193056	2220042	708606	1511437	304496
2218442	1310994	907448	276665	630783	170856
1598259	801769	796490	178258	618232	135838
938895	429908	508986	123845	385141	161133
3383027	2084875	1298151	389359	908793	315018
1851258	952811	898447	239315	659131	51345
512533	256079	256454	42878	213576	66952
1046031	392769	653262	152052	501210	16900
2180204	1491226	688978	215626	473352	411622
166461	160274	6187	3449	2737	
905085	480304	424781	84568	340214	
743699	549809	193890	164472	29418	32500
712898	382861	330037	168765	161272	
3230032	2475164	754868	718956	35912	267675

6-49 一般公共预算教育事业费和

地区	合计	个人部分	工资福利支出	对个人和家庭的补助支出	#助学金
合计	**229258566**	**140699817**	**129757412**	**10942405**	**6313567**
北京	13482430	7628709	7608759	19951	2725
天津	3829862	2457442	2389774	67668	1398
河北	8959311	6497971	6281267	216704	28717
山西	3218928	1959660	1820092	139568	113063
内蒙古	4818114	2960452	2832340	128112	85627
辽宁	1946788	1158884	1092539	66345	13378
吉林	1844762	1155326	1125197	30128	11647
黑龙江	2117237	1169896	1064731	105165	15884
上海	11361173	7909253	7853565	55688	34258
江苏	16389095	10860638	10393961	466678	178674
浙江	17087074	10603955	10137393	466563	222373
安徽	7862367	4338552	3971541	367012	146045
福建	8478898	5718710	5493542	225168	56261
江西	8413492	3954616	3805540	149076	109535
山东	11453592	6771553	6223037	548517	294106
河南	5123067	3387300	3156174	231126	199657
湖北	5373075	2986179	2796568	189611	105678
湖南	6015984	3195920	2864724	331196	214843
广东	21533585	13105786	11298746	1807040	677929
广西	4744051	2507518	2317255	190262	114877
海南	3074950	1126709	1067786	58923	33355
重庆	4261941	1770597	1424601	345996	233079
四川	12137023	6419448	5521965	897483	564340
贵州	8183127	5793829	5076487	717342	531164
云南	5527786	3793689	3431702	361987	287690
西藏	3424607	2324579	1803508	521071	483296
陕西	9146849	5451862	5061756	390106	216682
甘肃	5538964	3637625	3327966	309659	128066
青海	1201603	622119	483140	138979	124908
宁夏	1629143	566212	490777	75435	60201
新疆	11079687	8864828	7540980	1323848	1024110
大连	621441	455033	431399	23634	956
宁波	2818435	1913350	1779431	133919	116110
厦门	2304599	1528400	1423462	104938	7164
青岛	1967958	1255060	1195466	59594	13685
深圳	9468733	5971460	4995238	976222	284675

基本建设支出明细(地方幼儿园)

单位：千元

公用部分	商品和服务支出	其他资本性支出	专项公用支出	专项项目支出	基本建设支出
84496392	**50667411**	**33828981**	**11660636**	**22168345**	**4062358**
5379219	4686739	692480	544094	148386	474503
1355346	811787	543559	203979	339580	17074
2447767	1370373	1077394	343475	733919	13573
1247720	809374	438345	224231	214115	11548
1769875	830623	939253	227509	711743	87787
787324	617196	170128	66289	103840	580
671354	310078	361275	84521	276755	18083
915387	418887	496499	104701	391798	31954
3411979	2893544	518435	367996	150439	39941
5449272	3489682	1959590	725511	1234079	79185
5963183	4081200	1881983	653537	1228446	519935
3461775	1456689	2005085	646599	1358487	62040
2714168	1668921	1045247	488891	556356	46020
4387845	853205	3534640	832392	2702248	71031
4681856	2775233	1906623	609854	1296769	183
1715582	721007	994576	231611	762964	20185
2386896	1189920	1196976	312635	884342	
2746734	1603710	1143024	339282	803742	73331
8012570	5861895	2150674	1462310	688364	415229
1945073	1033040	912034	212113	699921	291460
1907321	862663	1044659	491419	553240	40920
2333145	1621176	711969	217089	494881	158199
5413079	3193037	2220042	708606	1511437	304496
2218442	1310994	907448	276665	630783	170856
1598259	801769	796490	178258	618232	135838
938895	429908	508986	123845	385141	161133
3379970	2082557	1297413	389083	908330	315018
1849994	952207	897787	239131	658656	51345
512533	256079	256454	42878	213576	66952
1046031	392769	653262	152052	501210	16900
1847799	1281151	566649	160081	406568	367059
166408	160221	6187	3449	2737	
905085	480304	424781	84568	340214	
743699	549809	193890	164472	29418	32500
712898	382861	330037	168765	161272	
3229598	2474730	754868	718956	35912	267675

6-50 一般公共预算教育事业费和

地区	合计	个人部分			
			工资福利支出	对个人和家庭的补助支出	
					#助学金
合计	**108275940**	**70246442**	**64042267**	**6204175**	**4401737**
北京	2632576	1458978	1456415	2563	1246
天津	577635	366088	358628	7460	375
河北	6319064	4660955	4534772	126183	24812
山西	2024577	1263502	1164807	98695	82607
内蒙古	3006387	1938004	1850569	87434	56330
辽宁	478306	325549	314694	10856	5434
吉林	902431	610952	600494	10459	4229
黑龙江	1206938	701882	636110	65772	13736
上海	1578944	1241947	1236129	5818	4429
江苏	5541743	3658338	3453794	204544	114556
浙江	6540498	4200523	3989301	211222	60657
安徽	4994877	2961289	2763421	197869	73470
福建	3978319	2737346	2660086	77260	31890
江西	5454264	2708743	2609418	99325	78832
山东	5543241	3548927	3229046	319881	189587
河南	3093910	2056004	1870127	185877	166612
湖北	2130001	1238272	1131558	106714	86804
湖南	3720377	2031565	1828302	203263	167117
广东	3976011	2334360	2075689	258671	192756
广西	2840287	1516910	1390237	126674	87457
海南	1837457	752542	717882	34661	28222
重庆	1655103	886262	689201	197062	169383
四川	6154344	3518294	2940551	577743	417484
贵州	5769076	4508142	3941589	566554	468262
云南	3556992	2626349	2411618	214731	188815
西藏	2335971	1659198	1263787	395411	369521
陕西	5066515	3237956	2995918	242038	154314
甘肃	4275321	2927670	2749053	178617	54449
青海	938129	489053	371837	117216	104476
宁夏	780701	363777	312011	51766	42273
新疆	9365943	7717064	6495227	1221837	961601
大连	76819	58539	57925	613	169
宁波	885192	589035	581232	7803	4131
厦门	259342	146742	126210	20532	500
青岛	360054	255249	241711	13539	7215
深圳					

基本建设支出明细(农村幼儿园)

单位：千元

公用部分	商品和服务支出	其他资本性支出			基本建设支出
			专项公用支出	专项项目支出	
36304758	**19417934**	**16886823**	**4683360**	**12203463**	**1724740**
1110858	977871	132987	99857	33129	62741
198188	115759	82429	20583	61847	13359
1651632	879207	772425	217025	555400	6478
749527	495361	254166	130975	123191	11548
1021850	470299	551551	147976	403574	46534
152176	114671	37505	15076	22429	580
282280	123974	158306	39600	118707	9199
477891	191754	286137	54457	231680	27165
336997	295727	41270	35634	5636	
1883157	1067599	815558	221983	593575	249
2090811	1345161	745650	277913	467737	249164
1983348	912810	1070538	305713	764825	50240
1227653	683636	544017	223396	320620	13320
2682489	511641	2170849	560779	1610070	63031
1994314	1168796	825518	210160	615358	
1019602	372871	646731	137339	509392	18305
891729	375365	516364	94167	422197	
1633089	925328	707762	154141	553621	55722
1608608	1092086	516522	247883	268640	33043
1259928	632897	627031	127178	499853	63449
1048017	453769	594247	255447	338800	36898
758697	472273	286424	66608	219816	10144
2451597	1241035	1210562	204033	1006530	184453
1208621	697562	511059	135136	375923	52313
841693	455693	386001	72007	313993	88950
518291	231953	286338	94148	192191	158482
1696583	1030106	666477	170230	496247	131976
1305706	675279	630428	150375	480052	41945
387506	186083	201423	31565	169857	61569
400024	165223	234802	72498	162303	16900
1431894	1056148	375746	109476	266271	216985
18280	16041	2239	517	1722	
296157	147097	149060	39559	109502	
112600	83705	28895	28895		
104805	77140	27665	13791	13874	

6-51 一般公共预算教育事业费和

地 区	合 计	个人部分	工资福利支 出	对个人和家庭的补助支出	#助学金
合 计	**107671036**	**69871852**	**63736747**	**6135104**	**4381443**
北 京	2627401	1455692	1453129	2563	1246
天 津	577635	366088	358628	7460	375
河 北	6318872	4660955	4534772	126183	24812
山 西	2024577	1263502	1164807	98695	82607
内蒙古	3006387	1938004	1850569	87434	56330
辽 宁	478306	325549	314694	10856	5434
吉 林	902431	610952	600494	10459	4229
黑龙江	1160546	667024	604615	62408	13640
上 海	1578944	1241947	1236129	5818	4429
江 苏	5541743	3658338	3453794	204544	114556
浙 江	6540498	4200523	3989301	211222	60657
安 徽	4994877	2961289	2763421	197869	73470
福 建	3978319	2737346	2660086	77260	31890
江 西	5454264	2708743	2609418	99325	78832
山 东	5543241	3548927	3229046	319881	189587
河 南	3093910	2056004	1870127	185877	166612
湖 北	2129896	1238272	1131558	106714	86804
湖 南	3720346	2031564	1828302	203262	167116
广 东	3974388	2333399	2075077	258322	192457
广 西	2840287	1516910	1390237	126674	87457
海 南	1837444	752542	717882	34661	28222
重 庆	1655103	886262	689201	197062	169383
四 川	6154344	3518294	2940551	577743	417484
贵 州	5769076	4508142	3941589	566554	468262
云 南	3556992	2626349	2411618	214731	188815
西 藏	2335971	1659198	1263787	395411	369521
陕 西	5066498	3237955	2995918	242037	154314
甘 肃	4267494	2921106	2742799	178307	54367
青 海	938129	489053	371837	117216	104476
宁 夏	780701	363777	312011	51766	42273
新 疆	8822413	7388144	6231353	1156791	941786
大 连	76819	58539	57925	613	169
宁 波	885192	589035	581232	7803	4131
厦 门	259342	146742	126210	20532	500
青 岛	360054	255249	241711	13539	7215
深 圳					

基本建设支出明细(地方农村幼儿园)

单位：千元

公用部分	商品和服务支出	其他资本性支出	专项公用支出	专项项目支出	基本建设支出
36089478	**19295442**	**16794037**	**4652685**	**12141352**	**1709706**
1108969	976931	132038	99179	32858	62741
198188	115759	82429	20583	61847	13359
1651440	879014	772425	217025	555400	6478
749527	495361	254166	130975	123191	11548
1021850	470299	551551	147976	403574	46534
152176	114671	37505	15076	22429	580
282280	123974	158306	39600	118707	9199
466357	186451	279906	52443	227463	27165
336997	295727	41270	35634	5636	
1883157	1067599	815558	221983	593575	249
2090811	1345161	745650	277913	467737	249164
1983348	912810	1070538	305713	764825	50240
1227653	683636	544017	223396	320620	13320
2682489	511641	2170849	560779	1610070	63031
1994314	1168796	825518	210160	615358	
1019602	372871	646731	137339	509392	18305
891624	375260	516364	94167	422197	
1633060	925298	707762	154141	553621	55722
1607946	1091559	516387	247755	268632	33043
1259928	632897	627031	127178	499853	63449
1048004	453756	594247	255447	338800	36898
758697	472273	286424	66608	219816	10144
2451597	1241035	1210562	204033	1006530	184453
1208621	697562	511059	135136	375923	52313
841693	455693	386001	72007	313993	88950
518291	231953	286338	94148	192191	158482
1696567	1030090	666477	170230	496247	131976
1304443	674675	629768	150191	479577	41945
387506	186083	201423	31565	169857	61569
400024	165223	234802	72498	162303	16900
1232319	941385	290935	81805	209130	201950
18280	16041	2239	517	1722	
296157	147097	149060	39559	109502	
112600	83705	28895	28895		
104805	77140	27665	13791	13874	

6-52　一般公共预算教育事业费和

地　区	合　计	个人部分	工资福利支出	对个人和家庭的补助支出	#助学金
合　计	**31710439**	**17976443**	**15489635**	**2486807**	
北　京	759062	489999	467565	22434	
天　津	359812	261162	247432	13730	
河　北	741155	490919	427296	63624	
山　西	887302	609465	568229	41235	
内蒙古	552966	324103	299756	24347	
辽　宁	560656	335989	273573	62417	
吉　林	352692	217021	203278	13743	
黑龙江	1273180	497611	335115	162496	
上　海	283092	196282	190383	5898	
江　苏	1549587	993071	831742	161329	
浙　江	1741474	898165	825457	72708	
安　徽	1148470	558596	473092	85504	
福　建	537668	341649	315694	25955	
江　西	681181	364251	321098	43153	
山　东	2357198	1693595	1517819	175776	
河　南	1198490	517593	489168	28425	
湖　北	1178387	708964	616449	92515	
湖　南	2285554	1491690	1276129	215560	
广　东	3404028	1591942	1279924	312018	
广　西	430436	245644	223964	21679	
海　南	285811	145131	130571	14561	
重　庆	559187	234602	205598	29004	
四　川	1991287	1042259	808113	234147	
贵　州	1435806	934424	812303	122120	
云　南	902552	617593	584593	33000	
西　藏	440602	310139	279457	30682	
陕　西	1662480	540843	398793	142050	
甘　肃	461994	312779	271158	41622	
青　海	154684	104999	94557	10442	
宁　夏	139277	101000	99549	1451	
新　疆	1394371	804963	621781	183182	
大　连	79204	58175	56707	1468	
宁　波	128086	95662	91076	4586	
厦　门	72283	45063	44789	275	
青　岛	355428	240572	222714	17857	
深　圳	618698	238894	143857	95036	

基本建设支出明细(教育行政单位)

单位：千元

公用部分	商品和服务支出	其他资本性支出	专项公用支出	专项项目支出	基本建设支出
12906608	**10634316**	**2272292**	**1141279**	**1131013**	**827389**
269063	257230	11833	11833		
98412	83680	14733	2326	12406	238
250236	212793	37443	23565	13878	
277837	215892	61945	34974	26972	
221909	196193	25715	20515	5201	6954
220966	194809	26157	12908	13248	3701
135671	124712	10959	8036	2923	
698228	322212	376016	117369	258647	77340
86810	81636	5175	5175		
556517	505982	50535	38030	12505	
843309	764639	78670	70496	8174	
589426	466486	122940	35074	87866	448
191059	172222	18837	13862	4975	4960
316930	261276	55653	43843	11811	
663603	528333	135270	91679	43591	
680897	604296	76600	49345	27255	
469422	406455	62967	47847	15120	
790884	691694	99190	60311	38879	2980
1800780	1543502	257278	153029	104249	11306
184792	173989	10804	8753	2051	
140679	132446	8234	7370	864	
312734	271282	41452	21002	20450	11851
938456	844420	94036	43954	50082	10572
501382	415982	85401	41257	44144	
284959	253918	31041	19203	11838	
126961	95175	31786	16567	15219	3502
615771	336017	279754	75716	204038	505866
149215	117310	31905	13885	18020	
49685	43352	6333	6292	41	
38277	34273	4004	4004		
401737	282111	119627	43060	76567	187671
21028	18026	3002	265	2737	
32424	27900	4524	4524		
27220	26127	1092	1092		
114856	93971	20885	10438	10447	
368499	347314	21185	20163	1022	11306

6-53 一般公共预算教育事业费和

地 区	合 计	个人部分	工资福利支出	对个人和家庭的补助支出	#助学金
合 计	**30985441**	**17747429**	**15370471**	**2376958**	
北 京	564061	390013	372687	17326	
天 津	359812	261162	247432	13730	
河 北	741155	490919	427296	63624	
山 西	887302	609465	568229	41235	
内蒙古	552966	324103	299756	24347	
辽 宁	560656	335989	273573	62417	
吉 林	352692	217021	203278	13743	
黑龙江	1266361	492119	331496	160623	
上 海	283092	196282	190383	5898	
江 苏	1549587	993071	831742	161329	
浙 江	1741474	898165	825457	72708	
安 徽	1148470	558596	473092	85504	
福 建	537668	341649	315694	25955	
江 西	681181	364251	321098	43153	
山 东	2357198	1693595	1517819	175776	
河 南	1198490	517593	489168	28425	
湖 北	1178387	708964	616449	92515	
湖 南	2285554	1491690	1276129	215560	
广 东	3404028	1591942	1279924	312018	
广 西	430436	245644	223964	21679	
海 南	285811	145131	130571	14561	
重 庆	559187	234602	205598	29004	
四 川	1991287	1042259	808113	234147	
贵 州	1435806	934424	812303	122120	
云 南	902552	617593	584593	33000	
西 藏	440602	310139	279457	30682	
陕 西	1662480	540843	398793	142050	
甘 肃	461994	312779	271158	41622	
青 海	154684	104999	94557	10442	
宁 夏	139277	101000	99549	1451	
新 疆	871192	681427	601114	80313	
大 连	79204	58175	56707	1468	
宁 波	128086	95662	91076	4586	
厦 门	72283	45063	44789	275	
青 岛	355428	240572	222714	17857	
深 圳	618698	238894	143857	95036	

基本建设支出明细(地方教育行政单位)

单位：千元

公用部分	商品和服务支出	其他资本性支出	专项公用支出	专项项目支出	基本建设支出
12597525	**10433407**	**2164118**	**1104814**	**1059303**	**640487**
174048	165315	8733	8733		
98412	83680	14733	2326	12406	238
250236	212793	37443	23565	13878	
277837	215892	61945	34974	26972	
221909	196193	25715	20515	5201	6954
220966	194809	26157	12908	13248	3701
135671	124712	10959	8036	2923	
696901	320891	376010	117363	258647	77340
86810	81636	5175	5175		
556517	505982	50535	38030	12505	
843309	764639	78670	70496	8174	
589426	466486	122940	35074	87866	448
191059	172222	18837	13862	4975	4960
316930	261276	55653	43843	11811	
663603	528333	135270	91679	43591	
680897	604296	76600	49345	27255	
469422	406455	62967	47847	15120	
790884	691694	99190	60311	38879	2980
1800780	1543502	257278	153029	104249	11306
184792	173989	10804	8753	2051	
140679	132446	8234	7370	864	
312734	271282	41452	21002	20450	11851
938456	844420	94036	43954	50082	10572
501382	415982	85401	41257	44144	
284959	253918	31041	19203	11838	
126961	95175	31786	16567	15219	3502
615771	336017	279754	75716	204038	505866
149215	117310	31905	13885	18020	
49685	43352	6333	6292	41	
38277	34273	4004	4004		
188996	174438	14558	9701	4857	769
21028	18026	3002	265	2737	
32424	27900	4524	4524		
27220	26127	1092	1092		
114856	93971	20885	10438	10447	
368499	347314	21185	20163	1022	11306

6-54 一般公共预算教育事业费和

地区	合计	个人部分	工资福利支出	对个人和家庭的补助支出	#助学金
合 计	**57868416**	**34773093**	**31910987**	**2862106**	
北 京	6847665	2957193	2909784	47409	
天 津	1364847	953471	916188	37282	
河 北	1982629	1586087	1430959	155128	
山 西	1740656	1329791	1256779	73012	
内蒙古	1290639	979135	954131	25004	
辽 宁	1997598	1487646	1428046	59600	
吉 林	1113740	610908	573006	37902	
黑龙江	738138	474748	406735	68013	
上 海	4372359	2031669	2010799	20870	
江 苏	3628885	2422445	2096593	325852	
浙 江	4277774	2769276	2519742	249534	
安 徽	925698	568262	513803	54460	
福 建	2181255	1285495	1209823	75673	
江 西	1657685	936666	872462	64204	
山 东	2803649	1726658	1525651	201007	
河 南	2229297	1311490	1259215	52275	
湖 北	2441903	1441750	1295089	146661	
湖 南	1064035	686682	610904	75779	
广 东	4462189	2261711	1913388	348323	
广 西	1198837	803253	747614	55639	
海 南	292884	135525	132050	3475	
重 庆	764557	424804	346967	77838	
四 川	2653074	1718360	1497706	220654	
贵 州	411835	254953	212481	42472	
云 南	919781	638072	603296	34775	
西 藏	786527	406194	310351	95843	
陕 西	1680072	1045880	930040	115840	
甘 肃	736268	595093	556663	38430	
青 海	354725	283904	276134	7770	
宁 夏	176283	140446	138955	1491	
新 疆	772932	505526	455634	49892	
大 连	408171	236338	233959	2380	
宁 波	584257	385001	365006	19995	
厦 门	487259	240764	219173	21591	
青 岛	652999	282622	238158	44464	
深 圳	1087278	339402	253100	86302	

基本建设支出明细(教育事业单位)

单位：千元

公用部分	商品和服务支出	其他资本性支出	专项公用支出	专项项目支出	基本建设支出
22097945	**17820449**	**4277496**	**2266622**	**2010874**	**997379**
3658614	3424730	233884	190897	42987	231858
411376	233637	177739	107831	69908	
396542	320669	75873	45420	30453	
368371	293142	75229	56901	18328	42494
309312	237803	71509	34993	36516	2192
508251	424438	83813	31723	52090	1701
490776	291522	199254	43991	155263	12056
263391	159837	103553	39719	63834	
2118333	1822217	296116	253044	43072	222357
1206361	985817	220544	152249	68295	79
1398849	1069065	329784	183923	145862	109648
357435	311088	46348	33042	13306	
836150	693471	142679	71948	70731	59610
667928	557464	110464	73990	36474	53091
1076991	862114	214877	65048	149829	
899267	520001	379266	113207	266059	18540
1000153	587629	412525	94414	318111	
377353	331820	45533	34949	10584	
2083516	1731186	352330	185447	166883	116961
308979	281936	27043	24288	2755	86605
157359	127545	29814	24813	5001	
338167	299422	38745	30575	8170	1586
926513	754157	172356	110320	62036	8200
156881	129703	27178	18314	8864	
281710	227816	53894	38207	15687	
378947	284215	94732	54606	40126	1386
629946	449262	180684	95786	84898	4247
141175	111580	29595	27072	2523	
70820	63906	6914	6010	904	
35837	33124	2713	2713		
242641	200136	42506	21180	21325	24765
171832	122662	49170	16452	32718	
199255	162705	36550	21471	15080	
203995	197088	6906	6906		42500
370377	358585	11792	3672	8120	
684620	653073	31547	30090	1457	63256

6-55 一般公共预算教育事业费和

地区	合计	个人部分	工资福利支出	对个人和家庭的补助支出	#助学金
合计	**55476734**	**34583379**	**31738187**	**2845192**	
北京	4583636	2820212	2780988	39224	
天津	1364847	953471	916188	37282	
河北	1982629	1586087	1430959	155128	
山西	1740656	1329791	1256779	73012	
内蒙古	1290639	979135	954131	25004	
辽宁	1997598	1487646	1428046	59600	
吉林	1113740	610908	573006	37902	
黑龙江	734515	471341	404008	67333	
上海	4372359	2031669	2010799	20870	
江苏	3628885	2422445	2096593	325852	
浙江	4277774	2769276	2519742	249534	
安徽	925698	568262	513803	54460	
福建	2181255	1285495	1209823	75673	
江西	1657685	936666	872462	64204	
山东	2803649	1726658	1525651	201007	
河南	2229297	1311490	1259215	52275	
湖北	2441903	1441750	1295089	146661	
湖南	1064035	686682	610904	75779	
广东	4462189	2261711	1913388	348323	
广西	1198837	803253	747614	55639	
海南	292884	135525	132050	3475	
重庆	764557	424804	346967	77838	
四川	2653074	1718360	1497706	220654	
贵州	411835	254953	212481	42472	
云南	919781	638072	603296	34775	
西藏	786527	406194	310351	95843	
陕西	1680072	1045880	930040	115840	
甘肃	736268	595093	556663	38430	
青海	354725	283904	276134	7770	
宁夏	176283	140446	138955	1491	
新疆	648904	456200	414357	41843	
大连	408171	236338	233959	2380	
宁波	584257	385001	365006	19995	
厦门	487259	240764	219173	21591	
青岛	652999	282622	238158	44464	
深圳	1087278	339402	253100	86302	

基本建设支出明细(地方教育事业单位)

单位：千元

公用部分	商品和服务支出	其他资本性支出	专项公用支出	专项项目支出	基本建设支出
19930589	**15732993**	**4197596**	**2206537**	**1991058**	**962766**
1551165	1370927	180238	137531	42707	212259
411376	233637	177739	107831	69908	
396542	320669	75873	45420	30453	
368371	293142	75229	56901	18328	42494
309312	237803	71509	34993	36516	2192
508251	424438	83813	31723	52090	1701
490776	291522	199254	43991	155263	12056
263174	159621	103553	39719	63834	
2118333	1822217	296116	253044	43072	222357
1206361	985817	220544	152249	68295	79
1398849	1069065	329784	183923	145862	109648
357435	311088	46348	33042	13306	
836150	693471	142679	71948	70731	59610
667928	557464	110464	73990	36474	53091
1076991	862114	214877	65048	149829	
899267	520001	379266	113207	266059	18540
1000153	587629	412525	94414	318111	
377353	331820	45533	34949	10584	
2083516	1731186	352330	185447	166883	116961
308979	281936	27043	24288	2755	86605
157359	127545	29814	24813	5001	
338167	299422	38745	30575	8170	1586
926513	754157	172356	110320	62036	8200
156881	129703	27178	18314	8864	
281710	227816	53894	38207	15687	
378947	284215	94732	54606	40126	1386
629946	449262	180684	95786	84898	4247
141175	111580	29595	27072	2523	
70820	63906	6914	6010	904	
35837	33124	2713	2713		
182951	166699	16252	14461	1791	9753
171832	122662	49170	16452	32718	
199255	162705	36550	21471	15080	
203995	197088	6906	6906		42500
370377	358585	11792	3672	8120	
684620	653073	31547	30090	1457	63256

6-56 一般公共预算教育事业费和

地区	合计	个人部分	工资福利支出	对个人和家庭的补助支出	#助学金
合计	**44234981**	**15736762**	**13941543**	**1795219**	**26508**
北京	2223421	728260	659324	68936	12810
天津	1590582	286815	265939	20876	
河北	2078916	693742	650147	43595	
山西	1415005	442970	430468	12502	
内蒙古	1272380	329248	317964	11284	
辽宁	1157117	463672	422716	40956	
吉林	788375	369957	348306	21651	652
黑龙江	723572	434269	383111	51158	581
上海	1067334	304820	293009	11811	3501
江苏	2094926	791316	705002	86314	839
浙江	3324110	1193999	706737	487262	1074
安徽	1176295	474725	452242	22484	
福建	1060109	568568	545706	22862	1392
江西	1470159	370040	347511	22529	
山东	2360022	1242874	1127245	115629	
河南	1615968	584677	575778	8900	
湖北	2452356	543616	429752	113864	690
湖南	1622638	743601	550928	192673	1685
广东	2387055	1013766	933633	80133	1345
广西	1020306	343773	323413	20360	
海南	347112	60452	56606	3846	
重庆	630077	214281	207921	6360	782
四川	2792030	745114	641520	103593	1157
贵州	1926482	566835	473226	93609	
云南	1371245	517031	504316	12715	
西藏	256278	142142	140394	1747	
陕西	1071888	299894	290584	9311	
甘肃	671768	346385	320823	25562	
青海	444205	179992	171659	8333	
宁夏	361350	96201	95267	934	
新疆	1461899	643725	570295	73430	
大连	133442	79771	78280	1491	
宁波	344738	208391	86266	122125	
厦门	91974	57101	56295	806	
青岛	225111	146026	130730	15296	
深圳	730265	139200	114052	25147	

基本建设支出明细(其他教育机构)

单位：千元

公用部分	商品和服务支出	其他资本性支出	专项公用支出	专项项目支出	基本建设支出
24409314	**14130482**	**10278832**	**3095250**	**7183582**	**4088906**
1480653	1374490	106163	63258	42905	14507
168815	150169	18646	14806	3840	1134952
612070	251824	360247	65866	294381	773104
776994	317897	459097	94463	364635	195041
778914	216186	562728	48900	513828	164217
664433	590918	73515	37922	35593	29012
389642	294812	94830	31246	63584	28775
278685	206530	72154	15944	56210	10618
642386	574590	67796	65280	2516	120128
1120010	680266	439744	208917	230827	183600
1916087	770387	1145701	514953	630747	214023
695079	285326	409752	52817	356935	6491
426550	292875	133675	18252	115423	64991
915375	260515	654860	276916	377944	184743
1084149	849494	234655	101436	133219	33000
982134	684003	298131	75605	222526	49157
1908740	841346	1067394	156290	911104	
849336	361243	488093	92761	395332	29701
1091446	939518	151927	66149	85778	281843
654944	272698	382246	21193	361053	21589
286660	169125	117535	60192	57343	
411994	211634	200361	8799	191561	3802
1904899	1536484	368414	197727	170687	142018
1289647	460110	829537	445784	383753	70000
754904	216014	538890	158535	380355	99310
98019	60764	37255	33169	4087	16117
747094	412031	335063	33913	301149	24900
324434	157014	167420	16346	151074	948
229406	89033	140373	71217	69155	34807
265149	70896	194253	11149	183104	
660665	532291	128374	35443	92931	157509
53671	50429	3242	2310	932	
76388	61859	14529	1949	12580	59959
34874	31741	3133	2846	287	
79085	71065	8020	2454	5566	
378796	369949	8846	8239	607	212270

6-57 一般公共预算教育事业费和

地区	合计	个人部分	工资福利支出	对个人和家庭的补助支出	#助学金
合计	**42852391**	**15285256**	**13551691**	**1733565**	**11363**
北京	1297285	408886	395745	13141	750
天津	1590582	286815	265939	20876	
河北	2078916	693742	650147	43595	
山西	1415005	442970	430468	12502	
内蒙古	1272380	329248	317964	11284	
辽宁	1157117	463672	422716	40956	
吉林	788375	369957	348306	21651	652
黑龙江	719260	430240	380068	50172	581
上海	913459	263193	253075	10118	1808
江苏	2094926	791316	705002	86314	839
浙江	3324110	1193999	706737	487262	1074
安徽	1176295	474725	452242	22484	
福建	1026749	559994	538524	21470	
江西	1470159	370040	347511	22529	
山东	2360022	1242874	1127245	115629	
河南	1615968	584677	575778	8900	
湖北	2452356	543616	429752	113864	690
湖南	1622638	743601	550928	192673	1685
广东	2387055	1013766	933633	80133	1345
广西	1020306	343773	323413	20360	
海南	347112	60452	56606	3846	
重庆	630077	214281	207921	6360	782
四川	2792030	745114	641520	103593	1157
贵州	1926482	566835	473226	93609	
云南	1371245	517031	504316	12715	
西藏	256278	142142	140394	1747	
陕西	1071888	299894	290584	9311	
甘肃	671768	346385	320823	25562	
青海	444205	179992	171659	8333	
宁夏	361350	96201	95267	934	
新疆	1196992	565824	494182	71642	
大连	133442	79771	78280	1491	
宁波	344738	208391	86266	122125	
厦门	91974	57101	56295	806	
青岛	225111	146026	130730	15296	
深圳	730265	139200	114052	25147	

基本建设支出明细(地方其他教育机构)

单位：千元

公用部分		其他资本性支出			基本建设支出
	商品和服务支出		专项公用支出	专项项目支出	
23604720	**13355419**	**10249301**	**3073002**	**7176299**	**3962415**
873891	785467	88425	49891	38534	14507
168815	150169	18646	14806	3840	1134952
612070	251824	360247	65866	294381	773104
776994	317897	459097	94463	364635	195041
778914	216186	562728	48900	513828	164217
664433	590918	73515	37922	35593	29012
389642	294812	94830	31246	63584	28775
278402	206277	72125	15915	56210	10618
530138	466596	63542	62929	613	120128
1120010	680266	439744	208917	230827	183600
1916087	770387	1145701	514953	630747	214023
695079	285326	409752	52817	356935	6491
401764	268921	132843	17420	115423	64991
915375	260515	654860	276916	377944	184743
1084149	849494	234655	101436	133219	33000
982134	684003	298131	75605	222526	49157
1908740	841346	1067394	156290	911104	
849336	361243	488093	92761	395332	29701
1091446	939518	151927	66149	85778	281843
654944	272698	382246	21193	361053	21589
286660	169125	117535	60192	57343	
411994	211634	200361	8799	191561	3802
1904899	1536484	368414	197727	170687	142018
1289647	460110	829537	445784	383753	70000
754904	216014	538890	158535	380355	99310
98019	60764	37255	33169	4087	16117
747094	412031	335063	33913	301149	24900
324434	157014	167420	16346	151074	948
229406	89033	140373	71217	69155	34807
265149	70896	194253	11149	183104	
600150	478453	121698	29776	91921	31018
53671	50429	3242	2310	932	
76388	61859	14529	1949	12580	59959
34874	31741	3133	2846	287	
79085	71065	8020	2454	5566	
378796	369949	8846	8239	607	212270

第七部分

各地区教育和其他部门各级各类学校生均教育经费

7-1 各级各类学校生均

地 区	普通高等学校	普通高等本科学校	普通高职高专学校	中等职业学校	普通高中	农村高中
合 计	**22586.42**	**25688.43**	**16039.14**	**17095.26**	**18808.71**	**14339.43**
北 京	42222.92	41376.55	66351.21	70876.04	71046.46	92881.02
天 津	21519.58	23669.50	15415.08	25075.91	32285.62	25555.35
河 北	19094.53	21325.36	14592.97	16228.18	15466.87	13447.44
山 西	21307.02	24367.54	14783.92	16989.29	17380.55	15706.96
内蒙古	21974.08	23003.39	20229.43	23563.15	20833.21	19423.60
辽 宁	17643.52	18975.46	13442.82	16081.64	14765.07	11149.47
吉 林	19368.11	20473.44	14735.74	22036.45	12976.08	13261.19
黑龙江	20184.97	21597.72	15239.02	21307.44	13085.34	11086.73
上 海	37785.64	38300.57	29714.61	62202.80	58465.84	42030.65
江 苏	22908.76	24669.22	18919.87	21102.88	30204.81	22787.87
浙 江	26684.06	30637.56	18391.79	27749.26	34135.55	30279.90
安 徽	17687.65	19125.03	15316.87	14888.45	16133.87	13597.93
福 建	20383.75	23069.13	15070.40	18592.13	18086.48	16695.11
江 西	18726.54	22662.13	13759.28	14599.46	15319.28	13943.38
山 东	19581.40	21746.83	15795.51	18924.71	18474.54	14618.01
河 南	14877.57	16984.32	12168.05	9086.79	11199.44	9093.89
湖 北	21600.51	25210.66	13252.95	15799.52	19227.26	15092.81
湖 南	15980.51	17735.71	13551.03	14836.41	16013.40	13217.02
广 东	36029.64	47090.71	20036.94	20743.52	27327.77	14982.81
广 西	14361.45	15397.81	12745.11	10918.91	11435.09	9619.48
海 南	32200.85	34490.26	23519.46	13253.86	19658.02	20290.88
重 庆	19701.44	22442.12	14486.14	14784.31	16584.20	13630.62
四 川	20776.76	22640.77	16230.27	13660.75	14511.36	12380.92
贵 州	22599.50	28629.76	16539.47	8789.75	15359.99	12181.34
云 南	16277.14	17336.38	14227.23	13268.80	15991.56	13834.82
西 藏	63468.00	63766.16	62539.90	41306.52	42418.17	28989.39
陕 西	21475.24	23820.00	14701.18	14117.67	18979.71	17819.04
甘 肃	19658.79	22020.07	15662.33	18217.16	15721.55	14749.96
青 海	51045.58	53133.35	47013.32	18585.13	21855.36	19805.75
宁 夏	28583.67	32379.28	22112.11	15365.67	15833.00	12978.61
新 疆	22738.35	25944.30	18325.50	17672.40	20118.50	16720.54
大 连	22849.50	29772.28	14606.77	28834.56	21536.36	23714.98
宁 波	25042.93	28809.43	19599.82	37796.03	38817.37	32826.75
厦 门	41377.72	40309.08	44468.06	35172.25	31623.33	27384.79
青 岛	94167.05		38568.98	32741.48	30963.96	28530.84
深 圳	133017.59	169380.94	66374.35	45625.46	118507.39	

一般公共预算教育经费

单位：元

普通初中	农村初中	普通小学	农村小学	幼儿园	农村幼儿园
17772.06	**15700.21**	**12380.73**	**11618.14**	**9505.84**	**7129.01**
63553.58	91943.89	35361.07	46771.29	35692.33	37047.25
31623.14	25673.98	20492.88	19890.04	23370.42	13440.04
13870.10	13060.25	9719.02	9958.04	7097.97	6263.33
16624.41	16274.67	11411.73	13155.05	5732.34	4932.24
19026.22	20164.37	14627.70	17319.16	14123.77	14379.25
16411.90	15955.56	11418.09	14154.18	5378.64	3303.54
19010.58	21054.30	14729.80	18368.33	10693.65	10807.91
17147.62	19227.24	14999.62	18961.31	9893.10	10107.13
44977.24	42568.67	30803.10	29055.86	32166.64	30668.88
24498.43	21110.04	15420.14	13120.38	10450.69	7862.05
28221.74	27127.71	19607.05	19985.95	16218.11	15347.19
17427.44	16868.70	11163.48	10968.15	7845.52	6667.79
18140.60	17745.74	11267.79	11099.56	8765.99	7112.68
14538.64	14195.60	11172.66	11472.35	9809.61	9042.23
17645.29	16685.22	11073.96	10760.64	5795.79	4785.93
10436.67	9621.31	7099.29	7020.48	3890.30	2956.36
18306.07	17158.09	11500.97	10908.47	7863.91	5080
15162.31	14375.75	10254.09	9971.91	5237.50	4610.1
22141.37	16138.76	14903.38	11266.54	9589.77	3946.15
11518.93	10940.11	8879.19	9017.56	4122.83	3118.2
18512.79	19421.44	12838.81	14224.29	13815.31	13271.91
17759.34	16663.96	13739.09	15134.42	8470.86	6821.29
15609.85	14932.22	11775.93	11926.20	8713.03	6442.11
14504.44	13743.21	11098.27	10995.31	9289.94	8069.95
15062.33	14292.33	11930.39	12039.07	6959.10	5345.33
35424.57	31312.20	30736.41	30513.58	26460.14	22656.77
19832.05	19017.80	13477.36	13828.54	13255.71	11641.16
15529.32	15766.42	12277.59	13193.28	9671.16	8957.99
19996.21	19617.34	15653.53	16469.91	8780.08	8858.79
16035.82	14944.40	11669.88	12158.40	9192.95	7644.89
20926.86	19768.37	13148.55	12850.77	11183.95	10603.06
21894.86	33808.68	12733.98	22838.97	8490.74	7302.78
30503.84	28301.19	20472.02	19514.05	17481.64	16590.77
25699.21	30280.13	18541.20	19713.11	18082.18	14746.27
28865.99	35888.32	18422.20	27125.99	11060.66	9296.19
52066.68		37478.37		28079.04	

7-2 各级各类地方学校生均

地 区	普通高等学校			中等职业学校	普通高中	
		普通高等本科学校	普通高职高专学校			农村高中
合 计	**20719.54**	**23633.00**	**16061.76**	**17090.76**	**18774.76**	**14332.26**
北 京	65385.05	64614.38	69764.51	72116.02	72612.47	92881.02
天 津	17761.30	18980.33	15415.08	25075.91	32285.62	25555.35
河 北	18826.13	21091.70	14592.97	16220.53	15466.87	13447.44
山 西	21307.02	24367.54	14783.92	16989.29	17380.55	15706.96
内蒙古	21974.08	23003.39	20229.43	23563.15	20833.21	19423.60
辽 宁	15773.06	16732.03	13442.82	16081.64	14765.07	11149.47
吉 林	15428.28	15658.44	14735.74	22036.45	12915.21	13261.19
黑龙江	18116.73	19191.13	15239.02	21307.44	13085.34	11086.73
上 海	41423.87	42268.82	33544.26	62202.80	58864.12	42030.65
江 苏	21951.47	23915.19	18919.87	21102.88	30204.81	22787.87
浙 江	25609.57	29717.48	18391.79	27749.26	34135.55	30279.90
安 徽	16717.53	17733.91	15316.87	14888.45	16133.87	13597.93
福 建	19460.29	22287.90	15070.40	18592.13	18086.48	16695.11
江 西	18726.54	22662.13	13759.28	14599.46	15319.28	13943.38
山 东	18315.31	20006.14	15795.51	18924.71	18474.54	14618.01
河 南	14804.09	16863.36	12168.05	9086.79	11199.44	9093.89
湖 北	18248.39	22198.79	13307.86	15802.69	19086.61	14831.86
湖 南	14859.07	15889.73	13687.15	14836.41	16024.68	13217.02
广 东	35661.44	48935.50	20179.10	20743.52	27327.77	14982.81
广 西	14361.45	15397.81	12745.11	10918.91	11435.09	9619.48
海 南	32200.85	34490.26	23519.46	13253.86	19658.02	20290.88
重 庆	16511.92	17961.95	14486.14	14784.31	16567.65	13630.62
四 川	18568.23	19963.91	16230.27	13660.75	14514.94	12380.92
贵 州	22598.29	28627.34	16539.47	8789.75	15359.99	12181.34
云 南	16277.14	17336.38	14227.23	13268.80	15991.56	13834.82
西 藏	63468.00	63766.16	62539.90	41306.52	42418.17	28989.39
陕 西	16579.02	17613.35	14701.18	14117.67	19003.69	17819.04
甘 肃	17255.32	18462.75	15662.33	18217.16	15724.43	14753.87
青 海	51045.58	53133.35	47013.32	18585.13	21855.36	19805.75
宁 夏	28081.13	33128.08	22112.11	15365.67	15833.00	12978.61
新 疆	22738.35	25944.30	18325.50	17672.40	20118.50	16720.54
大 连	22849.50	29772.28	14606.77	28834.56	21536.36	23714.98
宁 波	25039.17	28803.07	19599.82	37796.03	38817.37	32826.75
厦 门	41377.72	40309.08	44468.06	35172.25	31623.33	27384.79
青 岛	94167.05		38568.98	32741.48	30963.96	28530.84
深 圳	128456.69	162331.43	66374.35	45625.46	118507.39	

一般公共预算教育经费

单位：元

普通初中		普通小学		幼儿园	
	农村初中		农村小学		农村幼儿园
17765.37	**15700.25**	**12379.16**	**11618.16**	**9523.11**	**7129.64**
64124.46	91943.89	35473.59	46771.29	41021.76	37312.07
31623.14	25673.98	20520.01	19890.04	24044.03	13567.25
13870.10	13060.25	9719.02	9958.04	7099.65	6263.33
16624.41	16274.67	11412.11	13155.83	5738.26	4933.78
19026.22	20164.37	14627.70	17319.16	14152.77	14379.25
16411.90	15955.56	11418.09	14154.18	5489.14	3303.54
18999.74	21054.30	14762.62	18368.33	10858.23	10807.91
17147.62	19227.24	14999.62	18961.31	9928.05	10107.13
45043.36	42568.67	30841.64	29055.86	32225.51	30668.88
24498.43	21110.04	15420.14	13120.38	10453.56	7862.05
28221.74	27127.71	19607.05	19985.95	16225.29	15347.19
17427.44	16868.70	11163.65	10968.15	7861.34	6667.79
18140.60	17745.74	11267.79	11099.56	8782.68	7112.68
14538.64	14195.60	11172.66	11472.35	9809.61	9042.23
17645.29	16685.22	11073.96	10760.64	5795.79	4785.93
10436.79	9621.31	7099.14	7020.48	3901.09	2958.24
18292.71	17158.09	11493.64	10908.47	7925.75	5080.9
15170.24	14375.75	10257.51	9971.91	5237.27	4610.23
22141.37	16138.76	14903.38	11266.54	9598.50	3946.29
11518.93	10940.11	8879.19	9017.56	4122.96	3118.33
18512.79	19421.44	12838.81	14224.29	13928.38	13299.23
17764.64	16663.96	13734.17	15134.42	8512.15	6821.29
15612.14	14932.22	11777.31	11926.20	8726.45	6442.11
14504.44	13743.21	11098.27	10995.31	9289.94	8069.95
15062.33	14292.33	11930.39	12039.07	6965.61	5345.33
35424.57	31312.20	30736.41	30513.58	26460.14	22656.77
19865.11	19017.80	13495.17	13828.54	13302.61	11642.03
15530.39	15767.97	12278.29	13194.75	9708.65	8961.91
19996.21	19617.34	15653.53	16469.91	8851.76	8858.79
16035.82	14944.40	11669.88	12158.40	9211.24	7644.89
20926.86	19768.37	13148.55	12850.77	11213.91	10603.4
21894.86	33808.68	12733.98	22838.97	8793.87	7302.78
30503.84	28301.19	20472.02	19514.05	17481.64	16590.77
25699.21	30280.13	18541.20	19713.11	18260.62	14746.27
28865.99	35888.32	18422.20	27125.99	11060.66	9296.19
52066.68		37478.37		28093.03	

7-3 生均教育经费支出(高等学校)

地区	教育经费支出	个人和公用部分支出			基本建设支出
			个人部分	公用部分	
合计	**37674.86**	**36719.72**	**19194.74**	**17524.98**	**955.14**
北京	76686.62	74756.77	38423.54	36333.23	1929.85
天津	41520.73	39234.76	22245.13	16989.63	2285.98
河北	25031.06	24484.48	12887.47	11597.01	546.58
山西	28654.48	28083.78	14157.77	13926.01	570.71
内蒙古	32545.09	31844.53	17193.23	14651.30	700.57
辽宁	31213.46	30653.19	17352.53	13300.65	560.27
吉林	30745.31	30413.98	16005.48	14408.50	331.33
黑龙江	36717.62	36085.29	18038.66	18046.63	632.33
上海	77621.24	74047.23	34777.93	39269.30	3574.01
江苏	41882.41	41692.88	23419.90	18272.98	189.53
浙江	50994.80	50403.57	25090.02	25313.55	591.23
安徽	30478.19	29575.07	16033.96	13541.11	903.12
福建	37812.01	37580.88	20270.23	17310.65	231.13
江西	25180.53	25046.52	14381.54	10664.98	134.02
山东	33326.24	32955.59	16837.19	16118.40	370.64
河南	23744.61	23349.70	12381.27	10968.44	394.91
湖北	37279.97	36411.17	21209.20	15201.97	868.80
湖南	25809.44	25465.79	14091.25	11374.54	343.66
广东	45985.81	42563.75	21027.26	21536.48	3422.06
广西	29087.20	28771.17	12677.82	16093.35	316.03
海南	42586.80	36046.56	19511.92	16534.64	6540.24
重庆	36831.64	36364.58	20038.50	16326.07	467.06
四川	35404.20	35008.60	18744.11	16264.49	395.59
贵州	30086.31	29705.40	14111.94	15593.47	380.91
云南	27009.57	26735.12	14213.66	12521.47	274.44
西藏	64828.09	60032.79	33061.55	26971.23	4795.31
陕西	40271.98	39546.97	20013.88	19533.09	725.00
甘肃	28664.68	28178.02	15111.61	13066.41	486.66
青海	52359.49	48211.75	21366.05	26845.70	4147.74
宁夏	40628.17	38500.60	20857.51	17643.08	2127.57
新疆	30682.69	28413.31	13983.08	14430.22	2269.38
大连	35662.35	33886.73	19981.58	13905.14	1775.62
宁波	49174.39	49090.90	22463.13	26627.77	83.50
厦门	60408.18	60408.18	23818.20	36589.98	
青岛	108556.78	108556.78	13161.88	95394.90	
深圳	160617.17	120620.17	47360.10	73260.07	39996.99

7-4 生均一般公共预算教育事业费和基本建设支出(高等学校)

单位：元

地区	一般公共预算教育事业费和基本建设支出	事业费支出			基本建设支出
			个人部分	公用部分	
合计	**22061.17**	**21105.22**	**12635.39**	**8469.83**	**955.95**
北京	39838.38	37793.48	24280.66	13512.82	2044.90
天津	21648.97	19604.70	13588.36	6016.34	2044.27
河北	17514.45	16931.22	10167.08	6764.15	583.23
山西	20455.52	19872.75	10475.15	9397.61	582.77
内蒙古	22109.18	21413.65	11756.80	9656.86	695.53
辽宁	17208.70	16724.87	9778.21	6946.66	483.83
吉林	19313.78	18954.56	10857.96	8096.60	359.21
黑龙江	20031.70	19596.00	11693.10	7902.90	435.71
上海	37107.04	33199.27	19648.46	13550.81	3907.77
江苏	22643.46	22439.59	13226.90	9212.69	203.88
浙江	25720.28	25186.40	15434.80	9751.60	533.88
安徽	17886.12	17120.05	10146.82	6973.23	766.07
福建	20124.09	19909.81	12360.72	7549.09	214.28
江西	18899.25	18763.68	11640.44	7123.24	135.57
山东	19146.90	18738.83	12926.08	5812.75	408.07
河南	15062.85	14753.17	7542.02	7211.15	309.68
湖北	22288.08	21365.73	13533.41	7832.32	922.34
湖南	15720.39	15338.12	10665.33	4672.79	382.27
广东	33770.01	29649.16	17884.59	11764.57	4120.84
广西	13997.06	13678.38	5618.44	8059.94	318.68
海南	25932.99	24853.13	11507.97	13345.16	1079.86
重庆	19278.54	18821.38	10709.79	8111.59	457.16
四川	21592.77	21183.37	13359.61	7823.76	409.39
贵州	20273.62	19950.94	10147.42	9803.52	322.68
云南	16538.68	16240.75	10251.64	5989.11	297.94
西藏	62099.76	58342.44	31809.80	26532.64	3757.32
陕西	20590.65	19811.21	11160.52	8650.69	779.44
甘肃	19266.90	18768.65	9450.09	9318.56	498.25
青海	41158.36	36709.70	14729.76	21979.93	4448.66
宁夏	29417.35	27141.15	14378.68	12762.46	2276.21
新疆	23933.74	21433.30	13305.87	8127.43	2500.44
大连	23610.23	22628.43	13389.09	9239.34	981.80
宁波	25506.53	25409.29	12297.28	13112.00	97.24
厦门	28080.74	28080.74	16473.92	11606.82	
青岛	94650.13	94650.13	16292.21	78357.92	
深圳	131058.41	88118.92	37893.88	50225.03	42939.49

7-5　生均教育经费支出(中央属高等学校)

地　区	教育经费支　出	个人和公用部分支出			基本建设支　出
			个人部分	公用部分	
合　计	**70161.36**	**68658.95**	**34424.50**	**34234.46**	**1502.41**
北　京	76985.21	75200.74	38198.82	37001.92	1784.47
天　津	74794.17	67084.83	34160.24	32924.59	7709.34
河　北	28797.33	28453.43	17740.11	10713.32	343.91
山　西					
内蒙古					
辽　宁	53173.88	52119.21	29005.90	23113.31	1054.67
吉　林	56254.94	55616.22	33387.73	22228.49	638.72
黑龙江	85258.19	83880.34	29440.56	54439.77	1377.85
上　海	98167.18	97086.27	41525.13	55561.14	1080.91
江　苏	54564.52	53934.87	30375.21	23559.66	629.65
浙　江	98222.43	97245.08	44398.86	52846.22	977.35
安　徽	66633.93	65189.37	31269.48	33919.89	1444.57
福　建	55304.70	54882.70	32128.53	22754.17	421.99
江　西					
山　东	67701.86	66189.89	31964.58	34225.31	1511.98
河　南	64253.24	38935.13	20353.39	18581.74	25318.12
湖　北	60436.01	57673.61	33748.28	23925.32	2762.41
湖　南	53411.99	52758.48	27249.12	25509.35	653.52
广　东	72003.44	71697.71	32778.33	38919.38	305.73
广　西					
海　南					
重　庆	60649.30	59712.93	33309.91	26403.03	936.37
四　川	67838.85	66962.36	34224.73	32737.62	876.49
贵　州					
云　南					
西　藏					
陕　西	75998.82	74837.74	33521.18	41316.56	1161.08
甘　肃	50782.77	49781.02	29005.67	20775.35	1001.75
青　海					
宁　夏	40586.06	38572.86	23655.61	14917.25	2013.20
新　疆					
大　连					
宁　波					
厦　门					
青　岛					
深　圳					

7-6 生均一般公共预算教育事业费和基本建设支出(中央属高等学校)

单位：元

地区	一般公共预算教育事业费和基本建设支出	事业费支出	个人部分	公用部分	基本建设支出
合计	**30249.61**	**28794.81**	**19355.93**	**9438.88**	**1454.80**
北京	31906.35	30077.14	20671.84	9405.30	1829.20
天津	33029.19	26632.32	19209.13	7423.19	6396.87
河北	18706.18	18508.72	12747.45	5761.27	197.45
山西					
内蒙古					
辽宁	26327.99	25571.11	18414.03	7157.08	756.88
吉林	27707.40	27068.59	20232.86	6835.73	638.81
黑龙江	27639.07	26798.61	19683.04	7115.58	840.45
上海	32120.36	30986.54	19515.63	11470.92	1133.81
江苏	25894.04	25194.52	16930.21	8264.32	699.52
浙江	35313.66	34319.57	23750.14	10569.43	994.09
安徽	26084.95	25764.52	19886.55	5877.96	320.44
福建	25726.58	25294.83	18353.43	6941.40	431.76
江西					
山东	25429.63	23793.66	17044.20	6749.46	1635.97
河南	61056.59	35738.47	17858.44	17880.03	25318.12
湖北	30034.50	27229.17	18716.51	8512.66	2805.32
湖南	23558.75	22874.95	16343.25	6531.70	683.80
广东	36217.53	35902.73	21384.87	14517.86	314.80
广西					
海南					
重庆	34258.82	33328.05	21844.57	11483.48	930.77
四川	31320.04	30420.19	18130.26	12289.93	899.85
贵州					
云南					
西藏					
陕西	32782.75	31534.70	19269.92	12264.77	1248.06
甘肃	33353.49	32350.91	22418.30	9932.61	1002.58
青海					
宁夏	31833.90	29820.67	19989.44	9831.23	2013.23
新疆					
大连					
宁波					
厦门					
青岛					
深圳					

7-7 生均教育经费支出(地方高等学校)

地区	教育经费支出	个人和公用部分支出			基本建设支出
			个人部分	公用部分	
合计	**31349.24**	**30500.66**	**16229.27**	**14271.39**	**848.58**
北京	75511.32	73009.21	39308.07	33701.14	2502.11
天津	31528.72	30871.38	18667.02	12204.36	657.34
河北	24846.69	24290.19	12649.92	11640.27	556.50
山西	28654.48	28083.78	14157.77	13926.01	570.71
内蒙古	32545.09	31844.53	17193.23	14651.30	700.57
辽宁	26836.34	26374.62	15029.80	11344.81	461.73
吉林	24308.45	24054.68	11619.41	12435.27	253.77
黑龙江	26414.49	25940.41	15618.52	10321.90	474.08
上海	60286.96	54609.56	29085.43	25524.13	5677.40
江苏	38214.64	38152.39	21408.36	16744.03	62.25
浙江	45688.95	45141.10	22920.74	22220.36	547.85
安徽	26625.21	25779.79	14410.36	11369.42	845.42
福建	35044.27	34843.34	18393.98	16449.36	200.93
江西	25180.53	25046.52	14381.54	10664.98	134.02
山东	29881.23	29624.96	15321.18	14303.78	256.26
河南	23648.79	23312.84	12362.41	10950.43	335.96
湖北	26689.55	26686.79	15474.45	11212.34	2.76
湖南	22484.49	22178.16	12506.27	9671.89	306.33
广东	42841.72	39043.07	19607.21	19435.85	3798.65
广西	29087.20	28771.17	12677.82	16093.35	316.03
海南	42586.80	36046.56	19511.92	16534.64	6540.24
重庆	31798.37	31430.48	17233.92	14196.56	367.89
四川	27006.69	26735.60	14736.09	11999.51	271.09
贵州	30084.69	29703.79	14110.32	15593.47	380.91
云南	27009.57	26735.12	14213.66	12521.47	274.44
西藏	64828.09	60032.79	33061.55	26971.23	4795.31
陕西	27302.58	26735.88	15110.52	11625.36	566.70
甘肃	25124.14	24719.94	12887.53	11832.40	404.20
青海	52359.49	48211.75	21366.05	26845.70	4147.74
宁夏	40637.44	38484.68	20241.28	18243.40	2152.76
新疆	30682.69	28413.31	13983.08	14430.22	2269.38
大连	35662.35	33886.73	19981.58	13905.14	1775.62
宁波	49171.19	49087.70	22463.13	26624.57	83.50
厦门	60408.18	60408.18	23818.20	36589.98	
青岛	108556.78	108556.78	13161.88	95394.90	
深圳	155171.01	115174.02	46086.31	69087.71	39996.99

7-8 生均一般公共预算教育事业费和基本建设支出(地方高等学校)

单位：元

地区	一般公共预算教育事业费和基本建设支出	事业费支出			基本建设支出
			个人部分	公用部分	
合计	**20406.53**	**19551.38**	**11277.37**	**8274.01**	**855.15**
北京	70701.76	67817.57	38322.51	29495.05	2884.20
天津	18094.51	17409.72	11832.79	5576.93	684.79
河北	17453.03	16849.91	10034.07	6815.84	603.11
山西	20455.52	19872.75	10475.15	9397.61	582.77
内蒙古	22109.18	21413.65	11756.80	9656.86	695.53
辽宁	15284.08	14857.87	7955.62	6902.25	426.20
吉林	16863.87	16586.26	8121.64	8464.62	277.60
黑龙江	18330.66	17985.46	9906.51	8078.95	345.20
上海	41655.04	35217.34	19769.61	15447.74	6437.70
江苏	21722.58	21659.11	12177.75	9481.36	63.47
浙江	24551.11	24073.32	14421.39	9651.93	477.79
安徽	16951.92	16135.07	9037.05	7098.03	816.85
福建	19191.98	19013.88	11363.69	7650.19	178.10
江西	18899.25	18763.68	11640.44	7123.24	135.57
山东	18495.87	18215.04	12499.35	5715.69	280.83
河南	14941.22	14697.67	7514.73	7182.94	243.55
湖北	18506.06	18503.04	11002.88	7500.16	3.02
湖南	14670.43	14328.55	9904.76	4423.79	341.88
广东	33411.13	28732.22	17371.36	11360.86	4678.91
广西	13997.06	13678.38	5618.44	8059.94	318.68
海南	25932.99	24853.13	11507.97	13345.16	1079.86
重庆	16117.51	15760.29	8360.21	7400.07	357.22
四川	18814.94	18545.60	11997.26	6548.35	269.34
贵州	20271.93	19949.25	10145.73	9803.52	322.68
云南	16538.68	16240.75	10251.64	5989.11	297.94
西藏	62099.76	58342.44	31809.80	26532.64	3757.32
陕西	16127.35	15519.47	8191.82	7327.65	607.88
甘肃	17002.36	16585.18	7365.34	9219.85	417.18
青海	41158.36	36709.70	14729.76	21979.93	4448.66
宁夏	28839.08	26499.94	13036.05	13463.90	2339.13
新疆	23933.74	21433.30	13305.87	8127.43	2500.44
大连	23610.23	22628.43	13389.09	9239.34	981.80
宁波	25502.80	25405.56	12297.28	13108.27	97.24
厦门	28080.74	28080.74	16473.92	11606.82	
青岛	94650.13	94650.13	16292.21	78357.92	
深圳	125120.49	82181.00	36460.56	45720.44	42939.49

7-9 生均教育经费支出(普通高等学校)

地区	教育经费支出	个人和公用部分支出	个人部分	公用部分	基本建设支出
合计	**38735.90**	**37745.13**	**19745.31**	**17999.81**	**990.78**
北京	82756.92	80634.14	41602.94	39031.20	2122.78
天津	41925.93	39603.56	22365.84	17237.72	2322.37
河北	25563.39	24992.08	13136.58	11855.50	571.32
山西	29232.36	28644.55	14391.42	14253.14	587.81
内蒙古	32846.86	32132.36	17369.26	14763.11	714.50
辽宁	31059.62	30496.62	17228.30	13268.32	563.00
吉林	31373.10	31031.48	16261.85	14769.62	341.62
黑龙江	37296.41	36659.27	18204.13	18455.14	637.14
上海	79001.99	75311.87	35374.07	39937.81	3690.11
江苏	41920.34	41730.27	23436.89	18293.38	190.08
浙江	52226.02	51608.42	25659.26	25949.17	617.60
安徽	31770.64	30820.38	16713.14	14107.24	950.26
福建	38301.88	38063.61	20582.82	17480.79	238.27
江西	26008.68	25867.64	14864.84	11002.80	141.04
山东	33469.09	33093.96	16973.16	16120.80	375.13
河南	24588.51	24177.32	12811.14	11366.17	411.19
湖北	37463.56	36588.89	21304.19	15284.70	874.67
湖南	27146.25	26778.21	14899.41	11878.81	368.04
广东	50672.94	46835.53	23119.32	23716.21	3837.41
广西	29669.57	29343.78	12927.37	16416.40	325.80
海南	44189.88	37293.38	20189.95	17103.43	6896.50
重庆	36765.99	36297.29	20075.06	16222.24	468.69
四川	36120.93	35710.45	19239.91	16470.54	410.48
贵州	30917.65	30556.92	14493.85	16063.07	360.73
云南	26848.70	26569.88	14181.81	12388.07	278.82
西藏	64828.09	60032.79	33061.55	26971.23	4795.31
陕西	42111.53	41352.63	20907.55	20445.08	758.90
甘肃	29188.25	28687.49	15375.73	13311.76	500.77
青海	55637.78	51193.53	22574.92	28618.61	4444.24
宁夏	40628.17	38500.60	20857.51	17643.08	2127.57
新疆	33096.54	30749.02	15078.88	15670.13	2347.52
大连	34688.99	32758.31	18909.08	13849.23	1930.68
宁波	50369.17	50279.27	23031.87	27247.41	89.90
厦门	60408.18	60408.18	23818.20	36589.98	
青岛	208519.32	208519.32	23906.77	184612.56	
深圳	167854.92	125845.39	49261.02	76584.36	42009.53

7-10 生均一般公共预算教育事业费和基本建设支出(普通高等学校)

单位：元

地区	一般公共预算教育事业费和基本建设支出	事业费支出	个人部分	公用部分	基本建设支出
合计	**21947.45**	**20990.88**	**12550.40**	**8440.47**	**956.58**
北京	40154.54	38064.42	24427.51	13636.91	2090.12
天津	21378.29	19345.36	13352.82	5992.54	2032.93
河北	17312.16	16723.08	10003.90	6719.18	589.09
山西	20646.24	20053.66	10527.22	9526.44	592.58
内蒙古	21941.14	21245.61	11657.21	9588.40	695.53
辽宁	17045.54	16561.71	9644.09	6917.62	483.83
吉林	19037.35	18679.81	10652.59	8027.22	357.54
黑龙江	19760.16	19340.00	11491.67	7848.33	420.16
上海	36409.19	32501.42	19291.77	13209.64	3907.77
江苏	22635.92	22431.74	13222.10	9209.64	204.18
浙江	25508.31	24968.20	15223.81	9744.39	540.10
安徽	17808.41	17041.50	10102.11	6939.39	766.92
福建	19957.23	19742.33	12239.79	7502.54	214.90
江西	18870.26	18732.74	11605.40	7127.34	137.52
山东	19075.10	18667.03	12875.48	5791.56	408.07
河南	15011.79	14702.09	7504.23	7197.85	309.71
湖北	22293.87	21369.59	13526.06	7843.54	924.28
湖南	15593.54	15210.67	10566.72	4643.95	382.88
广东	33434.88	29309.05	17615.08	11693.97	4125.84
广西	13948.60	13628.91	5580.39	8048.52	319.70
海南	25581.93	24502.07	11297.43	13204.64	1079.86
重庆	19277.13	18819.93	10708.17	8111.76	457.20
四川	21259.36	20849.96	13251.96	7598.00	409.39
贵州	20297.52	20007.09	10145.97	9861.12	290.44
云南	16541.78	16239.19	10244.33	5994.85	302.59
西藏	62099.76	58342.44	31809.80	26532.64	3757.32
陕西	20936.85	20143.60	11366.95	8776.65	793.24
甘肃	19145.00	18646.38	9359.83	9286.55	498.62
青海	40950.54	36501.88	14544.03	21957.84	4448.66
宁夏	29417.35	27141.15	14378.68	12762.46	2276.21
新疆	23543.01	21204.84	13073.94	8130.90	2338.17
大连	21279.00	20297.20	11404.42	8892.77	981.80
宁波	24529.52	24431.52	11556.25	12875.28	98.00
厦门	28080.74	28080.74	16473.92	11606.82	
青岛	93270.71	93270.71	15132.47	78138.24	
深圳	130625.62	87686.13	37564.96	50121.17	42939.49

7-11 生均教育经费支出(中央属普通高等学校)

地区	教育经费支出	个人和公用部分支出			基本建设支出
			个人部分	公用部分	
合计	**71445.59**	**69909.29**	**35124.33**	**34784.97**	**1536.29**
北京	83095.90	81140.63	41539.99	39600.64	1955.27
天津	74794.17	67084.83	34160.24	32924.59	7709.34
河北	28797.33	28453.43	17740.11	10713.32	343.91
山西					
内蒙古					
辽宁	53213.66	52156.68	28998.54	23158.14	1056.97
吉林	56254.94	55616.22	33387.73	22228.49	638.72
黑龙江	85258.19	83880.34	29440.56	54439.77	1377.85
上海	98167.18	97086.27	41525.13	55561.14	1080.91
江苏	54564.52	53934.87	30375.21	23559.66	629.65
浙江	98222.43	97245.08	44398.86	52846.22	977.35
安徽	66633.93	65189.37	31269.48	33919.89	1444.57
福建	55304.70	54882.70	32128.53	22754.17	421.99
江西					
山东	67701.86	66189.89	31964.58	34225.31	1511.98
河南	64253.24	38935.13	20353.39	18581.74	25318.12
湖北	60436.01	57673.61	33748.28	23925.32	2762.41
湖南	53411.99	52758.48	27249.12	25509.35	653.52
广东	72003.44	71697.71	32778.33	38919.38	305.73
广西					
海南					
重庆	60649.30	59712.93	33309.91	26403.03	936.37
四川	67838.85	66962.36	34224.73	32737.62	876.49
贵州					
云南					
西藏					
陕西	75998.82	74837.74	33521.18	41316.56	1161.08
甘肃	50782.77	49781.02	29005.67	20775.35	1001.75
青海					
宁夏	40586.06	38572.86	23655.61	14917.25	2013.20
新疆					
大连					
宁波					
厦门					
青岛					
深圳					

7-12 生均一般公共预算教育事业费和基本建设支出(中央属普通高等学校)

单位：元

地区	一般公共预算教育事业费和基本建设支出	事业费支出			基本建设支出
			个人部分	公用部分	
合计	**30399.52**	**28935.82**	**19460.86**	**9474.97**	**1463.69**
北京	32610.39	30732.00	21168.82	9563.18	1878.39
天津	33029.19	26632.32	19209.13	7423.19	6396.87
河北	18706.18	18508.72	12747.45	5761.27	197.45
山西					
内蒙古					
辽宁	26327.99	25571.11	18414.03	7157.08	756.88
吉林	27707.40	27068.59	20232.86	6835.73	638.81
黑龙江	27639.07	26798.61	19683.04	7115.58	840.45
上海	32120.36	30986.54	19515.63	11470.92	1133.81
江苏	25894.04	25194.52	16930.21	8264.32	699.52
浙江	35313.66	34319.57	23750.14	10569.43	994.09
安徽	26084.95	25764.52	19886.55	5877.96	320.44
福建	25726.58	25294.83	18353.43	6941.40	431.76
江西					
山东	25429.63	23793.66	17044.20	6749.46	1635.97
河南	61056.59	35738.47	17858.44	17880.03	25318.12
湖北	30034.50	27229.17	18716.51	8512.66	2805.32
湖南	23558.75	22874.95	16343.25	6531.70	683.80
广东	36217.53	35902.73	21384.87	14517.86	314.80
广西					
海南					
重庆	34258.82	33328.05	21844.57	11483.48	930.77
四川	31320.04	30420.19	18130.26	12289.93	899.85
贵州					
云南					
西藏					
陕西	32782.75	31534.70	19269.92	12264.77	1248.06
甘肃	33353.49	32350.91	22418.30	9932.61	1002.58
青海					
宁夏	31833.90	29820.67	19989.44	9831.23	2013.23
新疆					
大连					
宁波					
厦门					
青岛					
深圳					

7-13 生均教育经费支出(地方普通高等学校)

地区	教育经费支出	个人和公用部分支出			基本建设支出
			个人部分	公用部分	
合计	**32222.59**	**31340.44**	**16682.97**	**14657.47**	**882.15**
北京	81396.65	78601.65	41855.57	36746.08	2795.01
天津	31774.70	31116.08	18723.19	12392.89	658.63
河北	25397.55	24814.57	12900.50	11914.07	582.98
山西	29232.36	28644.55	14391.42	14253.14	587.81
内蒙古	32846.86	32132.36	17369.26	14763.11	714.50
辽宁	26629.70	26165.47	14874.72	11290.75	464.22
吉林	24748.08	24485.57	11701.94	12783.63	262.51
黑龙江	26726.36	26252.46	15727.79	10524.67	473.90
上海	61836.87	55809.84	29864.93	25944.91	6027.03
江苏	38250.04	38187.56	21422.86	16764.70	62.48
浙江	46800.85	46225.68	23448.96	22776.72	575.17
安徽	27839.59	26945.07	15071.82	11873.25	894.52
福建	35514.89	35306.74	18690.32	16616.41	208.16
江西	26008.68	25867.64	14864.84	11002.80	141.04
山东	29992.65	29732.97	15450.73	14282.24	259.68
河南	24490.81	24140.97	12792.56	11348.40	349.84
湖北	26853.28	26850.49	15556.63	11293.85	2.79
湖南	23728.66	23397.76	13292.51	10105.25	330.89
广东	47739.38	43416.27	21790.93	21625.34	4323.12
广西	29669.57	29343.78	12927.37	16416.40	325.80
海南	44189.88	37293.38	20189.95	17103.43	6896.50
重庆	31697.52	31328.07	17266.38	14061.69	369.44
四川	27516.11	27232.05	15174.65	12057.41	284.06
贵州	30915.97	30555.24	14492.17	16063.07	360.73
云南	26848.70	26569.88	14181.81	12388.07	278.82
西藏	64828.09	60032.79	33061.55	26971.23	4795.31
陕西	28795.05	28194.19	15950.84	12243.34	600.86
甘肃	25614.71	25196.85	13120.20	12076.65	417.86
青海	55637.78	51193.53	22574.92	28618.61	4444.24
宁夏	40637.44	38484.68	20241.28	18243.40	2152.76
新疆	33096.54	30749.02	15078.88	15670.13	2347.52
大连	34688.99	32758.31	18909.08	13849.23	1930.68
宁波	50365.72	50275.83	23031.87	27243.96	89.90
厦门	60408.18	60408.18	23818.20	36589.98	
青岛	208519.32	208519.32	23906.77	184612.56	
深圳	162134.72	120125.19	47923.14	72202.06	42009.53

7-14 生均一般公共预算教育事业费和基本建设支出(地方普通高等学校)

单位：元

地 区	一般公共预算教育事业费和基本建设支出	事业费支出			基本建设支出
			个人部分	公用部分	
合 计	**20240.74**	**19386.57**	**11154.99**	**8231.58**	**854.17**
北 京	68852.57	65957.02	36823.57	29133.45	2895.55
天 津	17734.33	17066.28	11521.19	5545.08	668.06
河 北	17239.55	16630.07	9860.99	6769.07	609.48
山 西	20646.24	20053.66	10527.22	9526.44	592.58
内蒙古	21941.14	21245.61	11657.21	9588.40	695.53
辽 宁	15086.48	14660.28	7793.20	6867.08	426.20
吉 林	16480.99	16206.38	7827.85	8378.53	274.60
黑龙江	17998.40	17672.21	9660.04	8012.17	326.19
上 海	40320.72	33883.02	19087.61	14795.41	6437.70
江 苏	21711.14	21647.56	12169.60	9477.95	63.59
浙 江	24297.65	23813.60	14171.07	9642.53	484.05
安 徽	16864.21	16046.35	8985.87	7060.48	817.85
福 建	18994.10	18815.40	11219.17	7596.22	178.70
江 西	18870.26	18732.74	11605.40	7127.34	137.52
山 东	18416.63	18135.80	12443.51	5692.30	280.83
河 南	14890.02	14646.45	7476.85	7169.60	243.57
湖 北	18502.86	18499.83	10984.00	7515.83	3.03
湖 南	14524.67	14182.18	9791.55	4390.62	342.49
广 东	33026.30	28340.89	17061.56	11279.33	4685.41
广 西	13948.60	13628.91	5580.39	8048.52	319.70
海 南	25581.93	24502.07	11297.43	13204.64	1079.86
重 庆	16115.46	15758.20	8357.99	7400.21	357.26
四 川	18386.32	18116.99	11858.86	6258.12	269.34
贵 州	20295.82	20005.38	10144.26	9861.12	290.44
云 南	16541.78	16239.19	10244.33	5994.85	302.59
西 藏	62099.76	58342.44	31809.80	26532.64	3757.32
陕 西	16420.22	15800.40	8353.70	7446.70	619.83
甘 肃	16858.91	16441.38	7258.78	9182.60	417.53
青 海	40950.54	36501.88	14544.03	21957.84	4448.66
宁 夏	28839.08	26499.94	13036.05	13463.90	2339.13
新 疆	23543.01	21204.84	13073.94	8130.90	2338.17
大 连	21279.00	20297.20	11404.42	8892.77	981.80
宁 波	24525.76	24427.76	11556.25	12871.52	98.00
厦 门	28080.74	28080.74	16473.92	11606.82	
青 岛	93270.71	93270.71	15132.47	78138.24	
深 圳	124687.71	81748.21	36131.64	45616.57	42939.49

7-15 生均教育经费支出(普通高等本科学校)

单位：元

地 区	教育经费支出	个人和公用部分支出			基本建设支出
			个人部分	公用部分	
合 计	**44819.08**	**43581.32**	**22948.54**	**20632.77**	**1237.77**
北 京	82919.79	80780.71	41533.54	39247.18	2139.07
天 津	47960.35	44848.84	24858.08	19990.76	3111.51
河 北	26789.69	26268.89	14910.27	11358.62	520.80
山 西	33221.38	32422.74	15587.17	16835.57	798.65
内蒙古	34842.16	34355.79	19006.28	15349.52	486.36
辽 宁	34529.47	33854.82	19142.44	14712.38	674.64
吉 林	32303.91	31974.58	17477.29	14497.29	329.33
黑龙江	41176.27	40540.00	19471.27	21068.73	636.27
上 海	81167.60	77442.08	36277.74	41164.33	3725.53
江 苏	48202.82	47933.84	26708.78	21225.06	268.97
浙 江	60737.24	60096.45	29559.55	30536.90	640.79
安 徽	37386.73	36496.27	20019.95	16476.32	890.46
福 建	44855.20	44637.48	24953.82	19683.66	217.72
江 西	29735.98	29549.94	17174.94	12375.00	186.04
山 东	36921.48	36513.06	19260.44	17252.62	408.42
河 南	28751.31	28141.27	15398.89	12742.38	610.04
湖 北	44027.46	42804.77	25196.97	17607.79	1222.70
湖 南	31654.20	31150.87	17132.04	14018.83	503.33
广 东	62213.44	56578.47	27563.55	29014.93	5634.97
广 西	30107.19	29720.39	14429.06	15291.33	386.80
海 南	46498.03	37848.16	20894.02	16954.14	8649.87
重 庆	42361.88	41870.73	23986.48	17884.24	491.15
四 川	40609.86	40125.41	21837.14	18288.27	484.45
贵 州	40093.56	39653.36	19109.01	20544.35	440.20
云 南	29522.03	29223.77	16006.62	13217.15	298.26
西 藏	69819.72	63664.97	32768.15	30896.82	6154.75
陕 西	48040.75	47188.42	23732.04	23456.38	852.32
甘 肃	32719.35	31960.85	18182.05	13778.80	758.50
青 海	59909.25	58064.94	25674.54	32390.40	1844.31
宁 夏	44652.46	42331.22	23266.96	19064.26	2321.24
新 疆	37349.54	34651.25	17238.59	17412.66	2698.29
大 连	43985.96	40572.11	22932.90	17639.21	3413.85
宁 波	61454.09	61302.31	27544.25	33758.06	151.78
厦 门	69050.88	69050.88	26600.07	42450.81	
青 岛					
深 圳	212430.12	154339.08	55529.52	98809.55	58091.04

7-16 生均一般公共预算教育事业费和基本建设支出
(普通高等本科学校)

单位：元

地区	一般公共预算教育事业费和基本建设支出	事业费支出			基本建设支出
			个人部分	公用部分	
合计	**24882.79**	**23661.24**	**14436.63**	**9224.61**	**1221.55**
北京	39212.70	37107.04	23924.54	13182.50	2105.66
天津	23469.85	20738.02	14445.69	6292.33	2731.83
河北	18767.13	18230.71	11485.36	6745.35	536.42
山西	23468.66	22651.62	11393.16	11258.46	817.04
内蒙古	22968.98	22498.13	12541.85	9956.28	470.85
辽宁	18241.80	17666.26	10633.73	7032.53	575.54
吉林	19943.72	19596.75	11536.15	8060.60	346.98
黑龙江	21036.46	20536.80	12099.01	8437.79	499.65
上海	37486.25	33532.13	19945.05	13587.07	3954.12
江苏	24362.04	24075.46	14644.18	9431.28	286.58
浙江	29230.22	28576.89	17372.67	11204.22	653.32
安徽	19254.48	18649.98	11974.11	6675.87	604.50
福建	22567.98	22341.86	14219.38	8122.48	226.12
江西	22609.48	22420.20	13993.22	8426.98	189.27
山东	20953.79	20480.15	14384.30	6095.85	473.64
河南	17121.96	16648.25	8485.69	8162.56	473.71
湖北	26003.68	24682.58	15930.47	8752.11	1321.10
湖南	17396.07	16842.41	12174.68	4667.73	553.66
广东	43614.98	37261.14	21961.48	15299.66	6353.84
广西	14639.34	14194.07	6457.02	7737.06	445.26
海南	26361.17	24996.53	12102.39	12894.14	1364.64
重庆	21822.86	21349.79	12754.00	8595.79	473.07
四川	23149.03	22619.48	14920.19	7699.29	529.55
贵州	25651.17	25330.36	13365.85	11964.51	320.81
云南	17964.52	17630.27	11567.88	6062.39	334.25
西藏	65820.50	61120.09	31327.19	29792.90	4700.41
陕西	23189.55	22270.39	12765.04	9505.35	919.16
甘肃	21185.87	20416.22	11015.59	9400.62	769.65
青海	42726.30	41046.61	16746.35	24300.27	1679.68
宁夏	33181.34	30611.69	16626.18	13985.51	2569.65
新疆	27378.93	24579.33	14837.00	9742.33	2799.60
大连	26882.77	25076.39	13639.99	11436.40	1806.38
宁波	27990.89	27825.08	12908.94	14916.14	165.81
厦门	29554.15	29554.15	16312.81	13241.34	
青岛					
深圳	174996.53	115241.80	44358.65	70883.15	59754.73

7-17 生均教育经费支出(中央属普通高等本科学校)

单位：元

地区	教育经费支出	个人和公用部分支出			基本建设支出
			个人部分	公用部分	
合计	**71735.13**	**70187.74**	**35269.99**	**34917.75**	**1547.39**
北京	83150.62	81189.14	41599.44	39589.69	1961.48
天津	74794.17	67084.83	34160.24	32924.59	7709.34
河北	28797.33	28453.43	17740.11	10713.32	343.91
山西					
内蒙古					
辽宁	53213.66	52156.68	28998.54	23158.14	1056.97
吉林	56254.94	55616.22	33387.73	22228.49	638.72
黑龙江	85258.19	83880.34	29440.56	54439.77	1377.85
上海	99461.35	98359.93	41990.26	56369.66	1101.43
江苏	54564.52	53934.87	30375.21	23559.66	629.65
浙江	98222.43	97245.08	44398.86	52846.22	977.35
安徽	66633.93	65189.37	31269.48	33919.89	1444.57
福建	55304.70	54882.70	32128.53	22754.17	421.99
江西					
山东	67701.86	66189.89	31964.58	34225.31	1511.98
河南	64253.24	38935.13	20353.39	18581.74	25318.12
湖北	60832.93	58040.21	34017.73	24022.48	2792.72
湖南	55767.89	55075.99	28265.62	26810.38	691.90
广东	73437.17	73124.61	33421.51	39703.11	312.56
广西					
海南					
重庆	60649.30	59712.93	33309.91	26403.03	936.37
四川	67838.85	66962.36	34224.73	32737.62	876.49
贵州					
云南					
西藏					
陕西	75998.82	74837.74	33521.18	41316.56	1161.08
甘肃	50782.77	49781.02	29005.67	20775.35	1001.75
青海					
宁夏	40586.06	38572.86	23655.61	14917.25	2013.20
新疆					
大连					
宁波					
厦门					
青岛					
深圳					

7-18 生均一般公共预算教育事业费和基本建设支出（中央属普通高等本科学校）

单位：元

地区	一般公共预算教育事业费和基本建设支出	事业费支出	个人部分	公用部分	基本建设支出
合计	**30534.46**	**29059.19**	**19563.06**	**9496.13**	**1475.27**
北京	32542.69	30657.78	21187.65	9470.13	1884.91
天津	33029.19	26632.32	19209.13	7423.19	6396.87
河北	18706.18	18508.72	12747.45	5761.27	197.45
山西					
内蒙古					
辽宁	26327.99	25571.11	18414.03	7157.08	756.88
吉林	27707.40	27068.59	20232.86	6835.73	638.81
黑龙江	27639.07	26798.61	19683.04	7115.58	840.45
上海	32584.47	31428.05	19786.28	11641.78	1156.41
江苏	25894.04	25194.52	16930.21	8264.32	699.52
浙江	35313.66	34319.57	23750.14	10569.43	994.09
安徽	26084.95	25764.52	19886.55	5877.96	320.44
福建	25726.58	25294.83	18353.43	6941.40	431.76
江西					
山东	25429.63	23793.66	17044.20	6749.46	1635.97
河南	61056.59	35738.47	17858.44	17880.03	25318.12
湖北	30264.89	27427.97	18859.81	8568.17	2836.92
湖南	24679.26	23953.33	17172.68	6780.65	725.93
广东	37492.67	37161.43	22130.81	15030.62	331.24
广西					
海南					
重庆	34258.82	33328.05	21844.57	11483.48	930.77
四川	31320.04	30420.19	18130.26	12289.93	899.85
贵州					
云南					
西藏					
陕西	32782.75	31534.70	19269.92	12264.77	1248.06
甘肃	33353.49	32350.91	22418.30	9932.61	1002.58
青海					
宁夏	31833.90	29820.67	19989.44	9831.23	2013.23
新疆					
大连					
宁波					
厦门					
青岛					
深圳					

7-19 生均教育经费支出(地方普通高等本科学校)

单位：元

地区	教育经费支出	个人和公用部分支出			基本建设支出
			个人部分	公用部分	
合计	**36423.20**	**35282.01**	**19105.13**	**16176.88**	**1141.19**
北京	81837.97	78866.59	41224.66	37641.93	2971.38
天津	35456.53	34487.48	20523.53	13963.95	969.05
河北	26635.14	26100.72	14692.42	11408.30	534.42
山西	33221.38	32422.74	15587.17	16835.57	798.65
内蒙古	34842.16	34355.79	19006.28	15349.52	486.36
辽宁	29356.17	28787.38	16413.47	12373.91	568.78
吉林	24048.26	23825.57	11993.14	11832.43	222.69
黑龙江	27978.30	27564.06	16486.50	11077.57	414.24
上海	63439.46	57170.97	30741.84	26429.13	6268.49
江苏	45115.45	45021.51	24929.44	20092.07	93.93
浙江	53892.62	53313.29	26849.96	26463.33	579.33
安徽	31840.73	31055.34	17886.76	13168.59	785.39
福建	42041.33	41878.61	23021.79	18856.83	162.71
江西	29735.98	29549.94	17174.94	12375.00	186.04
山东	32005.69	31773.51	17231.52	14541.99	232.18
河南	28601.76	28095.80	15378.02	12717.78	505.96
湖北	30939.78	30939.78	18327.59	12612.20	
湖南	26372.27	25910.24	14693.31	11216.94	462.02
广东	59660.03	52814.21	26230.85	26583.36	6845.82
广西	30107.19	29720.39	14429.06	15291.33	386.80
海南	46498.03	37848.16	20894.02	16954.14	8649.87
重庆	35735.66	35405.83	20608.26	14797.57	329.83
四川	29274.53	28953.29	16680.23	12273.05	321.25
贵州	40090.26	39650.07	19105.71	20544.35	440.20
云南	29522.03	29223.77	16006.62	13217.15	298.26
西藏	69819.72	63664.97	32768.15	30896.82	6154.75
陕西	31433.42	30764.50	17917.22	12847.28	668.92
甘肃	27559.71	26870.69	15090.39	11780.30	689.02
青海	59909.25	58064.94	25674.54	32390.40	1844.31
宁夏	46208.30	43769.20	23118.26	20650.94	2439.10
新疆	37349.54	34651.25	17238.59	17412.66	2698.29
大连	43985.96	40572.11	22932.90	17639.21	3413.85
宁波	61448.27	61296.48	27544.25	33752.24	151.78
厦门	69050.88	69050.88	26600.07	42450.81	
青岛					
深圳	203689.07	145598.02	53485.09	92112.93	58091.04

7-20 生均一般公共预算教育事业费和基本建设支出（地方普通高等本科学校）

单位：元

地 区	一般公共预算教育事业费和基本建设支出	事业费支出			基本建设支出
			个人部分	公用部分	
合 计	**23042.27**	**21903.35**	**12767.15**	**9136.19**	**1138.93**
北 京	68947.26	65857.49	36125.44	29732.05	3089.77
天 津	18926.64	17936.67	12181.80	5754.88	989.97
河 北	18772.00	18208.48	11384.43	6824.04	563.52
山 西	23468.66	22651.62	11393.16	11258.46	817.04
内蒙古	22968.98	22498.13	12541.85	9956.28	470.85
辽 宁	15832.89	15311.38	8315.95	6995.43	521.51
吉 林	16893.83	16661.50	8119.73	8541.77	232.33
黑龙江	19008.87	18613.87	9770.04	8843.83	395.00
上 海	42339.46	35615.35	20102.25	15513.10	6724.11
江 苏	23645.54	23552.09	13575.02	9977.06	93.45
浙 江	28051.61	27464.31	16137.10	11327.20	587.30
安 徽	17909.80	17249.37	10416.42	6832.95	660.43
福 建	21701.05	21531.36	13084.71	8446.65	169.68
江 西	22609.48	22420.20	13993.22	8426.98	189.27
山 东	20178.78	19906.40	13923.73	5982.67	272.38
河 南	16914.99	16558.32	8441.53	8116.78	356.68
湖 北	22289.85	22289.85	13377.42	8912.43	
湖 南	15665.79	15153.05	10987.29	4165.76	512.74
广 东	45201.83	37286.99	21917.59	15369.39	7914.84
广 西	14639.34	14194.07	6457.02	7737.06	445.26
海 南	26361.17	24996.53	12102.39	12894.14	1364.64
重 庆	17319.90	17012.55	9462.37	7550.18	307.35
四 川	19422.67	19061.99	13456.24	5605.75	360.68
贵 州	25647.77	25326.96	13362.45	11964.51	320.81
云 南	17964.52	17630.27	11567.88	6062.39	334.25
西 藏	65820.50	61120.09	31327.19	29792.90	4700.41
陕 西	17517.15	16792.46	8918.75	7873.71	724.69
甘 肃	17744.29	17040.51	7790.36	9250.15	703.77
青 海	42726.30	41046.61	16746.35	24300.27	1679.68
宁 夏	33776.41	30961.03	15140.87	15820.15	2815.39
新 疆	27378.93	24579.33	14837.00	9742.33	2799.60
大 连	26882.77	25076.39	13639.99	11436.40	1806.38
宁 波	27984.53	27818.72	12908.94	14909.78	165.81
厦 门	29554.15	29554.15	16312.81	13241.34	
青 岛					
深 圳	165818.63	106063.90	42143.25	63920.65	59754.73

7-21 生均教育经费支出(地方普通高职高专学校)

单位：元

地区	教育经费支出	个人和公用部分支出			基本建设支出
			个人部分	公用部分	
合计	**24957.67**	**24523.51**	**12493.85**	**12029.66**	**434.16**
北京	78824.89	77057.72	45532.21	31525.51	1767.17
天津	24537.75	24489.29	15184.46	9304.83	48.46
河北	22928.16	22248.29	9325.05	12923.25	679.87
山西	20267.76	20153.77	11704.18	8449.58	113.99
内蒙古	29437.67	28333.37	14572.22	13761.16	1104.29
辽宁	19542.11	19349.70	10874.67	8475.03	192.41
吉林	27123.88	26726.17	10713.33	16012.84	397.71
黑龙江	23234.32	22594.01	13611.55	8982.46	640.31
上海	46207.98	42535.77	21313.07	21222.70	3672.21
江苏	28031.73	28016.07	16203.75	11812.32	15.66
浙江	33862.10	33294.54	17243.94	16050.60	567.56
安徽	21970.50	20915.89	10942.72	9973.17	1054.61
福建	25362.41	25083.55	11952.32	13131.23	278.86
江西	20429.16	20355.48	11406.78	8948.70	73.68
山东	26477.24	26169.54	12340.91	13828.63	307.71
河南	18702.27	18572.26	9152.05	9420.21	130.01
湖北	21053.83	21047.09	11624.19	9422.91	6.74
湖南	20349.38	20186.11	11501.90	8684.21	163.27
广东	31535.77	30641.73	15755.79	14885.95	894.03
广西	28893.77	28676.13	10265.22	18410.91	217.64
海南	35111.28	35111.28	17420.65	17690.63	
重庆	25988.96	25563.52	12542.11	13021.41	425.44
四川	24226.23	24011.75	12357.80	11653.95	214.48
贵州	21392.87	21114.63	9703.23	11411.40	278.24
云南	21066.25	20829.48	10234.72	10594.76	236.77
西藏	49822.19	49113.67	33943.59	15170.09	708.51
陕西	23638.04	23170.21	12107.34	11062.87	467.83
甘肃	22935.98	22891.57	10406.76	12484.80	44.42
青海	47101.90	37462.09	16380.83	21081.26	9639.81
宁夏	33081.54	31317.16	16339.15	14978.01	1764.38
新疆	27086.86	25234.98	12027.12	13207.86	1851.88
大连	22586.91	22586.91	13671.19	8915.72	
宁波	34267.68	34267.68	16477.37	17790.31	
厦门	42115.25	42115.25	17930.17	24185.08	
青岛	53491.81	53491.81	19657.12	33834.69	
深圳	83448.94	71890.78	37391.23	34499.55	11558.16

7-22 生均一般公共预算教育事业费和基本建设支出(地方普通高职高专学校)

单位：元

地 区	一般公共预算教育事业费和基本建设支出	事业费支出			基本建设支出
			个人部分	公用部分	
合 计	**15761.90**	**15362.96**	**8577.60**	**6785.36**	**398.94**
北 京	68314.47	66522.58	40790.77	25731.81	1791.89
天 津	15439.53	15391.05	10249.75	5141.30	48.48
河 北	14376.21	13680.85	7014.49	6666.36	695.36
山 西	14630.61	14516.44	8681.58	5834.86	114.17
内蒙古	20198.98	19122.64	10157.77	8964.87	1076.34
辽 宁	13272.74	13078.13	6522.93	6555.20	194.61
吉 林	15238.77	14836.97	6949.63	7887.35	401.80
黑龙江	15291.93	15150.06	9365.41	5784.64	141.88
上 海	21494.90	17728.13	9625.49	8102.64	3766.77
江 苏	18724.83	18707.34	9999.91	8707.43	17.48
浙 江	17701.77	17399.14	10716.66	6682.47	302.63
安 徽	15423.29	14388.49	7014.45	7374.03	1034.81
福 建	14791.53	14598.83	8322.91	6275.92	192.71
江 西	14150.84	14078.65	8591.65	5487.00	72.19
山 东	15790.54	15497.11	10237.55	5259.55	293.44
河 南	12297.87	12199.10	6241.97	5957.13	98.78
湖 北	13766.69	13759.87	7990.69	5769.18	6.82
湖 南	13227.14	13078.23	8431.92	4646.31	148.91
广 东	18825.27	17906.53	11397.67	6508.86	918.74
广 西	12871.32	12747.45	4213.17	8534.28	123.86
海 南	22627.10	22627.10	8245.03	14382.07	
重 庆	14432.79	14005.79	6815.10	7190.69	427.00
四 川	16650.29	16533.97	9183.03	7350.95	116.32
贵 州	14917.43	14657.53	6910.18	7747.35	259.91
云 南	13788.39	13547.09	7682.94	5864.14	241.31
西 藏	50518.00	49696.31	33312.05	16384.26	821.69
陕 西	14428.73	13999.28	7327.84	6671.45	429.45
甘 肃	15690.81	15650.92	6557.45	9093.48	39.88
青 海	37520.90	27724.34	10290.57	17433.78	9796.56
宁 夏	22999.69	21223.82	10546.67	10677.15	1775.87
新 疆	18263.04	16560.00	10647.17	5912.84	1703.04
大 连	14606.77	14606.77	8742.61	5864.16	
宁 波	19527.37	19527.37	9601.42	9925.96	
厦 门	23819.87	23819.87	16939.82	6880.05	
青 岛	37672.64	37672.64	11741.24	25931.40	
深 圳	49306.92	37184.76	25114.15	12070.61	12122.16

7-23 生均教育经费支出(地方中等职业学校)

单位：元

地 区	教育经费支出	个人和公用部分支出			基本建设支出
			个人部分	公用部分	
合 计	**23172.41**	**22792.72**	**12712.37**	**10080.35**	**379.69**
北 京	90079.86	88554.82	57377.97	31176.86	1525.04
天 津	30796.19	30796.19	23749.08	7047.11	
河 北	18849.77	18714.31	11351.86	7362.44	135.47
山 西	25280.70	25107.50	12995.90	12111.59	173.20
内蒙古	29845.14	28030.31	17276.76	10753.55	1814.83
辽 宁	22505.72	22182.15	14783.40	7398.76	323.57
吉 林	31372.81	31037.81	19762.52	11275.29	335.00
黑龙江	27923.50	27834.65	19796.60	8038.05	88.86
上 海	77954.13	77954.13	39806.65	38147.48	
江 苏	31781.28	31728.96	19129.60	12599.36	52.32
浙 江	36412.01	34189.20	20286.30	13902.90	2222.81
安 徽	22436.82	22027.41	9680.30	12347.11	409.40
福 建	23319.20	22987.72	12003.50	10984.22	331.49
江 西	17822.08	17520.44	7523.92	9996.52	301.64
山 东	25475.04	25425.47	12748.18	12677.29	49.58
河 南	12183.24	12026.22	6595.22	5431.00	157.02
湖 北	21678.91	21678.91	11672.99	10005.92	
湖 南	17900.91	17804.09	9613.52	8190.56	96.82
广 东	26731.53	26648.89	16477.77	10171.12	82.64
广 西	15474.99	14977.01	7528.27	7448.74	497.98
海 南	16045.83	15883.81	8625.15	7258.66	162.02
重 庆	22181.02	21151.41	11403.14	9748.26	1029.61
四 川	20260.32	20172.55	10250.79	9921.76	87.77
贵 州	14217.88	13916.20	7646.85	6269.35	301.68
云 南	20078.72	19419.05	10449.06	8970.00	659.67
西 藏	47096.79	46838.88	29574.72	17264.16	257.92
陕 西	18856.72	18689.66	10640.27	8049.39	167.05
甘 肃	26002.34	25071.74	13425.75	11645.99	930.60
青 海	24563.88	24058.54	12996.37	11062.17	505.34
宁 夏	22006.47	22005.05	9756.40	12248.64	1.42
新 疆	26054.13	24698.15	12049.83	12648.32	1355.97
大 连	36012.81	35814.63	25452.99	10361.64	198.18
宁 波	43520.61	43508.43	27330.54	16177.88	12.18
厦 门	48813.02	46041.35	22706.40	23334.95	2771.67
青 岛	44101.49	44101.49	22414.68	21686.81	
深 圳	59348.12	58644.00	33528.46	25115.54	704.12

7-24 生均一般公共预算教育事业费和基本建设支出(地方中等职业学校)

单位：元

地　区	一般公共预算教育事业费和基本建设支出	事业费支出			基本建设支　出
			个人部分	公用部分	
合　计	**16207.22**	**15893.88**	**10029.65**	**5864.23**	**313.34**
北　京	72038.88	70514.69	45862.13	24652.56	1524.19
天　津	25777.60	25777.60	19933.88	5843.72	
河　北	15247.58	15128.93	10334.02	4794.90	118.65
山　西	17243.00	17128.13	10197.18	6930.95	114.87
内蒙古	23998.89	22197.50	13243.82	8953.68	1801.39
辽　宁	15832.67	15620.94	10828.14	4792.80	211.73
吉　林	22711.78	22389.70	15399.05	6990.65	322.09
黑龙江	21728.44	21639.59	15251.93	6387.65	88.86
上　海	40581.93	40581.93	25444.52	15137.41	
江　苏	19953.55	19934.67	13858.53	6076.15	18.87
浙　江	26326.52	24437.66	16885.14	7552.52	1888.86
安　徽	14409.10	13999.70	7505.08	6494.63	409.40
福　建	15930.57	15846.55	10154.10	5692.45	84.03
江　西	14065.98	13769.15	6335.57	7433.57	296.83
山　东	16698.06	16648.49	11182.68	5465.81	49.58
河　南	8626.00	8530.45	5035.61	3494.84	95.55
湖　北	16173.78	16173.78	9015.52	7158.26	
湖　南	13289.39	13192.57	8432.08	4760.49	96.82
广　东	19834.49	19757.65	13107.00	6650.64	76.84
广　西	10588.13	10287.81	5467.01	4820.80	300.32
海　南	13125.17	12970.68	6389.96	6580.72	154.48
重　庆	14078.86	13174.48	7201.15	5973.33	904.38
四　川	13408.62	13320.85	8200.86	5120.00	87.77
贵　州	8084.57	7898.44	5174.33	2724.11	186.14
云　南	13093.78	12434.41	7977.74	4456.66	659.37
西　藏	40775.57	40775.57	23824.97	16950.60	
陕　西	13656.72	13495.16	8771.29	4723.87	161.57
甘　肃	18641.46	17745.68	10719.50	7026.18	895.78
青　海	18582.02	18170.47	8943.50	9226.96	411.55
宁　夏	18538.80	18537.37	7004.92	11532.46	1.42
新　疆	17390.69	16482.14	9499.00	6983.15	908.54
大　连	27885.72	27687.54	18836.30	8851.24	198.18
宁　波	32936.17	32923.98	20989.55	11934.44	12.18
厦　门	27943.25	27353.93	18524.27	8829.66	589.33
青　岛	23773.28	23773.28	18017.45	5755.83	
深　圳	38026.20	37322.08	22444.63	14877.45	704.12

7-25 生均教育经费支出(地方中等专业学校)

单位：元

地区	教育经费支出	个人和公用部分支出	个人部分	公用部分	基本建设支出
合计	**22865.67**	**22440.23**	**12344.35**	**10095.88**	**425.44**
北京	83292.79	80953.31	48277.54	32675.77	2339.48
天津	27864.48	27864.48	20964.62	6899.87	
河北	17687.81	17617.16	11159.99	6457.17	70.65
山西	26526.19	26331.66	14461.24	11870.42	194.53
内蒙古	27821.63	24381.21	14537.62	9843.59	3440.42
辽宁	22965.24	22713.73	15158.04	7555.68	251.52
吉林	27276.09	27236.74	16832.11	10404.63	39.35
黑龙江	18839.80	18818.72	12634.61	6184.11	21.07
上海	74249.29	74249.29	37250.00	36999.29	
江苏	33301.23	33270.55	20103.49	13167.06	30.69
浙江	43048.03	38477.07	21018.24	17458.82	4570.96
安徽	21412.16	20981.84	9586.29	11395.55	430.31
福建	23332.49	22934.98	12137.21	10797.77	397.51
江西	15084.73	14962.81	7102.86	7859.95	121.92
山东	26265.27	26264.67	12806.14	13458.53	0.61
河南	10352.92	10295.86	5710.73	4585.12	57.06
湖北	20427.72	20427.72	11084.16	9343.55	
湖南	19443.36	19443.36	9184.54	10258.82	
广东	26931.06	26814.94	16401.37	10413.57	116.12
广西	15686.24	15235.78	7670.63	7565.15	450.46
海南	14346.52	14275.22	7382.94	6892.28	71.30
重庆	23327.07	20499.86	10378.75	10121.11	2827.20
四川	16166.91	16029.68	9709.41	6320.27	137.23
贵州	18246.40	17429.88	7814.61	9615.28	816.51
云南	19713.47	18305.63	9191.41	9114.22	1407.84
西藏	43900.69	43629.81	30263.77	13366.04	270.88
陕西	21818.95	21818.95	13655.18	8163.77	
甘肃	24974.52	23818.88	12694.36	11124.52	1155.64
青海	24517.03	24011.69	12949.52	11062.17	505.34
宁夏	22433.76	22429.82	10105.90	12323.92	3.94
新疆	21221.26	20104.12	10585.72	9518.39	1117.14
大连	41571.49	41571.49	28764.14	12807.36	
宁波	46886.42	46886.42	28265.12	18621.30	
厦门	50809.31	47407.11	23906.27	23500.85	3402.19
青岛	51213.95	51213.95	32589.79	18624.16	
深圳	70317.31	67463.97	42135.25	25328.73	2853.34

7-26 生均一般公共预算教育事业费和基本建设支出（地方中等专业学校）

单位：元

地区	一般公共预算教育事业费和基本建设支出	事业费支出	个人部分	公用部分	基本建设支出
合计	**15839.44**	**15488.55**	**9590.36**	**5898.19**	**350.88**
北京	61569.69	59230.21	35194.34	24035.87	2339.48
天津	24007.08	24007.08	18067.92	5939.16	
河北	14543.50	14473.19	10171.36	4301.83	70.31
山西	17143.47	16948.95	10889.64	6059.31	194.53
内蒙古	22716.43	19276.01	10783.97	8492.04	3440.42
辽宁	15556.10	15363.83	10771.60	4592.22	192.27
吉林	18859.80	18824.65	13134.13	5690.52	35.15
黑龙江	14173.47	14152.40	9412.75	4739.65	21.07
上海	34596.04	34596.04	23721.45	10874.59	
江苏	21311.35	21289.17	14703.20	6585.97	22.18
浙江	27008.37	23962.45	15348.90	8613.55	3045.92
安徽	14225.71	13795.40	7448.75	6346.65	430.31
福建	16246.06	16142.22	10328.11	5814.12	103.84
江西	11935.61	11820.31	6037.76	5782.56	115.30
山东	16343.14	16342.53	11104.45	5238.08	0.61
河南	7565.54	7508.48	4302.67	3205.80	57.06
湖北	15969.04	15969.04	8628.38	7340.65	
湖南	12471.66	12471.66	7774.61	4697.06	
广东	19860.26	19745.25	13110.48	6634.77	115.01
广西	11389.38	11021.02	5803.65	5217.37	368.36
海南	12010.27	11938.97	5381.17	6557.80	71.30
重庆	12464.17	9678.37	5027.78	4650.59	2785.80
四川	12424.32	12287.09	7574.20	4712.89	137.23
贵州	9895.36	9435.63	5578.72	3856.91	459.74
云南	13155.08	11747.24	7114.02	4633.23	1407.84
西藏	37265.27	37265.27	24228.56	13036.72	
陕西	17140.24	17140.24	10523.33	6616.90	
甘肃	18326.52	17204.53	9992.56	7211.97	1121.99
青海	18535.18	18123.62	8896.66	9226.96	411.55
宁夏	17822.28	17818.33	6729.76	11088.58	3.94
新疆	15682.27	14991.18	8904.87	6086.31	691.09
大连	31786.53	31786.53	21208.50	10578.03	
宁波	34037.23	34037.23	18729.29	15307.94	
厦门	29774.75	29051.36	20093.39	8957.97	723.39
青岛	25879.25	25879.25	20449.22	5430.04	
深圳	46905.92	44052.58	29749.75	14302.83	2853.34

7-27 生均教育经费支出(地方职业高中)

单位：元

地区	教育经费支出	个人和公用部分支出			基本建设支出
			个人部分	公用部分	
合计	**24079.20**	**23728.54**	**13351.89**	**10376.66**	**350.66**
北京	149894.58	147186.62	116299.81	30886.81	2707.96
天津	42839.77	42839.77	33771.65	9068.12	
河北	17888.22	17698.39	9849.78	7848.60	189.84
山西	24792.59	24606.63	11994.99	12611.65	185.96
内蒙古	29097.78	28456.38	17225.14	11231.23	641.40
辽宁	20713.53	20393.89	13796.76	6597.13	319.63
吉林	28039.44	27357.39	15984.10	11373.29	682.05
黑龙江	29864.77	29649.07	20502.02	9147.05	215.70
上海	77049.31	77049.31	41324.04	35725.26	
江苏	31562.01	31550.44	19390.50	12159.93	11.58
浙江	34992.78	33086.86	20393.65	12693.21	1905.92
安徽	28554.98	28240.95	12372.94	15868.01	314.02
福建	26858.87	26858.87	11308.15	15550.72	
江西	26061.06	25755.16	7405.36	18349.80	305.90
山东	32154.11	32088.28	15724.05	16364.23	65.83
河南	12476.86	12396.05	7228.67	5167.38	80.81
湖北	20600.28	20600.28	13688.13	6912.15	
湖南	16814.48	16686.95	9240.61	7446.34	127.53
广东	32128.55	32040.02	22011.44	10028.58	88.53
广西	17623.00	17623.00	10544.68	7078.31	
海南	21903.71	21621.12	13062.59	8558.53	282.59
重庆	22847.56	22345.09	12131.16	10213.92	502.47
四川	22318.81	22249.71	10178.97	12070.73	69.10
贵州	12855.06	12756.35	7474.58	5281.77	98.71
云南	23840.86	23659.00	13058.75	10600.25	181.87
西藏					
陕西	20921.80	20595.37	11274.29	9321.09	326.43
甘肃	26480.83	26346.29	14099.17	12247.12	134.54
青海					
宁夏	21765.00	21765.00	9558.89	12206.10	
新疆	34493.08	33905.58	11938.93	21966.65	587.50
大连	31982.42	31976.12	23747.18	8228.94	6.31
宁波	37984.30	37984.30	24072.12	13912.18	
厦门					
青岛	51572.58	51572.58	25580.00	25992.58	
深圳	63034.03	62829.59	39603.19	23226.40	204.44

7-28 生均一般公共预算教育事业费和基本建设支出(地方职业高中)

单位：元

地区	一般公共预算教育事业费和基本建设支出	事业费支出	个人部分	公用部分	基本建设支出
合计	**17201.43**	**16875.19**	**11017.15**	**5858.04**	**326.23**
北京	116919.59	114215.70	89486.90	24728.80	2703.88
天津	36590.46	36590.46	28714.27	7876.19	
河北	14262.99	14100.46	9075.21	5025.25	162.52
山西	16774.59	16703.27	9834.49	6868.79	71.32
内蒙古	23219.42	22601.53	13426.69	9174.84	617.89
辽宁	15624.84	15514.62	10599.84	4914.78	110.22
吉林	20256.25	19598.32	12337.00	7261.32	657.93
黑龙江	24472.84	24257.14	16317.38	7939.76	215.70
上海	45325.02	45325.02	26923.86	18401.16	
江苏	19263.12	19251.54	14558.44	4693.10	11.58
浙江	26723.48	24817.55	17593.81	7223.74	1905.92
安徽	20013.94	19699.91	10220.12	9479.79	314.02
福建	16940.38	16940.38	10392.36	6548.01	
江西	20220.93	19915.03	6324.23	13590.80	305.90
山东	19388.33	19322.50	13804.61	5517.89	65.83
河南	9048.40	8967.59	5678.34	3289.24	80.81
湖北	16727.98	16727.98	10864.61	5863.36	
湖南	13104.08	12976.55	8318.95	4657.60	127.53
广东	24088.26	23999.73	17506.23	6493.50	88.53
广西	15139.83	15139.83	8388.18	6751.65	
海南	18314.87	18032.28	9961.26	8071.02	282.59
重庆	16111.08	15821.05	8950.54	6870.51	290.02
四川	13493.18	13424.08	8277.32	5146.76	69.10
贵州	9472.76	9381.46	6376.37	3005.09	91.30
云南	14062.09	13881.13	9892.12	3989.01	180.96
西藏					
陕西	16536.12	16220.42	10409.40	5811.02	315.70
甘肃	18002.19	17910.15	12127.83	5782.32	92.05
青海					
宁夏	18943.72	18943.72	7160.42	11783.31	
新疆	18319.93	17786.97	9681.49	8105.48	532.96
大连	25495.27	25488.96	17793.87	7695.10	6.31
宁波	29181.70	29181.70	19366.91	9814.79	
厦门					
青岛	26932.21	26932.21	21218.07	5714.13	
深圳	42884.65	42680.21	26129.23	16550.98	204.44

7-29 生均教育经费支出(地方农村职业高中)

单位：元

地区	教育经费支出	个人和公用部分支出			基本建设支出
			个人部分	公用部分	
合计	**20526.81**	**20318.39**	**10906.83**	**9411.57**	**208.42**
北京	140674.73	140674.73	109480.24	31194.49	
天津	34161.07	34161.07	26562.87	7598.20	
河北	17875.38	17554.44	9138.21	8416.23	320.93
山西	24623.97	24330.11	12349.55	11980.56	293.86
内蒙古	29405.50	28905.13	17426.01	11479.12	500.37
辽宁	15612.11	15471.37	10432.13	5039.24	140.73
吉林	27110.27	26021.91	15186.23	10835.68	1088.36
黑龙江	29959.69	29476.21	20358.77	9117.44	483.48
上海	68371.14	68371.14	43579.63	24791.51	
江苏	35421.53	35421.53	17709.66	17711.87	
浙江	30968.42	30432.89	18267.72	12165.17	535.53
安徽	72518.55	70630.80	30974.29	39656.52	1887.74
福建	31853.80	31853.80	11924.87	19928.92	
江西	31823.41	31294.28	8113.24	23181.04	529.14
山东	23336.93	23179.13	10865.61	12313.51	157.81
河南	11422.59	11422.59	6718.52	4704.07	
湖北	14024.34	14024.34	9382.28	4642.05	
湖南	16061.28	16000.94	7969.59	8031.35	60.34
广东	26572.96	26543.07	15167.60	11375.47	29.89
广西	17623.00	17623.00	10544.68	7078.31	
海南	26670.36	25850.39	14018.02	11832.37	819.97
重庆	20041.99	19772.24	12402.90	7369.34	269.74
四川	18459.15	18347.55	8983.74	9363.81	111.60
贵州	12111.14	12038.73	7050.13	4988.61	72.41
云南	23925.02	23762.51	13607.89	10154.63	162.50
西藏					
陕西	20782.81	20741.17	10534.13	10207.04	41.64
甘肃	25030.99	24881.81	13712.21	11169.60	149.18
青海					
宁夏	23987.95	23987.95	11180.91	12807.05	
新疆	23075.48	22434.16	11048.06	11386.09	641.32
大连	19427.51	19427.51	16413.91	3013.60	
宁波	31525.09	31525.09	21607.54	9917.55	
厦门					
青岛	83950.40	83950.40	14404.77	69545.62	
深圳					

7-30 生均一般公共预算教育事业费和基本建设支出（地方农村职业高中）

单位：元

地区	一般公共预算教育事业费和基本建设支出	事业费支出	个人部分	公用部分	基本建设支出
合计	**14836.76**	**14645.92**	**9274.28**	**5371.65**	**190.84**
北京	112546.01	112546.01	87729.43	24816.59	
天津	30158.58	30158.58	22560.38	7598.20	
河北	14127.59	13852.83	8500.85	5351.99	274.76
山西	16784.09	16675.01	10008.09	6666.93	109.07
内蒙古	23313.50	22847.99	13845.43	9002.56	465.50
辽宁	11895.26	11754.53	8344.24	3410.29	140.73
吉林	19842.19	18799.11	11841.61	6957.50	1043.08
黑龙江	24848.65	24365.17	16638.19	7726.97	483.48
上海	18358.58	18358.58	10846.30	7512.28	
江苏	20020.48	20020.48	14695.66	5324.81	
浙江	22744.47	22208.94	16177.90	6031.03	535.53
安徽	66950.90	65063.16	29745.54	35317.62	1887.74
福建	21104.47	21104.47	11387.73	9716.73	
江西	25667.03	25137.89	7215.97	17921.93	529.14
山东	14934.44	14776.63	10018.92	4757.71	157.81
河南	8060.92	8060.92	5374.06	2686.86	
湖北	12184.34	12184.34	7984.82	4199.52	
湖南	11998.08	11937.74	7099.13	4838.61	60.34
广东	19197.47	19167.57	13514.15	5653.43	29.89
广西	15139.83	15139.83	8388.18	6751.65	
海南	23482.72	22662.75	11114.78	11547.97	819.97
重庆	15060.62	14790.88	9505.52	5285.36	269.74
四川	12098.47	11986.87	7533.74	4453.13	111.60
贵州	9393.66	9332.26	6099.54	3232.72	61.40
云南	14731.34	14570.13	10544.17	4025.96	161.21
西藏					
陕西	15589.31	15563.68	9728.12	5835.57	25.63
甘肃	17575.50	17473.43	11828.91	5644.52	102.06
青海					
宁夏	20787.36	20787.36	8403.10	12384.26	
新疆	17079.36	16497.57	9450.48	7047.09	581.78
大连	15664.19	15664.19	12709.29	2954.90	
宁波	25228.92	25228.92	19411.10	5817.81	
厦门					
青岛	15348.64	15348.64	10468.41	4880.23	
深圳					

7-31 生均教育经费支出(地方技工学校)

单位：元

地区	教育经费支出	个人和公用部分支出			基本建设支出
			个人部分	公用部分	
合计	**19439.65**	**19109.99**	**10150.29**	**8959.70**	**329.66**
北京	62454.89	62454.89	33244.70	29210.18	
天津	25880.20	25880.20	20953.77	4926.43	
河北	15041.48	15041.48	9190.73	5850.75	
山西	26178.21	26080.24	12341.07	13739.17	97.97
内蒙古	66660.37	66660.37	51521.54	15138.83	
辽宁	28970.13	27995.96	17282.62	10713.34	974.17
吉林	18546.67	18546.67	9062.72	9483.95	
黑龙江	22505.71	22505.71	14481.22	8024.49	
上海	89561.45	89561.45	59851.25	29710.20	
江苏	23268.31	23029.73	13057.98	9971.75	238.58
浙江	30265.13	29196.87	14680.12	14516.75	1068.26
安徽	40028.57	40028.57	7729.77	32298.79	
福建	21849.41	21770.43	11414.68	10355.76	78.98
江西	14201.45	12000.18	7583.02	4417.16	2201.27
山东	16679.39	16557.56	8985.23	7572.33	121.83
河南	11589.88	11080.10	4650.41	6429.69	509.78
湖北	47426.84	47426.84	12460.54	34966.30	
湖南	16305.12	16305.12	8126.96	8178.17	
广东	23375.06	23336.04	13569.84	9766.20	39.02
广西	15045.64	14400.21	7088.16	7312.05	645.43
海南	19627.93	19070.74	10875.98	8194.76	557.19
重庆	17165.62	15767.81	8697.85	7069.96	1397.81
四川	18745.17	18735.66	10014.99	8720.67	9.51
贵州	11281.14	11281.14	8003.34	3277.81	
云南	11785.78	11782.72	5812.69	5970.04	3.06
西藏	110690.04	110690.04	15864.58	94825.46	
陕西	12761.34	12761.34	6694.70	6066.64	
甘肃	43411.27	42139.86	20073.12	22066.75	1271.40
青海					
宁夏					
新疆	32260.34	28157.46	13153.27	15004.19	4102.88
大连	26200.95	24300.73	16808.60	7492.13	1900.22
宁波	23815.59	23586.17	13415.41	10170.76	229.42
厦门	40037.77	40037.77	17432.06	22605.70	
青岛	20580.92	20580.92	10001.26	10579.65	
深圳	52770.49	52748.80	24639.74	28109.06	21.69

7-32 生均一般公共预算教育事业费和基本建设支出（地方技工学校）

单位：元

地 区	一般公共预算教育事业费和基本建设支出	事业费支出			基本建设支出
			个人部分	公用部分	
合 计	**13149.70**	**12956.84**	**7527.39**	**5429.45**	**192.86**
北 京	57067.88	57067.88	32167.54	24900.34	
天 津	18833.61	18833.61	15810.51	3023.09	
河 北	12299.36	12299.36	7830.17	4469.18	
山 西	22278.06	22187.88	9990.76	12197.12	90.18
内蒙古	52505.41	52505.41	38527.94	13977.48	
辽 宁	19453.61	18479.44	12653.30	5826.14	974.17
吉 林	13868.45	13868.45	6758.08	7110.37	
黑龙江	16952.91	16952.91	11367.75	5585.16	
上 海	44364.62	44364.62	33025.55	11339.07	
江 苏	12894.24	12882.88	8178.68	4704.20	11.36
浙 江	18387.77	18093.72	11391.02	6702.70	294.05
安 徽	12280.63	12280.63	4992.27	7288.37	
福 建	13538.43	13538.43	8850.98	4687.45	
江 西	11261.10	9059.83	5351.17	3708.66	2201.27
山 东	13990.92	13869.09	8057.28	5811.81	121.83
河 南	7416.01	7209.92	3420.32	3789.61	206.09
湖 北	19224.93	19224.93	7729.48	11495.44	
湖 南	9137.61	9137.61	5772.74	3364.87	
广 东	17402.16	17378.10	10735.11	6642.99	24.06
广 西	8649.51	8491.23	4568.33	3922.90	158.29
海 南	14741.52	14247.20	8549.66	5697.54	494.32
重 庆	8973.42	7575.62	3005.48	4570.14	1397.81
四 川	15212.84	15203.33	8140.66	7062.67	9.51
贵 州	2393.60	2393.60	2164.62	228.98	
云 南	8966.57	8963.51	4467.53	4495.98	3.06
西 藏	110620.30	110620.30	15794.84	94825.46	
陕 西	5969.23	5969.23	3891.05	2078.18	
甘 肃	27490.40	26218.99	13141.74	13077.25	1271.40
青 海					
宁 夏					
新 疆	24763.41	22118.95	11430.64	10688.31	2644.45
大 连	19232.42	17332.20	11917.85	5414.34	1900.22
宁 波	17913.53	17684.11	9118.32	8565.79	229.42
厦 门	19892.39	19892.39	11626.76	8265.63	
青 岛	14136.45	14136.45	8151.55	5984.90	
深 圳	29032.62	29010.93	15703.29	13307.63	21.69

7-33 生均教育经费支出(地方普通中学)

单位：元

地区	教育经费支出	个人和公用部分支出			基本建设支出
			个人部分	公用部分	
合计	**21852.39**	**21325.51**	**15274.88**	**6050.63**	**526.88**
北京	77926.93	72746.29	52499.67	20246.62	5180.64
天津	36843.69	36370.52	29111.90	7258.62	473.17
河北	16147.84	16058.39	11024.48	5033.92	89.44
山西	20532.84	20132.90	14729.29	5403.61	399.94
内蒙古	24629.71	24279.03	17247.62	7031.41	350.68
辽宁	20494.76	20330.25	16232.67	4097.58	164.51
吉林	21221.30	21079.96	15734.87	5345.09	141.34
黑龙江	19150.39	18897.46	14932.14	3965.31	252.93
上海	63394.56	62387.36	39080.32	23307.04	1007.20
江苏	32237.44	32178.17	22916.09	9262.08	59.27
浙江	36615.61	35757.96	25259.17	10498.79	857.65
安徽	21036.83	20439.78	14096.09	6343.70	597.05
福建	22352.38	22264.79	15613.84	6650.95	87.60
江西	16440.45	16129.80	9599.95	6529.85	310.65
山东	20476.22	20466.62	14841.95	5624.68	9.59
河南	13565.72	13326.76	9439.17	3887.59	238.96
湖北	22122.24	22122.24	16061.59	6060.65	
湖南	17571.88	17466.73	12283.76	5182.96	105.15
广东	29505.93	26614.28	19395.68	7218.60	2891.65
广西	14310.76	14047.41	10187.49	3859.92	263.36
海南	24481.20	23750.93	14326.65	9424.29	730.27
重庆	22759.20	22086.40	16279.00	5807.40	672.80
四川	18686.73	18527.95	13571.35	4956.60	158.78
贵州	17546.22	17385.86	12893.30	4492.56	160.36
云南	19199.66	18983.68	14818.04	4165.64	215.98
西藏	39756.33	39034.22	30430.77	8603.45	722.11
陕西	21186.72	20281.20	13341.71	6939.49	905.52
甘肃	18544.38	18306.56	13839.93	4466.63	237.82
青海	27123.14	26081.30	19520.39	6560.91	1041.84
宁夏	21991.77	21816.06	14288.83	7527.23	175.71
新疆	23385.81	21944.77	16291.43	5653.34	1441.04
大连	28305.61	28059.85	23413.82	4646.03	245.76
宁波	38930.77	38782.40	28064.23	10718.17	148.38
厦门	36480.60	36207.46	23913.97	12293.49	273.14
青岛	33674.41	33674.41	24075.41	9599.00	
深圳	88019.17	56396.00	37319.68	19076.31	31623.18

7-34 生均一般公共预算教育事业费和基本建设支出(地方普通中学)

单位：元

地 区	一般公共预算教育事业费和基本建设支出	事业费支出	个人部分	公用部分	基本建设支出
合 计	**17404.93**	**16922.55**	**12698.95**	**4223.60**	**482.38**
北 京	65193.11	60120.08	41819.05	18301.04	5073.02
天 津	32008.54	31536.86	25666.96	5869.90	471.68
河 北	14007.61	13921.52	10174.01	3747.51	86.09
山 西	16241.59	15987.02	12156.64	3830.37	254.57
内蒙古	19095.06	18787.24	13472.76	5314.47	307.82
辽 宁	15571.55	15425.89	12658.57	2767.32	145.66
吉 林	16747.69	16623.13	12527.35	4095.78	124.56
黑龙江	15599.07	15360.46	11942.98	3417.48	238.61
上 海	39801.02	38793.82	28108.40	10685.43	1007.20
江 苏	24036.28	23977.01	18582.52	5394.49	59.27
浙 江	28475.59	27633.61	21731.78	5901.82	841.99
安 徽	16324.81	15850.53	11493.65	4356.88	474.28
福 建	18008.47	17923.77	13969.61	3954.16	84.70
江 西	14316.00	14017.10	8420.04	5597.06	298.90
山 东	16761.56	16757.77	13363.58	3394.19	3.79
河 南	10316.46	10106.60	7284.40	2822.19	209.86
湖 北	18788.55	18788.55	13791.28	4997.27	
湖 南	14794.93	14689.78	11010.80	3678.98	105.15
广 东	22844.90	20046.26	15640.26	4406.00	2798.64
广 西	11584.44	11325.27	8373.68	2951.59	259.18
海 南	18812.06	18313.12	10699.35	7613.77	498.94
重 庆	16630.99	16161.92	11839.16	4322.75	469.07
四 川	14661.46	14527.70	10953.17	3574.53	133.76
贵 州	14115.86	13976.36	11002.20	2974.16	139.49
云 南	15258.74	15069.20	11776.60	3292.60	189.53
西 藏	34250.30	33528.19	25173.21	8354.99	722.11
陕 西	18815.87	17911.22	12198.24	5712.98	904.65
甘 肃	15428.13	15193.04	11628.56	3564.48	235.09
青 海	20332.01	19310.41	13974.17	5336.24	1021.61
宁 夏	16878.04	16702.33	10294.36	6407.97	175.71
新 疆	20088.65	19183.73	15050.45	4133.28	904.92
大 连	20608.70	20406.28	17443.96	2962.32	202.42
宁 波	30708.82	30560.45	23996.87	6563.58	148.38
厦 门	25298.35	25042.73	20452.19	4590.53	255.62
青 岛	26091.74	26091.74	20790.97	5300.77	
深 圳	68030.96	36421.96	25438.53	10983.43	31609.00

7-35 生均教育经费支出(地方普通高中)

单位：元

地区	教育经费支出	个人和公用部分支出			基本建设支出
			个人部分	公用部分	
合 计	**24119.28**	**23285.40**	**16097.83**	**7187.57**	**833.87**
北 京	87684.91	81844.28	59061.21	22783.07	5840.63
天 津	38114.27	37891.12	30721.10	7170.02	223.15
河 北	18743.11	18696.07	12002.40	6693.67	47.04
山 西	21730.14	21016.84	14940.95	6075.89	713.30
内蒙古	26056.38	25385.21	17260.21	8125.00	671.17
辽 宁	19886.53	19823.15	15114.55	4708.60	63.38
吉 林	17651.83	17573.83	12562.24	5011.59	78.01
黑龙江	16628.17	16249.63	12290.27	3959.36	378.54
上 海	81482.52	78763.87	47309.32	31454.55	2718.64
江 苏	38691.75	38548.78	25755.65	12793.13	142.97
浙 江	43917.70	42324.51	29555.80	12768.71	1593.19
安 徽	23024.14	21594.73	14442.11	7152.62	1429.41
福 建	23669.17	23589.46	16702.45	6887.02	79.70
江 西	18116.97	17592.19	10421.72	7170.47	524.78
山 东	22650.65	22647.09	16160.47	6486.63	3.56
河 南	15560.83	15096.62	10013.14	5083.48	464.20
湖 北	25389.68	25389.68	17503.08	7886.60	
湖 南	19670.22	19568.07	13426.04	6142.02	102.15
广 东	35778.67	30496.77	21488.69	9008.08	5281.90
广 西	14904.06	14499.45	10304.89	4194.56	404.61
海 南	27347.84	27176.06	15945.48	11230.58	171.79
重 庆	23346.43	22916.99	16446.60	6470.39	429.43
四 川	19308.56	19203.57	13743.77	5459.80	104.99
贵 州	19907.91	19595.63	12899.19	6696.44	312.28
云 南	21088.83	20798.66	14739.20	6059.46	290.17
西 藏	41445.62	41021.82	30234.02	10787.80	423.80
陕 西	21185.28	20220.28	13346.24	6874.04	965.00
甘 肃	19704.95	19342.44	14500.24	4842.20	362.51
青 海	29639.63	28215.04	20108.81	8106.23	1424.59
宁 夏	22473.01	22398.55	14975.98	7422.57	74.47
新 疆	23254.79	21998.14	16649.07	5349.07	1256.65
大 连	28631.03	28631.03	23731.80	4899.24	
宁 波	49882.49	49347.34	34105.32	15242.02	535.14
厦 门	41894.85	41160.10	28120.52	13039.58	734.75
青 岛	37454.34	37454.34	25312.84	12141.50	
深 圳	141473.68	72596.63	47568.88	25027.75	68877.05

7-36 生均一般公共预算教育事业费和基本建设支出(地方普通高中)

单位：元

地 区	一般公共预算教育事业费和基本建设支出	事业费支出			基本建设支出
			个人部分	公用部分	
合 计	**17983.73**	**17200.04**	**12932.25**	**4267.78**	**783.69**
北 京	72041.83	66433.98	46888.63	19545.35	5607.85
天 津	32604.71	32383.54	27013.17	5370.37	221.17
河 北	15174.62	15137.88	10944.27	4193.61	36.74
山 西	16601.70	16096.75	12095.74	4001.01	504.95
内蒙古	20727.29	20110.05	13515.29	6594.76	617.24
辽 宁	14516.00	14457.87	11651.98	2805.89	58.13
吉 林	13006.84	12935.29	9657.40	3277.89	71.55
黑龙江	13196.66	12849.12	9719.51	3129.60	347.54
上 海	48034.19	45315.55	32467.61	12847.94	2718.64
江 苏	26804.29	26661.32	20140.83	6520.49	142.97
浙 江	32327.95	30765.27	24168.28	6596.99	1562.68
安 徽	15357.79	14273.03	10832.68	3440.35	1084.76
福 建	18002.82	17927.24	14344.15	3583.09	75.58
江 西	14830.02	14307.97	8719.70	5588.27	522.05
山 东	17279.56	17279.14	14266.64	3012.51	0.41
河 南	10876.74	10426.51	7403.39	3023.12	450.23
湖 北	19341.03	19341.03	13803.55	5537.48	
湖 南	14805.41	14703.26	11492.88	3210.38	102.15
广 东	26235.95	21027.49	16878.97	4148.53	5208.45
广 西	11464.03	11067.64	8115.98	2951.66	396.39
海 南	19445.25	19273.46	11879.43	7394.03	171.79
重 庆	15911.80	15650.32	11480.56	4169.76	261.49
四 川	13943.08	13839.80	10698.88	3140.92	103.28
贵 州	14382.20	14100.68	10537.79	3562.90	281.51
云 南	15845.04	15607.02	11285.87	4321.15	238.02
西 藏	35918.87	35495.08	25339.81	10155.27	423.80
陕 西	18352.11	17387.28	11972.39	5414.89	964.83
甘 肃	15631.98	15272.47	11863.27	3409.20	359.51
青 海	22168.93	20767.36	14221.40	6545.96	1401.57
宁 夏	16658.17	16583.71	10242.96	6340.74	74.47
新 疆	19106.99	18303.68	15219.76	3083.93	803.31
大 连	20411.75	20411.75	17302.07	3109.68	
宁 波	36898.70	36363.56	26841.42	9522.14	535.14
厦 门	29196.71	28467.64	23379.06	5088.58	729.07
青 岛	27820.16	27820.16	21084.89	6735.27	
深 圳	113571.28	44694.24	31458.02	13236.22	68877.05

7-37 生均教育经费支出(地方农村高中)

单位：元

地区	教育经费支出	个人和公用部分支出			基本建设支出
			个人部分	公用部分	
合计	**18391.46**	**18216.87**	**12905.85**	**5311.02**	**174.59**
北京	119329.06	105112.63	74722.35	30390.28	14216.43
天津	30225.84	30171.16	25279.51	4891.65	54.68
河北	17024.33	16945.94	10342.20	6603.73	78.40
山西	19650.31	19361.37	14355.44	5005.93	288.94
内蒙古	24024.48	23140.99	16246.65	6894.34	883.48
辽宁	15258.55	15088.34	11726.08	3362.27	170.21
吉林	17242.51	17146.01	12059.95	5086.06	96.50
黑龙江	13994.88	13728.92	10061.51	3667.42	265.95
上海	55652.10	55652.10	40768.72	14883.38	
江苏	29499.47	29390.21	20653.49	8736.72	109.26
浙江	38513.50	37407.91	27726.24	9681.66	1105.60
安徽	19377.08	19349.73	12885.33	6464.40	27.35
福建	21635.50	21628.68	15837.78	5790.90	6.83
江西	16285.60	16046.07	8969.20	7076.87	239.53
山东	17737.63	17737.63	13242.95	4494.69	
河南	12889.36	12674.83	8179.14	4495.70	214.53
湖北	18928.20	18928.20	13445.85	5482.35	
湖南	16745.81	16664.58	11554.02	5110.56	81.23
广东	21116.28	21109.40	15177.41	5931.99	6.88
广西	12327.69	12195.30	8875.31	3319.99	132.39
海南	24914.92	24530.61	15751.65	8778.96	384.31
重庆	18887.84	18774.45	14522.99	4251.46	113.39
四川	16365.97	16200.68	11873.60	4327.08	165.29
贵州	15472.81	15383.78	11335.61	4048.17	89.03
云南	17521.34	17412.31	13240.02	4172.28	109.04
西藏	30784.02	30784.02	26968.04	3815.99	
陕西	19499.84	18925.92	12363.96	6561.95	573.92
甘肃	18050.35	17928.15	13985.32	3942.84	122.20
青海	28616.35	28440.14	20436.78	8003.36	176.21
宁夏	18299.05	18299.05	13854.23	4444.82	
新疆	18659.14	18497.29	15865.35	2631.94	161.84
大连	29473.34	29473.34	26707.43	2765.91	
宁波	42425.41	42425.41	32826.12	9599.29	
厦门	39728.51	39728.51	25750.20	13978.31	
青岛	35023.46	35023.46	23379.93	11643.53	
深圳					

7-38 生均一般公共预算教育事业费和基本建设支出（地方农村高中）

单位：元

地区	一般公共预算教育事业费和基本建设支出	事业费支出			基本建设支出
			个人部分	公用部分	
合计	**14006.09**	**13838.16**	**10560.62**	**3277.54**	**167.93**
北京	100026.18	85809.75	57974.09	27835.66	14216.43
天津	26119.34	26064.66	21843.82	4220.84	54.68
河北	13411.61	13351.10	9431.57	3919.53	60.51
山西	15126.16	14881.09	11533.41	3347.68	245.07
内蒙古	19392.56	18593.51	12862.51	5731.00	799.04
辽宁	11633.82	11463.61	9340.51	2123.10	170.21
吉林	12975.41	12878.91	9669.62	3209.29	96.50
黑龙江	11310.84	11044.89	8059.64	2985.25	265.95
上海	35079.64	35079.64	28876.98	6202.66	
江苏	20617.85	20508.59	15991.73	4516.86	109.26
浙江	28810.91	27779.68	23022.41	4757.27	1031.24
安徽	13372.32	13344.97	10237.38	3107.59	27.35
福建	17047.99	17047.99	13774.39	3273.59	
江西	13453.53	13214.00	7595.88	5618.12	239.53
山东	13848.33	13848.33	11755.71	2092.63	
河南	8896.41	8681.88	6146.83	2535.05	214.53
湖北	14915.36	14915.36	10913.22	4002.14	
湖南	12671.39	12590.17	9644.74	2945.43	81.23
广东	14753.81	14746.92	12131.18	2615.74	6.88
广西	9762.35	9629.96	7157.13	2472.83	132.39
海南	20284.55	19900.25	12122.06	7778.18	384.31
重庆	13400.70	13287.30	10446.81	2840.49	113.39
四川	12064.21	11901.94	9383.16	2518.78	162.27
贵州	11911.00	11823.07	9504.69	2318.39	87.93
云南	13682.15	13585.98	10498.22	3087.76	96.17
西藏	26538.66	26538.66	22788.08	3750.58	
陕西	17314.01	16740.09	11413.17	5326.92	573.92
甘肃	14532.98	14410.78	11677.49	2733.29	122.20
青海	21297.51	21121.30	14767.07	6354.23	176.21
宁夏	13674.08	13674.08	9906.59	3767.49	
新疆	16776.25	16617.55	14554.72	2062.84	158.70
大连	23511.10	23511.10	20971.66	2539.44	
宁波	32764.50	32764.50	26258.80	6505.70	
厦门	26583.03	26583.03	21703.63	4879.40	
青岛	24709.20	24709.20	18966.51	5742.70	
深圳					

7-39 生均教育经费支出(地方普通初中)

单位：元

地区	教育经费支出	个人和公用部分支出			基本建设支出
			个人部分	公用部分	
合计	**20719.66**	**20346.17**	**14863.66**	**5482.52**	**373.48**
北京	73347.16	68476.28	49420.11	19056.17	4870.88
天津	36146.94	35536.67	28229.46	7307.21	610.27
河北	14891.89	14781.93	10551.23	4230.70	109.96
山西	19743.29	19550.00	14589.72	4960.28	193.29
内蒙古	23735.59	23585.77	17239.73	6346.04	149.82
辽宁	20823.28	20604.14	16836.58	3767.56	219.14
吉林	23725.92	23540.14	17961.03	5579.11	185.78
黑龙江	20772.04	20599.87	16630.73	3969.14	172.17
上海	56526.43	56169.09	35955.72	20213.37	357.35
江苏	29197.25	29177.40	21578.55	7598.84	19.85
浙江	33369.09	32838.46	23348.88	9489.58	530.63
安徽	19996.84	19835.38	13915.01	5920.37	161.46
福建	21757.54	21666.38	15122.08	6544.30	91.16
江西	15673.96	15461.21	9224.24	6236.97	212.75
山东	19504.69	19492.40	14252.84	5239.56	12.29
河南	12639.59	12505.19	9172.73	3332.46	134.40
湖北	20486.99	20486.99	15340.17	5146.82	
湖南	16531.36	16424.72	11717.33	4707.39	106.64
广东	26268.85	24610.71	18315.57	6295.13	1658.14
广西	14030.74	13834.05	10132.08	3701.98	196.69
海南	23203.37	22224.15	13605.04	8619.11	979.22
重庆	22420.14	21606.83	16182.23	5424.60	813.31
四川	18370.78	18184.67	13483.74	4700.93	186.11
贵州	16382.29	16296.80	12890.39	3406.41	85.49
云南	18277.20	18097.45	14856.54	3240.91	179.75
西藏	38870.29	37991.71	30533.96	7457.75	878.58
陕西	21187.55	20316.16	13339.11	6977.05	871.39
甘肃	17882.56	17715.84	13463.38	4252.46	166.72
青海	25702.36	24876.61	19188.17	5688.43	825.75
宁夏	21725.29	21493.52	13908.34	7585.18	231.77
新疆	23444.53	21920.85	16131.14	5789.71	1523.68
大连	28153.43	27792.73	23265.12	4527.61	360.70
宁波	34729.38	34729.38	25746.70	8982.69	
厦门	34279.26	34193.81	22203.66	11990.14	85.46
青岛	31918.09	31918.09	23500.45	8417.64	
深圳	65467.24	49561.11	32995.65	16565.46	15906.14

7-40 生均一般公共预算教育事业费和基本建设支出(地方普通初中)

单位：元

地区	一般公共预算教育事业费和基本建设支出	事业费支出			基本建设支出
			个人部分	公用部分	
合计	**17115.71**	**16783.89**	**12582.37**	**4201.52**	**331.82**
北京	61978.75	57156.75	39439.71	17717.04	4822.00
天津	31681.62	31072.57	24928.74	6143.83	609.05
河北	13442.85	13332.89	9801.26	3531.63	109.96
山西	16004.11	15914.65	12196.81	3717.85	89.46
内蒙古	18072.11	17958.22	13446.12	4512.10	113.89
辽宁	16141.67	15948.72	13202.24	2746.48	192.94
吉林	19372.56	19210.81	14541.13	4669.67	161.75
黑龙江	17143.70	16975.12	13372.55	3602.57	168.58
上海	36674.83	36317.48	26453.17	9864.31	357.35
江苏	22732.46	22712.61	17848.50	4864.11	19.85
浙江	26762.82	26241.26	20648.51	5592.75	521.56
安徽	16830.88	16676.07	11839.56	4836.51	154.81
福建	18011.03	17922.21	13800.42	4121.79	88.82
江西	14081.00	13884.11	8283.04	5601.07	196.89
山东	16530.12	16524.83	12960.10	3564.73	5.30
河南	10056.37	9958.09	7229.17	2728.92	98.28
湖北	18512.05	18512.05	13785.14	4726.90	
湖南	14789.73	14683.09	10771.75	3911.34	106.64
广东	21094.94	19539.88	15001.02	4538.87	1555.05
广西	11641.28	11446.86	8495.30	2951.56	194.42
海南	18529.81	17885.04	10173.31	7711.72	644.77
重庆	17046.24	16457.31	12046.22	4411.09	588.93
四川	15026.46	14877.21	11082.37	3794.84	149.25
贵州	13984.60	13915.10	11231.09	2684.01	69.50
云南	14972.45	14806.60	12016.22	2790.37	165.86
西藏	33375.13	32496.55	25085.82	7410.73	878.58
陕西	19082.08	18211.97	12327.88	5884.09	870.11
甘肃	15311.88	15147.74	11494.72	3653.02	164.14
青海	19294.91	18487.83	13834.58	4653.25	807.08
宁夏	16999.78	16768.02	10322.83	6445.19	231.77
新疆	20528.61	19578.16	14974.57	4603.59	950.46
大连	20700.81	20403.72	17510.31	2893.41	297.09
宁波	28334.21	28334.21	22905.62	5428.59	
厦门	23713.34	23650.22	19262.18	4388.04	63.12
青岛	25288.65	25288.65	20654.41	4634.24	
深圳	48817.95	32931.97	22898.97	10033.01	15885.97

7-41 生均教育经费支出(地方农村初中)

单位：元

地区	教育经费支出	个人和公用部分支出			基本建设支出
			个人部分	公用部分	
合计	**18057.21**	**17927.80**	**13650.30**	**4277.50**	**129.41**
北京	102214.46	99106.36	74666.62	24439.74	3108.09
天津	29262.96	29262.96	25272.70	3990.25	
河北	14186.58	14158.49	10003.81	4154.68	28.09
山西	19576.13	19477.20	15155.05	4322.16	98.93
内蒙古	24977.90	24892.02	18797.54	6094.48	85.87
辽宁	20008.24	19985.30	17379.24	2606.06	22.95
吉林	25755.57	25562.26	19523.75	6038.51	193.31
黑龙江	22605.50	22346.12	17699.87	4646.25	259.38
上海	54535.30	54535.30	41675.83	12859.47	
江苏	24751.70	24747.91	18923.23	5824.67	3.79
浙江	31499.96	31047.09	22875.01	8172.07	452.87
安徽	19261.09	19103.01	14095.60	5007.41	158.08
福建	19960.86	19902.07	15485.16	4416.91	58.80
江西	15291.26	15195.96	8930.25	6265.70	95.31
山东	18105.37	18103.38	13948.62	4154.77	1.98
河南	11561.37	11516.36	8592.76	2923.60	45.01
湖北	18658.48	18658.48	14457.10	4201.39	
湖南	15570.19	15452.08	11360.26	4091.81	118.12
广东	19125.35	19027.33	14872.52	4154.81	98.02
广西	12949.83	12894.91	9996.02	2898.89	54.92
海南	24337.57	23239.91	14441.43	8798.47	1097.66
重庆	21341.67	21222.64	17095.09	4127.55	119.03
四川	17433.50	17207.53	13144.51	4063.02	225.97
贵州	15142.54	15096.88	12746.57	2350.31	45.66
云南	17237.43	17142.96	14527.54	2615.42	94.47
西藏	35369.36	34929.53	29427.10	5502.43	439.82
陕西	20240.18	20025.22	14003.94	6021.27	214.96
甘肃	18148.67	17960.08	13911.42	4048.66	188.59
青海	25420.17	25077.82	20190.04	4887.78	342.34
宁夏	19788.32	19610.25	15135.42	4474.83	178.07
新疆	22044.63	21224.73	16690.34	4534.39	819.90
大连	42107.17	42107.17	38793.70	3313.47	
宁波	33897.50	33897.50	24760.18	9137.32	
厦门	34850.34	34828.36	25541.56	9286.80	21.98
青岛	39954.89	39954.89	30949.71	9005.18	
深圳					

7-42 生均一般公共预算教育事业费和基本建设支出（地方农村初中）

单位：元

地区	一般公共预算教育事业费和基本建设支出	事业费支出	个人部分	公用部分	基本建设支出
合计	**15380.24**	**15270.17**	**11678.01**	**3592.16**	**110.08**
北京	84906.85	81798.76	58598.06	23200.71	3108.09
天津	26018.83	26018.83	22231.41	3787.41	
河北	12808.33	12780.25	9268.05	3512.20	28.09
山西	15931.53	15844.59	12471.59	3373.01	86.94
内蒙古	19348.07	19312.11	14549.51	4762.61	35.96
辽宁	16051.03	16045.22	13924.11	2121.11	5.81
吉林	21585.13	21413.11	16053.08	5360.03	172.02
黑龙江	19278.88	19026.55	14581.36	4445.19	252.33
上海	36382.71	36382.71	29612.82	6769.89	
江苏	19804.15	19800.35	15663.52	4136.83	3.79
浙江	26284.11	25831.27	20671.12	5160.15	452.84
安徽	16451.57	16301.83	12127.56	4174.27	149.73
福建	17932.00	17873.27	14347.83	3525.44	58.72
江西	13878.14	13783.17	8035.95	5747.22	94.97
山东	15875.11	15873.13	12751.81	3121.32	1.98
河南	9346.70	9302.49	6821.28	2481.20	44.22
湖北	17340.04	17340.04	13283.10	4056.95	
湖南	14017.11	13898.99	10379.44	3519.55	118.12
广东	15937.33	15839.69	12188.23	3651.46	97.64
广西	11082.73	11028.42	8444.34	2584.08	54.30
海南	19389.52	18838.69	10852.45	7986.25	550.83
重庆	16459.86	16360.24	12858.06	3502.19	99.61
四川	14538.09	14361.88	10888.57	3473.32	176.20
贵州	13354.26	13308.60	11201.60	2107.00	45.66
云南	14370.25	14275.78	11927.87	2347.91	94.47
西藏	30145.92	29706.10	24246.80	5459.30	439.82
陕西	18408.88	18193.91	13039.00	5154.91	214.96
甘肃	15714.06	15525.61	11923.57	3602.04	188.45
青海	19002.78	18660.50	14747.12	3913.38	342.29
宁夏	15589.63	15411.56	11342.49	4069.07	178.07
新疆	19678.05	19221.12	15431.51	3789.61	456.94
大连	32856.16	32856.16	31038.81	1817.35	
宁波	26991.18	26991.18	21978.25	5012.93	
厦门	27348.40	27330.15	22432.19	4897.96	18.25
青岛	33166.67	33166.67	26772.51	6394.15	
深圳					

7-43 生均教育经费支出(地方普通小学)

单位：元

地区	教育经费支出	个人和公用部分支出	个人部分	公用部分	基本建设支出
合计	**14477.57**	**14275.83**	**10631.91**	**3643.92**	**201.73**
北京	41693.66	39730.60	29377.94	10352.66	1963.05
天津	23220.52	23088.38	18491.04	4597.34	132.14
河北	10593.40	10563.68	7683.34	2880.35	29.71
山西	13533.45	13433.29	10197.32	3235.97	100.16
内蒙古	18342.35	18253.99	13687.24	4566.75	88.36
辽宁	14381.06	14328.30	11338.99	2989.31	52.76
吉林	18539.47	18344.69	14360.79	3983.90	194.78
黑龙江	18287.98	18191.40	15147.57	3043.83	96.58
上海	38589.12	38561.30	26073.42	12487.89	27.82
江苏	18283.78	18205.96	13778.74	4427.22	77.83
浙江	23094.38	22804.67	16122.10	6682.57	289.71
安徽	12919.90	12858.59	9306.67	3551.92	61.31
福建	13090.06	13046.91	9330.60	3716.31	43.15
江西	12186.96	12121.73	7909.16	4212.57	65.23
山东	12156.20	12155.40	9303.34	2852.07	0.79
河南	8583.50	8501.65	6401.91	2099.74	81.85
湖北	12908.56	12908.56	9274.75	3633.81	
湖南	11252.00	11152.99	8088.00	3064.98	99.01
广东	17883.03	17052.89	12695.61	4357.27	830.14
广西	10745.42	10645.62	8097.11	2548.51	99.80
海南	16484.27	16334.01	11060.84	5273.17	150.26
重庆	18679.97	18082.69	13701.34	4381.34	597.29
四川	13904.77	13787.04	10284.33	3502.72	117.73
贵州	12347.28	12280.74	9839.73	2441.01	66.54
云南	14810.44	14686.75	12090.87	2595.88	123.69
西藏	32806.44	31716.87	25311.50	6405.38	1089.57
陕西	14358.91	13885.73	8828.42	5057.31	473.18
甘肃	14257.64	14125.72	10786.23	3339.49	131.92
青海	19683.71	19280.74	14735.19	4545.55	402.97
宁夏	16136.96	16072.41	10951.18	5121.23	64.55
新疆	14394.15	13879.03	11138.72	2740.30	515.12
大连	16312.24	16263.48	12735.69	3527.79	48.76
宁波	24338.90	24338.90	17692.76	6646.14	
厦门	23512.09	23208.76	16017.66	7191.10	303.33
青岛	20346.95	20346.95	15685.23	4661.72	
深圳	47993.30	39692.44	25582.31	14110.14	8300.85

7-44 生均一般公共预算教育事业费和基本建设支出（地方普通小学）

单位：元

地区	一般公共预算教育事业费和基本建设支出	事业费支出			基本建设支出
			个人部分	公用部分	
合计	**12017.59**	**11839.80**	**8985.54**	**2854.26**	**177.79**
北京	35558.78	33633.65	23842.48	9791.18	1925.13
天津	20464.12	20331.99	16490.84	3841.15	132.14
河北	9595.05	9566.05	7092.58	2473.47	29.00
山西	11167.02	11093.16	8544.86	2548.30	73.87
内蒙古	13907.45	13838.99	10481.10	3357.88	68.47
辽宁	11211.80	11174.12	8941.84	2232.28	37.68
吉林	15036.54	14847.02	11625.82	3221.20	189.51
黑龙江	15120.60	15025.36	12223.93	2801.43	95.24
上海	25925.54	25897.72	18806.51	7091.21	27.82
江苏	14406.98	14344.59	11567.77	2776.82	62.39
浙江	18699.96	18438.14	14343.15	4094.99	261.82
安徽	11052.92	10992.48	7903.23	3089.25	60.45
福建	11242.44	11200.10	8500.70	2699.40	42.33
江西	10842.64	10783.88	7108.80	3675.08	58.76
山东	10589.00	10588.24	8493.90	2094.34	0.76
河南	6893.03	6839.02	5060.62	1778.40	54.01
湖北	11646.32	11646.32	8349.52	3296.80	
湖南	10084.70	9986.94	7451.71	2535.23	97.76
广东	14224.29	13424.24	10322.85	3101.39	800.05
广西	8878.98	8812.10	6749.10	2063.00	66.88
海南	12782.61	12653.12	8129.50	4523.63	129.49
重庆	13251.53	12945.26	9548.03	3397.23	306.28
四川	11355.15	11242.03	8412.31	2829.71	113.13
贵州	10754.95	10690.17	8650.90	2039.27	64.78
云南	11843.03	11734.01	9554.05	2179.96	109.01
西藏	28345.82	27256.25	21063.52	6192.73	1089.57
陕西	12960.42	12529.20	8213.65	4315.55	431.22
甘肃	12190.51	12070.70	9161.61	2909.09	119.81
青海	14638.01	14296.43	10599.65	3696.79	341.58
宁夏	12627.27	12562.73	8078.66	4484.07	64.55
新疆	12838.94	12506.13	10311.34	2194.79	332.81
大连	11944.28	11944.28	9596.69	2347.59	
宁波	19290.90	19290.90	15789.09	3501.81	
厦门	17616.29	17321.34	13832.87	3488.47	294.95
青岛	17009.40	17009.40	13949.31	3060.09	
深圳	34619.82	26388.55	18025.42	8363.14	8231.27

7-45 生均教育经费支出(地方农村小学)

单位：元

地区	教育经费支出	个人和公用部分支出	个人部分	公用部分	基本建设支出
合计	**13502.20**	**13426.69**	**10459.62**	**2967.07**	**75.51**
北京	57804.94	54288.67	41853.54	12435.13	3516.27
天津	22512.34	22302.76	19505.44	2797.32	209.58
河北	10857.81	10833.12	8002.28	2830.83	24.69
山西	16011.04	15949.28	12601.58	3347.70	61.77
内蒙古	21938.83	21873.06	16970.35	4902.71	65.77
辽宁	17742.37	17717.29	15555.31	2161.98	25.08
吉林	22888.75	22753.91	17843.17	4910.74	134.83
黑龙江	22883.85	22759.51	19209.19	3550.32	124.34
上海	37584.00	37584.00	29239.05	8344.95	
江苏	15557.59	15556.99	12584.47	2972.52	0.60
浙江	23317.62	23032.36	16651.02	6381.34	285.26
安徽	12687.27	12616.50	9478.84	3137.66	70.77
福建	12696.66	12677.60	9487.93	3189.66	19.07
江西	12465.64	12391.94	8204.86	4187.08	73.70
山东	11643.49	11642.14	9311.25	2330.90	1.35
河南	8451.35	8413.16	6453.93	1959.23	38.19
湖北	11955.67	11955.67	9110.60	2845.06	
湖南	10827.26	10734.44	8037.57	2696.86	92.82
广东	13653.07	13632.60	10814.72	2817.89	20.47
广西	10712.01	10684.05	8435.33	2248.72	27.96
海南	18407.38	18248.83	13364.90	4883.93	158.55
重庆	20982.09	20859.47	17124.40	3735.07	122.61
四川	14099.95	13997.34	10838.22	3159.12	102.61
贵州	12214.72	12191.26	10277.26	1914.00	23.46
云南	14851.62	14787.29	12519.96	2267.33	64.34
西藏	32397.40	31398.13	25460.07	5938.06	999.27
陕西	14655.32	14536.58	9753.93	4782.65	118.74
甘肃	15374.23	15248.97	11912.22	3336.75	125.26
青海	20379.73	20181.24	15981.52	4199.72	198.49
宁夏	16357.09	16273.00	12531.98	3741.02	84.09
新疆	14018.52	13750.19	11735.50	2014.69	268.33
大连	28168.09	28168.09	24426.10	3741.99	
宁波	24505.65	24505.65	17268.48	7237.17	
厦门	26025.79	26014.88	18846.66	7168.21	10.91
青岛	30159.26	30159.26	24791.34	5367.92	
深圳					

7-46 生均一般公共预算教育事业费和基本建设支出（地方农村小学）

单位：元

地区	一般公共预算教育事业费和基本建设支出	事业费支出			基本建设支出
			个人部分	公用部分	
合计	**11459.48**	**11388.07**	**8866.81**	**2521.25**	**71.41**
北京	48552.18	45076.67	33248.01	11828.66	3475.51
天津	19740.60	19531.02	17255.43	2275.58	209.58
河北	9882.90	9859.17	7381.85	2477.33	23.72
山西	13032.87	12995.72	10268.98	2726.75	37.15
内蒙古	16687.08	16633.62	12796.51	3837.11	53.46
辽宁	14284.14	14273.73	12382.18	1891.56	10.40
吉林	18802.13	18669.18	14515.65	4153.53	132.95
黑龙江	19023.28	18901.78	15550.61	3351.17	121.50
上海	24809.01	24809.01	20271.81	4537.20	
江苏	12425.07	12424.48	10377.52	2046.96	0.60
浙江	19320.96	19042.24	15043.80	3998.44	278.72
安徽	10994.11	10923.82	8092.94	2830.87	70.29
福建	11324.09	11305.15	8742.04	2563.12	18.93
江西	11243.07	11170.11	7374.77	3795.34	72.96
山东	10402.62	10401.27	8518.67	1882.60	1.35
河南	6889.72	6853.89	5127.13	1726.76	35.83
湖北	11052.75	11052.75	8337.59	2715.16	
湖南	9786.56	9693.74	7371.60	2322.14	92.82
广东	11126.72	11106.27	8634.64	2471.63	20.45
广西	9106.65	9078.69	7099.74	1978.95	27.96
海南	14401.58	14243.17	9837.75	4405.42	158.41
重庆	15085.81	14964.35	11953.29	3011.07	121.45
四川	11702.62	11606.68	8907.53	2699.15	95.94
贵州	10752.93	10731.06	9041.62	1689.44	21.87
云南	12041.77	11977.92	9986.62	1991.31	63.85
西藏	28107.74	27108.48	21266.19	5842.29	999.27
陕西	13463.13	13344.60	9072.82	4271.78	118.54
甘肃	13271.44	13146.40	10106.41	3039.99	125.04
青海	15345.60	15160.57	11620.39	3540.18	185.02
宁夏	12696.02	12611.94	9302.53	3309.41	84.09
新疆	12740.48	12533.80	10824.87	1708.93	206.69
大连	21899.01	21899.01	19125.94	2773.07	
宁波	18730.95	18730.95	15371.65	3359.30	
厦门	20321.60	20315.85	16515.61	3800.24	5.76
青岛	25497.01	25497.01	21757.23	3739.78	
深圳					

7-47 生均教育经费支出(地方特殊教育学校)

单位：元

地区	教育经费支出	个人和公用部分支出			基本建设支出
			个人部分	公用部分	
合计	**63182.03**	**62006.07**	**43434.93**	**18571.14**	**1175.96**
北京	182507.64	182331.09	147511.77	34819.32	176.55
天津	85133.86	85133.86	63823.04	21310.82	
河北	41452.33	41452.33	29327.16	12125.17	
山西	59179.36	59179.36	42030.48	17148.88	
内蒙古	75713.68	74540.41	49830.18	24710.23	1173.27
辽宁	69449.08	69449.08	55982.62	13466.46	
吉林	63667.09	62759.48	49488.37	13271.11	907.61
黑龙江	43640.23	43346.51	33176.80	10169.70	293.72
上海	183974.16	183974.16	131469.36	52504.80	
江苏	74686.91	74576.62	57486.10	17090.52	110.29
浙江	105427.72	98548.55	62893.45	35655.10	6879.16
安徽	46467.49	41719.06	25485.78	16233.28	4748.44
福建	66969.61	66268.00	42730.15	23537.85	701.61
江西	37086.80	36156.10	22588.03	13568.07	930.70
山东	76927.06	76745.37	54022.24	22723.13	181.70
河南	32891.64	32891.64	23929.87	8961.77	
湖北	56248.80	56248.80	38408.30	17840.50	
湖南	44556.97	44221.88	29092.78	15129.11	335.09
广东	104247.13	100468.80	66961.23	33507.57	3778.33
广西	45739.26	45335.30	31924.76	13410.54	403.96
海南	65888.21	65888.21	41405.26	24482.95	
重庆	57637.01	57637.01	42334.14	15302.88	
四川	54172.11	53641.73	34550.97	19090.77	530.38
贵州	37645.89	37434.41	27049.72	10384.68	211.48
云南	45992.18	45992.18	35805.40	10186.78	
西藏	127149.11	127149.11	108138.06	19011.05	
陕西	64128.47	63995.14	41869.56	22125.58	133.33
甘肃	55934.04	55934.04	40494.98	15439.07	
青海	54246.24	54246.24	32415.94	21830.30	
宁夏	103966.93	103966.93	63817.97	40148.96	
新疆	71976.23	57258.82	40105.12	17153.70	14717.41
大连	97274.57	97274.57	81586.31	15688.26	
宁波	128130.17	128130.17	93513.03	34617.14	
厦门	179925.03	179925.03	91784.38	88140.64	
青岛	140527.57	140527.57	101736.13	38791.44	
深圳	264549.68	224139.17	132554.91	91584.26	40410.51

7-48 生均一般公共预算教育事业费和基本建设支出（地方特殊教育学校）

单位：元

地 区	一般公共预算教育事业费和基本建设支出	事业费支出			基本建设支出
			个人部分	公用部分	
合 计	**51159.85**	**50064.18**	**35599.88**	**14464.29**	**1095.67**
北 京	152966.69	152790.14	119723.54	33066.61	176.55
天 津	74716.80	74716.80	56242.48	18474.32	
河 北	38622.86	38622.86	27258.33	11364.53	
山 西	40171.32	40171.32	28198.54	11972.77	
内蒙古	61495.08	60321.81	37739.27	22582.54	1173.27
辽 宁	53985.94	53985.94	42905.68	11080.26	
吉 林	52583.34	51675.73	40237.11	11438.62	907.61
黑龙江	36319.17	36025.45	26055.61	9969.85	293.72
上 海	129185.92	129185.92	97834.57	31351.34	
江 苏	61160.58	61050.29	46614.87	14435.42	110.29
浙 江	81168.87	74289.70	52644.60	21645.10	6879.16
安 徽	39636.24	34887.80	20840.79	14047.01	4748.44
福 建	57336.13	56634.52	39098.44	17536.08	701.61
江 西	33292.85	32362.16	20396.58	11965.58	930.70
山 东	64008.86	63827.16	48294.83	15532.33	181.70
河 南	26076.17	26076.17	18569.35	7506.82	
湖 北	44932.47	44932.47	29559.61	15372.86	
湖 南	38495.32	38160.23	27106.35	11053.88	335.09
广 东	81981.15	78202.82	54057.81	24145.01	3778.33
广 西	37792.94	37388.99	25591.63	11797.36	403.96
海 南	52371.15	52371.15	31177.24	21193.90	
重 庆	44300.61	44300.61	30709.89	13590.73	
四 川	41829.64	41299.26	27313.19	13986.07	530.38
贵 州	32482.57	32482.57	23155.68	9326.89	
云 南	37982.31	37982.31	28464.46	9517.85	
西 藏	107600.19	107600.19	88589.21	19010.98	
陕 西	56986.69	56853.36	37717.24	19136.12	133.33
甘 肃	48546.74	48546.74	34137.33	14409.41	
青 海	40552.15	40552.15	22680.43	17871.71	
宁 夏	46186.42	46186.42	31967.87	14218.55	
新 疆	57370.83	47275.94	36162.83	11113.11	10094.89
大 连	74914.71	74914.71	60892.14	14022.57	
宁 波	112063.73	112063.73	81783.12	30280.61	
厦 门	116019.91	116019.91	78994.20	37025.71	
青 岛	99194.54	99194.54	81569.90	17624.63	
深 圳	196014.62	155604.11	88526.46	67077.65	40410.51

7-49 生均教育经费支出(地方幼儿园)

单位：元

地区	教育经费支出	个人和公用部分支出			基本建设支出
			个人部分	公用部分	
合计	**13853.90**	**13666.00**	**8179.30**	**5486.71**	**187.89**
北京	50839.49	48960.00	31010.29	17949.70	1879.49
天津	33741.98	33620.08	20808.73	12811.35	121.90
河北	9034.77	9023.67	6070.10	2953.57	11.10
山西	8830.92	8806.43	5038.93	3767.50	24.50
内蒙古	20546.29	20215.10	11926.19	8288.91	331.19
辽宁	9601.07	9596.50	5799.62	3796.88	4.56
吉林	17397.50	17260.83	10410.95	6849.88	136.68
黑龙江	13345.13	13185.57	7811.85	5373.73	159.56
上海	43147.69	43050.48	26578.43	16472.04	97.22
江苏	16701.82	16651.90	10853.92	5797.98	49.92
浙江	25092.64	24594.23	13801.53	10792.70	498.41
安徽	11361.58	11295.95	6273.34	5022.61	65.63
福建	13306.02	13251.81	8046.93	5204.88	54.21
江西	12797.74	12713.65	5953.54	6760.11	84.09
山东	9885.06	9884.96	5646.24	4238.71	0.10
河南	7319.61	7286.17	4079.15	3207.02	33.44
湖北	11639.53	11639.53	6914.69	4724.84	
湖南	9162.43	9093.61	5129.98	3963.63	68.82
广东	16780.93	16551.05	10070.15	6480.90	229.88
广西	6922.10	6631.77	4001.10	2630.67	290.33
海南	18384.00	18176.60	7162.81	11013.79	207.40
重庆	14375.56	14010.82	6137.75	7873.07	364.74
四川	11647.35	11401.21	5838.92	5562.29	246.14
贵州	12333.37	12128.24	7716.90	4411.35	205.13
云南	9746.85	9561.36	6509.13	3052.23	185.48
西藏	28185.55	26971.83	20066.36	6905.47	1213.72
陕西	15579.74	15089.19	8901.22	6187.97	490.55
甘肃	12045.89	11914.86	7825.98	4088.88	131.02
青海	10517.72	10016.73	5765.43	4251.30	500.99
宁夏	14432.56	14316.10	5568.64	8747.46	116.46
新疆	12401.04	11953.51	9677.12	2276.39	447.54
大连	13793.87	13793.87	9360.28	4433.59	
宁波	27579.50	27579.50	16936.98	10642.53	
厦门	25279.91	24951.12	16487.68	8463.44	328.79
青岛	15911.11	15911.11	9754.28	6156.84	
深圳	39422.29	38495.34	22358.77	16136.58	926.94

7-50 生均一般公共预算教育事业费和基本建设支出（地方幼儿园）

单位：元

地 区	一般公共预算教育事业费和基本建设支出	事业费支出			基本建设支出
			个人部分	公用部分	
合 计	**9218.84**	**9040.16**	**5808.29**	**3231.87**	**178.68**
北 京	40420.47	38540.98	23898.01	14642.97	1879.49
天 津	24796.17	24674.28	16998.35	7675.92	121.90
河 北	7068.26	7057.16	5288.00	1769.16	11.10
山 西	5663.17	5641.05	3570.38	2070.68	22.12
内蒙古	14272.33	14000.57	8948.31	5052.26	271.76
辽 宁	5346.83	5345.11	3295.61	2049.50	1.72
吉 林	11938.90	11811.35	7571.76	4239.59	127.55
黑龙江	10227.22	10067.66	5696.64	4371.02	159.56
上 海	27490.90	27393.68	19210.22	8183.47	97.22
江 苏	9471.39	9421.48	6584.01	2837.47	49.92
浙 江	15110.67	14619.38	9402.34	5217.04	491.29
安 徽	7885.60	7819.97	4511.95	3308.02	65.63
福 建	9092.99	9039.42	6291.91	2747.52	53.56
江 西	9574.56	9491.04	4535.22	4955.82	83.52
山 东	5536.41	5536.31	3472.61	2063.70	0.10
河 南	3851.11	3835.37	2597.69	1237.68	15.74
湖 北	8077.78	8077.78	4639.40	3438.39	
湖 南	5057.35	4988.53	2825.68	2162.85	68.82
广 东	9361.92	9142.12	5864.99	3277.13	219.80
广 西	4280.40	3992.94	2366.57	1626.37	287.46
海 南	14247.30	14045.45	5226.81	8818.65	201.85
重 庆	8337.16	7984.74	3517.05	4467.69	352.42
四 川	8268.69	8043.28	4356.75	3686.53	225.41
贵 州	9054.89	8858.88	6382.26	2476.61	196.01
云 南	6932.50	6753.60	4843.67	1909.93	178.90
西 藏	24880.33	23666.62	16785.52	6881.10	1213.72
陕 西	12608.21	12117.66	7777.34	4340.32	490.55
甘 肃	9646.97	9549.47	6512.28	3037.19	97.49
青 海	7774.50	7275.72	4124.32	3151.40	498.78
宁 夏	10863.23	10746.77	3738.65	7008.11	116.46
新 疆	11190.43	10812.97	8954.24	1858.72	377.46
大 连	7922.18	7922.18	5980.75	1941.44	
宁 波	16149.45	16149.45	10913.58	5235.88	
厦 门	18721.38	18398.08	12901.67	5496.41	323.30
青 岛	10370.88	10370.88	6889.89	3480.99	
深 圳	28168.98	27253.13	17478.08	9775.06	915.85

7-51 生均教育经费支出(地方农村幼儿园)

单位：元

地 区	教育经费支出	个人和公用部分支出			基本建设支出
			个人部分	公用部分	
合 计	**10080.15**	**9954.72**	**6233.32**	**3721.40**	**125.43**
北 京	44274.32	43239.96	26707.33	16532.63	1034.35
天 津	19117.10	18775.03	11308.16	7466.88	342.07
河 北	7909.74	7903.12	5380.84	2522.29	6.62
山 西	7377.23	7344.98	4386.22	2958.76	32.25
内蒙古	20028.94	19743.55	12148.09	7595.46	285.39
辽 宁	5702.01	5690.87	3796.95	1893.92	11.14
吉 林	15735.25	15585.09	10192.95	5392.13	150.17
黑龙江	13327.67	13079.92	7880.69	5199.24	247.74
上 海	39399.96	39399.96	28460.83	10939.13	
江 苏	12453.45	12453.11	8274.72	4178.39	0.34
浙 江	24144.11	23536.46	13321.36	10215.10	607.65
安 徽	9306.77	9236.46	5307.58	3928.88	70.31
福 建	10660.50	10634.90	6461.34	4173.56	25.61
江 西	11552.37	11445.49	5556.21	5889.29	106.87
山 东	7994.44	7994.44	4743.75	3250.69	
河 南	5685.82	5667.58	3059.03	2608.55	18.24
湖 北	7934.06	7934.06	4769.37	3164.69	
湖 南	7680.89	7605.39	4385.87	3219.52	75.50
广 东	8235.41	8195.16	5013.38	3181.79	40.25
广 西	5324.79	5242.70	3152.81	2089.89	82.08
海 南	17045.95	16753.91	7573.46	9180.45	292.04
重 庆	10587.07	10533.61	5543.31	4990.31	53.46
四 川	8742.27	8535.65	4814.81	3720.84	206.62
贵 州	10701.14	10626.67	7328.32	3298.34	74.47
云 南	7537.47	7388.97	5286.76	2102.21	148.50
西 藏	24391.17	22925.05	18118.09	4806.95	1466.13
陕 西	13474.77	13142.29	8298.33	4843.95	332.49
甘 肃	10691.18	10596.02	7429.44	3166.58	95.16
青 海	9775.25	9220.98	5275.62	3945.36	554.27
宁 夏	10756.69	10573.29	4908.39	5664.90	183.40
新 疆	11586.92	11261.25	9546.27	1714.98	325.67
大 连	10361.71	10361.71	7417.13	2944.58	
宁 波	26723.74	26723.74	15887.77	10835.98	
厦 门	21390.34	21390.34	12298.67	9091.67	
青 岛	12144.47	12144.47	7852.93	4291.54	
深 圳					

7-52 生均一般公共预算教育事业费和基本建设支出
(地方农村幼儿园)

单位：元

地区	一般公共预算教育事业费和基本建设支出	事业费支出	个人部分	公用部分	基本建设支出
合计	**7012.58**	**6893.85**	**4662.95**	**2230.91**	**118.73**
北京	36920.06	35885.70	21615.73	14269.97	1034.35
天津	14037.76	13695.69	9132.90	4562.79	342.07
河北	6259.45	6252.83	4739.92	1512.91	6.62
山西	5016.91	4986.16	3212.15	1774.01	30.75
内蒙古	14068.91	13840.62	9242.59	4598.03	228.29
辽宁	3346.81	3342.63	2327.18	1015.45	4.19
吉林	11761.10	11627.41	8086.88	3540.53	133.69
黑龙江	10200.43	9952.69	5860.56	4092.12	247.74
上海	26524.10	26524.10	20863.00	5661.09	
江苏	7156.66	7156.32	4892.34	2263.98	0.34
浙江	14635.06	14038.86	9504.74	4534.11	596.21
安徽	6624.63	6554.32	4084.58	2469.74	70.31
福建	7401.56	7375.95	5165.81	2210.15	25.61
江西	8856.00	8749.84	4427.25	4322.59	106.16
山东	4510.72	4510.72	3061.01	1449.70	
河南	2954.88	2936.65	2001.53	935.11	18.24
湖北	5185.02	5185.02	3030.51	2154.50	
湖南	4503.29	4427.79	2586.05	1841.74	75.50
广东	3864.83	3824.64	2488.94	1335.70	40.19
广西	3329.02	3247.11	1860.38	1386.72	81.92
海南	13517.82	13225.78	5599.22	7626.56	292.04
重庆	6698.95	6651.47	3684.15	2967.33	47.48
四川	6415.98	6211.67	3679.04	2532.63	204.31
贵州	7914.73	7840.26	6161.72	1678.53	74.47
云南	5382.57	5241.97	4027.79	1214.18	140.59
西藏	21610.15	20144.03	15349.30	4794.73	1466.13
陕西	11342.11	11009.62	7431.82	3577.80	332.49
甘肃	9044.12	8948.96	6303.38	2645.58	95.16
青海	7565.91	7014.31	3996.79	3017.52	551.61
宁夏	8179.05	7995.65	3776.45	4219.20	183.40
新疆	10574.19	10330.69	8862.11	1468.58	243.50
大连	6783.07	6783.07	5159.48	1623.59	
宁波	15790.91	15790.91	10477.66	5313.24	
厦门	17436.77	17436.77	9611.76	7825.01	
青岛	8312.15	8312.15	5893.75	2418.40	
深圳					

附 录

简要说明

简要说明

为了便于参考和使用教育经费统计年鉴，现就教育经费统计指标、统计范围、统计时间等作简要说明。

一、教育经费来源主要指标

教育经费来源包括国家财政性教育经费，民办学校中举办者投入，捐赠收入，事业收入及其他教育经费。

1．国家财政性教育经费：指学校（单位）取得的所有属于财政性质的经费。包括一般公共预算安排的教育经费，政府性基金预算安排的教育经费，国有及国有控股企业办学中的企业拨款，校办产业和社会服务收入用于教育的经费，其他属于国家财政性教育经费。

（1）一般公共预算安排的教育经费：指学校（单位）从同级财政部门取得的一般公共预算拨款。包括教育事业费、基本建设经费、教育费附加、科研经费和其他经费。

① 教育事业费：指学校（单位）从同级财政部门取得的、列《政府收支分类科目》一般公共预算205类 “教育支出”的拨款，不含基本建设经费和教育费附加。

② 基本建设经费: 指学校（单位）从同级发展与改革部门取得的、列《政府收支分类科目》309类“资本性支出（基本建设)”的拨款。

③ 教育费附加: 指学校（单位）从同级财政部门取得的、列《政府收支分类科目》205类09款 “教育费附加安排的教育支出”的拨款。

④ 科研经费:指学校（单位）从同级财政部门取得的、列《政府收支分类科目》206类“科学技术支出”的拨款。

⑤ 其他: 指学校（单位）从同级财政部门取得的《政府收支分类科目》205类“教育支出”、206类“科学技术支出”以外（如208类“社会保障和就业支出”、210类“卫生健康支出”、221类“住房保障支出”等）的其他一般公共预算拨款。

（2）政府性基金预算安排的教育经费：指学校（单位）从同级财政部门取得的政府性基金预算拨款。包括城市基础设施配套费收入、彩票公益金收入等安排用于学校（单位）的支出。

（3）国有及国有控股企业办学中的企业拨款：指中央和地方所属国有及国有控股企业在企业营业外资金列支或企业自有资金列支，并实际拨付所属学校的办学经费。

（4）校办产业和社会服务收入用于教育的经费：指非民办学校举办的校办产业和各种经营取得的收益及投资收益中用于补充教育经费的部分。

（5）其他属于国家财政性教育经费：指学校（单位）取得的除上述财政性收入以外的其他属于财政性质的经费。

2．民办学校中举办者投人：指民办学校举办者投入给民办学校的办学经费。

3．捐赠收入：指境内外社会各界及个人对教育的资助和捐赠资金。

4．事业收入: 指学校（单位）开展教学、科研及其辅助活动依法取得的、经财政部门核准留用的资金和从财政专户核拨回的资金。

其中，学费：指学校经财政部门核准留用或经财政专户核拨回的学费金额。

5．其他教育经费：指学校（单位）取得的除上述各项收入以外的其他收入。

二、教育经费支出主要指标

教育经费支出包括个人部分支出、公用部分支出和基本建设支出三部分

1．个人部分支出：包括工资福利支出、对个人和家庭的补助支出。

（1）工资福利支出：指学校（单位）开支的在职教职工和编制外长期聘用人员的各类劳动报酬，以及为上述人员缴纳的各项社会保险费等。

（2）对个人和家庭的补助支出：指学校（单位）对个人和家庭的补助支出。

2．公用部分支出：包括商品和服务支出、资本性支出。

（1）商品和服务支出：指学校（单位）购买商品和服务的支出（不包括用于购置固定资产的支出）。

（2）资本性支出：指非发展与改革部门集中安排用于学校（单位）购置固定资产、土地、无形资产和大型修缮等所发生的支出。包括专项公用支出和专项项目支出。

① 专项公用支出：指非发展与改革部门集中安排用于学校（单位）购置办公设备、专用设备、交通工具和无形资产等所发生的支出。

② 专项项目支出：指非发展与改革部门集中安排用于学校（单位）房屋建筑物构建、大型修缮所发生的支出。

3．基本建设支出：指各级发展与改革部门集中安排的一般公共预算（不包括政府性基金以及各类拼盘自筹资金等）用于学校（单位）购置固定资产、土地、无形资产和大型修缮所发生的支出。

财政补助支出：指学校（单位）取得的一般公共预算安排的教育经费和政府性基金预算安排的教育经费列支的支出。

一般公共预算教育事业费和基本建设支出：指学校（单位）取得的一般公共预算教育事业费和基本建设列支的支出。

三、统计范围

1．教育部门举办的各级各类学校（包括幼儿园，以下简称各级各类学校）、教育事业单位；其他部门举办的各级各类学校、列一般公共预算支出功能分类科目205类“教育支出”的教育事业单位；县级及以上教育行政部门；独立师资并按学校体制管理的中央、省（自治区、直辖市）、地（市、州、盟）、县（市、区、旗）各级党委举办的党校，各级政府举办的社会主义学院、行政学院（不含行业、部门举办的党校和行政学院）；财政部举办的国家会计学院。

2．国有及国有控股企业举办的各级各类学校和经过教育主管部门批准承认学历的成人高校、成人中等专业学校、成人中学、成人小学等。

3．由国家机构以外的社会组织或者个人，利用非国家财政性经费，面向社会举办的，经政府部门按照国家规定的权限审批的各级各类学校等。

4．由外国教育机构同中国教育机构在中国境内合作举办以中国公民为主要招生对象的各级各类学校，以及香港特别行政区、澳门特别行政区和台湾地区的教育机构与内地教育机构合作举办的各级各类学校。

5．其他涉及教育性支出的机构等。

香港特别行政区、澳门特别行政区和台湾地区的教育经费统计资料暂缺。

四、统计时间

2021 年 1 月 1 日至 2021 年 12 月 31 日。

五、其他

1. 本年鉴 1-1（续）表和第二部分所有表中央和地方教育经费按经费来源划分。其余表中央和地方教育经费按学校与其他教育机构隶属关系划分，即中央教育经费指中央属学校及其他教育机构的经费，地方教育经费指地方属学校及其他教育机构的经费。

2. 2013 年及以前教育经费统计城乡划分标准以民政部门口径为准，即城市指城镇，包括城市（设区市的市辖区城区和不设区市的市政府所在地城区）以及县城（县政府所在地的城区）；农村指除城市、县城以外的区域。从 2014 年开始，教育经费统计采用了国家统计局颁布的《统计用城乡划分代码》，新的城乡划分标准调整为三大类七小类，即城区（主城区和城乡结合部）、镇区（镇中心区、镇乡结合区、特殊区域）、乡村（乡中心区和村庄），其中城市指城区，农村指镇区和乡村。

3. 本年鉴中部分数据合计数或相对数由于单位取舍不同而产生的误差，均未做机械调整。